조선 상수역학의 지형도

조선 상수역학의 지형도

조희영 지음

심산

目次

제2부 조선 상수역학과 자연학

제3부 조선 상수역학과 인문학

서언序言

역학 방법론을 대별하면 상수역학(이하 '상수학')과 의리역학(이하 '의리학')으로 나뉜다. 상수학은 『주역』의 상〔象: 易圖 포함〕과 수數를 근간으로 역리易理를 관찰한다. 의리학은 『주역』의 글〔文辭〕을 바탕으로 역리를 살핀다. 상수학은 자연의 변화 현상과 이에 조응하는 인간의 행태에 관심을 가져 자연과학과 인문과학 발달에 기여했다. 의리학은 인간이 행해야 할 도덕·윤리〔義理〕 면에 관심을 가져 인간의 도덕철학 확립에 이바지했다.

이 책은 조선시대 상수학을 조망하기 위한 '지형도地形圖'이다. 조선의 학자들은 대부분 상수학을 논했기 때문에 그중 큰 산맥과 강줄기를 이룬 스무여 명의 상수학자를 대상으로 삼았다. 조선 초 권근부터 조선 말 화서학파에 이르기까지 상수학의 발전 과정을 살펴보았으며, 필자가 발표한 논문을 본체로 삼고 기존 논문에서 미흡한 부분을 보완했다. 또한 그동안 역학계에서 소외되었던 예닐곱 명의 학자들의 견해에도 귀를 기울여 조금이나마 충실한 지형도가 되도록 노력했다.

조선 상수학은 송대 상수학에 영향을 많이 받았고 그중에서 소강절邵康節 역학(이하 '강절역')과 주자朱子 역학(이하 '주자역')이 큰 비중을 차지한다. 주자역에서 상수학만 떼어서 보면 그 발원지는 강절역이라 할 수 있다. 강절역을 알면 주자 상수학과 조선 상수학의 큰 흐름을 파악할 수 있다. 따라서 조선 역학계에 큰 영향을 끼친 소강절을 비롯하여 송대 학자 세 명의 이론을 앞부분에 소개하여 이해를 돕고자 했다.

이 책은 다음 몇 가지를 염두에 두고 집필했다.

첫째, 조선시대 상수학의 각 분야에서 두각을 나타낸 학자와 그들 저서의 핵심 내용을 분석했다. 알려진 학자들뿐만 아니라 그간 학문적으로 주목받지 못한 학자들의 이론도 발굴하여 서술했다. 각 장의 첫 부분에서 해당 학자에 대한 개괄적인 소개를 하고, 끝부분 해제에서 본론 내용을 쉽게 요약하거나 부족한 부분에 대한 보충 설명을 덧붙였다.

둘째, 제1부는 조선 상수학의 개관 부분이다. 상수학의 기초지식을 먼저 살핀 뒤 조선 상수학을 이해하는 데 선제적으로 알아야 할 필수 지식을 선행지식과 배경지식으로 나누었다. 선행지식 부분에서는 조선 상수학의 연원과 특징 등을 개관했으며 배경지식 부분에서는 소강절의 선천역학 등을 살펴보았다.

셋째, 본론에서는 조선 상수학이 주변 학문과 융합하여 파생된 인접 학문의 실체에 쉽게 접근할 수 있도록 자연학과 인문학으로 대별하여 고찰했다. 제2부 자연학에서 상학〔도서학〕, 수학, 천문학 등 3개 영역으로 서술했다. 제3부 인문학에서 음운학, 악률론〔음악학〕, 역사학, 점법학 등 4개 영역으로 세분하여 기술했다. 지형으로 치면 자연학은 조선의 산맥이고, 인문학은 큰 강줄기로 볼 수 있다. 제4부에서는 앞에서 언급하지 않은 대학자의 역학 사상이나 중국 역학과 차별화된 독자적인 이론을 전개한 학자들의 학설을 '조선역'으로 명명하여 서술했다.

넷째, 시대사상과 학문과의 만남에서 상수학자의 '적절과 과불급'이 발견될 때 이를 해제에서 언급했다. 상수학은 현실에 착근된 학문이기에 시대 상황에 민감하게 반응한다. 학자의 지혜와 능력에 따라 어떤 경우는 시대사상을 이끌어 가거나 혹 뒤처지거나 하여 역사 발전의 순행과 역행이 교차하는 지점에 위치하기도 했다.

현재 학계에는 조선시대 상수학 전반을 파악할 수 있는 입문서가 거의 없고, 상수학에 기반하여 발전한 파생 학문에 관한 연구서도 찾기 어렵다. 따라서 입문자는 그 문턱에 들어서기 어렵고, 심층 연구자는 상수역학과 융합한 조선 상수학의 세부 분야에 대한 학문적 갈증을 느낄 수밖에 없다. 필자 역시 이러한 과정을 겪으면서 연구자의 길을 걸어왔다. 또한 지금까지 학계 풍토가 상수학보다 의리학에 치중하는 경향이 있으며, 일반 사람들은 상수학과 점술학을 혼동하는 경우도 많다. 본 저술이 연구자의 갈증을 해소하고 오도된 상수관을 바로잡는 계기가 되었으면 한다.

이 책은 숭실대 곽신환 교수님이 필자의 손을 잡아 이끌어주셨기에 세상에 나올 수 있었다. 쉼 없이 학문의 깊이와 넓이를 연마하게 해준 한중철학회韓中哲學會 강독회와 여러 선생님의 조언과 격려도 큰 힘이 되었다. 처음 학문의 길에 들어서서 좌충우돌 열정을 불태웠던 동미연東未硏의 여러 학우도 고마울 뿐이다. 아울러 흔쾌히 출판을 허락해준 심산출판사 최원필 대표님에게 심심한 사의를 전한다.

어느 사물도 마찬가지겠지만 하나가 새로 생겨날 때에는 하늘의 밝은 태양과 그윽한 지하의 자양분이 없었다면 불가능했을 것이다. 이 책도 양명陽明한 하늘과 유명幽冥한 땅의 보이지 않는 조력 덕분이라고 생각한다. 머리 숙여 감사함을 표한다.

2025년 새해를 맞으며

관물재觀物齋에서 지은이 씀

■ **일러두기**

다음 몇 가지 사항을 유의해서 저술했다.

❶ 한자 사용을 최소화했다. 단, 인용문과 각주 및 본문 속 네모 상자와 '( )' 및 '〔 〕'에 나오는 한자는 그대로 사용했다.
❷ 주석은 되도록 본문에 삽입하되 출전과 근거는 참고문헌에 기재했다. 찾아보기, 색인은 생략했다.
❸ 책 표시 '『 』'와 그림과 논문 표시 '「 」'는 생략하거나, 따옴표로 대체하는 경우도 있다.
❹ 송대 도서상수학서는 『성리대전』 본(학민문화사 간행)을 사용했다.
❺ 동일한 이론이 학자별로 중복 언급되는 경우도 있다.
❻ 번호는 '제1부 - 제1장 - I - 1 - 1) - (1)' 순이다.

제1부

조선 상수역학의 개관

제1장

상수역학의 기초지식

I. 역과 『주역』 및 점의 개념

'역易' 과 『주역周易』은 어떤 뜻이고 그 범위는 어떠한가. '역' 은 『주역』이란 책보다 광의의 개념이다. 주周나라 이전 은殷나라 역인 귀장역歸藏易, 하夏나라 역인 연산역連山易도 '역' 에 포함되고, 소강절이 말한 괘를 긋기 이전의 역인 '획전역劃前易' 도 이에 포함된다. 이는 천지자연의 원리 그 자체가 '역' 이라는 광활한 의미 즉 '역은 천지자연의 이치' 라는 것이다.[1] 천지자연의 이치가 역이라는 말은 원칙적이고 원론적인 말이다.

'역' 의 구체적인 의미에 대해 학자들은 어떻게 규정하고 있는가. 장자莊子[2]는 "역이란 '음양陰陽' 을 말한 것이다.(易以道陰陽)" 라고 했고 이것이 많이 인용되고 있다. 음양이란 원래 양은 밝음, 음은 어두움을 의미하는

---

1) 괘효상만 있는 伏羲易, 괘사가 있는 文王易, 효사를 나타낸 周公易, 십익을 지은 孔子易, 즉 이른바 '사성의 역〔四聖之易〕' 도 '역' 에 포함된다.

2) 莊子가 道家 계열이므로 당시에는 儒家와 도가 모두 역에 밝았다는 사실과 역이 유가의 전유물이 아니었음을 알 수 있다. 대만의 역학자 高懷民은 유가와 도가는 두 학파이지만 실은 같은 역학 일파라 했다.

자연현상의 뜻이었다. 그러나 시대가 발전하면서 음양은 '우주 만물을 생성 변화시키는 근원적인 기氣' 혹은 '천지자연을 재단하는 이원적인 틀'이라는 의미로 변했고 장자도 이런 맥락에서 음양으로 역을 정의한 것으로 보인다. 음양은 오행설五行說과 결합하여 동아시아 철학의 근본 개념으로 자리를 잡았다.[3] 한편 「계사」 상 4장에서 "역은 천지에 준한다. 그러므로 천지의 도를 망라한다.(易與天地準, 故能彌綸天地之道)" 고 했으니, 역은 우주 만물과 동격이고 그 범위는 천지가 하는 모든 도리〔原理, 變化, 作用 등〕를 포괄한다.

역은 이처럼 광대무변하여 작역자作易者는 음을 나타내는 음효(陰爻--)와 양을 나타내는 양효(陽爻—)라는 상징 기호로써 만물과 천지자연의 이치〔易理: 天理〕를 표현하고 그것을 다시 말로 설명했다. 상징 기호〔卦爻象〕와 설명한 말〔卦爻辭〕의 의미를 정확히 파악하여 역리를 터득하는 것이 학역學易의 요체이다.

그럼 『주역』은 어떤 의미를 지니고 있는가. 주자는 『주역본의』에서 '주

3) 음양 두 氣는 번갈아 작용하며 그 양태는 對待하지만 의존하고 서로 이끌면서 관계하는 상관적 관계이다. 음양을 의미하는 상징어로 天地, 剛柔, 動靜, 日月, 晝夜, 屈伸 등이 있다. 음양에 근원적인 의미가 부여된 경로는 주경로와 보조 경로 2가지라고 생각한다. 주경로는 『주역』이다. 莊子의 말처럼 『주역』에 내재된 근본 사상이 음양 사상이라는 것이고 아직도 역리를 음양 사상으로 접근하여 해석한다. 보조 경로는 전국시대 陰陽家인 騶衍(기원전 324~기원전 240?)의 五德終始說이다. 시기적으로 『주역』이 먼저고 추연이 뒤이지만 추연은 먼저 형성된 『주역』의 음양 사상에다 자신의 새로운 오행 사상을 결부시켜 음양오행설을 전파했다. 오행설의 경학적 근거는 『서경』 홍범이지만 추연의 설로 말미암아 음양의 근원적인 의미는 더욱 견고해졌으며, 음양에서 생겨나서 음양의 손발 역할을 하는 오행까지 더해져 세상만사를 음양오행으로 설명하는 동아시아 전통적 사유체계가 형성되었다. 음양오행 사상은 역학 사상과 표리를 이루고 한 몸처럼 붙어 동아시아 철학 사상을 이끌고 있다고 해도 과언이 아니다. 이 사상은 지나칠 정도로 우리의 전통 사상과 문화에 깊숙이 자리하고 있으며 이를 어떻게 미래지향적인 사상으로 변모시킬지는 학자의 소임이라고 본다. 조희영, 2008, 265~282쪽 참조.

周'는 나라 이름이고 '역'이란 책 이름〔周代名也, 易書名也〕이며, 『주역』은 점을 치는 책〔占書〕이라고 했다. 즉 주나라의 점을 치는 책이라는 뜻이다. 역서易書의 하나이면서 경학의 하나이기에 역경易經이라고도 한다. 달리 말하면 『주역』은 점을 쳐서 얻은 괘효사卦爻辭 즉 점사占辭를 모은 책이다.[4)]

이처럼 점이 없으면 『주역』도 없다. 그럼 '점占'이란 무엇인가.

점이란 개인에게 닥친 어려운 문제를 『주역』이 정한 방법〔蓍草占法〕으로 점을 쳐서 그 해결책을 구하는 행위를 말한다. 이런 경우 점쳐서 나온 결과〔占辭〕를 문제 해결의 방법으로 여겨 이에 따른다. 결국 점이란 '문제 발생 - 점을 침 - 점의 결과에 순응'이란 과정으로 이루어졌다. 점치는 조건은 청정한 마음이 필요하고, 하나의 사건은 한 번만 치는 일건일점一件一占이어야 하며, 개인이 당면한 문제를 다른 방법으로도 풀 수 없는 극한의 난제[5)]여야 한다.

『주역』이 나온 초기에는 길흉과 천도天道를 주관하는 상제上帝와 같은 절대자를 '신神'으로 여기고 점쳐서 나온 결과를 신의 명령으로 받아들이고 순종했다. 그러나 춘추시대를 거치면서 신은 외재적 존재가 아니라 인간에 내재된 신성神性이며 본성과 같은 것이라는 인문적 사상이 형성되기 시작했다. 이런 사상은 점의 의미에 대한 근본적 변화를 초래했다. 사람들은 점이란 외부의 절대자에게 의탁하여 미래의 해법을 묻는 것이 아

4) 괘효사란 음양의 변화〔陰陽爻의 變化〕에 나타난 다양한 삶의 경험과 사례들을 64괘 384효로 분류하고, 때와 장소에 맞는 적절한 대처법을 고도의 상징과 은유, 비유 및 가설의 형식으로 이루어진 占辭를 말한다. 괘사는 문왕, 효사는 주공의 작품으로 알려져 있으나, 실은 주나라 占人의 占例를 모은 것으로 보는 것이 다수의 입장이다. 여기에 문왕과 주공의 사상이 내재되었다고 보는 것이다.

5) 후대에 갈수록 小事를 大事와 구분하여 점치는 경우도 생겼다. 후술하는 송대 채침의 점법이나 조선 후기 김석문의 점법이 그런 경우이다.

니라 개개인 모두에게 천부적으로 부여된 신성, 신성이 지닌 모종의 예지력豫知力에 의한다는 사실을 깨달았다. 그 예지력은 인간 스스로 점치는 행위〔설시법〕에 의해 실현되고 점의 결과는 예지력의 결과라는 사실을 인식했다. 이처럼 점이란 인간이 가진 능력과 행위로 이루어진다는 인간 중심의 사상으로 변모되었다. 말하자면 '점의 인간화' 가 이루어진 것이다.

이와 더불어 『주역』은 전국시대와 진한秦漢시대에 큰 변환기를 맞는다. 『십익十翼』이라는 이른바 『역전易傳』이 더해져 천지인天地人 삼재를 논하는 철학서의 성격을 더하게 된 것이다.

이런 변화는 사람들에게 『주역』의 의미를 다시 생각하게 했다. 점이 난제 해결의 유일한 방법이 아닐 수 있다는 것이었다. 그 대표적 사례가 덕德[6]이 점을 대신한다는 공자의 '이덕대점以德代占' 사상이다. 이는 덕을 많이 쌓은 자는 점치지 않고도 미래를 알 수 있다는 뜻이기도 하다. 또 순자荀子는 역을 잘 아는 자는 점을 치지 않는다〔善爲易者不占〕고 했다. 그러나 아직까지 『주역』은 점치는 책이라는 기본 명제는 변하지 않았고 점을 통해 난관을 극복하려는 인간의 의지도 간직되고 있다.

한편 후대 학역자學易者들은 평상시 역의 이치를 추구한다는 것이 『주역』 너머의 아득한 먼 뜻을 찾아가는 것이 아니라 범인凡人들이 삶의 길〔人道〕을 찾는 과정임을 자각했다. 즉, 역에 나타난 음양의 상징부호인 괘효상을 관찰하고, 그것을 은유·비유와 가설假設로 설명한 괘효사의 의미를 파악하여 인생의 지혜와 미래의 방도로 삼았던 것이다. 이는 『주역』을

6) 『주역』에서 德은 進德, 崇德, 大德 등 다양하게 쓰이고 있다. 현대적 의미의 '덕' 은 개인의 '能力', '實力' 을 의미한다. 능력은 다시 내면적 능력과 외면적 능력으로 나눌 수 있다. 내면적 능력은 개인의 수양을 통한 윤리 도덕의 실천력 즉 도덕적 행위능력이고 외면적 능력은 사회적 행위능력을 말한다. 사회적 행위능력은 개인의 훈련을 통해 사회가 요구하는 것에 부응하는 것으로 상황 판단 능력과 일 처리 능력, 결과의 수용력, 미래 변화 대처 능력을 의미한다고 본다.

인문서로 인식하는 것을 의미한다. 또한 괘효상과 괘효사를 제대로 이해하기 위해 정성이 수반된 '명징한 마음'이 필요하고, 경문의 숙지를 통해 '마음챙김〔Mindfulness〕'이 요구된다는 점도 깨달았다. 그런 의미에서 『주역』은 마음을 씻고 정신을 다스리는 경전 즉 '심경心經'〔「계사전」 상 11장: 洗心退藏於密〕의 의미가 내포되어 있다고 했다. 이처럼 『주역』에 '점서'와 '인문학서' 및 '수양서'[7] 등 다양한 면모가 내재되어 있음을 학자들은 파악했던 것이다.

Ⅱ. 상수학과 도서상수학의 개념 및 연원

1. 상수역학과 도서상수학의 개념

상수(역)학은 상수와 역학의 결합어이고, '상수'는 '상象'과 '수數'의 결합어이다. '상'은 『주역』의 괘효상과 「하도낙서」, 「선천도」 등 도서圖書에 나타난 그림 즉 역학적 도상〔易圖〕을 말한다. '수'는 초구初九 · 육이六二와 같이 괘효의 제목수, 십익에 나오는 천지지수 · 대연지수, 시초점과 관련된 수, 삼천양지 · 하도수 · 낙서수 등과 같은 주역적 수를 이른다. '상수역학'이란 이런 상과 수로 『주역』의 이치〔易理〕를 탐구하는 역학 방법론이다. 문사文辭로 역리를 탐구하는 의리역학義理易學과 상대되는 개념이다.[8] 상과 수가 별도로 나타난 최초의 문헌은 『좌전희공 15년』(기원

---

7) 『주역』으로 占칠 때도 마음을 다스리는 心法이 필요하다. 이처럼 『주역』은 그 자체 수양서의 성격이 짙다.

8) 상수역과 의리역의 구분은 역학의 학파 구분으로 연결된다. 『사고전서총목제요』에서 역학의 학파를 '兩派六宗'으로 구분한다. 兩派는 상수파와 의리파이고 六宗은 상수파

전 645년)으로 "거북점은 상이고, 시초점은 수이다.(龜, 象也. 筮, 數也)" 라고 알려져 있다. '상수'로 붙여 쓴 것은 대략 한대漢代로 보고 있으며, 『역위건착도』에 나오는 "8괘는 변책이고, 상수는 만물이다.(八卦變策, 象數庶物)" 에서 찾을 수 있다.

왜 이처럼 상수象數를 앞세우는가. 『주역』은 상수로부터 시작되었지 문사文辭로부터 『주역』이 시작되지 않았기 때문이다. 문사는 이미 생긴 상수를 해석하는 설명문이다. 『주역』의 시작 지점에 대한 고찰이 선행되어야 하기에 상수를 먼저 논하는 것이다.

'도서상수학'에서 '도서'는 원래 '하도낙서'의 준말이지만 이것이 확장되어 역과 관련한 그림 즉 역도易圖를 도서라 한다. 도서로 역리를 풀어가는 것을 도서학 혹은 도상학, 역도학이라 했고, 이런 학풍이 유독 송대에 들어 발전되었으므로 청대 학자들은 송대 상수학을 도서(상수)학이라 했다. 일부 학자는 송대의 도서학은 한대 상수학의 지류이며, 한대 상수역의 송역적 발전이라고 하지만 꼭 그렇지는 않다. 송대는 한대의 영향을 받았지만 '본지本支'의 관계가 아니라 동근이체同根異體라 할 수 있다. 『주역』이라는 뿌리는 같지만, 역리를 풀어가는 형체가 다르다는 것이다. 단적인 예가 복희 선천역과 문왕 후천역이 그것이다. 송대 도서학파들은 새로운 그림인 「하도낙서」, 「선천도」, 「태극도」를 제시했다. 이 중 '하도'는 『상서』 고명편, 「계사전」, 『논어』, 『회남자』, 『한서』를 비롯 유흠, 공안국, 정현의 글 등에 언급되어 있다. '낙서'는 『대대례기』 명당편, 『역위건착도』 구궁설 등에 설명이 있지만 실물로 나타난 바는 없었다.

그림으로 역리를 풀어가는 시원을 따지면 한나라에도 그 흔적을 볼 수 있다. 한대에 괘기설, 효진설, 승강설, 납갑설 등의 이론을 도표나 그림으

에 占筮易, 禨祥易, 圖書易을 배분하고, 의리파에 道家易, 儒家易, 史事易을 배분한다. 두 학파에 각각 세 갈래가 있어 양파육종이다.

로 표현하기도 했지만, 주된 방법은 아니었다. 그들은 64괘 괘효의 변화를 역법曆法과 음양 변화와 연결하면서 변역變易의 속성에 천착하여 번다한 기상禨祥이나 음양재이陰陽災異로 흘러갔다.

송대에 와서는 달랐다. 이 도서들이 돌출하듯 갑자기 나타났지만, 송대 학자들은 도서를 통해 역리와 천도를 탐구하고자 했다. 이들이 도서를 채택한 것은 당시 유불도儒佛道 간의 사상적 대립 및 이념적 패권 다툼과도 관련이 있다. 송나라가 건국하면서 당시 유학자들은 신유학의 정립을 통해 이른바 도불道佛을 능가하는 시대사상의 주류가 되고자 했지만, 본체론과 우주론이 도불에 비해 상대적으로 취약하다는 것을 알았다. 그들은 도서에서 그 해결책을 찾았으며 동시에 도불의 장점을 취사선택하게 되었다. 이러한 시대적 요청이 도가적 색채가 남아있는 도서를 선택하도록 한 것이다. 이처럼 송대 도서학파는 도서와 상수 탐구〔『주역』 포함〕를 통하여 우주론과 본체론을 수립했으며, 이를 바탕으로 유학의 새로운 길〔新儒學〕을 모색하여 새로운 학풍과 시대적 조류를 형성했다. 이때 활약한 인물이 북송오자이며 이들의 사상을 주자가 집대성했다. 당시 학자들이 사용한 주요 개념은 '태극太極'·'선천先天'·'하락河洛'·'리理'·'기氣' 등이며, 그중에서 '리'[9]를 중시했다. 조선도 시차를 두고 송대 도서학파의 이론을 수용하면서 조선 상수학의 체계를 세워나갔다. 그러나 시대사상이 달라진 청대에 와서 도서학은 맹공을 받는다.

9) '理'에 대해 윤용남은 體用論과 顯微論으로 나누어 말한다. 체용론으로 '리는 사물이 가는 最適路線이며 最善路線'으로 한마디로 '길(道)'이라 한다. 현미론으로 '리는 사물의 존재가치'라고 한다. 윤용남, 2022, 164쪽.

2. 도서상수학의 연원

「하도낙서」 등 각종 도서는 어디에서 왔는가. 그 연원을 살펴보자. 일반적으로 알려진 것은 주진(朱震, 1072~1138)이 주장한 도사道士 진단(陳摶, 871?~989)에서 시작되었다는 '진단 유래설'이 그것이다. 주진은 『한상역전漢上易傳』에서 아래와 같이 말했으며, 중국 현대 역학자인 주백곤과 료명춘 등이 이를 인용하고 있다. 「하도낙서」, 「선천도」, 「태극도」 세 그림 모두 진단이 종방種放에게 전하고 종방은 아래의 세 가지 경로를 통해 전했다.

① 「하도낙서」: 이개 → 허견 → 범악창(范諤昌) → 유목(劉牧, 1011~1064)

② 「선천도」: 목수(穆修) → 이지재(李之才) → 소강절(1011~1077)

③ 「태극도」: 목수 → 주렴계(周濂溪, 1017~1073) → 정호, 정이(1033~1107)

위 내용을 요약하면 모든 그림은 도가 계열 진단에게 나와서 「하도낙서」는 마지막에 유목에게 전해지고, 「선천도」는 마지막에 소강절에게 전해지며, 「태극도」는 마지막에 이정 형제에게 전해졌다는 것이다. 그러나 진단 유래설에 대해 주진 이후 많은 학자가 생졸 시기와 전수 계보에 의문을 품었고,[10] 최근까지도 논란이 이어졌다. 그 내용은 크게 3가지이다.

첫째, 유목劉牧의 『역수구은도易數鉤隱圖』에서 제시한 '하도낙서' 전수에 대해서이다. '유목'이란 이름은 두 명으로, 삼구 사람 유목(1011~1064)과 팽성 사람 유목(1005년에 벼슬)이 있다고 한다. 전수자는 삼구 유목으로

10) 이에 대해서는 문재곤, 「「河圖」·「洛書」의 形成과 改托」, 『周易의 現代的 照明』, 한국주역학회 편, ㈜범양사 출판부, 1992, 253~257쪽. 今井宇三郎, 『宋代易學の硏究』, 明治圖書出版株式會社, 1958(소화 33), 82~102쪽 참조.

알려졌지만, 오히려 팽성 유목일 가능성이 크다는 점이다. 만약 팽성 유목이라면 범악창(생몰 미상. 1017~1021년 활동 인물)의 선배이기에 그로부터 받을 수 없다. 따라서 삼구 유목의 전수 계통은 잘못되었다는 것이다.(유승상, 2019, 161~188쪽) 이대승도 삼구 유목이 아닌 팽성 유목이 맞다고 확신한다.(이대승, 2019, 83~85쪽) 료명춘의 경우, 팽성 유목이 『역수구은도』를 전했다고 하지만 그 내용은 삼구 유목을 지칭하는 듯한 혼동을 주고 있다.(료명춘 등 지음, 심경호 옮김, 2004, 387~392쪽)

둘째, 「태극도」는 진단 등이 관여한 구 태극도(설)가 있고 주렴계가 창작한 신 태극도(설)가 있어서 「태극도」의 전수 계통이 틀렸다는 것이다.(이대승, 2019, 212~214쪽)

셋째, 「선천도」의 전수 계통을 제외하고 나머지는 잘못되었다는 것이다. 이런 이유로 3대 도서의 진단 유래설에 의문을 제기하고 있는 것이다.

그러나 도서들의 전수 계통에 진단 유래설을 대체할 체계적인 주장이나 새로운 학설이 없으며, 3대 도서가 도가에서 나왔으나 송대에 들어 유가에서 전용했다는 사실은 변함없다.

Ⅲ. 상 · 수의 생성 및 역괘와 점법의 연원

1. 상 · 수의 생성

상수학의 구성요소인 '상象'과 '수數'에서 어느 것이 빠른가. 그 우선순위에 대해 학자들의 견해가 일치되지 않는다. 필자는 상과 수의 생성 순서에서 '수'가 '상'을 낳는다〔數生象〕[11]는 '수' 우선 입장이다. 그 이유는 두 가지이다. 첫째, 『주역』의 원초적 구성요소인 음효陰爻(--)와 양효陽

爻(—)는 수의 기본이자 만물을 표상하는 상징이다. '양효'는 기(奇: 하나1, 홀, 홀수)를 보고 그은 것이고, '음효'는 우(偶: 둘2, 짝, 짝수)를 보고 그은 것이다. 즉, 기와 우는 수이자 상이며, 기우가 없으면 수와 역은 존재할 수 없다. 그래서 채원정은 "천하의 모든 수는 하나의 기奇와 하나의 우偶에서 나온다."라고 했다.(『역학계몽』, 987쪽) 이처럼 음효〔--〕가 나타내는 '2'라는 수와 양효〔—〕가 상징하는 '1'이라는 수는 상수의 근원이자 음양의 본원적인 모습이다.

둘째, 『주역』 64괘 384효의 상은 설시법의 수학적 알고리즘을 통해 이루어진다. 요컨대 수의 계산을 통해서 상이 주어진다는 것이다. 수의 계산은 음양기우론陰陽奇偶論에서 출발하고 천원지방론天圓地方論과 결합하여 역수이자 리수의 기본인 삼천양지론參天兩地論[12]이 나온다. 이 수적 계산에서 사상수四象數 9·8·7·6이 나오며, 사상수를 기초로 역괘가 생성된다. 이런 과정에는 1~10 천지지수이자 「하도」의 수가 선재하고, 대연지수大衍之數[13]가 내재되어 있다. 또한 '양전음반陽全陰半'론이 잠재하고, '태극1 - 양의2 - 사상4 - 팔괘8'이란 가일배법의 과정이 녹아있다. '태극'은 왜 1인가. 태극은 여러 형태로 설명되지만, 수로 표시하면 1이다. 1은 수의 출발선이자 수의 존립 근거이다. 1이 없으면 수의 계산은 존재하지

---

11) '數生象'의 근거는 「계사」 상 10장, "參伍以變, 錯綜其數, 通其變, 遂成天下之文, 極其數, 遂定天下之象."이다. 象이 우선한다는 입장의 근거는 「계사」 하 2장에 나오는 복희 작괘에서 앙관부찰, 근취저신, 원취저물이며, 「계사」 하 3장, "易者 象也, 象也者, 像也."이다.

12) 삼천양지법에서 양의 기본수는 3, 음의 기본수는 2인데, 각각의 기본수가 三變하여 변화를 이룬 9(3×3), 6(2×3)을 음양 변화의 수로 삼아 『주역』의 양9 음6이 성립되는 것이다. 뒤에 자세히 나온다.

13) 대연지수는 『주역』 시초점의 기본이 되는 수 50을 의미한다. 설시법에 쓰이는 것은 49개이다. 大衍之數의 衍은 演, 혹은 廣의 뜻으로 大衍은 '推演하여 광대하게 한다.'는 의미이다.

않는다. 설시법은 시초 50개에서 시초1을 빼고 49개 시초만 쓴다. 이때 쓰지 않는 시초1이 '태극'에 상징되는 것과 같은 원리이다.

송대 이전 역학자들은 수보다 상을 우선시하는 경향이 있었다. 그러나 송대에 들어 역학의 세분화가 이루어지고 소강절이 수학파[14]로 수본체론을 주장하자 양상이 달라졌다. 주자가 소강절 역학을 전폭적으로 수용하자 역학계도 이에 반응했다. 상기해야 할 점은 소강절이 말하는 수는 술수術數가 아닌 리수理數[15]라는 사실이다.

2. 역괘와 점법의 연원

『주역』에서 괘가 생겨나는 근원 즉 역괘의 근원에 대한 직접적인 언급을 찾아보면 세 군데에서 발견할 수 있다.

첫째, 「계사전」 상 9장에 나오는 "4번 경영하여 역을 이루고 18번 변하여 괘를 이룬다.(四營而成易, 十有八變而成卦)", 둘째, 「계사전」 상 11장 "역에 태극이 있으니, 태극이 양의를 낳고 양의가 사상을 낳고 사상이 팔괘를 낳는다.(易有太極, 是生兩儀, 兩儀生四象, 四象生八卦)", 셋째, 「계사전」 하 2장 "옛날 포희씨가 천하에 왕노릇 할 때 우러러 하늘의 상을 관찰하고 굽어 땅의 법을 관찰하며, 새와 짐승의 문양과 천지의 마땅함을 관찰하

14) 주백곤은 "소강절이 卦象을 말했지만, 이는 奇偶의 數에 기초하여 卦象의 변화를 말했고 數生象을 주장하므로 數學이란 명칭이 주어졌다.", "송대에는 소강절이 수학파〔수본체론〕를, 장재가 氣學派〔기본체론〕를, 정이천이 理學派〔리본체론〕를 창시했다"고 했다. 주백곤, 『역학철학사』 2권, 북경 곤륜출판사, 2005, 127~128쪽. 풍우란은 "주렴계는 象學은 있고 數學은 없지만, 소강절은 상학과 수학을 겸유했다."라고 했다. 풍우란 지음, 박성규 옮김, 『중국철학사 - 하』, 까치, 2007, 455쪽.

15) 고회민은 "數는 두 종류로, 象이 생긴 뒤 이를 헤아리는 量數가 있고 또 생각과 사상 속의 수로 상 이전에 먼저 있는 수로 이를 소강절이 理數라 했다."고 말한다. 高懷民 著, 『邵子先天易哲學』, 하미인쇄, 臺灣, 1998, 347쪽.

여, 가까이는 자신에게서 취하고 멀리는 물건에게서 취하여, 이에 비로소 팔괘를 만들었다.(古者包犧氏之王天下也, 仰則觀象於天, 俯則觀法於地, 觀鳥獸之文與地之宜, 近取諸身, 遠取諸物, 於是始作八卦)"

첫째 부분은 주역점 즉 시초점을 쳐서 역괘가 생긴다는 말이고, 둘째 부분은 태극에서 양의와 사상을 거쳐 팔괘가 생긴다는 말이다. 이것의 의미에 대해 시초점을 말한다는 주장과 가일배법을 통한 역괘와 만물의 생성 과정을 말한다는 주장이 있으나 어쨌든 역괘 생성에 관한 언급이다. 셋째 부분은 복희씨가 만물을 보고 팔괘를 만들었다는 말이다. 여기에서 몇 가지 의문이 생긴다. 하나는, 과연 주역점은 누가 언제 발명한 것인가라는 연원의 문제, 둘은, 8괘와 64괘는 누가 그은 것인가라는 역괘의 근원에 대한 의문, 셋은, 복희가 작역할 때 점쳐서 그었는가에 대해서이다.

첫 번째 문제에 대한 학자들의 대체적 견해는 역을 최초로 지은이 즉 작역자가 『주역』의 점법을 만들었다고 본다.

두 번째, 8괘는 복희가 그었다는 데에 이견이 없다. 그러나 64괘에 대해서는 여러 설이 있다. 사마천 · 양웅 · 반고 등은 문왕이 64괘를 그었다고 하고, 왕필 · 공영달 · 소강절 · 주자 등은 복희가, 정현은 신농씨가, 손성은 우임금이 그었다고 한다. 필자는 복희가 모두 그었다는 학설에 동의한다. 그 이유는 주나라 문왕 때 비로소 64괘를 그었다면 주나라 이전에는 8괘만 있다는 것인데, 8괘만으로 역도易道를 모두 나타낼 수 없고 역점易占도 칠 수 없으며, 은나라 귀장역과 하나라 연산역에는 64괘가 없었다는 말이 되기 때문이다. 무엇보다 『주례』 춘관 태복에서, "태복이 세 가지 역법을 관장하니, 하나는 연산역, 둘은 귀장역, 셋은 주역이며, 기본괘〔經卦〕는 8괘이고 별괘別卦는 모두 64괘이다."라고 언급했듯이, 귀장역과 연산역에 64괘가 있었다는 사실을 추론할 수 있다.

세 번째, 『주역』에서 최초로 역을 지을 때 점쳐서 괘를 얻었다는 말을 찾을 수 없다. 주자는 복희가 처음 그은 괘획이 시초점에서 나온 것이 아니라고 했다.(『역학계몽』 1017쪽) 최초의 역괘는 점의 산물은 아닌 듯하다. 결국 복희가 앙관부찰과 근신近身과 원물遠物 등에 나타난 수와 상을 재료로 태극에서 양의와 사상이란 과정을 거쳐 역괘를 얻었다고 볼 수밖에 없다. 소강절과 주자, 채원정 등은 역괘 생성 재료는 「하도」이고 여기에 복희가 앙관부찰하여 만물을 보고 역괘를 생성했다는 입장이다. 이는 『역학계몽』 본도서편과 원괘획편에 나와 있다.

그러나 「계사전」 상 10장에서 "그 수를 끝까지 계산하여 마침내 천하의 상을 정한다(極其數, 遂定天下之象)' 고 했는데, 이는 '극기수' 라는 수적 알고리즘이 원인이 되어 괘효상을 얻는다는 뜻이다. 이것이 마음에 걸린다. 따라서 「계사전」 상 10장을 고려한다면 이 부분은 역을 짓는 '작역作易' 의 영역과 지어진 역을 운용하는 '용역用易' 의 영역으로 나누어 볼 필요가 있다. 작역의 영역에서는 「하도」의 원리 및 앙관부찰, 근신近身과 원물遠物 등을 통해 얻은 수와 상으로 괘를 발명했고, 현실에서 운용할 때는 설시법의 수적 알고리즘을 통해 괘효를 얻는다고 봐야 할 것이다. 그렇다면 작역은 복희가 수행했고, 용역은 점치는 사람들의 영역이 된다. 이럴 경우 수의 기초 위에 괘가 선다. 즉 역수易數가 없으면 역상易象도 없고 역상이 없다면 역괘易卦도 없다고 생각한다. 학역자의 입장은 용역자의 입장이니 '그 수를 끝까지 계산하여 마침내 천하의 상을 정한다〔極其數, 遂定天下之象〕' 를 기준점으로 설정한 뒤 점을 쳐서 괘를 얻고 이를 대상으로 역학을 논해야 한다고 본다.

Ⅳ. 『주역』의 신神 개념

『주역』에서 '신神'이 집중적으로 언급되는 곳이 「계사전」이다. 혹자는 24곳에 '신'이 발견된다고(방인) 하고, 16곳이라고(김상섭) 하며, 『주역』 전체에 신과 귀신이 34곳 발견된다고(곽신환) 한다. 그중에서 대표적인 것을 꼽으라면 「계사전」 상 5장에 나오는 "음양의 헤아리지 못함을 신이라 한다.(陰陽不測之謂神)"를 들 수 있다. 이때 '신'은 신묘神妙, 신통神通, 신령神靈, 신명神明, 신비神祕, 그냥 신神 등으로 해석되며 초월적 주재자나 상제, 천제를 의미하지 않는다. 말하자면 인간의 지혜로 헤아릴 수 없는 그 무엇, 즉 지적 인식 능력을 뛰어넘는 음양 변화의 현상이나 작용을 뜻하는 것이다. 여기서 '신'은 음양과 밀접한 관련이 있다는 것과 또한 『주역』은 음양을 말하는 것이니 『주역』과 '신'은 불가분의 관계라는 사실을 알 수 있다. 이것은 『주역』의 내면적 구성요소가 '음양'이자 '신묘한 그 무엇'이라는 것을 의미한다.

그렇다면 '음양불측지위신陰陽不測之謂神'에서 '신'은 음양 그 자체를 말하는가, 음양의 변화를 말하는가, 아니면 또 다른 무엇인가. 이에 대해 다수의 학자는 음양 그 자체가 신이 아니며 음양의 변화를 (초월적)신이 주관하는 것도 아니라면서, 음양 변화의 오묘함 그 자체를 사람이 헤아릴 수 없다는 의미로 받아들인다. 필자도 같은 입장으로 이에 대한 논의는 다음과 같다.

한강백은 "신이란 변화의 극치로 만물을 묘하게 함을 말하니 형체로 따질 수 없기에 음양 불측"이라고 했고, 공영달은 "천하 만물은 모두 음양에서 비롯하여 혹 생기거나 혹 이루어지니 본래 그것이 유래하는 이치를 헤아릴 수 없다. 그러므로 음양불측을 신이라고 했다."라고 말했다. 조선의 학자로는 박치화가 "신은 음양의 신묘한 곳이다. 혹은 양이 되고, 혹은 음이 되어 헤아릴 수 없는 곳이 바로 신이다."(「설계수록雪溪隨錄」), 이익은 "신묘하게 되는 까닭은 음양이 서로 밀어서 변동하고 머물지 않아서 얕은 마음으로 헤아릴 수 없기 때문이다."(『역경질서易經疾書』), 심취제는 "신은 어디에 있는가? 변화의 연고에 있다."(『독역의의讀易疑義』)고 했다. 황수기 등은 『주역』 13경 역주譯註에서 "이 구절은 음양 변화의 신묘함을 헤아릴 수 없음을 설명한 것이다."(황수기 · 장선문, 2004, 504~505쪽)라고 했으며, 곽신환(곽신환, 1990, 122~123쪽)과 정병석도 같은 입장이다.(정병석, 2011, 주역 하, 539쪽)

이상의 다수설에 대해 세 가지 이설이 있다. 첫째, 최영진은 여기서 말하는 신은 음양이라는 범주로 포착할 수 없는 것이라고 한다. 즉 신은 현상계의 (음양)이원적 대립의 질서를 '넘어선다'는 입장에서 신을 설명한다.(최영진, 1989, 76~79쪽) 그러면서 위에 말한 한강백의 주장을 근거로 삼는다. 즉 한강백의 언설을 다수설과 반대로 이해하고 수용한 것이다.

둘째, 방인은 신은 자신의 존재를 직접적으로 드러내는 경우가 없고 오직 변화의 도에 의존해서 드러낼 뿐이며, 초월적 존재가 지배하는 변화의 법칙은 인간의 가능한 인식의 범위를 넘어서 있으므로 예측할 수가 없다〔陰陽不測之謂神〕고 했다. 그는 또 『주역』에서는 점술의 과정에 운명을 점지해 주는 존재 혹은 그러한 존재의 공능功能을 신이라는 말로 표현하며, 신은 인간의 길흉화복에 영향을 미치는 신성한 존재 혹은 신성한 존재의 신비로운 작용을 표현하는 용어라고 했다.(방인, 2018, 106~111쪽)

셋째, 김상섭은 '음양불측지위신'에서 신은 주역점의 신묘함을 말하는 것으로, 시초를 셈하여 음양을 예측할 수 없다는 것을 신묘〔神〕하다고 한 것이라 했다.(김상섭, 2011, 713쪽)[16] 요컨대 최영진은 음양의 변화 너머〔초

16) 김상섭은 「계사전」에서 말하는 神은 周易占을 찬양하는 것으로 사용되었다고 하면서 「계사전」에 나오는 16곳의 신을 명사로 사용한 곳이 12군데, 동사로 사용된 곳이

월)가 신이라는 입장이고, 방인은 초월적 존재가 지배하는 법칙을 '음양불측지위신'이라 했으며, 김상섭은 주역점의 신묘함을 신이라고 봤으니 다수설의 입장과는 차이가 있는 셈이다.

곽신환은 『역전』에 나오는 신을 네 가지로 말했다. 첫째, 미래를 알거나 기미를 알아내는 신묘한 작용으로 이는 덕성과 신명과 관련된다고 했다. 둘째, 자연과 만물의 변화를 일으키는 배후의 주체라고 봤다. 셋째, 기용器用 혹은 치용致用을 뜻하는 경우와 넷째, 신령을 뜻하고 길흉의 주재자로 인식된 경우라고 했다.(곽신환, 1990, 122~123쪽) 주백곤은 역전에 나타난 신을 네 가지로 정의했다. 첫째, 천신 · 귀신 · 신령이며 둘째, 변화의 신속神速이며 셋째, 깊은 깨달음. 넷째, 변화의 신묘막측이라 했다.(최영진, 76쪽에서 재인용) 정세근은 역전易傳의 '신' 개념을 "우주와 자연의 섭리를 베풀어주는 효용 그 자체이거나 그것을 이루어주는 어떤 것을 가리킨다."라고 했다.(정세근, 2016, 40쪽) 장문지張文智는 "『주역』에서 말하는 신神은 인격신이 아니고 … 천도天道의 음양 교합에 의존하고, 이는 음양의 변화와 순환으로 나타난다는 것이다."라 했다.[17)]

3군데, 형용사로 사용된 곳이 한 군데라고 했다. 덧붙여 신은 실체 개념이 아니라 주역점의 변화의 속성을 표현한 말이라고 했다. 김상섭, 2011, 713쪽. 2012, 310~312쪽. 또 「계사전」을 『주역』의 통론이라는 견해에 반대하면서 주역점을 자연과 인간에 결부시켜 이를 찬양한 글이라고 했다. 김상섭, 2012, 267~268쪽.

17) 中國 山東大學 장문지 교수는 성균관대 동양철학연구소와 한국주역학회 연합 학술대회(성균관대, 2024년 10월 25일)에서 「周易 生生哲學, 成己成物 – 兼論儒學當代的轉化問題」란 제목으로 논문을 발표했고 상기 내용은 논문 23쪽에 있다.

제2장

조선 상수역학의 선행지식

I. 조선 상수학의 연원

조선 상수학은 어디서 왔는가. 그 출발점은 대외적으로 중국 상수학이다. 중국 상수학은 한대漢代와 송대宋代로 대별된다. 한대 상수학의 대표적인 이론은 괘기설과 12벽괘설 등이다. 송대 상수학은 소강절과 주자·채원정의 영향이 컸으며 「선천도」와 「하도낙서」 등을 중심으로 이루어졌다. 조선 상수학은 한대 상수학과 송대 상수학 중에서 송대 상수학에 더 큰 영향을 받았다고 할 수 있다.

대내적 연원은 삼국시대와 통일신라 및 고려시대 역학을 생각해 볼 수 있다. 통일신라의 관리 선발제도인 독서삼품과 시험 과목에 『주역』이 있었으며, 일관〔日官, 日者, 卜師〕이 천문역법과 점술 및 택일 등을 담당했기에 당연히 상수학이 존재했을 것이다. 『삼국사기』와 『삼국유사』에도 한대 상수학이 인용되었다. 『삼국유사』에 금관가야 좌지왕(坐知王. 金叱, 421년 卒) 때 시초점을 친 기록이 있지만, 삼국시대 자료에서 조선 상수학의 연원적 자료는 찾기가 어렵다.

고려시대를 보면 『태종실록』(1404년 태종 4년 10월 6일)에 군신 간의 대화에서 고려 태조가 도읍을 정할 때 척전법을 사용했다는 기록〔前朝太祖定都時, 以何物爲之?" 趙浚曰: "亦用擲錢〕이 있다. 『고려사』에서 상수학 관련 언급이 나오고 경방역이나 음양재이에 관한 내용들을 간간이 찾아볼 수 있다. 그러나 고려시대 역시 전해지는 자료의 부족과 국교가 불교라는 점에서 조선에 영향을 끼칠만한 뚜렷한 연원을 밝힐 사료를 찾기 어렵다.

그런데 고려 말에 조선 상수학을 태동시키는 일련의 학자들이 등장한다. 백문보(1303~1374), 이색(1328~1396)과 그 문도들이다.[18] 이색의 문하로는 정몽주, 정도전, 권근 등이 있다. 그들은 조선 성리학과 상수학에 일정 지분을 가지고 있는데 특히 1390년 집필된 권근의 『입학도설入學圖說』 전집前集은 조선 상수학의 효시가 되었다. 이 책은 여말에 지어진 것으로 '천인심성합일지도' 같은 의리학적 도설뿐만 아니라 '하도낙서' 와 '선천도' 등 본격적으로 송대 도서상수학을 다룬 것이다. 또한 천문역법과 율려, 홍범 등 풍부한 상수학적 도설이 소개되어 이황, 장현광을 비롯한 후대 조선 학자들의 연구에 선하가 되었다. 그 후 30여 년 뒤 세종 원년(1419년)에 『성리대전』이 명나라로부터 들어왔으며 여기에 수록된 상수학서는 조선 상수학의 기본서로 학자들의 필독서이자 전문서가 되었다.

---

18) 정병석은 "(고려조) 불교의 空觀的 세계관을 周易의 生生的 세계관으로의 교체 작업은 白文寶에 이르러 어느 정도 성취를 이루지만 최고의 성취를 이룬 사람은 鄭道傳이라고 할 수 있다."라고 했다. 출처: 2024년 한국주역학회 상반기 국내학술대회. 주제: 「조선시대 이전의 역학사상사를 어떻게 접근할 것인가」, 경북대, 2024년 7월 참조.

Ⅱ. 조선 상수학의 흐름과 특성

1. 조선 상수학의 흐름

조선 상수학의 역사적 흐름은 편의상 임진왜란(1592~1598)을 경계로 조선 전기와 후기로 구분할 수 있다. 전기는 여말선초 학자인 권근이 조선 상수학의 문호를 열었다. 앞에서 말했듯이 그는 상수학서인 『입학도설』을 지었고 특히 이 책을 통해 자연학 부분인 조선의 상학을 일으켰다.

세종 원년인 1419년에 『성리대전』이 들어왔고 거기에 수록된 『황극경세서』 등은 세종의 『훈민정음』 창제(1443)에 일조했다. 『훈민정음』은 인문학 분야인 음운학의 결실이다. 특히 『훈민정음』 제자해에 함유된 상수학은 『훈민정음』에 내재된 음운학과 융합하여 상수학과 음운학의 가장 모범적인 결합 사례가 되었다.

인문학에 속하는 악률론은 박연朴堧의 음악 정비와 성현成俔의 『악학궤범』(1493) 제작으로 이어졌다. 서경덕이 소강절의 황극경세수에 대한 해석과 성음론에 대한 주해를 낸 것이 조선 전기 상수학 중 수학과 성음 부분의 결실이라 할 수 있다. 그 뒤 퇴계 이황이 『계몽전의』를 지어 『역학계몽』의 의문점을 해소해 주면서 조선의 도서상수학적 기초가 다져졌다. 율곡 이이는 「역수책易數策」에서 「하도낙서」와 「선천도」 등에 대한 거침없는 역학관을 피력했다.

임진왜란을 전후한 인물로 장현광과 신흠을 들 수 있다. 장현광은 벼슬을 하지 않고 오직 학문에만 정진하면서 『역학도설』을 지어 조선 최대의 도설 이론을 집대성했다. 신흠은 고위 관료이자 뛰어난 문장가로서 역학에도 조예가 깊어 『선천규관』을 지어 소강절 역학의 해석 틀을 후대에 넘겨주었다. 이 두 사람은 상학에 업적을 남긴 학자들이라 할 수 있다.

조선 후기에 들어서면 조선 상수학에서 뻗어 나온 자연학과 인문학 분야의 눈부신 발전을 확인할 수 있다. 자연학 분야로 먼저 천문학을 들 수 있으며, 김석문을 빼놓을 수 없다. 그는 『역학이십사도해』를 저술하면서 동아시아 최초로 지전설地轉說을 주장했다. 최석정의 『구수략』은 사대부가 지은 최초의 수학서이다. 이 책에서 제시된 「구구모수변궁양도九九母數變宮陽圖」는 세계 최초로 공인된 '9차 직교라틴방진(直交Latin方陣: Orthogonal Latin square)'[19]으로 조선 수학이 세계적 수학으로 뻗어가는 계기가 되었다. 그 외 수학자로 황윤석을 꼽을 수 있는데 그는 『성리대전』을 근본 삼아 자신의 학문적 체계를 수립했다. 천문학자로는 서명응을 들 수 있다. 서명응은 김석문과 달리 동양의 고대 천문학과 서법중원유래설西法中原由來說의 입장에서 논리를 편 고전적 천문학자라 할 수 있다. 상학은 유정원과 화서학파인 이항로 - 유중교 - 유인석이 상당한 업적을 남겼다. 이들의 학문적 업적은 학계에 잘 알려지지 않았지만, 필자가 처음 발굴하여 이 책에 실었다.

조선 후기 인문학 분야는 먼저 음운학을 들 수 있다. 대표적으로 『훈민정음』을 상수학적으로 해설한 최석정과 신경준을 꼽을 수 있다. 이들은 「해례편」을 보지 못한 채 「예의편」만으로 『훈민정음』이 역학의 논리 위에 창제되었음을 간파했다. 최석정은 수학적 업적뿐만 아니라 『훈민정음』이 지닌 음운론을 상수학과 연결하여 해설한 최초의 인물이기도 하다. 동시대 정제두도 도서학에 상당한 실력을 갖추었고 음운학에도 밝아서 최석정과 편지를 주고받으며 서로 토의하기도 했다. 이익李瀷 역시 「하

---

19) '9차 직교라틴방진'이란 가로 세로 9칸씩 81개의 칸에 숫자가 1~81까지 하나씩 들어가는 方陣으로 가로세로 대각선 어느 방향으로 더해도 합이 같은 게 특징이다. 이는 기본적으로 「洛書」의 수리 구조와 같다. 「낙서」 역시 가로세로 대각선의 합이 15이다. 최석정의 9차 방진도는 스위스의 오일러(Leonhard Euler, 1707~1783)보다 60여 년 앞선 것이다.

도」와 선후천 등 도서학에 자신만의 독특한 관점을 가졌다. 신경준은 『훈민정음』을 '천하성음대전天下聲音大典' 즉 '세계문자'가 될 수 있다고 주장했다. 이는 오늘날 세계적인 언어학자들이 한글의 탁월한 문자 체계를 칭송하는 사실에서 그의 주장은 선견지명이 되었다. 역사학은 서명응이 업적을 남겼다. 천문학에서 성과를 낸 서명응은 영조의 명을 받아 『황극일원도』를 지어 조선의 역사를 원회운세식으로 기술했다. 그는 이 책에서 향후 조선의 미래를 천세력으로 피력했다.

조선 상수학이 낳은 인문학의 또 다른 특색은 새로운 점법占法의 발명이다. 조선시대의 점법은 주자 점법이 대세이고 채침 점법도 겸용했다. 조선 후기 주자학의 장악력이 느슨해질 무렵 실학과 국학 사상이 흥기하면서 몇몇 학자들은 주자와 채침의 점법에 만족하지 않고 조선의 새로운 점법을 내놓았다. 김석문과 이익, 정약용과 심대윤이 발명한 점법이 그것이다.

2. 조선 상수학의 특성

조선의 상수학은 주변 학문과 융합하여 두 분야로 발전해 나갔으니 앞에서 말한 자연학과 인문학이 그것이다. 자연학에는 상학〔象學: 圖書學, 圖象學〕, 수학, 천문학 등이 있고 인문학에는 음운학, 악률론, 역사학, 점법학 등이 있다. 상학을 자연학에 분류한 이유는 상학이 지닌 도상이나 상 그 자체가 자연과학을 촉발하는 기제가 되었기 때문이다. 자연학과 인문학으로 뻗어나간 조선 상수학은 다음과 같이 몇 가지 특징을 가지고 있다.

첫째, 상수를 가지고 '리理' 즉 역리와 천리天理를 추구했다. 이런 특징은 이론이 번잡하고 음양재이陰陽災異에 흐른 한대 상수학과 구별되는 지점이며, 동시에 문사文辭로 역리를 추구하는 의리학과 그 지향점이 같음을 의미한다. 대부분의 조선 상수학자는 '상 · 수 · 리'를 두루 갖추었고 그것이 조선 상수학의 특성이다.

둘째, 조선의 상수학은 도서를 중시하는 도서상수학圖書象數學이다. 조선의 역학자들은 대부분 자신의 역학관을 「하도낙서」, 「선천도」, 「태극도」 등 도서에 실어 해설과 함께 나타냈다. 이러한 특징은 송대 역학의 영향이지만, 일정 부분 자신만의 창의성을 발휘하여 송역을 뛰어넘는 독자적 결실을 이루었다. 조선 후기에 접어들면서 서학이나 한역漢易, 청역淸易에 대한 관심이 점증하여 상수학의 다변화가 이루어졌다.

셋째, 조선 상수학은 세종 원년(1419)에 들어온 『성리대전』에 수록된 역학 저서에 큰 영향을 받았다. 그것은 소강절의 『황극경세서』, 주자의 『역학계몽』, 주렴계의 『태극도설』, 채원정의 『율려신서』, 채침의 『홍범황극내편』 등 다섯 책이다. 이 중에서 『황극경세서』와 『역학계몽』[20]의 영향이 가장 컸다. 그렇다고 조선의 모든 학자가 『성리대전』에 영향을 받은 것은 아니다. 대표적으로 정약용과 신작申綽을 들 수 있다. 정약용은 한역의 영향을 많이 받았고 신작은 양명학과 노장학 등에 관심이 많았다. 『성리대전』에 영향을 받은 상수학자라도 한역이나 청역淸易 등도 참고했다.

넷째, 조선 상수학은 인접 학문과 부단히 교섭하여 융합학의 전형을 제시하면서 조선의 사상과 문화 창달에 이바지했다. 구체적으로 상수학이 음운학과 교섭한 『훈민정음』, 악률론과 융합한 『악학궤범』, 수학과 결합한 『구수략』, 천문학과 만난 『역학이십사도해』 등이다. 이는 상수학 자체가 가진 간학적間學的 융합성에다 상수학자 개인의 역량이 더해졌기 때문이다. 이처럼 조선 상수학의 성취는 개개인의 능력과 노력으로 자득한 경우가 대부분이며, 학파나 당파에서 영향을 크게 받지 않았고 일부를 제외

---

20) 조선시대 『역학계몽』에 대한 연구는 이선경의 2010, 2011, 2012년 3편의 논문을 참조할 수 있다.

하고 사제 간의 전승으로 이루어지지도 않았다.

다섯째, 조선 상수학은 '경세학' 과 '현실학' 의 두 가지 성질을 가지고 있다. 상수학은 원래 상과 수라는 구체적 대상물을 가진 학문이어서 구체성과 현실성을 지녔다. 조선의 상수학자들은 상수학이 세상을 경영하고 현실에 도움을 주는 실질 학문으로 여기고 이를 발전시켜 사회적 자산으로 삼고자 했다. 이처럼 현실에 착근하여 통치자들에게는 천하를 경영하는 '경세학' 으로 제시되었고, 학자나 일반인들에게는 실용할 수 있는 '현실학' 의 기반을 제공했다.

여섯째, 조선 상수학은 학자들의 송대 도서상수학의 수용과 변용 혹은 불용 여부에 따라 결과가 판이했다. 조선뿐만 아니라 여러 나라 학자도 적극적으로 받아들이고 운용했지만, 일부는 경전의 근거 부족과 논리성 결여 등의 이유로 배척하고 비판했다. 송대 도서상수학의 틀을 선용善用한 이는 학문 발전의 기틀로 삼아 창의적인 상수학으로 나아갔고, 불용不用한 이는 비판의 재료로 삼거나 학문 연구의 불쏘시개로 활용했다. 전자는 세종대왕, 서경덕, 신흠, 최석정, 김석문, 서명응, 신경준 등과 서양의 라이프니츠, 칼 융 등이다. 후자는 정약용과 중국 청대의 황종희 · 황종염 형제, 모기령, 호위 등이다. 선용한 이들은 상수학에서 눈부신 업적을 남겼고 불용한 이들도 나름대로 독자적인 역학을 수립했다. 특히 정약용은 기존 역학의 틀을 깨고 새로운 역설인 '역리사법易理四法' 을 주창하고 「계사전」과 다른 점법을 발명했다.

제3장

조선 상수역학의 배경지식

조선시대 상수학의 전모를 파악하기 위한 배경지식은 송대의 강절역, 주자역[21], 채씨 부자〔채원정과 채침〕의 저서 등이며 이에 대한 이해가 먼저 필요하다. 그러나 여기에서는 소강절의 선천역, 채원정의 『율려신서』, 채침의 『홍범황극내편』 이 셋만 살피고 주자역을 대표하는 『역학계몽』은 제외한다. 강절역은 주자역의 근저를 이루고 있으므로 강절역을 이해하면 주자역은 쉽게 터득할 수 있기 때문이다. 위료옹魏了翁도 같은 맥락에서 강절역을 읽지 않으면 주자역이 지어진 까닭을 알 수 없다고 말한 바 있다.[22] 하지만 본론에서 『역학계몽』의 주요 부분이 재론되고 주자 점법

21) 주자(朱子, 본명 朱熹, 1130~1200)는 北宋五子〔소강절, 주렴계, 장재, 정호, 정이〕의 학문과 사상을 집대성하고 거기에 자신의 철학과 사상을 입혀 신유학의 체계를 정립했다. 주자의 상수역은 『역학계몽』으로 대표되고 그 내용은 3대 요소로 이루어졌다. 첫째, 「하도」「낙서」 중심의 하락상수론이다. 둘째, 소강절의 선천학이다. 주자는 이를 적극 수용하여 역의 강령이라고 천하에 설파했다. 셋째, 占法 정립이다. 한편 주자는 주돈이의 태극도설을 人道와 본체론 확립의 기제로 삼고, 『주역』의 상수가 점을 치는 단순한 술수가 아니라 자연의 이치를 담고 성인의 심법을 드러내는 매개체임을 주장했다.

22) 학산 위씨 魏了翁(1178~1237)은 "강절역을 읽지 않으면 주자의 『주역본의』와 『역학

의 전모도 논하기 때문에 주자역의 핵심이 누락되는 것은 아니다. 채씨 부자의 저서는 덜 알려져 있고 학자들의 관심도 소강절과 주자에 비해 많지 않다. 그러나 『율려신서』는 조선 악률론의 배경 이론이고, 『홍범황극내편』은 조선 수학과 자연학을 이해하려면 필수적이기에 여기서 다룬다.

I. 소강절의 선천역학

소강절(邵康節,1011~1077)은 북송시대의 유학자, 상수학자이자 시인이다. 본명은 옹雍, 강절은 시호이며 별호로 백원 선생, 안락 선생으로도 불린다. 그는 하남성 형장衡漳에서 태어나 어려서부터 큰 뜻을 품고 학문에 천착하다가 느낀 바 있어 명산대천을 주유했다. 그러나 '도道가 집에 있음'을 깨닫고 돌아와 두문불출하고 학문에 골몰했으며, 부친인 소고(邵古, 985~1064)로부터 음운학과 성음율려론을 가학으로 전수받았다. 하남성 공성에 있을 때 공성현감 이지재李之才가 강절의 호학한다는 소문을 듣고 방문해 사제의 인연을 맺었다. 그로부터 「하도낙서」, 「선천도」 등 도서선천상수학圖書先天象數學과 아울러 물리지학物理之學과 성명지학性命之學을 전수받았다.(『宋史 · 列傳 · 邵雍』) 소강절은 이를 바탕으로 『주역』에 그림〔易圖〕과 수학〔理數〕을 접목시켜 새로운 선천역학을 정립했다. 이것은 수리철학數理哲學에 역도철학을 접목한 것으로 이전에 보지 못했던 '역외별전易外別傳'이었고 상당히 난해했다. 그의 학문은 가학과 이지재의 전수 및 본인의 노력으로 자득한 결실이라고 할 수 있다.

그는 낙양에 살면서 부필, 사마광 등과 교유했고, 특히 주돈이, 장재,

계몽』이 지어진 근거가 아득하여 알 수 없다.(蓋不讀邵易則茫不知啓蒙本義之所以作)" 라고 했다. 『鶴山集』 권35, 書 · 答劉司令.

이정 형제와 더불어 북송오자의 한 명으로 당시 사상계를 선도하여 여러 학자로부터 추앙받았다. 그는 벼슬을 마다하고 학문에 대성했으며(終身不仕, 學有大成) 평생 가난을 벗 삼아 천지를 논하고 자연을 읊으면서 안락와安樂窩에서 살다가 갔다. 이러한 삶의 자세는 조선의 학자들에게도 적잖은 영향을 주었다. 저서로 『황극경세서皇極經世書』, 『어초문대漁樵問對』 등, 시집으로 『이천격양집伊川擊壤集』 등이 있다.[23)]

1. '선천'의 개요

'선천'이란 무엇인가. 이 말은 건괘乾卦 「문언전文言傳」의 "선천이천불위先天而天不違 후천이봉천시後天而奉天時"에 나오는 것으로 소강절이 말하는 '선천'의 유래처이다. 『노자』 25장에 '선천지생先天地生'이란 말이 나오고 당말 오대에서는 '선천'이 내단학內丹學의 핵심 용어라는 주장이 있지만, 소강절의 선천과는 직접적 관계가 없는 것으로 보인다.(이대승, 2013, 140~160쪽) 소강절은 건괘 「문언전」을 포함한 64괘 경문에 주석을 달지 않아서 그의 저서에서 말한 '선천'을 통해 그 의미를 파악할 수밖에 없다. 아래의 『황극경세서』 「관물외편」과 『이천격양집』에서 그 용례를 찾아볼 수 있다.

1) 「관물외편」의 선천

『황극경세서』는 「관물내편」과 「관물외편」으로 구성되었는데 「관물내편」은 소강절 자신의 저작으로 『황극경세서』 자체라 할 수 있다.

「관물외편」은 그의 제자들이 소강절의 어록을 바탕으로 사후에 편찬한

---

23) 소강절에 대한 국내 연구로 곽신환의 『소강절의 선천역학』(고회민 저, 곽신환 옮김, 예문서원, 2011)과 이창일의 『소강절의 철학』(심산, 2007) 등을 들 수 있다.

것이다. 「관물내편」에는 '선천' 이란 말이 나오지 않고 「관물외편」에 다음과 같이 5번 나온다.(『황극경세서』, 882~898쪽)

① 선천학은 마음이고, 후천학은 자취이다. 들고나고, 있고 없고, 죽고 사는 것이 道이다.
② 선천학은 心法이다. 그러므로 그림 가운데〔그림 속: 圖中〕에서 모든 것이 일어난다. 萬化萬事는 마음에서 생긴다.
③ 선천학은 誠〔참됨〕이 중심이다. 지극히 참되면 神明에 통할 수 있고, 참되지 못하면 道를 얻을 수 없다.
④ 先天圖는 고리 같은 둥근 원 가운데〔원 속: 環中〕이다.
⑤ 堯임금 이전이 先天이고 堯임금 이후는 후천이다. 후천은 선천을 法받을 뿐이다.

위의 ① ② ③에서 선천과 심心·성誠의 상통성을 발견할 수 있고, ②와 ④에서는 「선천도」와 '중中' 사이에 상관성이 있음을 알 수 있다. 여기서 '중' 은 '「선천도」 가운데' 혹은 '속' 이라는 공간적인 의미와 '사람의 가운데인 마음자리〔心處〕' 라는 추상적인 의미가 함께 있다. 모든 것이 가운데〔속〕에서 일어나므로 '중' 은 변화의 기틀이다. 인식을 주관하는 '심' 은 '중' 의 상태에 있어야 하는데 그사이에 '성誠' 이 필요하다. '중' 이란 가운데서 양쪽을 포섭하는 것이고 전체를 아우르는 것이므로, 양극단에도 설 수도 있고 한가운데에도 설 수 있는 표준이자 극중極中이다.

①~④를 통해서 선천과 심·중·성은 불가분의 관계임이 확인된다. ⑤에서 선후천을 시대적으로 구분하여 요임금 이전을 선천, 요임금 이후를 후천이라 하며 후천은 오직 선천을 본받을 뿐이라고 한다. 선천시대는 심이 중의 상태인 참됨〔誠〕이 중심이 되는 시기이고 후천시대는 '참되려고

노력하는 때〔誠之〕' 라고 정리된다.

2) 『이천격양집』의 선천

소강절의 시詩는 '리理' 를 소재로 삼는다고 해서 '소강절체邵康節體' 라 하는데 이는 철학 사상과 문학 사상의 접목 형태를 띤다. 『이천격양집』[24]에 '선천' 이란 용어가 10여 차례 나오는데 그중에서 의미 있는 것들을 본다.

① 「三皇을 보고 노래함」 "크나큰 천지가 허여하여 나에게 펼쳐지는데, 천지 외에 다시 무슨 말을 하리오, 처음 나눈 大道는 常道가 아니네, 아직은 선천의 시대이고 후천은 오지 않았네."

② 「선천을 노래함」 "하늘을 앞서더라도 하늘을 위배하지 않고, 하늘을 뒤따르더라도 天時를 받든다. 하늘을 위배하지 않으면 잘못될 때가 없고, 하늘을 뒤따라 하늘을 받들면 어려울 때가 있네."

③ 「선천을 노래함」 "만약 선천을 묻는다면 아무 일(한 글자)도 없네, 후천에서 바야흐로 공부를 시작하네. 역발산의 기개와 재주라도 여기서는(선천) 털끝만큼이라도 억지로 얻을 것이 있겠는가."

④ 「참됨(誠)의 추구를 노래함」 "하늘은 말이 없으나 사람은 말할 수 있네, 마음을 속이는 때에는 하늘을 속이는 것이네. 하늘과 사람 사이는 멀지 않은데, 오직 사람 마음에 있다는 것을 사람은 모르네. 사람의 마음은 하늘을 앞서도 하늘을 위배하지 않고, 사람의 몸은 하늘을 뒤좇아서 하늘을 받드네.

---

24) 이 시집에 대해 주자는 다음과 같이 평가했다. "강절학의 골수는 『황극경세서』에 있고, 강절학의 꽃은 바로 이 『이천격양집』이다.(康節之學, 其骨髓在皇極經世, 其花草便是詩)" 『주자어류』 100권 56조목. 唐明邦(1925~2018)은 이 시집의 성격을 다음과 같이 요약했다. "깊은 역학적 사유를 품은 철학적인 시(玄思易理的哲理詩)" 이자 "옛 역사를 평설한 회고적인 시(評說古史的詠史詩)" 라고 평했다. 『소옹평전』, 남경대학출판사, 1997, 103~110쪽 참조.

몸과 마음은 서로 멀지 않으니, 다만 사람의 참됨에 있는데도 사람은 참됨을 추구하지 않네."

⑤「선천을 노래함」"선천의 사업을 할 사람 누가 있는가, 일할 이에게 어떻게 하라고 가르쳐 줄 사람은 누구인가. 만약 선천이라고 이르면서 말로 알린다면, 군신부자 이외 어디에 귀속되겠는가. 사람들이 눈앞의 기량은 뛰어나지만, 心中의 마음공부는 세상이 알지 못하는구나. 천지와 몸이 입장을 바꾸어도, 내 몸이 복희씨와 특별히 다르지 않네."

위에서 몇 가지를 확인할 수 있다.

첫 번째 시는 '선천' 의 시대성에 대한 것으로 삼황시대는 선천시대라고 단언하고 있다. 「관물외편」에도 같은 내용이 나온다.

두 번째 시는 선후천의 분기점에 대해 건괘乾卦 「문언전」[25]을 인용한다. 주석가들은 대부분 하늘을 맞이하는 주체를 대인으로 보는데 소강절은 현재의 보통사람의 시각에서 논한다. 뒤 구절의 의미는 천시가 도래하기 전에 하늘을 맞을 준비를 하면 수고로움이 없고 천시가 도래했는데 뒤늦게 시절을 좇아가면 고생스러움이 많다는 것이다. 천시 변화의 기미 파악이 선후천의 분기점임을 나타낸 것이다. 선천시대에는 사람의 심성이 순수하고 천시를 잘 받들어 하늘에 순응하니 참된 영화 진유眞腴를 누릴 수 있다고 했다.

세 번째 시는 '선천 세계' 의 자연적 유위성有爲性으로 선천의 자연스러움 즉, 선천의 자연성을 노래했다. 여기서 말하는 '자연성' 이란 작위作爲

25) 『周易譯註』에서 "선천은 先于天象"으로 자연계에 아직 변화가 도래하기 전에 미리 조치하는 것이라 하고, "후천은 後于天象"으로 자연의 변화가 도래한 후에 조치하는 것이라 하며, 천시란 "대자연의 陰晴寒暑" 등 변화규율이라 한다. 황수기 · 장선문, 『주역역주』, 상해고적출판사, 2004, 20쪽.

가 없는 '무위無爲'가 아니다. 작위이지만 그것이 자연에 위배되지 않음을 의미한다. 특히 '일사무一事無'는 "저절로 그러함에서 나와 안배하지 않은 것"이라고 주자는 말한다.(『주자어류』 100권 48조목)

네 번째 시는 "사람과 하늘〔天地自然〕 사이는 거리가 멀지 않고 마음에서 합쳐질 수 있는데 사람은 그것을 모르고 있다."고 한다. 이는 『중용』에 나오는 '도불원인道不遠人'의 선천학적 표현이라 할 수 있다. 또 마음은 선천이므로 위배하지 않고 몸은 후천이라 천시를 뒤따르는 수고를 하지만, 실은 마음을 지닌 몸이 '참됨'을 추구하면 그것이 바로 선천임에도 사람들이 모르고 행하지 않는다고 한다. 여기서도 '선천'이란 참된 마음〔誠心〕이 중심임을 지적하고 '선천 세계'로 가기 위해 '참됨을 추구하는 유위성'을 강조한다.

다섯 번째 시는 참된 마음공부에 대한 것이다. 후천 세계에서 선천 세계로 나아가려면 모든 것이 마음공부에 달려 있다고 했다. 앞에서 선천시대에는 다소 추상적인 '마음의 참됨'이 중심이 된다고 했는데 그 구체적 행위로 군신부자 관계의 충실 등, 유가의 본령인 '인의예지仁義禮智'를 거론한다. 유가에서 '인의예지'는 천지자연의 도가 인도人道에 내려온 본성으로 본다.(곽신환, 1990, 51쪽)

'인의예지'는 어디서 닦는가. 현실세계인 후천 세계에서 닦는다고 했다. 진실한 마음으로 '인의예지'를 실천하면 복희씨와도 다르지 않으며 선천에 있는 것과 다르지 않다고 했다. 비록 혼탁한 후천 세계에 있지만 '인의예지'를 통해 미래의 맑은 선천 세계로 나아갈 수 있다는 희망을 후천의 사람들에게 말하고 있다. '인의예지'의 강조는 소강절의 학문적 소속이 유가儒家임을 나타내는 말이다. 사실 소강절이 유가냐 도가냐에 대해 송대와 조선에서 논란이 있었지만, 이 문장으로 그 의문이 해소되었다고 본다. 그의 유가적 시각은 『황극경세서』「관물내편」에 자주 언급되는 공자에 대한 칭송과 '인의예지' 를 그의 경세천지 사부四府에 넣어 강조하는 것에서도 확인할 수 있다.

「관물외편」과 『이천격양집』을 통해 살펴본 소강절의 '선천' 은 두 가지로 정리할 수 있다. 하나는 '하늘을 기준으로 한 특정한 상태' 이고, 또 하나는 '시대〔선천시대〕' 를 나타낸다. 전자는 건괘에서 말하는 '하늘〔천시〕보다 앞서는 때' 에도 하늘을 위배하지 않고, 하늘보다 뒤서는 때에도 하늘을 받든다' 로 나타난다. 이때 선천은 자연의 순수한 기가 넘치고 성誠이 충만한 세상을 의미하는데 그것은 결국 복희시대처럼 인간의 본성이 그 본래 모습을 간직한 '원형질의 상태' 를 말한다. 후자는 시간상의 어떤 시점을 의미하는 것으로 '선천시대' 를 말한다. 소강절은 전자의 의미와 후자의 의미를 혼용했고 '복희' 란 말은 선천을 나타내는 상징어임을 알 수 있다.

그러면 '선천' 을 현실의 인간이 어떻게 파악할 수 있고, 만약 '선천' 이 존재한다면 어떻게 도달할 수 있는가. 이것은 '선천' 을 존재의 문제로 볼 것인가, 인식의 문제로 볼 것인가에 대한 것이다. 전자는 선천이 과연 현실에 존재하는가 여부로 본 것이니 해답을 찾기 어렵다. 후자처럼 선천을 인식의 문제로 보면 '선천' 에 대한 이해가 명료해진다. 소강절의 인식론인 관물론에 그 해답이 있다. 관물론은 아래에서 논한다.

2. 선천역학 각론

선천역학이 구사하는 학문 방법론은 기존 역학과 두 가지 점에서 다르다. 하나는 역리를 '도상〔易圖說〕' 으로 나타낸다는 점이고 또 하나는 역리를 '수〔易數論: 理數論〕' 로 드러낸다는 점이다. 소강절 선천역학의 학적 체계는 '도상론' '리수론' '관물론' '심법론' '원회운세론' '성음창화론'

6대 범주로 나눌 수 있다. 체용體用으로 구분하자면 도상론〔先天圖〕이 체이고 나머지는 용이다. 그 요체를 살펴본다. 단, 성음창화론은 다음 장에서 자세히 다루도록 한다.

1) 도상론

소강절은 송대 도서상수학의 3대 그림인 「선천도」, 「하도낙서」, 「태극도」 가운데 「선천도」를 들고 역학의 무대에 등장했다. 송대는 역리를 도설로 논하는 도상학圖象學이 학문적 경향이었고 강절역 역시 그런 풍토 속에 있었다. 이 그림들은 모두 진단에 그 연원을 두고 있다고 주진朱震은 말한다. 이에 대해 논란이 있음은 앞에서 보았다.

그의 선천역학은 종전의 역학적 패러다임을 바꾸는 것이었다. 가장 큰 변화는 역을 선천역(학)과 후천역(학)으로 이원화한 것이다. 선천역은 복희가 창안한 것으로 무문자역無文字易으로 복희역伏羲易이라 했고, 후천역은 통행본 『주역』으로 문왕역文王易이라 했다. 둘 사이의 관계는 선천역이 체이고 후천역이 용이며, 후천역은 선천역에서 나왔다고 했다. 주요 차이점은 괘사 유무와 괘의 순서가 다르고 「계사전」의 '태극1 - 양의2 - 사상4 - 팔괘8'을 근간으로 하는 가일배加一培로 역괘가 생성된다고 주장한다. 주자가 소강절의 이런 주장을 '역의 강령이자 역의 첫째 의의'라고 수용하면서 역학 원칙으로 자리잡았다. 그러나 선천역은 주역적 근거가 취약한 역외별전이어서 청대에 와서 부정되었고 정약용 등도 비판적이었다. 「선천도」는 보통 4~6개의 그림과 도설로 제시되었는데 『주역본의』와 『주역전의대전』에 실려 있고 이것이 주자 역학의 기초 이론이 되었다.

2) 리수론

강절역의 또 하나 특색은 수로 역리를 논하는 리수론理數論이다. 소강절이 "천하의 수는 리에서 나온다.(天下之數出於理)"라고 이른 데에서 그의 리수론의 면모를 확인할 수 있다. 또 그는 "천하의 수는 리에서 나오고 리를 위배하면 술수로 흐른다. 세상 사람들이 수로 술수에 들어가니 리를 잃은 것이다.(天下之數出於理, 違理則入於術. 世人以數而入於術, 故失於理也)"라며 술수를 배격했다. 이처럼 강절은 '수'와 '리'는 동의어라고 생각했다. 고회민은 역학에서 리수를 발명한 사람은 소강절이라고 했으며 리수는 역의 내상內象으로 상象 이전에 존재한 수라고 했다.

소강절이 유학에 끼친 영향 중 하나가 '수학'을 유가철학의 영역에서 논한 것이다. 소강절은 수를 상象보다 상위 개념으로 보고 수〔易數〕에서 상〔易象〕이 나왔다고 보았다. 홀수 1에서 양획〔—〕, 짝수 2에서 음획〔--〕이 나왔다는 입장이다. 이처럼 소강절에서 '수'는 강력한 위상을 지닌다. 리수론에서 소강절이 사용하는 수리적 도구는 가일배법, 사부법, 체4용3, 체용수 등이다. 가일배법은 주지하듯이 2배로 늘어나는 연산 수칙이며, 사부법은 만물을 4개씩 묶어 분류하는 만물분류법이다. 체4용3은 그의 독특한 수적 체용론이자 만물작용론으로 본체에서 1/4은 남겨두고 3/4만 작용한다는 것이다. 1은 3을 위해 내장되어 불용한다는 것으로 하늘은 1이 변하여 4, 땅도 1이 변하여 4이다. 4는 유체이나 1은 무체이니 유무의 극이라 했다. 하늘의 체수는 4〔체4〕이나 사용하는 것은 3〔용3〕이고 불용하는 것은 1이다. 땅의 체수도 4이나 사용하는 것은 3이고 불용하는 것은 1이다. 무체의 1은 자연에 비유되고 불용의 1은 도에 비유된다. 쓰이는 3〔용3〕은 천지인에 비유된다고 했다.(『황극경세서』, 815쪽)

3) 관물론

강절역의 철학적 '두뇌'는 '관물론觀物論'이다. 앞서 보았듯이 선천에 대한 그의 인식론이 『황극경세서』「관물편」에 잘 나타나 있다. '관물'은

'사물〔物〕' 과 '관찰〔觀〕' 의 두 요소로 이루어졌다. 소강절은 먼저 '물物' 에 대해 언급한다.

'물' 로는 '천지' 만한 것이 없다. 그래서 첫머리에 '천지' 를 언급하고 다시 천지를 나누어 천〔動〕에는 음양, 지〔靜〕에는 강유를 배분한다. 일동일정의 작용〔交〕으로 천지의 도가 이루어진다. 음양에는 춘하추동 사시四時를, 강유에는 동서남북 사유四維를 배분한다. 또 음양에 태양 · 소양 · 태음 · 소음과 일월성신, 한서주야가 배분된다. 강유에는 태유 · 태강 · 소유 · 소강과 수화토석과 우풍로뢰가 주어진다. 이런 요소들이 동인動因이 되고 성정 형체가 교대로 작용하고 주비초목과 동식물이 감응하여 만물이 이루어진다.(『황극경세서』, 661~682쪽) '물' 은 이뿐만 아니다. 인간사, 자연사 모두 '물' 이다. 구체적으로 보면, 성인聖人과 범인凡人이 있고 원회운세와 황제왕패의 역사가 있고 삼황오제 같은 당세의 성인이 있고 공자와 같은 만세의 성인도 있다. 물을 직관하여 천지인으로 나누고 다시 세분하여 최종적으로 선천역학의 종지를 공자에 연결시킨다. 이처럼 소강절은 자신의 선천역학의 최종 귀결처로 공자를 제시한다.

그럼 이 '물' 을 어떻게 '관觀' 할 것인가. 그는 두 가지 방법을 제시한다. 첫째, 그는 "눈으로 사물을 보지 말고 마음으로 보고, 나아가 이치〔理〕로 사물을 보라."〔以理觀物, 『황극경세서』, 806쪽〕고 한다. 주관적인 안목이나 사심으로 보지 말고 보편적인 '리' 로 만물을 보라는 것이다. '리' 로 보면 현실에 존재하는 사물의 연원과 그 존재 이유를 알 수 있고, 거기에서 현존하는 사물의 시작점을 포착할 수 있으며, 그 시작점을 알면 '선천' 도 인식할 수 있다는 것이다.

그러면 선천을 인식하게 하는 '이리관물' 의 '리' 는 어떻게 얻는가. 「관물내편」에서 그는 '리' 를 이해시키기 위해 "천하의 사물은 모두 리를 가지고 있고, 본성과 명命을 가지고 있다. 리란 그것을 궁리한 후에 알 수 있고 본성은 그것을 다 실현한 뒤에 알 수 있고 명은 다다른 후에 알 수 있다."(『황극경세서』, 807쪽)고 말한다. 이때 '리'는 각 사물이 지닌 본연의 '리'이며, 리의 궁리는 앞의 시에서 알려준 '성심'을 다하는 것과 같은 맥락이라 할 수 있다.

둘째, '반관(反觀: 돌이켜 봄)'하여 '이물관물以物觀物'하라고 한다. 소강절은 반관할 때 유아有我를 부정했다. '무아無我'가 되어야 반관할 수 있다고 했는데, 여기서 '무아'란 '아'가 없다는 뜻이 아니다. '아'가 만물 속에 섞여 만물의 하나가 된다는 것이며 이때 '아'는 만물의 '가운데〔中〕'에 위치하게 된다. 여기서 '중'의 자리에 위치한 '아'를 객관적 대상으로 보는 것이 '반관'이다. 객관인 '아'를 통해 세상을 바라보니 피아의 상호 인식이 가능하고, 주관과 객관을 가로막는 경계가 제거되어 비로소 '인식의 트임'과 '인식의 확장'이 이루어진다. 즉 '무아'를 통해 객관적 시각을 획득하고 '중'에 위치한 '아'를 통해 주관과 객관의 합치를 추구한다. '타자'와 '나'가 하나가 되면 모든 것이 '만물' 속의 하나임을 깨닫게 되고, '만물'로써 '만물'을 바라보게〔以物觀物〕되어 천하의 모든 현상을 꿰뚫어 알 수 있게 된다는 것이다. 이런 상태에 이르러야 그가 말하는 선천도 인식할 수 있다는 것이다. 이처럼 이리관물과 이물관물은 그의 관물론의 핵심이자 선천 인식론의 관문이다.

4) 심법론

강절역의 철학적 '심장'은 '심법心法'이다. 소강절이 "선천학은 심법이다.(先天之學 心法也)"라고 천명한 것이 그것을 말해준다. 소강절은 "「선천도」는 모두 '중'에서 일어나고, 천지만물의 변화는 마음에서 생긴다.(圖皆從中起, 萬化萬事生于心也)"라고 했다. '중'과 '심'을 동렬에 놓고 마음으로 선천역에 다가서라는 것이다. 이는 문사文辭 대신 선천역의 괘상을 통해 '심' 으로 관물하여 역의 본지를 파악하란 뜻이다. 또 그 마음〔心〕은 복희시대로 돌아가야 하는 것인데 어떻게 해야 그것이 가능한가. 앞에서 본 것처럼 지금 이 마음을 '성誠' 의 상태로 돌려 반관하면 '성' 이 지배하는 복희 선천시대와 같은 때로 돌아갈 수 있다는 것이다. 심은 시공을 초월하여 동일하니 현재 자기의 심을 소급하면 복희의 심과 하나로 같아진다. 그렇게 하면 후천시대인 현재도 선천시대와 다를 바 없다는 것이다.

이처럼 소강절은 '심' 을 매개로 사람들에게 희망의 메시지를 보내고 있다. 그의 심법론은 후대 심학에 큰 영향을 미쳤으며, 모든 일이 마음에 달렸다는 그의 언명은 불교의 유심론과도 거리가 멀지 않을 것이다. 그가 귀하게 다루는 '심' 은 유불도에 치우치거나 구애받지 않는 보편적인 '심학' 을 추구하며 조선 역학에서도 소중하게 다루어졌다.

5) 원회운세론

소강절이 역학계에 제시한 새로운 패러다임 중 하나가 '역학으로 역사歷史 읽기' 이다. 이른바 원회운세론元會運世論이다. 역수曆數인 12와 30의 중첩적 적용을 근간으로 64괘와 60갑자甲子, 간지干支를 해마다 대입하여 요순시대 이래 송대 인종 때까지 주요 역사를 역학적으로 풀이한 역사 연대기이다. 1세世 30년, 1운運 360년, 1회會 10,800년, 1원一元 129,600년이란 시간 단위를 정하고, 천지의 시종을 한 단위〔一元 129,600〕로 제시하면서 일원이 끝나면 다시 이원, 삼원으로 계속 이어진다고 했다. 그 과정에서 천지인물의 생장소멸을 논하고 중국 역사의 흥망을 나타낸다.

이는 하나의 추리 역사론이어서 논리적 합리성을 따지기보다 추산된 역사 속에 배치된 역괘의 의미에 주목해야 한다. 아울러 일원의 기간이 다시 반복된다는 일종의 우주순환 사상을 나타내는 것이기도 하며, 「계사전」 상 5장에서 말하는 '생생지위역生生之謂易' 의 소강절식 역사 인식이기도 하다. 과학적 근거나 역사적 사실과의 부합 여부는 논외로 하고 이 이론이 역학계에 던지는 메시지는 변역變易의 관점에서 고금의 세상만사를 성찰하라는 것이다. 원회운세론은 당시와 후대에 많은 영향을 끼쳤으며, 조선에서는 원회운세로 역사서를 작성하는 사업이 신익성에서 시작되어 홍계희와 서명응으로 이어지게 되었다. 특히 홍계희와 서명응의 원회운세식 역사서 편찬은 영조의 지시하에서 이루어진 관찬 사업이었다.

3. 선천역학 전수 계통

주자는 선천역의 전수 계통은 소강절 이전에 그 유래가 있으며 최종적으로 공자에 있다고 말한다.[26] 선천역에 대한 주자의 이런 굳은 믿음은 조선 학자들에게 큰 영향을 미쳐 선천역은 조선 상수학을 이해하는 사전 지식이 되었다.

조선조 선천역의 전수 계통을 큰 갈래로 나누면, '서경덕 - 신흠, 신익성 가문 - 최명길, 최석정 가문 - 서명응 가문' 으로 이어지지만, 명확한 전수 계통으로 연결되지는 않는다. 각자도생이라 할 수 있다. 세부적으로 보면 다음과 같다. 권근(權近, 1352~1409)의 『입학도설』에서 「선천도」 등이 처음으로 소개되었지만, 그는 강절역 전문가는 아니다. 세종대 『훈민정음』 창제(1443)에 강절역이 큰 역할을 했다. 조선 전기에는 서경덕(1489~

26) 「선천도」와 선천역학의 전수계통은 다음 3가지 전거로 확인할 수 있다. ① 朱子曰, "凡此非某之說, 乃康節之說, 非康節之說, 乃希夷之說, 非希夷之說, 乃孔子之說. 但當日諸儒旣失其傳, 而方外之流, 陰相付受以爲丹竈之術. 至於希夷康節乃反之于易, 而後其說始得復明於世." 『역학계몽』, 1043쪽. ② "先天圖眞是精微, 不起於邵子. 希夷以前元有, 只是秘而不傳. 次第是方士輩所相傳授. 參同契中所言, 亦有些意思." 『역학계몽』, 1049쪽. ③ 易本義云, "伏羲四圖三畫六畫橫圖圓圖其說皆出邵氏. 盖邵氏得之李之才, 之才得之穆修, 修得之希夷先生陳摶, 所謂先天之學也." 『역학계몽』, 1075쪽.

1546)이 강절역에 정통했으며, 장현광(1554~1637), 신흠(1566~1628) 가문 3대가 뒤를 이었다. 서경덕은 강절역을 풀이한 조선에서의 강절역 1세대이다. 신흠은 서경덕을 추앙했고, 조선 후기 강절역의 교량 역할을 했다. 신흠에게 배운 최명길(1586~1647)과 그의 손자 최석정(1646~1715)도 강절역을 기반으로 수학과 음운학에 걸출한 업적을 남겼다. 김석문(1658~1735)은 천문학에 독보적인 존재감을 드러내는데 그 이면에 강절역이 존재했다. 신경준(1712~1781)의 음운론과 서명응(1716~1787)의 선천역학, 황윤석(1729~1791)의 수학과 음운론의 바탕에도 강절역이 깔려 있다. 이규경(1788~1856)은 조선 학자 가운데 폭넓게 소강절과 강절역을 파악한 학자이다.(곽신환, 2014, 295~308쪽) 심대윤(1806~1872)도 강절역에 정통했고 유중교(1832~1893)는 숨은 선천역의 전문가라 할만하다. 조선에서 소강절의 문학이나 삶의 방식을 흠모한 학자도 적지 않았는데, 퇴계도 그러했지만 조성기(1638~1689) 등이 대표적이다.

【 해제 】

소강절이 말하는 '선천' 을 어떻게 알 수 있나. '리' 로써 만물을 보고, '반관' 하여 만물 속에서 나를 보고, '이물관물' 하여 나와 타자와 만물이 하나가 되어 천하를 바라보면 '선천' 을 알 수 있다고 한다. 선천을 인식하기 위해 자타自他의 관점에 장애물이 없도록 노력해야〔誠之〕 한다. 나와 타자의 관점 통일을 이룰 수 있는 접점이자 균형점이 '중' 이고 그 통로는 '심' 이다. 소강절은 후천〔現實〕에서 성지誠之하여 획득한 '중심中心' 으로 '리' 를 얻어 세상을 관물하면 인식의 트임이 이루어져 선천을 파악할 수 있다고 했다. 하지만 소강절은 선천을 인식의 영역으로 볼뿐 별도의 세상으로 선천을 인정하지 않았고, 후천으로 이어지는 개벽도 주장하지 않았다. 오직 지금, 참됨〔誠之〕과 마음공부〔心法〕를 강조했으며 현실 세계 이외에 다른 세상이 있는지 자신은 모르고 설령 성인이라도 알 수 없다고 했다.[27]

그는 하늘을 선천과 후천으로 나누고 인류 역사는 129,600년을 주기로 순환한다고 했다. 이것은 우리에게 시공간의 인식 영역과 활동공간을 크게 확장시켜준 것이다. 소강절은 이처럼 우리에게 세상을 넓게 보고 크게 생각하며 살아가라고 이른다.[28]

II. 채원정의 『율려신서』

채원정(蔡元定, 1135~1198)은 남송시대 상수학자로 『율려신서律呂新書』를 지었다. 채원정의 학문은 부친에게서 배운 가학의 전통이다. 채씨 집안의 가학은 강절역의 영향을 받았고 역학, 천문지리, 도서학, 수학에 정통했다. 주자는 채원정의 부친 채발(蔡發, 1089~1152)에 대해 말하기를 "채발의 인물됨은 툭 트여 대범하고 역상易象, 천문지리 및 삼식지설〔奇乙壬〕에 밝아 불통한 데가 없었다."고 했다.(『朱文公全集』 권83, 『율려신서』, 1467쪽) 이런 가학은 채원정의 세 아들에게 이어졌고 이를 두고 황서절은 "채

27) 소강절의 선후천 사상은 조선 후기 종교 역학에서 말하는 세기말 사상과 결합하여 선천은 혼돈사회, 후천은 희망의 개명사회를 의미하는 것으로 변용되었다. 동학의 최제우(1824~1864), 김항(1826~1898)의 정역, 증산교의 강일순(1871~1909), 원불교의 박중빈(1891~1943) 등이 주장한 '후천개벽 사상'이 그것이다. 용어는 소강절의 선·후천을 차용했으나 그 내용은 전혀 다른 사상들이다.

28) 소강절이 臨終할 즈음 유언을 청하는 정이천에게 '좁은 길로 가지 말고 모름지기 넓은 길로 가라.'고 한 말이 그런 뜻일 것이다.

씨 집안의 조자손祖子孫은 유학에 알아주는 분들이고 젊을 때부터 멀리(속세를) 물러나 삼대가 하나로 꿰였다.〔三世一轍〕"[29]라 했다.(『율려신서』, 1468쪽) 채원정의 학문적 역량은 주자가 그를 제자의 반열이 아닌 노우老友로 대했을 정도였다. 그는 송대 신유학을 집대성한 주자의 숨은 조력자이자 『역학계몽』의 실질적 저자이기도 하다. 채원정이 『황극경세서』의 「찬도지요」로 물꼬를 트지 않았다면 강절역의 이해는 요원했을 것이다. 특히 그의 권유로 주자가 강절역을 접한 뒤 선천역학을 전적으로 수용하고 이를 계기로 선천역학은 날개를 달았다.

율려론이 역학적 요소와 접목하여 이론이 형성된 시기는 한나라부터이고 역과 율의 융합적 체계가 잡힌 때는 송나라이다. 이러한 과정이 핵심적으로 서술된 책이 『율려신서』이다. 그 내용은 마치 톱니바퀴가 물리듯 상수학과 율려론이 아귀가 딱 맞게 전개된다. 이 책의 특징은 철학의 테두리 안에서 음악과 도량형 및 수학이 자유롭게 드나드는 것이다. 음악의 기술적인 부분을 묘사하는 데 철학이 방해하지 않고 도량형과 수학을 논하는 데 음악과 철학이 걸림돌이 되지 않는다. 나아가 상수학이 음악과 도량형과 수학을 하나로 묶는다. 『율려신서』의 상수학이 여타 분야를 포섭하는 힘의 근원을 찾아보면 채원정의 역량이 절반을 차지하고, 나머지는 상수학의 본래 특장인 간학적 융합성이 작용하고 있다.

---

29) 채원정의 세 아들은 부친의 유지를 받들어 장남 채연은 易學, 차남 채항(외가에 양자로 가서 '知方'으로 개명)은 春秋, 막내 채침은 皇極數를 익히도록 했다. 각자가 그 분야에서 일가를 이루었다. 부친인 蔡發과 그의 세 아들, 손자 네 명 등 아홉 명을 합해 '建陽蔡氏四世九賢'이라고도 한다.

1. 『율려신서』의 저술 배경과 의의

역학과 상수학의 포섭 범위는 넓고도 다양하다. 그중에서 주목해야 할 것으로 율려론律呂論이 있다. 율려의 시원은 황제가 영륜에게 대나무로 황종黃鍾을 만들게 한 데에서 유래했다고 하니 복희시대와 멀지 않다. 사마천은 율려의 중요성에 대해 "6율은 만사의 근본"이라 했다. 율려론에서 음악론이 나오고 도량형론이 나온다. 음악音樂은 하늘에서 나와 사람에게 깃든 것으로 소리가 곡조를 이룬 것이고, 도량형은 인간이 사회생활을 영위하는 데 필요한 척도이다. 소리는 음音과 성聲으로 구분할 수 있는데 성에 고저장단〔리듬과 멜로디〕이 있으면 음이라 할 수 있고, 이 음이 조율되어 곡을 이룬 것이 악樂이라 할 수 있다.

『율려신서』는 송대(960~1279) 신유학과 불가분의 관계이다. 수당隋唐의 도불시대道佛時代를 거쳐 유학이 시대의 주류 사상으로 자리잡기 위해서 새로워질 필요가 있었고 이에 부응하듯 주렴계, 소강절, 주자, 채원정을 비롯한 여러 학자가 나왔다. 이들은 인간의 본성과 천리의 탐구에 주력했고 그 통로로 역학을 택했다. 이때 새로 출현한 것이 도서상수학이다. 그들은 '도서'와 '상수'를 매개로 우주와 존재의 근원을 탐구하여 한대 이래 역학이 한 단계 발전되었다. 송역은 이전 시대의 역학보다 취급 범위가 넓어지고 깊어졌지만 한대처럼 술수나 음양재이로 흐르지 않았다. 이런 시대적 상황에서 나온 책이 『율려신서』이다. 역학적 음악서이자 도량형서의 성격을 띤 동시에 성리학적 요소도 가미된 종합적 상수학서이다.

율도량형론은 한대까지 율법이 정립되어 알맞은 율관律管과 용기用器가 존재했으나 시대가 혼미해진 위진시대부터 오계五季〔後五代, 960〕에 이르면서 점차 사라졌다. 그 대신 수많은 율설이 난무하여 논설이 통일되지 않았고 각종 용기가 제작되었으나 정확하지 않았다. 따라서 왕조가 새로

들어설 때마다 율도량형의 정비는 시급한 과제였다. 송대 또한 마찬가지였다. 왕들이 이론과 기물을 정비하려 했으나 뜻을 이루지 못했다. 그만큼 율도량형 이론은 학자들이 쉽게 넘볼 수 없는 난해한 영역이었다.

이때 채원정이 작심하여 직접 율도량형 책을 지었다. 그는 개인의 억측이나 평소의 지식에 기대지 않고 각종 전거를 참조하여 책을 지었다. 『주역』, 『사기』, 『회남자』, 『한서』, 『여씨춘추』, 『주례』, 『예기』, 정현과 공영달 주석서, 『수서』, 『진서』, 『당서』, 『통전』, 『몽계필담』, 『국조회요』 등과 같은 서적에서 근거를 취하고 호원, 장재, 정이천 같은 송대 학자들의 주장을 감안했다. 또 한나라 용기인 한곡漢斛〔일명 劉歆의 銅斛〕이나 채옹(蔡邕, 131~192)의 동약銅龠에 새겨진 글〔銘文〕도 근거로 삼았다. 말하자면 서적과 학설과 실물을 모두 참조해서 객관적으로 책을 지은 것이다.

그러나 근본적으로 그는 「역전」에 보이는 자연의 이치가 담긴 수, 즉 리수를 기초로 삼았으며 앞의 전거들에 녹아 있는 리수 부분을 추출하여 이를 악률론과 도량형론에 적용하여 『율려신서』를 완성했다. 이런 과정을 모두 알고 있는 주자는 "이때까지 여러 학자가 해결하지 못한 악률론을 채원정이 『율려신서』를 지음으로써 완성했다."고 책의 의의를 평한 바 있다.(『율려신서』, 1463, 1467~1468쪽) 한마디로 채원정은 주관적인 선입견을 배격하고 객관적인 전거와 역사적 고증 및 상수학적 관점으로 이 책을 지은 것이다.

2. 『율려신서』의 주요 이론

『율려신서』의 편제는 권1 율려본원, 권2 율려증변으로 나뉘어 있다. 권1은 13장, 권2는 10장으로 모두 23장으로 구성되었으며 주자의 서문이 권두에 있다. 권1에서 율려에 대한 일반적 내용을 기술하고, 권2에서 권1의 각 항목에 대해 역사적 전거와 이론들을 근거로 증명하고 있다. 『율려신서』는 황종 규격의 연원과 11율 생성 과정 등 악률론 전반이 상수학 이론과 맞물려 있어 난해한 이론들이 산재해 있다. 주요 이론을 소개한다.

1) 황종

율려론에서 가장 중요한 것은 '황종黃鐘'이다. '황종'이란 악률에서 기준 음音이 된다. 또 율려란 12율[30]을 총칭한 말인데 12율의 시작점이 황종이기도 하다. 황종은 황종관〔黃鐘律管〕이라는 실물을 의미하기도 하는데 피리 같은 대나무관(혹은 금속관)의 일종이다. 황종관 입구의 원지름이 3~4cm 정도, 길이가 30cm 정도의 상하가 통하는 막대기이다. 이것을 불어 나오는 소리를 황종〔律〕 혹은 황종음, 궁성宮聲이라 한다. 이 황종관을 기준으로 길이를 짧게 하여 각각 11개의 관을 만들면 여기에서 나오는 소리가 11율이 된다.

황종관은 또한 도량형의 표준 용기도 된다. 그 관의 길이가 자〔尺〕의 기준〔度〕이 되고 관 속에 담을 수 있는 수량이 부피와 무게의 기준〔量衡〕이 된다. '율도량형律度量衡'이란 말은 이렇게 합성되어 생겨난 것이다. 이상의 논의를 뒤집어 보면 황종을 알 수 없으면 황종관도 없고 정확한 음악과 율도량형도 존재할 수 없다는 말이다.

30) 12율이란 1옥타브의 음역을 12개의 음정〔音階〕으로 구분하여 각 음 사이를 반음 정도의 음정 차로 율을 정한 것으로, 중국에서 시작하여 한국, 일본이 사용한다. 12율은 陽의 소리를 '律', 陰의 소리를 '呂'라 하여 6율과 6려로 이루어져 12율이라 통칭되며 음양의 순서대로 구성된다. 여기서 기준 음은 黃鐘이다. 또 각각의 율마다 音高에 따라 宮·商·角·徵·羽의 五聲(五音) 혹은 宮·商·角·變徵·徵·羽·變宮의 7성이 주어진다. 서양 음계로 보면 5성은 '도레미솔라'이고 7성은 '도레미파솔라시'이다.

2) 황종관과 천지지수

황종율관 크기의 근원은 어디인가. 채원정은 그 크기의 연원을 『한서』「율력지」에 수록되어 있고 한곡漢斛에 새겨진 명문인 "길이 9촌, 공위 9분, 부피 810분(長九寸, 空圍九分, 積八百一十分)"[31]이라는 문구에서 인용한다. 또 채옹이 만든 구리관〔銅龠〕에 새겨진 글도 인용하여 "약〔관〕은 황종의 궁으로 길이 9촌, 원면적 9평방분, 거서秬黍〔기장〕 1,200개 용량, 무게 12수〔1銖=거서 100개 무게〕 2배하여 1홉〔合〕 3분 손익하여 차례로 11율이 생긴다.(蔡邕銅龠銘曰, 龠, 黃鐘之宮, 長九寸, 空圍九分, 容秬黍一千二百粒, 稱重十二銖, 兩之爲一合, 三分損益轉生十一律)" 고 했다. 황종관의 용적〔부피〕은 거서 1,200개이고 무게는 12수인 것이다. 따라서 길이 9촌, 공위 9분, 부피 810분에 거서 용량 1,200개가 관의 기본 수치가 된다.

그러나 9촌이 어떻게 나왔는지, 9분은 둘레인지 면적인지, 810분은 어떤 산식에서 도출된 것인지에 대해 논설이 분분했다. 또 '9' 라는 숫자를 왜 사용했는지에 대한 설명이 없었다. 채원정은 「계사전」 상 9장 '천지지수天地之數' 에서 '9' 에 대한 답을 찾았다.(『율려신서』, 1469쪽) 그는 '황종의 수는 9로 양성陽聲의 시작이고 양기陽氣의 움직임' 이라고 정의한다. 자연의 수이자 「하도」의 수인 천지지수 1~10에서 9는 양수의 끝이자 완성이다. 황종관은 길이가 9촌이고 단면적이 9평방분이고 부피가 810입방분이다. 여기에 공통으로 쓰인 '9' 가 황종의 수가 되는 이유를 「계사전」의

---

31) 도량형의 수치인 寸을 치, 分을 푼, 尺을 자, 合을 홉, 斗를 말로 읽기도 한다. 여기서는 寸은 촌, 分은 분, 尺은 척, 合은 합, 斗는 두로 읽는다. 1촌의 길이에 대해 시대에 따라 다르지만 약 3cm 내외로 보면 된다. 分에 대해서는 길이는 분이지만 면적을 의미할 때는 평방분, 부피인 경우는 입방분의 뜻이니 글의 맥락에 따라 다르다. '空圍' 의 개념에 대해 논란이 많다. 다수 학자들은 율관 구멍의 원둘레〔圍〕로 보지만 호원과 채원정은 원면적〔冪〕으로 보아야 한다고 주장한다. 채원정은 과거 정확한 황종을 구할 수 없었던 결정적 이유 중의 하나가 공위를 원둘레로 보아 '지름 3분 둘레 9분설(徑三分圍九分說)' 을 주장한 것이라고 했다.(『율려신서』, 1469쪽.)

천지지수 9에서 찾은 것이다. 이 지점부터 상수학과 율려론이 맞물리기 시작한다.

그럼 이 황종은 어떻게 구하는가. 황종은 '성기지원聲氣之元'에서 나오는데(『율려신서』, 1469~1470쪽) 황종관의 수치, 즉 길이와 면적과 부피의 분촌수分寸數는 성기지원 속에 감춰져서 쉽사리 알 수 없다고 한다. 그래서 많은 대나무를 잘라서 각각 불어 '소리가 조화로운 것'〔聲和〕과, 대나무를 땅에 묻어 '기가 응하는 것'〔候氣〕을 거친 대나무라야 된다. 즉 '소리'와 '기'를 모두 충족한 대나무관이 성기지원을 지닌 황종관이 된다는 것이다. 이 관의 치수를 재어보면 길이 9촌, 공위〔단면적〕 9평방분, 부피 810입방분인 것이다. 『한서』「율력지」와 한곡 및 채옹의 동약에 새겨진 수는 이런 과정을 거쳐서 나온 수치라는 것이다. 이것이 율려의 근본이고 도량형의 법도가 된다.

3) 11율과 삼분손익법

황종은 12율의 시작점으로서 황종율관을 짧게 조절하여 11율을 만든다고 했다. 12율은 율관 길이의 차이에서 발생한다. 관이 길면 당연히 소리가 낮고〔濁〕 관이 짧으면 소리가 높다〔淸〕. 율관이 생기는 과정은 일면 간단한 듯하다. 가장 긴 황종관을 삼등분〔3分〕하여 2/3를 곱하여 다음 관인 임종관을 만들고, 임종관에 4/3를 곱하여 태주관을 만든다. 계속하여 직전 율관의 2/3와 4/3를 번갈아 곱하는 이른바 '삼분손익三分損益法'(『율려신서』, 1538~1539쪽)의 순환과정을 거쳐 나머지 11율관이 순서대로 생성된다〔生出順序〕.

그런데 왜 3인가. 황종은 양이고 율관은 둥근〔圓〕 막대기다. 원은 양으로 1이 3으로 되어 전부 쓰고, 방方은 1이 4가 되나 음으로 반만 쓰니 2가 된다〔陽全陰半〕. 실물로 말하면 황종〔양률〕 길이 9촌에 2/3를 곱하여 6촌

임종〔음려〕을 만들고, 임종에 4/3를 곱하여 8촌 태주〔양률〕를 만들고, 태주에 2/3를 곱하여 5촌3분 남려〔음려〕를 만든다. 나머지 관도 같은 요령으로 만든다.

여기에 복병이 둘 있다. 하나는 율관의 계산은 10진법을 쓰지 않고 9진법을 쓴다는 것이다. 9진법은 10진법과 달리 9에 이르면 단위가 올라간다. 또 하나는 12율관을 12지지와 12월에 배당할 때 6음진의 경우 음양의 충돌이론〔衝〕이 적용된다. 「원도; 육진육려도六律六呂圖」[32]에서 좌측 양의 자리에 있는 3개의 음려는 우측 음 자리의 음려와 충돌하여 그 자리를 맞바꾼다는 것이다. 자리를 바꾸어 좌측으로 옮긴 3개의 음려인 대려 · 협종 · 중려는 양위陽位에 있다는 이유로 2/3에다 배수를 곱하여 4/3로 계산한다.[33] 이 원리가 격팔상생법이다. 12율의 생출生出은 '황종 · 임종 · 태주 · 남려 · 고선 · 응종 · 유빈 · 대려 · 이칙 · 협종 · 무역 · 중려' 의 순서이나, 음고音高 즉 관의 길이로 배열하면 황종 · 대려 · 태주 · 협종 · 고선 · 중려 · 유빈 · 임종 · 이칙 · 남려 · 무역 · 응종의 순이다. 이를 생출순서로 따라가 보면 8자리가 떨어져 있다〔隔八〕. 좌측에 3개의 음려인 대려 · 협종 · 중려가 있고 순포했으면 좌에 있어야 할 임종 · 남려 · 응종이

---

32) 「원도; 六律六呂圖」 그림은 3부 악률론에 나온다.

33) 채원정은 "6양진은 제자리를 얻었지만 6음진은 衝의 자리에 있다. 임종 · 남려 · 응종의 3려는 음 자리에 있으니 손익이 없지만 대려 · 협종 · 중려 3려는 陽의 자리에 있어서 2배를 하니 비로소 12월의 氣와 응한다. 이는 음이 양을 따르는 자연의 이치이다."라 했다.(『율려신서』, 1480~1481쪽) 이에 대해 같은 책 1541쪽에서 그는 "『晉志』에서 말하는 '6율은 陽으로 자기 자리를 얻어 陰을 下生하고, 6려는 陰으로 衝을 얻어 陽을 상생한다' 라는 것이 이것이다."라고 『진지』에서의 말을 상기시킨다. 일반적으로 陽辰인 子午, 寅申 등도 충이 발생할 수 있는데 여기서는 陰辰만 말하는 이유는 이렇게 해야만 음률이 정확하게 되기 때문이다. 만약 대려 · 협종 · 중려에 배수인 4/3를 곱하지 않고 2/3만 곱하면 율관의 길이가 너무 짧아 변반황종 4.38531寸에 미달하여 조율이 안 된다. 그래서 충 이론을 적용하여 4/3을 곱하여서 음률을 고르게 한다.

우측에 있어서 충衝이 발생했음을 알 수 있다.

황종실수와 12율의 생성은 황종 자子〔황종지율 1〕에서 3을 11승한 황종 실수 177,147을 기준으로 삼분손익의 연속으로 11율이 생성된다. 12번째 중려의 실수 131,072에서 삼분손익이 더 진행되지 않는다. 그 이유는 131,072를 삼분하더라도 나누어지지 않고 무리수 2/3가 남아 더 이상 계산이 불가능하기 때문이다. 이를 '부진이산不盡二算' 이라 하며 율려가 12율에서 끝나는 이유가 여기에 있다. 이는 율관 생성이 수의 정밀성과 엄밀성에 기초함을 나타낸 것이고 그 핵심은 9진법을 쓰는 데 있다.

주의할 점은 9진법으로 산출된 율관이라도 척도로 셈할 때는 10진법을 쓴다는 것이다. 예를 들어 황종관은 길이가 9촌인데 이를 분으로 환산하면 9×10=90분이지 9×9=81분이 아니라는 것이다. 학자들이 정확한 율관을 구하지 못한 이유 가운데 하나가 율관의 생성은 9진법으로 삼분손익해야 함을 몰랐다고 채원정은 말한다.[34)]

율관의 생성은 3을 기준수로 하고 황종관 9촌은 3을 곱하며, 9진법 역시 3을 벗어날 수 없다. 양의 수는 3에서 실질적으로 시작한다. 황종은 양이자 원이어서 1이 3이 되는 것이다. 그는 이런 논리에서 율관의 원지름 1에 3의 비율이 원주율이라 했다. 이처럼 채원정은 역학의 삼천양지론을 악률론의 핵심인 삼분손익법의 기초로 삼았다.

4) 태극음양론과 6변율 및 오성

『율려신서』의 또 하나의 상수학적 기반은 태극음양론이다. 태극에 대해 『전한서』는 "태극의 원기가 3을 머금어 1이 된다.〔太極元氣函三爲一〕"라고 했다. 이처럼 '1' 이 태극을 의미하는 것은 율려론도 마찬가지다. 먼저

---

34) 11율 생성에 9진법을 쓴다는 것은 『사기』와 『회남자』만 알았을 뿐 나머지 사람들 예컨대 漢代 경방, 唐代 두우, 宋代 호안정, 범촉공은 몰랐다고 채원정은 지적한다.

황종지실에서 황종의 수는 1이라고 한다. 황종관의 길이는 9촌이지만 황종은 1로 환원되어 11율의 생성의 기준이 된다. 이처럼 1은 수의 시작이자 율려의 근원인 '하나' 즉 1이라 표상되니 역학에서 말하는 태극이라 하더라도 이상할 게 없다.

같은 맥락에서 1을 기준으로 둔다는 의미인 태극 즉 '치1置一'은 변율變律에서 나온다.(『율려신서』, 1487~1488) 변율은 정율〔全聲〕보다 관이 짧아 소리가 높고〔淸〕 반성半聲보다 관이 길다.〔濁〕[35] 변율이 6개에 그치는 이유는 60조로 이루어지는 선궁체계〔旋宮體系: 12율이 돌아가면서 궁음이 되어 5성을 거느리는 음계체계. 12×5=60〕에서 6변율만 있으면 음정이 맞아 떨어지기 때문이다.(남상숙, 2008, 109~110쪽) 6변율은 채원정이 발명한 것으로 그의 악률론의 주요 부분이다. 변율론에서 핵심은 '치일이육삼지〔置一而六三之: 1을 두고 3을 6승한다〕'이다. 이때 1·3·6의 수가 나오는데 1은 태극이고 3은 삼력三曆의 수이고 6은 6변율의 수를 의미한다.

이상의 언급은 변율과 율관의 길이와 관련된 태극음양론이지만, 소리인 궁·상·각·치·우 5성과 변치·변궁 이변성二變聲이 발생하는 부분에서도 '치일'이 나오고 그 원리도 비슷하다.(『율려신서』, 1490~1491쪽) 궁·상·각·치·우 5성을 수로 나타낼 때 9×9=81을 황종의 수라 하고 5성의 근본으로 삼는다. 이를 삼분손익하여 궁(81)-치(54)-상(72)-우(48)-각(64)의 순서로 생출된다. 음고 순으로는 궁(81)-상(72)-각(64)-치(54)-

35) 변율은 정율보다 율수가 적다. 즉, 관이 정율보다 짧다. 변율이 생기는 이유는 간단하다. 12율 즉 12정율은 각각 궁·상·각·치·우 5성과 변궁·변치의 2변성〔七聲〕을 가지고 84聲과 60調를 이룬다. 황종·임종·태주·남려·고선·응종이 궁일 때는 율수의 순서대로 즉 율관 길이 순으로 7성에 12율의 정반(正半; 율관의 全寸=全聲과 半寸=半聲)이 배열된다. 그러나 유빈·대려·이칙·협종·무역·중려가 궁일 때는 12율의 정반을 쓰면 율수의 순서에 맞지 않고 7聲의 음정이 맞지 않아 어쩔 수 없이 정율보다 율관이 짧은 율이 필요하다. 이것이 변율이다.

우(48)의 순인데, 이는 율관의 생출 순서와 율관의 길이 순서가 다른 것과 같은 원리이다. 소리가 5성에 그치는 이유는 마지막 각성 64를 삼분해도 나머지 1이 남아서 더 이상 계산할 수 없기 때문이다.

채원정은 5성에 군君 · 신臣 · 민民 · 사事 · 물物 5계급을 배당하여 뒷소리가 앞소리를 능가할 수 없다고 하여 각 소리에 고유한 지위를 부여한다. 또 60조와 관련하여 "60조는 12율이고 12율은 하나의 황종이다. 황종이 12율을 낳고 12율이 5성2변성을 낳는다. 5성이 각각 기준이 되어 60조가 이루어지니 60조는 모두 황종에서 빼고 더한 변화이다. 궁 · 상 · 각의 36조는 노양이고 치 · 우 24조는 노음이니 조를 이루고 음양이 갖추어지는 것" 이라 했다.

5) 역학적 도량형론

『율려신서』는 음악서에 그치지 않고 율도량형서라고 할 수 있다. 책의 1/3 정도가 도량형에 해당하며, 그 이론이 역학의 바탕 위에 악률론과 어우러져 있다. 채원정은 도량형에 대해 두 가지를 집중적으로 거론한다. 도량형의 원기(原器: 황종관)를 구하는 방법에 시비를 논한 것과, 한대 이후 송대까지 도량형의 변천사와 그에 대한 평가 부분이다. 악률론과 도량형 이론은 동전의 양면과 같다. 따라서 악률론에 적용된 이론은 그대로 도량형론에 적용할 수 있다. 채원정이 가장 고심한 것은 정확한 황종관을 구하는 데 있었다. 수많은 관을 불어보고 '성화' 를 이루고 있는지, 대나무를 땅에 묻어 응하는 기를 살피는 방법으로 관을 찾았음을 앞에서 보았다. 이 두 가지를 충족하면 '성기지원' 을 지닌 율관으로 보고 이를 황종관으로 삼았다. 뒤집어 말하면 '후기' 의 방법을 충족한 관은 '성화' 를 이루어 성기지원을 지닌 것으로 본다.

이런 전제하에 채원정은 종전의 도량형 이론에서 세 가지가 잘못되었다고 주장한다. 첫째, 황종관을 구하는 방법이 잘못되었다는 점이다. 거서나 금석으로 구해서는 안 되고 후기로 구해야 한다는 것이다. 둘째, 도량형 원기인 황종관의 지름과 원의 치수에 대한 '경3분 위9분설'의 오류에 대한 것이다. 잘못된 치수로 황종을 구했다는 것으로 9진법과 10진법의 혼동이 원인이었다. 셋째, 황종을 먼저 구한 뒤에 도량 형기를 만들어야 한다는 것이다. 황종률로 자〔척도〕를 만들어야 하는데 자를 먼저 만들고 뒤에 황종률을 정하는 오류를 지적했다. 위진시대부터 송대까지 많은 학자가 표준 도량 형기를 먼저 만들고 그 뒤에 황종관을 구했으니 순서가 잘못되었다고 주장했다. 첫째와 둘째 부분은 채원정의 역학관이 드러난 부분으로 상수학과 도량형론의 접합점을 찾아볼 수 있다.

6) 황종관과 후기법

채원정이 황종관을 구하는 방법으로 제시한 것은 후기법, 거서법, 지음법, 인체법, 자연물법이다. 여기서는 후기법과 거서법만 거론한다. 황종 구하는 법은 제3부 '박연' 편에서 자세히 언급한다.

채원정은 거서법은 잘못되었고 후기법이 옳다고 했다.(『율려신서』, 1587~1588쪽) 황종관에 거서 1,200개를 담으면 그 관이 꽉 차게 된다. 여기에 사용되는 거서는 양두산羊頭山에서 생산되는 중간 크기의 자곡거서〔子穀秬黍; 찧지 않은 검은색 기장쌀〕로 정한다. 즉 자곡거서의 중간 크기 1,200개를 담을 수 있는 길이 9촌의 관이면 황종관이 될 수 있다는 것이 거서법이다. 이에 대해 채원정은 2가지 문제를 지적한다.(『율려신서』, 1515쪽) 첫째, 기준이 되는 중간 크기의 자곡거서를 구하기 어렵다는 것이다. 농사는 날씨에 따라 흉년, 풍년이 발생하고 토지의 비옥도에 따라 차이가 있고 심는 씨앗의 크기가 일정치 않아, 생산되는 거서의 중간 크기를 가늠하기 힘들다는 것이다. 둘째, 앞의 문제로 인해 임의의 황종관을 만든 뒤 그 속에 1,200개의 거서를 넣어보고 거서가 커서 다 못 넣으면 작은 것으로 바꾸어 맞추고, 거서가 작아서 율관이 남으면 좀 더 큰 것으로 바꾸어 개수를 맞춘다는 것이다. 이렇게 만들어진 황종관은 신뢰할 수 없다는 것이 채원정의 주장이다.

그래서 채원정은 후기법을 주장한다.(『율려신서』, 1515~1516쪽) 거서법과 후기법은 양립할 수 없는가. 그는 양립할 수 있다고 한다. 다만 천지의 기氣로 율관을 정하는 선왕先王 시대에는 정확한 거서를 구할 수 있어서 거서법도 가능하지만, 지금은 그렇지 않다는 것이다. 채원정은 정이천의 말을 빌려 지금 시대의 황종 구하기는 후기법만으로 가능하다고 했다. 후기법은 앞서 말한 것처럼 구멍 크기가 같고 길이가 다른 여러 대나무를 불어서 소리를 고찰하고 땅에 열을 지어 묻고 응하는 기를 살펴 성기지원에 부합하는 황종관을 구하는 방법이다. 그는 후기의 방법이 선인들이 황종관을 제작한 뜻이라고 하여, 이러한 '성화기응聲和氣應'의 과정을 거친 황종관이라야 나머지 11율과 도량권형을 얻을 수 있다고 했다.

그는 왜 후기법에 집착할까. 『주역』 복괘復卦와 구괘姤卦가 상징하는 음양소장의 뜻이 후기법에 있다고 말한다.(『율려신서』, 1507쪽) 그 요지는 황종과 11율의 기의 흐름이 복괘와 구괘에 상응한다는 것이다. 여기서 후기법도 『주역』과 불가분의 관계임을 알 수 있다.

7) 황종관의 위경지수

채원정은 앞 시대 사람들이 정확한 황종을 구하지 못한 또 다른 이유가 황종관 위경〔圍徑: 지름과 둘레〕의 수치를 잘못 알았던 데 있다고 했다.(『율려신서』, 1531쪽) 맹강과 위소로부터 지름 3분, 둘레 9분설〔徑3分, 圍9分說〕이 나왔는데, 1,200개 거서를 황종관에 다 담을 수 없고 단지 810개에 그쳐 율이 성립되지 않았다는 것이다.[36] 황종에 대한 잘못된 이론이 수나라 이후 송대까지 정설로 내려오면서 범촉공(范蜀公, 1008~1089) 등이 맹신했다고 했다. 채원정은 위경지수에 대해 말하기를 "12율관의 지름과 둘레에 대해 한나라 이전부터 전해오는 명시된 글이 없고, 오직 반고의 『한서』에 말이 있으나 준거로 삼을 수 없다." 면서 "율관의 길이가 거서 90개이고 용적이 거서 1,200개라면, 원의 단면적〔空圍〕은 9평방분, 둘레는 10분3리8호, 지름은 3분4리6호이다. 매1분〔1층〕에 거서 13+1/3개를 담아 90〔길이 90분〕을 곱하면 1,200개가 된다." 고 했다.(『율려신서』, 1529~1530쪽) 즉 맹강과 위소 등이 말하는 '위' 는 '둘레' 가 아니라 원의 '단면적' 이며, 지름은 3분이 아니라 3.46분이고, 둘레는 10.38분(3.46×3)이어야 하며, 공위는 9방분(3.46÷2=1.73×1.73×3=약 9평방분)이 되어야 한다는 것이다. 그래서 매 1분의 바닥에 거서 13개와 1/3개를 깔아서 90분의 길이면 1,200개의 거서를 담을 수 있다고 말한다.

여기서 주목할 점은 채원정이 원주율의 값을 3이라고 한 것이다. 3은 정확한 원주율의 값이 아니다. 원주율이 틀리면 옳은 위경지수를 구할 수 없다. 원주율의 값은 한대까지 3으로 보았으나 위나라 유휘가 22/7을 주장했고 양나라 조충지(429~500)에 의해 355/113〔密率〕로 정해졌다. 그 이후 원주율은 355/113가 정론이었다. 이런 사실을 모를 리 없는 채원정이 3을 주장한 것은 그만한 이유가 있을 것이다. 황종과 11율을 구하는 데 필수적인 삼분손익법은 삼천양지론에 근거하고 삼천양지론은 원1에 둘레3이란 절대적인 공식이 있다. 이처럼 삼천양지론의 3에 대한 그의 지나친 믿음은 황종에서 쓰이는 원주율을 3이라고 주장한 것으로 보인다.

---

36) 계산 근거는 다음과 같다. ① 거서 1알 즉 1分의 면적 0.5×0.5×원주율(3)=0.75 ② 空圍(단면적) 1.5×1.5×3=6.75 ③ 단면적 1분에 담을 수 있는 거서 수 6.75÷0.75=9개 ④ 9촌(90분) 길이의 관에 담을 수 있는 거서 총량 9×90=810개로 1,200개를 담을 수 없다. 위소는 『周語註』에 "黃鐘之變也, 管長九寸, 徑三分圍九分, 因而九之, 九九八十一, 故黃鐘之數立焉" 이라 했다. 『율려신서』, 1524쪽.

【 해제 】

역학에서 수가 간여하는 공간은 눈에 보이는 상象에 뒤지지 않는다. 오히려 상 이전에 수가 존재하여 상을 드러내게 한 추동력이었다. 이런 논리는 소강절 리수론의 근간을 이루고 그 이론을 채원정이 이어받았다. 삼천양지론은 소강절 수론의 핵심 중 하나이다. 이를 계승한 채원정이 자신의 역학관을 그대로 『율려신서』에 반영했다. 그러나 그의 이론이 다 옳은 것은 아니다. 『사고전서』「제요」에서 지적했듯이 후기법으로 황종관을 구하는 데에는 의문을 가질 만하다. 또 원주율의 값을 3으로 정한 것은 바르지 않다. 그렇다고 거서법은 더욱 아니기 때문에 황종을 구하기는 무척 어려운 일이다.

그럼에도 불구하고 채원정의 율려론은 앞사람이 하지 못한 이론을 정립했다는 데 그 의의를 찾을 수 있다. 특히 율려를 풍부한 전거 위에 상수학으로 풀어간 점, 성기지원을 주장한 점, 60조와 6변율 이론의 도출, 도량형 이론의 역사적 고찰 등이다. 하지만 그의 6변율은 실용화되지 못했고, 이후 주재육(朱載堉, 1536~1611)이 변율이 아닌 연비례 산출법에 따라 음계와 일치하는 12평균율을 산출했다. 이 평균율이 오늘날 유효하다.

『율려신서』는 오늘날 음악 분야에서 그 효용성이 떨어지지만, 상수학 영역에서는 여전히 유효하다. 역수易數로 악률을 풀어서 음악과 상수학을 융합시켰기 때문이다. 이 책은 세종조 1419년 『성리대전』에 수록되어 들어온 후 조선시대 왕과 사대부들의 학습 자료였다. 『황극경세서』와 함께 대표적인 난독서로 꼽혔다가 조선 후기에 들어서 찬사와 비판을 함께 받았다.

중요한 점은 이 책이 조선시대 아악 정비의 기본서이자 『악학궤범』 악률론의 기초를 제공했다는 사실이다. 이것이 채원정의 이론이 조선 악률론에 반드시 재론되는 이유이며 전통 음악가들의 기본 연구서가 된 까닭이기도 하다. 아울러 상수학자들에게 율려론과 도량형 이론에 눈을 뜨게 한 학문적 기폭제이기도 하다. 이런 복합적인 요인으로 『율려신서』는 조선 상수학을 이해하는 데 필요한 선행지식을 담고 있다고 할 수 있다.

Ⅲ. 채침의 『홍범황극내편』

수는 인간의 존립에 필수적인 존재이다. 수를 통해 인간을 이해할 수 있고 수학을 통해 인문학을 만날 수 있다. 남송시대 채침(蔡沈, 1167~1230)이 지은 『홍범황극내편洪範皇極內篇』은 상수학의 영역에서 만난 수학적 인문학의 대표적 사례이다. 채침은 『율려신서』를 지은 채원정의 세 아들 중 막내이며, 자는 중묵仲默, 시호는 문정文正이다. 주자의 제자이며 평생 벼슬을 하지 않았다. 주자의 명으로 『상서尙書』에 주를 달아 10년 만에 『서집전(書集傳, 1206)』을 완성했는데 원나라 이후 과거 시험의 필독서가 되었다. 저서로는 『홍범황극내편』과 『채구봉서법蔡九峰筮法』 등이 있다.

1. 『홍범황극내편』의 편제와 내용

『홍범황극내편』 분량은 글이 50쪽, 도설圖說과 점법이 100쪽이다. 편제를 보면 크게 「홍범황극내편1」과 「홍범황극내편2」로 나뉜다. 「내편1」은 서문과 「홍범황극도」, 「내편」 상 · 중 · 하 세 부분으로 되어 있다. 「내편2」는 점법과 기타 도설로 구성되어 있다. 내용은 네 부분으로 편제되어 있다.

첫째, 도서 부분이다. 책머리에 「낙서」를 필두로 「99원수도」, 「99방수도」,「99행수도」,「99적수도」가 있으니 자신의 도서상수학을 그림으로 요약한 것이다. 둘째, 상수론이다. 수근본론 입장에서 그의 상수 사상을 펼치고 자신의 그림에 대해 설명한다. 셋째, 하락론이다.「낙서」에 주목하여 사부師父인 주자 · 채원정(이하 '주 · 채'라 함)과 다른 이론을 주장한다. 이상이「내편1」부분이다. 넷째,「내편2」에는 점법과 오행도, 역상지도, 범수지도 등이 있다.

그는『주역』,『서경』,『주례』,『중용』,『장자』등 여러 경전과 북송오자 등의 이론을 인용하여 자신의 이론을 세웠으며 점법도 새로 발명했다. 책의 영역별 내용을 간략하게 살펴본다.[37]

1) 역상과 범수

채침은 자신의 상수 사상의 핵심을 서문에서 아래와 같이 밝힌다.

> 천지의 사업을 본받는 것〔체현한 것〕은 역의 상〔易象〕이고 천지의 사업을 기율한 것은 홍범의 수〔範數〕이다. … 역은 네 성인을 거쳐 상이 이미 드러났고, 홍범은 우임금에 내려졌으나 數는 전해지지 않았다. 후대 작자들이 상과 수의 근원에 어둡고 변통의 오묘함에 통하지 못해 혹 상을 수로 여기거나 반대로 수를 상으로 의심했다. … 자연의 수는 더욱 어둠 속에 빠졌다.(『홍범황극내편』, 1597쪽)

37)『사고전서』에 따르면, 채침이『홍범황극내편』을 완성하지 못하고 別世했는데『성리대전』에서 미완 상태인 이 책을 실었다고 했다. 이를 웅종립(明, 熊宗立, 1409~1482)이 보완했고 그것이『洪範九疇數解』라고 한다. 그러나 웅종립의 책도 채침의 원본을 바꾼 것이 아니고 생략된 것으로 의심되는 부분을 보충하거나 주석한 정도라서 채침의 本意는 훼손되지 않았다고 생각된다. 또 조선시대 李純의『洪範皇極內篇補解』(국립중앙도서관 소장)나 이주천의 저서에도 이 책의 부족분에 대해 논설하고 있다. 이선경, 2019, 50~82쪽: 2022, 391~419쪽. 김정철, 2020, 172~199쪽 참조.

그는 위에서처럼 역이 '복희 - 문왕 - 주공 - 공자' 네 성인을 통해 상으로 나타났지만 홍범의 수는 전해지지 않았다고 했다. 후인들이 상과 수의 근원과 실질을 몰라서 상과 수를 혼동하거나 견강부회하여 자연의 수는 더욱 미궁에 빠졌다고 말한다. 여기서 말하는 '수'는 무엇인가. 홍범구주[38]의 수로 1~9이다. 그는 '9'를 수의 궁극으로 보는 동시에 변화의 기틀로 본다. 9수는 무엇인가. 바로 「낙서」의 수이다. 그래서 그는 부친인 채원정이 말한 "「낙서」는 수의 근원이다.(洛書者, 數之原也)"라는 말을 인용하여 수의 연원을 밝히려고 한다. 이처럼 채침의 사상은 부친의 수론을 근거로 하여 홍범수와 「낙서」가 중심에 자리했음을 알 수 있다. 그는 또한 「하도」에서 나온 『주역』만큼 「낙서」와 연결된 홍범수를 세상에 밝히는 것이 자신의 책무라는 소명의식도 가졌다.

채침은 역상과 범수는 존립 기반이 다르고 서로 유행하는 틀이 다르다고 말한다.(『홍범황극내편』, 1597쪽) 즉, 수는 1〔홀, 奇〕에서 시작하고 역상은 2〔짝, 偶〕에서 이루어지니 출발점이 다르다. 또 유행하는 틀도 수는 9를 중심에 두고 홀의 연속인 1 - 3 - 9 - 81 - 6561로 진행하고, 상은 8을 중심에 두고 짝의 연속인 2 - 4 - 8 - 64 - 4096으로 나간다. 동정動靜으로 말하면 기수는 동이고 우수는 정이라 할 수 있다. 그는 변화의 축은 기수에 있다고 보았다. 이 부분을 하락河洛의 관점으로 보면, 「하도」의 수는 1~10 짝으로 이루어져 8괘 - 64괘 짝수로 이루어진 역상이 되었고, 「낙서」의 수 1~9는 홀수로 이루어져 1 - 3 - 9 - 81수의 구주의 범수가 되었다고 할 수 있다.

---

38) 홍범구주는 「낙서」를 본뜬 천지의 9가지 큰 법으로 도서학파에서는 이해한다. 즉 홍범은 大法을 말하고, 구주는 9개條를 말하는 것이니 홍범구주는 9개 천지의 큰 법이라는 뜻이다. 夏나라 禹王이 홍수를 다스릴 때 하늘에서 받은 「낙서」를 본떠 만들었다고 했다. 주나라 武王이 箕子에게 선정의 방안을 물었을 때 기자가 이 홍범구주로써 교시했다는 것이다. 『서경』 周書 홍범편에 수록되어 있다. 9조목은 1五行 · 2五事 · 3八政 · 4五紀 · 5皇極 · 6三德 · 7稽疑 · 8庶徵 · 9五福과 六極이다.

이처럼 그는 수를 주로 말하지만, 상 또한 역의 양대 요소이므로 소홀히 다루지 않는다.(『홍범황극내편』, 1598쪽) 또 수와 상은 쓰임이 다른 듯하지만, 근본과 회귀처는 같다고 했다. 이는 상과 수 모두 역의 균등한 구성요소이자 하락은 근본이 하나라는 뜻이다. 수나 상 가운데 하나만 있으면 역은 무너지고 하락은 깨어진다는 논리이다.

2) 수근본사상

채침 상수 사상의 핵심은 수가 만물의 근본이라는 '수근본사상數根本思想'이다.(『홍범황극내편』, 1598쪽) 그는 천지인의 탄생은 수에서 비롯되었다고 하고 깊은 어둠의 상태에서 수가 시작되었다고 말한다. 여기서 말하는 '깊은 어둠의 상태〔冥冥〕'란 태초의 아득한 상태 즉 '태극'의 상태다. 이를 숫자로 환원하면 1이다. 그는 이런 태초의 상태를 태극이라 말하지 않고 굳이 수〔1〕가 시작하였다고 말한다. 여기에는 두 가지 함의가 있다. 하나는 수의 근본적 시원성을 주장하려는 것이다. 또 하나는 '태극'이란 개념을 사용하지 않으려 한 것이다. 태극은 이미 알고 있는 역학적 개념이기 때문이다. 이처럼 그는 수를 말하려 하지 굳이 역을 말하려 하지 않는다. 역에 대해서는 네 성인을 거쳐 더 논할 말이 없지만, 수에 대해서는 올바르게 논한 이가 없다고 보았다. 여기에는 최초의 시원은 말로는 어려우나 수로는 나타낼 수 있다는 의미도 함께 있다.

그는 또 수와 리의 발생처에 대해 "리가 시작되는 곳이 수가 일어나는 곳이다.(理之所始, 數之所起)"라고 했다. 리와 수가 동일한 곳에서 나온다는 것은 리와 수가 동질성과 동체성을 가진다는 것이다. 리와 수를 동일한 층위로 파악하는 것은 송대 리수론자들의 견해이다. 그는 성인과 천하를 개입시켜 좀 더 확실하게 리와 수의 관계를 말한다.(『홍범황극내편』, 1638쪽) 즉, "성인은 이치로 수를 드러내고, 천하는 수로 이치를 밝힌다."고 한다. 이것을 「하도」에 대입하면, 천하가 「하도」를 낼 때 거기에 그려진 흑백의 점을 세면 수로는 1~10이다. 천하는 이 수로 천리天理를 다 보였다는 것이고, 성인은 「하도」에 함유된 생수 · 성수 등의 이치로 1~10수를 드러냈다는 것이다. 그래서 "수란 성인이 천하 후세 사람에게 가르치는 것" 이라고 했다.

천리가 함유된 수와 천하 사물과의 관계에 대해(『홍범황극내편』, 1637쪽) 수는 천하에 존재하는 모든 물건〔物〕과 그 물건으로 발생하는 사건〔事〕의 이치를 포괄하기에 이들과 동체를 이룬다고 했다. 수의 본질을 이해하면 사물의 본질을 알 수 있고, 수를 알면 물건의 법칙과 일의 이치를 모두 파악할 수 있다는 뜻이다. 따라서 채침의 사상은 '모든 것은 수이다.' 라고 요약할 수 있다. 다음에 언급하는 하락론은 그의 수론과 불가분의 관계를 맺고 있다.

3) 역동적인 하락론

「하도낙서」는 북송대 유목(劉牧, 1011~1064)이 지은 『역수구은도易數鉤隱圖』를 통해 세상에 처음 나왔으며 진단에서 비롯되어 종방과 범악창을 거쳐 유목으로 이어진 것으로 알려졌다. 다만 '유목' 이 두 명이고 전래 과정에 다른 주장이 있음은 앞에서 언급했다. '하도낙서론河洛論' 은 『역학계몽』에 수록되어 있으며 주요 내용은 다음과 같다.

첫째, 하락은 「계사」상 11장의 "황하에서 「하도」가 나오고, 낙수에서 「낙서」가 나왔다.(河出圖 洛出書)" 라는 말과 공안국과 유흠, 소강절의 주장을 근거로 했다. 둘째, 「하도」는 온전함을 주로 하여 수의 항상됨을 보이니 수의 체가 되며 10에서 극이 되고, 「낙서」는 수의 용이 되어 변화를 주로 하니 9에서 극이 된다고 했다. 셋째, 「하도」는 하늘을 형상하여 둥글며 그 수는 3으로 기수이고, 「낙서」는 땅을 형상하며 네모로서 그 수는 2로 우수이다.〔'河圖-圓-奇數, 洛書-方-偶數〕 넷째, 하락의 그림으로 「선천8괘도」를 연역한다. 여기서 이른바 '석합보공析合補空' 이론이 나오는데 논리가 매끄럽지 못한 부분이 있다. 이에 대해서는 상학 부분 신흠에서 자세히 기술한다.

채침은 사부들의 이러한 견해를 바탕으로 하지만 새로운 하락관을 다음과 같이 펼친다. 첫째, 그의 사부들은 '하원河圓 낙방洛方'과 '하기河奇 낙우洛偶'를 주장한다. 그러나 채침은 '하체원이용방河體圓而用方' '낙체방이용원洛體方而用圓'을 주장한다. 이는 '「하도」는 체로서 원, 「낙서」는 용으로서 방'이라는 종래의 시각과는 달리 하락을 각각 체용으로 다시 나누어 보는 것이다. 그래서 순수하게 '용'으로 본다면 '하방河方 낙원洛圓'이 되어 사부들의 주장과 반대가 되며 「낙서」의 활용성이 강조된다.

둘째, 채침은 사부들과 다르게 '하우河耦 낙기洛奇'를 주장한다. "「하도」는 기수〔홀〕가 아님이 없지만 용은 우수〔짝〕에 의존한다. 「낙서」는 우수가 아님이 없지만 용은 기수에 의존한다."라 했다. 여기서 그는 짝〔耦〕이란 음양대대陰陽待對이고, 홀〔奇〕이란 오행이 갈마드는 것이며, 대대란 혼자 할 수 없고, 갈마드는 것이란 끝이 없다고 했다.

셋째, 그는 「하도」는 괘-상, 「낙서」는 구주-오행수의 근원으로 보았다. 여기에 동정과 기우를 배분하여 "수란 움직이지만 고요함으로 나아가고, 상이란 고요하지만 움직임으로 나아간다. 동이란 용이 나아가는 것이고, 정이란 체가 서는 것이다."라 했으며 체용이 서로 의지하여 천지화육이 이루어진다고 했다. 다시 유행流行과 성성成性 및 음양을 대입하여 이론을 진화시켜 간다.

이상을 정리해 보면, 「하도」는 『주역』의 연원으로 '상-음-우-정-성성-2', 「낙서」는 홍범구주와 오행수의 연원으로 '수-양-기-동-유행-3'으로 나타낼 수 있다. 이처럼 채침은 사부와 차별화된 하락관으로 송대 하락론을 진일보시켰으며 특히 「낙서」의 역동적인 면을 자신의 수학의 버팀목으로 삼았다.

4) 도서와 점법

채침은 자신의 학문적 성과를 두 가지로 제시한다. 하나는 그림 즉 '99수도九九數圖' 와 '범수지도範數之圖' 등이고, 또 하나는 새로운 점법 발명이다.(占法에 대해서는 제3부에서 재론함) 따라서 책머리의 4개 그림과 책 뒤편 90여 쪽을 차지하는 점법을 이해하지 못하면 그의 상수 사상의 결과물을 알 수 없다. 먼저 그림에 대해서이다.

『홍범황극내편』의 앞편에 '99수도' (『홍범황극내편』, 1601~1614쪽)는 「99원수도圓數圖」, 「99방수도方數圖」, 「99행수도行數圖」, 「99적수도積數圖」(그림은 제2부 최석정 부분에 나옴) 등 네 가지 도서가 있다. 채침의 그림은 소강절의 것과 비교하면 이해가 빠르다. 그는 소강절의 「선천도」에 착안했지만, 안팎이 다르다. 「선천도」는 『주역』의 괘로 그린 것이고, '99수도' 는 1~9수로 그린 점이 서로 다르다.

「선천도」는 수를 깔고 괘효상으로 그렸다. 「8괘차서도」 즉 「횡도」는 「계사전」 역유태극장에 의거하여 우에서 좌로 건1 · 태2 · 리3 · 진4 · 손5 · 감6 · 간7 · 곤8로 8괘가 생성 순서대로 그려져 있다. 「64괘방위도」는 이 소성괘 8괘가 남 - 동 - 북 - 남 - 서 - 북으로 8무리씩 하체 3효를 이루고 상체 3효도 이 8괘 순서대로 그 위에 더해져 64괘가 완성된다. 이 괘의 순서는 통행본 『주역』과 다르다. 기본 소재는 음양획〔—, --〕이고 배열 원칙은 가일배법이다.

이에 비해 채침은 음양획을 배제하고 수만 사용하며 또 수의 조합 자체를 상으로 여기는데 이는 채침 상수학의 특색이다. 채침의 「99원수도」는 북 - 동 - 남 - 서로 1을 9번, 2를 9번, 3을 9번 … 9를 9번 둥글게 분포시켰는

데 이 무리를 하체에 둔다. 이 하체 위에 1~9수를 상체로 차례대로 얹는다. 상하체를 보면 11 · 12 · 13 … 21 · 22 … 31 · 32 등으로 이어져 99에서 끝나며, 11~99까지 81개의 수로 구성된 원도를 이룬다. 여기에 2분2지 4립 8절기를 대입한다. 즉 22는 입춘, 33은 춘분, 44는 입하 … 88은 입동이다. 여기서 주의할 것이 있다. 동지는 11인가? 아니다. 동지는 11〔首〕과 99〔尾〕 중간에 있다. 소강절이 말하는 동지 '자반子半' 과 같은 것이다.

「99방수도」는 「99원수도」의 81개 숫자 조합을 11에서 99까지 하나씩 분리하여 방형에다 차례대로 좌에서 우로 분포시키는 것이다. 「99행수도」는 11에서 99까지 1열로 분포시킨 것이며, 「99적수도」는 1~9를 먼저 놓고 9를 연속해서 곱하여 81×81=6561에 마치는 곱셈의 적수를 표로 만든 것이다. 그의 수론에서 1은 만물의 시작점이고 9는 「낙서」수이자 홍범수이고, 81은 64괘에 필적하는 수이고 6561은 수의 완결 즉 천지만화를 포괄하는 경우의 수이다. 그는 전후좌우와 원방圓方에서 일어나는 1~9 조합의 다양한 변화와 이치를 글보다 도서로써 핵심을 전달코자 책의 서두에 실은 것이다.

2. 채침 수학의 인문학적 요소

수가 지닌 속성과 기능에 대해 이미 고대 동서양의 철학자들이 주목한 바 있다. 대표적으로 서양의 피타고라스를 들 수 있고 동아시아에서는 『주역』의 저자이다. 『주역』의 저자는 수의 '통신通神' 기능을 기반으로 시초점을 만들었고 '술리述理' 의 기능을 기반으로 인문학의 단초를 열었다. 수학과 융합한 인문학을 '수학적 인문학'[39]—줄여서 '수인문학數人文

39) '수학적 인문학' 이란 인문학(뿌리)에서 수학(줄기)이 나왔다는 입장에서, 즉 수학을 통해 인문학을 모색해 들어간다는 뜻으로 본 글에서 채택한 개념이다. 역학에서 수

學'—이라 할 수 있다.

『주역』의 저자는 수인문학에 대해 직접 말하지 않고 복선과 함의를 경전에 깔아 놓았다. 수인문학은 수학 특히 역수易數를 통해 예악과 윤리, 제도와 문물 등 인문적 요소들을 해명한다. 그 단서는 역에 언급된 수와 역의 연원인 「하도낙서」와 「선천도」 등에서 찾을 수 있다. 수인문학은 간학적 성질을 갖고 있어서 학문을 전후좌우로 연결시켜 새로운 지평을 열어나간다. 이런 점을 소강절 등 리수론자들이 일찍 간파했고 채침도 같은 학문 계열이다.

채침은 『홍범황극내편』에서 수가 만물의 시원이라는 입장에서 상수학을 전개하고, 9는 「낙서」의 수이자 수의 궁극으로서 9를 기틀 삼아 99수도와 점법을 지었음은 앞에서 말했다. 천지만물의 시종과 고금의 유행변화를 3과 9, 81이 매개되어 이루어진 6561의 사례로써 알 수 있다고 했다. 그의 상수학 이론에서 인문학적 요소를 다음과 같이 추출할 수 있다.

1) 수의 원초적 기능을 통한 인문적 요소

채침의 상수 사상과 수에서 인문학적 요소를 추출하면 어떤 것이 있는가. 그의 생각을 유추해 보면 다음과 같다.(『홍범황극내편』, 1646~1653쪽) 수가 우주 자연의 시원에 존재하는데 이 수〔1〕가 이윽고 둘〔2, 음양 양의〕로 나뉘고 다시 분화되어 위로는 일월성신이, 아래로는 산택山澤이 자리하니 수가 드러났다고 했다. 이 드러난 수로 사시四時가 운행하고 오행이 유행하여 그 속에서 풍뢰우로가 작용하여 천지만상이 형상을 갖추니 이를 수의 화化함이라 했다. 이를 본 성인이 인극人極을 세우고 만물을 저울질하고 인간사 기강을 수립하여 가르침의 원칙으로 삼았고, 9수를 기틀

학과 인문학이 융합·공존한 분야가 상수학이고 그 예를 소강절이나 채침 등에서 확인할 수 있다.

로 천지를 재단하고 제도와 문물을 알맞게 정비했다고 한다. 이처럼 그는 수를 통해 우주론과 인문학을 말하고 있다.

2) 수의 일반적 기능에 나타난 인문적 요소

채침의 수론에서 구체적으로 나타난 인문학적 사상과 철학을 살펴보면 첫째, 수를 통해 예禮를 이해할 수 있다고 했다.(『홍범황극내편』, 1617쪽) 그는 도道를 알려면 인仁을 알아야 하고 인을 알려면 의義를 알아야 하고 의를 알려면 예를 알아야 하고 예를 알려면 수를 알아야 한다고 말했다. 〔道-仁-義-禮-數〕 이는 모두 상관적 관계이자 필수적 관계이다. 그 출발은 수의 이해에서 시작한다. 그래서 수는 예의 순서라고 말한다. 수가 어떻게 예의 순서인가. 예는 차례대로 순서를 지켜야 하고 먼저 해야 할 것과 나중에 해야 할 것에 대한 분별이 필수다. 차례와 분별은 어떻게 표현할 수 있는가. 바로 수의 배열에 의해서이다. 같은 맥락에서 그는 수와 윤리에 대해 "수란 떳떳한 윤리의 순서이다. 순서가 없으면 떳떳한 윤리는 어긋나니 예악 같은 것이 어떻게 되겠는가.(數者, 彝倫之敘也. 無敘, 則彝倫斁矣, 其如禮樂何哉)"라고 했다. 수가 제대로 그 기능을 발휘할 수 없는 무질서 상태에서는 윤리나 예와 악이 있을 수 없다는 말이다. 반대적 맥락에서 그는 "예에 통달한 뒤에 수를 말할 수 있다.(達禮而後可與言數)"고 한다. 그가 보여준 예악과 윤리와 수의 상관성은 이처럼 일방적이지 않고 상호 연결성과 보완성을 지니고 있다. 여기서 그의 수인문학은 예학과 윤리학까지도 포섭하고 있음을 알 수 있다.

둘째, 수를 통해 성명性命의 이치를 알 수 있다고 했다. 그는 "옛날 성인의 근원수로 천하의 의심을 결단하고 천하의 업무를 이루고 성명의 이치에 순응한다.(昔者 聖人之原數也, 以決天下之疑, 以成天下之務, 以順性命之理)"고 했다. '근본수'는 '1'이고 이 수에서 분화된 음양 기우수로 점쳐서 의심을 해소하거나 업무와 성명을 해결한다는 것이다. 여기서 말하는 '성명'은 하늘에서 부여받은 천성이자 본성을 의미한다. 수와 성명에 대해 계속해서 말하기를(『홍범황극내편』, 1628쪽) "수는 보이지 않는 데서 작용하다가 상황이 결정되면 사물의 형체로 드러난다. 이때 그 형체가 지닌 본래의 성명이 바르게 되었기에 가능하다. 이를 본 지자智者는 한결같다〔1〕라 하고 우자愚者는 여러 갈래〔2〕"라 한다. 예를 들면 태극〔1〕이 나뉘어 음양 양의〔2〕로 나뉜다고 할 때 2로 나뉜 천지와 일월은 각자의 속성 즉 성명이 제자리를 잡았기에 그 본래의 역할을 하는 것이고, 그것이 일관된 천도에 따른 것이라고 지자는 알고 우자는 복잡하게 나뉘었다고 여겨 그 의미를 잘 모른다는 것이다.

셋째, 수를 통해 천지만물을 이해할 수 있다고 한다. 그는 수가 천지자연을 이해하고 만물의 존립 근거를 인식할 수 있는 통로라고 생각하여 "수를 알면 만물을 알 수 있고, 시작을 알면 끝을 알 수 있다.(知數卽知物也, 知始卽知終也)"고 했다. 만물 자체와 그 시종을 수로써 어떻게 알 수 있단 말인가. 그 답을 말하기를, "수는 1에서 시작하고 3에서 참여하여 9에서 궁구하고 81에서 이루어지고 6561에서 갖추어진다. 81은 수가 작게 이루어지는 것이고 6,561은 수가 크게 이루어지는 것이다. 천지의 변화와 인사의 시작과 끝 및 고금의 변천 내력이 여기에 드러나지 않음이 없다."(『홍범황극내편』, 1633쪽)고 했다. 이 말을 분석해 보면, 1은 음양 2를 낳고 또한 3이 된다. 그는 2를 역상의 존립 기반으로 보고 자신의 수론에서 제외하고 3을 이용한다. 1이 3인 것은 이른바 '삼천양지'의 3이다. 3은 천지인삼재이며 소강절이 말하는 '진수眞數'이기도 한다. 수는 3의 곱인 9에서 궁구한다고 했다. 81에 수가 작게 이루어진다는 것은 81에 천지변화의 큰 가닥이 있다는 것이고, 6,561로 수가 크게 이루어진다는 것은 6561에 모두가 포괄된다는 것이다. 이 말의 참뜻은 만물이 6561에 한정된다는 것이 아니라 이 수로 변화와 시종 등을 미루어 헤아릴 수 있다는 것이다. 그는 「설괘전」 3장에서 착안하여 "지나온 것을 셈하면 만물이 생긴 곳을 알 수 있고, 다가올 것을 셈하면 만물이 끝나는 곳을 알 수 있다.(順數則知物之所始, 逆數則知物之所終)" 고 말한다.[40]

여기서 채침 수론에 내포된 인문학적 범위를 읽을 수 있다. 『주역』은 64괘 384효의 상에서 생성되는 인문학적 공간이라면, 채침이 말하는 수는 9를 기반으로 81수 6,561에서 나오는 인문학적 영역이므로 공간이 더 넓어졌다고 할 수 있다. 채침은 이처럼 '수' 가 지닌 공능은 '상' 에 비해 인문학적 공간을 확장해 삶에 대한 깊이 있는 통찰력을 이끌어낸다고 생각했다.

3) 9수로 표상되는 인문적 요소

채침 상수 사상의 핵심 중 하나는 수의 실질적인 끝〔究〕이자 「낙서」수인 9수가 인간과 국가사회와 자연환경에 주춧돌처럼 존재한다는 것이다. 그렇다면 인간과 이를 둘러싼 외부환경에 9수가 어떤 본질적 요소로 작용하는지 살펴보아야 한다. 이를 현대적 관점에서 보면 9수를 통한 일종의 인간학 탐색이자 인문학의 모색이라 할 수 있다. 고대 중국의 정치 · 사회제도와 문물 및 삶의 현장에는 9수로 이루어진 것들이 많다. 이런 인문적 분야를 채침은 자신의 상수론으로 다음과 같이 풀어낸다.(『홍범황극내편』, 1647~1653쪽)

---

40) '順' 은 과거, 수로 말하면 1로 만물이 생긴 곳이다. '逆' 은 미래, 그 끝은 만물의 마지막이다. 만물의 終始를 어떻게 알 수 있나. 두 가지다. 하나는 수를 통해 性命의 이치에 순응하면 알 수 있다. 또 하나는 占數를 통해서이다. 예를 들면, 81번째〔九之九〕는 '終' 이며 그 辭는 '길하다. 닫히는 것이 다하면 열리는 것이 통한다. 군자의 끝마침이 좋다.(吉. 玆闔之窮, 斯闢之通. 君子令終)' 이다. '終' 에서 마지막 81번째〔Ⅲ Ⅲ〕 즉 6561번째 辭는 '크게 길하다(元 吉)' 이니 끝이 좋다는 것을 알 수 있다.

먼저 하늘을 9개 분야로 나누어 28수宿를 배치한다.〔分天爲九野〕 이는 천문학의 분야이기도 하다. 다음은 땅을 9주로 구별한다.〔別地爲九州〕 천지를 9로 구분하는 기준은 「낙서」의 구분법과 같다. 즉 4방과 4우 및 중앙으로 합 9이다. 이는 지리학의 영역이기도 하다. 천지를 헤아렸으니 다음은 사람이다. 즉 인간학적 부분으로 삼재 사상을 통해 풀어나간다. 사람이 되려면 9가지 행실을 해야 한다.〔制人爲九行〕 이른바 『서경』 「우서」에 나오는 '행유구덕行有九德' 이다.

벼슬은 9품으로 관직을 임명한다.〔九品任官〕 관직의 등급에도 9가 개입된다. 토지제도는 정전법을 기준으로 9정으로 균전했다.〔九井均田〕 그는 『주례』를 인용하여 "토지를 경영함에 정전법으로 땅을 다스린다."고 하며 9부를 정井이라 했다. 친척 간에는 9족으로 풍속을 화목하게 한다고 했다.〔九族睦俗〕 9례로 분변한다고 했으며〔九禮辨分〕 9변으로 음악을 이룬다고 했다.〔九變成樂〕 8진으로 제병한다고 했다.〔八陣制兵〕 여기서 유일하게 9대신 8수를 사용하는데, 이는 부친 채원정이 지은 『팔진도八陣圖』의 영향으로 보인다.[41]

이를 통해 9수가 지닌 기능을 보면, 하늘과 땅을 마름질하고 인간의 예의, 거동과 형벌, 국가 조직, 재정 운용, 행정입법 및 도량형 등을 결정하

41) 그 외의 예는 다음과 같다. 9형으로 간음을 금하고〔九刑禁姦〕, 9촌으로 율려를 만들었다.〔九寸爲律〕 9분으로 역법을 만들고〔九分造歷〕, 의심나는 9가지를 시초점을 치고〔九筮稽疑〕, 9장(九章: 9가지 계산법)으로 계산한다.〔九章命算〕 9가지 직무로 만민에게 임무를 부여하고〔九職任萬民〕 … 9가지 명으로 제후국의 위치를 정하고〔九命位邦國〕, 9가지 조빙의 예를 제후국에 명하고〔九儀命邦國〕, 9가지 법으로 제후국을 고르게 했다.〔九法平邦國〕 9가지 정벌로 제후국을 바르게 하고〔九伐正邦國〕, 9가지 공물로 제후국의 용도를 이루고〔九貢致邦國之用〕, 나라의 백성을 협력적으로 이끌어갈 9가지 계급〔九雨繫邦國之民〕이 있다. 나라의 도성은 사방 9리로 만들고〔營國九里〕, 왕성의 성루는 높이가 9치(雉: 1치는 1장으로 10자)〔制城九雉〕이며, 9개의 계단과 9개의 방이 있다.〔九階九室〕

는 수이자 율려의 근본수로 작용하며, 점법과 역법의 존립을 가능하게 하는 본체수로서 기능하고 있음을 알 수 있다.

【 해제 】

채침의 상수 사상은 소강절과 채원정 등으로 이어지는 학맥으로 분류되지만, 그들과 다른 점은 철저한 수근본론에 입각하여 하락론의 차별화, 99수도 등 도서를 만들었으며, 점법을 발명했다는 데 있다. 그에게 수는 천지자연을 이해하고 만물의 존립 근거를 인식할 수 있는 유일한 열쇠이다. 그 열쇠로 여는 유행변화의 사례로 6,561을 제시한다. 6,561은 수의 궁극인 「낙서」의 9수에서 나왔고, 9수는 그의 수인문학을 존재케 하는 '수'이다.

채침 이론의 평가에 대해서는 비판과 찬사가 공존한다.[42] 그러나 학문간 경계를 허무는 시대적 상황에서 그의 상수론은 인문학이나 수학과 연계되어 융합적 영역으로 진입이 가능하다. 특히 다음 몇 가지 점에서 그렇다. 첫째, 그는 수와 예악, 윤리의 상통을 주장하는데 그의 수인문학이 예학과 윤리학 및 율려까지도 포섭할 수 있음을 알 수 있다. 둘째, 수로 성명의 이치를 알고 이를 바르게 할 수 있다고 했다. 그의 수론을 기반으로 사회와 자연을 둘러싼 제도문물과 천문지리 등 인문적 요소가 뻗어나갈

42) 이 책에 나오듯 黃瑞節이나 天台謝氏 등은 극찬하나, 황종희(1610~1695)는 채침의 홍범수는 사마광(1019~1089)의 『잠허』를 몰래 베낀 것으로 혹평한다. 황종희, 『역학상수론』, 북경: 구주출판사, 2007, 197쪽. 료명춘은 채침의 논법은 공허하다고 하며 점법도 주역점을 모방했다고 비판한다. 료명춘, 2004, 431~437쪽. 반면 주백곤과 장기성은 송대 수학파의 이론과 하락학을 진전시켰다고 호평한다. 주백곤, 2005, 447~448쪽. 장기성, 2007, 129쪽, 229쪽.

수 있다. 셋째, 9수와 6561의 수로써 만물의 유행변화와 끝과 시작을 파악할 수 있다고 했다. 이것은 인문적 상상력의 지평을 넓힐 수 있는 토대가 될 수 있다. 이처럼 채침은 역학사에 보기 드물게 수로써 인문과 역리를 관통한 궁신지화 독립물표자〔窮神知化 獨立物表者: 『홍범황극내편』, 1662쪽〕라 할 수 있다.

제2부

조선 상수역학과 자연학

조선시대 상수학이 주변 학문과 융합하여 결실을 맺은 자연학은 상학〔象學: 圖書學, 圖象學〕, 수학, 천문학을 들 수 있다. 셋 모두 상수학이 지닌 간학성과 융합성을 기제로 많은 학자가 괄목할 만한 학문적 업적을 남겼다.

상학에서 두각을 나타낸 학자는 권근 · 장현광 · 신흠 · 류정원과 화서학파의 이항로 · 유중교 · 유인석을 꼽을 수 있다. 이들 가운데 권근, 장현광을 제외하고 역학계에서 크게 주목받지 못한 학자들이다. 권근은 조선 역학의 문호를 최초로 연 학자이자 조선 상학의 선구자이다. 조선 상학은 장현광으로부터 본격적으로 펼쳐졌으며, 신흠은 그의 문학과 관로에 가리어 역학적 업적이 부각되지 못했다. 류정원과 화서학파 3인은 상수학계의 주요 인물이 아니었지만, 상학 분야에서 상당한 내공을 다진 학자들이다.

조선 초 상수학적 수학은 서경덕으로부터 시작되었고 중인들 중심으로 산학算學이 일어나 조선 말까지 이어졌다. 조선 후기에 상수학이 무르익으면서 조선의 수학이 흥기했으며 여기에 서양 수학이 유입되어 뚜렷한 학문 영역으로 발전했다. 최석정이 사대부 수학을 처음으로 개시했고 홍대용 · 황윤석은 수학 관련 부분을 따로 서술했으며, 남병길 · 최한기 등도 수학에 대한 저술을 남겼다. 이 중 시대순으로 서경덕 · 최석정 · 황윤석에 대해 언급한다. 이들은 공통으로 상수학의 리수적 관점에서 조선의 수학을 전개했다.

천문학은 조선 초기부터 과거 제도를 통해 기술관을 뽑았을 정도로 중시했으며, 문관 출신 양반들도 천문학에 조예가 깊었다. 조선 후기에 김석문·홍대용·박지원·서명응 등이 선천학 사상과 서양 천문학을 참고하여 천문 관련 연구를 독자적으로 수행했다. 이들 가운데 김석문·서명응의 학문적 성과를 살펴보도록 한다. 김석문은 서양 천문학을 수용하여 조선 최초로 지전설을 주장한 이론가이지만 공자에 머리를 둔 신유학적 천문학자이다. 서명응은 김석문보다 후대이지만 선천학적 입장에서 이론을 전개한 고전적 천문학자라 할 수 있다.

제1장

상학-도서학

I. 권근의 『입학도설』

조선의 상학〔도서학〕은 권근(權近, 1352~1409)의 『입학도설入學圖說』(이하 '도설' 혹은 '이 책' 이라고도 함)에서부터 시작되었다. 권근의 호는 양촌陽村, 시호는 문중文忠으로 여말선초의 학자이자 문신이다. 조선의 개국 공신으로 이성계를 도와 각종 제도 정비에 힘썼으며 사서와 오경을 중시하며 왕권 강화에 기여했다. 예문관 대제학 · 대사성 등을 역임했으며, 저서로는 유가류의 『입학도설』 · 『오경천견록五經淺見錄』 · 『경서구결經書口訣』 등, 역사서 『동국사략東國史略』 · 『동현사략東賢事略』 등, 시문집 『양촌집』 40권이 있다.

『입학도설』은 전집前集과 후집後集으로 구성되었다. 전집은 권근이 고려 창왕 때(1390년) 유배지인 익산에 머물 무렵 인근 초학자들의 용庸 · 학學 교육을 위해 저술한 책으로 의리학과 상수학이 섞인 25~26개 도설로 이루어졌다. 후집은 그 이후 죽을 때까지 연구한 내용들로 도서상수학 중심의 15개 도설이 추가되었다.[1)]

권근은 조선 최초의 의리학서인 『주역천견록周易淺見錄』도 지었으니 이처럼 상수와 의리 모두에 정통했다. 그는 사서오경에 드러난 의리학적 내용을 상수학에 접목시켜 경학 사상 전반을 '도설'로도 나타냈다. 이는 그가 수립한 도서학의 범위가 상수학을 넘어 사서오경 전반으로 확장된 것으로, 송대와도 다른 조선의 독특한 양상을 보여주고 있다. 조선의 상수학은 권근에 힘입어 음악, 수학, 율려, 과학기술, 역사, 천문, 역법 등 상수학 각론 분야〔자연학과 인문학〕의 유기적 확충과 도서에 기반을 둔 경학 사상의 발달로 나타났다.

『입학도설』은 처음에는 가볍게 시작한 책이었지만, 후대에 오면서 무게감이 더해져 조선 상수학의 선하로 자리매김했다. 그 이후 이황, 장현광, 신흠 가문, 최석정, 김석문, 서명응, 황윤석 등으로 이어져 조선 유학과 상수학의 눈부신 성장을 이끌어갔다. 권근 도서학의 주요 이론을 살펴본다. 먼저 책의 목차는 다음과 같다.

1. 『入學圖說』 前集 目錄(25, 跋)

1. 天人心性合一之圖, 2. 天人心性分釋之圖, 3. 《大學》 指掌之圖, 4. 《中庸》 首章分釋之圖, 5. 《中庸》 分節辨議, 6. 諸侯昭穆五廟都宮之圖, 7. 時祫之圖, 8. 一室之圖, 9. 語孟大旨(그림 없음), 10. 五經體用合一之圖, 11. 五經各分體用之圖, 12. 春王正月橫看分釋之圖, 13. 《河圖》 五行相生之圖, 14. 《洛書》 五行相剋之圖, 15. 太極生兩儀四象八卦之圖, 16. 先天方位圓圖, 17. 先天方位方圖, 18. 伏羲先天八卦, 19. 文王後天方位, 20. 陰陽六九爲老之圖, 21. 天地生成之數, 22. 《河圖》 中宮之數, 23. 《洪

1) 『입학도설』 편찬 경위: ① 1390년 권근 『입학도설』 前集 저술 ② 1397년(태종 6년) 김이음이 晉州에서 『입학도설』 前集 출간 ③ 1425년(세종 7년) 권근 死後 그의 아들 권도가 후집을 포함하고 변계량의 발문을 붙여 前後集 완간본〔진주본〕 출간 ④ 1545년 부안에서 채무일이 발문을 넣어 후집 없이 전집만 판각〔부안본〕 ⑤ 1547년 경상도 감사 안현의 후원으로 황효공이 완간본 重刊〔榮川本: 경북 영주〕

範》九疇天人合一圖上, 24.《洪範》九疇天人合一圖下, 25.《無逸》之圖, 前集 跋.

2.『入學圖說』後集目錄(15, 識, 跋)

1. 十二月卦之圖, 2. 周天三辰之圖, 3. 一朞生閏之圖, 4. 天地竪看之圖, 5. 天地橫看之圖, 6. 望前生明之圖, 7. 望後生魄之圖, 8. 土圭測影之圖, 9. 土旺四季之圖, 10. 律呂隔八相生之圖, 11. 五聲八音之圖, 12.《周南》篇次之圖, 13. 變風十三國之圖, 14. 公族及太宗之圖, 15. 揲扐過揲之法, 識, 跋.

이상과 같이『입학도설』의 편제 순서는 나름대로 규칙이 있다.「천인심성합일지도」등을 그린 후 사서四書를 앞에 두고 오경五經을 뒤에 둔다. 그래서 어맹대지語孟大旨를 끝으로 오경으로 넘어간다. 즉 저술의 첫째 목표인 천인합일과 천인심성 등 성리性理에 대한 논의를 도설로써 나타낸 후 본격적으로 자신의 철학과 경학관을 펼쳐나간다.

1.「오경체용합일지도」

「오경체용합일지도」(『입학도설』, 54~55쪽)[2]는『입학도설』의 성격을 규정하는 대표적 도설 중 하나이다. 이것은 오경을 체용으로 보는 송유宋儒의 관점과 스승인 이색(李穡, 1328~1396)의 경학론에 영향받은 것이지만(강문식, 2008, 77~78쪽) 조선의 도서학 입장에서 두 가지를 평가할 수 있다. 하나는 '체용' 이란 틀로 학문을 이해하는 태도이다. 정이천이 말한 '체용일원 현미무간體用一源 顯微無間' 의 조선식 적용이라 할 수 있다. 그중에서 오경의 몸통〔全體〕을『역경易經』으로, 대용大用을『춘추春秋』로 정의한다.

2) 쪽수는 국립중앙도서관 소장『입학도설』을 기준함. 이하는 '도설, ~쪽' 으로 표시함.

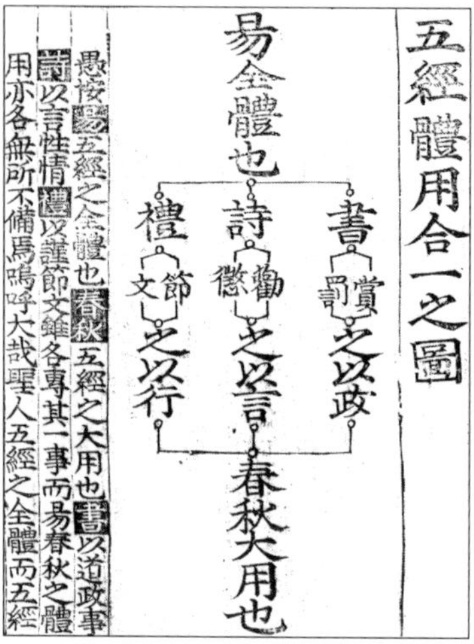

〈그림 1〉 오경체용합일지도

이를 통해 오경에서 『역경』을 머리에 둠을 알 수 있다. 『입학도설』에 역학과 관련된 그림이 가장 많은 이유가 여기에 있다.

또 하나는 오경을 각각 체용으로 분합하여 논리를 전개한다는 사실이다. 그는 "서書는 정사를 말하고 시詩는 성정을 말하고 예禮는 절문을 삼가도록 하여 오직 각각 하나의 일에만 전념하지만 역과 춘추의 체용은 각각 어디에도 갖추지 않음이 없다."고 하고 또 "역이란 천지가 지닌 도道를 성인이 체인한 것이고, 춘추는 성인이 지닌 도를 천지도 위배하지 못한다."라 하면서 역·춘추와 천지·성인이 도를 매개로 연결될 수 있다고 했다.

2. 「하도오행상생지도」

권근의 그림에서 「하도낙서」에 대한 것은 「하도오행상생지도河圖五行相生之圖」(『입학도설』, 58쪽), 「낙서오행상극지도洛書五行相剋之圖」, 「하도중궁지수河圖中宮之數」 등이다. 그의 하락관은 소강절의 '하원낙방河圓洛方'을 잇고 주자와 채원정의 하10·낙9의 관점과 동일하다. 이 하락의 수는 『주역』을 이루는 수의 원형이다.

그는 「하도낙서」 원래 그림에 자신의 하락사상을 더하고 그에 맞게 제목을 바꾸거나 새로운 그림을 그렸다. 「하도」와 「낙서」는 도서학 가운데 첫머리에 해당한다. 왜냐하면 「하도」는 역의 근원이고 「낙서」는 홍범구주의 연원으로 둘 다 역학적 본체론의 전범이기 때문이다. 이 둘은 공안국과 유흠의 주장 이래 경위 관계이자 표리 관계로 본다. 권근은 「하도」에 오행의 생수성수生數成數와 상생相生을 결부시키고 좌선우행左旋右行의 방위도 대입하여 여러 뜻을 담아낸다. 그는 아래와 같이 말한다.

「하도」의 수(1~10)는 오행의 생수(1~5)가 그 성수(6~10)을 통괄하여 각각의 그 방위(동서남북)에 머물러 왼쪽으로 돌아 相生하므로 水는 北에 있어서 木을 낳고 木은 東에 있어 火를 낳고 화는 南에 있어서 土를 낳고 토는 한가운데에 있어 金을 낳고 금은 西에 있어 水를 낳고 수는 또 木을 낳아 순환함이 무궁하여 造化가 流行한다.

그는 이처럼 「하도」로 수, 오행생성, 사방방위, 상생좌선운동〔시계 방향, ⌒〕, 조화유행을 군더더기 없이 간결하게 설명한다. 송역에서는 그냥 「하도」라고 했지만 이와 달리 「하도오행상생지도」라고 하여 「하도」에 오행상생의 의미가 있음을 표시한다. 물론 이 내용이 『역학계몽』 등에 있지만 제목에 그 뜻을 간명하게 표시한 점이 돋보인다.

3. 「낙서오행상극지도」

「낙서오행상극지도」(『입학도설』, 59쪽)에서 「낙서」수를 방위 및 상극우행〔相剋右行 시계 반대 방향, ⌒〕의 운동 방향으로 나타내면서 금화교역金火交易을 함께 논한다. 권근은 다음과 같이 말한다.

낙서의 數는 양이 정면에 있고 음이 모서리에 있다. 그러므로 1이 正北에서 西北의 6을 통괄하는 것으로 水이고, 3은 正東에서 東北의 8을 통괄하는 것으로 木이고, 2는 西南에서 正西의 7과 연결된 것으로 火이고, 4는 東南에서 正南의 9와 연결된 것으로 金이다.

그는 「낙서」수 1 · 3 · 7 · 9는 북 · 동 · 서 · 남의 정면 방향이고 2 · 4 · 6 · 8은 모서리 방향으로 수 · 목 · 금 · 화의 오행을 연결시킨다. 또 "수 · 목은 양으로 불변이고 화 · 금은 음으로 변한다."고 말한다. 서쪽에 있는 2 · 7은 화이고, 남쪽에 있는 4 · 9는 금인데 이 둘 즉 금과 화의 위치가 서로 바뀌었다는 것이다. 이는 「하도」의 수와 방위와 비교해 보면 2 · 7 화는 남쪽에, 4 · 9 금은 서쪽에 있음을 알 수 있다. 이를 '금화교역'이라 하는데 권근은 그 이유를 음양변역陰陽變易으로 풀이한다. 그는 「낙서」에 10이 없는 이유를 "토가 중앙에 있으면서 10이 없는 것은 종횡으로 10수를 끼고 이루기 때문이다."라고 한다. 이는 「낙서」 중앙5를 제외하고 8방으로 수를 더하면 전부 10이 된다는 의미이다.

「낙서」 방위의 운동성에 대해 "오른쪽으로 돌아 상극相剋하니 수극화-화극금-금극목-목극토-토극수하고 수가 또 화를 극한다."고 한다. 그래서 그는 도설의 제목을 「낙서오행상극지도」라 하여 「하도오행상생지도」와 대비시킨다. 「낙서」에 대해서도 이 그림 하나에 오행의 상극과 운동방향을 논하는 다목적 도설인 점이 특색이다.

4. 「하도중궁지수」

권근은 「하도」의 중앙 5 · 10을 떼어 따로 그림을 만들어 제목을 「하도중궁지수河圖中宮之數」(『입학도설』, 70~71쪽)라고 붙였다. 그는 여기에 삼천양지론과 음양6 · 9론, 설시법을 합하여 다음과 같이 논한다.

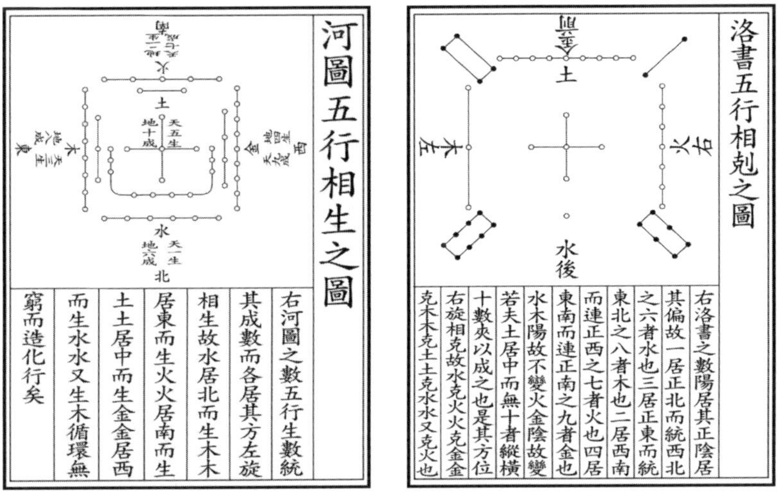

〈그림 2〉 하도오행상생지도 · 낙서오행상극지도[3)]

살피건대 음양수 6 · 9가 老가 되는 것은 參天兩地而倚數〔하늘은 3 · 땅은 2로 하는 數에 의지한다〕 때문이다. 그러므로 설시의 수에서 3변 후 나머지가 세 개의 奇數〔5 · 4 · 4〕이면 3×3=9가 되고 나머지 3개가 偶數〔9 · 8 · 8〕이면 2×3=6이 되는 이것이 근본이다. 이런 수의 變은 어디에도 부합하지 않음이 없다. 그러므로 선유들의 주장에 生數成數로 말하면 1 · 3 · 5를 더해 9가 되고 2 · 4를 더해 6이 된다는 말이 있고, 하도중궁의 수〔5 · 10=15〕로 말하면 9가 노양이면 나머지 6은 노음이 된다는 말이 있다. 그 변화는 비록 많으나 그 수는 한결같으므로 어디에도 부합하지 않음이 없으니 이것이 조화의 미묘함이다.

그는 이처럼 선유의 주장을 빌어 생성수로 6 · 9를 말하고, 하도중궁수 15로 노양수 9와 노음수 6을 도출하고, 설시의 3변에 따라 노양수 9와 노음수 6을 연역한다. 양은 음을 겸하니 양은 3을 전부 써서 3×3=9이지만,

3) 한국유경편찬센타 DB의 그림을 사용했다.

음은 양을 겸할 수 없기에 음은 절반인 2를 써서 2×3=6이 된다고 했다. 권근은 이 그림을 별도로 만들었으나 앞의 「음양육구위노지도陰陽六九爲老之圖」와 차이가 없는 도설로서 내용이 중복된 것이다. 권근은 자신이 말한 내용을 「하도낙서」의 오행상생 · 상극 그림으로 나타냈다.

5. 「선천방위원도」와 「선천방위방도」

소강절의 선천역은 송대 이전에 없었고 『주역』에도 없는 역외별전적 역이다. 소강절은 「선천도」로 그의 학문을 나타냈다. 『입학도설』에 수록된 소강절에 관한 그림은 「태극생양의사상팔괘지도太極生兩儀四象八卦之圖」, 「선천방위원도先天方位圓圖」(〈그림 3〉), 「선천방위방도先天方位方圖」(〈그림 4〉), 「복희선천팔괘伏羲先天八卦」, 「문왕후천방위文王後天方位」 5개이며(『입학도설』, 62~64쪽), 「12월괘지도」는 12벽괘론에서 나왔다.

권근이 그린 「선천방위도」는 소강절의 「복희(선천)64괘방위지도」(〈그

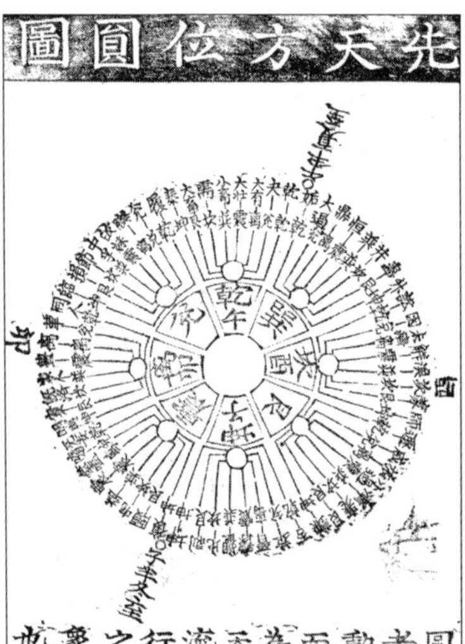

〈그림 3〉 선천방위원도

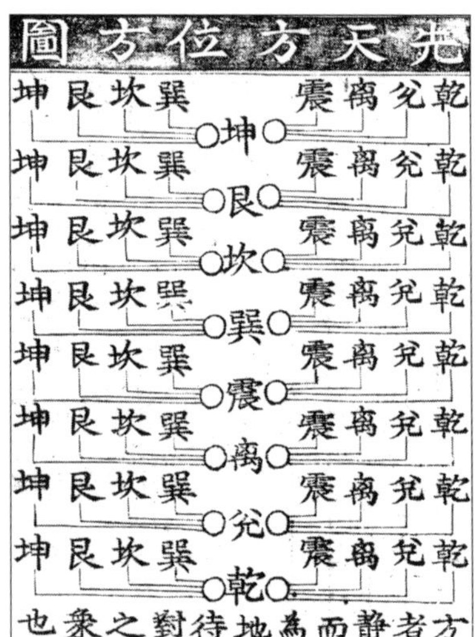

〈그림 4〉 선천방위방도

림 5〉)에서 둥근 「64괘원도」와 네모진 「64괘방도」 부분을 따로 떼어 만든 그림이다. 권근은 별도로 도설을 만들되 다음과 같이 두 그림을 합해서 설명하여 배우는 이들이 효율적으로 이해할 수 있도록 배려했다.

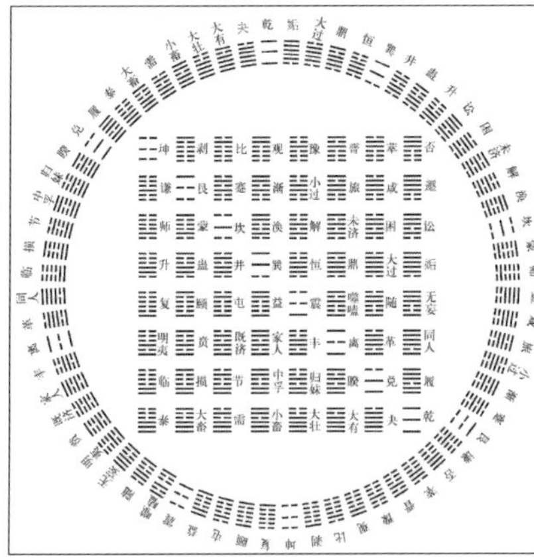

〈그림 5〉 복희 64괘방위지도

「선천원방」 두 그림에서 「원도」는 움직여서 하늘이요 「방도」는 고요하여 땅이다. 「원도」는 陽이 子半 復卦에서 생겨 乾卦에서 극에 이르고, 陰은 午半 姤卦에서 생겨 坤卦에서 끝난다. 離卦는 卯中에 다하고 坎卦는 酉中에 다한다. 「방도」에서 건괘는 서북쪽에서 시작하고 곤괘는 동남쪽에서 끝난다. 양은 서북쪽 음은 동남쪽에 있으며 지세는 서북이 높고 동남이 낮다.

위에서 권근이 "「원도」는 동動하여 하늘이고 「방도」는 정靜하여 땅"이라고 하는 것은 전통적인 천문관인 천원지방론을 「선천도」에 연결한 것이다. 이어서 그는 두 그림을 통해 건곤감리乾坤坎離의 4정위正位와 자오묘유子午卯酉의 4정방正方이 서로 연결될 수 있음과 음양소장의 시말인 복괘·구괘와 건곤괘에 대해 말하고 있다. 자반子半에 복괘復卦를 오반午半에 구괘姤卦를 배치하여 그림의 기준점에 대해 설명하고 있다. 「방도」는 소강절의 그림과 다르게 그렸는데, "원래 그림은 괘획만으로 「방도」를 그려서 배우는 자들이 보고도 알 수 없다."면서 6획괘 대신에 괘명을 써서 쉽게 이해하도록 했다고 그 이유를 밝혔다.

또한 그는 "지금 괘명을 써서 그림을 만드니 8괘 위에 각각 8괘를 더한 것을 한 번 보고도 알 수 있다."라며 가일배법으로 그림을 그렸음을 말한다. 즉 64괘를 상하 8괘로 나누어 선천팔괘의 순서 즉, 건1 · 태2 · 리3 · 진4 · 손5 · 감6 · 간7 · 곤8의 순서로 각각 가일배하여 64괘방도를 완성했다는 것이다. 그러나 권근의 「방도」는 소강절의 「방원도」만큼 분명하게 이해되지 않으며 가일배법으로 볼 여지도 별로 없다. 오히려 〈그림 5〉의 소강절 그림과 함께 보아야 이해가 빠를 것이다.

6. 「복희선천팔괘」와 「문왕후천방위」

「복희선천팔괘도」(〈그림 6〉)와 「문왕후천방위도」(〈그림 7〉)는 선후천역의 기본도이다.(『입학도설』, 65쪽) 선천역의 근거는 「설괘전」 3장이고 후천역의 근거는 「설괘전」 5장이다. 권근은 「복희선천팔괘도」를 '천지의 정해진 자리' 라 하고 「문왕후천방위도」를 '조화의 유행' 이라고 한다. 그는 "선천은 천리天理가 드러나지 않았을 때 성인이 그것을 열었고, 후천은 천리가 이미 드러나 성인이 그것을 운용했다. 그러므로 후천의 방위는 운용하는 수이다."라고 자신의 선후천관을 피력했다.

그는 「복희선천팔괘도」가 선천역의 정수임을 인식하고 「설괘전」 3장 "수왕자순數往者順 지래자역知來者逆 시고역역수야是故易逆數也"[4]를 인용

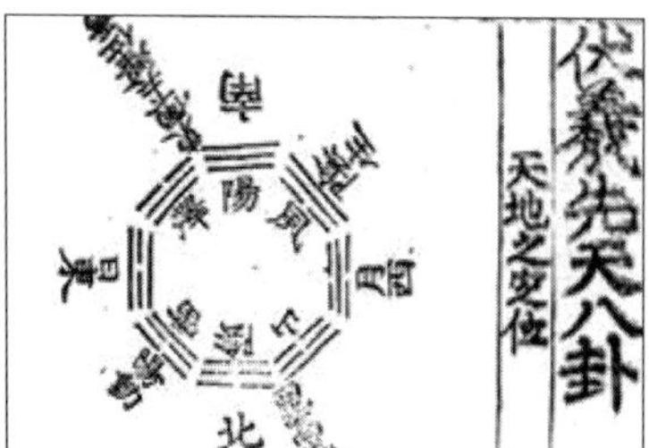

〈그림 6〉 복희선천팔괘도

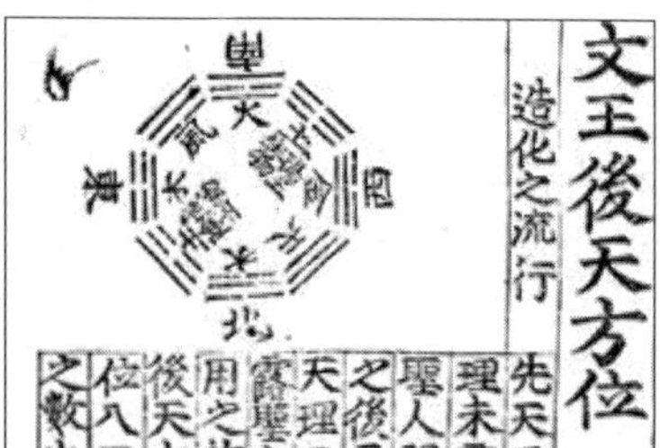

〈그림 7〉 문왕후천방위도

하여 다음과 같이 설명한다. 즉 "지난 것을 세는 것은 순順이고 올 것을 아는 것은 역逆이다. 진괘震卦로부터 차례대로 이離·태兌에서 건괘乾卦에 이르기까지 그 수는 4·3·2·1로 이는 이미 지난 것을 세는 것이 마치 지나간 사람을 좇아가는 것과 같으므로 순이 되어 좌선이라 하고, 손괘巽卦로부터 차례대로 감坎·간艮에서 곤괘坤卦에 이르기까지 그 수는 5·6·7·8로 이는 장차 올 것을 아는 것이 마치 맞이하는 것과 같으므로 거스름〔逆〕이 되어 우행右行이라 한다. 역易에서 괘가 생기는 것은 건1·태2·리3·진4·손5·감6·간7·곤8의 순서이므로 역은 모두 거슬러서 세는 것이다.(是故易皆逆數也)"라고 했다.

그러나 좌선우행 불문하고 운행 방향은 모두 시계 방향이 됨에 유의해야 한다. 이 부분은 선천역의 핵심 중 하나인데, 역괘와 천문의 운행 방향이 같은 것으로 오해하지 않도록 권근이 알기 쉽게 설명한 것이다. 여기서 말하는 좌선과 우행은 건1~곤8까지의 변화를 음양소장의 측면에서 말한 것인데 흔히 천문의 운동 방향을 겸하여 말한 것으로 혼동할 수 있으므로 주의해야 한다. 그리고 역괘에서 진4·손5가 중요한데, 진손은 음양이 엇갈리는 변곡점이어서 우행의 방향을 반대로 결정하는 요소이기 때문이다. 이는 뒤에 이어지는 장현광 부분에 언급된다.

---

4) '數往'과 '逆數'에서 '數'의 해석에 대한 문제가 발생한다. 책의 판본에 따라 성조 표시가 다르다. 그러나 결론은 모두 동사로 보아 '셈하다, 헤아리다'로 새겨야 한다. 『주역』 언해본에서는 두 경우 모두 數에 성조 표시가 없고(『주역전의대전』 亨, 534쪽) 모두 동사인 '셈하다'로 새겼다. 성리대전본 『역학계몽』에서는 '數往'에는 성조 표시가 있어서 동사로 보아 셈하다로 새기고 '逆數'에서는 성조 표시가 없어서 수, 수량처럼 명사로 새겨야 하는 문제가 발생할 수 있다. 그 해답은 반절에서 찾을 수 있다. '數 色主反'은 上聲으로 '計也'(세다. 계산하다)이고, 四聲點은 '°數'로 표현한다.('數往' '逆數'는 四聲點이 모두 '°數'임) 去聲인 경우는 '數目. 數量'(수, 숫자, 수량)이고, 四聲點은 '數°'로 표현한다. 그러나 『주역전의대전』처럼 사성점 표시가 없는 경우가 있기 때문에 반절에 대한 언급에 주목해야 한다.

「문왕후천방위도」의 설명문에서 권근은 간괘艮卦와 건괘乾卦의 역할에 대해 「설괘전」과 다른 견해를 피력한다. 「설괘전」 5장은 "건괘는 서북쪽의 괘이니 음양이 서로 부딪침을 말한 것이고 … 간괘는 동북쪽의 괘이니 만물이 마침을 이루고 시작을 이루니 '간괘에서 이루어진다'." 하여 간괘에서 만물의 종시終始가 이루어진다고 했다.

그러나 권근은 "간괘의 토는 동북쪽의 수목水木의 사이에 있고, 건괘는 서북쪽에 있으면서 끝과 시작을 통괄하여 끝나고 다시 시작하여 굳세게 나아간다." 고 하여 「설괘전」과 다르게 건괘가 만물종시를 통괄한다고 말한다. 배우는 이들이 여기에 의문을 제기하자 답하기를 "「설괘전」의 말은 만물을 낳는 것을 주관하는 방위로 말했기 때문에 지금 간괘를 양중陽中의 토土로 여겨 만물을 낳는 것을 주관한다는 것이 이것이다. 건괘의 경우는 하늘이기 때문에 실로 통괄하지 않는 것이 없고 오행이 생기는 순서도 수가 먼저 있고 이후에 목을 생하고 목이 화를 생하고 화가 토를 생하고 토가 금을 생하고 끝난다. 건괘가 서북쪽에 있다는 것은 금이 끝나고 다시 수를 생하는 것이니 하늘이 수를 생하지 못하면 조화는 멈추는 것이다." (도설, 65~67쪽)라고 했다.

그의 논리는 간괘는 방위로 보면 양중의 토로 종시의 역할을 한다고 말할 수 있지만 실질적인 만물의 종시는 건괘인 하늘의 통괄에서 이루어지고 조화가 계속된다는 말이다. 권근의 주장은 건괘 「단전」[5]을 염두에 두고 말한 것으로 추측되는데 이것은 「설괘전」과 다른 그만의 독자적 주장이다. 그는 기성의 유력한 견해일지라도 자신이 납득하지 못하면 논리

5) 「단전」에서 말하였다: 위대하다, 乾元이여! 만물이 의뢰하여 시작하니, 이에 하늘을 통솔하도다. 구름이 떠다니고 비가 내려 만물이 형체를 이룬다. 끝과 시작을 크게 밝히면 여섯 자리가 때에 맞게 이루어져서, 때에 맞게 여섯 마리의 용을 타고 하늘을 다스린다.(彖曰, 大哉 乾元 萬物資始 乃統天 雲行雨施 品物流形 大明終始 六位時成, 時乘六龍, 以御天)

가 뒷받침된 다른 의견을 제시하는 경우가 많다. 특히 주자나 정자의 주장에 대해서도 거침없이 다른 견해를 제시하고 있다. 위의 경우가 단적인 예이다.

7. 「태극생양의사상팔괘지도」

선천역에 관한 그림은 「원도」인 「복희선천팔괘도」뿐만 아니라 「횡도」〔橫圖: 차서도〕 형태의 그림도 있다. 권근은 이를 「태극생양의사상팔괘지도」(〈그림 8〉)로 이름 붙여 별도로 수록했다.(『입학도설』, 60쪽) 이 도설은 「계사전」 상 11장 역유태극장易有太極章을 도표화한 것으로 「선천도」를 대표하는 「복희팔괘차서도(횡도)」[6]보다 자세하다. 그런데 역유태극장이 8괘의 생성 과정을 말한 것인지 혹은 시초점의 전개 과정을 말한 것인지에 대해 논란이 있다. 선천역학에서는 이를 역괘 생성의 근원이자 우주 본체론적 전개 과정을 압축하여 「역전」에서 밝힌 것으로 평가한다. 왜냐하면 여기서 태극의 개념이 도출되고, 음양의 양의, 노소의 사상을 거쳐 8괘가 도출되는 과정이 집약해서 나타났기 때문이다. 따라서 역유태극장을 통행본 생성 근원인 동시에 선천역의 영역으로 본다. 권근은 이 그림에 생성 단계마다 설명을 붙여서 이해를 돕고 있다. 여기서 중요한 점은 소강절의 리수론理數論인 '가일배법加一倍法'[7]으로 설명한다는 점이다.

---

6) 이 그림은 소강절의 「선천팔괘도」의 원형이라 할 수 있다. 『황극경세서』 547쪽 그림과 같다.

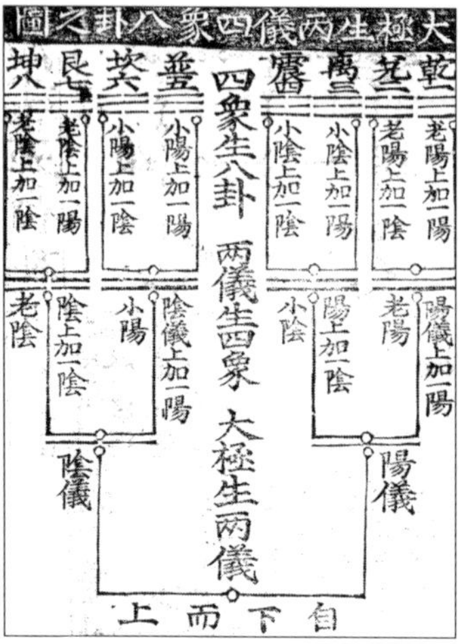

〈그림 8〉 태극생양의사상팔괘지도

이는 '태극1-음양2-사상4-8괘8'로 배倍씩 늘어나는 산법이다. 이 가일배법을 주자는 '일분이이법一分而二法'이라 했다. 권근은 강절 이론과 『역학계몽』의 내용을 숙지하고 괘생성의 핵심 고리인 '가일배법'으로 도설을 끌어가는데 그것을 '가일加一'이란 말로 나타낸다. 권근은 64괘가 가일배법으로 생성되는 과정을 "8괘 위에 각각 8괘를 가加하니 소성괘 건괘 위에 건-태-리-진-손-감-간-곤을 가하여 대성괘 건-쾌-대유-대장 등의 괘가 이루어진다."고 했다.

8. 「12월괘지도」

「12월괘지도十二月卦之圖」(『입학도설』, 79~80쪽)의 이론적 기초는 전한前漢의 맹희孟喜가 처음 주장한 12벽괘辟卦이다.[8] 영천본은 두 개의 「12월괘지도月卦之圖」를 소개하는데 다른 판본에 없는 하나가 추가되었다. 따라서

---

7) '가일배법'이란 용어는 원래 정명도가 소강절의 수학을 나타낸 말이다. "堯夫之數, 只是加一倍法."(『河南程氏外書』 권 12) 주자는 선천복희팔괘가 나오는 자연스런 1-2-4-8의 과정을 정명도가 이 말로 요약했다고 했다. "程子所謂加一倍法者, 可謂一言以蔽之."(『역학계몽』, 1016쪽) 채원정은 소강절 선천역의 요체는 정명도가 말한 가일배법이라고 했다. "康節之書 … 若其宗要, 則明道先生所謂加一倍法也."(『皇極經世書』, 540쪽) 결국 1-2-4-8의 가일배법은 강절이 발명한 것이지만 그 이름은 정명도가 붙인 것이다. 그러나 현재 가일배법이란 말과 그 내용은 모두 소강절에게 귀결시켜 사용한다.

8) 12벽괘는 료명춘 외 2인 공저, 심경호 옮김, 2004, 176~181쪽. 주백곤, 2005, 129~139쪽 참조.

그림 설명은 두 개로 나누어야 한다.

모든 판본에 있는 첫째 그림(〈그림 9〉 12월괘지도 1)에서 권근은 이 그림은 정도전(鄭道傳, 1342~1398)이 먼저 그렸다고 했다.[9] 정도전이 제시한 도설에 대해 그는 "박괘剝卦 상구上九의 남은 일양一陽이 위에서 아래로 순곤純坤의 아래로 관통하여 복괘 초구의 양陽에 접하여 10월이 비록 순음純陰〔坤卦〕이지만, 하루도 양의 뜻이 없었던 적이 없었음을 나타냈으니 정밀하다고 할 만하다."라고 호평한다.

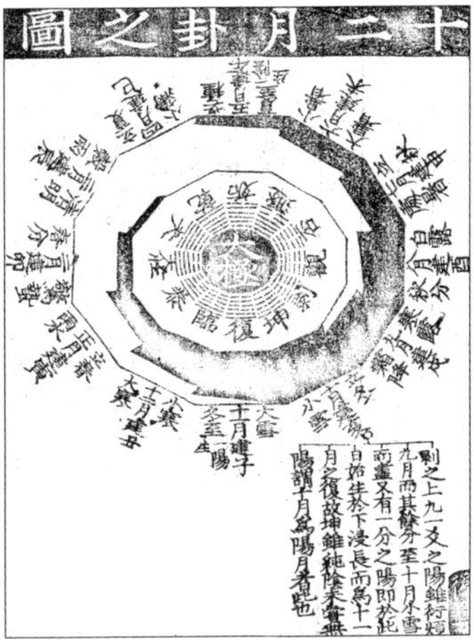

〈그림 9〉 12월괘지도 1

그런데 학자들이 잘못 이해하여, 양의 처음 생김은 위에서 아래라고 여기고 또 순곤의 음은 구괘姤卦에서 자라는 것이 아니라고 의심했다. 이를 바로잡기 위해 권근은 본 그림을 그렸다고 하면서 "박괘 상구 일양이 비록 9월에 극에 이르지만 그 여분은 10월 소설小雪〔곤괘〕에 이르러야 다하고, 또 일부분의 양이 있으니 바로 이날〔冬至〕 아래에서 처음 생겨나 점점 자라 11월 복괘가 된다. 그러므로 곤괘는 비록 순음이지만 한 번도 양이 없던 적이 없으니 10월을 양월陽月이라 하는 것이 이것이다."라고 설명한다. 그의 주장은 일양일음이 시생하는 복괘와 구괘의 사이 양이 소멸하는 순음의 곤괘에서도 양이 없을 때가 없다는 논리이다.

권근은 영천본에만 있는 두 번째 그림(〈그림 10〉 12월괘지도 2)[10]에서 다

9) 정도전이 그린 그림은 알 수 없다. 다만 권근이 그린 영천본의 첫째 그림과 유사하다고 추측된다. 坤卦에도 "양의 뜻이 없었던 적이 없었다"라는 주장은 程子와 朱子 등 宋易의 관점을 따르는 것이다.

10) 이 그림은 국립중앙도서관 소장 『입학도설』에는 없는 것으로 한국유경편찬센타 DB의 그림을 사용했다.

음과 같이 설명하고 있다.

앞의 12월괘도는『皇極經世書』一元消長의 1년을 그림으로 만든 것인데 괘획과 그림과 易이 서로 달라 初學者들이 이 그림의 內圈은 태극이고 태극에서 양의가 생기고 加一倍하여 6획괘가 생기니 복괘의 초구는 밖에 있어서는 안 되고, 박괘의 상구는 안에 있어서는 안 된다고 의심하였다. 지금 선천원도에 의거하여 보이는 그림처럼 박괘의 마지막 남은 양이 곤괘의 상효에서 다하고 복괘의 하나의 양이 아래에서 생겨나는 것으로 교정하였으니 참고하라.

먼저 자신의 두 번째 「12월괘지도」 2는『황극경세서』「일원소장지도」의 1년을 그림으로 만든 것이라고 그 출처를 밝힌다. 즉 권근은 맹희의 12벽괘설에 근거한 「일원소장지도」의 네모난 「방도」를 기초로 둥글게 「원도」인 「12월괘지도」로 새로 그렸다는 것이다.

본 그림을 보면 평면에서 6획괘는 아래에서 위로 그리며, 원도 상에 6획을 그릴 때는 가운데 내권(○)에서 초효가 시작하여 밖으로 나간다.

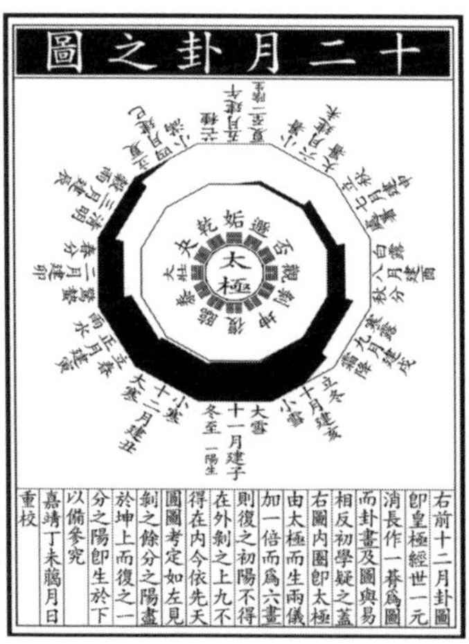

〈그림 10〉 12월괘지도 2

그런데 첫째 그림은 초효가 밖〔上〕에 있고 6획까지 점점 안〔下〕으로 들어오게 음양획 표시가 잘못되어 있고 또 흑백 표시도 반대로 되어있어 역괘를 그리는 원칙〔自下而上〕에 어긋난 것이다. 그래서 초학자들이 의심하자 권근이 정정한 그림을 영천본에 추가로 싣게 된 것이다. 이 그림의 특색은 사각형인 원래 그림을 「선천원도」처럼 둥글게 만들어 12벽괘를 12달 24

절기에 배분하는데, 중앙에 태극을 두고 밖으로 6획괘가 뻗어나가며 외곽에 동지 복괘와 하지 구괘를 기준으로 음양소장을 음양획과 흑〔陰〕·백〔陽〕의 색으로 표시하여 괘기의 변화를 한눈에 알 수 있도록 하였다. 그리고 네모난 그림을 원으로 만들고 여기에 역유태극장의 가일배법을 적용하여, 태극에서 6획이 생성되는 것을 역법曆法과 함께 표시하여 일목요연하게 그렸다. 그런 것을 보면 쉬운 것 같지만 없는 그림을 새로 그리는 것은 쉽지 않다. 도서를 다루는 권근의 뛰어난 능력을 알 수 있다.

9. 「춘왕정월횡간분석지도」

「춘왕정월횡간분석지도春王正月横看分釋之圖」(〈그림 11〉)는 권근의 독창적 작품이다.(『입학도설』, 56쪽) 글의 내용이 『춘추』의 첫머리에 나오는 내용이므로 『춘추』에 속한다고 할 수 있지만 결국 춘추시대 역법曆法에 관련된 문제이다. 은공 원년(기원전 722년) '춘왕정월'에 대해 『춘추좌전』에서는 "원년은 봄, 왕은 주나라의 정월(元年春, 王周正月)"이라고 간략히 적고 있다. 『춘추공양전』에서는 다음과 같이 말한다.

> 원년, 봄, 왕의 정월(元年, 春, 王正月)
>
> 元年이란 무엇인가? 군주가 즉위한 연도이다. 春이란 무엇인가? 한 해가 시작하는 때이다. 왕은 누구를 말하는가? 문왕을 말한다(元年者何? 君之始年也. 春者何? 歲之始也. 王者孰謂? 謂文王也)

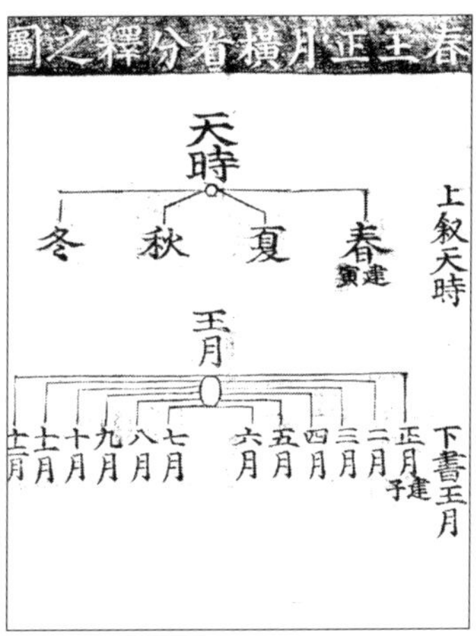

〈그림 11〉 춘왕정월횡간분석지도

인용문은 은공 즉위년의 역법을 말하고 있으니 노나라 은공이 주나라 책력〔周曆〕을 사용하여 한 해 시작인 봄은 정월〔正朔-1월 1일〕이라고 밝힌 내용이다. 여기서 춘추시대에는 주나라 책력을 쓴 것을 알 수 있다. 주력周曆은 정월〔1월 1일〕을 동지 자월子月로 보고 이때를 봄이라고 한다. 동지를 자월로 보는 것은 하·은·주 삼대가 같으나 자월이 11월〔夏曆〕, 12월〔殷曆〕 1월〔周曆〕인지 시대마다 달랐다. 그런데 '춘왕정월' 을 주장하는 이들은 하력을 주월周月에 얹은 것으로 오인했다고 권근은 생각했다. 공자는 하력夏曆을 행한다고 했다.(『논어』「위령공」, "子曰 行夏之時") 주력은 절기에 비해 일자가 빨라 농사철과 맞지 않았고 하력이 절기와 맞았다. 즉 하력에서는 정월을 인월(寅月, 봄)로 보니 주력과 2개월의 차이가 나서 주력의 봄〔자월〕은 하력에서 겨울이 된다. 그래서 역법을 잘 모르는 학자는 동지 자월이 몇 월인지 혼란스러워했고 심지어 세수 1월 1일을 임의로 변경한 것으로 오인하기도 했다.

하·은·주 삼대의 책력의 엇갈림, 이른바 삼통三統·삼정三正의 문제[11]는 당시 학자들에게도 난제였던 모양이다. 이를 해소하기 위해 권근

---

11) 고전에 나오는 紀月과 절기에 대한 언급은 통일되지 않아 三正·三統의 이해에 혼란을 겪는다. 어떤 책은 夏曆으로 말하고 어떤 책은 周曆으로 말하는데, 『춘추』처럼 주력으로 말하는 경우 실제 절기보다는 빠르다. 先秦 이전부터 '三正論' 이 있었다고 한다. 이는 '夏正建寅, 殷正建丑, 周正建子' 로 하·은·주 삼대의 정월 초하루〔正朔〕를 정하는 紀月法이다. 진한 이래 하력을 주로 사용하다가 한무제 7년(BC 107년)에 建寅之月을 정월로 하는 하력으로 통일하여 지금까지 사용하고 있다. 三正은 三統과도 의미가 통한다. 삼정·삼통은 초저녁 북두칠성의 斗建(6-7번째 손잡이별: 斗柄 혹은 斗杓)이 가리키는 방향에 따라 正月이 결정된다. 그것은 人統·夏正(寅方-寅月), 地統·殷正(丑方-丑月), 天統·周正(子方-子月)이다. 三統論의 시원은 董仲舒(BC 179~BC 104)로, 역사상 나라들은 삼통 즉 黑統·白統·赤統으로 순환 반복한다는 이론이다. 하나라는 흑통, 은나라는 백통, 주나라는 적통이라 한다. 지금의 삼통론은 흑·백·적통은 빠지고 天·地·人統으로 대체된 것으로 劉歆(?~23) 때부터이다. 유흠은 '三統曆' 을 지으면서 "삼통이란 천·지·인을 가리킨다."고 했다. 『漢書』「율력지」는 "三統者 天施 地化 人事之紀也"라 했다.

은 그림으로 정리했는데 여기서 그만의 도서학적 관점이 드러난다. '춘'과 '왕정월'을 한 줄로 합하여 세로〔竪看〕로 보지 말고 두 개로 떼어 가로〔橫看〕로 보아야 한다고 말한다.(도설, 57쪽)

> 살피건대 성인이 춘추를 지을 때 위에는 천시〔봄〕 아래에는 왕월이라 쓰고 문장을 세워 이어서 '春王正月'이라 했다. 전하는 자들이 夏曆을 周曆에 얹어 놓은 것으로 여겼다. 학자들이 살피지 못하고 겨울을 봄으로 여기거나 정월 초하루를 고친 것이 아닌지 의심하고 논설이 분분하여 정할 수 없었다. 이는 '춘'과 '왕정'을 합하여 세로로 보고 말했기 때문이다. 가로로 보면 위로 천시를 차례 지은 것은 하력을 행하여 후세에 내린 법이고, 아래에 왕월이라 쓴 것은 주력을 기준으로 周王을 받드는 것이다. 천시는 왕이라도 앞지를 수 없어서 그 위에 차례를 지우고, 왕월은 이미 고칠 수 없으므로 반드시 그 아래에 적었다.

'춘왕정월'을 하나의 뜻으로 보지 말고 '춘'과 '왕정월'로 각각 나누어 보면, 위에 있는 하늘의 때〔하력, 봄〕와 아래 지상에 있는 왕의 책력〔주력, 왕월〕을 정확하게 파악할 수 있다는 것이다. 그는 공자가 『춘추』를 지을 때 천시에 부합하는 하력과 당시 시행 중인 주력의 어긋남을 인지하

〈三正 · 三統 · 12辟卦 일람표〉

구분	子 冬至	丑	寅	卯 春分	辰	巳	午 夏至	未	申	酉 秋分	戌	亥
周正建子 天正(天統)	正月	2月	3月	4月	5月	6月	7月	8月	9月	10月	11月	12月
殷正建丑 地正(地統)	12月	正月	2月	3月	4月	5月	6月	7月	8月	9月	10月	11月
夏正建寅 人正(人統)	11月	12	正月	2月	3月	4月	5月	6月	7月	8月	9月	10月
12辟卦 (夏曆기준)	䷗ 復	䷒ 臨	䷊ 泰	䷡ 大壯	䷪ 夬	䷀ 乾	䷫ 姤	䷠ 遯	䷋ 否	䷓ 觀	䷖ 剝	䷁ 坤

고, 이를 해결하기 위해 '춘왕정월'을 '춘'과 '왕정월' 둘로 나누었다고 생각한다. 따라서 자신이 제시한 이분법으로 그린 그림을 보면 공자의 의도를 파악할 수 있다는 것이다. 이것은 시각적인 도서가 어려운 의미를 설명하거나 비교와 분석을 할 때 글보다 더 유용하다는 것으로, 권근은 이를 터득하고 있었던 것이다.

10. 율려도설

율려론律呂論을 상수학에서 논할 수 있는 이유는 율려는 「역전易傳」의 「하도」의 수와 삼천양지론에 기초하고, 그 기본 사상이 역의 음양론과 리수론에 기반하고 있기 때문이다. 『입학도설』의 그림 중 율려도설은 「율려격팔상생지도律呂隔八相生之圖」(〈그림 12〉)와 「오성팔음지도五聲八音之圖」이다.(『입학도설』, 99쪽) 「오성팔음지도」는 채침의 「서전도書傳圖」에 있는 같은 이름의 그림을 본뜬 것이다. 「서전도」에서는 궁상각치우宮商角徵羽 오성의 생성이 궁음 81에서 삼분손익[12]하여 나머지 음이 생겨나는 과정을 말하고, 그림으로 금석사죽포토혁목金石絲竹匏土革木의 팔음과 오성의 배합을 보여주었다. 반면 권근의 그림은 오성을 군신민사물君臣民事物로 설명하고 팔음에다 선천팔괘를 배당하는데, 두 그림 사이에 큰 차이가 없다. 따라서 이 그림에서 권근의 특색이 발견되지 않는다. 여기서는 〈그림 12〉「율려격팔상생지도」만 본다. 이 그림은 율려론 및 조선 악률론에서

12) '三分損益'이란 기준관인 황종관을 삼등분〔3分〕하여 1분을 빼서 2/3를 곱하여 다음관인 임종관을 만들고, 임종관에는 1분을 더한 4/3를 곱하여 태주관을 만든다. 계속하여 직전 율관의 2/3와 4/3를 번갈아 곱하는 산식을 '삼분손익'이라 한다. 황종관에서 삼분손익의 계산과정을 거쳐 나머지 11율관이 순서대로 생성된다. 삼분손익은 앞의 제1부 채원정 부분과 『율려신서』 1538~1539쪽 및 이어지는 3부 악률론을 참조 바란다.

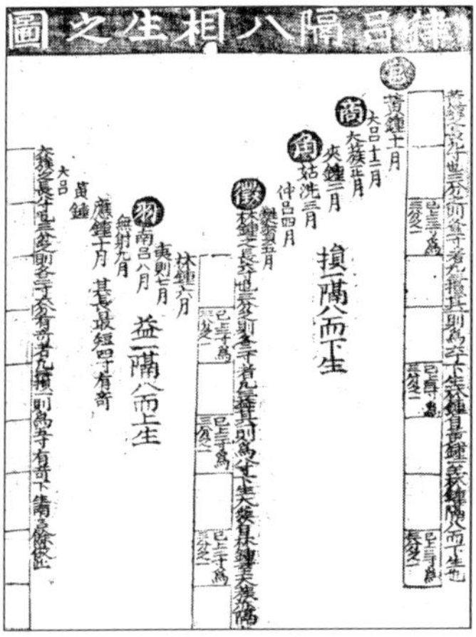

〈그림 12〉 율려격팔상생지도

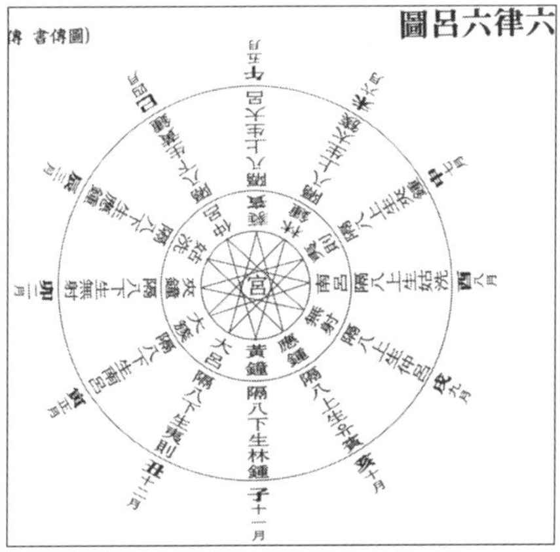

〈그림 13〉 육률육려도

중요한 이론이다.

위의 「율려격팔상생지도」의 모체는 「서전도」에 있는 〈그림 13〉 「육률육려도六律六呂圖」이고 이론적 배경은 『예기집전』 악기樂記와 『율려신서』이다. 「육률육려도」란 6양율과 6음려가 8자리를 떨어져〔隔八〕 자리잡고 있음을 나타낸 그림이다. 6율과 6려를 합해 12율이라 하는데, 12율이 음고音高 순으로 둥글게 좌선하여 「원도」에 1음·1양 식으로 배열되어 있다. 12율의 음고는 율관의 길이에 의해 결정되는데 율관이 길면 소리가 낮고〔濁〕 짧으면 소리가 높다〔淸〕. 12율의 기준 음은 황종黃鍾으로 율관이 가장 긴 9촌이며, 소리 또한 가장 낮아 자子에 배당된다. 12율의 생성 순서는 '황종黃鐘 - 임종林鐘-태주太簇 - 남려南呂 - 고선姑洗 - 응종應鐘 - 유빈蕤賓 - 대려大呂 - 이칙夷則 - 협종夾鐘 - 무역無射 - 중려仲呂' 순이다. 삼분손익법으로 산출되는 율관의 길이는 '황종 - 대려 - 태주 - 협종 - 고선 - 중려 - 유빈 - 임종 - 이칙 - 남려 - 무역 - 응종' 의 순서이며, 음고 또한 이 순서이다. 이상은 앞에서 살펴본 바와 같이 『율려신서』에서 말한 기본적인 율려론이다.

「육율육려도」에서 "12율은 12진으로 인하여 생겨났다. 그 장단에는 법도가 있고, 많고 적음에는 수가 있으며, 가볍고 무거움에는 저울이 있고, 덜어내고 더함에는 마땅함이 있으니 황종에서 시작하여 중려에서 마친다.(十二律, 因十二辰而生. 其長短有度, 多寡有數, 輕重有權, 損益有宜, 始於黃鍾, 終於仲呂)"라고 하여, 황종에서 시작하여 상생上生과 하생下生을 반복하여 12율의 마지막 중려에서 마친다는 율려론의 원칙론을 말하고 있다. 하생〔1/3을 뺌〕이란 양률에서 음려로 가는 것을 말하고, 상생〔1/3을 더함〕이란 음려에서 양률로 가는 것을 말한다. 상 · 하생으로 생겨난 12율려의 자리는 음양이 순차적으로 8자리를 건너서 배치되는 격팔隔八의 원칙에 따라 「원도」의 북쪽에서 남쪽으로 좌선하여 배치된다. 그러나 율려를 모르는 초학자들에게 12율이 삼분손익으로 어떻게 변화 · 생성되는지 글만으로는 이해하기 어렵다.

그래서 권근은 「원도」인 「육율육려도」를 사각으로 펼쳐서 12율의 수치와 율관 길이의 장단, 격팔을 시각적으로 표시한 「방도」를 새로 만들었다. 그것을 「율려격팔상생지도」라 칭하고 다음과 같이 설명했다.

> 황종의 길이는 9寸이다. 3으로 나누면 3촌이 되는 것이 모두 3개인데 거기서 1개를 빼면〔三分損一〕 6촌이 되어 아래로 임종을 낳으니〔下生林鐘〕 황종으로부터 임종까지 여덟 자리를 건너서〔隔八〕 下生한다. 임종의 길이 6촌을 3으로 나누면 2촌인 것이 모두 3개인데 거기서 1개를 더하면〔三分益一〕 8촌이 되어 위로 태주를 낳으니〔上生태주〕 임종으로부터 태주까지 또한 여덟 자리를 건너뛴다. 태주의 길이 8촌을 3으로 나누면 2寸6分有奇〔强: 나머지〕인 것이 모두 3개인데 거기서 1개를 빼면 5寸有奇가 되어 아래로 남려를 낳으니 나머지 모두 이와 같다.(도설, 100쪽)

권근은 이어서 12율을 장단으로 구분하여 그림의 우측에 일렬로 '황종 - 대려 - 태주 - 협종 - 고선 - 중려 - 유빈' 까지 "1개를 덜어서 여덟 자리를 건너 아래를 낳는다.〔下生〕"라 하고, 좌측에 일렬로 '임종 - 이칙 - 남려 - 무역 - 응종 - 황종 - 대려' 까지 "1개를 더하여 여덟 자리를 건너 위를 낳는다.〔上生〕"라며 격팔상생법을 설명하고 있다. 그러나 원래 「육율육려도」와 다르게 그려서 초학자들의 의문을 초래했다. 그들의 문답을 보면 아래와 같다.

문: 황종의 길이는 9寸이고 대려 이하 율려의 거리는 응종에서 끝나고 응종의 길이는 4寸半이다. 선생의 그림은 임종에서 끝나고 이칙부터 그 이하는 점차 올라가서 황종을 거쳐 태주에 이른다. 이런 경우 임종이 가장 짧고 대려, 태주는 도리어 황종의 위에 있는데 왜 그런가요?

답: 옛 원도는 종횡으로 복잡하여 배우는 이들이 율려의 손익장단과 상하생을 알 수 없다. 지금 이 그림을 그려 학자들이 하나를 빼서 격팔하여 하생하고 하나를 더해서 격팔하여 상생하는 것을 확연히 알 수 있도록 하였다. 그러므로 임종으로부터 점차 올라가서 태주에 이르지만 이는 임종이 가장 짧고 이칙 이하가 점차 길어지는 것이 아니다.(도설, 100~101쪽)

권근은 임종을 가장 짧게 그린 것은 삼분손익으로 격팔상하생하는 것을 시각적으로 보여주기 위한 것이지 실제 임종이 가장 짧은 것이 아님을 밝히고 있다. 즉 황종에서 처음 삼분손익하면〔下生〕 임종이 되는 원리를 「원도」에서는 찾기 어렵지만, 자신의 그림은 황종에서 8자리를 건넌 자리에 가장 짧게 임종을 표시하여 이해를 도왔고 나머지 율려도 같은 원리로 표시했다는 것이다.

권근은 이처럼 쉽게 말하지만 각 부분을 따져 들어가면 복잡하고 난해하다. 본 글은 율려론을 말하는 게 목적이 아니므로 이 정도에서 그친다. 이와 관련된 율려론은 제3부 악률론에 자세히 다룰 것이다. 「율려격팔상생지도」는 「원도」를 「방도」로 새롭게 그려 12율의 길이를 보기 쉽게 나타냈으며, 천원天圓 형태의 그림을 지방地方으로 바꾸어 새로운 시각에서 개념적 이해를 꾀했다는 데 의미를 찾을 수 있다.

【해제】

책은 출간된 뒤 저자의 최초 의도와 달리 후대에 새로운 가치가 부여되는 경우가 있다. 『입학도설』은 처음 초학자 교재용으로 지었으나 후대에 와서는 권근의 의도와 달리 조선 도서학의 효시가 되었다. 그러나 권근 학문에 대한 평가는 상반된다. 그의 도설을 수용하고 지지하는 학자가 다수이지만 한원진 등의 경우는 비판적인 입장에서 전혀 채용하지 않았다. 정몽주에 비해 고려왕조에 대한 실절失節이 그의 인물 평가에 부정적 영향을 준 것이다.

『입학도설』의 의의를 아래 몇 가지로 정리해 본다.

첫째, 권근의 도설은 「서전도書傳圖」를 참조하고, 사서오경과 『황극경세서』, 『역학계몽』, 『율려신서』 등에서 필요 이론을 택하여 논리를 구성했다. 특히 「서전도」는 채침의 『서경집전書經集傳』의 일부이기에 송대 도서와 율려론과 홍범론 등이 수록되었는데, 이를 권근이 적절히 이용했다. 그는 오경의 핵심을 도서로 나타낼 뿐 아니라 사서도 도서로 표현하여 경학과 역도易圖를 결합한다. 아울러 송대 대표 도서를 자신의 역학관에 맞추어 논설하고 있다. 이처럼 사서오경 핵심 이론을 도설로 요약하고 송대 도서상수학을 조선의 도서학으로 변용하려는 권근의 기획은 조선에서 처음 시도된 융합적 도서학의 전범이 되었다.

둘째, 권근은 후학들에게 도서로 학문을 논하는 틀과 체계를 제시했다. 그런 체계와 틀이 퇴계의 『계몽전의啓蒙傳疑』와 「성학십도聖學十圖」 및 「천명도」 등을 그린 여러 학자에게 직접 영향을 주었다. 또한 장현광의 『역학도설』, 황윤석의 『리수신편』 등에 권근의 그림이 전재되기도 했고 적지 않은 학자들의 상수학 관련 도설의 창안과 변용의 디딤돌이 되었다.(유권종, 2007, 5~6쪽 참조)

셋째, 「오경체용합일지도」에서 오경을 체용이란 통합적인 구조로 이해하는 한편, 『역경』을 유가 경전의 머리에 두고 경학 사상을 전개했다. 『역경』을 중시한 경학의 방법론은 후대 많은 학자들에게 영향을 미쳤다.

넷째, 그는 「하도낙서」 및 「선천도」 등을 도입하여 조선 상수학의 새로운 지평을 열었다. 12벽괘와 태극의 결합, 음양수와 설시법에 대해서도 도서와 리수를 통해 분석했다. 『성리대전』이 들어와서 학자들에게 읽히기 50~60년 전에 나온 이 책은 조선의 도서상수학의 문호를 연 기본서이자 전문서의 역할을 했다.

다섯째, 권근의 그림에서 가장 눈길을 끄는 것은 '관점' 의 다양함이다. 체용으로 구분하기, 반대로 보기, 종횡으로 나누어 보기, 천원지방으로 바꾸어 보기 등 도설을 관찰하는 다양한 방법을 제시한 것이다. 체용으로 구분하기의 사례는 앞에서 언급한 「오경체용합일지도」이며 이는 『입학도설』의 성격을 규정하는 대표적 도설이다. 반대로 보기의 대표는 「천인심성합일지도」이다. 이 그림에서는 『중용장구』의 주요 내용을 주렴계의 「태극도」에 배치하여 논하는데, 역도易圖에 사서四書의 내용을 배치하는 아이디어도 참신하지만, 상하를 바꾸어 인본人本 위주로 관점을 전환하는 점이 놀랍다. 또 지방地方과 천원天圓을 바꾸어 보기이다. 「12월괘지도」는 원래 지방인데 이를 천원으로 바꾸어 그려낸다. 「율려격팔상생지도」는 이와 반대이다. 「춘왕정월횡간지도」는 가로를 세로로 보기의 예이다. 이런 관점의 전환과 시각의 다양화에는 철학적 함의가 숨어있다. 반대로 보기는 주관과 객관의 전도로 관점의 대칭이 상징하는 것이 무엇인지를 생각하게 하고, 천원과 지방의 변화 또한 직선을 곡선 및 원형으로 교정하여 주관과 객관을 녹여내는 효과가 있다. 이런 것들은 새로운 사색을 촉발하고 변통의 경계를 허물어 학문의 영역 확장과 교류를 가능케 하는 힘이 있다.

『입학도설』의 모든 도설이 새롭고 신선한 것이 아니어도 여말선초의 어수선한 시국에도 후학들에게 학문의 정수를 깨우쳐주고자 한 학자로서의 자세와 새로운 시각에서 기존의 학문에 접근한 점은 이 책이 지닌 또 다른 의의라고 할 수 있다. 특히 그가 이 책에서 '도서로 철학하기' 와 '체용론' 이란 학문 방법론을 제시한 것은 권근이 조선 유학에 끼친 가장 큰 공헌이 아닐 수 없다.

Ⅱ. 장현광의 『역학도설』

장현광(張顯光, 1554~1637)의 호는 여헌旅軒, 시호는 문강文康으로 조선 중기 영남학파를 대표하는 유학자이다. 퇴계와 율곡을 중심으로 조선 성리학이 주자학적 성리학으로 확립해 가던 시절에 활동했으며, 서경덕 · 이언적 · 이황 · 조식 · 이이 등의 학문에 영향을 받았지만, 어느 학파에도 속하지 않았다. 처삼촌인 정구(鄭逑, 1543~1620)와 학문적 교류를 했던 것으로 보이나 자득하여 자신의 학문을 확립한 학자였다. 임진왜란, 인조반정, 병자호란 등 시대적 격변을 거치면서 가산은 파괴되어 유랑하듯 곤궁하게 생활했지만, 조정의 관직 제수를 사양하고 학문에만 정진했다. 84세

때 삼전도의 항복 소식에 영양 입암〔포항시 죽장면 입암리〕에 들어갔으나 6개월 만에 별세했으며 사후 영의정에 추증됐다.

장현광의 역학 저서는 55세에 편찬한 『역학도설易學圖說』이 있으며, 성리학 저서는 68세 이후 만년에 저술한 『성리설性理說』을 들 수 있다. 또 1571년 방년 18세에 자신의 입지立志를 나타낸 『우주요괄첩宇宙要括帖』을 지은 바 있다.[13)]

『역학도설』은 역학에 관한 355개의 도식에 그의 해설을 붙인 책으로, 권근의 『입학도설』 이래 최대의 도설서이자 후대에도 이만한 저서가 나오지 못했다. 그는 권근의 '역을 오경의 전체'로 보는 관점을 수용하는 한편, 도서에 자신의 역학 사상을 접목하여 다양한 도서학을 펼치고 있다. 또한 전대 선배의 도서와 학설을 인용하거나[14)] 정수를 전체적으로 요약하면서 그사이에 다양한 도설을 삽입하여 자신의 견해를 제시했다. 이런 면에서 장현광으로부터 '조선 상학의 실질적 전개'가 이루어졌다고 할 수 있다.

『성리설』에는 '경위설'·'태극설'·'우주설'·'역괘총설' 등의 이론이 들어 있지만 이 부분도 역학적 성리학이다. 이 책에 역학적 도설은 없지

---

13) '우주요괄첩'은 우주의 중요한 진리를 포괄하여 나타낸 帖子란 뜻이다. 첫 번째 會眞帖은 無極의 진리를 나타낸 것인바, 무극은 형체가 없으므로 그림이 없다. 두 번째 一原帖은 태극의 진리이고, 세 번째 俯仰帖은 위로 천문을 관찰하고 아래로 지리를 살피는 것이다. 네 번째 中立帖은 인간이 하늘과 땅의 중간에 있어 三才가 됨을 이른다. 다섯 번째 傳授은 道統 전수이고, 여섯 번째 載道帖은 도를 기재한 경전이며, 일곱 번째 景慕帖은 존경해야 할 인물이고, 여덟 번째 傍搜帖은 정통 이외에 널리 참고해야 할 인물과 서적이며, 아홉 번째 遠取帖은 멀리 외물에서 취하는 것이고, 열번째 反躬帖은 자신의 몸에 요약하는 것이다. 책 말미에 "능히 천하의 제일가는 사업을 하여야 비로소 천하의 제일가는 인물이 될 수 있다.(能做天下第一事業, 方爲天下第一人物)"고 했다.

14) 정도희는 류빈(柳贇, 1520~1591)의 『易圖』(1576년 저술, 1602~1604년 간행)에 나오는 52개 그림에서 50개가 장현광의 책에 나온다고 한다. 정도희, 2024, 145쪽 참조.

만 역학 이론이 성리론과 결합하여 '우주론'과 '태극론' 등에 집약되어 있다. 이처럼 역학과 성리학의 융합은 역학 이론을 성리설 구축의 사유 방법론으로 전개한 것으로 조선 철학사에서 그 의미가 매우 크다고 볼 수 있다.(최정준, 2014, 141쪽) 두 책을 비교하면, 『역학도설』은 역학 자체를 논하기 위해 도설로써 역리를 선행적으로 풀이한 것이라면, 『성리설』은 이후 중요한 역리와 우주의 천리를 성리학적 입장에서 다시 논설한 것이라 할 수 있다.

이처럼 역학은 그의 학문 전체의 시발점이자 종착점이라 할 수 있다. 김낙진은 "장현광에게 역학은 만학을 하나의 체계로 엮어낼 수 있게 하는 제1의 학문"이라 했다.(김낙진, 예문서원, 2000, 165쪽) 그의 학문을 한마디로 말하면, '우주'라는 터전에 '성리'라는 심성론을 펼쳤으며 그 속을 메운 알맹이는 역학 즉 도서상수학이었다.

1. 역학관과 우주론

장현광의 학문에는 두 개의 축이 있으니 하나는 성리학이고 하나는 역학이다. 성리학을 보면, 당시 주류 성리학과 결이 다르다. 그는 도道와 리기理氣에 대해 퇴율退栗 성리학과 달리 '도는 리기의 합이다', '리와 기는 하나의 도이다'라는 이른바 '도일원론道一元論(一源論), '리기일본설理氣一本說'을 말했으며, 리는 경〔經: 날줄〕이고 기는 위〔緯: 씨줄〕라는 '경위설'을 새롭게 주장했다. 또 '사단칠정四端七情'에 대해서 사단은 칠정에 포함되며 모두 '리발理發'이라 했다. 사단을 리발, 칠정을 기발氣發로 보는 퇴계와 다르고, 모두 기발로 보는 율곡과도 다른 면모를 보였다.(김용헌, 2003, 302~308쪽)

이처럼 그는 퇴·율의 이론과 차별성을 가지면서 자신만의 이론을 수립했다. 역학의 측면을 보면, 당시 성리학자들이 주자 리기론과 성리론에서 출발하여 역학으로 넘어가는 추세와 달리, 그는 역학을 철학의 시작점으로 삼았다. 특히 도서상수학을 기반으로 성리학의 이기론 · 태극론 · 우주론 · 경위론 등으로 이동한 뒤 다시 역학으로 회귀한다. 이처럼 그는 역학과 성리학을 교차하면서 이론을 구성하고 융합하면서 논리를 전개했다.

장현광 학문에 대한 기존의 연구 논저는 풍부하다. 여기서는 기존에 다루지 않은 부분, 즉 그의 역학관이 담겨 있는 『역학도설』의 '도설' 가운데 '선천도'를 중심으로 살펴보고자 한다. 먼저 그는 '역'을 어떻게 보고, 그가 말하는 역은 어떤 내용을 담고 있으며, 어떤 이유로 이 책을 지었는가에 대해서이다.

1) 역학관

『역학도설』 서문에서 그의 역학관과 저술 의도를 살필 수 있다.

① 易은 바로 천지이니, 천지가 있음으로 말미암아 萬變萬化와 萬事萬物이 있게 되었다. 역이 어찌 이것을 벗어나 별도로 딴 도리가 있겠는가.

② 천지의 고유한 변화와 고유한 사물을 보면 여기에 역이 있는 것이니, 역을 굳이 다시 책을 만들 필요가 없다. 그런데도 성인이 반드시 역의 책을 만든 것은 어째서인가? 이는 바로 우리 인간을 위하여 만든 것이다. 형체를 보고 이치를 알며 그릇을 보고 도를 알며 사물을 보고 법칙을 알며 드러난 것을 보고 은미한 것을 아는 자는 성인이 아니면 가능하겠는가.

③ 성인이 부득이 역을 만들어서 方册의 위에 천지를 模象하였다. 이러한 뒤에야 神明의 덕을 이로써 통하고 만물의 情을 이로써 유추할 수 있었다. … 진실로 역이란 책이 과연 위대하고 지극하다는 실제에 걸맞은 것이다.

④ 사람들은 이에 비로소 책 속에 있는 역을 가지고 천지의 역을 알고 모상한

천지를 가지고 고유한 천지를 알아 우리 인간의 사업이 이로부터 정해지게 되었다. 천지와 사람과 물건이 있으면 卦, 爻가 없이 역학을 할 수 없다고 여겼으므로 이에 괘 · 효를 그었으며, 괘 · 효가 있으면 또 繫辭가 없이 역학을 할 수 없다고 여겼으므로 이에 계사를 지은 것이다. 이미 괘 · 효를 긋고 계사를 짓자 역의 가르침이 이루어졌다.

⑤ 복희는 천지가 아직 발명하지 않은 것을 발명하였고 문왕과 주공은 복희가 미처 발명하지 못한 것을 발명하였고 공자는 문왕과 주공이 미처 발명하지 못한 것을 발명하였으니, 이는 진실로 괘를 긋고 말을 단 것이 모두 성인이 그만둘 수 없는 것이었다.

위 내용을 요약하면 다음과 같다. 역은 천지와 같다. 그래서 역은 천지에서 일어나는 모든 만물의 변화를 포괄한다. 그런데 사람들은 이런 천지 만물의 변화에 담긴 원리나 법칙을 알지 못하여 성인이 천지를 모상〔본떠서 형상〕하여 역을 만들었다. 이를 통해 천지를 알고 변화의 원리를 터득하게 하여 인간의 사업〔도덕행위 실천〕을 수행하게 했다. 역은 역서易書가 없으면 사람들이 이를 알 수 없기에 '복희 - 문왕 - 주공 - 공자'로 이어지는 성인들이 괘를 긋고 괘효사를 달고 십익으로 부연 설명하여 역의 이해를 도왔다.

책을 지은 이유에 대해, "세상이 내려올수록 서책이 더욱 많아지고 서책이 더욱 많아질수록 역리易理가 더욱 혼잡하게 되었다. … 도식을 만들고 해석을 만든 것이 혹 역을 배우는 자에게 도움이 될 수 있을 것이다."라 했다. 또 저술 방법에 대해서는, "반드시 선유들의 학설에 근본하고 당연한 이치에 부합하게 하였으며, 전연 나의 억측으로 헤아린 것이 아니요 또 억지로 천착한 것이 아니다."라며 자신의 주장에 근원이 있으며 객관적이라고 했다.

2) 상수학적 우주론

장현광은 '우주'를 역학의 학문 영역으로 끌어들였다. 그는 젊은 시절부터 "남자가 천지에 태어났다면 우주 간의 사업을 소임으로 삼아야 한다.(南兒生於天地 當以宇宙間事業爲己任)"라고 천명했다. 그가 말하는 우주는 시공時空이었다.

우주를 언급하는 가장 오래된 문헌은 진나라 상앙商鞅의 스승이었던 시교(尸佼, 기원전 390~기원전 330)가 저술한 『시자尸子』인데 우주에 대해 다음과 같이 말했다. "위아래와 사방을 우宇라고 일컫고, 예로부터 지금까지를 주宙라고 일컫는다.(上下四方曰宇, 往古來今曰宙)"라 했다. 요약하면 '우'는 공간이고, '주'는 시간이며, 따라서 우주는 시공간을 의미한다. 『회남자』에서도 "예부터 오늘에 이르는 것을 주宙라고 부르며 사방과 위아래를 우宇라고 부른다."라고 했다.

이런 선현들의 천명을 이어받아 장현광은 우주를 구성하는 상하사방은 천지의 공간〔宇〕이고, 고금왕래는 천지의 시간〔宙〕이라고 확신했고 이런 우주에 '인물人物'이 들어앉아 우주의 실질적 내용이 채워져서 천지만물이 형성되고 고금의 역사는 끊임없이 이루어져 간다고 봤다. 그는 우주의 실질적 내용을 주자가 정의한 "역은 본래 복희가 괘를 그은 것으로 교역과 변역의 뜻이 있다.(易本伏義所畫有交易變易之義)"고 말한 것에 호응하여 교역과 변역으로 풀어간다.(최정준, 2006, 76~86쪽) 이처럼 장현광은 인물의 부단한 변화의 흐름이 끊어지지 않고 이어지는 것이 우주이고, 일개 미물이라도 우주 생멸 연속성의 한 단면이며 그 속에 원대한 우주적 의미가 내포되었다고 생각했다.

그에게서 '우주 사업'이란 무엇일까. 성리학적 삶을 천지자연의 역학을 통해 실현하려는 것이다. 그는 '물物'의 본래 성질을 바르게 이용하는 것이 인간 본래의 직분이라고 말한다. 이를 위해 인간은 사물의 자연적 성질을 연구하고 활용하는 능력을 키워야 한다고 했다. 이것이 바로 사람의 '우주 사업' 이고, 이것에 필요한 학문이 우주의 이치를 총체적으로 말하고 있는 '역易' 이라고 했다. 다시 말하자면, 천지자연의 역이 바로 '우주' 이고 그에 어긋나지 않는 삶이 '우주 사업' 인 것이다.

그는 우주 사업에 자신 역학의 세부적 내용인 체용, 경위, 선후천, 횡간수간, 원회운세 등을 연결해 역리를 풀어간다. 그의 역리는 태극에서 시작하여 음양·사상四象·오행으로 퍼져갈 때 '상수象數' 를 중시했으며, 송대 도서상수론을 적극 수용하면서 거기에 자신의 독자적 역학관을 발휘한다. 도서학과 상수학적 역리를 주춧돌 삼아 사람이 속한 공동체에 대한 관심을 우주의 영역으로 확대했다. 그의 관점은 우주 안의 모든 '물' 은 나름의 용처가 있고 그것을 통해 서로 유기적인 관계를 형성하여 성리학적 도덕 사업을 이루고 그것이 모여 우주 사업이란 총체적인 결과가 이루어지는 것으로 본다. 이때 각자 분수와 직분에 따른 용도의 발휘가 이루어져 우주 공동체가 선한 방향으로 나아가는 것이다. 이런 인간의 행위는 도덕적 행위이자 성리학의 도덕적 삶의 구체적 행위이다. 이는 타율에 의한 행위가 아니라 우주가 부여한〔天賦〕 자연적 인간 본성의 발현으로, 그 행위 하나하나에 천지의 뜻이 담겨 우주적 의미가 부여될 수 있다고 본다.

그는 작게는 자신에서부터 주변 인물까지, 크게는 시공간을 모두 포괄하는 큰 덩어리 즉 '우주' 를 학문의 관심 영역으로 구축했다.(김낙진, 2000, 193쪽) 어떤 이는 그의 우주론이 상수학적 우주론으로 성리학의 자연학적 근거를 마련했다고 호평하기도 한다.(김문용, 2008, 8쪽) 조선시대에 장현광처럼 '우주' 를 역학의 영역에서 해석하거나 혹은 성리학의 자연학적 근거로 삼거나 또는 인문학적 탐구 대상으로 삼은 학자를 찾기 어렵다. '우주' 를 매개로 인식의 공간과 학문의 영역을 넓혀간 그의 논설은 오늘날 주역학인에게 사고력 확장의 필요성을 웅변하고 있다.

2. 『역학도설』에 나타난 강절역의 변용

1) 장현광 역학의 원두처

장현광의 학문은 어디에 머리를 두고 있는가. 이것은 『역학도설』에 나오는 도설의 성질을 고찰하고 그의 언명을 살펴보면 알 수 있다. 이 책에 나오는 주요 도설을 분류해 보면 소강절의 선천역학을 표상하는 「선천도」와 관련된 그림이 주류를 이루고, 그다음은 『역학계몽』에 나오는 「하도낙서」 그림이다. 구체적으로 보면, 『한국경학자료집성』 역경3권에 실린 『역학도설』의 약 102쪽 분량이 「선천도」와 관련된 것이고, 「하도낙서」는 36쪽 정도 들어 있다. 역경4권에 실린 도설의 30쪽 분량이 시초점 관련이고 나머지 그림들은 그 머리에 「복희팔괘도」와 「문왕팔괘도」를 배치하고 구체적 내용을 전개한다. 이는 소강절의 선천학을 염두에 둔다는 뜻이며 이어지는 도설도 「선천도」에 포괄된다는 의미이다. 이처럼 장현광의 역학은 소강절의 선천학에 근원한다. 다음의 자료에서 그 내용을 확인할 수 있다.

① 1569년(선조 2년 기사) 16세 때, 장상사(鶴渠)의 책상 위에 있는 『황극경세서』를 읽어보고 회심처(會心處: 마음에 꼭 들어맞는 곳)가 있는 것 같아서 다시 청해서 읽어보고 이로부터 스승에게 나아가지 않았다.(旅軒 선생 연보. 16세)

② 『황극경세서』 한 권의 책은 마땅히 천지와 더불어 종말을 함께 할 것이다. 선생을 통하여 공자를 알고 공자를 통하여 복희를 알며 또 복희를 통하여 천지의 이치를 안다. 선천학이 만세에 발명됨은 실로 소강절에게서 열려졌

다.(여헌 선생 문집 제1권 賦, 觀物賦)

장현광은 비교적 이른 나이인 16세 때 소강절의 『황극경세서』를 읽고 소강절 이외 다른 스승이 필요 없다고 느꼈고 실제 그는 스승을 찾지 않았다. 그는 스스로 익혀서 자득한 학자로 조선에서 강절역을 전공한 학자들이 대부분 그러하다. 서경덕, 신흠, 최석정, 서명응 등이 대표적인 경우이다. 소강절을 학문적 스승으로 삼았다는 사실은 "『황극경세서』 한 권의 책은 마땅히 천지와 더불어 종말을 함께 할 것"이라는 표현에서 짐작할 수 있다. 한 개인의 저서에 대해 이렇게 마음을 실어 극찬한 것을 찾아보기 어렵다. 그러나 그의 역학의 근원에 대한 기존 학설을 보면 소강절에 근원한다는 주장(조장연, 2004, 206쪽)도 있고 다른 입장을 가진 주장도 있다.[15)]

2) 소강절 역학의 변용

장현광은 강절역에 머리를 두었지만, 자신의 관점에 따라 「선천도」를 다양하게 변형하여 자신만의 도설로써 역리를 표출한다. 대표적인 것으로, 「64괘천포지유지도」·「64괘원도허중지도」·「64괘음양역순지도」·「64괘원도대대지도」·「64괘방위흑백지도」·「선천원도분배시종지도」(『한국경학자료집성』 역경3, 461~496쪽) 등이다.

이 중에서 「64괘음양역순지도」(〈그림 14〉)[16)]를 집중적으로 분석하여

15) 정병석은 여헌은 강절에 전적으로 의존하지 않고 주자와 주돈이의 관점도 수용하여 자신만의 독특한 역학 체계를 만들어 냈다고 한다. 소강절의 四片說(四府法)을 넘어 太極의 '相貫相包적 성격'을 논했다고 한다. 정병석, 2013, 122~147쪽.

16) 『한국경학자료집성』의 역경3(467쪽)에 수록되어 있다. 여기에 수록된 장현광의 책은 그림과 설명이 흩어져 있어 주의해서 찾아야 한다. 『역학도설』의 그림은 고문헌이라 명확하지 않아서 한국유경편찬센터의 그림을 삽입했다.

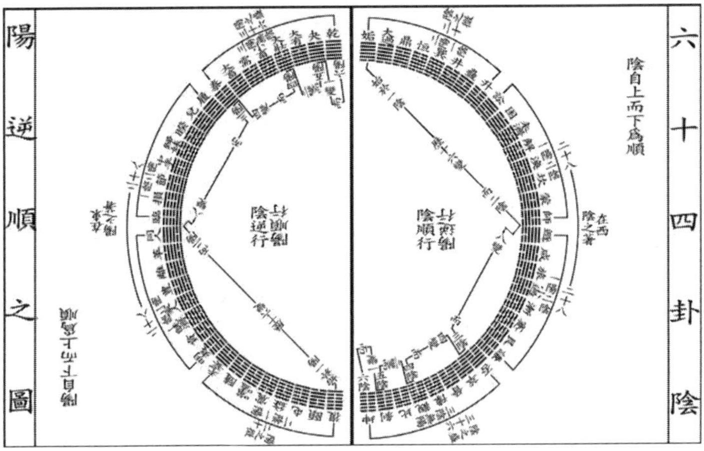

〈그림 14〉 64괘음양역순지도

다른 그림 연구의 초석이 되도록 한다. 이 그림은 「복희64괘방원도」(〈그림 15〉)를 음양순역에 대한 그림〔陰陽逆順之圖〕으로 치환하여 선천학의 핵심을 보여주고 있다. 다시 말하면, 「복희64괘방원도」를 좌우로 양분하여 각 괘의 음양효의 분포와 변화로 순역을 나타낸 것이다. 이에 대한 설명은 그림 주위에서 찾을 수 없고 『한국경학자료집성』 역경3(544~547쪽)에 있다.

그는 성리대전 본 『역학계몽』(1070쪽)에 나타난 주자의 견해를 그대로 옮기고(544~547쪽), 그 내용을 직접 도설로 그리고 있다.(467쪽) 장현광이 전재한 내용은 다음과 같다.

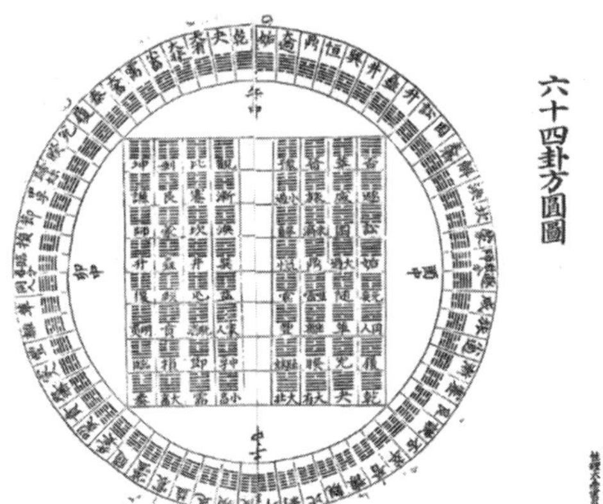

〈그림 15〉 복희64괘방원도

① 64괘원도의 왼쪽은 陽에 속하고 오른쪽은 陰에 속한다. 坤卦☷는 양이 없고 艮☶ · 坎☵은 1양, 巽☴은 2양으로 양이 음 속에 있어서 역행한다. 乾卦☰는 음이 없고 兌☱ · 離☲는 1음, 震☳은 2음으로 음이 양 속에 있어서 역행한다. 진 1양, 리 · 태 2양, 건 3양으로 양이 양 속에 있어서 순행한다. 손 1음, 감 · 간 2음, 곤 3음으로 음이 음 속에 있어서 순행한다. 이것은 모두 내8괘 3획의 음양으로 말한 것이다.

② 만약 외8괘로 넓히더라도 음양의 역행 순행은 또한 같다. 오른쪽의 외괘 4마디〔內卦가 巽坎艮坤 4묶음〕는 모두 건괘로 시작하고 곤괘로 마친다. 4개의 곤괘는 양이 없고 4개의 간괘 각 하나의 양으로부터 역행하여 건괘의 3양에 이른다. 이 양은 모두 밑에서 위로 간 것이어서 역시 양이 음 속에 있으면서 양이 역행한 것이다.

③ 왼쪽의 외괘 4마디〔內卦가 乾兌離震 4묶음〕도 건괘로 시작하여 곤괘로 마친다. 4개의 건괘는 음이 없고 4개의 태괘 각 1음으로부터 역행하여 곤괘의 3음에 이른다. 그 음은 모두 위로부터 아래로 간 것으로 역시 음이 양 속에 있으면서 음이 역행한 것이다.

④ 왼쪽의 외괘에서 4개의 곤괘는 양이 없고 4개의 간괘는 각 1양이 순행하여 건괘의 3양에 이른다. 그 양은 모두 아래에서 위로 간 것으로 역시 양이 양 속에 있으면서 양이 순행한 것이다. 오른쪽의 외괘 4개의 건괘에는 음이 없다. 4개의 태괘로부터 각 1음이 순행하여 곤괘의 3음에 이른다. 모두 위에서 아래로 간 것으로 역시 음이 음 속에서 있어서 음이 순행한 것이다.

⑤ 순역의 설을 미루어 보면, 음양이 각각 본래의 방위에 머물면 양은 아래에서 위로 가고, 음은 위에서 아래로 가서 모두 순행한다. 만약 음양이 그 방위를 바꾸어 머물면 양은 위에서 아래로 가고, 음은 아래에서 위로 가서 모두 역행한다. 이것은 자연스러운 형세이며 진실로 본래 참되고 지극한 이치가 있는 것이다.

위 내용들은 주자의 독자적 주장이 아니라 소강절이 이미 주장한 "양이 음 속에 있으면 양이 역행함이며 음이 양 속에 있으면 음이 역행함이다. 양이 양 속에, 음이 음 속에 있음은 모두 순행하는 것이다. 이것은 참되고 지극한 이치이며 「선천원도」를 보면 알 수 있다."(『역학계몽』, 1069~1070쪽) 라고 한 것에 대한 주석이다. 장현광은 주자의 주석과 의견이 같으므로 전재한 것이다. 이상의 내용을 기반으로 몇 가지 부분을 고찰해 보자.

첫째, 인용문 ①에서 왜 「복희64괘방원도」를 반분하여 왼쪽은 양, 오른쪽은 음인가. 소강절의 「선천도」에서 그 해답을 찾아보면, 「선천도」는 64괘 순서가 기존 통행본과 다르다. 태극 - 양의 - 사상 - 팔괘의 과정을 거쳐 생성된 8괘〔1건 · 2태 · 3리 · 4진 · 5손 · 6감 · 7간 · 8곤〕를 아래 괘〔內卦, 貞卦〕에 두고, 각각 그 위에 다시 8괘〔外卦, 悔卦〕를 포개어 64괘가 만들어진다. 이때 64괘 생성 과정에 겉으로 드러나지 않은 8 - 16 - 32 - 64라는 가일배법이 함유되어 있고, 최종적으로 64괘만 남아서 64괘 「선천도」가 되는 것이다.[17] 「복희64괘방원도」의 배열도 왼쪽은 남쪽〔午中〕 건괘䷀에서 시작하여 아래로 동쪽〔卯中〕 동인괘䷌를 거쳐 아래 북쪽〔子中〕 복괘䷗로 가서 다시 위로 올라가 오른쪽으로 연결된다. 오른쪽은 구괘䷫에서 시작하여 아래로 내려와 서쪽〔酉中〕 돈괘䷠를 거쳐 맨 아래 북쪽 곤괘䷁로 마친

17) 소강절의 「선천도」는 1乾卦~17同人~32復~33姤~49遯~64坤卦의 순이다. 그 이유는 태극 - 양의 - 사상 - 팔괘의 과정을 거쳐 생성된 건 · 태 · 리 · 진 · 손 · 감 · 간 · 곤의 8괘를 아래에 두고 그 위에 다시 8괘를 포갠 것이다. 64괘의 순서를 「선천도」를 통해 처음 제시한 사람은 소강절이지만 그림을 소강절이 창작한 것이 아니다. 「선천도」는 공자에서 시작하여 『참동계』 등에서 道家 방사의 단조술로 은밀하게 전해지다가 진단과 목수 및 이지재를 거쳐 소강절이 전수받아 역학계에 제시되었다고 전해졌다. 이것을 주자와 채원정이 수용하여 『역학계몽』에 실었다. 소강절에 불편해하던 일부 사람들도 『역학계몽』에 실린 「선천도」와 관련 이론을 보고 결국 소강절 이론을 따르게 된 것이다. 말하자면 소강절의 선천역학은 『역학계몽』을 통해 힘을 얻어 역학계에 널리 퍼지게 된 것이다.

다. 현재 통행본 64괘 배열 순서는 상경 30괘는 1건 · 2곤~29감 · 30리이며 하경 34괘는 31함 · 32항~63기제 · 64미제 순서이다.

「원도」의 이러한 생성 순서와는 반대로 음양의 변화양상은 맨 아래에 있는 복괘䷗에서 건괘 쪽으로 양효가 점점 증가하는 추세이다. 즉 처음 복괘 1양에서 시작하여 건괘 6양으로 마친다. 그래서 '왼쪽은 양에 속한다' 라 했다. 오른쪽은 손-감-간-곤의 생성 순서이며 같은 순서로 음효가 자라난다. 즉 맨 위의 구괘䷫에서 음효가 처음 생기고 마지막 곤괘에서 모든 효가 음효이어서 6음효로 마친다. 그래서 '오른쪽은 음에 속한다' 라고 한 것이다.

둘째, 모든 인용문에서 말하는 역행과 순행의 기준은 무엇인가. 두 가지를 생각할 수 있다. 하나는, 앞에서 본 소강절의 주장에서 답을 찾을 수 있다. 즉 음은 음 속에, 양은 양 속에 운행하면 순행이고 음이 양 속에, 양이 음 속에 운행하면 역행이라는 것이다. 여기서 '운행' 이란 음양의 증가를 말한다. 순역은 음양이 교차 운행하면 역행이고 음양이 일방 운행하면 순행이라는 뜻이다. 또 하나는, 「원도」에서 괘나 음양의 변화〔증가〕 방향이 시계 방향〔○〕으로 운동하면 순행이고, 시계 반대 방향〔○〕이면 역행이다. 이는 동양 천문학에서 사용하는 하나의 원칙이다. 이 둘을 기본으로 하여 인용문 ①을 보면, 건괘☰는 음이 없고 태☱ · 리☲는 1음, 진☳은 2음으로 음이 양 속에서 시계 반대 방향 운동〔陰의 증가〕이므로 역행이고, 진 1양, 리 · 태 2양, 건 3양으로 양이 양 속에서 시계 방향 운동〔陽의 증가〕이므로 순행이다. 손☴ 1음, 감☵ · 간☶ 2음, 곤☷ 3음으로 음이 음 속에서 시계 방향 운동이므로 순행함을 알 수 있다. 이는 내괘 소성괘의 음양만을 두고 말한 것이지 6획의 대성괘를 두고 한 말이 아니다.

셋째, 인용문 ②와 ③에서 말하는 상하개념이 무엇인가. 이 부분은 주자가 별도로 첨가한 부분이다. 주의할 점은 여기서 '아래에서 위로' 〔自下

而上〕나 '위에서 아래로'〔自上而下〕란 64괘 중 한 괘의 6효 내에서 상하 움직임을 말하는 것이 아니라 64괘 원도상에 분포된 괘들의 움직임을 두고 한 말이라는 점이다. 인용문 ②에서 "오른쪽의 외괘 4마디는 모두 건괘로 시작하고 곤괘로 마친다. 4개의 곤괘는 양이 없고 4개의 간괘 각 하나의 양으로부터 역행하여 건괘의 3양에 이른다. 이 양은 모두 밑에서 위로 간 것이어서 역시 양이 음 속에 있으면서 양이 역행한 것"이라 했다. 여기서 '오른쪽 외괘 4마디'란 음에 속하는 원도의 오른쪽 32괘는 내괘〔하괘〕 손괘☴·감괘☵·간괘☶·곤괘☷인 네 묶음에 각각 8괘〔건·태·리·진·손·감·간·곤〕가 얹힌 것을 말한다. "모두 건괘로 시작해서 곤괘로 마친다."란 내괘 하나하나에 8괘인 건괘~곤괘가 얹혀서 이루어짐을 말한 것이다. 원도의 오른쪽을 보면, 첫 마디〔묶음〕가 '구괘䷫·대과䷛·정䷯·항䷟·손䷸·정䷱·고䷑·승䷭' 이상 8괘로, 내괘는 전부 손☴이고 외괘〔상괘〕는 건~곤의 순이다. 따라서 외괘는 "모두 건으로 시작해서 곤으로 마친다."라고 한 것이다. "4개의 곤괘는 양이 없고 4개의 간괘 각 하나의 양으로부터 역행하여 건괘의 3양에 이른다."에서 '4개의 곤괘는 양이 없고'란 외괘가 곤괘인 괘가 넷이란 의미로, 오른쪽 32괘 중에서 외괘가 곤인 경우는 '승䷭·사䷆·겸䷎·곤䷁' 넷으로 여기의 외괘에 양효가 없고 곤괘에서 위로 갈수록 내괘에 양효가 많아진다. '4개의 간괘 각 하나의 양으로부터 역행하여 건괘의 3양에 이른다.'란 같은 요령으로 해당 괘를 찾으면 박䷖·간䷳·몽䷃·고䷑ 넷으로 외괘에 양효가 하나이고 위로 올라갈수록 내괘에 양효가 많아진다. 이처럼 음에 속하는 오른쪽 괘들의 양효가 증가하는 운동 방향이 시계 반대 방향이어서 역행이라 했다. 또 "이 양은 모두 밑에서 위로 간 것이어서 역시 양이 음 속에 있으면서 양이 역행한 것"이란, 오른쪽 괘들을 보면 음효가 위에 있는 괘에서 아래에 있는 괘로 점점 생겨나고, 양효는 아래에 있는 괘에서 위로 점점 생겨난다. 음에 속하는 오른쪽 괘들의 양효의 증가 현상을 '양이 음 속에 있으면서 역행한 것' 이라 했다.

넷째, 인용문 ③과 ④는 양에 속하는 원도 왼쪽에 괘들의 음양효의 변동과 운동 현상을 말한 것으로 ②를 반대로 유추해 보면 알 수 있다. 이런 과정을 거쳐 마침내 ⑤에서 결론을 낸다. 양에 속하는 「원도」 왼쪽에 있는 괘들의 양은 아래에서 위로 가고〔自下而上〕, 즉 맨 아래 복괘䷗에서 맨 위 건괘䷀로 간다. 음에 속하는 오른쪽에 있는 괘들의 음은 위에서 아래로 가서〔自上而下〕, 즉 맨 위 구괘䷫에서 맨 아래 곤䷁로 간다. 이는 모두 시계 방향 운동이므로 순행이 된다. 만약 음양이 그 좌우를 바꾸면 양은 위에서 아래로 가고, 음은 아래에서 위로 가서 모두 역행이 된다. 이것이 「선천도」의 지극한 이치라고 한다.

결국 장현광은 주자의 글을 보고 「64괘음양역순지도」를 그리고 다시 자신의 그림을 주자의 글에 맞춰봄으로써 도설로서의 정합성을 검증했다고 할 수 있다.

3. 순수 역수와 좌선 우행의 해명

장현광의 역학은 난해한 강절역에 머리를 두고 있고 또 그것을 변용했기 때문에 접근하기가 쉽지 않다. 「설괘전」 3장과 소강절 「선천도」의 운행 방향과의 상관성 역시 어려운 부분이다. 특히 「설괘전」 3장의 순수역수와 좌선우행이 연결된 지점이 난해하다. 소강절은 「설괘전」 3장 "수왕자순, 지래자역, 시고역역수야(數往者順, 知來者逆, 是故易逆數也)"를 풀이하기를 "지난 것을 헤아림을 순順하다고 한 것은 하늘을 따라 운행함과 같은 것으로 이는 좌선으로 모두 이미 생긴 괘이다. 다가올 것을 아는 것을 역逆이라 함은 하늘을 거슬러서 운행함과 같은 것으로 우행으로 모두 생겨나지 않은 괘이다. 역의 수는 거스름에서 비롯하여 이루어지니, 이 일절이 바로 그림〔선천도〕의 뜻을 해석한 것으로 거슬러서 사시四時를 안다고 말하는 것과 같다고 했다.(『황극경세서』, 913쪽. 『역학계몽』, 1050쪽)[18] 이는 「선천원도」를 염두에 두고 순역과 좌선우행과 역수逆數에 대해 말하는 것이다.

『역학계몽』(1050~1051쪽)에서는 "「원도」 왼쪽 진괘에서 리괘 · 태괘를 거쳐 건괘에 이르는 것은 모두 이미 생긴 괘〔已生之卦〕를 얻는 것으로 오늘로부터 어제를 좇아가며 셈하는 것〔順數〕과 같다. 손괘로부터 곤괘에 이르기까지 아직 생기지 않은 괘〔未生之卦〕를 얻는 것은 오늘로부터 내일을 거슬러서 셈하는 것〔逆數〕과 같다. 본래 역이 이루어지는 것은 그 선후와 시종이 「횡도」와 「원도」의 오른쪽과 같을 뿐이니 역을 역수라 했다." 라고 했다. 이를 등식화하면 '하늘을 따라 운행=좌선=순수=4진 - 3리 - 2태 - 1건 운행 순서' 이다. 여기서 '하늘을 따라 운행' 은 '하늘이 지나온 것' 곧 시간적으로 '과거' 즉 괘가 이미 생긴 것을 의미한다. '좌선' 은 「원도」 하단 북쪽 진괘에서 좌측으로 상승하여, 동쪽을 거쳐 상단인 남쪽 건괘까지 올라간다는 의미로 시계 방향으로 운동함을 말한다. 또 '하늘을 역행=우행=역수=5손 - 6감 - 7간 - 8곤 운행 순서' 라는 등식도 성립한다. 마찬가지로 '하늘을 따라 역행' 은 '다가올 하늘을 맞이하는 것' 곧 '미래' 로 괘가 아직 생기지 않은 것을 의미한다. '우행' 은 「원도」 위인 손괘에서 우측으로 하강하여 서쪽을 거쳐 곤괘까지 내려간다는 뜻이다.

여기에서 좌선우행의 전체 운동 방향을 그려보면 서로 반대가 아닌, 같은 궤적인 시계 운동 방향(◯)이 된다. 그 이유는 소강절의 선천도〔8괘와

18) "數往者順, 若順天而行, 是左旋也, 皆已生之卦也. 故云, 數往也. 知來者逆, 若逆天而行, 是右行也, 皆未生之卦也. 故云知來也. 夫易之數, 由逆而成矣, 此一節直解圖意, 若逆知四時之謂也"

64괘橫圖와 圓圖]가 괘의 생성 순서와 괘의 운행 순서가 다르기 때문이다. 괘의 생성 순서는 '건1 - 태2 - 리3 - 진3 - 손5 - 감6 - 간7 - 곤8'의 순이며, 「횡도」[선천8괘차서도]상으로 보면 우측에서 좌측으로 직선이다. 그러나 「원도」에서 괘의 생성 순서를 따라가 보면 '남[乾1] - 동남[兌2] - 동[離3] - 동북[震4] - 서남[巽5] - 서[坎6] - 서북[艮7] - 북[坤8]'으로 나선형이다. 「횡도」를 진4와 손5를 경계로 양분하여 건1~진4는 좌측 반원에, 손5~곤8은 우측 반원에 엇갈리게 나선형으로 배치했기 때문이다. 괘 운행 순서[음양의 변화 순서]는 이와는 다르게 '진4 - 리3 - 태2 - 건1 - 손5 - 감6 - 간7 - 곤8'의 순서다. 이를 「원도」로 보면, 북쪽에 있는 일양一陽이 시생하는 복괘䷗에서 시작하여 동쪽의 리괘䷝를 거쳐 남쪽의 6양 건괘䷀를 지나 일음一陰이 시생하는 구괘䷫를 거쳐 서쪽의 감괘䷜를 돌아 북쪽의 6음 곤괘䷁에서 마친다. 이처럼 「원도」 좌측은 아래에서부터 위로 양이 점차 생겨나고, 우측은 위에서부터 아래로 음이 점차 생겨난다. 그래서 앞에서 보았듯이 좌측은 양, 우측은 음에 속한다고 말한 것이다. 이처럼 괘의 생성 순서와 운행 순서가 다르다.

소강절이 이렇게 순서를 잡은 이유는 음양소식하는 괘의 생성변화를 보여주기 위함이고, 그 근거는 「설괘전」 3장이다. 그런데 이 괘의 운행 방향을 말할 때도 좌선과 우선을 말한다. 소강절은 '북쪽의 복괘[혹은 진괘] → 동쪽의 리괘 → 남쪽의 건괘'[順數: 이미 생긴 괘(已生之卦)]까지 즉, 원도의 좌반左半 상승이동을 좌선左旋이라 했다. '손괘 - 감괘 - 간괘 - 곤괘'[逆數: 생기지 않은 괘(未生之卦)]의 우반右半 하강 이동을 우행右行[右旋]이라 했다. 일반적인 좌선과 우선은 서로 엇갈려 교차하는데, 소강절의 좌우선을 그려보면 동일한 궤적인 시계 운동 방향이 된다. 이처럼 「원도」상의 좌우선은 괘의 운행 순서[음양의 변화]와 순수역수順數逆數를 말한 것이지 운동 방향[운행]을 뜻하는 것이 아니다. 따라서 소강절이 「선천원도」에서 말하는 좌선우선을 일반적인 좌우선의 운행으로 여겨서는 안 된다. 천문학자들이 말하는 좌선은 왼쪽에서 오른쪽으로 시계 방향(↷)으로 도는 것이고 우행은 그 반대인 시계 반대 방향(↶)을 말하여 서로 교차하는 것이다. 그러나 소강절의 말대로 좌선(↷)과 우행(↷)을 그려보면 둘 다 동일한 시계 방향으로 회전하여 교차하지 않는다. 이 점이 천문학자와 다르니 유의해야 한다. 역학자들은 '음양의 기' 와 '괘의 생성' 의 관점이고 천문학자는 '천체 운행 법칙' 의 관점이어서 서로 다를 수밖에 없다. 이는 앞의 권근에서 논의를 유보하고 장현광 부분에서 재론한다고 말했던 부분이다. 또 하나, 앞에서 논한 「원도」 좌우측의 순행 · 역행과 여기의 순수역수는 서로 일치하지 않는다는 점도 주의해야 한다.

이상과 같이 장현광 역학을 이해하기 위한 선제적 이론인 강절역의 중요 부분이자 난해한 부분을 살펴봤다. 지금까지 논의한 내용은 장현광 역학 전체에서 차지하는 비중은 크지 않지만 난해하면서도 필수적인 부분이라 할 수 있다.

【 해제 】

장현광 역학은 그가 쌓은 학문의 무게만큼 조선 역학에서 평가받지 못하고 있다. 그 이유는 여럿이겠지만 양대 학파인 퇴 · 율학파의 어디에도 전속하지 않고 스스로 자득했으며 후속 학파가 없다는 점을 생각할 수 있다. 장현광 학문이 지닌 차별성과 학문적 우월성 세 가지를 제시하는 것으로 그의 업적을 평가해 보려 한다.

첫째, 그는 이 책에 역학의 방대한 도설뿐만 아니라 의학, 문자학, 음악, 병법, 역법曆法 등을 포함하였으니 당시 조선 유학을 총망라했다고 볼 수 있다.[19] 동시대 학자 중에서 이런 학문적 업적을 남긴 이를 찾기 쉽지 않다.

둘째, 장현광 학문에서 두드러진 부분은 역학에 '우주'를 접목해 역학자의 안목을 일신하게 한 것이다. 원래 "역은 천지에 준한다.〔易與天地準: 계사 상 4장〕"라 했으니, 역은 천지이고 우주에 갈음할 수 있다. 그러나 그는 애써 '우주'를 운위한다. 만약 '천지'만 말하면 우리는 가시적인 하늘과 땅을 생각한다. 그러나 '우주'는 다르다. '우주'를 되뇌는 순간 우리는 가시적인 천지 너머를 상상한다. 이른바 '인식의 확장'을 통해 상상의 공간이 무한대로 넓어지는 것이다. 장현광이 이것을 염두에 두고 우주를 말했는지 알 수 없지만, 그의 의도와 별개로 후학들이 장현광을 통해 배우는 '인식의 탈각 효과'이다.

셋째, 장현광 학문이 다른 학자와 차별되는 지점은 흉凶한 데서 길吉한 데로 돌아올 수 있는 방법〔轉凶之道〕이 있다는 '반길 사상反吉思想'이다.[20] 이 사상은 주역학인의 고정된 길흉관을 환기시키는 신선한 이론이자 조선 역학에서 장현광의 존재를 돋보이게 하는 부분이다. 그는 "흉함은 본래부터 흉이 있었던 것이 아니고, 길한 도를 거슬러서 흉이 되었다."고 하면서, 반길로 흉함의 연유를 밝힌다고 했다. '반길'이란 무엇인가. "흉이 전변하여 길이 됨〔轉凶爲吉〕이 '반길'이다."라 했다. 흔한 말로 '전화위복轉禍爲福'이랄 수 있지만 어떤 요인이 있다는 것이다. 그의 반길에는 두 가지 경로가 있다. "길로 말미암아 흉이 된다〔由吉爲凶〕는 것은 길에 반대되는〔反〕 것이고, 흉을 전변시켜 길이 된다〔轉凶爲吉〕는 것은 길로 돌이키는〔反〕 것이다. 앞의 반길은 반대가 되어 다르게 된다〔反而異之〕는 뜻이고, 뒤의 반은 돌이켜서 돌아간다〔反而歸之〕 뜻이다."라고 했다. 길흉의 연유

---

19) 『한국경학자료집성』 역경3, 22쪽. 최영진 해제 참조.

20) 장현광의 반길 사상은 최정준의 2006년, 2014년 논문을 참고할 수 있다.

에 관해서 그는 상변常變의 논리로 말한다. 태극에서 음양이 생김과 동시에 나타나는 것이 길흉이라 했다. 음양의 차원이 전개되는 상변의 논리에 따라 저절로 길흉은 따라다닌다는 의미이다. 상常으로서 태극의 영역은 길만 있고 흉이 없는 세계이고, 변變으로서 음양의 차원은 길흉이 공존하는 세계라고 했다. 이런 관점을 토대로 하여 64괘 384효 중에서 반길 72효와 그에 대한 전흉지도轉凶之道를 제시했다.

그 길을 세 가지로 요약하면, 하나는 '경신불패〔敬愼不敗: 戒愼恐懼〕' 이고 또 하나는 '시중지도〔時中之道: 中正之道〕' 이며 마지막으로 '지성무아至誠無我' 이다. 그것은 점을 쳐서 흉한 결과가 나오더라도 낙망하지 말고 흉을 극복하려는 노력〔中 · 誠 · 懼 · 虛〕을 기울이면 적어도 흉의 피해가 적어지고 오히려 길이 된다는 희망의 메시지를 전하려는 것이다. 그럼 '길' 이 다시 오는가. '길' 이 새롭게 오지 않는다 하더라도 '흉' 만 면한다면 그게 바로 '길' 인 것이다. "길흉은 실정〔상황〕에 따라 변하고"〔吉凶以情遷: 「계사전」 하 12장〕, "길흉은 사람에게서 비롯된다."〔吉凶由人: 左傳 僖公 16년〕는 언명은 이를 두고 한 말이다.

그러므로 '반길' 의 방법은 마음가짐 즉 '심법心法' 에 달렸다고 본다. 쉽게 말하면 점치기 전후의 '마음먹기' 에 달린 것이다. 점치기 전에 마음을 비워 수용하는 자세〔虛心〕를 가지고, 나쁜 점사를 마주하면 스스로 반성〔反身〕하여 내면의 용납 공간을 키우는 것이다. 이것이 심법을 통한 수덕修德과 마음가짐〔心法〕이라 할 수 있고, 이런 자세가 반길의 열쇠라고 생각한다. 이때 '덕' 이란 어떤 결과도 용납하는 능력, 즉 모든 상황의 '수용력' 을 의미한다.

참고로 장현광이 그린 만물의 종류에 따라 발생하는 반길을 나타낸 「품휘반길지도品彙反吉之圖」와 천체변화에 따른 반길을 나타낸 「천후반길지도天候反吉之圖」를 첨부한다.

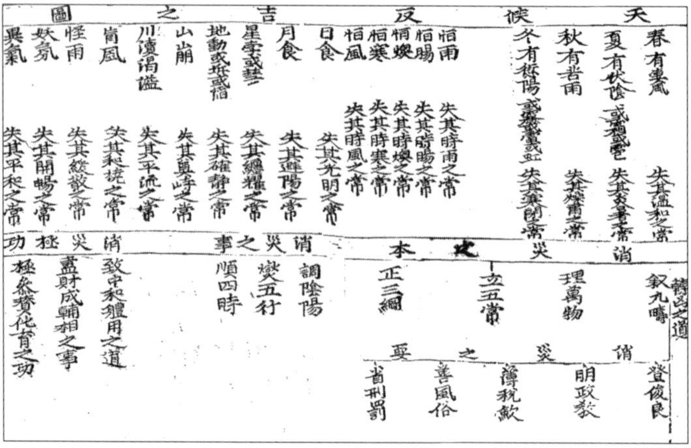

〈그림 16〉 천후반길지도

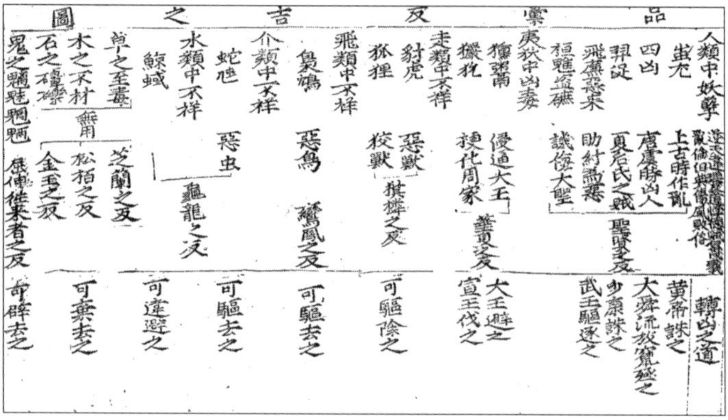

〈그림 17〉 품휘반길지도

Ⅲ. 신흠의 『선천규관』

신흠(申欽, 1566~1628)의 호는 상촌象村 시호는 문정文貞으로, 조선 중기 4대 문장가로 알려진 학자이자 예조판서, 영의정 등을 역임한 고위직 관료이다. 그는 유가 경전을 바탕으로 문·사·철에 능했고 도가·불가 등 제자백가들의 학문에도 밝았으며, 노장老莊도 일정 부분 수용하는 트인 자세를 가졌다. 그의 이런 학문하는 자세는 후대 여러 학자들, 특히 최명길을 비롯한 홍대용, 박지원 등에게 영향을 미쳤다.(박희병, 1997, 22쪽) 기존 연구를 보면 그의 문학에 대한 평가나 사상·학문에 대한 개괄적 고찰이 주를 이루고, 평산 신씨 집안, 인조반정 등 시대 상황과 관련된 논의도 적지 않다. 그러나 그가 성취한 역학적 업적에 관한 연구는 부족하다. 뛰어난 문학가이자 관리로 칭송받지만, 역학자로서의 면모는 알려지지 않았다.

신흠의 역학은 서경덕(1489~1546)에게서 깊은 영향을 받았다. 권근은 『입학도설』에서 소강절 역학을 조선에 처음 소개한 공이 있으나 전문적인 『황극경세서』의 해설서는 아니다. 서경덕은 「성음해」, 「황극경세수해」, 「64괘방원지도해」 등의 저술이 있다. 이 셋은 소강절 역학의 세 가지 주제〔성음, 수, 선천도〕에 대한 해설이다. 이것은 조선 최초의 『황극경세서』의 해설서이지만, 일부분만 다루어서 미흡한 면이 있었다. 그러나 신흠의 경우는 다르다. 그가 지은 『선천규관先天窺管』은 1617년경 『소자전서邵子全書』(1606)를 통해 『황극경세서』의 전체 내용을 파악하고 그중에서 난해한 부분을 골라서 1618년경 서술한 책이다. 해설 없이 『황극경세서』의 내용을 이해하기 어렵기 때문에 선별하여 자세한 설명과 자신의 의견을 덧붙인 것이다.

조선 후기에 들어서면 소강절 역학에 대해 여러 학자들이 언급한다. 이는 당시 들어온 서학과 시대사상의 전환과도 관련이 있다. 서학이 몰고 온 자연과학과 전환기의 실사구시학은 소강절 역학과 일맥상통했고, 강절역은 정주학의 대체재로 떠올랐다. 이때 신흠의 『선천규관』이 조선 후기 소강절 역학 이해의 디딤돌이 된 것이다.(서근식, 2004, 215~216쪽) 그는 이전 역학자들과 달리 소강절의 선천역학에 내포된 철학 정신을 정사政事와 세무世務 및 심성心性에 적용하고자 했다.(박희병, 1997, 15쪽) 선천학을 대외적으로 경세치용학에 운용하고 대내적으로 심학의 측면에서 이해하려 한 것이다. 신흠이 소강절 역학에서 정사와 경세에 적용할 요소를 구하고자 한 점은 앞에서 논한 동시대의 장현광과의 차이점이다. 둘 다 소강절 역학을 바탕으로 했지만 신흠은 평생 고위 관직을 수행했기에 현실에 쓰일 역학이 필요했고, 장현광은 관직에 거의 매이지 않았기에 자유롭게 우주론이나 성리설 등을 논했을 것이다.

여기서는 신흠의 『선천규관』을 분석하여 그의 학문적 개성과 면모를 재점검하는 동시에 역학 관련 내용을 추출하여 고찰해 보고자 한다. 이를 통해 조선 상수학 특히 상학 부문에서 신흠 역학의 위치를 파악할 수 있고, 조선조에 투영된 강절역과 상수학의 효용도 읽을 수 있을 것이다.

1. 신흠의 역학관

신흠의 역학관은 『선천규관』 곳곳에 나타나지만, 책 말미에 집약되어 있다. 그는 무문자역無文字易인 복희선천역이 먼저 있었고 이후 글로 풀이한 문왕의 후천역〔周易〕이 있었으며, 이를 공자가 종합했다는 입장이다. 문왕이 거듭하여 역에서 문자로 말한 것은 부득이하다고 하고, 공자가 말한 '작역자의 우환의식'은 이를 가리킨다고 했다. 선후천역이 후대에 이어진 순서는 "공자는 선후천역을 포괄하였고, 정이천은 후천역의 주해서인 『이천역전』을 짓고, 소강절은 선천역의 주해서인 『황극경세서』를 지었으며, 주자는 이를 보고 『주역본의』와 『역학계몽』을 지었다." 고 하며, 소강절의 선천역을 몰랐다면 「선천도」는 세상에 나올 수 없었다고 했다.

신흠은 정이천 역학이 『주역』의 문의를 중심에 둔 의리역으로 문왕 후천역이고, 소강절 역학은 상수에 근거한 복희 선천역이며, 주자역 또한 소강절 역학의 아류라고 했다. 그리고 정이천의 의리역 출현으로 소강절의 상수역 즉 복희의 선천역학이 사라지게 됨을 애석해했다.[21] 그는 또 "강절이 말하기를 '지극하도다, 문왕이 『주역』을 지음이여. 천지의 용用을 얻었도다.' 라 하고, 또 '왕자王者의 법이 여기에 다 들어있다.' 라 하였는데, 이는 정주자程朱子가 미칠 수 없는 것" 이라 하여 문왕역에 대한 소강절의 평가를 존중했다. 이를 통해 신흠이 소강절 입장의 상수학자임을 명확히 알 수 있다.

그는 소강절의 리수 사상理數思想도 그대로 잇는다. 즉 리와 수는 불가분의 관계이며 "수를 통해야만 리를 알 수 있다." 라 하여, 리의 수에 대한 의존성을 주장한다. 또한 역학 공부는 문자〔易文〕 탐구 이전에 상과 수에 대한 공부가 선결 조건임을 강조하고 있다. 나아가 도서상수를 안 뒤에 『주역』의 역문易文을 탐구해야 하는데, 역문만 탐구하면 역도易道의 반은 잃는 것이라고 경계한다. 역의 근본은 도서상수라는 뜻으로, 이런 주장에서 퇴계의 역학관의 일면을 보는 듯하다.

21) 신흠은 "정이천이 『역전』을 지으면서부터 역을 이야기하는 자들이 오로지 문의에만 치중하게 됨에 따라 상수는 은폐되고 말았다. 그래서 세상에는 『주역』만 있고 복희역은 없어지는 결과가 되었는데, 소강절의 역이 바로 복희역이었다." 라고 했다.

2. 『선천규관』의 구성 및 저술 의도

『선천규관』이란 뜻은 '선천역을 엿본다' 는 뜻이지만 실제로 '선천역학의 정수' 를 뽑아 모았다는 의미이다. '규관窺管' 이란 조선조 학자들이 흔히 사용하는 '요점', '요체', '정수', '골자' 라는 의미의 대용어이다. 신흠은 책의 저술 목적에 대해 "『황극경세서』의 내용 가운데 사람들이 어렵게 여긴 약간의 말들을 추리고 여기에 나의 의견을 덧붙이고, 서경덕이 추출한 수목數目을 첨가함으로써 이를 본 자들이 서로 발전하게 하려는 것이다." 라고 말했다.(『상촌집』 권55 『선천규관』) 『황극경세서』는 조선시대 대표적 난독서임은 주지의 사실이다. 그래서 책의 어려운 부분을 골라 자기 의견을 더하고 여기에 서경덕의 수학 목록〔花潭集 雜著 皇極經世數解〕을 보태어 책을 지었으며, 그 목적이 후학들의 소강절 역학 이해와 발전을 도모함에 있다고 밝히고 있다. 여기서 '나의 의견을 덧붙인다' 는 것은 『황극경세서』를 해설하겠다는 취지로, 책의 성격이 『황극경세서』의 해설서임을 드러내고 있다.

『선천규관』은 크게 '일반론 · 서경덕 수론 · 개별론과 기타' 세 부분으로 구성되었다. 책의 앞편에서 난해한 '일반론' 을 논하고, 뒤편에서 주제별로 '12개의 개별론' 을 서술하고, '기타' 에서 편찬 동기 및 역학관을 밝히고 있다. 특히 '12개의 개별론' 은 소강절 역학의 정수이자 난해한 부분의 해설이고, 앞의 일반론은 주로 『황극경세서』「관물외편」의 이해를 돕기 위한 내용이다. 중간에 서경덕 수론을 전재한 것은 조선에서 서경덕이 처음으로 소강절 역학을 깨닫고 그 핵심을 개발시켰기 때문이라고 한다.[22] 신흠이 소강절 역학의 진정한 선각자는 서경덕이라고 칭송하는 점

22) 서경덕이 조선에서 소강절 역학을 본격적 이해하고 수용한 첫 인물이라는 점은 학계의 일반적 시각으로 보인다. 곽신환, 『조선유학과 소강절 철학』, 예문서원, 2014, 194쪽.

에서 그의 역학의 원뿌리는 '소강절' 이고 큰 줄기는 '서경덕' 임을 알 수 있다. 본 글에서는 서경덕 수론을 제외하고 개별론을 중심으로 하여 일반론도 함께 분석한다.[23)]

3. 『황극경세서』의 난제와 해설

『선천규관』은 조선시대 『황극경세서』의 전반을 아우르는 첫 해설서이자 상수학적 체계를 갖춘 책이다. 신흠이 생각하는 『황극경세서』의 난제는 책의 앞부분인 일반론부터 시작한다. 내용은 길지 않지만 「관물외편」에 나오는 순서대로 인용하고 자신의 의견을 덧붙였다. 앞서 말했듯이 여기서는 먼저 12개의 개별론을 주제별로 묶고 연관된 일반론을 덧붙여 고찰하고자 한다. 먼저 12개의 개별론의 제목은 아래와 같다. 원래 일련번호가 없으나 편의상 부여했다.

① 讀易說 ② 七八九六說 ③ 由圖爲卦說 ④ 二始說 ⑤ 已生未生說 ⑥「先天圖」說 ⑦ 貞悔說 ⑧ 文王八卦方位說 ⑨ 經世衍易圖說 ⑩ 萬物動植之數 ⑪ 聲音之數 ⑫ 陰陽相成爲聲音

1) 역괘 생성의 유래〔由圖爲卦說〕

신흠은 12개 개별론의 ③번에 해당하는' 「하도」에서 역괘易卦가 생기는 논설〔由圖爲卦說〕' 에서 역괘의 생성 연원을 밝히는데, 이 부분은 『역학계몽』 원괘획 편에 나오는 내용이다. 그는 이것을 역의 근본[24)]이자 상수학

---

23) 다음 책에서 주로 참고한다. 소강절 저, 이일흔 点校(이하 '이일흔'), 『황극경세』, 北京, 九州出版社, 2003. 윤상철 편역, 『황극경세』, 대유학당, 2011.

24) 신흠은 『역학계몽』을 소강절 역학의 아류이자 『황극경세서』의 주석서로 여기기 때

의 관문으로 생각한다. 전체적으로 보면 「하도」수 1~10으로 이루어진 55가 방위별로 분포된 것의 의미와 역괘의 생성 과정을 말하고 있다. 즉 「하도」 중앙의 5 · 10이 태극이고 남는 40〔1 · 2 · 3 · 4 · 6 · 7 · 8 · 9〕에서 양수를 양의陽儀, 음수를 음의陰儀로 구분하여 양의兩儀로 삼는다. 「하도」 동서남북 사방에 배치된 각 두 수〔北1 · 6, 南2 · 7, 東3 · 8, 西4 · 9〕를 사상으로 삼고, 사방의 합해진 두 수를 나누어〔析合〕「하도」 사방의 네 모퉁이의 빈 곳을 보충〔補空〕하여 팔괘로 삼는다. 이는 「하도」에서 팔괘가 나온다는 뜻이고 그 과정은 '가일배법' 이라는 것이다. 신흠은 이처럼 『역학계몽』을 빌어 가일배법을 말하는 동시에 「하도」 사방의 수를 나누어 모퉁이에 분포하는 이른바 석합보공析合補空[25]에 대해서도 말하고 있다. 한마디로 요약하면 '팔괘는 「하도」에서 생기는 데 가일배법과 석합보공의 공정을 거친다' 라 할 수 있다.

역괘에 대한 그밖의 논의는 여러 곳에서 보인다. 예를 들면 개별론 ⑧

문에 『역학계몽』을 통해 역의 근본을 말하려는 것이다.

25) '석합보공' 은 『역학계몽』에서 두 가지로 말하고 있다. 하나는 주자의 의견으로, 位와 數로 합쳐 있는 四象을 나누어 四隅(震兌巽艮)를 채워 8괘에 분포하는 것이다. 즉, 「하도」의 生數 1 · 2 · 3 · 4와 成數 6 · 7 · 8 · 9를 사상의 位와 數로 구분하여 태양 1(位) · 9(數), 소음 2 · 8, 소양 3 · 7, 태음 4 · 6으로 나눈다. 이를 「하도」에 8괘로 배열할 때는 두 수씩 합해진 사상의 位와 數를 나누어〔析合〕 비어 있는 四隅를 보충하여〔補空〕 8방에다 8괘를 분포시킨다. 태양의 수9를 남쪽 건괘로 배당하고 태양의 위1은 태괘를 배당하여 비어 있는 동남쪽 모퉁이를 보충한다. 소음수8은 동쪽 리괘, 소음위2는 진괘로 동북쪽 모퉁이를 보충한다. 소양수7은 서쪽 감괘, 소양위3은 서남쪽 손괘, 태음수6은 북쪽 곤괘, 태음위4는 서북쪽 간괘에 배당하는 것이다. 또 하나는 「하도」 四方數인 북방 1 · 6-동방 3 · 8-남방 2 · 7-서방 4 · 9를 바로 나누어 8괘에 분포하는 것이다. 즉, 남방 2 · 7을 나누어 7은 남쪽 건괘에 배당하고, 2는 동남쪽 태괘로 보충하고, 동방 3 · 8을 나누어 8은 동쪽 리괘, 3은 동북쪽 진괘로, 서방 4 · 9에서 9는 서쪽 감괘, 4는 서남쪽 손괘로 하고 북방 1 · 6은 나누어 6은 북쪽 곤괘, 1은 서북쪽 간괘로 배정하는 것이다. 이것은 옥재 호씨(호방평)의 주장인데 신흠은 이 의견을 인용한 듯하다. 그러나 이런 이론 자체가 「하도」와 「선천도」의 원리와 四象과 팔괘 배분이 딱 들어맞지 않는다.

번 '문왕팔괘방위설'에서 복희의 역괘는 '생겨난 순서' 즉 건1~곤8까지를 순서로 삼았고, 문왕의 역괘 즉 『주역』은 '반대(反對: 괘를 뒤집음)'를 순서로 삼았다고 했다. 그래서 복희역은 건괘가 남면南面의 자리, 문왕역은 진괘震卦를 장자長子의 자리에 위치하도록 하여 관천하官天下와 가천하家天下의 구별을 두었다. 이것이 '상고上古'와 '중고中古'라는 시간적 의미로 성인이 인혁因革의 은미한 뜻이라 했다. 『주역』 64괘의 구성에 대해 신흠은 8괘에서 불역자(不易者: 괘를 뒤집어도 불변)가 4〔乾坤坎離〕, 반역자〔反易者: 괘를 뒤집으면 인접괘〕가 2〔巽兌·震艮〕이니 8괘는 실은 6괘라 한다. 64괘에서 나머지 56괘는 전부 반대괘로 이루어져 실은 28괘로 합 36괘가 되며 이것이 소강절이 말하는 '36궁'과도 통한다고 했다. 여기서 체용의 기본수론인 '체8변, 용6변'이 전개된다.[26)]

신흠은 일반론에서 『역학계몽』의 '괘변도'에 대해 설명하면서 읽는 이들이 난해하다고 여기기 때문에 추가로 그 뜻을 적는다고 했다. 또 경방(京房, 기원전 77~기원전 37)의 납갑納甲[27)]에 관해서도 언급했다. 그러면 역괘는 또 어떤 수리적인 과정을 거쳐서 생기는가. 이는 ②번 항목인 '7·8·9·6설'이다. 「계사전」 9장에 나오는 1~10수, 천지지수 55, 대연지수 50 등은 『주역』을 존립케 하는 리수이다. 그중 기본적인 것은 천1~지10이고 이 수의 누적수인 천지지수 55는 일명 「하도」의 수라고 하는데 여기서 생수와 성수, 사상수, 대연지수, 설시수 등이 나왔다.

신흠은 「하도」수 1~10을 가지고 생수〔1~5〕와 성수〔6~10〕 및 사상수(四象數: 노양9·노음6·소양7·소음8)를 말하는 동시에, 「하도」 방위〔1·6 水 -

---

26) 體가 8변한다는 것은 8괘를 말함이고 用이 6변하다 함은 6효를 말함이다. 36괘는 6의 승수로 用의 6변의 한 형태이고, 64괘 8의 승수로 體의 8변의 한 모양이다. 64괘의 효수는 6을 곱하여 384효가 되니 괘효에서 6을 용으로 쓰지 않음이 없다고 한다.

27) 납갑법은 경방이 주역의 이치를 해설한 방법으로, 十干을 주역 팔괘에 분납시킨 것이다. 뒤의 김석문에서 자세히 나온다.

北, 2·7 火 - 南, 3·8 木 - 東, 4·9 金 - 西〕를 근거로 7·8·9·6수의 음양진퇴와 방위상의 이동 경위도 언급했다. 그는 또 일반론에서 "천수 5와 지수 5는 모두 중中에서 일어난다." 고 하면서, 소강절이 말한 '진수 3' 은 천지인을 가리키며 삼천參天은 9로 3×3이며, 양지兩地는 6으로 2×3이라 했다. 이처럼 신흠은 소강절 역학의 중심이 되는 '역수' 와 '상' , 「하도」와 역괘에 대해 먼저 논했다.

2) 「선천도」에 관한 논설

「선천도」에 대해서 신흠은 「64괘원도」에서 좌우 32괘를 양의로, 16괘씩을 사상으로, 8괘씩을 팔괘로 구분하여 일목요연하게 논했다. 그의 논설을 이해하려면 소강절의 「원도」에서 8괘 순서〔乾1·兌2·離3·震4·巽5·坎6·艮7·坤8〕와 64괘 순서〔乾~坤〕, 진행 방향〔左旋右行〕 및 방위를 먼저 이해해야 한다. 소강절은 「원도」를 염두에 두고 태극에서 시작하여 음양상교陰陽相交로 생기는 64괘와 만물 생성 원리를 가일배법으로 피력했다. 신흠은 소강절의 의중을 반영하여 「선천도」가 음양 변화를 바탕으로 하므로 「하도」와 태극과 같은 영역임을 말한다. 「하도」와 「선천도」의 공통분모는 음양상교를 기반한 '가일배법' 으로 소강절 역학의 핵심이라는 것이다. 그래서 신흠은 소싯적부터 좋아했지만 깨닫지 못한 강절역을 50세 이후 계축년 방축 시절에 자득했으며, 그 요체가 '가배지법〔加一倍法〕' 이라고 언술한 바 있다.

「선천도」에 대한 신흠의 논의는 일반론에서도 몇 가지 발견된다. 먼저 「설괘전」 3장 천지정위장에 대해, 이는 복희선천방위로 변할 수 없는 바른 자리라고 했다. 요컨대 소강절이 천지정위장은 복희선천팔괘라고 말한 것과 같은 맥락이다. 또 「선천도」인 「64괘원도」에 수를 대입시킨다. 여기서 '천' 은 하늘로 「원도」의 좌반, '지' 는 땅으로 우반을 말한다. '운수

運數' 는 하늘에 있는 수로 「원도」의 상반 32괘, '년수年數' 는 땅에 있는 수로 하반 32괘를 의미한다. '용수用數' 는 「원도」의 위쪽으로 하늘의 비괘賁卦~땅의 간괘艮卦까지 46괘이고, '교수交數' 란 「원도」의 아래쪽으로 하늘의 명이괘明夷卦~땅의 비괘否卦까지 17괘인데, 「원도」 전체에서 '운수' 와 겸괘謙卦를 뺀 부분이다. '유수有數' 란 「원도」의 위쪽으로 하늘의 진괘震卦~땅의 진괘晉卦까지 55괘이고, '무수無數' 란 64괘 전체에서 '유수' 를 뺀 나머지 9괘로 익괘益卦~예괘豫卦이다.

그런데 신흠이 언급한 내용 중에 생물지괘生物之卦가 「관물외편」에 나오지 않는다는 점을 살펴볼 필요가 있다. 그는 그림의 위쪽 기제괘旣濟卦~건괘蹇卦까지 44괘가 만물이 생겨나는 생물괘生物卦이고, 64괘에서 44괘를 뺀 나머지 아래쪽 비괘賁卦~간괘艮卦까지 20괘는 불능생물괘不能生物卦라 한다. 신흠의 이런 주장은 앞의 '용수', '교수' 와 그 범위가 비슷하다. 강절 역학에서 '용수' 는 사용하는 수로 전체 7/10, '교수' 는 불용수로 전체 3/10이라 한다. 64괘를 이 비율로 환산하면 신흠 주장과 딱 맞지 않지만 얼추 비슷하고 소강절의 '체4 · 용3론' 의 연장선으로 이해할 수 있다. 그는 또 「선천도」의 맨 아래쪽에 있는 "곤괘坤卦와 복괘復卦 사이를 자반子半이라 한 것은 옛날에는 없었는데 소강절에서 비롯되었다. 정이천은 생각도 못했을 것이다."라며 역리에 '곤복지간' 과 '자반' 의 개념을 도입한 소강절의 창의성을 칭송한다.

3) 「선천도」의 운행과 이생미생설

「선천도」와 관련하여 신흠이 논설한 것에서 「(선천)원도」의 시공간 운행에 대한 것, 즉 개별론 ⑤번 '이생미생설已生未生說' 이 있다. 소강절은 「관물외편」에서 「설괘전」 3장 천지정위장은 복희 선천역, 5장 제출호진장은 문왕역이라면서 '수왕자순, 지래자역(數往者順, 知來者逆: 지난 것을 헤아리는 것을 順, 올 것을 아는 것을 逆)'을 풀이한다. 여기서 난해한 부분은 '순역(順逆: 이생미생)'으로 앞장의 장현광에서 논했다.

그러나 신흠은 소강절의 '이생미생'이란 말을 차용하여 복희팔괘의 운행 순서로 순역을 말하고 있다. 이는 「설괘전」 3장에 대한 소강절의 주장을 자신의 관점으로 재해석한 것이어서 다시 살펴볼 필요가 있다. 신흠은 지나온 과거 순서인 4진 → 3리 → 2태 → 1건은 순(順: 已生)이고, 향후 닥쳐올 순서인 5손 → 6감 → 7간 → 8곤은 역(逆: 未生)이며, 순을 통해 과거를, 역을 통해 미래를 알 수 있다고 말한다. 이것은 주자 등의 주석과 같다. 그러나 주목해야 할 부분은 순順은 '곤으로부터(自坤)'와 역逆은 '건으로부터(自乾)'라고 말한 부분이다. 이는 「선천도」 전체에서 순역의 방향을 말한 것으로 정확한 지적이다. 신흠의 뜻은 순順은 곤괘에서 건괘까지 괘가 이미 생긴 것〔과거〕이고, 역逆은 건괘에서 곤괘까지 아직 괘가 생기기 전〔미래〕이라는 것이다.

그러나 주자의 관점[28]에서 알 수 있듯이, 진손을 기준점으로 보면 순의 시작은 진4이고 역의 시작은 손5이다. 양자의 주장은 기준점의 차이이고 결국 소강절의 그림과 순역을 정확하게 설명한 것이다. 순역과 이생미생 및 「원도」의 좌선우행과는 불가분의 관계이다. 이 셋을 반드시 함께 보아야 한다. 선천역에서 순은 '이생' 즉 이미 생긴 괘〔震 → 離 → 兌 → 乾〕이고, 역은 '미생' 즉 아직 생기지 않은 괘〔巽 → 坎 → 艮 → 坤〕이다. 순은 좌선 즉 「원도」의 아래부터 위로〔震 → 離 → 兌 → 乾〕 운행하고, 역은 우행 즉 「원도」 위에서 아래로〔巽 → 坎 → 艮 → 坤〕로 운행한다. 좌선우행 모두 시계 방향으로 운행한다는 점은 장현광에서 보았다.

여기서 몇 가지 의문이 생길 수 있다. 먼저 '이생미생'과 순역에 대한

---

28) 선천역을 소강절의 의중에 맞게 주석하고 있는 주자와 채원정 등의 관점은 震巽을 기점으로 순역을 나눈다. 『역학계몽』, 1050~1054쪽. 『주역전의대전』 貞, 534~536쪽.

의문이다. 선천역의 순서는 건1~곤8이다. 건1이 가장 먼저 생기고 곤8이 가장 나중에 생긴다는 뜻이다. 「원도」의 변곡점인 진4를 기준으로 보면 진4에서 리3, 태2 · 건1은 이미 생긴 이생지괘이고, 손5 · 감6 · 간7 · 곤8은 아직 생기지 않은 미생지괘이다. 이생지괘는 순으로 「원도」의 좌반〔震 → 乾〕이고, 미생지괘는 역으로 「원도」의 우반〔巽 → 坤〕이다. 이 부분을 놓치지 않아야 된다.

그러나 일반적으로 시작〔乾〕에서 끝〔坤〕을 순順이라 하고 끝에서 시작을 역이라 생각되는데 반대로 말하니 왜 그럴까. 이는 「원도」보다 「횡도」를 보면 이해가 빠르다. 「횡도」에서 가일배법에 의해 태극 - 양의 - 사상 - 팔괘가 생길 때 맨 처음 생기는 괘가 건괘乾卦이고 맨 나중이 곤괘坤卦이다. 건1 입장에서 보면 다음 괘들은 생기지 않은 미생지괘로 역逆이고, 곤8 입장에서 이전 괘들은 모두 이미 생겨난 이생지괘로 순順이다. 진4에서 보면 3~1은 이생, 순順이고 5~8은 미생, 역逆이다. 따라서 「횡도」는 전부 역인 데 반해 「원도」는 좌반이 순이고 우반이 역이다. 그래서 『역학계몽』에서 "역이 이루어지는 것은 그 선후와 시종이 「횡도」와 「원도」의 오른쪽과 같을 뿐이니 역易은 역수逆數"라고 했다.

다음은 「원도」에 팔괘를 한 번에 분포시키지 않고 좌우로 양분하여 4괘씩 분포한 이유를 살펴본다. 선천역은 「횡도」를 한 번에 원으로 만들지 않고 진과 손을 기준으로 양분하여 엇갈리게 교차하여 「원도」를 만들었다. 「원도」의 건~곤을 따라가면 태극의 고리 모양을 따라 역수逆數로 순환하는 것을 볼 수 있는데 이것이 진손괘를 변곡점으로 보는 선천역의 묘미이기도 하다. 이는 음양대대의 관점에서 역괘를 분포한 것이며, 소강절이 이처럼 엇갈리게 분포한 근거는 「설괘전」 3장 천지정위장이다. 「설괘전」 3장대로 팔괘를 배열하면 상하 · 건곤으로부터 좌우 · 감리가 바로 서고 진 · 손 · 간 · 태가 네 모퉁이를 채워 천지만물이 제자리를 잡는다. 천지만물의 음양 변화는 곤복지간(坤復之間: 子半)과 건구지간(乾姤之間: 午半)이 기준점이 된다. 엇갈리게 해야 이생미생과 순역의 설명이 가능해진다.

'좌선우행左旋右行' 에 대해 선천역은, 음양소장의 측면에서 좌선은 양기가 자라나는 과정과 이미 생긴 괘〔이생지괘〕를 이르며, 우행은 음기가 자라나는 과정과 아직 생겨나지 않은 괘〔미생지괘〕를 말한다. 선천역이 천체 운행과 무관하게 '음양의 기' 와 '괘의 생성' 의 관점에서 좌우를 말했다면, 천문학자는 '천체 운행 법칙' 의 관점에서 좌우를 말하니 서로 다를 수밖에 없다. 이 부분도 장현광에서 살펴보았다.

4) 신흠의 「선천도」, 「경세연역도설」

신흠은 『황극경세서』 「찬도지요」에서 필요한 내용을 추출하여 자신의 의견을 덧붙이거나 새로운 그림을 선보인다. 개별론 ⑨번 '「경세연역도설經世衍易圖說」' 이 그것이고 아래의 그림들이다. 그는 "하늘의 사상四象과 땅의 사상, 방위차서가 모두 「선천도」를 기준으로 추출한 것인데 그것을 (소강절이)도형으로 만들지 않아서 후세인들이 「선천도」와의 관련성을 모르니 다음의 도형을 열거하여 후학들의 지남指南으로 삼고자 한다." 라

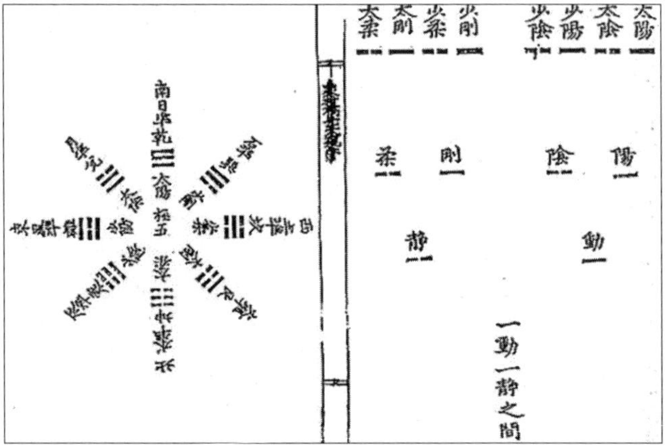

〈그림 18〉 경세연역도

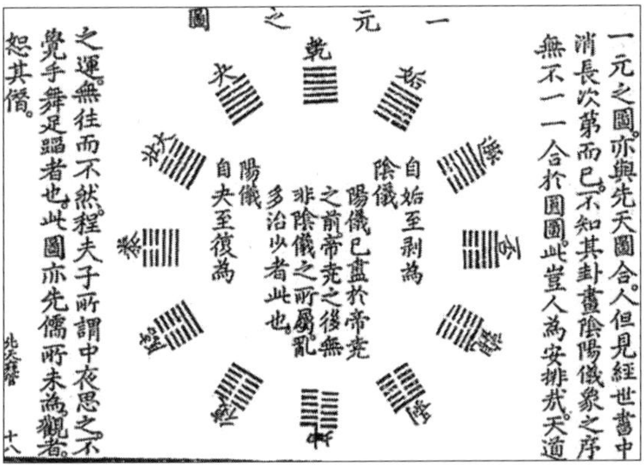

〈그림 19〉 일원지도

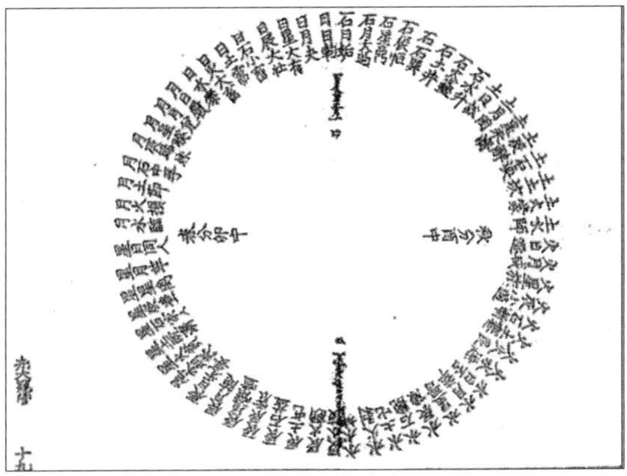

〈그림 20〉 64괘원도

고 그림을 그린 취지를 밝힌다. 즉 소강절의 논설에 준한 그림을 그려 후학의 길잡이가 되겠다는 것이다.

신흠은 「찬도지요」에 나오는 「경세연역도」와 「경세천지사상도」 두 개와 변형된 「64괘원도」 및 자신이 독자적으로 그린 「일원지도一元之圖」 등 4개를 그렸다. 앞의 두 그림은 그대로 전재한 것이지만, 뒤의 두 그림은 『황극경세서』에 없는 그림이다. 특히 「일원지도」는 그의 창의성이 돋보인다. 건괘~곤괘까지 12벽괘로 그린 「일원지도」는 「선천도」와 부합하고 안배하지 않은 것이라고 했다. 또 「일원지도」에 소강절의 원회운세를 대입하여 태평성대는 요순까지이고 그 이후는 어지러운 세상이라 하여, 현실의 각박함을 안타까워했다.

5) 천지만물의 수

개별론 ⑩번 항목은 '만물동식지수萬物動植之數' 이고 이는 소강절 수학의 일부이다. 만물과 성음, 동식물의 수라는 의미인데 '수' 라고 했지만, 실제는 수를 말하지 않았다. 수는 앞의 일반론에서 나온다. 일반론에 속해있는 소강절 수학의 핵심인 천지사상(天地四象: 陰陽剛柔) 체용수體用數를 표로 만들면 다음과 같다.[29)]

〈표 1〉 천지사상(음양강유) 체용수

<table>
<tr><td>태양</td><td>소양</td><td>태강</td><td>소강</td><td>태음</td><td>소음</td><td>태유</td><td>소유</td></tr>
<tr><td>10</td><td>10</td><td>10</td><td>10</td><td>12</td><td>12</td><td>12</td><td>12</td></tr>
<tr><td colspan="4">體數: 40. 40×4〔進: 체4=160〔總體數〕</td><td colspan="4">體數: 48. 48×4〔進〕〕=192〔총체수〕</td></tr>
<tr><td colspan="8">動植之全數: 30,720〔天地體數唱和數〕 산식: 160×192=30,720</td></tr>
<tr><td colspan="4">天之用(聲)數: 112
산식: 160〔天總體數〕-48〔退:地體數〕=112
〔陽數, 天用數〕 進:體4, 退:用3, 불용1</td><td colspan="4">地之用(音)數: 152
산식: 192〔地總體數〕-40〔退: 天體數〕=152
〔陰數, 地用數〕</td></tr>
<tr><td colspan="8">1. 動植之用數: 17,024〔天地用數唱和: 112×152=17,024〕
2. 動植之通數=動植之通變=日月星辰水火土石變化通數
=天地用數再唱和數: 289,816,576
산식: 17,024〔再唱=日月星辰의 變數=動物數〕×17,024〔再和=水火土石의 化數
=動植物數〕=289,816,576</td></tr>
</table>

29) 신흠은 『황극경세서』「관물내편」11장에 나오는 체용수를 요약하여 자신의 수론을 전개한다. 이 표는 신흠에 소강절 수론을 더하여 간단한 표로 만든 것이다. 요점은 2가지다. 하나는 체수와 용수를 구하는 방법에 대해서이다. 천지사상에서 체4이니 기본 체수를 4배하며 여기에 용3 불용1이니 상대방 체수를 1을 제하여 용수를 구한다. 이를 進과 退로 나타냈다. 이는 소강절 체용론의 핵심인 체4 용3론을 적용한 것이다. 또 하나는 천지에 동물과 식물, 聲과 音, 變과 化, 일월성신과 수화토석, 唱과 和 등 음양 대대적 요소를 互藏其宅하듯 상호 이입하여 體用, 全數, 用數, 通數, 變化數 등을 산출한 점이다. 주의할 점은 천지사상에 배분된 체수의 이질성에 대해서이다. 陽

체수體數 10과 12가 나오는 연유에 대해 추가 해명이 필요하다. 양강陽剛은 체수 10, 음유陰柔의 체수는 12이다. 왜 10과 12인가. 이에 대해 명나라 학자 황기黃畿는 "양수陽數는 1이 커져 10이 되는데, 천1이 천9와 합해서 (10이 되어)시작과 끝이 된다. 강剛도 이와 같다. 음수陰數는 2가 커져 12가 되는데, 지2가 지10과 합해져 (12가 되어)시작과 끝이 된다. 유柔도 이와 같다. 양강의 체수가 모두 10이 되어 양과 강의 구별이 없는 것은 태극의 5에서 함께 나와 배로 곱한 수이기 때문이고, 음유의 체수가 모두 12로 음과 유가 서로 다르지 않음은 태극의 6에서 함께 나와 배로 곱했기 때문이다."라고 했다.

소강절의 아들 소백온邵伯溫은 "황극경세에서 쓰는 10과 12는 극수極數이다. 10에서 1을 제거하면 9이고 12를 2로 나누면 6이 된다. 그러므로 해〔日〕는 양이기에 10에서 그치고 달〔月〕은 음이기에 12에서 그치는 것이다. 그래서 10과 12는 극수이다."라고 주장했다. 청나라 학자 왕식王植은 "양수는 1이 커져 10이 되니 10간干의 종류이고, 음수는 2가 커져 12가 되니 12지支, 12월의 종류(陽數一, 衍而爲十. 陰數二, 衍爲十二. 十干十二支, 十二月之類也)"라는 말에 근거하여 1은 10의 시작이고 10은 1의 마침이며, 2는 12의 시작이고 12는 2의 마침[30]이라 말했다. 신흠도 이에 동의했다. 여기에서 언급하지 않은 기본 원리 등은 뒤에 나오는 서경덕 부분에서 재론한다.

6) 성음창화수와 율려

개별론 ⑪번은 '성음지수聲音之數' 이다. 소강절 역학의 독창성 중 하나

剛은 太少 불문하고 10, 陰柔는 12라는 점이다. 따라서 天의 영역 兌卦는 태음이니 12이고 地의 영역 艮卦는 태강이니 10이다. 그래서 天四象인 일월성신은 10 · 12 · 10 · 12로, 地四象인 수화토석 역시 10 · 12 · 10 · 12로 이루어져 天에서도 10 · 12가 있고, 地에서도 10 · 12 두 수가 공존하고 있다.

30) 이일흔, 앞의 책, 441쪽.

가 '역학으로 성음 읽기' 이다. 소강절의 성음론은 이를 대변한 채원정이 그린 「성음창화도聲音唱和圖」(『황극경세서』, 635~638쪽)와 「경세사상체용지수도」[31]에 요약되어 있다.(『황극경세서』, 603~634쪽) 이 성음도聲音圖는 조선 역학자들의 음운 의식을 일깨워 조선조 음운론 전개의 발단이 되었다. (심소희, 1996, 153~176쪽) 신흠은 이러한 지식을 바탕으로 소강절의 성음론을 논하는데 이를 표로 만들면 다음과 같다.

〈표 2〉 소강절 성음론

聲〔律·陽〕/平上去入/闢翕/日月星辰/乾兌離震				音〔呂·陰〕/開發收閉/淸濁/水火土石/巽艮坎坤			
乾 日日 聲平闢	日月 聲平翕	日星 聲平闢	日辰 聲平翕	坤水水 音開淸	水火 音開濁	水石 音開淸	水土 音開濁
兌 月日 聲上闢	月月 聲上翕	月星 聲上闢	月辰 聲上翕	坎火水 音發淸	火火 音發濁	火土 音發淸	火石 音發淸
離 星日 聲去闢	星月 聲去翕	星星 聲去闢	星辰 聲去翕	艮土水 音收淸	土火 音收濁	土土 音收淸	土石 音收淸
震 辰日 聲入闢	辰月 聲入翕	辰星 聲入闢	辰辰 聲入翕	巽石水 音閉淸	石火 音閉濁	石土 音閉淸	石石 音閉淸

위 표를 보면, 신흠은 『황극경세서』 「찬도지요」에 나오는 「경세사상체용지수도」에서 수를 제외하고 팔괘를 중심으로 '성聲' 에는 '흡벽 - 평상거입' 을, '음音' 에는 '청탁 - 개발수폐' 를 배정한다. '성' 에 천天의 '일월성신' 을, '음' 에는 지地의 '수화토석' 을 배분한다. 이는 사부법四府法을 바탕으로 분류한 것이다. '성음' 이란 요인을 배경으로 역학을 '소리' 의 영역까지 확장하고, 여기에 천지사상天地四象을 대입하여 개척한 성음론의 핵심이라 할 수 있다. 이 이론의 요점은 기본 요소인 음양에 '성음 - 청탁 - 흡벽' 을 배분하고 사상四象에 '평상거입' 과 '개발수폐' 를 배분하여, 만물의 소리로 만물의 수를 추산하고 이를 통해 천지의 이치를 파악하고

31) 「성음창화도」와 「경세사상체용지수도」 그림의 재구성은 서경덕에서 나온다.

자 한 것이다.

그는 소강절의 수론을 따로 떼어 일반론과 개별론에서 중첩하여 논하니, 그 중요성을 감안하여 『선천규관』에 접근해야 할 것이다. 신흠은 일반론에서 "일월성신 사상四象이 성聲이 된다. 기수奇數를 만나면 성이 맑고 열리며, 우수偶數를 만나면 성이 탁하고 닫힌다. 수화토석 사상은 음音이 된다. 성은 율律이고 음은 즉 여呂이다."라고 했다. 이처럼 성음과 사상四象, 기우奇偶와 율려律呂는 상수학의 영역에서 서로 호환되고 회통될 수 있다.

그의 언급 중 난해한 부분은 "○는 유성무자야有聲無字者也 □는 유음무자야有音無字者也 ●는 즉소거지사십팔야卽所去之四十八也 ■는 즉소거지사

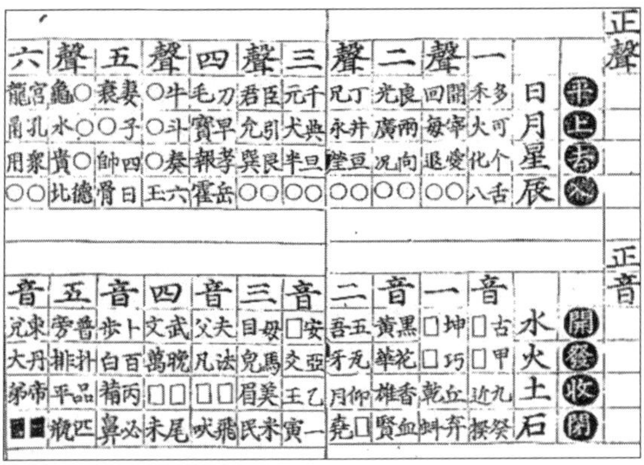

〈그림 21〉 정성도

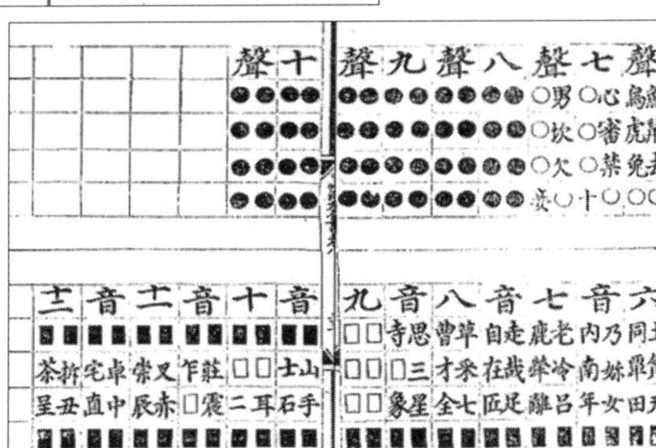

〈그림 22〉 정음도

십야即所去之四十也"이다. ●는 무성무자이고 ■는 무음무자란 뜻이다. '○□●■' 이 네 가지 기호는 「성음창화도」에 나타난 것으로 앞의 그림에서 살펴보자. 「성음창화도」는 10성聲으로 구성된 「정성도正聲圖」(〈그림 21〉)와 12音으로 구성된 「정음도正音圖」(〈그림 22〉)로 이루어졌다.(『황극경세서』, 635~638쪽)

「성음창화도」는 10성, 12음으로 이루어진다. 성에 평상거입〔4〕×일월성신〔4〕=16×10성=160, 음에 개발수폐〔4〕×수화토석〔4〕=16×12음=192 글자가 주어진다. 성 160 속에 ●가 48〔12×4〕, 음 192 속에 ■가 40〔10×4〕이 있으므로 이를 제외해야 된다. 그러면 성聲은 천天·양陽으로 용수 112〔160-48〕, 음音은 지地·음陰으로 용수 152〔192-40〕가 되어 앞에서 논한 만물지수와 성음지수에서의 체용수가 같음을 알 수 있다. 즉 평상거입 112와 개발수폐 152가 서로 부르고 화답한 성음창화수 17,024는 앞에서 논한 동식지용수 17,024와 일치한다.[32)]

신흠은 음양이 일월과 화수를 낳고, 강유가 성신과 금金〔石〕[33)]토土를 낳으며, 일월성신이 목이비구目耳鼻口를, 금토화수가 기미색성氣味色聲을 낳는다고 했다. 여기에 음양강유에 따른 체수를 적용하여 율려의 수로 환원하고 이것의 총수인 정음정성正音正聲의 용수 17,024에서 천지인사天地人事의 수가 갖추어진다. 용수 17,024는 서로 창화하여〔動植物數; 17,024×17,024〕 289,816,576이 되어 인간을 둘러싼 자연 현상과 인간사의 모든 일을 이 수로 추산할 수 있는 것이다. 그러나 수는 꼭 이것으로 한정되는 것

---

32) 신흠은 "평상거입 112에 개발수폐 152가 화하고〔和〕, 개발수폐 152에 평상거입 112가 부른다〔唱〕. 평상거입은 天에 속하고 개발수폐는 地에 속한다. 天數가 10이기 때문에 聲이 10성까지 있고 地數가 12이기 때문에 正音이 12음까지 있는데, 이는 干이 10이고 支가 12인 것과 같다."라 했다.

33) 원래는 '石'이다. 송대 역학자 종과는 伊川丈人 邵古가 (石이 아닌) 金이라고 한 말을 인용했고, 신흠이 이를 재인용한 것이다.

은 아니다. 「성음창화도」와 「경세사상체용지수도」에 대해서는 서경덕에서 자세히 재론된다.

【 해제 】

신흠 역학의 면모와 조선 역학사에서의 위상을 점검하면 다음과 같다. 그의 언설은 난해한 소강절 역학을 자신의 관점에 따라 항목별로 분석한 해설로서 이전에 없던 도서상수학적 체계를 갖춘 이론이다. 『선천규관』은 조선조 『황극경세서』의 전문적 주석서이자 첫 해설서라 평가할 수 있다. 그의 해설은 소강절 역학 전반에 걸친 것으로 일부 분석에 그친 서경덕과 대비되며, 이후에도 유사한 책이 없었다는 점에서 그 값어치를 말해준다.

신흠 역학이 조선 역학에 끼친 공헌은 크다. 그의 아들 신익성이 가학을 이어받아 역학적 역사서 『황극경세서동사보편통재皇極經世書東史補編通載』를 찬술했으며, 조선 후기 학자들에게 소강절 역학의 길잡이 역할을 했다. 신흠의 제자 최명길을 통해 그의 손자 최석정이 『구수략九數略』을 지은 것과 청풍 김씨와 조성기(趙聖期, 1638~1689) 집안의 상수학, 김석문의 천문학의 원인遠因이 되기도 했다.

신흠은 소강절의 음양강유 사부법과 선후천의 개념을 꿰뚫은 역학자이다. 그는 선후천을 구분하기를 "선천은 뜻이 말 이전에 존재했고, 후천은 말로써 뜻을 유도하니 그것은 황皇과 왕王의 구별일 것이다."라 했다. 선천은 삼황시대의 진실과 순수 그 자체인 '성誠'의 시대이고, 후천은 그렇게 되도록 노력해야 하는 '성지誠之'의 시대라는 의미에서 '황제왕패皇帝王霸'에서 황과 왕으로 대비했다. 이는 강절역과 선후천의 의미를 정확하게 파악했기에 가능하다.

그는 또 "천지가 비록 크지만, 도道로써 말하면 하나의 물건이다. 오직 물건이니 열리고 닫힘〔始終〕이 있다. 천지가 열리는 것도 도이고 닫히는 것도 도이니 하늘은 도로 돌아간다."라고 「관물내편」의 천지론을 요약했다. 신흠의 역학 사상은 다음의 문답에서 좀 더 선명하게 다가온다. 역에 선후천역의 구별이 있고 소강절, 정이천, 주자의 역학이 다름에 의문을 품은 사람에게 답하길, "천하의 리理는 하나뿐이니 역에도 둘이 없다. 문왕시대에는 상수가 확연히 드러나 모든 이가 알았기 때문에 부족한 괘효사만 글로 드러냈다. 주나라 쇠퇴 후 문의만 밝히고 상수가 없어졌다. 상수가 없다면 역은 하나의 대학 중용과 같은 부류다. 그래서 공자가 대연의 설을 내었고 소강절이 이를 저술한 것"이라 했다. 문왕이 상수를 빼고 괘효사를 드러낸 것과 소강절이 문의를 빼고 도서상수를 논한 것은 같은 맥락이니 복희와 문왕 및 강절, 정자, 주자의 차이점이 없다고 했다. 그래서 복희와 소강절에게서 상수를 구하고, 문왕과 정이천에게서 문의를 구해 공자로 집대성하면 된다고 한다. 여기서 역학의 통합을 지향하는 그의 사상을 볼 수 있고 상수에만 매이지 않는 트인 역학관을 가지고 있음을 알 수 있다. 신흠이 이런 활연관통하는 역학관을 지녔다는 사실은 잘 알려지지 않았고 문장가이자 고위 관리로서만 알려졌다. 본 글을 통해 역학자로서의 참모습을 되찾을 수 있을 것이다.

신흠은 계축옥사(癸丑獄事, 1613년, 48세) 때[34] 춘천에서 인고의 시간을 보내던 중 1617년 무렵 '가배지법加倍之法'을 통해 자득했다며, 자신의 처지와 조선의 현실을 강절역과 결부시켰다. 조선 상수학은 혹자에 따라 시대상을 고찰하거나 혹은 자신을 성찰하는 '규관'의 역할을 한다는 점을

34) 박희병은 상촌 역학을 알고자 할 때 계축옥사라는 정치적 사건, 그로 인한 좌절과 고난이 핵심적 고려 사항이라 했다. 박희병, 1997, 13~15쪽.

신흠을 통해 확인할 수 있다. 여기서 상수학의 시대적 공능과 개인적 효용을 확인할 수 있고, 학자 개인의 정치적 입지나 시대사상이 상수학을 통해 표출될 수 있음도 알 수 있다.

Ⅳ. 류정원의 『하락지요』

류정원(柳正源, 1703~1761)의 자는 순백淳伯, 호는 삼산三山이다. 1735년 문과에 급제했으나 부친상으로 출사하지 않았다가 1749년부터 1751년까지 중앙 정계에 나갔으나 사직하고 학문 연구에 진력했다. 1754년 세자시강원世子侍講院 필선弼善이 되어 사도세자를 보도했고, 경학에 능하여 경연에 많이 참여했다. 몇 차례의 내직과 외직을 거쳐 대사간 · 호조참의를 지냈으며, 정약용의 『목민심서』에서 목민관의 모범사례로 가장 많이 인용되었다. 뛰어난 학문적 역량과 실무적 능력으로 민원을 처리하고 백성들을 보살펴 칭송받았던 인물이다.

그의 대표적 저술로 『역해참고易解參攷』와 『하락지요河洛指要』, 『삼산문집三山文集』을 들 수 있다. 『역해참고』는 그의 나이 44세에 완성하였는데, '참고參攷'는 중국의 역학자들은 물론 조선의 학자까지 포함하는 역대 제가들의 관점을 '참고參考'한다는 뜻이다. 17권 10책으로 철종 2년(1851)에 처음 간행되었으며, 『한국경학자료집성』 역경 15~16권을 차지할 만큼 방대한 분량이다. 『하락지요』는 『역해참고』의 부록 격이지만 중요한 학설들을 그림으로 그리고 해설을 붙인 것으로 상학 즉 도서학의 정수를 보여준 책이다.

『역해참고』에 대한 학자들의 견해를 보면, 김재갑은 '의리 상수론적 병용주석서'라고 정의하고, "『하락지요』는 「하도낙서」를 바탕으로 하는 제가들의 도설을 비판적으로 정리 수용한 것"이라 했다.(김재갑, 2009, 127~128쪽) 조장연은 "『역해참고』와 그 부록의 성격인 『하락지요』의 편제는 주자의 역학에 상당한 신뢰를 보였음을 알 수 있으며, 이는 역을 이해하는 충실한 참고서의 역할에 주목하였음을 확인할 수 있다."라고 했다.(조장연, 2020, 92쪽) 주광호는 "조선시대 역학 연구는 때로 저작의 분량이나 그 질적 수준과 무관하게 역학자의 지명도 때문에 과도하게 집중되기도 하지만, 반대로 상당한 분량과 일정한 학적 수준을 갖추었음에도 불구하고 전혀 주목되지 못하는 경우도 허다하다. 18세기 류정원이 그 대표적 예이다."라고 했다.(주광호, 2014, 421쪽)

이처럼 류정원의 상수학적 역량과 업적에 관한 연구가 부족하며, 특히 『하락지요』는 논의 대상에 오르지 못했다. 의리학에 충실했기 때문에 그의 상수학이 주목받지 못한 측면도 있을 것이다. 이에 그의 상수학을 세밀하게 살펴보는 한편, 『하락지요』의 도설을 본격적으로 고찰해 보려 한다.

1. 류정원의 역학관과 『하락지요』

류정원의 역학관, 특히 의리와 상수에 대한 그의 관점을 살펴보자. 『역해참고』의 책머리 범례에 "성인은 상象을 빌려 이치를 밝혔다. 이것이 제가들도 상을 중심으로 설명한 이유이다. 그러나 말단적인 상수에만 마음을 두고 의리에 근거하지 않으면 이 책을 편집하는 뜻과는 다르다. 독자들은 이 점을 알아두기 바란다."라 했다. 즉 의리에 근거해야 하고 말단적인 상수에 마음을 두지 말라고 한다. '의리에 근거해야'란 『역해참고』를 의리에 근거해서 독해하라는 뜻이고, '말단적 상수'란 『역해참고』에서 술수만 찾거나 음양재이, 요행에 마음을 두지 말 것을 당부하고 있다. 이것은 의리역학자의 관점이 아닐 수 없다. 그럼 상수학서인 『하락지요』는 왜 지었을까. 그는 다음과 같이 말했다.

① (『역해참고』 책머리 범례) 원락 한씨(苑洛 韓氏: 韓邦奇, 1479~1575)의 諸圖에 관한 의견들은 미비한 점이 많다. 다시 주자설에 의거하여 하락지요를 만들어 편말에 둔다.

② (『하락지요』 첫머리 발문) 원락 한씨의 『역학계몽의견易學啓蒙意見』에 있는 여러 그림은 오로지 옥재 호씨〔胡方平〕를 공격하기 위해 지어서 별도로 한 설을 세운 것이다. 그러나 지금 보면 오히려 미진한 곳이 상당히 많아 아마 齊楚의 득실을 면하지 못할 듯하다. 마침 『역해참고』를 편집하였는데, 또 미진한 뜻을 추론하여 아래와 같이 그림을 배열하였다. 후세에 지금을 보는 것이 지금에 옛날을 보는 것과 같지 않다는 것을 어찌 알겠는가. 상세한 것은 首篇에 있으니 보는 사람은 반드시 참고해야 한다.(『한국경학자료집성』 역경 16권, 487쪽)

③ (『하락지요』 끝부분) 이상의 도설들은 「하도낙서」에 쌓여있는 나머지를 드러내기에 부족하다. 그러나 이를 미루어 가면 『역학계몽』의 본래의 뜻을 만분의 1 정도는 엿볼 수 있고, 여러 학자 주장의 같고 다름이 갖는 득실을 구별할 수 있을 것이다.(『한국경학자료집성』 역경 16권, 586쪽)

④ (『하락지요』 끝부분) 내가 이 그림을 만들고 다른 사람에게 보이려 하지 않았다. 대개 배우는 이가 자기에게 절실한 공부는 四書의 평이한 글보다 더 좋은 것이 없다. … 나의 견해가 발전하기를 기다린 뒤에 『주역』을 보더라도 역시 늦지 않으니, 절대로 상수의 말단에 의지해서는 안 된다. 그래서 스스로 경계하고 또 뜻을 같이하는 이들에게 알린다.(『한국경학자료집성』 역경 16권, 586쪽)

류정원은 『하락지요』의 저술 목적을 『역해참고』와 『하락지요』의 몇 곳에서 언급하고 있다. 원락 한씨의 『역학계몽의견』 도설들이 옥재 호씨를 반박하기 위해 만들었기 때문에 『역학계몽』의 원래 뜻에 벗어나 미진한 부분이 많이 있다. 그래서 '주자설에 의거하여 『하락지요』를 지어 편말에 둔다' 고 했다. 즉 『역학계몽』을 지은 주자의 주장에 근거하여 『하락지요』를 지었다는 것으로, 주자 도서상수학에 중심을 둔 그의 역학관을 보여준다.

『하락지요』에는 51개의 도설이 있는데 거의 『역학계몽』에 나오는 「하도낙서」, 선천역학, 설시법 등을 그림으로 그리고 거기에 해설을 더한 것이다. 이와 함께 천문역법, 율려론, 리수론 등도 언급하고 있다. 따라서 이 책은 『역학계몽』의 주요 부분을 그림으로 다시 그렸고 거기에 자신의 의견을 더했다. 말하자면 『역학계몽』 해설서이자 시각적으로 재구성한 도설이라 할 수 있다.

2. 『하락지요』의 주요 도설

『하락지요』는 『역해참고』의 권말(『한국경학자료집성』 역경 16권, 487~586쪽)로 편찬되었다. 51개 도설이 수록되었는데, 이를 하도낙서류 · 선천도류 · 설시법류 · 천문역법류 · 율려류 등 5가지로 분류하고 순번과 명칭을 표로 정리하면 다음과 같다.

51개 그림을 5개의 기준에서 보면, 하도낙서류 13개, 선천도류 15개, 설시법류 17개, 천문역법류 4개, 율려류 2개 도설로 분류할 수 있다. 5개 기준에 중복되는 경우도 있지만, 좀 더 많이 해설하는 부분에 편입시켰다. 51개 도설 중 일정 부분은 류정원의 손자 유휘문(柳徽文, 1773~1832)이 관여한 것으로 문중에서는 보고 있으며(문집: 『전주류씨 호고와종택 好古窩』, 한국국학진흥원, 2016), ㊹ 좌수우책은 유휘문의 『시괘고오해蓍卦考誤

〈표 3〉『하락지요』 도설 분류표

분류
가) 하도낙서류(13): ① 河圖洛書 ② 河洛經緯之圖 ⑤ 陰陽稚盛不同之圖 ⑥ 水火互根金木定質之圖 ⑦ 河洛行合位合之圖 ⑧ 河洛卦位協不協之圖 ⑩ 河洛中五天地象之圖 ⑪ 河洛三同二異之圖 ⑫ 河洛位數相對相錯之圖 ⑬ 七八九六迭爲消長之圖 ⑭ 則圖畫卦之圖 ⑮ 洛書五自咸五得十之圖 ㉛五衍爲五十之圖
나) 선천도류(15): ⑨ 方圓徑圍之圖 ⑯ 四象八卦位次捨傍之圖 ⑰ 先天卦氣疎密之圖 ⑱ 古今消息盈虛之圖 ⑲ 邵朱天地四象不同之圖 ⑳ 八卦分翕長消之圖 ㉑ 乾坤上下坎離左右之圖 ㉒ 離當寅坎當申之圖 ㉓ 圖皆自中起之圖 ㉕ 三十六宮之圖 ㉖ 十六事之圖 ㉗ 文王改易伏羲卦圖之圖 ㉘ 後天陰陽交不交之圖 ㉙ 後天主陽進陰圖 ㉚ 後天卦變之圖
다) 揲蓍法類(17): ㉜虛一无爲之圖 ㉝一奇象圓二偶象方之圖 ㉞掛扐四分之圖 ㉟掛扐過揲子母之圖 ㊱掛扐老少陰陽八卦之象之圖 ㊲掛扐一二三變之圖 ㊳老少陰陽掛扐過揲進退之圖 ㊴老少陰陽進退多少之圖 ㊵二物一物迭爲消長之圖 ㊶老少扐揲乘除之圖 ㊷九八七六祖父子孫之圖 ㊸去三四五六成九八六七之圖 ㊹左數右策之圖 ㊺左右皆策之圖 ㊻乾坤策當期之圖 ㊿十六三十二者之一之圖 51卦爻變不變之圖
라) 천문역법류(4): ㉔ 納甲之圖 ㊼周天度日月分之圖 ㊽氣朔分齊之圖 ㊾12月合宮上會之圖
마) 율려류(2): ③ 天地之數以六十爲節之圖 ④ 五音六律司日辰之圖

解』에 자세히 나와 있다. 51개 도설을 모두 살필 수 없기에 그중 난해한 그림으로 꼽히는 ⑧ 하락괘위협불협지도, ⑰ 선천괘기소밀지도, ㉑ 리당인감당신지도 3개를 분석한다.

1)「하락괘위협불협지도」

「하락괘위협불협지도河洛卦位協不協之圖」는 『역학계몽』 제1에 나오는 옥재 호씨의 주장(『역학계몽』 997~998쪽)을 류정원이 그린 것이다. 그림은 2개로 이루어졌다. 오른쪽은 「하도」에 팔괘를 배분했고 왼쪽은 「낙서」에 팔괘를 배분한 그림이다. 각각 그림 아래에 '안案'으로 자신의 의견을 덧붙였다.(『한국경학자료집성』 역경 16권, 503~504쪽) 이 도설이 나온 과정은 다음과 같다. 혹자가 「하도」와 「낙서」의 위치와 수가 다른 이유를 주자에게 물었고, 주자는 이른바 '상변常變'과 '수의 체용'으로 아래와 같이 답

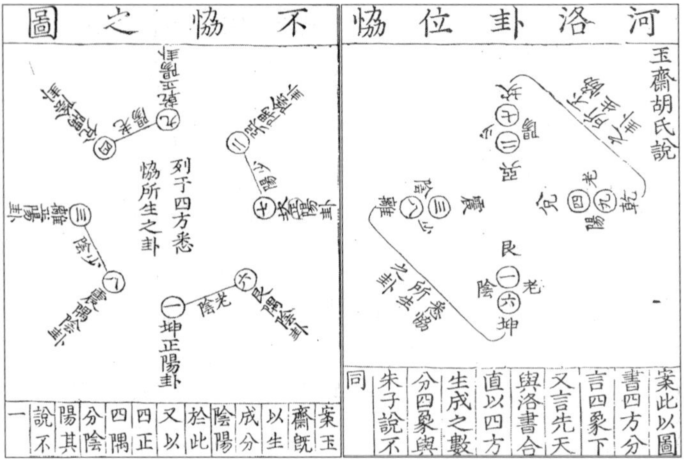

〈그림 23〉 하락괘위협불협지도

했다.(『역학계몽』 994~995쪽)

「하도」는 다섯 개의 생수로 다섯 개의 성수를 통할하고 그 방위는 같은 곳에 처하니 그것은 그 온전함을 사람들에게 게시하고 그 항상됨(常)을 말하여 수의 體가 되는 것이다. 「낙서」는 다섯 개의 홀수로써 네 개의 짝수를 통할하고 각각 그 자리에 머무는데 그것은 양을 위주로 하여 음을 통할하고 그 變이 시작되기에 수의 用이다.

위에서 말한 주자의 견해를 정리하면 다음과 같다.

① 「하도」의 생수, 즉 1·2·3·4·5가 성수 2·4·6·8·10을 관장하고 그 수들의 위치가 1·6은 북쪽, 2·7은 남쪽, 3·8은 동쪽, 4·9는 서쪽에 자리함을 말하여, 그 수의 구성과 위치가 온전하다고 보고 그것을 '항상됨〔常〕' 이라 하고 '수의 체體〔근간, 골자〕' 가 된다고 했다.

② 「낙서」의 경우, 1·3·5·7·9의 홀수가 2·4·6·8의 짝수를 관장하고 1은 북쪽, 2는 남서쪽, 3은 동쪽, 4는 남동쪽, 5는 중앙, 6은 북서쪽, 7

은 서쪽, 8은 북동쪽, 9는 남쪽에 머문다. 이런 수의 나열은 '양을 위주로 음을 관장' 하는 배열 형태이고, 수리 구조는 '변화〔變〕' 를 초래하기에 '수의 용〔作用〕' 이라 했다.

이상의 언급으로 「하도낙서」의 수리 구조와 수적 배열에 역학적 의미와 철학적 개념이 부여되었다. 「하도」의 생수 · 성수에는 불변의 항상됨인 '상常' 과 '수의 체' 가 부여되고, 「낙서」의 기수 · 우수에는 양이 음을 통할하여 음양 변화가 시작되는 '변' 과 '수의 용' 이 부여된다는 것이 그것이다. 이런 과정을 거쳐 하락河洛의 자리와 수〔位數〕에 대한 '상변지설' 과 '수의 체용설' 이 확립되었다.

주자의 주장에 대해 절재 채씨, 구봉 채씨, 잠실 진씨, 운장 유씨, 황서절, 옥재 호씨가 주석을 냈다. 류정원은 절재 채씨의 주석에 대해 「하락행합행위지도河洛行合行位之圖」를 그렸고, 옥재 호씨의 주석에 대해 「하락괘위협불협지도」를 제시했다. 이 중 옥재 호씨 주석에 대한 그림인 「하락괘위협불협지도」를 보기로 한다. 그 이유는 절재 채씨의 의견은 별 어려움이 없으나 옥재 호씨의 언급 중에 '협協' · '불협不協' 은 논리상 문제가 있으며, 『역학계몽』 번역본 중에 '(불)협' 에 이어지는 '협부協夫' 에서 '夫' 의 번역에 대해 이론異論이 있기 때문이다. 류정원도 아마 '협 · 불협' 의 문제점 때문에 도설 이름도 그렇게 정한 것으로 생각된다. 옥재 호씨의 주장은 『역학계몽』(997~998쪽, 그림 1243~1244쪽)에 다음과 같이 수록되어 있다.

① 「하도」는 생함과 이룸으로 음양을 나누고, 다섯 생수의 양으로 다섯 성수의 음을 통괄하여 그 장소에 함께 머문다. 양은 안에 음은 밖에서 생성이 서로 합하니, 교태지의(交泰之義: 사귀어서 편안하다)인 것이다. 「낙서」는 홀수와 짝수로 음양을 나누고, 다섯 홀수의 양으로 네 짝수의 음을 통괄하며 각

각 그 장소에 머문다. 양은 바르고 음은 치우치며 기와 우가 이미 나뉘었으니 尊卑의 자리인 것이다.

② 「하도」의 수는 10으로, 10은 대대로서 그 '체(體: 근간)' 를 세우기 때문에 '상(常: 일정불변)' 이 된다. 「낙서」의 수는 9로, 9는 유행으로 그 '용(用: 쓰임)' 을 다하기 때문에 '변' 이 된다. '常變之說' 은 주자가 단지 각각 그 중요한 것만 제시하여 말한 것이지, 「하도」는 상에 전속되어 체만 있고 용은 없다거나, 「낙서」는 변에 전속되어 용만 있고 체가 없다고 말한 것이 아니다.

③ 「하도」의 四象이 합쳐진 것으로 보면, 사상〔1 · 6, 2 · 7, 3 · 8, 4 · 9〕이 사방에 배열된 것이 각각 그 있는 자리가 합당하니, 이것이 '體之常' 이다. 「하도」의 象〔4 · 9와 2 · 7〕이 서쪽과 남쪽에 위치한 것은 저 생겨나는 괘에 不協〔불합, 불일치〕하니 또한 '用之變' 이 된다. 복희가 그 변한 것을 본떠 작역했으니, 「횡도」 괘획의 이룸 위에서 「원도」의 괘기 운행을 연구하면 사상이 나뉘어 팔괘가 되고, 음의 노소는 不動이지만 양의 노소는 번갈아 옮겨감을 알 것이다. 이것이 '變' 을 위주로 하는 것이지만 어찌 '常' 에만 구속되는 것이겠는가.

④ 「낙서」의 四象이 나누어진 것으로 보면 사상의 서쪽과 남쪽에 있는 것은 그 자리한 위치가 합당하지 않으니, 이것이 그 '用之變' 이다. 사상이 사방에 배열된 것은 모두 저 생겨난 괘에 協〔합, 일치〕하니 또한 '體之常' 이 된다. 우임금은 그 '常' 이란 것을 본떠 홍범을 짓고, 인하여 무왕의 彝倫攸敘之問[35]으로 箕子의 대답―우임금이 하늘로부터 홍범구주를 받은 경위에 대한 대답―을 연구하면 사상이 나뉘어 九疇가 됨을 알 수 있다. 양이 네 개의 정방향에 머물면 네 양괘에 짝하여 음의 주재자가 되고, 음이 네 귀퉁이에 머물면 네 음괘에 짝하여 양의 보조자가 된다. 이것은 '상' 을 위주로 하는 것이

35) 무왕이 기자에게 이륜(떳떳한 이치)을 펼치는 물음으로, 무왕 13년 기자를 찾아가 우임금이 받은 홍범구주에 대한 문답이다.(「서경」 홍범편)

지만, 어찌 '변' 에만 약하게 함이겠는가.

옥재 호씨는 주자가 하락의 수와 위치에 대해 '체용體用' 과 '상변常變' 으로 분석한 것에 대해 나름대로 살을 붙여 주석했지만, 전체적으로 군더더기가 많다. 체용과 상변이 하락의 어느 하나에 전속되지 않는다는 말은 공감이 간다. 그러나 「하도」의 "상이 서쪽과 남쪽에 위치한 것은 저 생겨나는 괘에 '불협' 하니 또한 '용지변' 이 된다."는 것과, 「낙서」의 "사상이 사방에 배열된 것은 모두 저 생겨난 괘에 '협' 하니 또한 '체지상' 이 된다."는 것은, 체용과 상변이라는 용어에 협과 불협까지 섞어서 서술하여 이해하기 어려우며, 논리의 전개상 문제가 있다. 먼저 지적할 것은 옥재 호씨 말대로 하도수에 사상과 팔괘를 배치하면, 서쪽 4 · 9자리에 노양 · 건괘 · 태괘가 있고, 남쪽 2 · 7자리에 소양 · 손괘 · 감괘가 배치되어 팔괘가 제자리에 있지 않은 것이 가장 큰 문제이다. 그래서 류정원은 자신의 도설에서 이를 지적하면서 '주자의 주장과 같지 않다.(與朱子說不同)' 라고 말했다. 류정원의 도설을 자세히 살펴보자. 앞에서 말했듯이 도설은 두 개로 이루어졌다. 오른쪽 도설은 「하도」 · 팔괘의 배분과 관련된 부분(『한국경학자료집성』 역경 16권, 503쪽)이고, 왼쪽 도설은 「낙서」 · 팔괘의 배분(『한국경학자료집성』 역경 16권, 504쪽)과 관련된 것이다.

(1) 「하도」에 팔괘 배분: 실협소생지괘와 불협소생지괘

〈그림 23〉에서 오른쪽 도설은 옥재 호씨가 말하는 조화롭지 않게 생겨난 괘라는 '불협소생지괘不協所生之卦' 와 모두 조화롭게 생겨난 괘라는 '실협소생지괘悉協所生之卦' 라는 말이 있다. 왼쪽 도설은 모두 조화롭게 생겨난 괘라는 '실협소생지괘' 라는 말만 있다. 여기서는 오른쪽 도설만 본다. 그 내용은 「하도」 · 팔괘 · 사상과 방위를 결합하는 과정에서 발생

하는 '조화〔協〕' 여부에 대한 것으로 다음의 과정이 내재되어 있다. 여기서 팔괘는 소강절의 선천역학에서 말하는 선천팔괘〔1건 · 2태 · 3리 · 4진 · 5손 · 6감 · 7간 · 8곤〕를 말하는데 이는 주자 역학에서 일관되게 적용되는 원칙이다. 앞에서 옥재 호씨의 주장을 봤지만, 그가 그린 그림을 보는 것이 이해가 빠르다. 따라서 옥재 호씨 그림을 가지고 논한다.

『역학계몽』(1243쪽)에는 옥재 호씨의 「원도」와 「횡도」가 그려져 있다.[36] 「횡도」는 태극에서 양의 - 사상 - 팔괘가 생성되는 과정을 우측에서 좌측으로 처음인 태양에는 4 · 9 건괘와 태괘, 소음에는 3 · 8 리괘와 진괘, 소양에는 2 · 7 손괘와 감괘, 마지막인 태음에는 1 · 6 곤괘와 간괘의 순으로 그려져 있다. 그러나 「하도」에 오행과 사상 및 팔괘를 배치하여 그린 「원도」에는 남쪽 2 · 7에 소양 · 건괘 · 태괘, 서쪽 4 · 9에 태양 · 손괘 · 감괘를 배치하여 「횡도」와 다르다. 이처럼 「횡도」에는 태양에 4 · 9와 건괘 · 태괘가 배정되어 있고 소양에 2 · 7과 손괘 · 감괘가 배치되어 있지만 「원도」에는 2 · 7에 소양 · 건괘 · 태괘, 4 · 9에 태양 · 손괘 · 감괘를 배치한 점이 다르다. 이를 '불협부소생지괘不協夫所生之卦' 라 했다. 「원도」와 「횡도」에서 같은 점은 소음에는 3 · 8 리괘와 진괘, 태음에는 1 · 6 곤괘와 간괘를 배치한 부분이다. 이를 '실협부소생지괘悉協夫所生之卦' 라고 했다.[37]

류정원은 옥재 호씨의 주장대로 그림으로 그렸다. 「하도」 남쪽에 소양 2 · 7과 손괘 · 감괘가 있고, 서쪽에 노양 4 · 9와 건괘 · 태괘가 있는 것을 '불협소생지괘' 라 하여, 하도수 · 방위 · 팔괘가 합치하지 않음을 나타냈다. 하도수 · 방위 · 팔괘가 합치하는 소음에는 3 · 8 리괘와 진괘, 태음에

---

36) 옥재 호씨가 그린 횡도와 원도는 그가 지은 『역학계몽통석』에 나오는 것이다. 이 그림은 『역학계몽』 1243~1244쪽에 전재되어 있다.

37) 어조사 '夫' 란 글자가 있으나 류정원이 생략했다.

는 1 · 6 곤괘와 간괘를 배치한 부분을 '실협소생지괘' 라 했다. 류정원은 그림 아래에 자신의 견해〔案〕를 나타내기를, "이 그림〔옥재 호씨 그림〕은 도서로 사방을 나누어 사상 아래를 말했다. 또 선천과 「하도」〔'낙서' 로 오기〕를 합하여 바로 사방 생성의 수로 사상의 나뉨을 말했으니 주자의 말과 같지 않다." 고 했다.

여기서 류정원의 그림과 주장을 검증해 보자. 류정원의 그림은 『역학계몽』(1243~1244쪽)의 옥재 호씨 「원도」와 다르다. 남쪽과 서쪽에 배정된 사상과 하도수는 같으나 팔괘가 다르다. 류정원의 결론은 '옥재 호씨의 주장은 「선천도」와 「하도」를 합하여 바로 사방 생성의 수로 사상四象〔노양 · 소음 · 소양 · 노음〕을 나누었으니 주자의 말과 다르다.' 는 것이다. 간단히 말하면 선천팔괘와 「하도」를 합한 위에 「하도」의 수이자 사방 생성수〔1 · 6, 2 · 7, 3 · 8, 4 · 9〕로 사상을 나눈 것이 주자와 다른 점이라는 것이다.

그럼 주자는 무엇으로 사상을 나누어 팔괘를 배치하는가. 주자는 사상의 수와 자리〔位〕를 구분하여 팔괘를 배치한다. 노양〔數: 9 · 位1〕의 수 9에 건괘, 자리 1에 태괘, 소음〔8 · 2〕의 수 8에 리괘, 자리 2에 진괘, 소양〔7 · 3〕의 수 7에 감괘, 자리 3에 손괘, 노음〔6 · 4〕의 수 6에 곤괘, 자리 4에 간괘를 배치한다. 사상수 6 · 7 · 8 · 9는 익히 아는 것이나 사상의 자리 1 · 2 · 3 · 4는 생소한 것 같다. 그러나 주자는 태극-양의-사상-팔괘가 이루어지는 가일배법의 구조에서, 사상이 생출되는 순서를 「횡도」 즉 「차서도」로 보면 노양1-소음2-소양3-노음4의 순서이기 때문에 순서대로 사상의 자리를 1~4로 잡은 것이다. 일종의 선천역학에 충실한 자세다. 옥재 호씨는 '「하도」의 수로 사상을 나누어' 팔괘에 배속했다. 그래서 4 · 9는 태양 · 감괘 · 손괘, 3 · 8은 소음 · 리괘 · 진괘, 2 · 7은 소양 · 건괘 · 태괘, 1 · 6은 태음 · 곤괘 · 간괘가 배속된다. 주자는 '사상의 수와 자리를 구분' 하여 팔괘에 배속했기 때문에, 옥재 호씨의 견해가 주자와 다르다고 한 것

이다. 주자의 이 주장은 이른바 '석합보공' 의 연결이론이기도 하다.[38)]

문제는 또 있다. '협', '불협' 으로 생긴 괘에 대한 것이다. 이 용어는 옥재 호씨가 처음 사용한 것으로 여겨진다. 류정원이 직접 언급하지 않았지만 '주자와 다르다' 라는 말에 이 용어가 주자의 뜻이 아니라는 의미가 내포되었다고 본다. 그런데 옥재 호씨는 이에 대한 향후 비난을 피해 가려는 듯 방어막을 친다. 그것은 "「하도」의 사상이 합쳐진 것으로 보면, 사상〔1·6, 2·7, 3·8, 4·9〕이 사방에 배열된 것이 … 음의 노소는 부동이지만 양의 노소는 번갈아 옮겨 감" 이라고 한 데에서 찾을 수 있다. 여기서 중요한 것은 '양의 노소는 번갈아 옮겨 감' 이다. 이런 원리에 따라 남쪽의 소양에 배속된 괘와 서쪽의 태양에 배속된 괘들이 서로 자리를 교환할 수 있게 된다. 그래서 남쪽에 건괘와 태괘, 서쪽에 손괘와 감괘가 자리잡을 수 있어서 「하도」에 선천팔괘를 배속함에 문제가 없게 되는 것이다. 이른바 '금화교역金火交易' 의 논리 적용이며, 이렇게 남쪽과 서쪽 괘의 이동이 이루어진 후의 그림이 『역학계몽』 1243쪽 그림이다. 옥재 호씨는 이런 논리로 '협' 과 '불협' 에 대한 비난을 피해 간다. 이처럼 주자와 옥재 호씨의 주장이 복잡하면서도 결이 다른 점이 조선 역학계에도 영향을 미쳤다. 퇴계는 『계몽전의』에서 '두 설의 같고 다름의 변증(兩說異同之辨)' 이란 항목을 통해 이를 분석했다.

---

38) '析合補空' 은 앞의 신흠 부분에서 살펴보았다. 퇴계는 두 사람의 의견을 비교 분석한 뒤 주자는 "8괘의 수로 대응한 것" 이고 호방평은 "방위로 대응한 것" 이라 하면서 "주자의 설은 8괘의 수가 부여된 「횡도」에서 나온 자연스런 것으로 바꿀 수 없다" 고 했고 호씨설은 "간이하고 가지런하지만 위치로 괘를 배속한 것은 의례 삼기가 의심된다." 고 하면서 주자설을 지지했다. 필자의 생각은 다음과 같다. 이런 논의들은 「하도」의 사방 수에다 선천8괘를 바로 배합하여 위치가 동일한지 맞추어 보려니 맞지 않는 것이다. 애초부터 같은 층위에서 둘을 비교하여 「하도」에서 선천8괘를 바로 연결할 수 없다고 본다. 비유하자면 「하도」는 원료이고 8괘는 제품이다. 「하도」는 괘를 긋기 전인 '劃前易' 이고, 8괘도는 괘를 긋고 난 뒤인 '劃後易' 이라 할 수 있다.

「하도」와 팔괘의 관계에 관해서는 학자 간에 의견이 분분했다. 그 여파는 퇴계 이후 여러 학자를 거쳐 류정원에게도 전달되었다. 본 글에서는 논하지 않지만 류정원은 주자와 옥재 호씨 및 원락 한씨의 주장이 서로 다른 점을 비교 분석한 도설을 「칙도획괘지도(則圖畫卦之圖: 「하도」를 본떠서 괘를 그은 그림)」란 이름으로 그렸다.(『한국경학자료집성』 역경 16권, 512~516쪽) 단, 퇴계와 다른 점은 퇴계는 옥재 호씨의 그림대로 그렸고 류정원은 남쪽과 서쪽의 괘들이 이동한 후 즉 금화 교역이 이루어진 후의 그림을 그렸다는 점이다.

(2) 「낙서」에 팔괘 배분: 실협소생지괘

〈그림 23〉에서 왼쪽 도설은 「낙서」에 팔괘를 배분한 것으로 그 내용은 다음과 같다. 낙서수 1~9 가운데 중앙수 5를 제외한 8수를 팔방에 배치하고 1·6에 노음, 2·7에 소양, 9·4에 노양, 3·8에 소음을 배치하고 선천팔괘를 순서대로 배분했다. 북쪽 1에 곤괘를 배정하고 정正·양괘陽卦·노음老陰으로 부기하고, 역시 남쪽 9에 건괘-정·양괘·노양, 동쪽 3에 리괘-정·양괘·소음, 서쪽 7에 감괘-정·양괘·소양이라고 했다. 건곤감리는 동서남북 4정방에 위치하므로 '정正'이라 하고 이를 '양괘'라고 했으며 사상四象을 부여했다. 북서쪽 6에 간괘-우隅·음괘·노음, 남서쪽 2에 손괘-우·음괘·소양, 남동쪽 4에 태괘-우·음괘·노양, 북동쪽 8에 진괘-우·음괘·소음이라 했다. '우隅'라고 한 것은 사방의 사이 즉 모서리 방위라는 뜻이고 여기에 속한 괘를 '음괘'라고 했으며 각각 사상을 부여했다. 이런 명칭은 옥재 호씨가 임의로 붙인 것이다. 이처럼 낙서수에 선천팔괘가 배치된 것을 "사방 배열이 모두 선천팔괘가 생긴 것과 모두 합치한다.(列于四方悉協所生之卦)"라고 했고 '실협소생지괘悉協所生之卦'란 말을 붙였다. 이와 같이 옥재 호씨의 말대로 류정원이 도설을 그린

것이다.

또한 류정원은 "옥재 호씨는 여기에서 이미 생성〔生數成數〕으로 음양을 나누었다. 또 사정 사우〔八方〕로 음양을 나누니 그 설이 일치하지 않는다."라고 자신의 의견〔案〕을 붙였다. 옥재 호씨가 앞에서는〔오른쪽 도설〕 "도서로 사방을 나누어 사상 아래를 말했고, 선천과 「하도」를 합하여 바로 사방 생성의 수로 사상을 나누었다."고 했는데, 이번에는 '사정 사우 팔방으로 음양〔음양괘〕을 나누니' 앞의 주장과 맞지 않다는 것이다. 이 언급은 하락과 사상 및 팔괘 배분에 대한 옥재 호씨의 일관성 없는 주장을 비판한 것으로 류정원의 날카로운 지적이 돋보이는 부분이다.

2) 「선천괘기소밀지도」

「선천괘기소밀지도先天卦氣疎密之圖」는 「선천64괘원도」에 12개월에 상응하는 12벽괘를 분포시켜, 변동되는 괘들의 변동 폭이 「선천64괘원도」에 균등하지 않음을 나타낸 도설로서 4개의 그림으로 이루어졌다. 64괘에 12개월을 분포하면 평균 5~6개의 괘를 주기로 이월될 것으로 예상하는데, 실제 어떤 월은 16개의 괘를 거치고 어떤 월은 4개 혹은 1개의 괘를 거친다. 이런 불균형에 대해 주자의 제자인 주모(周謨, 1141~1202)가 의문을 제기했고 이에 대해 주자가 대답한 내용이다. 그 이유에 대해 주자도 확신할 수 없어서 재론하자는 의미에서 '갱사更思'[39]라 했다. 『역학계몽』에서 비교적 난해한 부분(1055~1057쪽)으로, 『한국경학자료집성』 역경 16권(519~522쪽)에 나온다. 먼저 주모의 질문 내용을 살펴보면 다음과 같다.

---

39) 『역학계몽』에 주자도 확신할 수 없어서 다시 생각해야 한다는 의미의 '更(宜)思' 라고 말한 부분이 2~3군데가 있다. 하나는 본 건이고 또 하나는 '離當寅坎當申' (『역학계몽』, 1072쪽. 『한국경학자료집성』 역경 16권, 531~532쪽.)이다. 모두 음양소장에 대한 것이다. 후자는 이어서 논한다. 나머지 하나는 논외로 한다. 주자가 '更(宜)思' 라고 한 부분은 조선 학자들의 도서상수학에 대한 연구 의욕을 촉진시켰다.

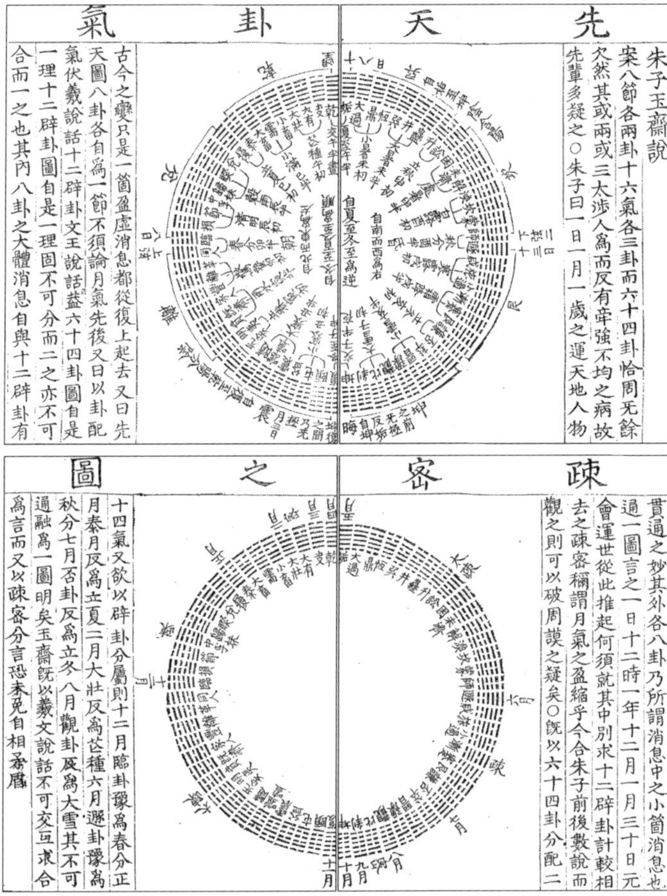

〈그림 24〉 선천괘기소밀지도

① 「선천원도」의 卦氣는 서로 잇닿아서 모두 좌선(左旋: 시계 운동 방향)한다. 乾卦☰는 巽卦 부류〔무리: 姤 · 大過 · 鼎 · 恒 · 巽 · 井 · 蠱 · 升 8괘〕의 첫괘〔姤卦〕와 접해있는데 구괘䷫에서 하나의 음이 생겨난다. 坤卦는 震卦 부류〔復 · 頤 · 屯 · 益 · 震 · 噬嗑 · 隨 · 无妄 8괘〕의 첫 괘〔復卦〕와 접해 있는데 복괘䷗에서 하나의 양이 생겨난다. 복괘 1양이 생긴 곳에서〔11월〕 시작하여 震卦의 부류와 離卦의 부류 16괘를 다 거친 뒤 臨卦䷒〔12월〕를 얻는다.

또 兌卦의 부류 8괘를 다 거친 후에 泰卦䷊〔정월〕를 얻는다. 또 4괘〔泰 · 大畜 · 需 · 小畜〕를 건너뛰고 大壯卦䷡〔2월〕를 얻는다. 또 大有卦 1괘를 지나서 夬卦䷪〔3월〕를 얻고 쾌괘에 이어서 乾卦〔4월〕, 건괘에 이어서 姤卦가 붙어 있다. 구괘〔5월〕에서 1음이 생기고 巽卦의 부류와 坎卦의 부류 16괘를 다 거친 후 遯卦䷠〔6월〕를 얻는다. 또 艮卦의 부류 8괘를 다 거친 후에 否卦䷋〔7월〕, 또 4괘〔否卦 · 萃卦 · 晉 · 豫〕를 건너뛰고 觀卦䷓〔8월〕, 또 比卦 1괘를 건너서 剝卦䷖〔9월〕를 얻고, 박괘 옆에 坤卦䷁〔10월〕, 곤괘 옆에 復卦䷗〔11월〕가 붙어서 한 바퀴 돌고 다시 시작하여 끝없이 순환한다.

② 괘기는 왼쪽으로 돌아〔左旋〕 1년 12월의 괘는 모두 그 순서를 얻지만, 음양이 처음 생겨나서는 각각 16괘를 지난 이후 하나의 달이 되고 또 8개의 괘를 거치고 다시 하나의 달을 얻는다. 음양이 극한에 도달하려는 곳에 도달해서는 4개의 괘를 거쳐 하나의 달이 되고 또 하나의 괘를 거쳐 마침내 한꺼번에 세 개의 괘가 서로 이어진다. 그 처음에는 이처럼 (괘기가) 성글다가 끝에서는 이처럼 빽빽하니 이것은 음양이 가득 찼다가 줄어드는 당연한 이치이다.

③ 그러나 이 그림〔복희선천64괘원도〕의 복괘 아래에 '동지자중冬至子中' 이라고 쓰여 있고, 구괘 아래에는 '夏至午中' 이라 쓰여 있으니 이는 진실로 의심할 것이 없다. 유독 臨卦 아래에 '春分卯中' 이라고 쓰여 있는 즉 임괘는 본래 12월괘인데도 춘분과 합하여 泰卦 아래에 있다. 돈괘 아래에 '秋分酉中' 이라 쓰여 있는, 즉 遯卦는 본래 6월괘인데도 추분과 합하여 否卦 아래에 있으니 여기에는 진실로 이해할 수 없는 점이 있다.

주모의 각 질문에 대한 주자의 대답은 다음과 같다.

① 복희역은 본래 복희가 말한 것이고, 문왕역은 본래 문왕이 말한 것이니 진

실로 상호 바꾸어서 합치됨을 구할 수 없다.

② (그대가) 본 「선천원도」의 卦氣의 가득 차고 줄어듦은 매우 자세하고, 나도 역시 일찍부터 이같이 이해했으나 괘기의 疏密에 대한 정확한 설명을 얻지 못했다. 음양이 처음 생겨날 때에 그 氣 속은 진실로 느슨하지만 이처럼 성글다가 그 후에 또 이처럼 조밀하게 응하지는 않을 것이다.

③ 대체로 이 「선천원도」의 분포 모두 자연스러움에서 나온 것으로 대응하지 않는 설이 없을 것이니 마땅히 다시 생각해야겠다.〔更(宜)思〕

이 문답에 대한 옥재 호씨의 의견과 생각은 다음과 같다.

① 주모의 의문에 대해 주자가 '복희씨가 말한 것과 문왕이 말한 것이 다르므로 이 둘을 섞어서 보면 안 된다.' 라고 했고, 또 '「선천원도」 여덟 괘는 각각 하나의 마디를 이룬다. 매월의 氣가 그것을 앞서거나 뒤서거나 문제가 되지 않는다.' 라 했으니 무슨 의문이 있겠는가.

② 주자가 更思라고 한 것에 대한 옥재 호씨 자신의 생각은 다음과 같다. '선천 64괘 각 괘에 내재된 음양의 영축에 따라 64괘의 월 배정의 성글고 조밀함이 결정된다. 양의 극인 건괘나 음의 극인 곤괘에 가까울수록 조밀하고 그 이후는 성글다가 점점 조밀해진다.'

이상 세 명의 문답과 견해에 대한 요점은 간단하다. 주모는 주자에게 의문을 던진다. 「선천원도」에 12벽괘를 대입해 보면 매월 사이의 간격이 일정치 않다. 즉 1양이 생기는 11월 복괘에서 12월 임괘까지 16개의 괘를 거쳐야 하고, 12월 임괘에서 1월 태괘까지는 8개 괘를 거쳐야 한다. 1월 태괘에서 2월 대장괘까지 4개 괘를 거치고, 2월 대장괘에서 3월 쾌괘까지 1개의 괘를 거치면 되지만 4월 · 5월괘인 건괘와 구괘는 연달아 붙어있다. 결국 3 · 4 · 5월 괘인 쾌괘 · 건괘 · 구괘는 셋이 연결되어 있다. 또 5월괘인 쾌괘는 1음으로 처음 생겨나는 괘인데, 이어지는 6~12월에 해당되는 괘들 사이의 간격도 앞처럼 일정치 않다. 즉 16개 · 8개 · 4개 · 2개 · 1개의 괘를 거치고 마지막 3개는 연달아 붙어있다. 그 이유를 주자에게 물어본 것이다.

주자의 대답은 이러하다. 「선천원도」는 복희역이고 12벽괘는 문왕역이다. 문왕역의 논리로 복희역을 해석해서는 안 된다. 12벽괘는 한나라 맹희의 주장이니 당연히 현본 『주역』인 문왕역이 기준이다. 그러나 선천64괘의 「선천원도」에 12벽괘를 배치해서 발생하는 괘기의 영축(盈縮: 차고 줄어듦)이 불균형한 것은, 정확한 이유를 알지 못하니 나중에 다시 생각해 보자고 한 것이다.

옥재 호씨는 복희역을 문왕역으로 해석하지 말라는 주자의 뜻을 상기시키면서 주자가 갱사更思해 보자는 부분에 대해 의견을 내놓았지만 크게 새로운 것이 없어 보인다. 그러면 류정원은 어떤 생각일까.

① 8절기〔24절기 중에서 2분 2지 4립〕에 각각 두 괘가 배정되고, 16기〔24절기에서 8기를 뺀 것〕에 각각 3괘가 배정되어 64괘는 딱 맞아서 나머지가 없다. 그러나 혹 둘, 혹 셋이 크게 넘어서 도리어 견강부회하고 고르지 못한 결함〔病〕이 있기 때문에 선배들이 대부분 의심했다.

② 주자가 말했다: 1일 1달 1년의 운행과 천지인물 고금의 변화는 단지 하나이다. (음양의 기가)가득 차고 비고 자라고 줄어듦은 모두 복괘를 좇아서 일어난다. 「선천원도」의 팔괘는 각각 스스로 하나의 마디가 되어 굳이 月氣의 선후를 논할 필요가 없다. 64괘에 氣를 배정한 것은 복희의 말이고 12벽괘는 문왕의 말이다.

③ 「선천원도」는 그 자체가 하나의 이치이고, 12벽괘도 그 자체가 하나의 이치

이므로 각각의 이치를 나누어서 둘로 할 수 없고 또한 각각의 이치를 합하여서 하나로 할 수 없다. 그 아래 8괘〔內卦〕의 大體는 줄어들고 자라서 저절로 12벽괘와 관통하는 묘미가 있다. 그 바깥의 각각의 8괘〔外卦〕는 바로 이른바 줄어들고 자라는 가운데의 작은 줄어들고 자라남이다. 「선천원도」를 통틀어 말하자면 1일은 12시, 1년은 12월, 1월은 30일이니 원회운세는 이것을 따라 미루어 간다. 어찌 굳이 그 가운데에 나아가 별도로 12벽괘와 비교하여 서로 소밀을 구하여 월기의 영축이라 하겠는가. 지금 주자 전후의 여러 설을 합해 보면, 주모가 가진 의문은 해결될 것이다.

④ 이미 64괘를 24절기에 분배했는데 또 12벽괘를 나누어 소속시키고자 하면, 12월 臨卦는 춘분이 됨을 예정하고, 정월 泰卦는 도리어 입하가 되며, 2월 대장괘는 도리어 망종이 되고, 6월 遯卦는 추분이 됨을 예정하고, 7월 否卦는 도리어 입동이 되며, 8월 관괘는 대설이 되어 그것이 통하고 화합하지 못하여 「선천원도」를 분명하게 할 수 없다.

⑤ 옥재 호씨가 이미 복희씨와 문왕의 말을 서로 교차하여 합치됨을 구할 수 없다고 했는데, 또 소밀로 나누어서 말한 것은 아마 서로 모순됨을 피하지 못할 것이다.

류정원의 요점은 「64괘원도」에 기(氣: 음양)를 배정한 것은 복희씨이고, 12벽괘는 문왕역 즉 통행본에 (맹희가)12벽괘를 대입한 것이다. 따라서 「64괘원도」와 12벽괘는 각각의 이치가 있으므로 나누거나 합할 수 없으므로, 이 둘을 굳이 비교하여 소밀을 구하고 월기의 영축이라 할 필요가 없다는 것이다. 옥재 호씨에 대해서는 '복희역과 문왕역을 교차하여 합치됨을 구할 수 없다고 했으면 그만이지 괘기의 소밀을 덧붙여 말하는 것은 상호 모순' 이라고 비판한다. 이 부분은 조선의 학자들에게 연구 의욕을 촉발시켰다. 천하의 주자가 '모르겠으니 나중에 다시 검토' 하자고 했기 때문이다. 이를 연구한 학자 중에 서명응을 꼽을 수 있다. 그는 천문학적 안목으로 해답을 구하는데 서명응 편에서 다시 살펴본다.

류정원은 이와 별도로 24절기가 분포된 「64괘원도」를 그린 첫째 그림과, 「64괘원도」에 12벽괘를 분포하고 괘기 소밀을 표시한 둘째 그림을 그렸다. 첫째 그림은 「64괘원도」의 좌선우행과 순역, 64괘도의 음양에 관한 내용을 담고 있다. 이것은 앞의 장현광에서 논한 마지막 부분과 일치한다. 또 그는 "(64괘원도에서)곤괘와 복괘 사이가 바로 무극無極이며, 복괘로부터 건괘까지는 양이 음을 나눈다. 곤괘로부터 구괘로 돌아가는 것이 무극의 이전이며, 구괘로부터 곤괘까지는 음이 양을 함유하고 있다.(坤復之間乃无極, 自復至乾, 陽分陰. 自坤反姤, 无極之前, 自姤至坤, 陰含陽)"고 했는데, 이는 소강절의 말과 그에 대한 주자의 주석을 그대로 옮겨 놓은 것이다.

3) 「리당인감당신지도」

「리당인감당신지도離當寅坎當申之圖」가 생겨난 연유는 다음과 같다. 소강절은 「64괘원도」에서 감괘坎卦와 리괘離卦의 음양의 차고 넘침이 인묘

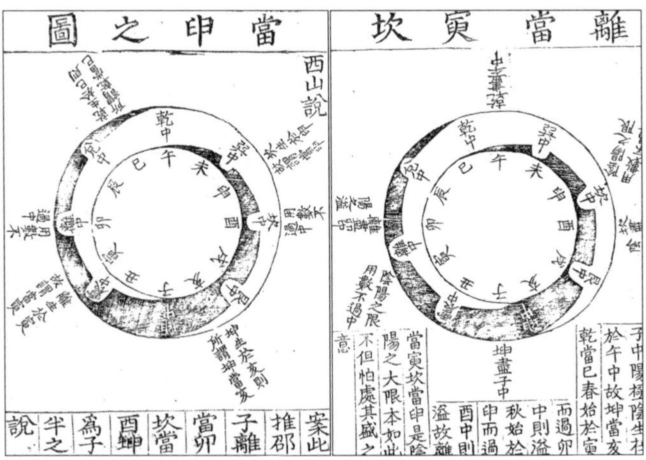

〈그림 25〉 리당인감당신지도

寅卯와 신유申酉 사이에 존재한다고 했으며, 그것은 용수用數 교수交數와도 관련이 있다고 했다. 이를 접한 주자가 그 뜻을 명확히 이해할 수 없어서 '다시 마땅히 생각해 보자〔更宜思〕' 라고 했다. 주자의 이 말에 대해 류정원이 나름대로 도설로 정리하면서 그 해결책을 제시한 것이다. 주자의 '갱사更思' 부분을 도설로 나타낸 사람은 류정원이 처음일 것이다. 먼저 소강절의 말을 살펴보자. 『역학계몽』(1072쪽)에 수록된 것으로, 출처는 『황극경세서』 관물외편(833쪽)이다.

> 坎卦와 離卦는 음양의 한계이다. 그러므로 리괘는 寅에 해당하고 감괘는 申에 해당한다. 수가 항상 넘치는 것은 음양의 넘침이다. 그러나 用數는 中[40]을 넘지 않는다.(주자 왈: 이것은 리괘가 卯에 해당하고 감괘가 酉에 해당한다는 것을 마땅히 다시 생각해 보아야 한다. 단, 곤괘를 子半으로 여기는 것을 알 수 있다.)

소강절의 요지는, 감괘坎卦는 음의 한계이며 12지지에서 신申에 해당하고 리괘離卦는 양의 한계이며 인寅에 해당하지만, 용수는 중〔中, 실은 寅〕을 넘지 않는다는 것이다. 그런데 주자는 리괘는 묘卯, 감괘는 유酉에 해당한

40) 원 출처인 『황극경세서』 관물외편에는 "용수는 寅을 넘지 않는다〔用數不過乎寅也〕" 라고 되어 있다. 즉 '中' 이 아니고 '寅' 이다. 『역학계몽』의 오자이다. 이런 점은 필자의 기존 연구에서 밝혔다.(조희영, 2010, 504~509쪽) 그런데 『역학계몽』과 류정원 등 조선의 학자들은 모두 '중' 으로 해설을 했다. '중' 으로 보고 주석하더라도 크게 다르지 않으니 여기서도 '중' 으로 보고 이론을 진행한다. 또 이어지는 문장에 "交數(관물외편에는 '爻數' 로 오기되어 있음)는 申을 넘지 않는다〔交數不過乎申也〕" 라는 글이 있다. 용수와 교수는 64괘원도에서 괘의 범위로 나타난다. 소강절은 감리괘가 지닌 음양의 넘침을 寅卯와 申酉로 말하는 한편 용수 · 교수로 나타낸 64괘의 범위를 말하고자 했다. 소강절의 의도를 모를 리 없는 주자 등은 『역학계몽』에서 교수는 아예 제외하고 용수도 64괘상의 용수가 아닌 '사용하는 수' 의 의미로 이해하려 했다. 용수와 교수 둘 다 개입되면 여기서 말하려는 논점이 흐려지기 때문일 것이다.

다고 생각했기 때문에 이해가 되지 않아 다시 생각해 보겠다는 것이다. 여기에 대한 채원정의 주석이다.[41)]

> 이는 음양은 왕래하여 모두 순응하는 것이지 절단하여 음이 되고 양이 됨을 논한 것은 아니다. 坎卦와 離卦로써 말하자면, 리괘의 中은 卯에 해당하고 감괘의 中은 酉에 해당한다. 그러나 리괘가 생겨나는 것은 이미 寅에서 시작하고〔震中〕, 감괘가 생기는 것은 이미 申에서 시작한다.〔巽中〕 그러므로 소강절이 "리당인離當寅, 감당신坎當申"이라 했다. 乾卦는 午半에 해당하고 坤卦는 子半에 해당하니 즉 리괘는 묘, 감괘는 유를 말한 것이다.

채원정은 소강절의 '리당인'이 리괘는 인에서 시작하고 '감당신'은 감괘가 신에서 시작한다는, 즉 '처음〔初〕'이라는 뜻이라고 했다. 그러나 감리괘 자체로 보면, 리괘는 '묘의 중中'이며 감괘는 '유의 중'에 해당한다고 본다. 그 이유는 건괘는 '자반', 곤괘는 '오반'에 해당한다는 원리를 원용할 수 있기 때문이다. 여기서 '반半'을 '중'과 같은 뜻으로 본 것이다. 채원정은 이처럼 '시작'과 '중'을 나누는 것으로 소강절의 견해를 받아들여, 주자의 의문을 설명하고 있다.

류정원의 설명은 『한국경학자료집성』 역경 16권(531~532쪽)에 걸쳐 두 개의 도설이 나온다. 먼저 531쪽 내용으로, "음이 극에 이르면 양이 생겨서 자중(子中: 坤復之間)에 있다. 양이 극에 이르면 음이 생겨서 오중(午中: 乾姤之間)에 있다. 그러므로 곤괘는 해亥에 해당하고 건괘는 사巳에 해당한다."라 했다. 이어서 "봄은 인寅에서 시작하지만 묘중卯中을 지나면 넘친다. 가을은 신申에서 시작하지만 유중酉中을 넘으면 '넘친다.'[42)] 그러므로

41) 채원정의 주석이 『역학계몽』에 수록되어 있으므로 류정원이 이를 참조하여 도설을 작성했을 것으로 추론할 수 있다.

리괘는 인에 해당하고 감괘는 신에 해당한다. 이는 음양의 한계가 본래 이와 같은 것으로 비단 그 무성함을 두려워하는 뜻뿐만이 아니다."라고 했다. 이런 설명과 함께 「원도」를 그리고 선천팔괘를 배속했다. 그 내용을 보면, 동서남북 사정방에 남쪽은 건진오중乾盡午中, 북쪽은 곤진자중坤盡子中, 동쪽은 리진묘중 - 양지일離盡卯中 - 陽之溢, 서쪽은 감진유중 - 음지일坎盡酉中 - 陰之溢이라 했다.[43] 또 건괘 '건중乾中' ~곤괘 '곤중坤中' 이라 하여 괘명 옆에 '중' 을 붙였다. 그중에서 리중離中은 '음양의 한계로 용수는 중을 넘을 수 없다' 라 하고, 감중坎中도 역시 '음양의 한계로 용수는 중을 넘을 수 없다' 라 하여 소강절의 뜻을 도설로써 드러냈다. 류정원은 소강절의 뜻을 충분히 이해하고 이를 바탕으로 주자의 의문에 대한 자신의 견해를 나름대로 제시하고 있다. 이런 일련의 과정에서 탄생한 그의 도설은 강절역과 주자역에 대한 충실한 이해가 전제되어야 가능하다. 류정원의 상수학적 안목을 가늠할 수 있다.

【 해제 】

『하락지요』는 한마디로 『역학계몽』의 류정원식 해설서이다. 『역학계몽』에서 논란의 소지가 있거나 이해하기 어려운 부분을 뽑아 도설로 새롭게 제시하여 『역학계몽』을 리디자인(re-design)한 것이다. 특히 한방기(韓邦奇, 1479~1555년)의 주장에 문제점이 있어서 이를 교정했다고 한다. 이런

42) '넘친다' 는 뜻은 다음 계절로 들어섰다는 뜻이다.

43) 리진묘중 - 양지일(離盡卯中 - 陽之溢)은 리괘는 양기가 卯中에서 극에 이르러 양기가 넘친다(溢)는 뜻이고, 감진유중 - 음지일(坎盡酉中 - 陰之溢)은 감괘는 음기가 酉中에 극에 다다라 음기가 넘친다(溢)는 뜻이다.

사례는 퇴계의 『계몽전의』가 대표적이다. 이처럼 당시 역학자들은 '언어' 나 '문자' 로 된 역리를 새로운 아이디어가 첨가된 상수학적 '도설' 로 전환하는 능력이 출중했다고 할 수 있다. 장현광과 류정원이 지닌 상당한 수준의 학문과 창의력이 후학들에게 어려운 역학 이론을 이미지로 쉽게 이해할 수 있도록 한 것이다. 그러나 아쉽게도 류원정 도서상수학에 관한 학계의 연구는 불모지나 다름없다. 『하락지요』는 도설 중심이어서 의리학 계통에서는 접근하기 어려운 연구 주제이다. 특히 『역학계몽』에 대한 심층적인 선이해가 필요하므로 다루어지지 못한 경향이 있다.

이 글에서는 『하락지요』에 나오는 51개 도설을 모두 분석할 수 없기에 난해한 도설 3개, ⑧「하락괘위협불협지도」 ⑰「선천괘기소밀지도」 ㉒「리당인감당신지도」를 골라 분석해 보았다. 이 외에 어려운 그림으로 ⑬「칠팔구육질위소장지도七八九六迭爲消長之圖」 ㉗「문왕개역복희괘도지도文王改易伏羲卦圖之圖」 ㊼「주천도일월분지도周天度日月分之圖」 등을 꼽을 수 있다.

대산 이상정(李象靖, 1711~1781)의 『대산집大山集』에 류정원의 행장이 실려있는데 역학과 관련된 글은 다음과 같다. "… 역학을 깊이 공부했고, 만년에는 여러 학자의 역설易說을 모아 비교하여 고증하고 당신의 의견을 붙여 『역해참고』 열 권을 지었다. 또 한씨의 『역학계몽의견』에 있는 여러 그림에 여전히 미비한 점이 있다고 여겨, 다시 주자의 설에 의거하고 그림을 그려 넣어 『하락지요』 한 편을 지었다. 그러나 이것을 가벼이 남에게 보이지 않았는데, 사람들이 이에 대한 가르침을 청하면 그때마다 '이것은 배우는 사람의 급선무가 아니다. 반드시 『논어』와 『맹자』 등의 쉬운 글을 가지고 열심히 읽고 깊이 공부하여 그 글의 뜻을 터득한 다음에 역을 공부하여도 늦지 않다.' 라고 했다." 이어서 "이십 세 이후로는 사서와 삼경을 열심히 읽었다. 그러면서 말하기를 '유가의 사업이 온전히 여기에 있으니, 오로지 정신을 모아 힘써 궁구하고 깊이 침잠하여 곰곰이 생각하면, 남은 미처 몰라도 스스로 즐거움으로 삼는 바가 있게 될 것이다.' 라고 했다." 이런 것으로 미루어 보면 류정원은 의리역학자임이 분명하다.

그러나 『하락지요』의 51개 도설은 조선시대에 좀처럼 보기 드문 의리학자의 도서상수학설이며, 어느 상수학자에 못지않은 세밀한 논리와 정밀한 비교 연구로 자신의 주장을 논증하고 있다. 특히 주자도 잘 모르겠다는 '갱사更思' 부분에 대해서도 도설로써 그 해결책을 제시하고 있다. 아울러 그는 대학자이면서 정약용이 높이 칭송할 정도로 부임지 백성을 잘 다스린 목민관이다. 조선시대에 류정원처럼 지방 관리로서의 업무도 완수하면서 뛰어난 학문적 업적을 남긴 인물은 찾기가 쉽지 않다.

V. 화서학파의 도서학

화서학파는 화서 이항로(華西 李恒老, 1792~1868)를 위시하여 중암 김평묵(重庵, 金平默, 1819~1888), 성재 유중교(省齋 柳重教, 1832~1893), 면암 최익현(勉菴, 崔益鉉, 1833~1906), 의암 유인석(毅菴, 柳麟錫, 1842~1915) 등으로 이어졌다.[44] 그들은 조선의 끝자락에서 주자학을 부흥시키려고 최후까지 노력한 정통 주자학도였다. 이런 화서학파를 가리켜 "역사 속에 산화해 간 주자학의 최후"(한국사상사연구회 편저, 2004, 572쪽)라고까지 했다. 주자학을 지키고 현실에 실천하기 위해 목숨을 걸었다는 말이다. 그동안 학계에서는 심설心說 · 리기론 등 그들이 주장한 주자학적 성리학과 의리학,

44) 화서학파는 '공자 - 주자 - 우암' 의 학통에, 율곡의 서인 · 기호 · 노론의 당색이지만, 主理說을 주장하여 퇴계의 학설을 수용한다. 이처럼 학문에 대해 당파에 구애되지 않는 점이 화서학파의 특색이다.

위정척사론의 발현인 한말 의병 사상과 정치사상 등에 대해 폭넓은 연구가 이루어졌다.

그러나 화서학파가 도서상수학 관련 학문적 업적이 상당하다는 사실은 크게 알려져 있지 않다. 이항로는 채침 역학에 밝았고 유중교는 소강절의 선천역학을 신봉하여 자신만의 선천학적 도설을 만들었으며, 유인석 대체로 두 사람의 학풍을 이어받았다. 그들은 채침의 상수학과 「낙서」를 중심에 두고 시대 상황에 맞도록 적절하게 변용한 '조선식 도설' 인 이른바 새로운 「구궁도九宮圖」와 「낙서대연국도洛書大衍局圖」를 제작했다. 그렇게 생성한 새로운 도설을 주자학의 보강재로 사용하는 한편 위정척사론과 항일 의병 정신의 기초 소재로도 사용했다. 나아가 「낙서대연국도」를 바탕으로 중국中國 중심의 '대일통사상大一統思想' 을 주장했다.

조선 상수학은 학자 개인의 자득으로 이루어지는 경우가 많은데 특이하게 화서학파의 도서상수학은 그 자체로 하나의 학맥을 이룰 정도이지만 현재 학계에서 화서학파의 도서상수학에 관한 연구가 부족한 실정이다. 이 글에서는 이항로 - 유중교 - 유인석으로 이어지는 화서학파의 채침 상수학과 「낙서」 중심의 도서상수학을 살펴본다.

1. 이항로의 도서학

화서학파의 '조선식 도설' 의 결정판은 「낙서대연국도」이며 이 그림의 기초 이론은 이항로의 『화서집華西集』에 들어 있다. 이항로는 채침 도서학에서 몇 가지 그림을 추려 자신의 관점으로 변용시킨다. 이를 본 유중교는 「낙서대연국도」를 만들었다. 따라서 채침 도서학을 이항로가 어떻게 변용했는지 먼저 살펴보도록 한다. 이항로는 다음 2개의 그림을 그리고 설명을 붙인다.

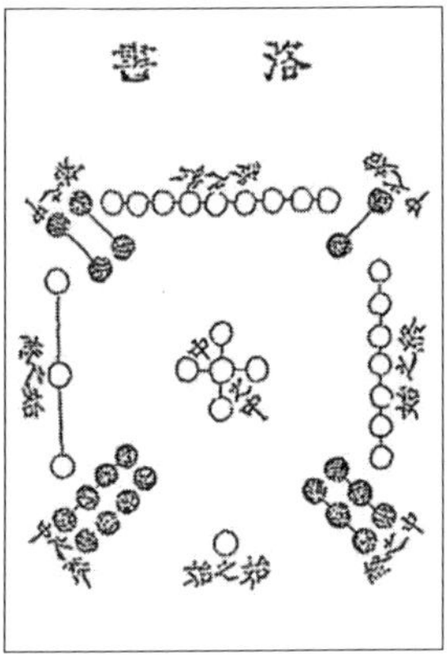

〈그림 26〉 낙서

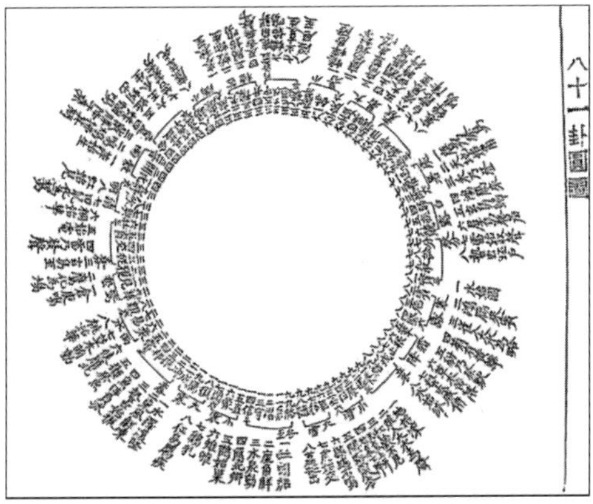

〈그림 27〉 팔십일괘원도

천지지수는 1에서 시작하고 3에서 3배하여 9에서 끝난다. 1 · 2 · 3은 수의 시작이고 4 · 5 · 6은 수의 중이고 7 · 8 · 9는 수의 끝이다. 나누어서 말하면, 1은 시작의 시작이고 2는 시작의 中〔가운데〕이고 3은 시작의 끝이다. 4는 중의 시작이고 5는 중의 중이며, 6은 중의 끝이다. 7은 끝의 시작이며 8은 끝의 중이고 9는 끝의 끝이다. 자리로서 말하자면, 시작은 하늘의 도이고 끝은 땅의 도이며 중은 사람의 도이다. … 이것은 體用一源과 顯微無間의 묘함이다. … 여기에서 한번은 順하고 한번은 逆하고 한번은 生하고 한번은 剋하여 서로 간에 시작과 끝이 되는 오묘함을 볼 수 있다. (『화서선생문집』 권20, 잡저, 洪範皇極內篇記疑)

위의 글은 이항로가 낙서수 1~9를 '시작 - 가운데 - 끝'으로 분석하여 〈그림 26〉「낙서」 그림에 그 내용을 명기한 것이다. 즉 「낙서」의 수에 다른 의미를 부여한 것이다. 1 · 2 · 3을 수의 시작, 4 · 5 · 6을 수의 중〔가운데〕, 7 · 8 · 9는 수의 끝이라 했다. 1은 시작의 시작〔始之始〕, 2는 시작의 중〔始之中〕, 3은 시작의 끝〔始之終〕이며 5는 중의 중 … 9는 끝의 끝이라 했다. 이어서 체용일원 현미무간을 논하고 음양오행의 생극과 순역을 포괄적으로 언급했다. 이는 「낙서」를 분석하여 이어지는 채침 도서학을 끌어오기 위한 마중물이다.

이항로는 이어서 도서로 채침의 『홍범황극내편』에 나오는 「구구원수도九九圓數圖」, 「구구방수도九九方數圖」, 「구구적수도九九積數圖」를 전재했다.[45] 그러나 이항로는 채침 그림을 그대로 답습한 것이 아니라 변형을 가한 것도 있는데 이어지는 〈그림 27〉 「팔십일괘원도八十一卦圓圖」가 그것이다. 이 그림은 『홍범황극내편』에 나오는 「범수지도範數地圖」(1759~1760쪽)를 변형 발전시킨 것이다. 채침의 81수를 81괘라고 하여 각각에 24절기를 배당했으며, 월령의 시후時候를 빠짐없이 병기하여 복잡하지만 종합적인 그림을 만들었다. 이항로는 이러한 그림들을 토대로 채침 점법에 나오는 9가지 길흉을 「낙서」에 빗댄 아래의 「구궁도」를 그리는 융통성을 발휘한다. 사실 이 그림의 원형은 명대 웅종립(熊宗立, 1409~1482?)의 『홍범구주수해』에 나오지만, 이항로는 그 그림을 그대로 답습하지 않고 새롭게 그린다. 이항로가 웅종립의 책이나 다른 주석서를 참고했는지는 알 수 없으나 채침의 원리에 자신의 관점을 더하여 새롭게 이론을 제시한 데 의미가 있다.

〈그림 28〉은 이항로의 「홍범황극내편기의」에 나오는 「구궁도」이다. 이 기의記疑는 『홍범황극내편』에 대한 짤막한 주석이다. 그는 그림에 대해 다음과 같이 설명한다.

> 一局은 1궁에 吉字로 시작되어 그다음은 休·祥·吝·凶·咎·災·悔로 左旋하고 平字가 中宮에 머문다. 2국은 2궁에 吉자로 시작되어 역시 그다음은 휴·상·린·흉·구·재·회로 좌선하며 평이 중궁에 머문다. 3국 이하 이와

45) 그림은 다음 장 수학 편의 최석정에서 참고할 수 있다.

〈그림 28〉 구궁도

같다. 9국은 각각 9국을 낳는다. 이것이 어머니와 자식의 국면이다. 母局이 9이고 子局이 81이다. 1국은 각각 9宮을 함유하니 모국의 궁은 729이고 자국의 궁은 6561이다.

위 내용을 이해하려면 채침의 『홍범황극내편』에 나오는 점법을 알아야 한다. 『홍범황극내편』은 그의 부친 채원정의 언명에 따라 지은 상수역학서로 『성리대전』에 실렸으며, 상학서와 수학서의 성격을 동시에 지녔다. 두 부자는 수가 만물의 근원이라는 수근본론자이다. 그들은 역학의 틀에서 수학을 논할 때 그 기제로 「낙서」를 주로 활용했다. 『홍범황극내편』은 「낙서」의 9수를 근간으로 한 3의 배수[46]를 홍범황극수로 보고 이런 수적 체계를 천지의 유행변화에 대입한다. 채침은 이런 체계를 기반으로 『주역』과 다른 새로운 점법을 발명했다. 그의 점법에는 81개의 점례〔大事에 적용〕가 있고, 81개의 점례에 각각 81개의 소점례가 발생하여 도합 6561

46) 3의 배수의 조합은 '3 - 9 - 81 - 729 - 6561' 이며 그 산식은 다음과 같다. 3×3=9, 9×9=81, 9×81=729, 81×81=6561

개의 길흉사례〔小事에 적용〕가 발생한다. 『주역』의 64괘 384효에 갈음하는 것이다. 6561개의 점례 속에 9가지의 길흉 종류가 있으니 그것은 1길吉 · 2구咎 · 3상祥 · 4린吝 · 5평平 · 6회悔 · 7재災 · 8휴休 · 9흉凶이다. 이 9가지 길흉사는 '1길-9흉', '2구-8휴', '3상-7재', '4린-6회' 의 짝으로 이루어져 「낙서」의 원리처럼 10수를 이룬다.

채침 점법을 장황하게 말하는 이유는 이항로가 「낙서」의 수 배열을 염두에 두고 채침 점법의 9가지 길흉을 기본으로 삼아 그의 도설을 그렸기 때문이다. 그는 여기서 한발 더 나아가 외8국에 중5〔平〕를 제외한 8개의 길흉을 좌선〔시계 방향 ↻〕 방향으로 순차적 배치를 함으로써 「낙서」와 채침 점법의 결합을 꾀했다. 그림을 다시 설명하면 다음과 같다. 9개의 그림〔9局〕의 길흉의 순환 순서는 1국의 경우 길吉이 1에 배치되고 「낙서」와 같이 2구 · 3상 · 4린 · 5평 · 6회 · 7재 · 8휴 · 9흉 순으로 배치된다. 그러나 2국은 길이 2번 위치에 배치되고, 휴 · 상 · 린 · 흉 · 구 · 재 · 회 순서로 좌선하고, 평이 중궁에 머문다. 3국의 경우 길이 3번에 배치되고 나머지 길흉은 같은 순서로 좌선한다. 4번 이하도 같다. 다만 5국의 경우는 길이 가운데에 있고 나머지 자리는 모두 평이다. 중궁(中宮: 五吉)과 중위(中位: 平)에 대한 예우 차원이다.

위 그림을 통해 이항로의 도서학에 대한 새로운 감각을 확인할 수 있다. 이항로의 「구궁도」는 유중교의 「낙서대연국도」의 연원이 되었지만 그 전에 2단계를 거쳤다. 앞에서 보았듯 1단계는 「낙서」의 수에 대한 별도의 의미 부여였고, 2단계는 「81괘원도」가 그것이다.[47]

47) 이항로에 대한 추가 자료는 윤용남(1984), 김형찬(1991), 장승구(1997), 이종상(2002) 논문을 참조할 수 있다.

2. 유중교의 도서학

유중교의 「하도낙서」설은 1887년에 지어졌다. 그는 송대 도서상수론 가운데 『역학계몽』에 나오는 주희 · 채원정의 이론을 자신의 관점에서 다양한 그림으로 변형해 기술하고 있는데, 그 내용이 상당히 깊이 있고 독창적이다. 유중교는 이것에 그치지 않고 자신의 『성재집』 제27~28권에는 소강절 역학을 비롯한 역학 일반론과 점서법 등을 세밀하게 논하고 있다. 그는 음악에도 조예가 깊어 『현가궤범絃歌軌範』 등을 지었다. 이로 미루어 유중교는 조선 말 학자 중에 알려지지 않는 상수학의 대가라고 할 수 있다.

유중교는 스승 이항로의 「구궁도」에 직접적인 영향을 받고 「낙서」와 「81괘원도」를 참고하여, 「낙서대연국도」란 새로운 그림을 그렸다. 「낙서대연국도」란 어떤 도서이고 '대연지국大衍之局' 이란 무엇인가. 이에 대한 유중교의 생각이 담긴 자문자답이다.

문: 大衍之局은 그 담긴 뜻은 무엇인가?

답: 살펴보면 전체 형국에서 가운데 자리는 둘씩 둘씩 상대하고, 셋씩 셋씩 열을 이룬다. 그리고 앞에서 才德이 한결같지 않다고 언급한 것도 다시 中局으로 돌아가 절충하고 바름을 취하는 이치가 있다. 한 나라의 군주는 한 나라 신민의 표준이고, 천왕은 천명을 받들어 大一統을 주관하는 자로 또한 천하 모든 제후의 표준이니, 바로 이 中局의 가운데 자리와 같다.

유중교는 '중국中局[48]으로 돌아가 절충하고 바름을 취하는 이치가 있다.' 고 하며, '천왕〔天子〕은 천명을 받들어 대일통大一統을 주관하는 자로

48) 中局은 결국 中國을 의미한다. 이는 유인석에서 더욱 분명하게 나타난다.

천하의 제후들의 표준으로 중국中國의 중中과 같다.' 라 한다. 그의 중국中局 중심의 '대일통사상' 은 화서학파에서 처음 주장하는 것으로, 유인석에게 그대로 이어져 더 정교해진다. '대일통사상' 은 유인석 편에서 논하도록 한다. 먼저 다음 그림을 보자.

두 그림은 「낙서」를 기본 틀로 놓고 팔방에 「낙서」의 수적 배열을 일정하게 변경하여 재배치한 9개 「낙서」 그림이다. 이런 형태의 그림은 장현광의 『역학도설』에서도 발견된다.[49] 〈그림 29〉가 「낙서대연국도」의 원래 모양으로 유중교의 문집 『성재집』 제29권 '강설잡고講說雜稿 - 하도낙서설' 에 실린 것이다. 〈그림 30〉은 〈그림 29〉의 이해를 돕기 위해 숫자 위주로 그린 것이다. 유중교는 〈그림 29〉 보는 법을 다음과 같이 말한다.

① 여러 국면〔9국〕에서 가운데 자리는 겹 테두리를 사용하여 구별하였고, 5는 옆에 동그라미를 그려서 구별하였다.

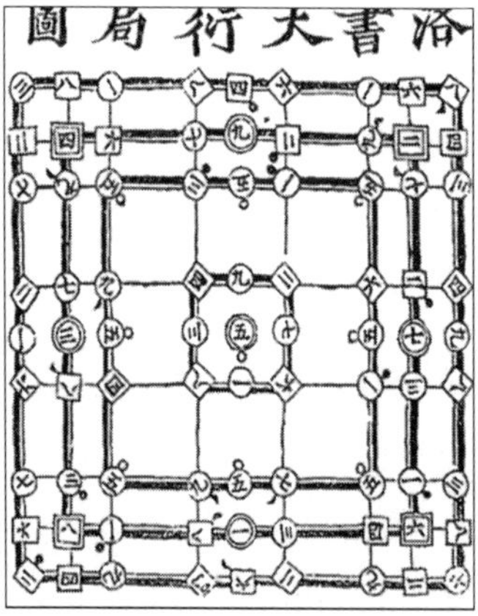

〈그림 29〉 낙서대연국도 1

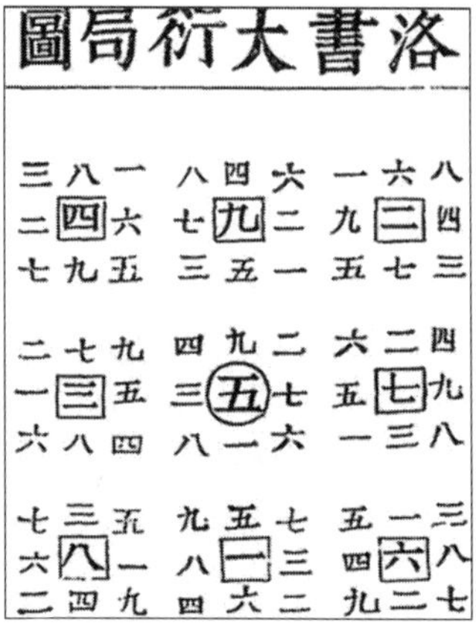

〈그림 30〉 낙서대연국도 2

49) 『역학도설』에 나오는 「八卦各具八卦圓圖」, 「八卦各成六劃八卦圓圖」와 같은 류의 그림이다.

② 전체 국면에서 중앙을 에워싼 자리가 모두 네 겹인데 굵은 선을 사용하여 연결하였고, 저절로 이루어진 자리는 사면의 네 줄이 가는 선을 사용하여 연결하였다. 중앙을 에워싼 자리는 매 宮이 서로 바라보면서 수를 계산하고, 저절로 이루어진 자리는 매 한 줄을 모아서 수를 계산한다.

③ 모든 進數는 원형의 흑점을 사용하여 표시하였는데 수를 계산할 때는 1을 10으로 만들어야 하고, 零數는 반점을 사용하여 표시하였는데 수를 계산할 때는 10을 1로 만들어야 한다.

위 설명으로는 이해하기 어렵다. 특히 ③에서 수리를 말하면서 1을 10으로 만드는 '진수進數'와 10을 1로 만드는 '영수零數'에 대한 부분은 추가 설명이 필요하다. 그림과 수리에 대한 부분으로 나누어서 고찰해 본다. 먼저 그림에 대한 개괄적인 이해가 필요하다.

가운데 중국(中局: 그림 29 · 30에서는 중5국)[50]이 원래 「낙서」이고 이를 중심으로 팔방에 외팔국(外八局: 1국~9국, 중5국 제외)이 있어서 도합 9개〔九局〕의 「낙서」로 크게 불어났다.〔大衍〕 그래서 「낙서대연국도」라 했다. 여기서 '국局'은 각각의 개별 「낙서」 그림이다. 왜 '9'까지만 불어나는가. 「하도」에서 극수極數는 10인 반면에 「낙서」에서는 9가 극수이기 때문이다. '위位'는 각국의 팔방에 위치한 1~9까지의 자리를 말한다. 동서남북으로 9국의 위(位: 外8位)를 수로 확인해 보면, 남쪽은 8 · 4 · 6 · 7 · 9 · 2 · 3 · 5 · 1이고 동쪽은 2 · 7 · 9 · 1 · 3 · 5 · 6 · 8 · 4이다. 나머지 방위와 수의 조합도 같다. 「낙서」의 9수는 천지지수와 대연지수의 영역 내에 있고, 중앙수를 기준으로 대칭되는 수의 합은 중앙수의 2배〔중5국은 10〕이고 종횡과 대각선의 세 자릿수의 합은 3배〔중5국은 15〕라는 수리적 특성이 있

50) 편의상 九局의 명칭을 가운데 숫자를 기준으로 한다. 예컨대 가운데 수가 1이면 1국, 9가 되면 9국으로 칭한다.

다. 또한 1~9의 합수와 수적 배열에서 태극 - 양의 - 사상 - 팔괘를 추연해 내고 이것이 결국 「하도」와도 상통한다고 했다.(『역학계몽』, 1012~1014쪽)

'낙서' 와 관련하여 검토해야 할 것이 있다. 이 그림에 나오는 9국이 모두 상대되는 대칭수의 합수가 중수의 2배, 종횡과 대각선의 세 자리〔3열수〕 수의 합이 중수의 3배가 되는 원칙이 지켜지는지 따져볼 필요가 있다. 이것이 지켜져야 「낙서대연국도」에서 '낙서' 라는 이름이 성립되기 때문이다. 다음의 순서로 검토한다.

① 외8국의 중앙수 1 · 2 · 3 · 4 · 6 · 7 · 8 · 9는 어떻게 이루어지는가.

→ 「낙서」의 수 1~9〔5 제외〕를 중앙수에 대입한 것이다.

② 각 국의 외8위의 수 배열은 어떻게 이루어지는가.

→ 두 가지 방법으로 점검할 수 있다. 첫째, 기준이 되는 중5국을 보면 가운데 5를 기준으로 남북의 9 · 1은 5에서 4를 가감한 수이고, 동서 3 · 7은 5에서 2를 가감한 수이며, 좌횡 4 · 6은 5에서 1을 가감한 수, 우횡 2 · 8은 5에서 3을 가감한 수이다. 각국의 외8위의 수를 확인해 보면 각국의 중수에서 상기 원칙대로 가감되었음을 알 수 있다. 둘째, 중5국의 5와 각 국의 중앙수의 차이를 중5국의 외8위의 수에 가감해 보면 알 수 있다. 예컨대, 중5국 우측의 7국인 경우 둘 사이의 차이는 +2이다. 중5국의 외8위 수에 +2를 하면 7국의 외8위의 수가 됨을 알 수 있다. 4국을 보면, 중5국의 외8위 수에 -1을 하면 4국의 외8위의 수가 된다. 그러나 가감수의 합수가 9를 초과하면 수가 변경된다.

③ 각 국의 대칭수의 합이 중수의 2배, 3열수의 합이 중수의 3배가 되는가.

→ 그렇게 되는 경우가 있다. 4국을 보면 외8위의 대칭수 3 · 5, 1 · 7, 2 · 6은 중수 4의 2배이다. 6국을 보면 5 · 7, 4 · 8, 3 · 9가 대칭으로 6의 2

배이다. 3열수의 경우 4국은 1·8·3, 1·6·5, 6·4·2, 3·4·5, 1·4·7은 중수 4의 3배가 된다. 8국의 경우, 7·8·9는 중수 8의 3배수가 된다. 이와 달리 숫자가 맞지 않는 경우가 발생한다. 예를 들어, 9국인 경우 중5국과는 +4의 차이다. 9국의 외8위에서 서북쪽의 숫자가 1이다. 중5국의 서북쪽의 수 6에서 +4를 하면 10이 되어야 한다. 그런데 1이다. 왜 그런가. 이것이 앞에서 의문을 품었지만 논의를 유보한 ③의 수리적인 부분, 즉 진수進數와 영수零數에 대한 것이다. 진수와 영수는 어떤 것인가. 이와 관련하여 유중교는 다음과 같이 말한다.

> ① 바깥 여덟 자리가 따라서 변화한다고 하는 것은 무엇을 뜻하는가? 중궁에서 수를 내리면 바깥 여덟 자리도 따라서 수를 내리고, 수가 더 이상 내려갈 수 없는 것은 그 수를 내려서〔零: 나머지〕 응하고, 중궁에서 수를 올리면 바깥 여덟 자리도 따라서 수를 올리고, 수가 더 이상 올라갈 수 없는 것은 그 수를 올려서〔進: 10집법〕 응한다. 그러므로 1과 10은 서로 통한다는 법칙을 사용하여 계산하면 전체 국면의 바깥 여덟 자리는 둘씩 둘씩 상대하고, 셋씩 셋씩 열을 이루는 것은 모두 화합하고 절충해서 중궁의 수를 따라 한결같이 가운데 5가 형국을 바로잡는 예와 같다. 零數와 進數 그리고 1과 10이 서로 통하는 법칙은 지극히 묘한 이치가 있다.
>
> ② 예컨대 가운데가 4인 형국의 여러 자리는 모두 한 등급을 내렸는데 오직 一位에서는 수를 더하여 9가 되었지만, 이것은 수를 더한 것이 아니다. 1은 더 이상 내려갈 수 없으므로, 그 1을 10으로 나누어서 1을 내려 9를 남게 했을 뿐이다. 그렇다면 여기서는 내린 것이나 남아 있는 것은 모두 零數이다. 영수의 1을 내린 것은 여러 자리에서 본래 수 1을 내린 것과 비례한다. 이것이 이른바 그 수를 내려서 응한다는 것이다.
>
> ③ 예컨대 가운데가 6인 형국은 여러 자리가 모두 한 등급을 올렸으나 오직 九

位만은 수가 줄어 1이 되었는데 이것은 수가 준 것이 아니라 9는 더 이상 올릴 수 없기에 1을 올려 10으로 만들고 10이 함유된 1이 된 것이다. 그렇다면 이 자리의 1은 바로 진수이다. 진수의 1은 本數 1과 계산은 같지만, 내용은 다르니 이른바 그 수를 올려 응했다는 것이다.

유중교는 윗글에서 1과 10이 상통한다는 법칙이 있다고 했다. 외8국에서 중국 5에 더한 수가 9를 초과하면 10을 1로 보고 진수進數라 하고, 뺀 수가 1 이하로 내려가면 1을 10으로 보고 10에서 뺀 수를 영수零數라고 했다. 그는 진수와 영수를 도입하여 「낙서대연국도」의 수리적 구조도 1과 9를 경계로 수를 올리고 내려서 각 국의 수가 둘씩은 중수의 2배, 셋씩 3열로는 3배가 되는 「낙서」의 수리적 기본 원칙이 지켜짐을 말하고 있다.

이를 다시 부연하면, 대칭수의 합이 9를 초과하여 10이 되면 1로 본다는 것이다. 일종의 9진법의 변형이라 할 수 있다. 「낙서」에서 극수는 9에서 끝나고 10이란 숫자는 존재하지 않기 때문이다. 따라서 합수가 9를 초과하면 다시 1・2・3…으로 변동되는 것이다. 만약 합수가 10이면 1, 11(10+1)이면 2, 12(10+2)면 3, 13(10+3)이면 4가 되는 식이다. 즉 「낙서」의 수는 1~9까지만 존재하므로 9 이상부터는 순차적으로 다시 1~9의 수가 다시 주어지는 것이다. 유중교는 말하지 않았지만 합수가 9인 경우, 9를 0으로 보고 셈해도 같은 결과가 나온다. 즉 합수가 9이면 0, 10이면 1, 11이면 2, 12면 3 …, 이러한 방식인 것이다. 예를 들면, 4국 하단 남쪽의 9는 중5국의 하단 남쪽의 1에서 -1을 한 경우이며, 역시 4국의 중수4에서 4를 뺀 수이기도 하다. 유중교의 계산으로 보면, 앞엣것은 1은 10이므로 10-1=9, 뒤엣것은 (10+3)-4=9이다. 필자의 셈법은 4-4=0, 0=9이다.

다음은 3열수의 합이 중수의 3배라는 원칙을 점검해 보자. 4국의 남북 3열수는 8・4・9이다. 단순 합산하면 8+4+9=21로 중수 4의 5배가 넘는다. 1을 10으로 보면 2(10+10=2)+1=3으로 4에도 미치지 못한다. 유중교는 아마 8+4+9(10-1=9)에서 10은 1이니 8+4+(1-1)=12로 생각했을 것이다. 그러나 9를 0으로 보면 8+4+0=12로 4의 3배수가 된다. 하단 3열수 7 · 9 · 5도 단순 합산하면 21이다. 그러나 9를 0으로 보면 7+0+5=12로 4의 3배수가 된다. 또 하나 예로 1국을 보자. 1국의 동남쪽 9는 중5국의 동남쪽 4에서 -4를 한 수이자 1국의 중수 1에서 -4를 한 수이다. 계산해 보면, 4(10+3)-4=9와 1(10)-1=9이다. 이것이 유중교의 계산법인데 4에서 10+3을 도출하는 것이 어색하다. 그런데 9=0을 사용하면 4-4=0, 0=9, 1-1=0, 0=9이 된다. 3열수를 보면, 상단 9 · 5 · 7은 합수가 9+5+7=21. 2(10+10)+1=3이고 9를 0으로 보면 0+5+7=12. 12=10(1)+2=3 중수 1의 3배이다. 하단 4 · 6 · 2의 합수는 12이며 우측 7 · 3 · 2의 합수도 12, 좌측 9 · 8 · 4는 0+8+4=12이고 12는 3이므로 중수 1의 3배이다. 이처럼 합수 9를 0으로 보면 간단명료하다.

그러나 9가 0과 10의 경계에 있지 않은 경우 9는 그대로 9이다. 예를 들면 8국의 서북쪽 9는 중5국 서북쪽 6에 3이 더해지고, 8국의 중수 8에서 1이 더해져 자연적으로 9가 생긴 경우로, 10과 0의 경계에 있지 않다. 그래서 이 경우는 9=0이 아닌 점을 주의해야 한다. 이상에서 9국의 대칭수의 합이 중수의 2배, 3열수의 합이 중수의 3배가 된다는 점을 확인했고 유중교의 수리 부분이 정교함을 알았다.

「낙서」를 이같이 변형하여 다양한 수학적, 기하학적 아이디어를 제공한 사례는 조선시대에 흔치 않지만, 「낙서」의 수적 구조를 마방진의 원리에 대입하여 현대 정보통신에 기여한 학자도 있다. 다음 장에서 살펴볼 최석정의 『구수략』이 그것이다. 이처럼 상수학은 간학적 속성을 가져서 인접 학문과 발전적 융합을 이룬 측면이 있다. 다만 유중교의 경우 「낙서대연국도」의 긍정적인 면과 별개로 중국(中局=中國) 중심의 대일통사상은 개인의 사상적 한계이자 시대적 한계라 할 수 있다.

3. 유인석의 도서학

유인석의 도서학은 기본적으로 유중교의 도서상수학을 수용한 것이다. 거기에 '대일통사상' 등을 더하여 화서학파의 도서학과 사상적 구도를 완성하려고 했다. 그의 도서학과 철학 사상은 『우주문답宇宙問答』[51]에 담겨있다. 『우주문답』은 유인석이 본 20세기 전후 동서양의 문명충돌에 관한 내용이다. 이 책에서 상수학 이론은 그리 많지 않지만 소강절 원회운세론, 원형이정, 박괘와 복괘, 끝부분에 나오는 「낙서」 이론 등이 실려 있다.

이 중에서 원회운세론과 「낙서」 이론은 분량에 비해 책에서 차지하는 비중이 가볍지 않다. 유인석은 중국中國과 조선의 전반적인 운세를 알고 싶어서 소강절의 원회운세론을 거론했다. 「낙서」 이론은 자신의 두 가지 핵심 사상인 '중화 사상中華思想'과 '대일통사상'의 상수학적 기반 이론이기 때문에 책의 말미에 결론 삼아 논했다. 그의 「낙서」 이론은 '낙서대연국도'에 근원을 두고 있다. 이 그림은 앞에서 보았듯 자신의 창작이 아니고 화서학파와 송역宋易에 먼 연원이 있고 직접적으로는 유중교에 있다. 유인석은 유중교의 그림에 자신의 사상을 입힌다.

먼저 「낙서대연국도」에 대한 유인석의 생각을 살펴보자. 그는 자신이 주장하는 중국中國 중심의 '대일통(大一統: 크게 하나로 통일) 사상'의 역학적 근거를 「낙서」 이론과 '「낙서대연국도」에서 찾는다. '대일통사상'에

---

51) 『우주문답』은 (사)의암 유인석선생 기념사업회에서 번역서를 편찬했다. 유인석 저, 서준섭 외 3명 옮김, 『유인석의 20세기 문명충돌 이야기 宇宙問答』, 강원도민일보사, 2002. 『우주문답』 본문 내용은 번역서를 인용한다.

「낙서」 이론이 어떤 역할을 하는가. 그는 『우주문답』(번역서 34쪽)에서 다음과 같이 말한다.

> 中國의 제왕은 개벽 이래 대일통의 규범을 세웠다. 중국이 외국을 통괄하고, 하나가 만을 통제함은 변할 수 없는 정해진 이치이다. 그러므로 하늘이 정해진 이치로 낙수에서 책〔「낙서」〕을 내었고 홍범구주를 만들어 가운데 5〔中五〕로 황극을 삼으니 반드시 中國에게 (「낙서」를) 주었다.

위의 글은 중국中國이 전 세계를 통치한다는 '대일통사상' 을 말한 것이다. 이 사상은 불변의 규범이자 하늘이 정해준 이치〔天命〕이니 하늘이 「낙서」를 중국에 주었다는 것이다. 「낙서」는 일종의 '대일통사상' 의 징표이자 보증서인 셈이다. 유중교는 표면적으로 중국中局을 말했지만, 유인석은 바로 중국中國을 말하는 점이 둘 사이의 차이점이라 할 수 있다. 유인석은 중국中國이 이것을 받을 자격이 있다고 말한다.(번역서 164쪽)

> 하늘이 「낙서」를 내어서 오직 中國에게 주었는데, 그 이유는 중국이 천지의 正中을 얻어서 만국을 통치할 수 있기 때문이다.

중국이 천하의 정중正中을 얻어 만국을 다스릴 수 있기에 하늘이 「낙서」를 주었다는 것이다. 앞에서 중국이 중5의 황극에 있다고 한 것과 같은 맥락이다. 이는 단순히 중국이란 국가의 위치만 말하는 것이 아니라 국격과 국위 등을 감안한 표현이다. 그는 또 말한다.

> 「낙서」의 아홉 자리〔九位〕에서 5가 가운데 특별히 서서 밖의 세력을 통괄한다. 1·2·3·4·6·7·8·9의 8위가 밖에 둘러서서 중앙을 받치는 형세가 있

다. 이는 천왕이 천하를 바르게 하고 천하는 천왕을 추대하는 형상이다.

위에서 그는 「낙서」의 중5와 나머지 8위와의 관계를 중국과 주변국의 관계로 보며, 주변국이 중국의 천자를 추대하는 형상을 중5로 설명하고 있다. 중5에 대해 그는 중국 국호國號와도 연결하여 아래와 같이 말한다.

> (「낙서」)5에서 그 절충하는 것이 이와 같은 것은 군주가 大中의 덕으로 지극한 中의 자리에 있어 만백성과 百官이 모두 하나의 덕에 돌아가는 형상이다. 그러므로 洪範九疇에서 황극이 中에 자리잡아 치우침 없이 지극함으로 돌아간다. 이것이 中國이 中國이 되는 까닭이고 존중받는 이유이다.

「낙서」의 수의 조합이 중5에서 알맞게 조절되는 것은 중국의 군주가 지극한 대중의 덕이 있어 만백성과 백관이 그 덕으로 귀일하는 것을 상징한다. 그것은 홍범구주에서 중앙 황극이 치우침 없이 중심을 잡아 그 지극함으로 돌아가는 것과 같다고 했다. 그것이 바로 중국이 중국이 되는 이유이자 만국이 존중하는 대상이 된다고 했다.

「낙서」를 원래의 모습에서 발전적이고 확장된 모습으로 제시된 것이 '낙서대연국도' 이다. 이는 「낙서」를 원래의 의미에서 복합적, 중층적인 새로운 의미로 재건했다는 것이다. 유인석은 자신의 '중화사상' 과 '대일통론' 을 다음과 같이 논한다.(번역서 165쪽)

> 中〔中局〕이 바깥〔8局〕을 제어하고 바깥은 중을 호위하며 서로 마주하여 대열을 이룬다. 모두 中局의 법칙을 본받아 바깥의 전체 局이 통제된다. … 中局처럼 바깥 8국의 5도 모두 머리를 中局으로 향하고 있으니 이는 바깥 8국의 각 나라들의 나라됨이 비록 차이가 있고 고르지 않으나 모두 「낙서」의 법칙을 취

하여 中國에 절충하여 그 범위를 벗어나지 않았다. 총명하고 덕이 있는 자는 특히 중국을 존중하여 기쁘게 돌아가니 '中을 행하여 홀로 돌아감'(復卦 六四爻)이 되는 상이 있고, 또한 온 나라를 이끌어 모이게 함에 도달하니 '고기를 꿰어 궁인의 사랑으로써 한다.(剝卦 六五爻)'는 상이 된다.

위 인용문은 「낙서대연국도」의 전체 9국의 구조를 설명하고 있다. 앞에서 보았듯이 「낙서」의 수리적 특성이 '절충'이라는 소재로 9국 전체에 일관하고 있음을 언급하고, 중국의 외국과의 관계가 연결 및 통제 장치 아래 있음을 말하고 있다. 또 9국 전체가 '중5'에 머리를 두고 있음은 외국이 중국에 귀의함을 뜻한다고 하면서, 이를 『주역』 복괘復卦의 육사효인 '중행독복中行獨復'과 박괘剝卦의 육오효의 효사인 '관어이궁인총貫魚以宮人寵'을 인용하여 자신의 논지를 강화하고 있다. 계속해서 말한다.(번역서 165쪽)

이런 관점에서 보자면, 오직 中國만 皇極을 세워 '大一統'을 이룬다. 이미 중국에서 황극이 건립되어 대일통으로 외국을 하나로 만들면 외국이 황극에 모이지 않을 수 없다. 하늘이 洛水의 거북 등에서 「낙서」를 제출하여 특별히 중국에 수여하니 그 속에 무한한 이치와 상징이 구비된 것이 어찌 우연이겠는가! 중국이 대일통을 이루어 세계를 하나로 정하는 것이 확연한 이치임은 이것으로 크게 징험할 수 있다.

위에서 중국이 대일통을 이루어 세계를 하나로 묶는 역할을 하게 된다는 것을 강조한다. 중국만이 세계의 중심인 황극〔至中〕을 세웠기에 세계는 황극으로 모이지 않을 수 없다는 것이다. 그것은 하늘이 대일통의 무한한 이치와 상징을 지닌 「낙서」를 중국에게 주었기 때문이고, 따라서 중국은 세계의 대일통을 이루어 문명충돌에서 승리할 것이라는 의미이다. 유인석은 이상의 내용이 중요하다고 생각하여, 「낙서대연국도」에서 다시 네 가지 상징〔象〕을 추출하여 그림의 의의를 강조한다.

> 全局을 통틀어서 살펴보면, 그 지극한 이치가 무궁하니 그 큰 법칙을 보면 네 가지가 있다.
>
> ① 5가 中局의 가운데〔中〕에 머물면서 바깥의 여덟 자리〔外八位〕와 바깥의 8국〔外八局〕을 통괄한다. 곧 中國이 황극을 건립함에 있어 중국과 외국을 통괄하여 '대일통'의 象이 되는 것이다.
>
> ② 바깥 8국은 모두 가운데 자리〔中位〕가 있어서 그 바깥의 여덟 자리를 통괄하니, 곧 바깥의 각 나라 모두 군장이 있어서 그 나라의 주인이 되는 象이다.
>
> ③ 全局을 통틀어 모두 서로 마주하여 2×5=10이 되고 중국의 중5의 절충을 얻었으니 즉 천지 공간을 들어 어떤 나라 어떤 사람도 중국의 천왕에 귀의하여 복종하지 않음이 없는 象이다.
>
> ④ 바깥 8局의 5는 모두 머리를 中局을 향해 모이니 '중행독복(中行獨復: 中을 행하여 홀로 돌아감)'의 象이다.

그는 이어서 "이 네 가지는 대의로서 하늘이 저절로 정한 법칙이니 어기거나 바뀔 수 없다.(此四者大義, 天然定則, 有不可違易)" 고 하면서 다음과 같이 쐐기를 박는다.(번역서 166~167쪽)

> 만약 中國에 帝位가 없다면 중국이 아니다. 비록 외국이라도 君長이 없다면 이른바 나라가 아니다. 천지 공간을 통틀어 어떤 나라 어떤 사람도 중국에 복종하지 않는 것은 바로 하늘을 거역하는 것이다. 선비가 되어 중국을 사모하지 않으면 이른바 선비가 아니다. 이 이치는 지극히 올바르고 이 의리는 지극히

엄하며 여기에는 순응함이 있다. 천지가 제자리를 잡아 만물이 얻는 것에 거역함이 있으면 하늘은 붕괴되고 만물이 어그러져 멸망한다. 오호라 그 위풍 있는 자가 있을 것이다. 이 이치와 의리로 하여금 순응하고 거역함이 없도록 하는 것은 모두 중국이 황제를 건립하여 지극해야 함에 있을 뿐이다.

윗글에서 유인석은 「낙서대연국도」에서 추출한 네 가지 큰 의의가 실현되려면 대일통사상의 핵심처인 중국中國이 제자리를 잡아야 하고〔天地定位: 尊中華〕, 모든 나라와 사람들은 중국에 복종해야 함을 역설하고 있다.

그러나 그의 주장에서 조선 말 보수주의 학자의 한계와 과불급을 여실히 목도할 수 있다. 주변 정세에 어두운 '불급不及'과 세계가 중국 중심이라는 지나친 '중국 의존적 자세'의 '과過'가 바로 그것이다. 목숨을 건 항일 투쟁이 독립이 아닌, 중국의 세력 아래 들어가기 위한 것인가라는 의구심이 들지 않을 수 없다. 또 한편으로 시대 말 사상이 맹위를 떨치는 절망적인 시국에서 사상적 중심을 바로잡으려는 의도라고 생각되기도 한다. 이것은 원회운세가 조선에 희망적으로 작동된다고 견강부회하는 그의 태도에서 드러난다. 유인석의 학자적 한계가 엿보이는 부분이지만, 전국의 의병대원들과 백성들에게 희망을 주고자 하는 것이기에 그의 입장이 이해되기도 하다.

【 해제 】

'이항로 - 유중교 - 유인석'으로 이어지는 화서학파의 도서상수학 내면에 흐르는 핵심 사상은 '중화사상'과 '대일통사상'이고 그 근저에는 주자학이 자리잡고 있다. 그들의 사상이 집약적으로 표출된 책이 유인석의

『우주문답』이고, 그 속에는 '문명충돌' 에 대한 논의가 담겨있다. '문명충돌' 의 구체적 내용은 무엇인가. 그것은 유학과 서학의 충돌, 보수와 진보의 대립, 동양과 서양의 전쟁, 전통사상과 근현대 사상의 반목, 강대국과 약소국의 투쟁, 이념과 실질의 상충 등이다. 이런 충돌과 약탈의 틈바구니에 끼어있는 조선조 마지막 주자학자들의 선택은 전통사상의 강화와 중국 추종이었다.

유인석은 청나라가 망하고 조선이 일본에 병탄되는 것을 목도하고 천지의 운세가 궁금해졌다. 지금이 강절이 말하는 천지가 닫히는 때가 아닐까 하는 우려와 아직 때가 오지 않았을 것이라는 기대를 함께 가지고 원회운세론을 언급했다. 그는 원회운세론의 수리적 내용을 잘 알면서도 애써 이론을 달리 적용하여 당시의 암울한 운세가 결코 절망적이지 않다는 것을 말하려 했다. 즉 천지시종의 기간이 129,600년이지만 이와 달리 세차운동 기간 26,000년을 언급하면서 조선의 운세를 빗대었고, 10,800년을 초 · 중 · 종으로 3분하여 절망의 시간만 있는 것이 아니라 희망도 있음을 시사한 것이다.

화서학파 핵심 사상의 하나인 '중화사상' 에 대해, 『주역』 64괘 중 박괘 다음은 만물이 회복되는 복괘임을 말한다. 조선 소중화의 패망을 상징하는 괘는 박괘이고, 그다음은 중국의 부활과 대중화를 상징하는 복괘가 되며, 그 복괘에서 소중화 조선도 회복될 것이라는 희망을 '중화사상' 에 실어서 말한다.

이항로와 유중교 등 화서학파의 또 하나 핵심 사상인 '대일통사상' 은 「낙서대연국도」에 잘 드러나 있다. 여기에서 말하고자 하는 최종 목표는 중국中國 중심의 세계통일이다. 다른 말로 하면 '대일통' 즉 '중국 하나로 통일' 되는 대중화사상이다. 이를 나타내기 위해 11세기 송대 도서상수학에서 「낙서」와 채침 이론을 가져왔고, 20세기 조선의 관점에서 확장하고 변경한 「낙서대연국도」를 만든 것이다. 이것이 화서학파 특유의 도서학이라고 평가할 수 있다. 특히 이 그림이 화서학파에 연원이 있다는 점을 고려하면 「낙서대연국도」로 표상되는 '대일통사상' 은 조선 말의 주자학적 사상과 일체를 이루어 화서학파 전체의 정신적 표상이라 할 수 있다. 이것을 지탱하는 철학적 논리가 화서학파의 도서상수학이라 할 수 있다. 도서상수학이 이처럼 시대사상의 내면적 근거가 되는 사례는 화서학파에서 확연히 드러나고 이 또한 조선의 다른 학파에서 보기 드문 사례라고 할 수 있다.

제2장

수학

I. 서경덕의 『성음해』와 『황극경세수해』

서경덕(徐敬德, 1489~1546)은 조선 전기 성리학자로 조선 유학사에서 특이한 인물이다. 호는 화담花潭, 시호는 문강文康으로, 평생 벼슬을 사양하고 개성 화담에 서재를 세우고 연구와 교육에만 몰두했으며, 사후 우의정으로 추증되었다. 그는 정자와 주자를 존숭하는 당시 성리학계에서 비주류였던 소강절 역학을 신봉했다. 장재(張載, 1020 ~1077)의 태허설太虛說과 기학氣學에도 정통했으며 불교와 노장에도 어느 정도 열린 자세를 취했다. 따라서 그의 학풍은 성리학이되 주류 성리학과 결이 달라서 학문적 평가에는 비판과 찬사가 함께 했다. 비판적 입장은 퇴계 이황, 우암 송시열 등 쟁쟁한 실권자였다.[52] 영남과 기호로 양분된 당시 성리학적 지형에서 개경 출신이란 점, 후학들의 약세, 비주류 학문을 한다는 점 등 복합적

52) 퇴계가 서경덕을 수용하지 않은 이유는 '이단의 학문과 근사하다' 고 여겼기 때문이다.(이식, 『택당집』 별집, 권15 추록 참조) 우암 송시열도 '돈오의 첩경에 흐르는 폐단'을 지적했다.(한상윤 지음, 이형성 교주, 『조선유학사』, 심산, 2010, 110~111쪽 참조)

환경이 비판적 평가의 요인이 되었을 것이다.

조선 초기 학자들은 소강절의 선천역학이 유학의 본령에서 이탈했다고 여겨 탐탁지 않게 생각하는 경향이 있었다. 도가와 술수의 혐의가 있고, 경문의 근거가 취약한 역외별전적 역학이라는 사실과 수학에 집중한 점 때문이었다. 그러나 서경덕은 달랐다. 선천역학에서 역학의 근원을 발견했고 소강절이 말하는 '리'와 '수'를 통해 천리의 근본을 깨달았다. 따라서 서경덕은 조선의 소강절 역학 제1세대라 할 수 있다.

조선의 역학적 수학은 서경덕에서 시작한다.[53] 그는 소강절의 성음창화론聲音唱和論을 주해한 『성음해聲音解』와 수학을 주해한 『황극경세수해皇極經世數解』를 지었기 때문이다. 성음창화론은 음운론과 수학으로 구성되어 있다. 순수한 성음창화는 음운론이지만 거기에 담긴 성음창화수는 수학이다. 이런 이유로 보통 성음창화론이라고 하면 수학이 당연히 포함되어 있다. 서경덕의 수학은 성음창화수와 황극경세수로 이루어졌고 황극경세수 속에 원회운세수와 「선천도」 및 천문역수天文曆數 등이 들어 있다.

1. 『성음해』와 만물의 수

1) 성음창화 개괄

서경덕은 성음창화론에서 성음창화수를 기초로 하여 먼저 자신의 수

53) 서경덕 학문을 수학에 결부시키는 것에 반론도 있다. 대표적으로 『화담선생문집』 重刊序를 쓴 윤숙(1734~1797)이다. 그는 "서경덕의 『황극경세수해』나 『성음해』를 가지고 수학과 연결하는 것은 그의 학문을 조금 아는 것이거나 모르는 것이다."라 했다. (서근식, 2014, 178~179쪽.) 이는 서경덕이 수학뿐만 아니라 다른 학문에도 해박한 지식을 가지고 있다는 점을 강조하기 위한 수사로 보인다. 서경덕은 소강절을 통해 역학과 수학에 정통했음은 분명하다.

학을 풀어간다. 그래서 책명을 『성음해』라 했으며 황극경세수는 다음으로 이어진다. '성음창화' 란 성聲이 부르면〔唱〕 음音이 화답하고〔和〕, 음이 부르면 성이 화답한다는 뜻이다. 유념해야 할 것은 소강절과 서경덕 모두 성음론적 수학이 그들 수학의 기본이라는 점이다.

'창화' 의 대상은 음양강유의 체수 10과 12 및 체수의 진퇴에 따라 생성된 용수이다. 체용수를 기초로 변수와 화수, 동물수와 식물수를 계산하고 이 둘을 다시 곱하여〔再唱和〕 나온 수를 동식물의 통변수通變數라 하여, 이 수를 만물의 수에 빗대어 '성음창화수' 라고 이름한 것이다. 이는 소강절이 주창한 것으로 소리의 수를 계산하여 동식물의 수를 추산하고 이를 바탕으로 만물의 총수를 구하는 수학적 알고리즘이다.

성음창화수는 조선 상수학의 기본 요소로 자연학인 수학과 상학에서부터 인문학인 음운론에 걸쳐 있어서 이에 대한 선이해가 필수적이다. 신흠 부분에서 '만물동식지수' 와 '천지사상체용수' 등을 살펴보았지만, 소강절 수학의 요점과 성음창화수에 대해 다시 한번 살펴보자. 소강절 수학은 난해하여 여러 학자가 주석을 냈고 대표적으로 그의 아들인 소백온과 후학인 채원정을 들 수 있지만 청대 왕식(王植, 1681~1766)이 송·원·명대의 주석을 총망라하여 아래와 같이 그 요점을 밝혔다.

① 「관물내편」에는 음양태소의 체수 양 10, 음 12이고, 강유태소의 체수 강 10, 유 12로 서로 互相進退하여 양강의 체수 160, 음유의 체수 192와 양강의 용수 112, 음유의 용수 152를 말했으며, 성음창화편에서 말하는 만물의 수[54]

54) 태양·태강·소양·소강의 용수 112로 태음·태유·소음·소유의 용수 152를 부른(唱) 것이 일월성신의 變數이고, 태음·태유·소음·소유의 용수 152로 태양·태강·소양·소강의 용수 112에 화답한(和) 것이 일월성신의 化數이다. 일월성신의 변수〔17,024: 112×152〕가 動數이고 수화토석의 변수〔17,024: 152×112〕가 植數이다. 再唱和한 일월성신과 수화토석의 변화통수 289,816,576〔17,024×17,024〕를 動植의

는 여기에 연유된 것이다.

② 「관물외편」에는 체4용3설이 있고, 체수의 策數, 체수의 용수, 용수의 책수, 용수의 용수, 實用의 수, 生物의 수를 말하여 복잡하고 하나가 아니다. 내외편의 두 수론이 합해져서 강절의 수학이 이루어진다.

③ 소강절의 성음창화론은 모두 가일배법과 사부법의 구조를 가지고 있다. 즉 聲1이 翕闢2로, 音1이 淸濁2로 나뉘고, 성1 - 흡벽2는 평상거입의 4로, 음1 - 청탁2는 개발수폐의 4로 가일배된다. 이 법칙이 4계절과 짝해서 그림 16 · 소리 20 · 음 24로 되는데 이 모두 '4'를 기본수로 연산해 간다.

왕식은 먼저 관물내편과 관물외편의 수론에 대해 정의하고, 소강절 수학을 논하는데 ① 가일배법 ② 사부법〔四府法: 四象論, 4 · 16 중시〕 ③ 체4 · 용3론 ④ 극수〔極數:10 · 12〕 사용 ⑤ 체용론을 수칙화數則化한 체용수 · 변화수 · 통수 등이 구성요소라고 했다. 이것으로 소강절이 천지체용수 · 대연경세수 · 성음창화수 · 원회운세수 등을 귀납해 낸다는 것이다. 이처럼 성음창화수는 가일배법과 사부법, 체수와 용수 등으로 이루어졌음을 알 수 있다.

여기서 의문이 든다. 소강절은 왜 '성음수(聲音數: 소리의 수)'에 집착하는가. 그는 수로 리를 알 수 있다는 입장으로, 만물의 수를 통해 만물의 이치를 알 수 있다고 했다. 만물의 수는 어떻게 구하는가. 만물이 내는 소리의 수를 추산하면 된다는 데 착안했다. 왜 성음수인가. 세상에 존재하는 만물이 지닌 '성색기미聲色氣味' 중에서 '소리〔聲〕'가 가장 두드러지기 때문이며, 따라서 '성음의 이치를 안 뒤에 만물의 이치를 알 수 있다'라고 했다.(『황극경세서』, 640쪽) 소강절의 성음론은 부친인 소고(邵古, 989~1067)

通變이라 한다. 이에 대해 신흠 부분을 참고하기 바란다.

로부터 배운 음운학적 부분과 자득한 수학적 부분으로 이루어졌다. 수학적 부분이 바로 성음창화수로 전형적인 소강절의 '성음론적 수학' 이며 이는 '역학적 수학' [55]의 하나이다.

성음론적 수학을 조선에 처음 소개하고 자세하게 기술한 사람이 서경덕이다. 그는 『성음해』에서 다음과 같이 말한다.

> 시간과 사물에는 해당되는 數〔有數〕가 존재한다. 사물에는 聲色氣味가 있는데 소리〔聲〕의 수가 가장 왕성하다. 그러므로 邵子는 음양강유의 大小數를 궁구하고, 근본에 근원하여 체를 미루어 용에 다다르고, 용이 이르면 체수는 물러나고 본수는 감추어진다. 天의 용수 112, 地의 용수 152인데 여기에 正聲 正音의 자모를 미루고 배열하여 그림을 만들었다. 聲에는 높낮이가 있으니 평성·상성·거성·입성으로 구분하고 벽성·흡성〔입의 열고 닫음〕이 이에 따르며, 音에는 굴신〔혀의 굽히고 폄〕이 있으니 開音·發音·收音·閉音로 구분하고 淸音·濁音이 따른다.

서경덕은 소강절의 말을 빌려 소리의 중요성 및 천지사상의 본수·용수·체용수와 작용상의 관계에 대해 설명하고, 소리의 높낮이와 음의 굴신에 대해 부연하고 있다.

그는 다음 쪽에 수록된 「정성도(正聲圖: 그림은 『황극경세서』, 635~638쪽)」 첫 장의 글자 수가 '7' 자〔多良千刀妻宮心〕이고 「정음도正音圖」는 '9' 자〔古黑安夫卜東乃走思〕인 이유에 대해 자문자답 형식으로 해명하고 있다.

---

55) '역학적 수학' 은 「易傳」에 나오는 천지지수, 대연지수, 삼천양지론, 설시법의 수, 卦爻數 등과 四象數, 河洛數, 원회운세수, 성음창화수, 律呂數, 天地陰陽剛柔體用數 등을 들 수 있다.

聲의 수가 7에 그치고 音의 수가 9에 그치는 것은 무엇 때문인가. 天의 용수는 항상 6에서 차고 7에서 극에 이르니 하늘의 별에서 밝게 볼 수 있는 것은 북두칠성으로 7에 그치고 낮과 밤의 수도 7을 넘으면 변한다. 地의 용수는 항상 9에 그치므로 寅月에 開物하고 戌月에 閉物한다. 亥子丑 3개월은 용수가 되지 못하니 9에서 끝에 이르러 변화를 다한다. 이것이 성은 부득불 7聲調로 배열되지 않을 수 없고 음은 부득불 9音調로 배열하지 않을 수 없었다. 음은 부득불 9音調로 나누지 않을 수 없는데 성을 늘려서 83자에 이르고 음은 늘려서 132자에 이르러 聲音의 자모의 수를 한데 모으면 215로 변화의 요점을 모두 묶은 것이다. 비록 289,816,576수〔변화통수=성음총수〕가 글자의 變이라도 모두 이 범위를 벗어나지 못하니 이로써 성음의 근본을 취합하여 그 요점을 기재할 뿐이다.

서경덕은 성〔聲: 天 · 陽〕을 하늘에 밝게 보이는 북두칠성〔7〕에 비유하고, 하루 12시간에서 6시간의 낮이 지나면 7시간째부터 밤이 되는 것에 착안하여, '7' 이라는 수가 성聲의 영역에서 극수極數가 된다고 주장한다. 음〔音: 地 · 陰〕은 9에서 멈춘다고 했는데, 원회운세 1원 · 12회 가운데 만물이 열리는 개물의 시기인 인월 · 인회부터 만물이 닫히는 술월 · 술회까지 9개월〔9〕을 여기에 비유하면서, 해자축 3개월은 한겨울로 무생물의 시기로 수를 쓸 수 없다〔不用數〕고 설명하고 있다.[56] 이어서 성에 유성유자有聲有字 83자, 음에 유음유자有音有字가 132자[57]가 있어, 합 215글자는 실제 사용하는 글자로서, 이로부터 총 성음수 289,816,576자까지 연역할

56) 「관물외편」에 이와 관련된 구절이 있다. ① "天有四時, 一時四月, 一月四十日, 四四十六, 各去其一, 是以一時三月, 一月三十日也. 四時, 體數也. 三月,三十日, 用數也. 體雖具四, 而其一常不用也, 故用者止於三而極於九也. 體數常偶, 故有四有十二. 用數常奇, 故有三有九." ② "正音律數, 行至於七而止者, 以夏至之日出於寅而入於戌, 亥子丑三時, … 故生物之數亦然, 非數之不行也, 有數而不見也."

57) 유성유자 83자와 유음유자 132자는 「정성도」와 「정음도」의 순수 글자 수이다.

수 있다고 한다.

다음에 나오는 「정성도」와 「정음도」 두 개의 도표[58]와 10성 16도와 12음 16도[59]는 『황극경세서』 603~638쪽에 수록된 「성음창화도」를 보기 쉽게 재구성한 것이다. 소강절의 「성음창화도」는 '경세사상체용지수도(萬物之數)' 란 이름으로 채원정이 소강절의 성음론과 성음수론을 결합하여 만든 것이다. 단, 「성음창화도」란 명칭 자체는 『황극경세서』에 나오지 않지만, 일반적으로 채원정이 그린 '경세사상체용지수도(萬物之數)' 와 소강절의 「성음창화도」를 같은 뜻으로 보고 있다.[60] 표를 통해 그 내용을 분석해 보도록 한다.

「정성도」는 10성聲 16도圖[61]로 다시 나타낼 수 있다. 이는 성음창화의 내용을 다른 관점에서 관찰할 수 있게 해준다.

〈표 4〉의 수리적인 부분을 설명하면 다음과 같다. 양陽인 천사상〔天四象: 日月星辰〕의 본수는 40〔10×4〕, 체수는 160〔40×4〕이다. 〈표 4〉 역시 모두 160개의 칸이다. 본수 40을 4배〔進4: 40×4〕하여 160이 된다. 여기서 용수 112를 구하려면 상대방 음陰인 지사상地四象의 체수 48을 빼야 한다.〔退1, 체4용3론〕 이 48은 무성무자〔●〕의 개수이다. 또 소리는 있는데 글자가 없는〔有聲無字: ○〕 수는 29이고 당시 사용 글자〔有聲有字〕는 83으로 모두 합하면 체수 160이 된다.

주의할 점은 무성무자〔●〕는 용수 계산에서 제외하되 유성무자〔○〕는

---

58) 이 그림은 심소희, 2013, 105~106쪽의 그림을 참고했다. 『황극경세서』에 나오는 원래 그림은 앞 장의 신흠 편에서 살펴보았다.

59) 10성 16도와 12음 16도는 필자가 『황극경세서』 603~634쪽을 다시 도표화한 것이다.

60) 심소희는 "『성리대전』에서 「성음창화도」는 「경세사상체용지수도」로 명명되었다." 라 했다. 심소희, 2013, 100쪽.

61) 왜 16도인가? 正聲은 10이지만 그 내부는 日月星辰의 넷에 각각 일월성진 넷씩 내재되어〔4×4=16〕 있기 때문이다. 같은 원리로 正音은 12이지만 그 내부는 水火土石 넷에 각각 수화토석 넷씩 내재되어 12음 16도가 되는 것이다.

〈표 4〉 정성도

구분			平	上	去	入	구분			평	상	거	입
			日	月	星	辰				일	월	성	진
1聲	闢	日	多	可	个	舌	6성	벽	일	宮	孔	衆	○
	翕	月	禾	火	化	八		흡	월	龍	甬	用	○
	闢	星	開	宰	愛	○		벽	성	魚	鼠	去	○
	翕	辰	回	每	退	○		흡	진	烏	虎	兎	○
2성	벽	일	良	兩	向	○	7성	벽	일	心	審	禁	○
	흡	월	光	廣	況	○		흡	월	○	○	○	十
	벽	성	丁	井	亘	○		벽	성	男	坎	欠	○
	흡	진	兄	永	瑩	○		흡	진	○	○	○	妾
3성	벽	일	千	典	旦	○	8성	벽	일	●	●	●	●
	흡	월	元	犬	半	○		흡	월	●	●	●	●
	벽	성	臣	引	艮	○		벽	성	●	●	●	●
	흡	진	君	允	巽	○		흡	진	●	●	●	●
4성	벽	일	刀	早	孝	岳	9성	벽	일	●	●	●	●
	흡	월	毛	寶	報	霍		흡	월	●	●	●	●
	벽	성	牛	斗	奏	六		벽	성	●	●	●	●
	흡	진	○	○	○	玉		흡	진	●	●	●	●
5성	벽	일	妻	子	四	日	10성	벽	일	●	●	●	●
	흡	월	衰	○	帥	骨		흡	월	●	●	●	●
	벽	성	○	○	○	德		벽	성	●	●	●	●
	흡	진	龜	水	貴	北		흡	진	●	●	●	●

* 無聲無字 ●: 48. 有聲無字 ○: 29. 순수글자: 83. 도합 160.

〈표 5〉 10성 16도

1	日日聲平闢	多良千刀妻宮心●●●	9	星日聲去闢	个向旦孝四衆禁●●●
2	日月聲平翕	禾光元毛衰龍○●●●	10	星月聲去翕	化況半報帥用○●●●
3	日星聲平闢	開丁臣牛○魚男●●●	11	星星聲去闢	愛亘艮奏○去欠●●●
4	日辰聲平翕	回兄君○龜烏○●●●	12	星辰聲去翕	退瑩巽○貴兎○●●●
5	月日聲上闢	可兩典早子孔審●●●	13	辰日聲入闢	舌○○岳日○○●●●
6	月月聲上翕	火廣犬寶○甬○●●●	14	辰月聲入翕	八○○霍骨○十●●●
7	月星聲上闢	宰井引斗○鼠坎●●●	15	辰星聲入闢	○○○六德○○●●●
8	月辰聲上翕	每永允○水虎○●●●	16	辰辰聲入翕	○○○玉北○妾●●●

용수 계산에 포함한다는 점이다. 이유는 '유성有聲' 즉 소리가 있기 때문이다. ●와 ○는 글자가 없는데도 수론을 맞추기 위해 '가상假想' 으로 넣은 것이다. 그러나 그것이 '가상' 일지라도 상수적 체계에서는 반드시 '존재해야 할 성음' 인 것이다.

다음은 「정음도」를 이해하기 위한 도표이다.

〈표 6〉 정음도

구분			開	發	收	閉	구분			개	발	수	폐
			水	火	土	石				수	화	토	석
1音	淸	水	古	甲	九	癸	7음	청	수	乃	妳	女	■
	濁	火	□	□	近	揆		탁	화	內	南	年	■
	淸	土	坤	巧	丘	棄		청	토	老	冷	呂	■
	濁	石	□	□	乾	蚪		탁	석	鹿	犖	離	■
2음	청	수	黑	花	香	血	8음	청	수	走	哉	足	■
	탁	화	黃	華	雄	賢		탁	화	自	在	匠	■
	청	토	五	瓦	抑	□		청	토	草	采	七	■
	탁	석	吾	牙	月	堯		탁	석	曹	才	全	■
3음	청	수	安	亞	乙	一	9음	청	수	思	三	星	■
	탁	화	□	爻	王	寅		탁	화	寺	□	象	■
	청	토	母	馬	美	米		청	토	□	□	□	■
	탁	석	目	皃	眉	民		탁	석	□	□	□	■
4음	청	수	夫	法	□	飛	10음	청	수	■	山	手	■
	탁	화	父	凡	□	吠		탁	화	■	士	石	■
	청	토	武	晩	□	尾		청	토	■	□	耳	■
	탁	석	文	萬	□	未		탁	석	■	□	二	■
5음	청	수	卜	百	丙	必	11음	청	수	■	莊	震	■
	탁	화	步	白	備	備		탁	화	■	乍	□	■
	청	토	步	朴	品	匹		청	토	■	叉	赤	■
	탁	석	旁	排	平	瓶		탁	석	■	崇	辰	■
6음	청	수	東	丹	帝	■	12음	청	수	■	卓	中	■
	탁	화	兌	大	第	■		탁	화	■	宅	直	■
	청	토	土	貪	天	■		청	토	■	拆	丑	■
	탁	석	同	覃	田	■		탁	석	■	茶	呈	■

* 無音無字 ■: 40. 有音無字 □: 20. 순수글자: 132. 도합: 192.

「정음도」를 12音 16圖로 정리하면 다음과 같다.

〈표 7〉 12음 16도

1	水水音開淸	古黑安夫卜 東乃走思■■■	9	土水音收淸	九香乙□丙帝女足星手震中
2	水火音開濁	□黃□父步兌內自寺■■■	10	土火音收濁	近雄王□備第年匠象石□直
3	水土音開淸	坤五母武普土老草□■■■	11	土土音收淸	丘抑美□品天呂七□耳赤丑
4	水石音開濁	□吾目文旁同鹿曹□■■■	12	土石音收濁	乾月眉□平田離全□二辰呈
5	火水音發淸	甲花亞法百丹妳哉三山莊卓	13	石水音閉淸	癸血一飛必■■■■■■■
6	火火音發濁	□華爻凡白大南在□士乍宅	14	石火音閉濁	揆賢寅吠鼻■■■■■■■
7	火土音發淸	巧瓦馬晩朴貪冷采□□叉拆	15	石土音閉淸	棄□米尾匹■■■■■■■
8	火石音發濁	□牙兒萬排覃犖才□□崇茶	16	石石音閉濁	蚪堯民未甁■■■■■■■

〈표 6〉에서 음陰인 지사상〔地四象: 水火土石〕의 본수는 48〔12×4〕, 체수는 192〔進4: 48×4〕이고 용수는 상대방 체수 40을 빼면〔退1〕 용수는 152이다. 40은 소리도 없고 글자도 없는 무음무자〔■〕의 수이다. 여기에 유음무자〔□〕 20을 빼면 사용 글자〔有音有字〕는 132이다. 용수에 유음무자 20을 산입하여 152가 된다. '유음有音' 이기 때문이다. ■와 □는 글자가 없는데도 소강절은 자신의 수론을 짜기 위해 '가상' 으로 넣어놓은 것이지만 그 숫자만큼 필히 존재해야 하는—지금은 알 수 없지만—글자이다. ○을 天, □을 地에 배분한 것은 천원지방론에 따른 것이다. 앞의 인용문에서 살펴봤듯이 서경덕은 "성聲에는 고하高下가 있으므로 평상거입으로 나누고 흡벽을 따르게 했고, 음音에는 굴신이 있으므로 개발수폐로 구별하고 청탁을 따르게 했다."라고 부연한 바 있다.

위 두 그림으로 나온 수를 계산하면 112×152=17,024의 성음수가 된다. 보통 17,024개의 성음수를 동식물의 수로 환원하여 계산하는데 그 이유는 동식물이 내는 소리를 통해 계산하는 것이 이해가 빠르기 때문이다. 이를 다시 곱한 수는 17,024×17,024=289,816,576으로 재창화再唱和한 동식물의 전체 숫자로 갈음된다. 다른 방법으로 계산하면, 일월성신의 변수

〔17,024: 112×152〕가 동물수動物數이고 수화토석의 변수〔17,024: 152×112〕가 식물수植物數이다. 재창화再唱和한 일월성신과 수화토석의 변화통수 289,816,576〔17,024×17,024〕를 동식動植의 통변通變이라 한다.

여기서 의문이 생긴다. 289,816,576은 어떤 과정을 거쳐서 나오는 것인가. 또 이런 수의 산출이 정확한 것인가. 수의 계산은 「성음창화도」에서 검증해 보자. 본 글에서 「성음창화도」를 나타내는 『황극경세서』 603~638쪽에 달하는 방대한 「경세사상체용지수도經世四象體用之數圖」(萬物之數)를 전부 다 그릴 수는 없다. 전체적으로 보면 정성도 16개, 정음도 16개〔사상×사상〕이다. 603쪽을 보면, 정성正聲의 경우 첫 줄부터 '日日聲平闢, 多良千刀妻宮心●●●, 日日聲七下唱之用音一百五十二是謂平聲闢音平聲闢音一千六十四' 란 말이 나온다. 이 내용은 7자〔多 이하 글자 수. 글자 수 산정은 ○는 포함, ●는 불포함〕×152〔지의 용수〕=1,064라는 의미이다. 이런 수의 배열을 가진 정성도가 16개이다. 따라서 1,064×16=17,024가 된다. 정음正音의 경우를 보면, '水水音開淸, 古黑安夫卜東乃走思■■■, 水水音九上和天之用聲一百一十二是謂開音淸聲開音淸聲一千八' 로 시작된다. 이 의미는 9자〔古 등 글자 수〕×112〔천의 용수〕=1,008이란 의미이다.

정성도는 16개 모두 그 속의 글자 수는 7이나 정음도는 균일하지 않고 글자가 9개보다 많거나 적다. 즉 9자인 경우가 4개, 12자인 경우가 8개, 5자가 4개로 합16개의 그림이다. 하나씩 계산하면 다음과 같다. A: 9×112=1,008×4=4,032. B: 12×112=1,344×8=10,752. C: 5×112=560×4=2,240. A+B+C=4,032+10,752+2.240=17,024로서 이는 정음도에서 나온 수이다. 여기다 정성도에서 나온 수 17,024를 곱하면 289,816,576로 재창화再唱和한 동식動植의 전체수가 되어 「성음창화도」의 성음과 수가 일치한다. 즉 서경덕이 인용한 성음수는 정확한 것이다. 이 수가 성음의 총수이자 만물의 총수에 비견된다.

서경덕은 '16' 수에 대해 다음과 같이 말한다.

> 예를 들어 한글에 16개의 字母가 있는데 모두 다 요약된 것이다. 천지의 수는 16에서 궁극에 이르는데 그것은 日月星辰의 聲과 水火土石의 音을 서로 곱하면 16이 된다.

서경덕은 천사상〔4〕과 지사상〔4〕을 곱한 16에 성음수론이 요약되었다고 한다. 만물변화와 천지시종은 넷으로 범위 지은 사부법四府法의 곱인 16에서 모든 것이 이루어진다고 보는 것이다. '16' 수의 중요성은 채원정의 관점과 유사하다.[62] 서경덕은 또 한글의 16개 자모에 글자의 뜻이 다 들어있다고 했는데, 한글 자모 28자 중 어느 것인지 명확하지 않지만, 초성 17자 중 'ㅇ' 자를 제외한 16자라는 주장이 있다.[63]

이상에서 살핀 서경덕의 성음론적 수학의 핵심은 다음과 같이 요약할 수 있다. ① '성음의 오묘함은 수에 있다' 고 한다. ② 소강절의 「관물내편」의 수론, 즉 음양강유 · 호상진퇴에 따른 천지체용수의 변화와 체4용3설 등이 서경덕 성음론의 기초이다. ③ 시간과 사물에는 수가 존재한다. 사물의 성색기미 중에서 소리〔聲〕가 가장 뚜렷하고 소리는 성과 음으로 나뉜다. ④ 성에는 상하가 있으니 평상거입으로 구분하고 벽성 · 흡성이 이에 따르고, 음에는 굴신이 있으니 개발수폐로 구분하고 청음 · 탁음이 따른다. ⑤ 한글에는 16개의 자모가 있는데 요약되어 글자의 뜻이 다한

---

62) 채원정은 다음과 같이 말한다. "원회운세, 皇帝王霸, 춘하추동, 生長收藏은 각각 서로 곱하여 16이 되고, 황제왕패, 易書詩春秋, 道德功力도 또한 각각 서로 곱하여 16이 된다. 16은 사상을 서로 곱한 수이다. 무릇 천지의 변화, 萬物의 感應과 古今의 因革, 損益이 모두 16을 벗어나지 않고, 16에서 천지의 도가 다하게 된다."(『황극경세서』, 577쪽)

63) 『花潭集』, 서완수 · 서정수 공편, 김학주 · 임종욱 공역, 세계사, 1992, 211쪽.

것이다. 천지의 수는 16에서 궁극에 이르는데 그것은 일월성진의 성과 수화토석의 음을 서로 곱하면 16이 되기 때문이다. 서경덕이 주장한 성음론적 수학은 조선 중·후기 소강절을 통해 음운학과 수학을 익히고자 하는 학자들에게 훌륭한 선행 연구가 되었다.

2) 음운론

서경덕의 음운론 가운데 대표적인 것을 살펴본다. 그는 소강절이 소리는 있되 글자가 없는 '○'에 대해 나름대로 대체 글자를 제시한다. 이것은 심오한 음운적 통찰로 평가받고 있다. 『성음해』에서 다음과 같이 말했다.

> ① 유독 (정성도 7성, 16圖 2에서 벽성〔開口〕인) '心' 聲이 변해서 흡성〔合口〕이 되는 것은 (어떤 字인지)알 수 없어서 (6聲의) 龍字 아래 ○이 되는 것이니 소리는 있되 글자가 없는 것이다. 만약 '심' 성을 변화시켜 흡성이 되게 한다면 (○의 글자는) 아마 '琴' 字를 쓸 수 있을 듯하나 흡성의 올바름은 아닐 것이다.
>
> ② (정성도 3·4성, 16圖 4에서) 君·烏 아래 ○는 (4성의)牛·(7성의)男 두 성으로 추측해도 알 수 없다. 앞의 예(벽 → 흡)로 미루어보면, 牛는 '鉤', 男은 '堪'이 될 수 있을 듯하다. 그러나 벽흡은 어울리지 못하고 다만 소리만 남은 것이다.

위에서 서경덕은 상수학자에 머물지 않고 뛰어난 음운학자의 면모를 보여준다. 그는 난해한 소강절 수학을 이해하여 성음창화수를 터득했고 성음창화수와 한 몸체인 음운론에도 높은 식견을 가졌다. 즉 강절도 마땅한 글자가 없다고 공란으로 둔 곳〔○〕에 대응하는 적합한 글자를 제시한 것이다. 그 예로써, 7성의 심心을 흡성으로 변화시키면 ○의 글자는 '금

琴' 자로 대체할 수 있을 것 같다고 말한다. 또 (4성의)우牛·(7성의)남男의 경우, 벽성이 흡성으로 변화되는 예에 비추어 우는 '구鉤', 남은 '감堪' 이 될 수 있을 것이라고 대안을 제시하고 있다.[64]

서경덕의 음운학에 대한 혜안은 출람의 경지인 동시에 최석정, 신경준, 황윤석 등 후학들의 음운 의식을 고취시켜 조선 후기 음운학 발전의 기틀이 되었다.

2. 『황극경세수해』와 수학적 탐구

『황극경세수해』는 서경덕이 『황극경세서』에 나오는 수학 가운데 원회운세수와 천문역법 및 「선천도」에 적용한 '대수大數' 를 추출하여 연산한 수학적 요약서로 『화담집』에 실려 있다. 그는 거대한 수를 뒤집어 '소수' 로 환원하기도 하고 '극대수' 로 나타내기도 하며 '극소수' 로 표시하기도 하는 등 '수' 를 자유자재로 운용한다. 이때 사용하는 기초수가 12·30이란 역수曆數이다. 여기에 나오는 용어나 알고리즘도 소강절의 수학적 논리를 취하지만 서경덕은 자신만의 독자적인 수학적 논리 전개를 보여준다.

『황극경세수해』는 저서라기에는 짧은 분량이지만 내용이 매우 치밀하면서도 난해하다. 『황극경세수해』를 전문적으로 논한 국내 자료는 없고, 『화담집』(1990년)[65]에 주석을 곁들여 번역한 '황극경세수 해설' 이 있다. 이후 왕식의 주석본 『황극경세서』 전체를 번역한 윤상철 편역 『황극경세』(2011년)[66]가 있으며, 하승현이 교주한 『화담집교주花潭集校注』(2012

64) 심소희는 서경덕이 제시한 글자를 당시 국내외 음운서로 검토한 결과, "심오한 음운적 통찰을 바탕으로 나름의 적합한 글자음을 제시했다."라고 호평한다.(심소희, 2013, 317~327쪽)

65) 『花潭集』, 서완수·서정수 공편, 김학주·임종욱 공역, 세계사, 1992년. 소강절 수학에 대한 주석 내용이 정확하지 않은 부분이 있다.

년)[67]에 『황극경세수해』가 실려 있다. 서경덕의 이론은 강절 수학에 기초하므로 위의 자료들을 참고하여 주요 내용을 서술하도록 한다.

먼저 『황극경세수해』 첫 부분 8단락을 4가지로 정리해 본다. 이것은 소강절의 『황극경세서』 관물외편(821~822쪽)에 나오는 내용이다. 다만 서경덕은 그대로 전재한 것이 아니고 독자적으로 변경했다.

(1) 360에 360을 곱하면 129,600년이 된다. 129,600년에 129,600년을 곱하면 1백67억 9천6백16만 년이 된다. 1백67억 9천6백16만 년을 自乘하면 2만8천2백11조兆 9백90만7천4백56억 년이 된다.

(2) 2만8천2백11조 9백90만7천4백56억 년을 12로 나누면 하나의 기간이 13억 9천9백68만을 기준수로 하는 1백67억 9천6백16만 년이다. 1백67억 9천6백16만 년을 하나의 단위로 하여 셈하면 하나의 기간이 13억 9천9백86만 년이 된다. 1백67억 9천6백6만 년을 10으로 나누면 각각 16억 7천9백61만 6천 년이 된다.

(3) 매년 6일이 더 나아가면 129,600년에서는 129,600이 6개인 셈이다. 그래서 129,600년 동안 6일을 더 나아간다〔進〕고 한 것인데, 이는 129,600을 1일로 계산하면 바로 6일이 되기 때문이다. 1백67억 9천6백16만 년에서 매년 6일을 더 나아갈 경우 1백67억 9천6백6만이 6개인 셈이다. 그런데 이를 10으로 나누는 경우 각각 16억 7천9백61만 6천 년이 되는 것이 6개인데 이런 것을 10개 합치면 60일이 되는 것이다.

(4) 12로 나누는 경우 한 기간이 13억 9천9백68년을 기준수로 한 1백67억 9천6백16만 년이 된다고 하였다. 그런데 6일씩 더 나아간다면 그 기간의 수와

66) 『황극경세』 전 5권, 소강절 원저, 윤상철 편역, 대유학당, 2011년.
67) 『화담집교주』, 하승현 교주, 중국 상해고적출판사, 2012년. 소강절 수학에 대한 교주가 정확하지 않은 부분이 있다.

같은 日數를 6개 얻게 된다. 기간의 수를 10으로 나누면 1억 3천9백96만 8천 년이 되는데 이 수와 같은 일수를 얻는 것이 6개이니 이런 것 10개를 합쳐 계산하면 60일이 된다.

위 내용을 도표로 정리하면 다음과 같다.

〈표 8〉 서경덕의 산식

구분	수	산식	해당 時	進退	운행수
時(a)	360	30分×12秒	1時=30分=360秒	1일	小運
日(b)	12만9600	360^2	1日=12時	6일	
月(c)	167억9616만	12만$9{,}600^2$	1月=30日	60일	大運
年(d)	2해8211경 990조7456억	167억 9616만^2	12月=360日	360일	

서경덕이 사용한 수는 소강절의 원회운세수元會運世數이다. 이는 하루〔日〕를 기준으로 30과 12를 번갈아 대입한 '세 - 운 - 회 - 원' 의 수리적 점층 구조로서, 천지의 시종을 파악하는 역학적 역사학의 중요 부분이다. 즉 1원=12회=360운=4,320세=129,600년. 1원=129,600년, 1회=10,800년, 1운=360년, 1세=30년, 1년=12월, 1월=30일, 1년=360일이다. 대운 · 소운에 대해 서경덕은 직접 언급하지 않았지만, 소강절은 시간 단위가 큰 '연월' 은 크게 운행한다는 '대운' , 작은 '일시' 는 작게 운행한다는 '소운' 으로 구분했고 서경덕도 이 점은 알고 있었다. 세부적으로 들여다보자.[68]

㉮ 시時에 '360' 이 주어진 것은 1시=30분=360초란 뜻이다.

㉯ 일日에 '129,600' 이 주어진 것은 12를 1초로, 360을 1분, 10,800을 1시로 본 것이다. 즉 12시=1일은 10,800×12=129,600 (360^2)이다.

㉰ '167억 9,616만' 이 주어진 것은 129,600을 1초로, 155만 5,200을 1분으로,

68) 윤상철 편역, 『황극경세』 4권 관물외편, 226~231쪽 참조.

4,665만 6,000을 1시로, 5억 5,987만 2,000을 1일로 본 것이다. 즉 1월=5억 5,987만 2,000×30=167억 9,616만(129,600²)이다.

㉣ '2해 8,211경 990조 7,456억' 이 주어진 것은 13억 9,968만을 1초, 167억 9,616만을 1분, 5,038억 8,480만을 1일, 181조 2,985억 3,800만을 1월로 삼은 것이다. 즉 1년=181조 2,985억 3,800만×12=2해 8,211경 990조 7,456억(16,796,160,000²)이다.

앞의 글 (3), (4)에서 '나아간다〔進〕' 는 표의 '진퇴進退' 에 나와 있다. 이는 연월일시가 성장 진퇴하는 것으로 '기영' 과 '삭허' 를 밝힌 것이니 '윤달' 이 생기는 원인이다. 이 내용은 아래에 이어진다.

(5) 朞數는 366일이요 歲數는 대략 360일이요 曆數는 354일에 여분이 있다. 子月에서 巳月까지 남는 陰과 陽이 각각 6이고 午月에서 亥月까지 음양이 남아서 빈 것이 각각 6이다.

위에서 말하는 '기수 366일' 은 태양력 기준 1년인 3651/4일을 절상하여 366일이라 했고, '세수는 대략 360일' 은 지구가 태양을 한 바퀴 회전하는 주천도수를 말한 것이다. '역수는 354일에 여분이 있다' 는 달이 지구를 한 바퀴 회전하는 일수를 말한 것으로 태음력 기준이다. '자월에서 사월까지 음과 양이 남아서 빈 것이 각각 6이고 오월에서 해월까지 음양이 남아서 빈 것이 각각 6이다.' 에서 자월은 11월, 사월은 4월이며, 오월은 5월, 해월은 10월이며 모두 하력夏曆을 기준으로 한 것이다. '음양이 남아서 빈 것이 각각 6〔陰陽餘空各六〕' 에서 '음양' 이란 주야晝夜를 지칭하는 것으로 6개월간 낮에 6, 밤에 6이 남아 모두 12가 남는다는 뜻이니 1년이면 남는 수는 24이다. 이와 달리 일수는 주야를 합해 1일이므로 6개월

단위로 윤일이 6일씩 발생하여 1년 동안 12일의 윤일閏日이 발생한다. 따라서 354+12=366일이 되어 태음력의 역수와 태양력의 기수가 맞추어지는 것이다.

(6) 360일에 음양의 남은 빈 수 24를 합하면 3백 84효爻와 일치된다. 체수 384에서 건·곤·리·감괘의 24효를 빼면 360이 되니 이 360이 용수이다. 다음 360에서 3/10을 제거한 것이 交數이고 7/10을 취한 것이 용수이다. 이렇게 해서 252가 용수가 된다. 이것을 절반으로 나누면 126이 되는데, 6분分이 더 나아간다. 1일에는 밤과 낮이 있으므로 12분을 이룬다. 10일마다 1분씩 나아가 모두 4개월 동안 12분이 나아가게 된다. 나머지 6일은 6釐가 더 나아가는데 교수의 6일과 합하면 모두 12리가 나아가게 된다. 분은 1일의 3분의 1이다. 4개월을 세 곱하면 1년 360일이 되고 12분을 세 곱하면 36분이 되는데, 3분을 1일로 하는 만큼 일로 환산하면 12일이 된다. 또 12리를 세 곱하면 36리가 된다. 10리가 1분이니 환산하면 3분하고 6리가 남게 된다.

윗글에서 1년 360일은 음양의 남은 빈〔餘空〕 수 24를 더하면 384가 되어 역의 384효와 일치되고, 이를 체수로 놓고 건·곤·감·리 네 괘 24효를 제거하면 360이 되니 이를 용수라 했다.(『황극경세서』 관물외편 828쪽) 360의 3/10을 제거한 것이 교수이고, 7/10을 취한 것이 용수이니 252일이 용수이다. 여기에 대해 『황극경세서』에서도 '용수의 용 252'라 했다. 아울러 이 부분은 원문과 번역문 모두 '거去'와 '취取', '십지十之'에 오타와 오역이 있으므로 잘 살펴야 한다. 252일의 반은 126일이고 6분(分)이 나아간다.

아래부터는 번역문만 싣는다. 다만 계산이 필요한 경우는 그 산식을 삽입하여 이해를 돕는다.

(7) 대개 1년 360일에 나아가고 물러가고 하는 것이 6일씩이니 모두 12일이 된다. 남는 수〔餘數〕와 교수를 합하면 36일이 된다. 나아가고 물러가는 것을 18리씩 하여 모두 36리가 되니 1일은 6리가 된다. 윤일로 남는 것이 모두 12일이니 남는 수와 교수의 나머지 일수를 미루어 가면 모두 1일이 6리가 된다. 용수의 쓰이는 252일에 교수 12일을 더하면 264일이 되며 이것이 實用하는 숫자이다. 15년 동안의 용수의 날짜가 쌓여야만 10년의 일수를 채울 수 있다.

10년 동안 나아가고 물러가는 사이에 60일(1년 윤일6×10년)이 윤일로 남는다. 10년 동안 남는 수와 교수 36일(1년 음양의 남아 빈 수 24+1년의 교수 12)을 축적하면 360일이 된다. 10년 동안 1일에 6리씩 축적해 나가면 모두 10일에 60리가 된다. 10리를 1분으로 삼으니 모두 6분이고, 3분을 1일로 삼으니 2일이 되어 모두 12일로 1년의 윤일의 수를 꼭 채우게 된다.〔60리=6분, 3분=1일, 6분=2일, 10일+2일=12 : 1년의 윤수〕

(8) 129,600년에서 남는 수와 교수의 날을 미루어보면 1년은 360일이다. 즉, 12,960년 동안 매년 6일씩 나아가게 되므로 12,960년 동안 77,760일이 되는데, 6일씩 물러가는 경우도 마찬가지다.〔1년의 음양이 남아 빈 수 24+1년의 교수 12=36. 36×360=12,960. 12,960×6=77,760〕 129,600을 1이라 할 경우 1일에 25,920이 남는데 이 수는 129,600일의 10분의 2에 해당한다. 129,600년의 남는 수와 교수의 윤일은 12분씩 나아가고 물러가는 데 1일 2분이다.

(9) 129,600에서 3/10 제거한 것이 교수이고, 7/10 취한 것이 용수이다. 129,600을 10으로 나누면 각각 12,960이 되고 이것에 7을 곱하면 90,720년이 되고 이를 반으로 나누면 45,360년이 된다. 1년에 6일씩 나아갈 경우 45,360일이 6개 있게 된다. 하루에는 낮과 밤이 있으니 나아가고 물러가는 것이 하루에 모두 12이다. 3,600년마다 1일이 나아간다면 43,200을 일수로 쳐서 한 단위

로 삼을 경우 43,200년에 12일이 나아가게 된다. 나머지 2,160년 동안 나머지 6분이 나아가는데 교수의 2,160년을 합하면 모두 12분이 나아가게 된다. 90,720년은 곧 용수가 기능하는 252일이 축적되어 얻어진 것이다. 말하자면 252일의 용수에 매일 360의 숫자가 부연된 것이니, 252에 360을 곱하면 90,720의 수를 얻게 된다. 나머지 2160년 동안에 나머지 6분이 나아간다고 했는데 이것은 즉 나머지 6일로서 6리씩 나아가는 것이 축적되어 얻어진 것이다. 나머지 6일에 매일 360의 수가 부연되면 2,160년이 된다.(6×360=2,160) 교수 2160년 역시 6분씩 나아간다고 했는데 이것은 즉 교수 6일로서 6리씩 나아가는 것이 축적되어 얻어진 것이다. 교수 6일에 매일 360의 수가 부연되면 역시 2,160년이 되고 6리 역시 그렇게 할 경우 2,160리가 된다. 360리를 1분으로 하면 6분이 된다. 30리를 1일로 하면 2,160리에서 72일을 얻게 되는 데 매일 360일이 부연되면 25,920일이 된다. 2,160년에 나머지 6분이 나아가는 데 6은 곧 25,920일이 된다.(『황극경세서』, 823~824쪽)

* 교수: 129,600×3/10=38,880. 용수: 129,600×7/10=90,720. 90,720÷2=45,360. 3,600년=1일이면 43,200년=12일. 45,360-43,200=2,160. 남은 수 6분+교수 6분=12분. 90,720=용수의 용. 252×360. 남은 수 6×360=2,160. 30리=1일: 2,160리=72일. 72×360=25,920. 43,200×3=129,600년. 12분×3=36분

(10) 43,200을 3배하면 129,600년이 되고 남는 수와 교수인 12분을 3배하면 36분이 된다. 43,200년에 12일 나아가는 데 12일을 3배하면 36일이 되고 3일을 1일로 치면 모두 12일이 된다. 36분에 대해서도 3분을 1분으로 치면 모두 12분이 된다. 129,600년에 6일 나아가고 6일 물러나는 것이 윤일이 되며 나머지 분도 6분 나아가고 6분 물러난다. 그러므로 소운의 변화는 12와 30을 곱하고 60에 이르게 되고 3백66일을 나아가게 된다. 물러나는 경우도 마찬가지이다.(『황극경세서』 823~824쪽)

(11) 용수는 90,720년인데 이것이 축적되어 28,211조 990만7456억이 된다. 이것은 소운에서 60번 변화하여 얻어진 것이다.(『황극경세서』 822쪽)

【 해제 】

서경덕의 성음론적 수학의 원류는 소강절 성음론과 성음창화수이다. 소강절의 성음창화론과 수론은 음운학적 수학이 목적이 아니라 역리易理를 알고자 함이었다. 소강절은 만물의 이치는 만물의 수에서 비롯된다고 보았고, 만물의 수를 추산하기 위해 '소리'를 택했다. 소강절의 「성음창화도」를 이해하고 그 이치를 홀로 자득한 인물이 서경덕이다. 서경덕은 조선 최초 강절역 전문가로서, 『성음해』를 통해 밝힌 소강절 수학은 '성음의 오묘함은 수數에 있다'는 것과 '7·9'에 대한 해명, 천지사상天地四象이 어울린 '16' 등에 대한 것이다. 그러나 실로 평가해야 할 부분은, 소강절 성음론과 수학을 체득한 후 이를 바탕으로 강절도 「성음도」에서 채우지 못한 유성무자〔○〕에 적합한 글자를 제시한 점이다.

소강절의 성음론과 수학은 조선으로 건너와 『훈민정음』 28자 생성의 수칙과 성음에 일정 부분 작용했다. 뒤이어 서경덕에 의해 조선 음운학 발전의 토양이 조성되었고 이를 계기로 조선의 성음론적 수학의 새로운 지평이 열리게 된 것이다.

또한 서경덕은 난해한 소강절의 수학을 풀이하여 '황극경세수해'를 지었다. 신흠은 서경덕의 수학에 감탄하여 자신의 문집 『상촌집』에 이를 전재했다.[69] 그 내용을 보면, "화담 서경덕이 '황극경세서'에서 대수大數를

69) 고전번역원의 『상촌집』 55권 '선천규관' 말미에 '황극경세수해' 번역 자료가 있다.(1994년, 이상현 번역)

뽑아냈는데, 그 내용은 다음과 같다."라고 시작하여, 끝부분에 "서씨徐氏가 추산한 것이 명쾌하다고 하겠다. 그래서 여기에 기록하여 후학들이 참조할 자료로 제공한다. … 우리나라는 본디 역학이 발전되지 않았으므로 유선儒先 중에 그 누구도 (수학의)핵심 부분을 계발시켜 준 이가 없었고, 논한 것이 있다 하더라도 그저 글의 뜻과 같은 부분적인 것을 해설하는 정도로 그쳤을 뿐이었다. 그런데 화담 혼자서 소강절을 이어 곧바로 그 경지를 엿보았으니 정말 세상에 드문 호걸이라 하겠다. 위 해설들은 우리나라 제유諸儒가 미처 내놓지 못한 것들이었다."라며 존경심을 담아 극찬했다.

그는 당시 시대사상을 선도하여 소강절 성음론을 조선의 성음학으로 변용하고, 소강절 수학을 재해석하여 조선 수학으로 거듭날 수 있도록 후학들에게 소중한 유산을 남겨 주었다. 서경덕은 후대 상수학자들의 기수로서 높이 평가받아야 할 것이다.

Ⅱ. 최석정의 『구수략』

최석정(崔錫鼎, 1646~1715)의 호는 명곡明谷, 시호는 문정文貞으로 숙종대에 영의정을 몇 번씩 역임했다. 그는 소론계 인물이지만 당파의 영향보다 가학과 자득으로 경세와 학문을 이루었다. 어릴 때부터 역학에 밝아 신동으로 불렸고 구경九經, 제자백가 등 다방면의 학문과 경술, 언론 등에 통했다. 특히 산수(算數: 수학)와 자학(字學: 음운학)에 밝았으며 예학, 천문학 등에도 능통했다.

그의 저술 중 조선 최초라는 수식어가 붙는 것이 둘 있다. 하나는 당상관의 지위에서 지은 최초의 수학서인 『구수략九數略』(1700년 무렵)과, 『훈민정음』에 관한 최초의 연구서인 『경세훈민정음도설經世訓民正音圖說』

(1678년)이 그것이다. 두 책의 공통점은 도서상수학에 기반하고 있다는 사실이다. 그는 일찍이 소강절의 『황극경세서』와 채원정의 『율려신서』, 채침의 『홍범황극내편』 등을 익혔고 이를 발판으로 수학과 음운학 등으로 뻗어나갔다. 이는 서경덕과 유사한 면모를 보여준다. 특히 그가 강절역에 능통한 것은 가학家學 덕분이다. 그의 조부 지천遲川 최명길(崔鳴吉, 1586~1647)은 신흠에게서 강절역을 배웠고, 학자들에게 '수학의 중요성'을 강조했다. 당시 학풍은 상수학에서 '상'이 중심이고 수학은 중인이나 서인이 취급하는 영역으로 여겼지만 신흠이나 최명길은 달랐다. 조부의 수학에 대한 선견지명이 그를 상수학에 일찍 눈뜨도록 일깨웠을 것이다.

최석정은 『주역』에 내재된 상과 수, 즉 「하도낙서」와 역수학易數學을 기반으로 『구수략』을 편찬했다. 책의 편제는 갑·을·병·정〔부록〕 4편으로 구성되었다. 본편인 갑·을·병은 수원數源·수명數名·수위數位·수상數象·수기數器·수법數法에 대한 내용이다. 정편은 문산文算·주산珠算·주산籌算·하락변수 등 새로운 산법과 마방진魔方陣 연구로 이루어졌다.

『구수략』을 떠받치는 상수학적 구조는 크게 넷이다. 하나는 「하도낙서」이고, 둘은 「역전易傳」이며, 셋은 강절역이고, 넷은 채침의 도서상수학이다. 『구수략』에 나오는 각종 수학적 그림의 근원은 모두 여기에서 나왔다. 하나씩 그 연관성을 살펴보면서 최석정 수학의 핵심 내용을 고찰하려 한다. 마지막에 『구수략』에 내재한 수학적 인문학으로서의 학문적 지평도 살펴본다.

1. 「하도낙서」와 도설

최석정은 첫 장 '수원數原'에서 다음과 같이 말한다.

『주역』「계사전」에서 말하기를, 하늘 1, 땅 2 … 땅 10, 즉 「하도」의 수이다. 『상서』「홍범」편에 말하기를, 처음 1, 다음 2 … 다음 9, 즉 「낙서」의 수이다. 수의 큰 근원은 여기서 나온다.(易大傳曰, 天一地二 … 地十, 卽河圖之數也. 尙書洪範傳曰, 初一次二 … 次九, 卽洛書之數也 數之大原出於此.)

윗글은 「하도」 수 1~10과 「낙서」 수 1~9가 수의 본원이자 최석정 수학의 근본이라는 선언이다. 그는 이처럼 하락수를 높이 평가한다. 주지한 바와 같이 「하도낙서」는 송대에 들어 진단을 거쳐 유목의 『역수구은도易數鉤隱圖』에 갑자기 나타났다고 알려졌다. 저자에 대한 논란이 있지만 『역수구은도』에서 「하도」 수는 1~9로 「구궁도」이고, 「낙서」 수는 1~10이라고 했으며, 둘 다 복희시대에 나왔다고 했다. 따라서 지금 통용되는 하락의 그림과 반대이다. 그림의 기능과 유래에 대해 구양수(歐陽脩, 1007~1072) 등이 문제를 제기했고, 청대에 들어서는 논란이 가열되었으며 현재까지도 간간이 이어져 '하락학' 이란 사조를 이루었다.[70)]

그러나 「하도」는 『상서』, 『주역』, 『예기』, 『논어』, 『회남자』, 『한서』, 『역위 건착도』 등 고전의 근거가 있기에 존재 자체를 부정하지 못했다. 그 기능과 용도에 대해 제왕의 수명부적受命符籍, 왕실의 보물, 상서로운 부서符書나 징표, 고대 지리서 등으로 칭해지기도 했다. 『주역』의 근원이라고 말한 이는 공안국(孔安國, 생몰미상, 공자 11대손)과 유흠(劉歆, BC 53?~AD 25)이 대표적이다. 정현(鄭玄, 127~200)은 '대연지수 50' 을 「하도」의 수로 설명하기도 했다. 그러나 누구도 '그림의 실물' 을 제시하지는 못했다. 따라서 한대에서 하락이론은 주목받지 못해 상수학의 주류도 아니었으며, '도서학' 이니 '도서상수학' 이란 말도 없었다. 다만 괘기와 괘효변과

70) 하락이론의 논쟁사에 대해서는 江永(字 愼修, 1681~1762) 著, 손국중 교리, 『하락정온』(북경: 학원출판사), 2007, 371~392쪽 참조.

역법 등을 나타내는 「괘기도卦氣圖」, 「효진도爻辰圖」, 「납갑도納甲圖」 같은 그림은 통용되었다.

그러다가 송대 주자의 『주역본의』에 이 그림이 실리고, 주희·채원정의 『역학계몽』에 그림과 함께 그 의의가 논해지면서 하락이론은 도서상수학의 주류로 자리잡았다. 주자·채원정이 채택한 하락이론은 공안국·유흠·소강절의 것으로, 주창자인 유목의 이론은 채택되지 않았다. 한동안 유목의 주장을 수용하는 일부 학자도 있었고 그림의 뒤바뀜에 대한 논란도 있었으나 시간이 지나면서 주자·채원정이 채택한 하락이론이 다수설로 굳어졌다. 즉 「하도」는 복희시대 나왔고 수는 1~10으로 역의 기원이며, 「낙서」는 우임금 때 나왔으며 수는 1~9로 홍범구주의 연원이 된 것으로 정리되었다. 특히 주자는 소강절이 가일배법과 하락이론으로 풀어가는 역의 기원에 대한 논설을 수용했다.

이상과 같은 과정을 밟아온 하락이론은 조선 초 권근의 『입학도설』에 처음 소개되었고, 정약용 등을 제외한 대부분 학자가 수용하여 조선 상수학의 핵심적 주류 이론이 되었다. 역학에 밝았던 최석정이 자신 수학의 원류로 「하도낙서」를 꼽은 것은 당연한 일이었다. 그는 「하도낙서」에 착안하여 『구수략』의 여러 편에 자신의 수론을 적용했으며, 다양한 도서를 정편 '하락변수' 편에서 그렸다.

2. 「역전」과 역수

「역전」의 저자에 대해 논란이 많지만 대략 공자가 지은 것으로 전해지고 있어서 여기서는 그것을 따지지 않는다. 최석정도 당연히 공자의 저작으로 알고 있었다. 『구수략』에 다음과 같은 구절이 있다.

(계사전)공자가 말했다. 역에는 태극이 있고 태극이 양의를 낳고 양의가 사상을 낳는다.(子曰, 易有太極, 是生兩儀, 兩儀生四象) 또 말했다. (설괘전)하늘을 3으로 하고 땅을 2로 하여 수를 의지한다.(又曰, 參天兩地而倚數)

윗글의 첫 번째 내용은 「계사전」 상 11장의 '역유태극장易有太極章' 이고, 두 번째는 「설괘전」 1장의 '삼천양지론參天兩地論' 이다. 역유태극장의 내용이 점을 치는 설시법이라는 설, 역의 생성 근원을 밝히는 내용이라는 설, 둘 다 의미한다는 설 등이 있다. 어쨌든 최석정은 역유태극장의 중요성을 감안하여 『구수략』의 편제를 「계사전」에서 말하는 '태극 - 음양 - 사상 - 팔괘' 의 기본 구조를 채택하고 있다.

태극은 만물의 근원이자 시작점인 태초의 상태이고, 음양은 통론팔법에서 '음양정수이법', '음양정수육법' 등으로 표현된다. 사상은 소제목 '총론사법', '통론사상' 으로, 팔괘는 '총론팔법' 으로 나타낸다. 한편 삼천양지론은 『주역』을 수학적으로 성립케 하는 역수易數의 핵심이다. 이 이론은 동아시아 고대 천문관인 '천원지방론' 의 역학적 표현인 동시에 중국 수학 방원술方圓術의 기초 이론으로 기능한다. 그래서 이 내용을 자신의 저서에 인용하고 있다.

이어서 최석정은 "살피건대, 태극이란 1이고, 1은 2를 낳고, 2는 3을 낳으니, 3과 2로 수가 선다.〔按, 太極者一也, 一生二, 二生三. 參兩而數立矣〕" 라고 자신의 역수관을 피력한다. 여기서 주목할 점은, 「계사전」 상 11장에서는 '태극' 이 무엇인지 말하지 않았으나 '태극은 1이다' 라고 수로 표시하고 있다. 그리고 을편 '통론사상' 첫머리에서도 "수는 1에 근원하고 1은 태극이다.(數原於一, 一爲太極)" 라고 반복한다. 이것은 수가 만사의 근본이라는 입장으로 강절의 태극론[71]과 수론, 채침의 수근본론적 상수 사상과도 밀접한 관련성이 있다.

한편 「계사전」에서 '양의생사상(兩儀生四象: 二生四)' 이라고 했는데 최석정은 '이생삼二生三' 이라고 다르게 말했다. 또 「설괘전」 1장의 '삼천양지론〔參天兩地而倚數〕' 을 '3과 2로 수가 선다(參兩而數立矣)' 라고 달리 말한다. 그의 관점이 다른 것은 역리를 수학에 접목시킨 결과이다. 즉, 역의 출발점이 태극이라면 수의 출발점은 1이고, 역의 연역은 1-2-4이지만 수의 순서는 1-2-3이다. 삼천양지에 의존하여 역수가 구성되지만, 수에서는 실질적으로 3과 2로 전개된다는 의미이다. 최석정은 이처럼 역수의 수학적 적용과 변용을 통해 자신만의 독자적 수론을 구축했다.

3. 소강절 역학과 수론

『구수략』에 나타난 소강절 역학을 살펴보자. 소강절 역학의 핵심은 「선천도」에 나타난 '선천사상' 과 '관물론', '역수론' 등이다. 「선천도」는 8괘와 64괘의 「횡도」와 「방원도」로 이루어졌고, 관물론은 그 철학적 바탕이다. 역수론은 크게 '가일배법' · '4부법四府法' · '체4용3론' 등이다. 여기에 「설괘전」 3장 천지정위장天地定位章의 순수역수順數逆數에 대한 것도 포함되었다. 이를 토대로 소강절의 역수론은 '경세수' · '원회운세수' · '성음창화수' 의 셋으로 전개되면서, '수' 로써 천지만물과 역사, 성음율려가 「선천도」와 함께 해명된다.

최석정은 역학 이론을 수학에 대입할 때 경전과 소강절 등 선유의 주장 및 자신의 입장을 적절히 섞어 이론을 전개한다. '수원數原' 에서 말한다.

---

71) 소강절의 태극관은 『황극경세서』 「관물외편」에 여러 형태로 묘사되어 있다: ① 太極, 一也, 不動 ; 生二, 二則神也. 神生數, 數生象, 象生器. ② 心爲太極, 道爲太極. ③ 太極, 道之極也. ④ 萬物各有太極. ⑤ 太一, 數之始也, 乾坤起自奇偶, 奇偶生自太極. ⑥ 生天地之始者, 太極也. ⑦ 五十分之則爲十, 若參天兩之則爲六, 兩地又兩之, 則爲四. 此天地分太極之數也.

수는 道에서 생기고, 原〔수의 근원〕이란 수의 근본이다. 이 때문에 시작에 근본하여 수가 생기는 것이다.(數生於道, 原者數之本也, 所以本始而生數者也) 「계사전」에서 말했다. … 소강절이 말했다. 대연의 수는 산법의 근원인저 …(易大傳曰, …. 邵子曰, 大衍之數, 其筭法之原乎)

송대와 조선시대 공히 유학은 성인의 학문〔聖學〕인 도학道學임을 자처한다. 그러나 최석정은 '수는 도道에서 생긴다'는 말로 수학이 도학임을 대담하게 선언한다. 이는 수학이 유학의 본령이라는 의미로 '경經'에 갈음하는 것이자 자신의 기본 명제를 제시한 것이다. 조선의 사대부 수학자 중에서 수의 출처를 도라고 한 사람을 찾기가 어렵다. 당시로서 상당히 파격적인 발상이다. 이어서 '전傳'으로 「계사전」을 언급하고 뒤이어 선유〔소강절〕의 학설로 자신의 관점을 드러낸다. 위 인용문에서 '대연大衍[72]의 수는 산법의 근원'이라는 말은 소강절의 『황극경세서』「관물외편」에 나온다. 소강절은 "이로써 수의 셈은 시작되지만, 방원의 곡직을 넘지 못한다. 승수는 수가 생기는 것이고 제수는 수가 없어지는 것이다. 셈법이 비록 많지만, 여기를 벗어날 수 없다.(是以算數之起, 不過乎方圓曲直也. 乘數, 生數也. 除數, 消數也. 算法雖多, 不出乎此矣)"고 했다. 이것은 소강절의 말을 빌려 자신의 수론도 그러함을 은연중에 나타낸 것이다. 이처럼 최석정은 경전이나 선학의 설을 내세워 자신의 수학이 근원이 있고 유래가 있음을 밝혀 학문적 정당성을 확보하려 했다.

그리고 승제에 대해 갑편 '총론팔법'에서 원회의 개물은 곱셈〔乘〕에 적

72) '대연의 수'란 「계사전」 상 9장에서 말하는 50이다. 소강절은 『황극경세서』「관물외편」에서 "성인이 의지한 수로 천수 25를 합〔倍〕한 50(易之大衍, 何數也? 聖人之倚數也. 天數二十五, 合之爲五十)"이라 했고, 주희는 『역학계몽』「본도서제일」에서 "「하도」 중궁 천5로 지10을 곱한 50(大衍之數五十, 蓋以河圖中宮天五, 乘地十而得之)"이라 했다. 대연지수 50은 천지지수 55와 함께 역수의 핵심수이다.

용하고 폐물은 나눗셈〔除〕에 배분한다. 이처럼 원회운세론의 천지가 열리는 개물은 곱셈으로, 폐물은 나눗셈에 결부시키는 변통력을 발휘한다. 또한 방원에서는 둥근 대나무 묶음〔圓箭〕과 네모 묶음〔方箭〕을 계산 도구로 사용한다. 최석정은 1-2-4-8의 가일배법에서 수학적 적용은 '4〔四象〕'에 치중하는데, 이는 다분히 강절이 만물을 네 가지 유형으로 구분하는 사부법四府法과 같은 맥락이다. 강절은 천문을 '일월성신', 지리를 '석토화수', 왕조를 '황제왕패', 경전은 '역서시춘추', 역사를 '원회운세' 등 모두 네 가지로 나누었다. 기타 사덕으로 인의예지, 역의 용用으로 의언상수意言象數 등을 말하기도 한다. 이는 '4'를 매개로 삼아 인간 만사에 적용한 인문학적 분류이기도 하다.

최석정은 을편 '통론사상'에서 "통틀어서 말하면 가감승제는 산법의 사상四象이고 … 천지간에 오직 사상만 있을 뿐이니 수의 이치가 아무리 깊고 심오해도 이것을 벗어나겠는가?"라며 '4〔四象〕'가 자신의 수학에서 필수적 요소임을 강조했으며, 사상의 뜻으로 유휘(劉徽, 220~280)의 『구장산술주九章算術注』[73]를 재해석하기도 했다.

4. 채침 상수학과 「하도낙서」 변수도

최석정 수학과 가장 깊은 관련을 맺은 것이 채침의 상수학이다. 채침 학문 자체에 대해 국내 연구 자료가 소략하고 그 내용도 난해하다. 따라서 채침의 도설과 최석정 그림과의 연관성에 대한 설명이 필요하다. 채침

73) 『구장산술』은 秦·漢代에 걸쳐 집적된 수학책으로 저자는 미상이고, 성립 시기는 기원전 1세기경으로 추정하고 있다. 『筭數書』가 발견되기 전까지 이 책은 중국에 가장 오래된 수학책으로 알려졌다. 위나라 때 유휘가 주해를 붙여 『九章算術注』를 발간했다. 총 9장으로 문답풀이 형식의 246개 산학문제가 실려 있다.

의 『홍범황극내편』 서두에는 「낙서」 수를 변용한 「구구방수도」·「구구적수도九九積數圖」·「구구원수도」·「구구행수도」가 있고 책 말미에 81개의 점도〔81數圖=81占圖〕가 있다. 모두 9수로 이루어진 '구구수도九九數圖'로 채침의 독창적 도서상수학적 작품이다.

이들 그림과 『구수략』의 「구구모수상도九九母數象圖」를 비교하면 81점도와 같고, 「구구원수도」·「구구행수도」와도 수 배열이 같다. 최석정은 "이 그림은 채씨의 「범수방도」이다."라고 하면서 「구구모수상도」는 채침 그림과 원리가 같다고 했다. 즉 '채침의 범수방도=채침의 81점도=최석정의 구구모수상도'라는 등식이 성립한다.

『구수략』의 '구구수도'에서 기본적인 그림은 「구구모수상도」이다. '모母'는 두 수가 결합되었다는 뜻이다. 둘이 하나씩 분리되면 '자子'가 될 것을 예비하고 있다. 도서를 통해 내용을 고찰해 보도록 한다. 순서는 〈그림 31〉 구구원수도九九圓數圖, 〈그림 32〉 구구방수도九九方數圖, 〈그림 33〉 구구행수도九九行數圖, 〈그림 34〉 구구모수상도九九母數象圖, 〈그림 35〉 구구모수명도九九母數名圖, 〈그림 36〉 구구자수상도九九子數象圖, 〈그

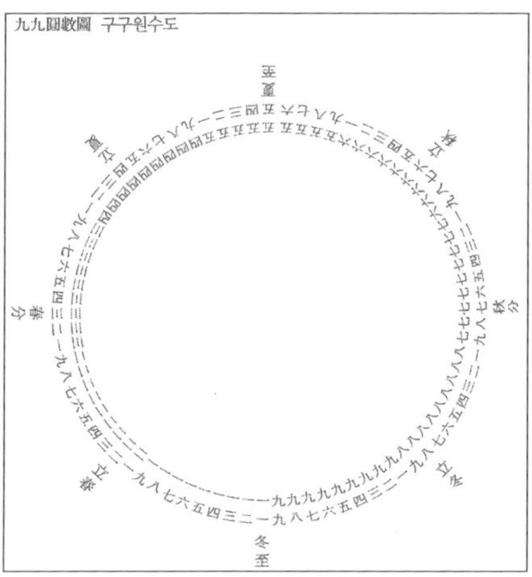

〈그림 31〉 구구원수도

九九方數圖 구구방수도

九九	九八	九七	九六	九五	九四	九三	九二	九一
八九	八八	八七	八六	八五	八四	八三	八二	八一
七九	七八	七七	七六	七五	七四	七三	七二	七一
六九	六八	六七	六六	六五	六四	六三	六二	六一
五九	五八	五七	五六	五五	五四	五三	五二	五一
四九	四八	四七	四六	四五	四四	四三	四二	四一
三九	三八	三七	三六	三五	三四	三三	三二	三一
二九	二八	二七	二六	二五	二四	二三	二二	二一
一九	一八	一七	一六	一五	一四	一三	一二	一一

〈그림 32〉 구구방수도

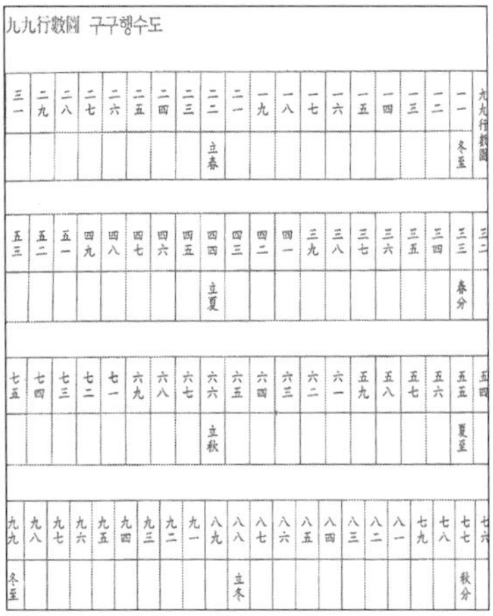

〈그림 33〉 구구행수도

〈그림 34〉 구구모수상도

〈그림 35〉 구구모수명도

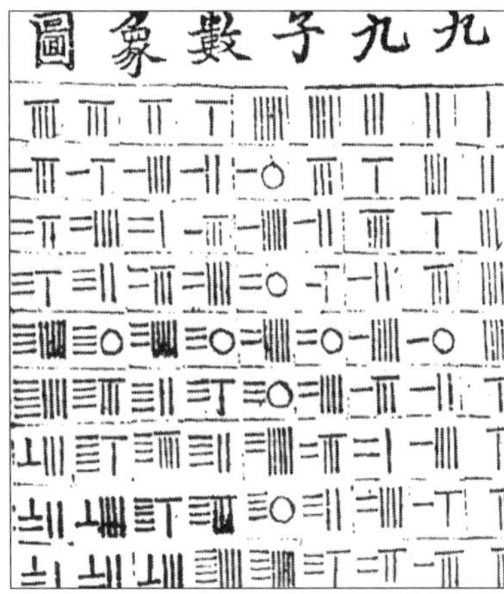

〈그림 36〉 구구자수상도

림 37〉 구구자수명도九九子數名圖, 〈그림 38〉 81점도이다.

〈그림 31〉 〈그림 32〉 〈그림 33〉 〈그림 38〉은 채침의 도서이고 〈그림 34〉~〈그림 37〉은 최석정의 도서이다. 최석정은 이 외에도 많은 그림을 그렸지만 그중 중요한 몇 개를 해제에서 다시 언급하도록 한다.

위의 도서에서 〈그림 35〉와 〈그림 37〉의 '명도名圖'는 숫자만 나타낸

〈그림 37〉 구구자수명도

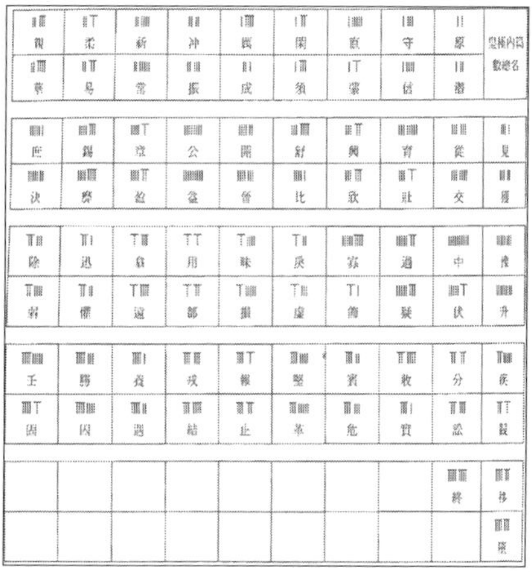

〈그림 38〉 81점도

것이고, 〈그림 34〉와 〈그림 36〉의 '상도象圖'는 숫자를 산가지〔算木, 算策〕로 나타낸 그림으로 산가지가 바로 '상象'이라는 뜻이다. 그래서 최석정은 "상이란 수의 모양이다. 이 때문에 산가지를 펼쳐서 수를 밝힌 것이다.(象者數之形也, 所以布策而明數者也)"라고 했다. 이 그림에서 산가지 배열 원리는 1~9를 종획으로 두 개씩 우右에서 좌左, 상上에서 하下의 순으로 배치한 것이다. 그는 그림에 대해 "오른쪽 수는 '목수(目數: 妻)'이고 왼쪽 수는 '강수(綱數: 夫)'이다."라고 했다. '강수 · 목수'는 채침 점법에서 초설初揲을 '강', 재설再揲을 '목'이라고 부르는 것에서 유래한 것이다. 숫자 보는 순서는 강수 → 목수 순이다.

여기서 주목할 점은 '구구수도'의 용도에 대한 두 사람의 차이점이다. 채침의 여러 '구구수도'는 천지만물의 운행 법칙과 역법을 나타내는 동시에 점占으로도 이용하는 수학적이며 점법적인 그림이다. 최석정은 달랐다. 최석정은 산가지로 이루어진 「구구모수상도」를 1~9수로 환원하여 「구구모수명도」를 그렸다. 또 2개의 수로 이루어진 「구구모수도」에서 수를 하나씩 분리하여 1개의 수로 이루어진 「구구자수상도」와 「구구자수명

〈그림 39〉 구구모수변궁양도

도」를 만들었다.

결국 채침의 그림에서 최석정의 「구구모수상도」가 나오고, 여기에서 「구구모수명도」·「구구자수상도」·「구구자수명도」가 나온 셈이다. '자수' 는 1~9를 좌우상하로 배열하여 1~81이 산출되는 9×9=81의 구구단이며, 이를 네모난 방도로 그린 것이다. 「구구자수명도」에서 제일횡격〔橫: 첫 가로줄〕은 '강綱' 이고 제일직행〔直: 첫 세로줄〕이 '목目' 이다. 그러나 이것을 점占으로 이용한다는 언급이 없다. 두 사람이 서로 다른 점이 바로 이것이다. 채침과 최석정의 학문적 상관관계를 보면, 최석정은 채침의 도서에서 영감을 얻어 새로운 '구구수도' 와 같은 「하도낙서」 변도變圖를 그렸고, 채침의 9수론에 촉발되어 변도의 수리적 구조를 다양하게 만들었다. 그러나 그는 채침 점법은 취하지 않았고 그의 저서에서도 점법에 관한 언급을 찾을 수 없다.

이처럼 최석정은 채침의 도서학 가운데 점술을 제외하고 순수 수학적 부분만 자신의 학문적 기제로 삼아 조선의 수학과 도서학으로 변용한 것이다. 특히 뛰어난 수학적 치밀성과 기하학적 상상력으로 독창적인 마방진魔方陣 형태의 그림들을 많이 그렸는데, 그중에서 「구구모수변궁양도九九母數變宮陽圖」(〈그림 39〉)는 오일러의 '9차 직교라틴방진' 보다 더 빠른 것으로 인정받아 세계 최초의 마방진으로 공인되었다.[74]

74) 송홍엽, 2013, 101~108쪽. 최석정 그림의 세계적 공인 획득에는 송홍엽 교수 등의 노력이 컸다. 「구구모수변궁양도」와 같은 방법으로 마방진을 최초로 만들었다는 스위스의 오일러(Leonhard Euler, 1707~1783)보다 61년 앞선 것이다.

5.『구수략』의 인문학적 지평

최석정의『구수략』은 송대 도서상수학의 기초 위에「하도낙서」와「역전」, 채침 상수학 및 강절역과 연관되었음을 앞에서 보았다. 그러나『구수략』의 이면을 챙겨 보면 그 속에는 최석정이 말하고자 하는 인문학적 요소 두 가지를 발견할 수 있다.

첫째, 서두의 '수명數名'에 나오는 "수란 일〔1〕· 십〔10〕· 백〔100〕· 천〔1,000〕· 만〔10,000〕이니 이것으로 사물을 셈하고 성명의 이치에 순응하는 것이다.(數者, 一十百千萬也, 所以筭數事物, 順性命之理也:『한서』「율력지」)"이다. 여기서 핵심은 '수로 만물을 셈하고 성명性命에 순응'한다는 것이다. 이는 최석정이 '수는 도에서 나온다'고 천명한 것과 같은 의미이다. 따라서 유학을 도학으로 보는 송대와 조선조의 성리학적 맥락에서 이해해야 한다. '성명'은『중용장구』1장, "하늘의 명을 성이라 한다.(天命之謂性)"에서 말하는 '명'으로, 개인의 운수나 운명으로 협소하게 봐서는 안 된다. 이는 태어날 때의 부귀빈천과 관계없이 하늘이 모든 사람에게 공평하게 부여한 본성이자 무한한 능력을 말한다. 이 능력을 잠재력으로 묵힐지 개발하여 세상에 드러낼지는 순전히 개인의 자유의지와 노력에 달려 있다. 최석정은 인간이 수를 통해 이러한 이치, 즉 자유의지에 순응할 수 있다고 말한다. '순응〔順〕'이란 천리를 알고 이에 맞게 자신의 행동 영역을 자율적으로 조정한다는 의미이다. 행동은 구체적으로 윤리와 예악이란 인문적인 속성을 지닌 유가적 틀을 거쳐 순화된다.『구수략』에서 최석정은 수를 통해 천리를 알고 이를 바탕으로 자유의지에서 우러난 성명에의 순응이라는 인문적인 행동 강령을 말하고 있다. 요컨대 수가 그러한 인문적인 작용을 하고 있다는 점을 강조한 것이다.

둘째, 갑편 '총론팔법' 가운데 '지분약법之分約法'이다. 그는 다음과 같이 말한다. “전에서 말했다. ‘만물이 고르지 않는 것이 만물의 현실이다.’ 역에서 말했다. ‘많은 것을 덜어서 적은 것에 더해주고, 만물을 저울질하여 고르게 베푼다.(傳曰, 物之不齊, 物之情也. 易曰, 裒多益寡, 稱物平施, 『맹자』 등문공 상, 地山謙卦 「대상전」)’” 이어서 그는 “고르지 못한 것은 하늘이고 이를 고르게 하는 것은 사람이다. 약분이란 사람이 하늘을 마름질하는 것이다. 여기에 어둡다면 수를 말하기 곤란하다.(不齊者天也, 齊之者人也. 約分者, 以人而裁天者也. 昧此則難乎語數矣)”라고 한다. 이를 요약하면 원래 만물이 하늘로부터 생겨날 때 주어진 그릇의 크기가 다르다는 것이고 분수分數에 차등이 있다는 뜻이다. 이 원천적 불평등을 파악하고자 할 때 실제 내용을 살피고 들쑥날쑥한 높낮이를 측량하여 고르게 조정〔마름질〕해야 한다. 수학의 약분이 그 기능을 수행한다는 것이고, 약분에 이런 이치가 있다는 것을 모르면 ‘수’를 논하기 곤란하다고 했다. 최석정의 이 말은 선뜻 이해되지 않는다.

그러나 관점을 다르게 보자. 즉 순수 수의 관점에서 최석정이 말하는 도학의 관점과 필자가 보는 인문적인 관점으로 바꾸어서 보면 다음과 같이 말할 수 있다. 약분은 분수 계산이다. 계산에서 수가 딱 떨어지지 않는 나머지 부분을 분수로 적절하게 계산하여〔裁: 마름질〕 제 값어치를 매기는 것이 약분이다. 불평등을 고르게〔齊〕하기 위한 ‘마름질’과 그 결과 제값을 쳐준다는 것은 정당한 평가와 적절한 보상을 의미한다. 즉 ‘약분’에는 ‘평가와 보상’이라는 요소가 들어있다는 것이다. ‘평가’와 ‘보상’을 하려면 사물을 정확히 관찰하고 공정하게 평가해야 하며 이때 필요한 것이 사물의 ‘이치 탐구’〔철학〕이다. 여기서 말하는 ‘이치 탐구’는 도학적 관점에서 보면 ‘수학적 철학’이고 인문학의 관점으로 말한다면 수학을 인간의 삶에 적용시킨 ‘수학적 인문학’이라 할 수 있다. ‘약분’이라는 수학적 인문학은 현실의 실정에 맞는 정확한 계산과 배분이라는 결실을 낳는다. 이처럼 최석정의 '약분' 은 단순히 수학의 산식에 그치는 것이 아니라 인문학의 한 지평이자 오늘날의 '인간학' 이라 할 수 있다. 이런 인문학적 요소들이 함유된 『구수략』이기에 오늘날에도 읽히는 것이다.

【 해제 】

최석정은 정묘호란 때 주화론을 주장했던 최명길의 손자이며, 삼정승을 모두 지낸 명문 사대부이다. 조선시대 사대부는 '수' 를 육예의 하나로 취급했으며, 중인 중에 고차원적인 수학을 구사한 경우도 있지만 주로 기술적인 산술로 취급했다. 조선 후기 학자들은 '수학' 의 중요성을 인식하고 이를 음악이나 천문역법 등에 활용했다. 최석정은 '수' 를 역학적 관점에서 '수학' 으로 접근하여 조선 유학에 수학이 차지할 공간을 마련했다. 더 나아가 유학에 수학을 접목하는 학문의 융합화를 시도했다.

『구수략』은 당시에도 혁신적이었지만 현대 수학에서도 괄목할 만한 수학적 도설을 창안했다. 최석정은 「하도낙서」를 토대로 많은 마방진을 발명했고, 그 가운데 '9차 방진도' 는 그의 수학이 조선에 머물지 않고 세계로 나가게 했다. 그가 확립한 이론 가운데 '조선의 수학' 이라고 내세울 만한 것으로 다음 몇 가지를 들 수 있다.

첫째, 최석정의 도설은 「하도」와 관련하여 7~8개, 「낙서」와 관련하여 32~33개, 역과 홍범과 관련하여 7~8개 등 50개 정도이다.[75] 채침이 「하도」가 아닌 「낙서」로써 각종 도식을 그린 반면, 최석정은 '하락변수' 편

75) 최석정의 도서는 번역서 『구수략』에 자세히 나와 있다.(정해남, 허민 역, 『구수략』(곤), 교우사, 2006. 155~231쪽) 양휘 등이 그린 것을 제목만 바꾸어 옮긴 것이 20여 개이고 나머지는 최석정의 그림이다.

에 「하도낙서」의 변형된 그림을 그렸다. 이는 「하도」 수 1~10, 「낙서」 수 1~9를 전후좌우로 변형 배치하고 줄간의 수를 조절하여 다양하게 그린 '변수도變數圖' 이다. 이 부분은 최석정만의 독특한 수학적 · 기하학적 상상력이 창의적으로 발휘된 공간이다.

둘째, 최석정은 채침의 여러 '구구수도' 를 차용한다. 이들 그림은 천지만물의 운행 법칙과 역법을 나타내는 동시에 점占으로도 이용하는 그림이다. 그러나 최석정은 채침에게서 점술을 배제하고 오직 수학적 배열만을 취해서 학문적 모티프로 삼았다. 이 부분은 '구구수도' 에서 수학만을 도출해 낸 수학자로서의 객관성이 나타난 것이자 그를 '조선의 피타고라스' 라고 칭송하는 이유가 될 것이다.

셋째, 그가 그린 「구구모수변궁양도」 · 「구구모수변궁음도九九母數變宮陰圖」 · 「구구자수변궁양도九九子數變宮陽圖」 등 다양한 변수도의 독창성을 들 수 있다. 이 중 기본이 되는 것이 「구구모수변궁양도」로, 최석정은 "이 그림은 본궁〔갑편 구구모수〕으로부터 한번 변한 것으로 종횡으로 보더라도 9수가 하나도 중복되지 않는다." 고 했다. 이러한 수적 배열이 마방진으로서 세계 최초의 것으로 인정받았다. 마방진은 현대 정보통신 분야에 적지 않은 공헌을 하고 있으며 조선 수학의 우수성을 세계에 알린 계기가 되었다.

넷째, 최석정은 『구수략』에서 수학에 내재된 인문학적 요소 두 가지를 발굴했다. 하나는, 수를 통해 천리를 알고 여기서 우러난 인간의 자유의지에 의한 성명에의 순응이라는 인문적인 행동 강령을 말했다. 또 하나는, 인간 세상의 원천적 불평등을 치유하고자 할 때 수학의 약분이 그 기능을 수행한다고 했다. 약분에 이런 이치가 있다는 것을 모르면 '수' 를 논하기 어렵다고 했다.

다섯째, 하락변수 중 「낙서육구도洛書六九圖.一名地數龜文圖〈그림 40〉」는

「낙서」를 바탕으로 한 마방진으로, 9개의 정육각형이 연결된 거북의 등 모양 위에 1~30까지의 숫자를 꼭짓점부터 아래까지 각 육각형에 배치하여 숫자의 합이 93이 되도록 한 것이다. 이것은 어느 문헌에서도 볼 수 없는 숫자의 배열이며 향후 컴퓨터 계산 및 조합 수학 영역에 응용될 가능성이 있다. 아울러 양휘산법楊輝算法에 나온 「백자도百子圖」를 역학적으로 변용하여 그린 '10차 라틴방진' 형태의 「백자모수음양착종도白子母數陰陽錯綜圖」 등의 도서에 대한 후속 연구가 이루어질 필요가 있다.

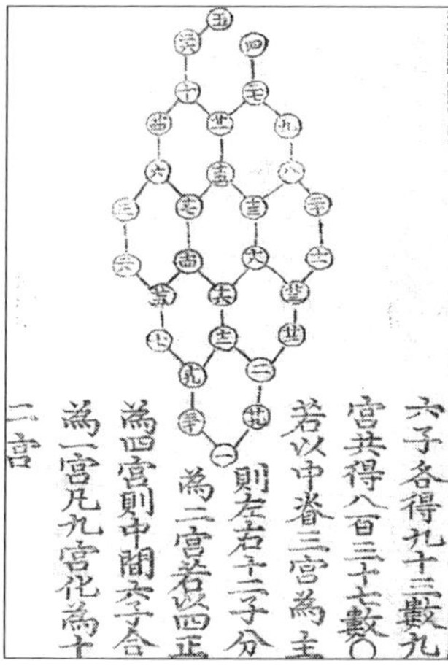

〈그림 40〉 낙서육구도

최석정의 『구수략』은 현대에 들어 그 가치가 재평가되고 있다.[76] 그러나 그의 수학이 '예언에 의한 질서' 이며, '역수易數=리수理數=점수술占數術' 에 관점을 가졌다고 비판하는 이도 있다.[77] 비판자들은 『주역』의 리수를 점술로 보는 동시에 「하도낙서」와 마방진을 신비스러운 영물이라거나 '종교적 법열法悅' 이라고 한다. 그러나 『주역』 속 리수는 점술의 수인 동시에 천리를 담은 수로 동아시아 수학의 원류라 할 수 있다. 「하도낙서」는 역의 기원으로 역학적 인문학의 산실이다. 「하도낙서」의 출처가 신비스럽다고 비과학적 주술로 보거나, 마방진을 신비한 영물로 보는 견해에는 동의할 수 없다. 최석정으로 대표되는 조선 사대부 수학이 점술이나 술수라고 비판했던 일부 수학자들의 주장은 『구수략』이 지닌 인문학적인

76) 최석정은 2013년 한국과학기술한림원에서 제정하는 과학기술인 명예의 전당에 선정됐다.

77) 김용운 · 김용국, 『한국수학사』, 살림, 2009, 234쪽.

요소를 깊이 탐색하지 않았기 때문이다. 주지한 바와 같이 최석정의 수학 논리에는 점법에 관한 논설이 전혀 없다. 따라서 최석정 수학이 점법에 입각한 '예언에 의한 질서' 라는 일부 주장은 설 자리를 잃었다.

결론적으로, 『구수략』은 상수학에 기반을 둔 '수학적 인문학' 의 드문 사례로서, 오늘날 필요한 상수학과 과학 및 인문학과의 연관성 즉 간학성에도 부합되는 수학서이자 세계에 내놓을 수 있는 조선의 수학서라 할 수 있다.

Ⅲ. 황윤석의 『리수신편』

황윤석(黃胤錫, 1729~1791)의 호는 이재頤齋이며, 18세기 신경준 · 위백규와 함께 호남 실학파의 대표 인물이다. 그는 일찍이 학문에 뜻을 두어 『성리대전』에 심취했고 과거시험에서 진사시는 합격했으나 대과에는 급제하지 못했다. 관직은 그에게 생계 수단이었지만 높지 않은 벼슬에도 스스로 자존을 지켰다. 자연히 관직보다 학문과 박학으로 명성이 높았다. 그는 노론계 기호학파 가운데 낙론계라고 할 수 있지만 당색에 크게 얽매이지 않았다. 당시 황윤석을 포함한 많은 학자가 석실서원[78]에서 함께 학문을 닦았다. 지적 탐구가 왕성했던 황윤석은 자신의 사상과 학풍이 다른 여러 학자와 교유했으며 그 덕분에 문학, 경학, 예학, 사학, 산학, 병형兵刑, 종교, 도학, 천문, 지리, 역상曆象, 언어학, 전적典籍, 예술, 의학, 음양, 풍수, 성씨姓氏, 물산 등 제반 분야의 학문에 접하고 깊게 익힐 수 있었다. 그래서 그를 '박학자' 라고도 한다.

---

78) 황윤석의 스승인 미호 김원행(渼湖 金元行, 1702~1772)은 당시 노론계 기호학파의 맥을 잇는 巨儒로서 석실서원을 이끌었다.

그러나 어느 시점 학문의 범위를 압축하여 『주역』과 홍범, 경세서, 율려론, 천문역법, 수학〔易·範·經世·律·曆·算數〕에 주력했고 기氣·기器를 중시하는 명물도수지학名物度數之學의 방향으로 나아갔다. 황윤석은 『성리대전』을 학문의 근본 교재로 삼았고, 그중에서 『황극경세서』·『역학계몽』·『율려신서』·『홍범황극내편』을 기본서로 활용했다. 여기에 서학의 산학·천문·역상 등 선진과학 이론을 보태어 방대한 저술인 『이재난고頤齋亂稿』[79]와 『이재유고頤齋遺藁』[80] 등을 남겼다.

그의 저작 중에 『리수신편理藪新編』은 '일생의 열정이 담겨 있다(余一生精力之所在也)' 라고 할 정도로 온 힘을 쏟았던 책이다. 『리수신편』은 한마디로 '조선판 『성리대전』' 이자, 조선 전 시대를 거쳐 '유일한 『성리대전』 주석서' (최영성, 2016, 163쪽)라 할 수 있다. 형식적 편제는 『성리대전』과 비슷하며 『한서』 등 다른 책에 대한 주석도 실었다. 『리수신편』은 음운, 악률, 수학, 철학, 인물, 사상사 측면에서 선행 연구들이 있으나 상수학에 관한 연구는 없다. 여기서는 선행 연구의 내용을 먼저 살펴보고 미답으로 남아 있는 그의 (상)수학을 고찰하도록 한다.

---

79) 『이재난고』는 1738년 10세부터 1791년 세상을 떠나기 이틀 전까지 54년간의 생활을 57책으로 남겼다. 기후, 농사, 비망, 독서 및 학습 내용, 詩文作, 토론, 견문, 교유, 편지, 紀行 등에 이르기까지 매일의 일상을 기록하고 있어 영·정조 시대의 사회상을 알려주는 소중한 자료일 뿐만 아니라 그의 문학과 학문을 알려주는 나침판 역할을 한다.

80) 『이재유고』는 辭, 賦, 詩, 書, 題跋, 상량문, 축문, 묘지명, 묘갈명, 雜著 등이 실려 있다. 잡저의 「字母辨」·「文字音義及字母考」·「五音正韻細辨」은 음운론으로 국어사 연구에 소중한 자료이다. 또한 스승 김원행과 서명응을 비롯한 여러 학자와 주고받은 편지는 일상의 안부나 時事부터 『역서』·『주역』·『경세연표』 등 학문까지 광범위한 내용을 다루고 있다.

1. 『리수신편』의 선행 연구

황윤석의 『리수신편』에 실린 수학서는 권21 · 권22에 실린 『산학입문』과 권23에 실린 『산학본원』 두 책이다. 권21에는 구장명수 · 포산결 · 소수 · 대수 · 양률 · 근칭 · 도율 등, 권22에는 반량창 · 창확 · 평균취속 등, 권23에는 직방원률 · 구삼고사현오지도 · 방면구현 등이 들어있다. 권23 『산학본원』은 박율(朴繘, 1621~1668)의 산서〔算學原本〕를 수정 보완한 것이라고 서문에서 밝히고 있다. 그의 수학에 대한 몇 가지 선행 연구의 요점을 추리면 다음과 같다.

① 『리수신편』은 수학 문제를 다룸에 있어서 이전 저작물보다 진일보된 책으로 최선을 다해서 역사적 근원을 많이 다루었다. 더욱 놀라운 것은 서세동점의 시기에 아르키메데스〔기원전 225년경〕 원리의 내용을 도량형에서 언급했다는 것이다.(유인영, 「리수신편의 管見」, 한국수학사학회지 13권 1호, 2000, 27쪽. 유인영은 이 논문 외에도 다수의 관련 글을 발표했다)

② 황윤석에게 성리학과 술수학〔리수학〕의 학문적 거리는 매우 가까웠다. 황윤석의 리수학은 상수나 술수뿐만 아니라 성리나 리기도 내포하고 있어 그 학문 영역이 상당히 넓다. 황윤석의 리학 정신은 중국 청대 강희제의 『성리정의』, 『율력연원』의 정신에 가깝다. 18세기에 이르면 동아시아 성리학의 내용은 더 이상 性命理氣의 해명에 그치지 않는다.(가와하라 히데끼川原秀城 지음, 안대옥 옮김, 예문서원, 2017, 280~281쪽)

③ 황윤석의 산학에 대한 관심은 전통적인 상수학의 연장선상에 놓여있었다. 황윤석은 율 · 력 · 수〔律呂 · 曆象 · 算數〕 삼가의 유기적 관계에 주목했고, 산학 연구를 통해 율력의 문제를 해결하고 궁극적으로 '성명의 근원' 인 역의 이치를 해명하고자 했다.(구만옥, 2009, 216~248쪽)

④ 황윤석의 리수관은 세계가 수학적 법칙에 의해 기계적 운동을 한다는 근대적 자연관과 일정한 거리를 두고 있다. 그의 상수학에 내포된 수의 관념을 고려해 보면 그의 자연은 대수적〔代數的: 수를 대신하는 연산이나 공리 등〕이기에 앞서 수비학적〔數秘學的: 수가 지닌 신비성을 추구하는 학문〕이다. 그의 수학에서 대수학은 독립된 지위를 얻지 못하고 수비학으로 통합되니 이는 사대부 수학의 특징이다.(김낙진, 2000, 330~331쪽)

이상에서 황윤석 수학에 대한 평가를 보면 유인영은 진일보한 수학서라고 호평하고, 가와하라 히데끼(川原秀城)는 수학적인 측면보다 성리학과 리수학과의 관계를 말했으며, 구만옥은 산학과 상수학 및 역과의 관계에 대해 말하고 있다. 김낙진은 조선 사대부 수학의 특징인 수비학적 측면을 언급하고 있다. 이와 같은 선행 연구를 종합해 보면, 황윤석의 수학은 진일보한 리수학인 동시에 수비학적인 면도 지닌 상수학적 수학으로, 궁극적으로 '역의 이치' 해명에 있다고 보았다.

2. 『리수신편』의 '리수'와 『황극경세서』

『리수신편』의 이론 중에 황윤석의 리수관을 나타내는 핵심적인 몇 가지를 논한다. 황윤석은 서문에서 "태극이기설'과 홍범경세학으로부터 계몽역윤법啓蒙曆閏法에 이르기까지 … 옛사람들의 지극히 뛰어난 이론〔古人之至論〕"[81]으로 구성된 것이 『리수신편』이라고 말한다. 주렴계, 소강절, 주자, 채원정, 채침 등의 이론을 중심으로 했다는 것이다. 『리수신편』에서 '리수'란 무엇인가. '리理'를 담은 수뿐만 아니라 리의 총체이자 리의

81) 구만옥, 2021, 226쪽.

핵심을 포괄한다는 뜻으로, 황윤석도 '수'를 '리' 그 자체로 본다. 소강절의 리수관과 맥을 같이하고 채침의 수근본론과도 일맥상통한다. '수'를 깨우치면 '리'도 얻을 수 있다는 것이다.[82)]

그는 먼저 『리수신편』 권2에서 '경세일원소장지수도經世一元消長之數圖'를 '소강절일원소장지도'라 하고 다음과 같이 말한다.

> 살피건대, 경세의 수는 모두 12에 30을 곱하고, 30에 12를 곱하여, 12와 30을 반복하여 곱해서 360이 된다. 360에 360을 곱해서 129,600이 된다. 12에 360을 곱하여 4,320이 되어 一元世數가 되고, 30에 360을 곱하여 10,800이 되어 一會年數가 된다. 1星은 매 甲을 선두로 乙丙丁戊己庚辛壬癸에 이르기까지 합하여 10으로 이것에 3을 곱하면 3이 10개로 합 30이 되니 1會가 30運數를 통괄한다. 1干〔天干〕이 각각 360년을 통괄하니 이하 이와 같다. 1진〔地支〕은 매 子를 선두로 丑寅卯辰巳午未申酉戌亥에 이르기까지 합하여 12로 이것에 30을 곱하면 30이 12개로 합 360이 되니 즉 1運이 360년 수를 통괄한다. 1支가 각각 30년을 통괄한다. 1元 · 12會 · 360運 · 4,320世 · 129,600歲 · 1,555,200月 · 46,656,000日 · 559,872,000辰(2시간=1辰)이다.(국립중앙도서관 소장 고문헌 『리수신편』 권2, 120쪽)

윗글은 『성리대전』본 『황극경세서』에서 채원정이 지은 「찬도지요」 하下에 나오는 '경세일원소장지수도'(『황극경세서』 591~592쪽)에 대한 황윤석의 설명이다. 그의 견해는 새로운 것이 없지만 '경세일원소장지수도'를 주석한 소백온과 채원정의 해설만으로 이해하기 어렵다고 보고 원회운세의 각각의 시간 생성 과정을 다시 풀어쓴 것이다. 즉 1원은 129,600년

82) 황윤석의 학문에서 이치를 체, 수를 용으로 보는 견해도 있다.(최영성, 2008, 118쪽)

이고, 10,800년을 단위로 보는 1회에 12를 곱한 것이다. 10,800년은 1운 360년에 30을 곱한 것이고, 360년을 단위로 하는 1운은 1세 30에 12를 곱한 것이며, 30년을 단위로 하는 1세는 30년이다. 셈의 기본 단위는 12와 30으로, 이를 번갈아 곱하면 원회운세의 네 가지 종류의 수가 나온다. 12은 12지지, 30은 10천간이 3회 운영된다. 셈해 보면, 1원=12회=360운=4,320세=129,600년. 1원 129,600년=1회(10,800)×12. 1회 10,800년=360(1운)×30. 1운 360=30(1세)×12. 1세 30년이 된다. 여기에 월 · 일 · 시까지 계산해 넣었다. 『황극경세서』에 나오는 그림을 옮기면 아래와 같다.

황윤석은 〈그림 41〉에 기반하여 자신의 견해를 덧붙인다. 먼저 당우唐虞, 하은주夏殷周, 진한秦漢시대의 시작과 끝을 계산하여 명기하고 있다. 예를 들면, "당 - 갑진년에 일어나서 을묘 72년에 끝났다. 우 - 병진년에 일어나서 병진 61년에 끝났다. 하나라는 정사년에 일어나서 갑오년 17왕 456년에 끝났다."(『리수신편』 권2, 123~124쪽)라면서 계산의 근거를 제시한다.

이어서 '일원수一元數'라는 별도의 항목으로 원회운세의 4종류뿐만 아

〈그림 41〉 경세일원소장지수도

니라 1년 이하 시간 단위의 수리적 내용을 첨가한다. 예를 들면, "1원은 통괄 12회 · 360운 · 4,320세이다. 1회는 통괄 30운 · 360세 · 10,800년이다. 1운은 통괄 12세 · 360년 · 4,320월이다. 1세는 통괄 30년 · 360월 · 10,800일이다. 1년은 통괄 12월 · 360일 · 4,320진이다. 1월은 통괄 30일 · 360진 · 10,800분分이며, 1일은 통괄 12진 · 360분, 4,320리釐이다. 1진은 통괄 30분 · 360리 · 10,800호毫이며, 1분은 통괄 12리 · 360호 · 4,320사絲이다. 1리는 통괄 30호 · 360사 · 10,800홀忽이며, 1호는 통괄 12사 · 360홀 · 4,320초秒이다. 1사는 통괄 30홀 · 360초이며, 1홀은 통괄 12초 · 360몰沒이다. 1초는 통괄 30몰이다."(『리수신편』 권2, 134~137쪽)라고 하면서, 『황극경세서』에는 보이지 않는 일日 이하 단위인 '진 · 리 · 호 · 사 · 홀 · 초 · 몰'을 계산했다. 이 역시 12와 30을 번갈아 적용하여 나온 수이다.

황윤석은 『리수신편』 권12 『황극경세서』 부분에 자신의 '고견瞽見'을 다음과 같이 덧붙인다.

> 元數1. 會數12. 運數360. 世數4,320. 歲數129,600. 月數1,555,200. 日數46,656,000. 辰數559,872,000.
>
> 살피건대, 이것은 1元內 元會運世歲月日辰의 수로 12와 30을 반복하여 서로 곱하여 얻어지는 것이다.

여기서도 그는 소강절의 원회운세의 4종류 수에서 '세 · 월 · 일 · 진'의 세부적인 수를 계산하는 과정을 보여주고 있다. 이렇게 원회운세수의 내부에 존재하는 미세한 수학적 단위까지 계산하고, 앞에서 언급한 '진 · 리 · 호 · 사 · 홀 · 초 · 몰'을 계산한 것은 소강절 수학의 일종이지만, 이런 시도는 조선에서 흔치 않은 새로운 방법론이다. 다만 장현광이 이와 비슷한 주장을 먼저 논한 바 있다.[83]

그는 『리수신편』 권13에서 "살피건대, 채원정이 '만물에는 색성기미色聲氣味가 있는데 소리聲가 가장 강성하다' 라 했고 지금 소리의 수는 이미 경세서에 고찰되었지만, 유독 '색기미' 의 수는 드러나지 않았다. 지금 여러 책을 고찰하여 얻고 기록한 것에 따라 여러 가지를 보완하여 그중 하나를 말한다." 라면서 색 · 기 · 미의 세부 내용을 아래와 같이 분석하여 오행에 배분한다.(『리수신편』, 아세아문화사, 1975, 1079~1081쪽)

① 色: 青 - 동방색으로 木에 속함. 赤 - 남방색으로 火에 속함. 黃 - 중앙색으로 土에 속함. 白 - 서방색으로 金에 속함. 黑 - 북방색으로 水에 속함. 이것은 다섯 방위의 바른색〔正色〕이므로 앞에 기재했다. 이어서 오방의 間色을 다양하게 기재하고 있지만 생략한다.

② 氣: 기는 냄새〔臭〕이다. 전羶 - 누린내, 나무 냄새로 木에 속함. 초焦 - 탄 냄새로 火에 속함. 香 - 향기로 土에 속함. 성腥 - 비린내로 金에 속함. 후朽 - 썩은 냄새로 水에 속함. 냄새는 코와 입 냄새로 통한다. 취는 氣이다. 이외 융烿은 火氣, 연烟은 연기로 화기, 려沴는 妖氣 등을 나열하고 있다.

③ 味: 酸 - 신맛, 木에 속함. 苦 - 쓴맛, 火에 속함. 甘 - 단맛, 土에 속함. 辛 - 매운맛, 金에 속함. 함鹹 - 짠맛, 水에 속함. 이외 부드러운 맛 활滑과 싱거운 맛 담淡이 병기되어 있다.

위의 내용은 소강절이나 채원정이 말하지 않은 '색깔' 과 '냄새' 와 '맛' 에 대한 것으로, 황윤석이 『성리대전』을 주석하는 관점에서 쓴 것으로 의미를 부여할 수 있다.

---

83) 장현광은 그의 『성리설』 권8 「우주설」에 "以至於歲月日辰刻分釐毫絲忽妙沒, 莫非此二數〔12,30〕之互紀而流行者矣." 라 했다.

3. 양전음반 이론

황윤석은 『리수신편』 권7 '주역강령周易綱領'에 조선 도서학의 효시인 권근의 『입학도설』 그림을 '부권근도설附權近圖說'로 칭하며 전재한다. (아세아문화사, 541쪽) 먼저 권근의 도설을 보자.

○ 一徑

하늘은 둥글어 셋으로 나누면 양으로 홀이기 때문에 각 하나의 홀은 전부 쓴다.(天圓分三陽奇故各一奇而用全)

□ 一徑

땅은 네모지고 둘로 나누면 음으로 짝이기 때문에 둘을 합하여 하나가 되니 하나의 짝은 반만 쓴다.(地方分二陰偶故合二爲一則爲一偶而用半)

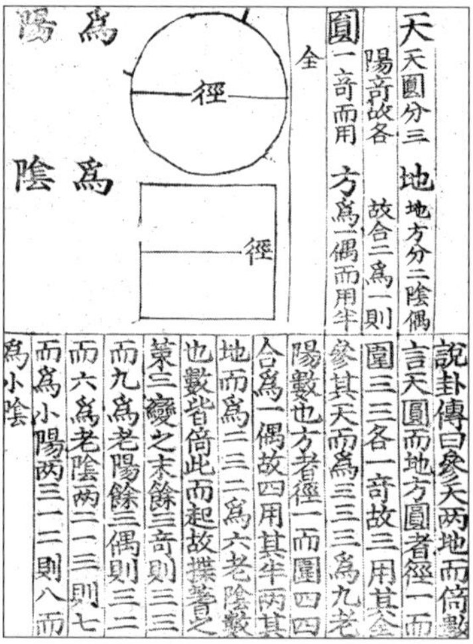

〈그림 42〉 부권근도설

위 내용은 동양의 천문관과 그에 따른 수적 배분과 '양전음반陽全陰半'에 관한 이론이다. 권근 도설의 원래 제목은 '음양육구위노지도陰陽六九爲老之圖'로서 9가 노양이 되고 6이 노음이 되는 그림이라는 뜻이다. 그 배경 이론은 천원지방론과 「설괘전」 1장 삼천양지론이다. 『성리대전』은 1415년 편찬되어 1419년 조선에 유입되었고, 『입학도설』은 권근이 1390년 고려 공양왕 때 유배지 익산에서 초학자들에게 『중용』과 『대학』을 가르치기 위한 교육용 저서였다. 권근은 당연히 『성리대전』을 보지 못했지만, 내용상 주자의 『주역본의』와 『역학계몽』 및 원대 학자들의 저서를 참고했을 것으로 추정된다. 황윤석은 권근의 도설이 자신의 리수관에 합치하기 때문에 이를 전재한 것으로 보이며, 권근 상수학에 대한 존경심을 담아낸 것으로 추정된다. 그것은 『리수신편』에서는 중국 서적 및 중국 학자들의 학설을 주로 인용하고 조선의 학자는 권근을 포함해 2~3명에 불과하다는 사실에서 확인할 수 있다.

그런데 주목해야 할 점은 '양(陽; 奇)은 왜 전부를 쓰고 음(陰; 偶)은 왜 반만 쓰는가' 이다. 이른바 '양전음반' 에 대한 의문이다. 이에 대해 권근은 다음과 같이 논한다.(『입학도설』, 국립중앙도서관 소장, 68쪽)

> 설괘전에, '하늘은 3으로 하고 땅은 2로 하여 수를 세우고(參天兩地而倚數)' 라 한 것은 하늘은 둥글고 땅은 네모나다〔天圓而地方〕는 것을 말한 것이다. 둥근 것〔天圓〕은 지름이 1이고 둘레가 3이며 3은 각각 하나의 홀〔1奇〕이기에 3은 그 전부를 쓴다. 그 하늘〔1〕을 3번 해서 3이 되니, 3을 3번하면〔3×3〕 9가 되어 노양의 수이다. 네모난 것〔地方〕은 지름 1이고 둘레가 4이며 4는 합하여 하나의 짝〔1偶〕이 되기에 4는 그 반만 쓴다. 그 땅을 2번하여 2가 되니, 2를 3번하면〔2×3〕 6이 되어 노음의 수이다. 수는 모두 여기에 의거해서 일어나기에 설시의 策〔蓍草占〕에서 3변의 끝에 나머지가 3홀이면 3을 3번하여 9로 노양이 된다.

위에서 권근은 '양전음반' 에 대한 해답을 정확하게 제시했다. '둥근 것〔天圓〕은 지름이 1이고 둘레가 3이며 3은 각각 하나의 홀〔1奇=1〕이기에 3은 그 전부를 쓴다.' 는 '양전' 에 대한 설명이다. '네모난 것〔地方〕은 지름 1이고 둘레가 4이며 4는 둘이 합하여 하나의 짝〔1偶=2〕이 되기에 4는 그 반만 쓴다.' 는 '음반' 에 대한 설명이다. 양은 본래 홀=1이기에 천원 3은 3을 전부 써야 3이 되고, 음은 본래 짝=2이기에 지방 4는 그 반만 써야 2가 된다는 것이다. 그래야 기〔홀 · 양〕와 우〔짝 · 음〕가 공평하게 균형이

맞고 '삼(3)천양(2)지'가 된다고 본 것이다. 이것은 천원지방론에서 삼천양지론으로 나아간 『주역』 리수론의 핵심이자 설시법 알고리즘의 출발선이다. 따라서 황윤석은 이 부분이 중요하면서도 누구나 의문을 가진다고 생각하여, 『리수신편』 권7 주역강령의 앞부분에 권근의 도설을 인용함으로써 자신의 수학관에 갈음한 것이 아닌가 한다.

4. 성리학적 수학론

황윤석이 활동하던 18세기 조선은 주자학이 예전과 같지 않고 새로운 학문과 사상에 대한 수요가 점증하던 시대였다. 그러나 그는 오직 『성리대전』에 학문의 뜻을 두고 상수학에 매진했다. 자연히 수학 부문도 전통수학 즉 송대 성리학적 수학에 더 무게를 두었다. 황윤석의 이런 수학관에 대해 현대 수학자 김용운(金容雲, 1927~2020)은 다음과 같이 비판적인 논지로 말했다.

① 『리수신편』 23권 중 특히 세 권을 수학에 할당하고 있다. 전체에서 수학의 비중과 이 시리즈에서 취급하고 있는 과학의 영역이 수학과 역산에 한정되어 있다는 것은 실학자들의 과학관의 유일한 원천이 수학이었음을 의미한다.
② 수학의 주류는 여전히 『상명산법』·『양휘산법』·『산학계몽』이 중심이었음을 알 수 있다. 즉, 『경국대전』에 규정된 산학이 당시까지도 지속적으로 실현되었다는 것을 짐작할 수 있다.
③ 『동문산지』와 『수리정온』 등 유럽의 근대적인 수학책이 소개되었으나 그 영향이 거의 나타나 있지 않다는 것을 알 수 있다. 이는 여전히 전통적인 고전 수학이 지배하고 있음을 보여주는 것이다.
④ 실학자들 과학관의 원천은 수학이었다. 황윤석은 산서에 대한 조예가 상당

하지만, 아직 아마추어의 테두리를 벗어나지 못했다. 하지만 수학사 연구에 좋은 자료를 제공하여 당시 수학계의 사정을 그대로 반영했다.(김용운 · 김용국, 2009, 414~415쪽)

김용운은 당시 실학자들의 과학관의 원천이 수학이라고 했다. 황윤석은 산서에 대한 조예는 상당하지만, 수학의 수준은 아마추어에 불과하다고 했다. 한편 『리수신편』은 당시 수학계의 사정을 반영하여 수학사 연구의 좋은 자료라고 평가하기도 한다. 하지만 그는 황윤석 수학을 『경국대전』 산학에서 이어진 '고전 수학' 이라고 정의한다. 황윤석이 당시 서양의 최신 수학이 유입되어 있는 데도 불구하고 이를 수용하지 않고 전통 수학을 고수했다는 비판이다.

김용운의 평가에 반론을 제기하자면, 그는 『리수신편』의 전체를 보지 않고 한 면만 보고 판단했다고 사료된다. 현대 수학자들에게 상수학적 철학이 담긴 고전 수학에 대한 이해를 바라는 것은 무리한 일이지만, 앞의 최석정에서 보았듯이 김용운은 조선 사대부 수학에 편향된 시각을 가지고 있다. 황윤석의 『리수신편』은 방대한 『성리대전』 주석서로서 누구나 쉽게 엄두를 낼 수 있는 작업이 아니었으며, 원문의 엄청난 분량 때문에 한 부분에 집중하여 서술할 수 있는 환경이 아니었다. 그리고 그는 당시 유입된 서양 수학을 배척하지 않았다. 다만 서양 수학이 동양에서 유래했다고 생각했으며, 서양 수학과 고전 수학은 궁극적으로 서로 만난다고 보았다. 사실 이 부분은 개인의 세계관이나 철학적 노선에 관한 문제이다. 새로운 문화와 이론의 범람 속에서 자신을 포함한 사회는 구시대적 질서 속에 머물러 있으므로, 고민 끝에 '성리학적 세계관' 을 택하여 '고전 수학' 의 방향 즉 '성리학적 수학' 으로 나아갔을 것이다.

그러나 황윤석의 수학이 고전 수학이라 하더라도 그가 조선의 수학에 미친 영향은 과소평가할 수 없다. 김용운도 (『리수신편』의)백과전서식의 편집은 오히려 공평하기 때문에 수학사 연구에 좋은 자료를 제공하고 있다고 했다. 즉 이 책의 내용이 "당시의 수학계의 사정을 그대로 반영하고 있다."라고 지적했듯이 『리수신편』은 18세기 조선 수학의 실상을 그대로 비춰 보여주는 '조선 후기 수학의 거울' 이라고 할 수 있다.

【 해제 】

황윤석은 『리수신편』의 서두를 태극도설과 그 해설로 시작하면서 자기 학문의 방향성을 제시한다. 이는 성리학과 상수학을 중시하겠다는 뜻이다. 이처럼 그는 성리학의 도덕철학을 중요하게 받들면서 송대 도서상수학으로 학문의 방향을 잡는다. 또한 그의 학문적 특이점은 서양의 최신 이론을 내치지 않고 그것이 중국의 이론, 『성리대전』 등에 있다고 보는 '서법중원유래설西法中原由來說' 의 입장이다. 즉 서양의 최신 법은 중국에서 기원했다는 것이다.

18세기 당시 성리학은 15~16세기 성리학보다 범위가 넓어지고 다양해졌기에 주자학의 구심력은 약해지고 서학과 실학의 원심력이 강해졌다. 이런 시대사조에도 불구하고 그는 꿋꿋하게 송대 성리학을 지키려고 노력했다. 당시 사귀었던 홍대용, 박지원, 이가환, 서호수 등이 지닌 탈『성리대전』적 입장과는 다른 일종의 고전주의자라 할 수 있다. 이러한 현상은 보수와 진보, 두 갈래로 흘러갔던 당시 시대 조류를 그대로 반영하는 것이었다. 즉 박지원, 홍대용 등 북학파들은 서학을 적극 수용하고 이용후생과 실사구시를 통해 새로운 조선을 꿈꾸는 진보 성향이었고, 황윤석 등은 옛것을 지키는 보수 성향으로 점진적 개량을 통해 새로운 시대에 부응하고자 했다. 주자학을 두고 말하자면 진보는 주자학에서 벗어나려는 입장이고 보수는 주자학을 발전시켜 서학을 포용하려는 것이었다.

그러나 황윤석은 주자학에만 매몰되지 않았다. 청나라에서 들어온 종교는 배척했지만, 최신 천문역법 등은 수용하여 학문의 진보성을 잃지 않고 개방성도 살렸다. 그는 서양의 최신 학문을 성리학으로 포용할 수 있다고 생각했다. 이것은 당시 보수적인 학자들의 경향이었고 이와 유사한 인물이 서명응이다. 이러한 상황에서 황윤석은 두 가지 고민에 빠진다. 전통철학과 최신 철학과의 갈등이고, 박학博學과 실학實學 사이의 줄다리기이다. 특히 박학에 대해 당시 성리학자들은 잡학으로 여겨 멀리하는 경향이 있었다. 그러나 그는 "군자는 한 사물이라도 알지 못하는 것을 부끄럽게 여긴다."라면서 박학으로 방향을 잡는다. 만물에 대해 탐구하고 이치를 밝히려는 강력한 의지와 열정은 그를 박물학자가 될 수밖에 없게 만들었다. 그는 박학에 전념하는 것이 결국 실학에도 연결된다고 생각했다. 엄연석은 "『리수신편』의 체계는 전통 성리학의 형이상학적 자연학과 도덕학, 『주역』의 리수역학에 기초하여 서양과학과 문물, 동아시아의 문화 등 특수하고 다양한 문화를 적극적으로 수용하고자 하는 취지를 가진다는 점에서 문화다원론적 함의를 지닌다."(2023년, 288쪽)라며 문화다원론적 측면에서 그의 학문적 수용과 포용을 평가하고 있다. 박순철은 "황윤석의 역학적 관점은 상수학적 관점이며 상수역에 관심을 가지고 연구를 할 수 있었던 배경은 그의 수학에 대한 관심과 연구가 큰 작용을 했을 것으로 여겨진다."(박순철, 2017, 64~65쪽)면서, 그의 역학과 상수학의 배경은 수학으로 수렴됨을 말했다.

이처럼 황윤석 수학의 학문적 경향을 한마디로 정의하자면 상수학에 바탕을 둔 성리학적 수학이라 할 수 있다. 여기서 말하는 '성리학'은 18세기 동아시아적 개념으로, 전통적인 성리학의 범주인 성명리기뿐만 아니라 상수나 리수도 포함하는 광의의 개념이다. 그는 성리학적 입장에서 상수학을 전개했으며 수학 · 율려 · 음운의 세 분야에 두드러진 논저를 남겼다. 이 세 분야에 정통한 사람으로는 서경덕과 서명응을 제외하고는 황윤석과 비슷한 인물을 찾기 어렵다. 실제 서명응은 황윤석의 학문적 수준을 높게 평가했다. 두 사람은 관직과 명성의 차이가 있었지만 상호 필요시 학문적 교류도 했던 것으로 전해진다. 학문의 포괄 범위를 놓고 볼 때 이규경(1788~1856)이 그와 비슷하다고 할 수 있다.[84]

황윤석은 자신의 학문 체계를 보수적 관점의 박학 정신에 굳건한 지지대를 세우고 그 위에 진보적 관점의 변역變易정신—서학에 열린 자세—을 첨가하고, 이들을 한데 아울러 이룬 것이라고 말할 수 있다. 황윤석을 평가하자면 18세기 조선의 '박문약례博文約禮'를 이룬 성리학적 수학자라 할 수 있다.

84) 황윤석의 박학 정신은 이규경으로 연결되었다고 볼 수 있다. 이규경의 조부는 이덕무이고 부친은 이광규로 모두 규장각의 검서관이었다. 이런 가학을 이은 이규경은 그가 지은 『오주연문장전산고五洲衍文長箋散稿』는 황윤석의 『이재난고』와 『리수신편』 만큼 박학하면서 정밀하다.

제3장

천문학

I. 김석문의 『역학이십사도해(총해)』

김석문(金錫文, 1658~1735)의 호는 대곡大谷이며, 포천 출신에 청풍淸風 김문金門으로 노론에 가깝지만 당색이 옅다. 스승이 있지만 천문학과 상수학은 자득한 듯하다. 대동법을 주창한 기묘명현己卯名賢인 김육(1580~1658)의 일족이다. 그는 음서로 통천군수까지 지냈지만 관직보다 연구와 사색에 몰두했다. 김육이 1645년 청나라로부터 들여온 『서양신법역서西洋新法曆書』에 실린 당시 서양 천문서적, 『항성력지』·『오위역지』·『시헌역법』·『칠정역지』는 김석문이 천문학을 확립하는 데 큰 도움이 되었다. 김석문은 북송오자의 역학서와 제자백가, 육예지서 등의 바탕 위에 선진 천문학을 접목하여 40세(1697년)에 『역학이십사도해易學二十四圖解(이하 '역학도해' 혹은 '이 책' 이라고도 함)를 저술했고 69세(1726년)에 판각이 이루어졌다.[85]

85) 저본은 성균관대 대동문화연구원 『經學資料集成 96 · 易經 十』으로 하고 규장각본도 참고 함. 이 책 447~488쪽은 『易學二十四圖總解』라는 이름으로 본 책이 있고, 491~

책의 성격은 한마디로 '역학적 천문서' 이자 '상수학적 우주서' 이다. 책의 체재는 서목序目 · 24도 · 총해로 되어 있으며, 24도 중에서 제2도 · 제10도가 각각 2장씩 있어서 실질적으로 모두 26도(이하 '26도' 라고 함)이고, 서목 1장과 총해 15장을 합하여 모두 14,500여 자로 되어있다. 이 책은 역사 속에 묻혀 있다가 1975년 민영규(1915~2005)에 의해 원문과 연구논문이 학계(『동방학지』 16권)에 소개된 후 관련 논문이 15편 이상 발표되었다.[86] 기존 연구의 대부분 논지는 김석문이 전통적인 성리학과 역학 위에 서양의 최신 천문학을 수용하여 독자적인 천문학을 수립했다는 데에 두고 있다. 그는 조선에서 처음 '지전설〔地動說〕' 을 주장했으며, 주렴계의 태극론을 새롭게 해석하고, 장재의 천체론을 원용하며, 천문수학은 소강절 수학을 운용하여 조선 천문학과 우주론의 새로운 이정표를 세웠다.

그러나 17세기 그의 천문학이 당시로서는 최신이지만 19세기 남병철 · 남병길 형제나 이상혁 등이 이룩한 과학적인 천문학에는 미치지 못한다. 말하자면 19세기 수준의 천문학으로 보지 말고 17세기 동아시아적 수준의 천문학을 기준으로 그의 천문학을 살펴야 하고 평가해야 한다는 것이다.

기존 연구를 보면 '상수학' 적 고찰은 턱없이 부족하고 특히 김석문 천

528쪽에 『大谷易學圖解』란 제목으로 별도의 책이 있다. 두 책의 내용은 대동소이하나 뒤 책은 설명만 있다.

86) 대표적으로 몇 편을 보면 다음과 같다. 민영규, 「17세기 李朝學人의 地動說 - 金錫文의 역학24도해」, 『동방학지』 16, 연세대 국학연구원, 1975, 1~64쪽. 오가와 하루히사(小川晴久), 「지전(동)설에서 우주무한론으로 - 김석문과 홍대용의 세계」, 『동방학지』 제21집, 연세대 국학연구원, 1979, 55~90쪽. 장숙필, 「김석문의 『역학이십사도해』」, 『도설로 보는 한국유학』, 예문서원, 2000, 289~318쪽. 구만옥, 「18세기 후반 김석문(金錫文)과 『역학도해(易學圖解)』의 발굴 - 황윤석(黃胤錫)의 『이재난고(頤齋亂藁)』를 중심으로」, 『韓國思想史學』 57, 한국사상사학회, 2017.12월, 1~59쪽. 전체적으로 보면, 기존 연구는 천문학과 사학 분야는 충실하나 易學 부분 연구는 상당히 부족하다.

문학과 소강절 역학과의 상관관계에 대한 분석은 거의 없는 실정이다. 여기서는 부족한 점을 보충하는 데에 초점을 맞추어 서술한다. 이 책의 내용을 보면, 먼저 서론과 목차가 나온 후 아무런 설명도 없이 먼저 26개의 도상이 나오고, 도상 끝에 바로 이어서 15쪽에 달하는 김석문의 이론이 기술되어 있다. 따라서 도상과 천문학 이론의 연결이 매끄럽지 못하다. 먼저 그의 기본적인 우주관과 역학관을 살핀 후 26개 도상을 분석하면서 「황극구천도」와 천문수학〔天文常數〕, 태극론, 강절역 등을 고찰한다.

1. 김석문의 우주론과 역학관

김석문의 상수학의 핵심을 이해하기 위해 선제적으로 확인할 것이 있다. 첫째, 『역학도해』의 저작 의도에 대해서이다. 그 단서는 지인 최후崔候가 그에게 보낸 2개 붓과 5개의 먹에 빗댄 말에서 찾을 수 있다.[87] 김석문은 "최후가 이 물건을 보낸 것이 어찌 나로부터 '하늘의 운행은 느리고, 땅〔지구〕의 운행은 빠르다(天之舒而地之疾)' 라는 말을 듣고 싶은 것이 아니겠는가."라고 했다. 여기서 '하늘의 운행은 느리고, 땅의 운행은 빠르다' 는 천문학에 관한 것으로, 이 책에서 천문학을 논하겠다는 저술 의도를 드러내고 있다. 하늘과 땅의 운행 속도에 대해 짚어보자. 당시 주자학적 우주관은 땅의 운행속도가 가장 느리고 하늘은 9중천으로 멀리 갈수록 회전이 빨라진다는 것이다. 그런데 김석문은 반대로 말하고 있다. 즉 '천정지동天靜地動' 을 근간으로 가장 바깥 9층 태극천은 부동이고, 8~1층까지 회전 속도가 점점 빨라져 중심부에 있는 1층 지구는 가장 빠르다는 것이다. 그래서 이를 '중동이외정中動而外靜', '외지이중질外遲而中疾'

87) 김석문, 『역학이십사도해총해』, 성균관대 대동문화연구원 『經學資料集成 96 · 易經 十』, 474쪽.

이라 했다. 당시 보기 힘든 새롭고 독자적인 천문관이다.

둘째, 그의 의도는 천문학과 더불어 새로운 음양오행설〔二五之說: 易學說〕 제기에 있었다. 그 설은 익히 아는 것이 아니라 '새로운 역설〔新易說〕'을 주장하려 한 것이다. 그래서 다시 2개 붓과 5개의 먹에 빗대어 "하늘에는 음양이 있으니 붓 2개를 보낸 것이고, 땅에는 오행이 있으니 먹 또한 5개 보냈으니 최후의 뜻은 바로 음양오행설〔二五之說〕을 듣고자 한 것이 아니겠는가."라고 말한다. 음양오행설은 오랜 세월 내려온 것인데 김석문으로부터 음양오행설을 듣고자 하는 것은 그것이 새로운 음양오행설이기 때문일 것이다. 종래의 것이라면 이렇게 이야기를 만들 필요가 없었을 것이다. 그런데 다음 글에서는 또 다른 의도를 읽을 수 있다.(『역학도해』, 447쪽)

유달리 周易과 렴계, 강절, 정자, 장재 등의 책을 좋아하고, 천지일월성신과 수화토석을 관찰 궁리하여 … 음양의 연고에 통하고 고금의 변화에 도달하여 … 요컨대 공자의 근본으로 돌아가는 것이다.

김석문은 새로운 천문론과 새로운 역학 이론〔음양오행설〕을 주장하려 하지만, 결국 공자로 돌아가겠다고 하니 학문의 최종 목적지는 유학이다. 그러나 그것은 서양 최신 천문학 등이 가미된 신유학이다. 요즘 말로 유학의 첨단화를 꿈꾼 것이다. 그의 말이 어폐가 있어 보이지만 그림의 시작과 끝을 태극과 도道로 나타내어 그것이 바로 공자로 돌아가는 길이자 자신의 목적지임을 드러내 보였다.

셋째, 그는 무엇으로 그의 꿈을 이루려 했는가. 다음과 같다.(이 책, 447쪽)

위로는 태극의 체에서 아래로 천지만물의 체용까지 수와 괘의 중심을 파헤

쳐서 시초점, 易象, 납갑과 바다의 조수과 음양의 元會에 대해 글을 짓고 천지가 태극으로 돌아가는 것에 이르도록 했다.

윗글을 부연하면, 김석문은 태극의 본체에서 천지만물의 체용론 · 역수 · 역괘를 정밀 분석하고, 시초점 · 역상도 · 납갑법을 새롭게 정비하고 아울러 바다의 조수에 대한 논의와 원회운세설을 재조명하여, 궁극적으로 우주가 원래 태어난 태극으로 귀환한다는 내용을 담겠다는 것이다. 1만 자 이상의 해설과 26개 그림에는 당시의 최신 천문학과 그가 재정립하고자 하는 역설이 모두 포함되어 있다. 이와 같은 김석문의 학문적 태도에 대해 '상수학적 관념을 심화 확대' 했다거나 '주자학적 우주구조론의 전변, 주자학적 우주생성론의 심화' 라고 평가하고 있다.(문중양, 1999, 31~39쪽. 구만옥, 2002, 142, 147쪽)

2. 『역학도해』의 26개 도상

1) 도상의 개요

『역학도해』는 천문도天文圖와 역상도易象圖로 이루어진 26개의 도상圖象이 있지만 이에 대한 설명이 거의 없다. 책 제목에는 24개 도상이라고 했지만 실제로 26개의 그림이며, 원래 그림에 대한 별도의 해설이 있었는데 소실되어 전해지지 않는다. 따라서 그림에 대한 기존 연구가 소홀하다.[88] 그림에 대한 분석이 없거나 부실하면 그의 이론의 절반을 잃는 것이나 다름없다. 따라서 전체 그림의 윤곽과 중요한 몇 가지를 살펴보고, 그의 천문수학이 녹아 있는 「제2황극구천도第二黃極九天圖」는 따로 고찰

88) 기존 연구에서 그림을 설명한 논문은 다음과 같다. 황병기, 2004, 151~153쪽. 장숙필, 2000, 295~307쪽. 구만옥, 2017, 34~44쪽. 전용훈, 2018, 117~123.

해 보도록 한다.

26개 그림은 천문도와 역상도가 혼재되어 있는데, 한 그림에 천문과 역상이 동시에 있거나 천문이나 역상만 있는 그림도 있다. 분류하면 아래와 같다.

〈표 9〉 26개 도상 분류

번호	그림 제목	구분	비고
1	第一太極圖	역상도	역상만 있음
2	第二黃極九天圖	천문도	천체 운동방향 표시
3	第二赤極九天附圖	천문도	상동
4	第三日蝕圖	천문도	상동
5	第四月蝕圖	천문도	상동
6	第五兩儀圖	천문도+역상도	지구운동, 음양 운동방향
7	第六四象圖	천문도+역상도	지구운동, 象數 운동방향
8	第七數卦小成圖	역상도	역상만 있음
9	第八數卦大衍圖	역상도	數와 卦 운동방향
10	第九四十八策蓍象圖	역상도	역상만 있음
11	第十六十四卦方圓圖	역상도	상동
12	第十六十四卦方圓附圖	역상도	상동
13	第十一後天數卦圖	역상도	수와 괘 운동방향
14	第十二四十九策蓍象圖	역상도	역상만 있음
15	第十三天地體用圖	역상도	수와 괘 운동방향
16	第十四天地六用生物圖	역상도	상동
17	第十五萬物體用圖	역상도	상동
18	第十六萬物六用生象圖	역상도	상동
19	第十七南北晝夜數卦圖	천문도+역상도	지구운동, 괘와 수 표시
20	第十八南北冷熱數卦圖	천문도+역상도	지구운동, 괘와 수 운동
21	第十九月望卯酉潮汐圖	천문도	지구운동 방향
22	第二十春分卯酉潮汐圖	천문도	상동
23	第二十一南北二極量地圖	천문도	상동
24	第二十二南南北二漢元會圖	천문도+역상도	주야운동, 元會 운동방향
25	第二十三南地返於天圖	역상도	역상만 있음
26	第二十四南天返於道圖	역상도	상동

위 그림을 종합해 보면, 순수 천문도는 7개, 순수 역상도는 14개, 천문도와 역상도의 혼합도는 5개로 모두 26개이다. 그림을 판별하는 기준은, 그림 속에 지구를 포함한 천제의 운동 방향〔예: 右平旋, 地從右立旋〕만 표시한 것은 천문도이고, 수와 괘, 의〔儀: 음양〕, 원회 등 도서와 역리의 운동 방향〔예: 數卦從左平旋〕을 표시하거나, 방향 언급 없이 역상만 있으면 설령 일월日月이 있더라도 역상도로 봤다. 천문과 역상의 운동 방향이 함께 기재된 것은 천문도와 역상도가 합해진 그림이다. 조선 중 · 후기 역학서에 역상과 도서가 많은 것은 송역과 강절역의 경향이 반영된 것이다. 김석문도 그런 역학적 흐름 위에서 역상도를 더 많이 그렸을 것이다.

역상도를 일별해 보면, 김석문은 「계사」 상 11장에 나오는 '태극 - 양의 - 사상 - 팔괘' 가 나오는 순서대로 그림을 그렸고〔1 · 6~9번〕, 강절역에 따라 선천역의 관점을 반영하여 「64괘 방원도」 - 「후천도」 순서〔11~13번〕로 그렸음을 알 수 있다. 특이한 점은 시초점에 관한 그림〔9 · 10 · 14번〕인데 이때까지 조선 역학에서 볼 수 없었던 새로운 점서법占筮法이 포함되었다. 또 천지만물의 체용도〔15~18번〕를 그렸고 천지가 다시 도〔道: 태극〕로 돌아가는 그림〔25 · 26번〕도 그렸다. 그림의 처음과 끝〔1번 · 26번〕이 「태극도」로 이루어졌다는 것은 그의 천문과 역상은 태극에서 시작하여 태극으로 끝난다는 것으로 그것이 공자의 길이라고 본 것이다. 이 또한 자기 철학의 근원을 표시한 것으로 의미 있는 도상이다. 7번 '사상도' 에만 「하도」가 그려져 있고 나머지 역상도에는 「낙서」가 그려져 있는 점도 특색이다.

여기에서 특수한 그림 몇 개만 선택하여 고찰해 보도록 한다. 먼저 그림의 운행 방향이 「선천도」와 다른 점이 있다. 그 부분부터 짚어본다.

2) 역상도와 천문도의 운행 방향

「선천도」 상의 좌선左旋과 우선右旋은 괘의 운행 순서〔음양의 변화〕와 순수와 역수를 말한 것이다. 따라서 「선천도」에서 말하는 좌선左旋과 우선右旋을 천문 운행의 좌선과 우선으로 여겨서는 안 된다는 것을 앞에서 자세히 언급했다. 이와는 별도로 김석문의 역상도와 천문도에서 특히 주의해야 할 점은 좌선과 우선의 '방향'에 대해서이다. 역상도는 평면도로 방위는 좌=동, 우=서, 상=남, 하=북으로 성인聖人 남면南面하는 전통 관념을 반영했다. 이때 좌선은 북-동-남-서 방향〔시계 방향 ↷〕이고, 우선은 북 서 남 동 방향〔시계 반대 방향 ↶〕이다.

한편 천문도의 방위는 좌=서, 우=동으로 역상도와 반대이고, 구체球體의 회전을 염두에 둔 것이다. 이때 '우선'이란 좌측인 서쪽에서 우측인 동쪽〔서 → 동〕으로 직선운동처럼 회전함을 말한다. 이는 좌측에서 우측으로 좌우 운행이지 상하〔남북〕 운행이 포함된 것이 아니다. 즉 서-남-동-북의 사방 운행이 아니라는 뜻이다. 지구의 자전·공전은 모두 우선이다. 구체의 회전운동을 평면도에 옮길 때 동서남북을 어디에 두느냐가 문제이다. 여기서 역학과 천문학의 인식 차가 발생한다. 김석문은 두 관점을 함께 말했기 때문에 그의 그림은 역학과 천문학의 입장을 모두 고려해야 한다. 그가 "수와 괘는 왼쪽으로 일정(평평)하게 회전한다(數卦從左平旋)"고 한 것은 역학의 관점〔시계방향 ↷〕이고, "땅〔지구〕은 오른쪽으로 일정하게 회전한(地從右平旋)"는 천문의 우선〔서 → 동〕 관점이다. 이 두 관점이 함께 있는 6·7·20·24번의 경우, 그림은 전통적인 평면도〔좌=동, 우=서〕이지만, 그림 속에 회전하는 구체인 지구가 있기에 지구의 방위를 좌=서, 우=동으로 보아야 착오가 없다. 결국 평면도인 역상도를 관찰할 때 성인 남면의 전통 방위를 염두에 두고 동시에 소강절 「선천도」의 괘의 운행순서와 좌선과 우선의 방향도 함께 고려해야 한다. 어떤 그림은 그 속에 회전하는 지구도 들어있음도 잊지 말아야 한다.

이상의 내용을 바탕으로 본 그림을 보면, 괘의 운행순서는 '진-리-태

-건-손-감-간-곤' 이다. 이 순서대로 10천간은 진괘에 갑甲, 리괘에 을乙, 곤괘에 계癸가 좌선의 순서대로 배치되었다. 그러나 12지지는 곤괘에 자子, 진괘에 축인丑寅, 간괘에 술해戌亥 순으로 배치되었다. 낙서수 1~9는 낙서 방위대로 배치되었는데 좌선은 아니다. 원래 낙서수의 방향은 좌우선이 섞여 있다. 이는 하도수가 오행상생의 원리에 따라 좌선하는 것과 대비된다. 이처럼 낙서수 방향이 불규칙적인데도 '수가 좌선한다.' 라고 하므로 그 의미를 어떻게 파악해야 하는지 의문이다. 앞으로 풀어야 할 숙제다.

3. 「황극구천도」와 천문수학

『역학도해』에서 두 번째 그림인 「황극구천도黃極九天圖」는 9중重 천체도이다.[89] 이 그림은 규장각 본 5쪽 및 『경학자료집성』 449쪽에 나와 있는 것으로 당시 천문도와 큰 차이가 있다. 그림에서 가장 외곽 9층은 부동不動의 태극천이다. 8천天인 미동微動하는 태허천부터 지구까지 9층이고 모두 기氣로 이루어졌다. 우주는 생멸의 기간이 있고 천체 사이에는 경계막이 없으며, 각자 회전 궤도와 회전 속도를 가지고 있다. 그 속도는 외곽에서 가운데로 갈수록 빠르고 천체도 중심 근처에 있는 지구가 가장 빠르다. 그러나 지구는 천체의 중심이 아니며[90] 우측〔右旋: 西 → 東〕으로 자전하고 황심(黃心: 天心)을 기준으로 우측으로 공전한다. 다른 천체도 모두

89) 오가와 하루히사(小川晴久), 「지전(동)설에서 우주무한론으로 - 김석문과 홍대용의 세계」, 『동방학지』 21, 연세대 국학연구원, 1979, 62쪽.

90) 김석문의 천문관은 "별들은 천구에 박혀있지 않고 우주 공간에 떠 있다."는 덴마크의 티코 브라헤(Tycho Brahe, 1546~1601) 천문관에 기초하고 있다. 티코는 지구중심설을 주장했으나 김석문은 지구가 우주의 중심이 아니며 天心〔黃心〕에 2도 비껴 있다〔兩心差〕고 주장한 점이 다르다.

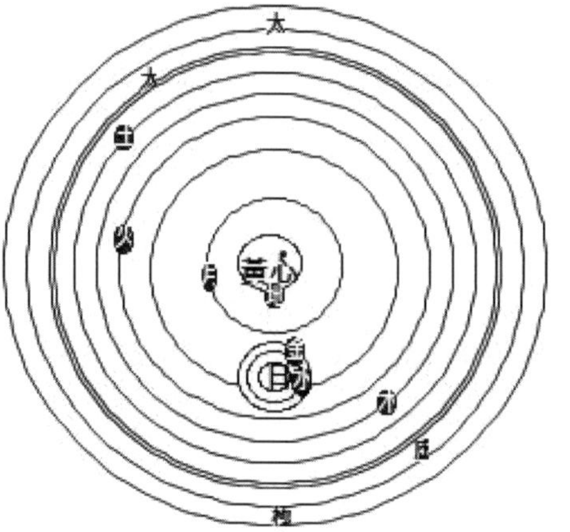

〈그림 43〉 황극구천도

우선한다.〔右旋說〕 이것이 김석문이 펼치려는 새로운 우주론의 주요 내용이다. 이는 당시 전통적 우주관인 주자학적 우주론을 뒤흔드는 코페르니쿠스적 전환이었다.(오가와 하루히사, 1979, 58쪽) 그의 우주론의 주요 논거는 최신 서양 역법과 『태극도설』, 『황극경세서』, 『정몽』에 나오는 상수학적 천문론이다.

9층 하늘 중 8개 하늘은 크기와 속도, 거리가 모두 다르다. 태극천은 무한이므로 논외이고 나머지 8천에는 동정 · 내외 · 청탁 · 고금 등이 다르게 존재한다. 이것을 어떻게 나타낼 수 있는가. '수'를 통할 수밖에 없다. 그래서 태극천은 이름은 있으나 형기가 없는 '무수無數의 체'라 했고 나머지 8천에는 각각의 고유한 수 즉, '천문상수天文常數'가 있다. 먼저 회전〔運行〕 속도를 보자. 제일 외곽〔9층〕이 부동의 태극천이며 8층은 미동의 태허천으로 회전 속도가 빠른 순서로 보면, 7층 경성28宿 → 6층 토성 → 5층 목성 → 4층 화성 → 3층 태양〔日: 金星과 水星이 위성으로 태양 궤도를 순환〕 → 2층 달〔月〕 → 1층 지구〔地〕의 순서이며 지구가 가장 빠르다. 여기서 주의할 것은 '(회전이) 빠르다'는 것은 9층 하늘 각각의 자체 회전 속도를 말하는 것이 아니고, '주천 속도周天速度' 즉 자기 궤도를 얼마나 빨리 도는지에 대한 공전 속도를 말한다. 각 천의 자체 운동 능력은 1일 9만 리〔지구의 1일 자전 거리=지구의 둘레〕[91]로 균등하다. 즉 여덟 개 하늘〔8天〕 각각의 운행 속도는 1일 9만 리로 동일하다.

한편 각각 하늘의 주천 궤도〔원둘레: 圓周〕가 크면 회전이 느리고 궤도가 작으면 회전이 빠르다고 말한다. 궤도가 가장 큰 태허천의 궤도를 도는〔周天〕 시간이 가장 길다. 그래서 1일 9만 리 등속等速이지만, 느리게 주천하는 것으로 '보이기'〔視運動〕 때문에 '미동微動'이라 한 것이다. 김석문은 이를 '일허一虛'라 하면서, 태허는 미동하므로 수의 시작〔1〕이자 9만 리를 함유한다고 했다.

1주천 시간을 보면, 태허천은 9,933만601억 2,839만 5,980여 년, 경성천은 25,440년, 토성천〔鎭星〕은 29년, 목성천〔歲星〕은 12년, 화성천〔惑星〕은 2년, 해〔日輪〕는 1년, 달〔月輪〕은 1달, 지구〔地質〕는 1년에 366번[92] 회전한다. 지구가 가장 빠르고 태허천은 가장 느리다. 이 수치는 원둘레 기준이므로 원주율〔3.141592. 355/113 密率〕로 나누면 각 천의 직경〔지름〕이 나오고 다시 반으로 나누면 천체 중심과의 거리〔반지름〕가 나온다. 여기에 양심차兩心差인 2도 18만 리를 감안하면 지구와의 거리도 산출된다. 각 천체의 크기는 주천 시간에 1일 운행거리 9만 리를 곱하면 된다. 태양천의 경우, 1년〔365.24422일〕×9만 리=3,287만 1,798리가 태양천의 둘레이자 크기가 된다. 이처럼 복잡하고 대수인 천문수학을 김석문이 계산한 것이다.

---

91) 왜 1일 9만 리를 운행하는가? 지구 남북의 고도는 250리를 기준으로 1도씩 변동한다. 따라서 '지구 둘레 360도×1도 이동 거리 250리=전체 이동 거리 9만 리'이다. 이 계산법은 이탈리아 선교사 마테오리치(利瑪竇, 1552~1610)의 이론이고 김석문은 이를 채택했다.

92) 지구는 왜 1년에 366번 회전〔自轉〕하는가? 김석문은 度 이하 단위는 9단위로 나누어서, 지구 1일 평행률은 '58分 58秒 38微 38纖 30芒 26末 21塵 47忽 31虛'라 한다. 이것으로 지구의 둘레 360도를 나누어서 366이란 수치를 산출한다. 구만옥, 2002, 138~139쪽 참조.

4. 태극론과 신역설

김석문은 태극론을 재해석하고 기론氣論적 우주론 및 음양오행설을 확대 적용하여 새로운 역설을 제시했다. 그는 태극을 '진정명허眞精明虛' 한 그 무엇으로 보면서, 역리와 의리, 태일 등 철학사상을 모두 담은 포괄적 존재로 규정한다. 송대 신유학이나 조선조 주자학의 경우, 태극과 태허는 동일한 학문 체계에 머물기 어려웠다. 그러나 김석문은 자신의 우주론에 이 둘을 절묘하게 연결한다. 그는 당시 학자로서 태극 즉 '리' 를 가장 우위에 둘 수밖에 없었다. 아울러 9중천의 천체는 '기' 로 이루어졌으니 장재의 기론도 필요했다. 그래서 주렴계 태극과 장재 태허를 적절히 혼합하여 다음과 같이 말한다.(『역학도해』, 475쪽)

> 靜이란 動의 은미함이므로 정할 수 있으면 점차 동하여 이것으로 태허가 있게 되니, 주렴계가 말한 "태극이 움직여 양이 생긴다는 것이다.(太極動而生陽也)" 태허란 천체이고 태허는 미동한다.

그는 『태극도설』의 앞 구절인 "태극동이생양太極動而生陽" 에 장재의 태허를 집어넣어 자연스럽게 태극과 태허가 동정을 사이에 두고 만나게 하면서 태허는 미동한다고 말한다. 9중천론에서 태허천은 천체 운동의 시발점이므로 어떻게든 자신의 우주론에 끌어들이되 부동의 태극 아래에 두어야 했다. 그래서 그는 '태극동太極動' 을 '태극〔부동〕' 과 '동' 으로 구분하고, 그 사이에 '미동하는 태허천' 을 집어넣어 그 위치를 태극 뒤로 규정했다. '태허미동太虛微動' 은 이렇게 해서 탄생된 것이다. 이로써 장재의 『정몽』에 나오는 천체론과 기론도 저절로 김석문의 우주론에 편입되어 그의 학문체계의 일부가 되었다.

김석문은 체용론으로도 태극과 태허를 대비시키고 수의 발생 여부와도 비교하여 자신의 논리를 더욱 굳건히 한다. 그 결과 김석문 우주론은 일면 기론적 우주론을, 일면 태극〔理〕 중심 우주론을 겸비하면서 더 탄탄해졌다. 상수학자로서 뛰어난 융합력과 철학적 상상력이 돋보이는 부분이 아닐 수 없다. 태극은 원래 부동인데 '태극동' 이라 한 것에 대해 그는 주석에서, "태극동이라는 것은 정말 태극이 동하는 것이 아니고, 기는 태극 속에서 동하고 태극은 또 기 속에 있는 것을 말한다." 고 부연하고 있다. '태극동부동' 혹은 '리발기발' 의 문제는 퇴계와 율곡학파의 주요 논쟁거리였다. 이처럼 그는 율곡 노선을 취하고 있음을 알 수 있으며,[93] 다른 곳에서도 '리주理主' 라 하여 그 노선을 재천명한다. 다시 태극도설에 대해 말한다.(『역학도해』, 478쪽)

① (주렴계가 말한 '動極而靜也') 무엇을 動이 극에 달하면 靜이라고 하는가. 지구 위 사람들은 지구가 매우 빠르게 회전하는 것을 모르고 도리어 지면이 멈춘 것으로 여기는 것이다. ② 무엇을 정하면 음을 낳는다〔靜而生陰〕고 하는가. 음은 땅의 그림자이다. 지구가 돌아 해를 등지면 음이 생긴다. 지상의 사람들은 지구가 매우 빠르게 회전하는 것을 모르고 도리어 지면이 멈춘 것을 보고 음이 생긴 것으로 여기는 것이다. ③ 무엇을 정이 극에 이르면 다시 동한다고 하는가. 지상의 사물들이 이미 지면이 멈춘 것으로 여기니 도리어 지구가 돌아

93) 太極과 理가 득세한 배경은 다음과 같다. 北宋 시대에는 태극과 리가 철학의 중요 개념이었지만 유일한 중심 개념이 아니었다. 주렴계는 태극도설을 지었지만 易의 위대함을 말하고자 함이었고, 소강절의 경우 태극은 문도들이 편찬한 「관물외편」에만 나오고, 장재 저서에 태극이란 말을 찾기 어렵다. 二程 저서에는 태극이란 말이 보이지 않는다. 북송 당시에는 태극이 철학의 중요한 내면적 근거의 하나였으나 겉으로 잘 드러나지 않았다. 태극이 명실상부하게 철학의 중심이 된 때는 주자부터이다. 주자는 철학적 체계의 기준을 마련하고자 하였고 그것이 '태극 즉 리' 라는 체계였다. 그 후 태극과 리는 易理와 性理 및 物理의 중심이 되었다.

서 해를 보는 것을 하늘이 동하여 양을 낳는 것으로 여기는 것이다.

위 인용문은 김석문이 태극도설 앞부분을 지전설적으로 풀이한 것으로 전례 없이 뛰어난 해석이다. ①은 주렴계의 '동극이정動極而靜'을 지구의 회전이 너무 빨라 지상의 사람들은 오히려 정지해 있다고 느낀다고 했다. 실제로 지구는 평균 시속 1,670km로 돌고 있지만 우리는 실감하지 못하고 있다. ②는 새로운 음양관에 지전설을 가미해서 '정이생음靜而生陰'을 해석한 것이다. 즉, 지구가 돌아 해를 등지면 땅 그림자〔陰〕가 생기는 것인데, 지면이 멈추어서 음〔어둠〕이 생긴 것으로 착각한다는 것이다. ③의 '정극부동靜極復動'도 지구가 자전하여 해를 보는 것이 아니라 하늘이 움직여서 해가 나온 것〔햇빛=양〕으로 느낀다는 것이다. 태극도설의 동정음양론을 자신의 지전설을 입증하는 객관적 논거로 가져온 창의적 발상은, 오가와 하루히사가 "태극도설에 대해 이 이상 훌륭한 해석을 보지 못했다."[94]라고 칭송할 만큼 시대를 뛰어넘는 탁월한 것이다.

음양은 원래 빛의 유무에 따라 생기는 명암을 나타내는 자연적 개념이었다. 그러나 춘추시대로부터 음양 개념이 발전하다가 전국시대 제나라 추연에 의해 음양과 오행이 결합하여 음양오행설이 제시되었다. 음양오행설은 한나라 동중서와 유향 등을 거치면서 정치철학적, 생활철학적, 인문학적 개념으로 비약적 성장하며, 이후 동아시아에서 천지만물의 생성변화와 세상사 모든 일을 설명하는 원천적 · 포괄적 개념으로 자리잡았다. 음양에 대해 김석문은 지구의 회전으로 발생하는 해의 유무로 말하면서, 이를 확대하여 동정動靜 · 청탁淸濁 · 변멸變滅 · 고금古今 · 대소大小 · 원근遠近 · 내외內外 등으로 표현한다. 그는 오행을 직접 언급하지는 않지

---

94) 오가와 하루히사, 1979년, 71~73쪽: 1983년, 135~136쪽

만, 후술하는 지구의 구성의 9가지 요소인 '화火-토土-석石-수水-풍風-한寒-서暑-야夜-주晝' 는 오행의 확대 적용이라 할 것이다.

5. 『역학도해』와 소강절 역학

주렴계의 태극론〔理論〕과 장재의 태허론〔氣論〕은 김석문 우주론의 양대 축이다. 그렇다면 『역학도해』가 두 이론으로만 구성된 것인가. 그렇지 않다. 이들은 원론이고 각론은 서양 역법과 강절역이 차지하고 있다. 14,500자에 달하는 책의 서술에서 김석문이 인용한 서양 천문역법서와 학자들의 인용 횟수는 각각 10회를 넘지 않는다. 그러나 강절에 대해서는 18~21회에 달한다. 이 수치는 김석문이 자신의 우주론을 펼치는 데 그만큼 강절역이 필요했다는 것을 의미한다. 또 26개 도상 중 상당수는 강절역을 모르면 독해가 불가능하다. 김석문 천문학에 나타난 강절역을 살펴보자.

1) 지구 구조와 화火의 위치

김석문은 지구가 9층으로 이루어졌다고 했다.(『역학도해』, 479쪽) 순서대로 보면, '화-토-석-수-풍-한-서-야-주' 로 이루어졌다. 앞의 넷은 질質에 속하고 뒤의 다섯은 기氣에 속하는 것으로 결국 9수로 이루어졌다. 풍風을 제외한 8개의 요소는 소강절의 만물분류법인 사부법에서 나온 것이다. 소강절의 사부법을 인용한 것은 이것 외에 '일월성신', '비주초목' 등에서도 확인된다. 선행 연구(전용훈, 2018, 131쪽)에서 "공간의 분할은 소옹의 영향으로 볼 수도 있지만, 소옹의 주장과는 조금 차이가 있다."라 했지만, 소강절의 분류법이 지구 9층설의 하나의 동인이라고 본다. 한편으로 이는 김석문은 오행을 9가지 요소로 확대, 적용하여 새로운 역설을 주장하려는 측면도 있다.

그렇다면 '풍〔바람〕'이 들어온 연유는 무엇인가? 그는 "바람은 추위, 더위, 밤낮 등을 겸하니 기氣로서 말한 것으로 지상의 대기권〔大氣層〕이 그것이다."라면서 바람의 중간자적 역할에 대해 말하고 있다. 여기에 더해 그에게는 '9'가 필요했다. 하늘은 9중천, 1일 운행 거리 9만 리, 도度 이하 단위 9단위 등이다. 여기에 땅까지 9층이면 천지를 9수로 나타낼 수 있으니 더할 나위가 없다. 그래서 땅도 9층이 된 것임을 추론할 수 있다. 상수학에서 '9'는 「낙서」의 수이자 양수의 극수이다. 물론 10이 있지만 10은 전수로 논외이다. 9수는 김석문이 관심을 두고 있는 『홍범황극내편』에서도 중심이 되는 수이기도 하다. 그래서 26개 도상 중 10여 개의 그림에 「낙서」가 분포되어 있음을 볼 수 있다. 또 화-토-석의 관계를 밝힌 주석에서, "불은 태허의 양명陽明에 근본하지만 흙에 붙어 돌을 이루는 그 속에 잠겨 있다. 소강절이 '땅〔지구〕에서 불은 항상 잠겨 있다.'라 한 것이 바로 이것이다."(『역학도해』, 479쪽)라고 소강절의 말을 인용하여 지구 내부의 구조를 역학적으로 풀어내고 있다.

2) 만물종시관

김석문은 9중천 천체를 비롯한 천지만물은 각각의 동정과 청탁, 내외와 원근 등이 있어 복잡한 듯하지만, 질서정연하게 자리를 지키고 있으며, 그것은 기의 덩어리인 형체이자 실물이니 반드시 시작과 끝이 있다고 했다.(『역학도해』, 481쪽) 이것은 그의 만물종시관萬物終始觀을 피력한 것이다. 이어지는 주석에서 "천지가 비록 크다 해도 이 역시 형기이다. 이미 사라짐과 자라남이 있는데 어찌 끝과 시작이 없겠는가. 역수易數는 바로 천지의 시작과 끝을 궁리하는 것이라 했으니 바로 이 뜻이다."라고 했다. 여기서 '역수로 천지의 시작과 끝을 궁리한다.'는 소강절의 말을 인용한 것으로, 천지시종을 '역수의 궁리'로 알 수 있다는 뜻이다. 이것은 「계사」

상 5장 "수를 극진히 계산하여 다가올 미래를 아는 것이 점이라 한다.(極數知來之謂占)"에서 '극수'의 의미와 통한다. '극수'란 수의 속성의 하나인 '통신通神'의 기능에 기반하여 시초점에서 '수'를 곡진히 셈하는 것이고 그 결과가 『주역』에 나타난 점사占辭이다. 그가 점치는 것에 관심이 많다는 사실은 황윤석의 『이재난고』에서 확인할 수 있으며, 자신이 죽는 일시를 정확히 예견했다고 한다. 26개 그림에 특별히 시초점과 육효점의 납갑도가 있는 이유이기도 하다.

3) 중동이외정 · 외지이중질 및 세차 운동

김석문은 태허천 내의 지구와 일월성신의 동정과 운행 속도에 대해 말하기를 "지구와 달이 태허천의 가장 속 깊은 곳에서 가장 빠르게 회전하는데 그 형체가 어둡고 탁한 데 비해 태양 등 항성의 별들은 그보다 바깥에서 느리게 운행하는데 밝다."고 했다.(『역학도해』, 481쪽) 김석문의 천체운동론을 요약하는 2분법은 '중동이외정中動而外靜 · 외지이중질外遲而中疾'이고, 형체를 분별하는 2분법은 '암탁暗濁'과 '광휘光輝'이다. 여기서 '중동'과 '중질'의 대표로 지구와 달을 들고 있는데, 달의 몸체는 본래 검지만 햇빛을 받으면 희게 된다는 것을 강절의 말(月體本黑, 受日之光而白)에서 가져왔다.

김석문은 '세차歲差'에 대해 세 가지 의미를 부여한다."(『역학도해』, 475쪽) ① 경성천의 주천연수, ② 지구의 공전 주기, ③ 원회운세에서 2회의 기간이다. 첫째, 경성천의 주천연수에서 그는 세차와 경성천〔恒星天〕의 운행을 같은 의미로 본다. 세차란 현재 동쪽으로 23.5도 기울어진 지구의 자전축이 태양, 달 등의 인력 작용으로 자전축이 반대인 서쪽으로 바뀌는 것을 말한다.[95] 세차운동의 주기는 당시 천문서적에는 다양하게 나타났다. 수시력에서는 24,319년, 『항성역지』는 25,202년과 24,319년, 당시 통용되던 시헌력은 매년 51초씩 이동을 감안하여 25,419년이 제시되었다. 김석문은 이들 수치가 아닌, 소강절의 사갑자법四甲子法을 채택하여 육십갑자 60의 4배수인 240에 다시 106을 곱한 25,440년을 주장했다. 그래서 "소강절의 일원소장의 4갑자법으로 셈하여, 경성천을 5번 주천하면 127,211년으로 비로소 4갑자법 1회 얻었다."라 했다.

왜 그는 당대 최신 역법曆法을 제쳐두고 소강절 수법을 채택했는가. 세차 문제는 당시 정확하게 알기 어려웠고 자신의 계산도 확신할 수 없었을 것이다. 그래서 "육갑〔육십갑자〕으로 천도를 다 궁리할 수 있다.(六甲而天道窮矣)"는 소강절의 갑자수법(『황극경세서』, 843쪽)으로 이 문제를 풀려고 했던 것이 아닌가 생각한다. ②와 ③에 대한 설명은 다음 절에 나온다.

4) 소강절 리수학

김석문은 강절역의 기반 위에 소강절 수학을 적절히 운용하여 자신의 천문수학을 만든다. 그러나 소강절의 이론을 그대로 차용하는 것이 아니라 자신의 철학 크기에 맞춰 적재적소에 굴신하면서 변용한다. 그것이 김석문의 새로운 역설〔新易說〕의 하나라고 할 것이다. 소강절은 '수'를 단순 셈의 수단으로만 여기지 않고 '수'에는 '리'가 함유되었으며, 역리와 천리가 잠재된 '내상內象'과 같다고 보았다. 따라서 그가 말하는 수는 '리수'라는 사실은 앞에서 여러 번 언급했다.

김석문이 '수'를 말할 때 소강절의 리수에서 모티프를 잡았다. 그것은 두 가지로 '대수大數'와 '원회운세수元會運世數'이다.

먼저 대수를 보자. 김석문이 9중천의 크기와 회전 속도를 말할 때 사용

95) 지구 자전의 방향은 서 → 동쪽이지만 세차운동의 방향은 그 반대로 동 → 서쪽이어서 세차 운동의 결과 자전축의 기울기 방향이 반대(동쪽에서 서쪽)가 된다. 운동량은 1년에 50.2초씩 서쪽으로 움직여 25,800년 즈음에 한번 완전하게 바뀌게 된다.

한 수는 당시 천문학의 영향도 있었지만 앞서 주장한 소강절의 영향이 더 크다. 소강절이 대수를 산출한 경위와 구사한 내용에서 하나만 보면, "7자秭9,586만萬6,110해垓9,946만4,008경京8,439만1,936조兆는 하늘〔天〕이 1에서 일어나서 끝나는 수"라고 했다.(『황극경세서』, 825쪽) 이는 당시 어떤 유학자도 언급하지 않은 막대하게 큰 수이자 수의 연산이었다. 소강절은 대수를 역의 괘효의 전변, 천문의 운행 및 자신의 「선천도」에 유연하게 구사했다. 이런 소강절 수학은 당시 주자학에 심취했던 조선의 의리역학자, 상수학자들에게 영향을 주었으며, 김석문도 역시 영향을 받았다.

다음 원회운세수를 보자. 소강절이 시간 계산에 사용되는 공통수가 12와 30인 점에 착안하여 두 수를 번갈아 셈한 수에 역의 괘효 · 간지 · 60갑자를 부여하여, 요순 이래 북송 인종까지 역사를 재단하고 그 결과를 역학적으로 분석한 것이 원회운세론이다. 한마디로 역학적 역사론이라 할 수 있다. 거기에 사용된 단위는 1세世 30년 · 1운(運: 12세) 360년 · 1회(會: 30운) 10,800년 · 일원(一元: 12회) 129,600년이며, 일원이 끝나면 이원, 삼원으로 계속 이어진다는 순환적 역사론[96]임은 앞에서 보았다. 김석문은 자신의 우주론에 강절이 말하는 대수와 원회운세수를 변용하여 구사하고 있다. 그가 말하는 '강절일원소장지사갑자법康節一元消長之四甲子法' 등이 그것이다. 김석문은 강절 원회운세의 수적 연산과 선천역괘는 서로 합한다고 생각했다. 어떻게 합하는가. 직접 언급하고 있지 않지만 그 내용은 『황극경세서』「찬도지요」의 「경세천지시종지수도」와 「경세일원소장지수도」에 자세히 나온다. 전자는 선천64괘 각각에 12와 30을 상호 적용하여 대수를 만들어 합치시키고, 후자는 12벽괘를 중심으로 원회운세수를 대입하고 있다. 김석문은 이처럼 원회운세와 선천역의 상관성을 주장하

96) 주광호는 원회운세를 '신화적 사유에 의한 상징 형식'으로 보기도 한다.(주광호, 2017, 1~30쪽)

고 있다.

이는 그의 우주론과 직접 관련이 없는 듯 보이지만 선천역으로 우주를 논하려는 하나의 시도이다. 본래 역은 천문 즉 우주와 관련이 있다. 이런 역학적 배경에서 김석문은 천문을 대하고 우주를 관찰한다. 그는 역수도 소강절 수학의 원리와 다르지 않다고 생각한다. 그렇다고 소강절의 수를 그대로 사용하지 않는다. 이어지는 주석에서 "그러나 역법과 다 합치할 수 없으므로 이어지는 원회운세수와 이것은 다르다.(然未能盡合曆法, 故下文元會數與此異)"라며, 자신이 사용하는 수가 소강절의 원회운세수가 같지 않음을 밝힌다. 이에 따라 그는 회와 원의 기간을 소강절과 달리 적용하고 일원수一元數와 소운小運, 대운수大運數를 6배 단위로 변화시킨다.

김석문이 말하는 원회운세수와 천문 변화와의 관계를 보자. 그는 일원一元을 강절과 달리 127,200년을 6배 증가시킨 763,200년이라 했다. 일원 동안 지구가 변화하는 원인을 지구 운행이 태양과의 경사각 0~45도강度強까지 상하로 이동하는 데 있다고 보았다. 그 사이 지구상에 극심한 생장수멸의 변화가 일어나며, 이를 대개벽大開闢 혹은 대폐색大閉塞이라고 불렀다. 즉, 지구와 태양의 경사각 0도〔度: 지구허리. 적도〕 자회子會에서 45도강 오회午會까지 이동하는 데 하원下元 · 중원中元 · 상원上元의 삼원三元의 시간이 들고, 이때 해가 상승하여 만물이 번성하는 대개벽이 된다. 45도강 오회에서 0도 자회까지 다시 이동하는 데 삼원의 시간이 들며 이때 해가 하강하여 만물이 소멸하는 대폐색이 된다고 했다. 총기간은 127,200년의 6배인 763,200년으로 "이것이 소강절 일원의 6배수이다."라 했다.(『역학도해』, 485쪽)

지구의 공전으로 보면 30회〔25,440×30=763,200〕에 이른다. 그에게서 원회元會 계산의 기준은 25,440이다. 한편 지구가 천심〔天心: 黃心〕에서 2도 떨어져〔兩心差〕 그 주위를 공전하면서 태양길〔黃道〕과 상하로 교차하는데,

공전 시간은 2회 · 25,440년으로 이는 세차운동의 기간이기도 하다. 이 기간의 1/2회에 해당하는 6,360년을 기준으로 적도 상하의 일광日光에 다름이 있고 그 결과 생물의 성쇠—개물과 폐물—가 있게 된다. 이것은 지구와 태양이 궤도상 동서로 만나서 남북으로 이동하면서 받는 일광의 장단長短에 기인하는 것이라고 김석문은 말한다. 이 부분이 세차와 관련하여 앞에서 설명을 유보한 ②와 ③에 대한 설명이기도 하다.

5) 소강절 태극론

소강절은 "태극은 1이고 부동不動이다." 또 "발하면 신묘하다."라고 했다.(『황극경세서』, 915쪽) 이에 대해 김석문은 '발'은 리발理發이 아니고 기발氣發이라 했으며 리는 기발에 붙어 있다고 했다.(『역학도해』, 487쪽) 이런 논리는 앞서 보았듯 그의 리기론이 율곡 노선임을 나타낸 것이다. 그러면서 소강절의 부동不動은 주렴계의 무위無爲와 같고 역대전易大傳의 '천행건天行建', '적연부동寂然不動'과 같다고 했다. 여기서 그는 '천행건'은 천덕이 강건부동한 것을 말하는 것이지, 하늘이 왼쪽으로 하루 한 번 돈다는 뜻이 아니라고 했다.

『역학도해』 전체를 놓고 볼 때 이 부분은 매우 중요하다. 소강절의 태극론으로 원칙을 정하고 주렴계의 무위론과 함께하면서, 『주역』의 건괘 대상전大象傳에 나오는 '천행건'의 의미를 완전히 바꾸어 놓았다. 즉 공자의 말을 천문학적 관점으로 재해석하여 종전 주자학적 우주론의 핵심인 천동설과 좌선설 대신 자신의 지전설과 우선설의 근거를 마련한 것이다. 그러면서도 주자학적 리기론을 고수하여 전통을 부정하지 않고 학문적 정체성도 잃지 않았다. 이것은 김석문이 제시한 유학의 신지평이라 할 수 있으니 그 시사하는 바가 적지 않음을 알 수 있다.

그러나 소강절과 김석문 사이에는 하나의 문제가 있다. 김석문은 태극이 '무수無數의 체'로서 비록 이름은 있으나 형기形氣가 없이 나머지 8층을 감싼다고 했다. 태극은 거의 절대적 존재이니 수를 부여할 수 없다는 것이고 1은 태허라고 했다. 그러나 소강절의 '태극은 1'이라고 했다. 이 책에서 소강절과 김석문이 유일하게 엇갈리는 곳이 바로 '태극일야太極一也' 부분이다. 이 난관을 김석문은 어떻게 극복할까. 생각건대, 김석문은 소강절이 말한 '1'이란 수의 본질에 기대고 있는지 모르겠다. 소강절은 1에 대해 "1은 수가 아니다. 수가 아니지만 수는 이것으로 이루어진다."라고 했다. 김석문은 이에 빗대어 '태극은 무수이지만 전체 하늘을 (數로)감싸고 있다. 그래서 하늘을 대수로 나타낼 수 있다'라고 생각한 것이 아닐까 추정한다.

6. 점법 관련 도설

26개 도상 중에서 점법과 관련된 특수한 그림들이 있다. 자세한 내용은 제4장에서 후술하는 김석문 점법에서 논하기로 하고 그 개요만 정리해 본다. 점법 관련 그림도 김석문 점법에서 게시토록 한다.

1) 9번 「(제8)수괘대연도」

「수괘대연도數卦大衍圖」는 소강절의 「선천64괘방위도」에 역괘가 생겨나는 설시揲蓍 과정이 상단에 기재된 것이 특색이다. 아울러 「낙서」의 수와 간지도 함께 적어놓았다. 이 그림은 이어지는 10번·12번·14번과 함께 시초점과 관련된 역상도이다. 9번 그림에서 "괘와 수는 왼쪽으로 일정하게 회전한다.〔卦數從左平旋〕"라 했는데, 이것은 좌선〔시계 방향 ↻〕한다는 말로서 앞에서 본 것처럼 괘의 운행은 북쪽에 있는 복괘䷗에서 남쪽의 건괘䷀를 지나 북쪽의 곤괘䷁에서 끝난다. 상단 우측에 '십제양영생효十除兩零生爻' 와 공空5 - 건9 - 태4 - 리3 - 진8의 시책 표시〔•〕, 설시 내용을 표시하는 음양효와 노양노음의 변효 표시, 그리고 '노소종하간종상老少從下干從上' 이 기재되어 있다. 좌측에는 '십유이영성괘十有二零成卦' 와 손2 - 감7 - 간6 - 곤1 - 망10의 시책 표시, 음양효 등과 "노소종하간종상" 이 기재되어 있다. '노소종하간종상' 에서 '노소' 즉 사상四象은 작은 그림 속 아래를 따르고, 10천간은 위를 따른다는 내용으로 단순 설명이다.

그러나 '십제양영생효', '십유이영성괘' 은, 전혀 새로운 시초점법에 대한 내용이다. 전자의 뜻은 "시초 10개씩 제하고 남은 나머지 둘로 효를 만든다" 이고, 후자는 "나머지 12로 한 괘를 이룬다." 는 뜻으로 보인다. 현행 시초점은 50개의 시초에 1개를 제한 49개 시초에서 4개씩 제하고 남은 나머지 셋〔3변〕으로 효를 만들고 나머지 18개〔18변〕로 6효 즉 한 괘를 이룬다. 그런데 김석문은 전혀 다른 주장을 하고 있다. 나머지 2〔2변〕로 효를 만들고 나머지 12〔12변〕로 한 괘를 이룬다고 했다. 3변이 아닌 2변으로 1효가, 18변이 아닌 12변으로 6효가 생긴다는 말인데, 12번 그림에도 같은 말이 나온다. 또 시초를 10개씩 세면 1~10까지 나머지가 발생하므로 8괘의 8에다 공망空亡 2개를 합해 10으로 만들었다. 이때 시책 수는 50개인가? 새로운 점법에 대한 설명을 이 책에서 찾을 수 없다. 그런데 구만옥은 김석문의 학문적 추종자인 황윤석의 글을 인용하여 김석문의 이 점법은 시책 수가 100개인 새로운 '대연점법大衍占法' 이며, 현행 시초점법과 다르다고 했다.(구만옥, 2017, 30~48쪽) 자세한 내용은 점법에서 논한다.

2) 10번 「(제10)48책시상도」

「48책시상도策蓍象圖」는 제목부터 낯설다. 조선 역학에서 48시책으로 시초점을 친 사례를 찾기 어렵다. 먼저 그림을 보자. 상단 좌우의 '사영역삼변효四營易三變爻', '십유팔변성괘十有八變成卦' 는 「계사」 상 9장에 나오는 설시의 방법이다. '사영이성역四營而成易, 십유팔변이성괘十有八變而成卦(네 번 운영해서 역을 이루고, 열여덟 번 변해서 괘를 이룬다)' 를 약간 변형한 것이나 뜻은 같다. 「계사」 상 9장의 전제는 49책으로 설시하는 것이지만, 김석문은 48책으로 설시하니 3변에서 나오는 수가 다르다. 49책으로 설시하면 초설에는 5 아니면 9가 나오고, 재설과 삼설에는 4 아니면 8이 나온다. 그러나 48책으로 설시하면 초설 · 재설 · 삼설 모두 4 아니면 8이 나온다. 구만옥은 이 점법을 선천시초법先天蓍草法이라 하고 49시책을 사용하는 것을 후천시초법後天蓍草法이라고 했다.(구만옥, 2017년 12월, 1~59쪽) 따라서 김석문의 점법은 셋으로, 48시책을 사용하는 선천점법〔10번 그림〕, 49시책을 사용하는 후천점법〔14번 그림〕, 100개 시책을 사용하는 대연도법〔9번 그림〕이라고 했다.

그러나 구만옥의 주장도 점법의 일반론이나 김석문 점법 전부를 파악한 것이 아니라서 근본적인 의문이 생긴다. 선천시초법이나 후천시초법의 설시 방법이 왜 동일한 「계사」 상 9장인가 하는 것이다. 「계사」 상 9장은 49시책의 경우만을 말하지 않았는가. 하여튼 이 셋도 점을 판단占斷하는 것은 현행 『주역』의 괘효사 그대로이다.

3) 11번 「(제10)64괘방원도」와 12번 「(제10)64괘방원부도」

11번 · 12번 그림은 모두 소강절의 「선천64괘방원도」이다. 두 그림은 다른 그림과 달리 「낙서」가 개입되지 않았고 소강절의 「방원도」의 원리에 충실하게 그려져 있다. 다만 간지가 있고 납갑법이 있는 것이 특색이다. 간지는 복괘復卦를 시작점으로 갑자甲子부터 순서대로 좌선하여 360도를 돌아 곤괘坤卦에서 끝난다. 단, 동서남북 정중앙 자오묘유는 두 괘이다. 예를 들어 복괘와 곤괘는 모두 갑자, 건괘와 구괘姤卦는 갑오甲午, 동인괘와 임괘는 기묘己卯, 사괘와 돈괘는 기유己酉이다. 64괘와 60갑자의 순서를 맞추기 위함으로 보인다. 납갑은 상 · 하단의 좌우에 있고, 「방원도」의 64괘에 8궁을 배분했다. 납갑의 일반 원리에 따른 것으로 보인다. 납갑은 강절역과 직접 관련이 없기에 자세한 설명은 생략한다.

12번 그림은 9번 그림의 대연점법과 관련이 있다. 상단에 '팔제양영생효八除兩零生爻', '십유이영성괘十有二零成卦'라 했다. 뒤의 글은 9번과 같으나 앞의 글은 다르다. 9번 글에서는 '십제양영생효十除兩零生爻'라고 시책을 10개씩 제한다고 했고, 여기서는 8개씩 제한다고 했다. 100개의 시책을 10개씩 제하는 것과 8개씩 제하는 것이 어떻게 운영되는지 살펴야 하는데 관련 자료가 없으니 전모를 파악하기 어렵다.

4) 14번 「(제12)49책시상도」

「49책시상도策蓍象圖」는 현행 주역점법인 49시책으로 괘가 생기는 것을 나타낸 그림이다. 이는 후천역이므로 문왕8괘도 방위대로 원도에 8괘를 배치했다. 상단 좌우에 8괘가 설시에서 나오는 시책을 표시했다. 리괘의 경우 삼변하면 책수가 '5 · 8 · 4'로 음효〔--〕 표시하고, 감괘는 책수가 '9 · 4 · 8'로 양효〔—〕, 건괘는 책수가 '5 · 4 · 4'로 동효이므로 동효 표시가 되어 있다. 8괘의 순서와 수를 보면, '리9 - 손4 - 진3 - 간8 - 곤2 - 태7 - 건6 - 감1'로 잡고 횡도와 원도에 그렇게 배치했다. 원도로 그 순서를 보면, 소강절 선천8괘의 「원도」 생성 순서와 같이 운행 모양이 원이 아니고 나선형이다.

64괘 그림을 보면 이는 김석문이 독자적으로 그린 것이다. 8괘의 위치는 후천도인 문왕8괘도와 동일하지만〔선천도와는 다름〕, 나머지 56괘의 배열은 독창적인 아이디어이다. 그는 여기서도 「낙서」 방위와 수를 적극적으로 활용하고 5와 10도 활용한다. 10은 원래 「낙서」에는 없으나 5는 스스로 5를 함유하여 10을 얻는다는 주자의 논리[97]를 수용했다. 지지地支 배정은 북감北坎1에 자子를 배정하여 나머지 지지는 좌선의 순서이다. 그러나 자·오·묘·유 사정방四正方은 한 괘를 추가하여 64괘와 60갑자의 불일치를 해소한다. 낙서수의 배정은 이와 좀 다르다. 각괘의 하괘는 8괘의 수를 따르고 상괘 또한 마찬가지나 상괘에 1이 배정되면 10수를 추가하고 9가 배정되면 5를 추가했다.

【 해제 】

김석문의 꿈이자 최종 목적은 공자로 돌아가는 것이었다. 이는 단순 회귀가 아니라 업그레이드된 유학으로 공자에게 가는 것이었다. 김석문이 최신 천문학과 상수학 이론을 주장하면서 자기 학문의 최종 목표가 전통적인 공자로의 회귀라고 말하는 것은 의외라는 생각이 든다. 그러나 그는 자신의 학문에 대한 계획이 있었고 분명한 목표 의식이 있었다. 바로 전통과 현재와의 조화와 균형이었다. 그의 그런 학문적 경향성은 이 책의 도처에 확인된다.

김석문 천문학의 전체적인 양태는 서양 천문서와 북송오자서 등을 통해 얻은 새로운 서학과 전통 학문을 잘 융합하여 조선에 없던 새로운 천문도와 우주론 및 그에 따른 천문상수를 제시했다. 그는 또 태극과 태허를 역리적으로 결합했으며, 태극과 음양동정 및 음양오행설에 대해 탁월한 해석을 내놓았다. 소강절 수학은 자신의 천문학 규모에 맞게 변용하거나 확대 적용했다. 특히 동아시아에서 최초로 지전설을 주장하고 천문 운행에서 우선설을 처음으로 제기했으며, 이것은 종래 주자학적 우주론의

97) 『역학계몽』 본도서 제1, 1013~1014쪽, "洛書之五, 又自含五而得十, 而通爲大衍之數矣.(낙서의 5는 스스로 5를 함유하여 10을 얻고 통하여 周易의 大衍의 수가 된다)"

근본을 뒤흔드는 코페르니쿠스적 전환이었다. 이와 같은 김석문의 이론은 당시 큰 반향을 일으켰으며 후학들은 열광했고 특히 김원행과 황윤석 두 사제는 김석문의 학문을 추앙했으며 박지원을 통해 중국에 소개되기도 했다. 그의 천문학은 '삼환부공설〔三丸浮空說: 지구와 해와 달이 구체로 허공에 떠 있다는 학설〕' 로 널리 유포되어 홍대용 등 실학자들에게도 큰 영향을 주었다.

김석문은 소강절이 말한 '태극은 1, 부동' 을 주렴계의 말과 건괘 대상전의 '천행건' 에 연결해 새롭게 해석하면서 그의 천문론의 핵심인 지전설 등의 근거로 삼았다. 동시에 리기론을 강화하여 자신이 속한 학파〔栗谷理氣論〕의 전통과 정체성을 지키는 학문적 역량도 발휘했다. 태극에서 시작하여 도〔道: 太極〕로 돌아가는 그림에서 그의 학문이 공자를 향하고 있다는 함축적 의미를 다시 확인할 수 있었다.

그는 조선 역학에 천문학과 수학을 포함시켜 후대 상수학자들에게 새로운 학문적 지평을 열어주었으며, 오늘날 후학들에게도 창의적 발상과 융합적 사고의 전범을 보여주고 있다.

고전은 오래되고 낡은 것이라고 버리거나 허물지 않고 오히려 잘 감싸서 전통으로 삼아 이를 전면에 내세우고 새로운 길로 들어섰던 김석문에게서 오늘날 한국 역학, 한국철학의 방향을 발견할 수 있을 것이다. 남은 숙제는 그가 발명한 새로운 점법에 관한 심층 분석, 「낙서」와 납갑법의 상관성 탐구, 그림에 대한 분석 등이다.

Ⅱ. 서명응의 『선천사연』

서명응(徐命膺, 1716~1787)의 한양 명문의 경화세족 출신으로 호는 정조로부터 내려받은 보만재保晩齋이며, 시호는 문정文靖이다. 벼슬은 영·정조대에 걸쳐 이조판서와 대제학 등에 이르고 규장각을 중심으로 조선의 편찬 사업을 주도했으며, 정조의 동궁 시절 빈객이기도 했다. 그는 당색이 옅고 학문적 사승 관계가 없으며 경학을 모두 익힌 뒤 오직 소강절의 선천역학(이하 '선천학' 이라 함)을 스승으로 삼아 자득한 것으로 알려졌다. 그는 적극적인 학구열로 신분을 차별하지 않고 개방적 자세로 학문에 임했다. 그 방면의 전문가이면 지체 낮은 사람들에게도 찾아가 조언을 구했다. 관심 분야는 문학보다 리학理學이었고 그중에서 철학에 기반을 둔 경세치용과 현실에 필요한 실용물리實用物理쪽이었다. 그의 학문적 결실은 아들과 손자에까지 이어지고 실학과도 연결되었지만, 그가 숭흠하던 선천학은 당대에서 끝났다. 당시 조선은 선천학 중에서 원회운세나 성음론聲音論, 수리 측면 등 부분적으로 연구했을 뿐 「선천도」 전반에 대한 체계적인 연구가 미흡했다.

그러나 서명응은 「선천도」에 대한 연구에 몰두했다. 18세기 당시 자연과학이 선천학에 대한 심도 있는 연구를 촉발했고, 그의 실용적인 학문성향이 서학에 대한 탐구심으로 연결되었다. 그 결과 조선 역학사에서 보기 드물게 선천학을 중심으로 주변 학문을 포섭하여 방대한 학문적 성과를 일구었다. 특히 그의 선천학은 소강절에서 출발했지만 독자적인 선천학으로 뻗어갔다. 바로 「하도」를 상위에 두고 선천학 도서를 그 아래에 포진하여 선천학을 일신하는 동시에 인접 분야로 확장 발전시켰다는 점이다.[98)]

그의 선천학의 대표적 저서는 『선천사연先天四演』[99)]이다. 이 책은 서명

---

98) 서명응의 독자적인 선천학을 '조선의 선천학' 이라고 부를 수 있다. 조희영, 2012 논문 참조.

99) '先天四演' 이란 선천을 네 길로 해석하고 연역한다는 뜻이자 선천에 들어서는 네 가

응 생전에 자신의 저작물을 엮은 『보만재총서保晩齋叢書』의 첫 부분에 실려 있다. 『보만재총서』는 역학적 구성 요소인 '음양陰陽·사상四象·6효·12지지地支·60조調·60갑자'로 편제되었으며, 각 책마다 선천학의 정신을 표방하고 있다. 그는 『보만재총서』의 범례凡例에서 만물은 '선천'이 강기綱紀를 주재하기 때문에 『선천사연』을 맨 앞에 둔다고 밝히고 있다. 여기에 그의 천문학 이론도 기술되어 있으며, 그 성격은 '선천학으로 천문학 읽기'라고 할 수 있다.

천문학을 전개할 때 소강절의 선천학을 중시하는 점은 앞에서 본 김석문과 동일하나 용도는 전혀 다르다. 김석문은 선천학을 천문학 독해의 보강재로 쓴 반면, 서명응은 선천학을 중심에 두고 자신의 천문학을 전개한다. 다시 말하면 김석문은 천문학이 주主이고 선천학이 객客이라면, 서명응은 선천학이 주이고 천문학은 객이라는 입장이다. 서명응이 김석문에 비해 60년 후대임에도 불구하고 옛 논리를 더 추종한다는 점에서 복고적인 입장에서 천문학을 논한다고 볼 수 있다.

1. 서명응의 천문역학관

서명응의 천문역학관은 『선천사연』에 나와 있는 「복희64괘방원도」를 통해 드러난다. 그는 「방원도」의 상象을 천체天體의 상으로 치환하고 「방원도」로 하늘을 읽는다. 또한 천체의 운행에서 「방원도」의 상을 귀납한다. 그는 「방원도」에 내재된 역학의 원리를 하늘을 지배하는 천문역법의 원칙으로 분해하고, 다시 둘을 결합하여 공통분모를 찾아가는 논지를 펼친다. 그는 먼저 「방원도」의 동서남북을 하늘의 남북극과 적도 및 황도에

지 길이란 뜻이다. 그것은 '言-象-數-意'이며 이를 '先天四道'라고도 했다.

대입한다. 북두칠성과 일월 운행의 연결점을 「방원도」의 상에서 찾고 12지지와 「선천도」의 결합을 시도한다. 또 「방원도」의 상에서 구고법句股法과 가량도嘉量圖를 뽑아내고 천체의 구조론을 논할 수 있는 실마리를 찾아간다. 이처럼 서명응은 「방원도」의 상 가운데 들어가서 논의의 공간을 확장해 간다. 그런 의미에서 그가 주장하는 천문역법과 선천학과의 상호 관련성이 어떤 구조로 되어있는지 분석할 필요가 있다.

서명응은 역曆과 역易의 상호 표리성을 주장하고 나아가 역학曆學 전반도 선천학의 범주 속에 있다고 생각하여 그러한 맥락하에 일관되게 논리를 풀어낸다. 그는 하늘을 눈에 보이는 형체의 측면에서 '형체지천形體之天' 과 하늘이 사시사철 운행하는 측면에서 '유행지천流行之天' 으로 구분한다. 형체는 하늘에서 일월성신이고 몸에서는 심장과 같고, 유행은 신명의 마음과 같다고 했다. 형체지천은 의학자가 숭상하고 역상가曆象家가 익혔으며, 유행지천은 성현이 말하고 유학자가 익힌 것이라 했다. 형체지천은 사람의 마음을 둘러싼 성곽과 같고 유행지천은 사람 마음의 성정과 같은데, 이 두 가지가 서로 합치되는 것이 자연의 지극한 묘리라고 했다.

2. 경위론

서명응은 역도曆度를 복희가 창제하여 시작됐다고 하면서 「계사전」의 말을 인용하여 공자의 연관성을 주장한다.[100] 복희가 천수天數를 헤아릴 때에는 구고법을 사용했지만, 천상天象을 정하고 천도天度를 세운 것은

100) 서명응은 「계사」 상 4장 "範圍天地之化而不過, 曲成萬物而不遺, 通乎晝夜之道而知, 故神无方而易无體" 중에서 '晝夜의 道' 를 "陰陽의 道" 의 의미로 보는 시각에서 한발 더 나아가 "주야의 도" 에 "天文의 運行法度" 를 포함시키고 이것을 알아야 「계사전」에서 말한 공자의 깊은 뜻을 알 수 있다고 말한다. 또, "範圍天地之化而不過" 란 문구를 '曆度의 창제' 에 대입시키고, '範圍' 에 '曆' 을 포함시킨다.

「방원도」를 벗어날 수 없다고 했다. 그 이유는 복희가 「방원도」의 상에서 하늘의 도수를 세운 것이 가장 크기 때문이라고 했다. 이처럼 그는 「방원도」의 상에서 복희가 세운 천도를 보았고 그것을 말하려고 하는 것이다.

서명응은 복희가 하늘에서 북극에 있는 별들의 운행을 보고 그것을 「방원도」에 그려서 '건곤乾坤'을 남북의 축이라 하고 이것을 2극極 즉, 북극과 남극이라 했다. 그러면서 복괘와 구괘가 좌우에서 음양효의 뿌리가 되며, 2극은 하늘에서는 '성신星辰'의 뿌리가 된다고 「방원도」의 관점에서 말하고 있다. '2극'을 세운 후 그는 「방원도」의 상에서 천도를 헤아리는 사례를 몇 가지로 나누어 설명한다. 먼저 「원도」의 64괘 · 음양효 · 384효에서 북극의 곤복괘坤復卦와 남극의 건구괘乾姤卦를 빼면, 60괘 · 360효와 원둘레 360°가 같게 되어 1효=1°가 된다고 했다. 이처럼 효수와 도수가 일치하면 각 극간의 도수 180°와 2지至 2분分 사이의 간격과 같다고 한다. 그는 북극의 곤복괘坤復卦와 남극의 건구괘乾姤卦를 빼는 이유를 밝히지는 않았다.[101]

전통적으로 남북 축을 '경經'이라 하고 동서 축을 '위緯'라 했지만,[102] 서명응은 다른 시각에서 접근하여 경위를 세운다. 동서 횡축인 적도를 '위'로 하지 않고 '경'으로 삼은 것이다. 그 이유는 남북의 축은 동서의 근본으로 자리한 것이지만 실제 작용은 동서 축에서 일어나기 때문이며, 그 유래가 복희에게 있다고 말한다. 서명응은 복희에 의지하여 말했지만 그는 「선천도」에서 경위를 변용할 수 있음을 읽어내고 그것을 제시한 것

---

101) 서명응은 「방원도」의 象을 天度에 투영시킬 때 2極에 걸쳐 있는 곤복괘와 건구괘 4괘를 제외해야 아귀가 맞아지는 것으로 생각한 듯하다. 소강절이 「방원도」에 천문을 대입할 때 縱橫의 축인 4正卦 乾坤坎離卦를 빼고 60괘와 360°를 대비하는 것과 유사하고, 또 원회운세에 64괘를 배당할 때 會와 世의 경우 4正卦 건곤감리를 빼고 60괘만 배당하는 것과 비슷한 것으로 생각된다.

102) "揚子雲謂南北爲經, 東西爲緯, 故南北爲縱, 東西爲橫." 『주자어류』 137권.

이다.

이처럼 서명응이 복희와 「선천도」에 근거하여 경위를 변용했다고 하지만, 당시에는 그렇게 생각하지 않았다.(구만옥, 2002, 112~113쪽) 그러나 오늘날 보면 서명응의 주장은 정확한 것이다. 지금 지구의 동서를 구분하는 것은 경도이고 남북을 구분하는 것은 위도이다. 체용의 측면으로 말하자면 체는 건곤이지만 불용이므로 '위'로 보고, 감리는 용이므로 '경'으로 본다는 것이다. 이는 조선 후기 실용적 사상의 흐름과 궤를 같이하는 것이자 전통 관념의 합리적 변화라고 볼 수 있다.

그는 또 종래 통념이었던 '남북이 경이고 동서가 위'라는 논변의 출처가 『공자가어孔子家語』[103)]인데, 그 뜻은 땅의 경위론이지 하늘의 경위론이 아니라고 했다. 이 부분을 잘못 이해한 세유世儒들이 역가曆家의 경위론이 유가의 것과 다른 것으로 의심한다고 했다. 땅의 경위론은 하늘의 경위론을 따른 것도 있고 땅의 고유한 경위론도 있지만, 땅의 경위론을 가지고 하늘의 경위론을 말할 수는 없다는 것이다. 이는 결국 하늘의 경위론에 따라 동서를 '경'으로 보고 남북을 '위'로 본다는 의미이다. 서명응은 이처럼 하늘의 경위론을 정립하고 난 뒤 다시 「방원도」에서 양의·사상·팔괘를 추출해 낸다.

그는 『상서』의 '기삼백朞三百'을 말하면서 그것은 태양의 운행에 한정된 것이라고 말한다. 즉 모든 천체의 움직임이 다 반영된 것이 아니라서 "천도天度가 아니다."라고 한다. 천체의 움직임이 다 반영된 곳은 「선천도」라고 보았다. 그러면서 「선천도」에서 적도가 정립되면, 그것에서 바로 양의兩儀가 서게 된다고 했다. 여기서 짚고 넘어갈 것은 「선천도」는 사상四象으로 이루어져 한 구간마다 8괘의 상대 수 9로 이루어진 90° 여서 원주

103) "子夏曰, 地東西爲緯, 南北爲經" 『공자가어』 「집비 제25」.

는 360° 이지만, 그것을 일주하는 해는 '365과 1/4' 로 운행하는 것이다. 날짜로 대비해 보면 원주 360° 를 일주하는 데 해는 365.25일이 소요된다. 하루에 1° 를 돌지 못하므로 『상서』 등에서 말하는 중국의 1° 는 원주 360° 와 환산하면 약 0.9856° 이다.[104] 서명응은 그래서 「선천도」는 360° 로 딱 맞아 여분이 없지만 해의 운행은 여분이 남는다고 했다.

3. 역상과 간지천상

예로부터 연도를 표시하는 기년법紀年法으로 세성기년법歲星紀年法과 태세기년법太歲紀年法, 간지기년법干支紀年法의 3가지가 있었다.[105] 그러나 오늘날 세계적으로 널리 사용하는 기년법은 서력기년법西曆紀年法인데 우리나라의 경우 1962년부터 사용하고 있지만 이와 병행하여 간지기년법도

---

104) 이를 태양의 공전 일수에 대입하여 계산하면 0.9856° ×365.25일=359.99° . 태양은 매일 평균 0.9856° 동쪽으로 이동하여 1년에 천구를 일주함을 알 수 있다. 이은성, 1985, 86쪽.

105) 세성기년법이란 歲星(木星)의 소재로 연도를 표시하는 법이다. 예를 들면 세성이 星紀에 있으면 '歲在星紀' 라 한다. 전국시대 이래 목성을 '해(年)' 를 나타내는 별이라 하여 '歲星' 이라 불렀는데, 목성의 공전 주기가 11.86년으로 12년에 근사했기 때문이다. 천상방위 기준(左 · 西, 右 · 東, 上 · 南, 下 · 北)으로 세성은 황도상 12次를 시계 방향(서 → 동)으로 1년에 1次씩 옮겨간다. 태세기년법은 세성기년법과 방향이 반대이다. 12辰(支)으로 황도 부근을 12등분 하여 하늘에 시계 반대 방향(동 → 서)으로 12지를 배열한다. 12차와 반대 방향이다. 여기다 12지 방향으로 운행하는 '가상의 세성' 을 상정하여 이를 '태세' 혹은 '태음' , '세음' 이라 한다. 만약 어느 해에 세성이 성기에 있으면 태세는 析木에 있게 되므로 그 해를 '太歲在寅' 이라 한다.

〈세성과 태세 비교표〉

세성12次	성기	현호	취자	강루	대량	실침	순수	순화	순미	수성	대화	석목
	丑	子	亥	戌	酉	申	未	午	巳	辰	卯	寅
태세12辰	寅	卯	辰	巳	午	未	申	酉	戌	亥	子	丑
	析木	大火	壽星	鶉尾	鶉火	鶉首	實沈	大梁	降婁	娵訾	玄枵	星紀

쓰고 있다. 간지기년법은 간지를 연월일시에 활용하는 방법이다.[106] 간지가 언제 생겼는지는 정확히 알 수 없고 시간을 나타내는 수단으로 활용한 역사적 유래 또한 확실치 않다. 10간干을 10일日·10모母·세간歲干이라 하고, 12지를 12진辰·12자子·세지歲支라 한다. 간은 간幹이라고도 하며 양陽으로 보고, 태양의 신에 비유되며 하늘이라는 의미가 있다. 반면 지支는 지枝라고도 하며 음陰으로 보고, 달의 영靈에 비유되며 땅이라는 의미도 있어 '천간지지天干地支'라는 말을 쓴다. 10간에 대한 문헌 자료는 상나라(기원전 1766~1123) 임금 은탕殷湯부터 주신紂辛까지 28대가 전부 10간을 한 자씩 넣었고, 그 이전 하나라 때에는 15대 왕을 제공갑帝孔甲이라 했다. 따라서 적어도 하나라 때부터 10간을 사용했다고 볼 수 있다.[107] 후한後漢에는 12지에 동물 이름을 배당하여 쓰는 관습이 생겼고 이는 모두 포유동물로 12지수支獸라 한다. 10간 12지의 옛 이름은 『이아爾雅』, 『사기史記』 등에 나온다.

서명응은 「방원도」로 대표되는 역상易象에서 천문의 운행 법칙과 간지 이론의 근거를 찾아내어 해명한다. 이는 선천학이 포괄하는 범위에 대한 논의이기도 하다. 먼저 선천역의 역상과 간지 이론과의 관계를 보면, 10간 12지 60갑자의 순서와 위치 및 운행하는 것이 복희 선천역과 묘합한다

---

106) 간지기년법의 본격적인 사용은 후한 章帝 元和2년(85년)에 반포된 四分曆 이후로 본다. 사분력이란 『후한서』 「律曆志」에 실린 曆法이다. 1태양년의 길이를 365일 1/4, 1삭망월=29일 499/940, 19태양년=235삭망월, 1章=19년, 19년 7윤법, 76년=1蔀=940月=27,759일=4章, 1紀=20蔀=80章=1,520년, 1元=3紀=4,560년이다. 年의 간지를 歲次, 월의 간지를 月建이라고 부른다. 세차는 간지기년법, 월건은 干支紀月法이라 하고 매일의 시각을 간지로 나타내는 법은 干支紀時法이라 한다. 총칭하여 간지기법 혹은 간지기년법이라 한다. 이은성, 1985, 197쪽.

107) 출토된 상나라 갑골문에서 간지로 日辰을 기록한 자료가 발굴되었다. 12지는 10간보다 훨씬 전에 사용되었을 가능성이 있지만 명확히 알 수 없고 12월을 나타내는 방법으로 추측된다.

면서 선천역의 일부라는 주장을 펼친다. 즉 간지로 연월일시를 정하는 연원을 복희 시대로 보고 있으며, 이것이 선천역의 일부를 이루게 되는 몇 가지 이유를 제시한다.

첫째, 하늘에서 북두칠성과 12지 분포의 순역順逆에 음양강유가 대대하는 점을 들어서 입증한다. 서명응은 두건斗建의 운행 방향을 지상방위[108]로 보고 「원도」의 좌반左半 운행과 같은 순수順數라고 했다. 반면 일전(日躔: 해의 운행)은 우전右轉하여 역수逆數로 돌고 「원도」 우반의 역수와 동일시한다. 이런 기준에서 천체 운행은 지상방위에서 보기 때문에 순수는 동쪽에서 서쪽으로 순행하는 것으로 시계 방향으로 운행하는 것이고, 역수는 서쪽에서 동쪽으로 역행하는 것으로 시계 반대 방향으로 운행하는 것이다. 이때 순수 · 역수는 과거와 미래를 헤아린다는 역학적 의미가 아니고 천문의 운행 방향을 말한 것이다. 역학에서 말하는 순수 · 역수와 좌선과 우전은 실제 천문의 운행 방향과 일치하지 않는다는 점은 장현광 등의 학자들이 강조했다. 그는 여기서 12지支를 음양강유의 사상四象으로 나누어서 다시 자축합 · 오미합 · 인해합 · 묘술합 · 사신합 · 진유합의 육합六合 이론을 대대로써 결합시킨다. 예를 들어, 자子는 양지陽支이므로 양의陽儀가 되고 축丑은 음지陰支이므로 음의陰儀가 된다. 오午는 양지이므로 강의剛儀이고, 미未는 음지이므로 유의柔儀가 되어, '자축은 음양이 대대하고 오미는 강유가 대대한다.' 라고 말한다.

둘째, 서명응은 천체 운행의 대표 격인 북두北斗의 운행과 해의 운행을

108) '地上方位' 는 하늘에서 지상을 내려다보는 방위로 「하도」나 「64괘원도」의 방위와 같다고 보면 된다. 남쪽이 上, 북이 下, 東이 왼쪽, 西가 오른쪽이다. '지상방위' 는 12지지 子~亥까지 시계 방향으로 분포되는 방향이기도 하다. '지상방위' 와 대비되는 것으로 '天文方位' 혹은' 天上方位' 가 있다. '천상방위' 는 땅에서 하늘을 올려다 보는 것을 말한다. '지상방위' 와 가장 큰 차이는 南北의 위치가 같으면 東西가 반대가 된다는 점이다. 김일권, 2007, 97~103쪽.

12지로 구분하고, 12지의 6합 이론을 「경세연역도」 상의 8괘에 상응하는 태양太陽~태유太柔의 8가지와 대대로 결합시킨다. 이것은 선천역과 간지 이론이 결합한 것으로 볼 수 있는데 서명응은 간지 이론이 선천역의 일부이기 때문이라고 한다. 그런데 한발 더 나아가 12지지의 배열과 순역에 대해 색다른 주장을 펼친다. 그는 지지를 천지의 자리로 펼쳐서 남북으로 나누어 순역을 나눈다. 이렇게 하면 「원도」의 순역과 같다는 것이다. 이것이 간지가 선천역의 일부라고 주장하는 둘째 이유이다. 이는 북두칠성의 국자 모양의 두건이 가리키는 방향을 따라 순역을 구분한 것으로, 천체의 운행 방향 측면에서 순수와 역수를 구분한 것의 일종이니 서명응 식의 순역 이론으로 받아들일 수 있다.[109)]

셋째, 12지지를 「원도」처럼 둥글게 분포시키면 「원도」와 같아지고, 옆으로 배열하면 「횡도」와 같아지고, 겹겹이 쌓으면 「방도」와도 같아지는 것을 보더라도 「선천도」를 창제한 복희가 간지를 지었다는 것이 분명하다는 것이다. 그는 이러한 논리로 간지가 선천역의 일부라고 주장하면서 12궁명宮名 또한 복희 때 나온 것이라고 말한다. 이러한 일련의 주장은 몇 가지 점에서 비판에 직면할 수 있다.[110)]

이에 더하여 서명응은 가량법嘉量法과 구고법도 「방원도」의 상에서 나

109) 이것은 대부분 관점의 차이에서 비롯되는데 보는 기준점을 통일시키면 동일한 결론에 도달한다. 『선천사연』에서 서명응이 말하는 방위나 순역은 상황에 따라 다양하게 쓰인다는 점에 유의해야 한다. 이 경우를 '順數-과거 헤아림' '逆數-미래 헤아림' 이란 관점에서도 말할 수 있다.

110) 3가지 점에서 비판할 수 있다. 첫째, 干支는 10천간과 12지지의 결합인데 서명응은 12지지는 「선천도」의 원리와 부합한다고 하고 10천간에 대해서는 말이 없다. 둘째, 12지지를 '子~亥' 까지 한 번에 둥글게 구부리면 「원도」가 된다고 했는데, 「원도」는 8괘를 반으로 나누어 건1~진4는 좌측에 놓고, 손5~곤8은 우측으로 두 번에 걸쳐 대칭적으로 배열하므로 12지지를 한 번에 구부려 배열하는 것과는 다르다. 셋째, 12지지를 층층이 쌓으면 「방도」와 같다고 했는데 12지지를 어떻게 쌓을 지 그 방법에 대해 설명이 없다.

왔다고 했다. 성인이 만물을 창제할 때 하나는 몇 가지를 겸해서 일을 처리하기 때문이라는 것이다.

4. 천원지방론과 지원설

서명응은 지구가 둥글다는 지원설地圓說을 굳게 믿었고 지원설 또한 옛날부터 전해져 왔다고 주장한다. 당시 지원설에 대해 의견이 분분했다.[111] 그는 선천학의 체계로 지원설을 입증하려고 하고 여기에 증자의 지원설을 덧붙여 논리를 공고히 한다. 선천학으로 입증할 때 두 가지를 근거로 드는데, 하나는 선천학의 산물이라고 여기는 『주비산경』이고 또 하나는 「하도」 중궁론이다. 그는 복희의 개천설蓋天說은 지원설을 의미한다고 생각한다. 개천설은 혼천설渾天說, 선야설宣夜說과 함께 중국의 대표적인 고대 천체 구조론이다.[112]

서명응은 황제가 개천설을 지었다는 『수서隋書』 「천문지」의 기록을 채택하지 않고 복희가 지었다는 『진서晉書』 「천문지」를 채택한다. 『진서』에는 『주비산경』을 근거로 복희가 개천설을 지었다는 것이 기록되어 있다.

111) 지원설에 대해 김시진(1618~1667), 이규경(1788~?) 등은 회의적이었고 김만중(1637~1692), 김석문, 이간(1677~1727), 이익(1681~1763), 황윤석, 홍대용(1731~1783) 등은 인정하는 입장이었다.(정성희, 2001, 51~53쪽) 그중 김석문은 동아시아에서 최초로 지전설을 주장했다. 지원설을 찬성하더라도 근거가 서명응과는 다르다. 서명응처럼 본인의 일관된 철학 체계로 지원설을 주장한 사람은 드물다.

112) 중국의 고대 천체구조론은 天圓地方說에 기초한 蓋天說이 있고, 하늘과 땅을 계란의 노른자위와 흰자위처럼 입체적인 관계로 보는 渾天說이 있고, 하늘을 무한한 허공으로 보고 일월중성이 천구 면에 붙어 있지 않고 허공에 운행한다는 宣夜說이 있다. 혼천설은 경수창, 양웅, 장형, 채옹 등이 주장했고 선야설은 그 학설이 끊어졌다고 한다. 그 외 이론으로 4세기 진나라 虞喜가 주장한 安天說이 있고 3세기 虞聳(우희의 祖父)이 주장한 穹天說이 있고, 3세기 오나라 姚信이 주장한 昕天說이 있다고 한다. 김일권, 2007, 48~49쪽.

서명응은 땅이 둥글다는 것은 복희의 개천설이 기재된 『주비산경』과 『대대례기大戴禮記』에서 증자의 언명으로 입증되었다고 믿고 있다. 서양의 천문학도 이것을 뒤좇아 땅이 둥글다고 했으며, 그와 같은 사실은 250리씩 남북으로 가서 고도를 측정해 보면 땅이 둥글다는 지원설을 실증할 수 있다고 했다. 그래서 지원설은 서양에서 들어온 것이 아니고 복희의 선천역의 일부로 먼 유래가 있다고 주장한다. 서명응은 '서법중원유래설' 의 입장임을 확인할 수 있다.

250리씩 남북으로 가서 고도를 측정하는 방법은 매문정의 『역산전서曆算全書』에 200리씩 가는 것으로 나와 있고 이것을 『증보문헌비고增補文獻備考』에서 그대로 인용하고 있다. 서명응이 200리가 아닌 250리를 주창한 이유는 『선천사연』에 나타나 있지 않지만, 그가 지은 『상서일지尙書逸旨』를 통해 알 수 있다. 『상서일지』「우공오복구禹貢五服九」에서 "500리는 250리의 2배이고 250리란 북극에서 땅의 고도 1° 의 차이"라고 밝히고 있다. 그래서 250리를 가야만 고도 1° 의 차이를 알 수 있다는 것이다. 그는 『상서일지』의 개념 정의를 『선천사연』에 그대로 원용한다.[113)]

이처럼 서명응은 천지의 형태를 『주비산경』에서 천명한 개천설의 입장에서 본다. 즉, 하늘의 모양은 삿갓을 덮어놓은 것 같고〔天象盖笠〕, 땅은 쟁반을 엎은 것을 본뜬 것 같다〔地法覆盤〕고 했다. 그런데 땅은 북극 아래가 높아서[114)] 사방이 아래로 무너져 내린다고 했다. 여기서 '아래로 무너져

---

113) 이 부분은 두 논문을 참조할 수 있다. 林宗台, 「17 · 18세기 서양 지리학에 대한 조선 · 중국 학인들의 해석」, 서울대 박사학위, 2003, 206쪽. 박권수, 「조선 후기 상수학의 발전과 변동」, 서울대 박사학위, 2006, 143쪽.

114) 매문정은 '북극이 높다' 라는 의미에 대해 "북극을 한가운데라고 생각한 것으로 중국의 처지에서 말한 것" 이라 했고, "남극을 언급하지 않은 것은 보이지 않는 부분은 뺐기 때문" 이라 했다.(『증보문헌비고』 권1 「象緯考」 天地.) 이것은 중국이 북반구에 있기 때문이고 또 보이는 것을 기준으로 말한 것이다.

내린다' 란 실제로 멀리 나가면 절벽에서 떨어진다는 뜻이 아니고 아득하게 멀리 있어 사람의 시각에서 사라진다는 의미이다. 그래서 250리를 가면 고도에 1° 의 변화가 있다고 말하는 것이다. 예를 들어 남쪽으로 250리를 가면 북극 고도는 1° 낮아져서 그만큼 북쪽에 있는 별이 작게 보이고, 남쪽 고도는 1° 높아지니 그만큼 남쪽에 있는 별이 크게 보이게 되는 이치이다.(정성희, 2001, 56쪽) 개천설은 전통적인 '천원지방天圓地方'[115]과 밀접한 관련이 있고, 천원지방설이 개천설의 원형으로 이해되고 있다.(이문규, 1997, 238쪽) '천원지방' 에 관한 논의는 『주비산경』에서 주요한 산수와 기하의 원리로 등장하지만, 유자儒者나 역가易家들이 생각하는 것과 역가曆家들이 생각하는 것에는 편차가 있다. 역가曆家들은 물상의 형태에 초점을 맞추어 현상의 변동을 추적하고 이를 누적하고 실증을 통하여 원리를 세우려고 한다. 그러나 '천원지방' 을 실증해 보면 딱 들어맞지 않는다는 것을 알았고 그래서 의문이 계속 제기되었다.(이문규, 234~235쪽)

역가曆家들의 이런 흐름과 무관하게 한나라 이전부터 유자들은 '천원지방' 이란 말에 함유된 천지의 의미에 특별히 주목하고 있었다.[116] 천문역학天文曆學의 입장에서 보면, 중국은 여러 시대를 거쳐 청대에 와서 매

---

115) '천원지방' 이란 말은 문헌상으로는 전국시대 『여씨춘추』「八覽,」有始편에 처음 나오는 것으로 알려져 있다. 그러나 『대대례기』「曾子天圓」에 천원지방이란 말이 나오고 『주비산경』에 나오기 때문에 춘추시대 이전부터 사용된 것으로 보인다.

116) 『대대례기』「증자천원」에서 공자는 "天道를 圓, 地道를 方이다.(夫子曰, 天道曰圓, 地道曰方)"라 했고, 이에 대한 주석은 "道를 方圓이라는 것일 뿐이지 형태가 方圓이라는 것이 아니다.(道曰方圓耳, 非形也)"라고 했다. 즉 땅의 모양이 네모난 것이 아니라는 말이다. 이어서 "方은 그윽한 것이고 圓은 밝은 것이다.(方曰幽, 而圓曰明)"라고 했다. 즉 방원은 음양의 道를 말하는 것으로 이해되며, 이는 주석에서 확실하게 드러난다. "方이란 陰儀이고 圓이란 陽의 이치다. 그러므로 이것으로 천지를 밝힌다.(方者陰儀, 而圓者陽理. 故以明天地也)"라고 하여 방원은 음양을 말하는 것이지 땅이 네모나다는 뜻이 아님을 확실히 밝히고 있다.

문정의 주장[117]에 의해 지원설이 굳어지고, 조선조에서는 이를 수용한 『증보문헌비고』에서 '천원지방'을 벗어나 지원설의 대열에 합류하게 되었다. 유자나 역가易家들 특히 송유宋儒들은 '천원지방'에서 땅을 형태의 측면으로도 약간 둥글다고 생각했다.[118] 이 부분에 대해 서명응은 선유들이 '천원지방'이란 문자에만 얽매여 땅은 네모라고만 생각했다고 비판하는데 실상은 그렇지 않았다.[119] 역학자易學者들은 서명응이 생각하는 것보다 훨씬 더 '천원지방'의 철학적 의미를 탐구하려고 노력했다. 송유들은 천원지방설을 물상의 측면에서도 유용성을 인정하였고 역학의 측면에서도 하도낙서론과 『주역』의 '삼천양지론'의 이론적 근거로 삼기도 했다.

서명응은 땅이 둥글다는 확신 위에 지구는 태양의 빛이 미치는 지역에 따라 5가지 지대의 기후권氣候圈으로 나눌 수 있다고 주장한다. 그는 이것을 「원도」를 가지고 논한다. 「원도」를 지구로 보고 남북극 지방에서 적도까지 5대 기후권으로 나누고, 각 기후대에 「원도」의 64괘를 대입한다. 기후권이 바뀌는 지점은 「원도」의 8궁이 교차하는 분기점으로 남북 극점을 제외하고 반드시 건곤乾坤이 공존한다. 그래서 건곤이 함께 있는 곳에서 반드시 변화가 이루어진다고 했다. 여기서 방위는 「원도」와 반대인 위가 북이고 아래가 남이고 왼쪽이 서쪽이고 오른쪽이 동쪽이다. 따라서 서명

117) 매문정이 지원설의 근거로 든 것은 3가지이다. 첫째, 증자의 지원설이고 둘째, 『황제내경』에서 기백의 지원설이고 셋째, 소강절의 지원설이다. 정성희, 2001, 31쪽 참조.

118) 주희는 '땅의 모양을 만두와 같다.(大抵地之形如饅頭)'고 생각했다. 『주자어류』 86권 27조목.

119) 증자의 지원설 이래 땅이 정말 네모라는 생각보다 땅의 형태가 하늘과 비교 대상으로 '방'이라고 생각한 것이다. 또 소강절이나 주희의 말을 보더라도 宋儒들은 땅을 네모진 형태로 생각하지 않았다. 야마다 케이지, 김석근 옮김, 『朱子의 自然學』, 2006, 168~171쪽.

웅의 말을 이해하려면 「방원도」를 거꾸로 보면서 64괘와의 위치와 지도를 대비하면서 보아야 한다. 북극지방은 4곤坤이 모인 극한지대로 곤북坤北의 총합이자 곤궁과 진궁이 교차하는 지점이다. 이것이 1절이다. 천구면과 만나는 하지夏至점은 「원도」상의 동북쪽의 비괘否卦와 겸괘謙卦, 2괘를 배분하니 여름이 둘이라고 한다. 이곳은 「원도」 서북쪽의 무망无妄, 명이괘明夷卦와 더불어 건곤이 공존하는 4괘이다. 이것이 2절이다. 동지冬至점은 「원도」상 태괘泰卦와 리괘履卦, 2괘를 배분하고 겨울이라 하며 둘이라 한다. 이곳은 동남쪽 승괘升卦 · 송괘訟卦와 더불어 건곤이 공존하는 4곳으로 4절이다. 춘분春分 · 추분秋分점은 적도와 평행이므로 좌우에 「원도」의 동서축인 사괘師卦 · 돈괘遯卦는 추분에, 동인同人 · 임괘臨卦는 춘분에 배속되어 4괘를 들어 춘분 · 추분은 넷이라 한다. 이곳 역시 건곤이 공존하는 3절이다. 남극지방은 4건乾이 모인 곳으로 건남乾南의 총합으로 건궁과 손궁의 교차점으로 5절이다.

서명응이 나눈 각 기후권은 ① 북극권 ② 하지점인 북위 23° 27′ 동서선인 북회귀선권 ③ 적도권 ④ 동지점인 남위 23° 27′ 동서 선인 남회귀선권 ⑤ 남극권이다. 여기에 각각 '절截' 을 붙이면 다섯 절이 된다. 5절을 다시 괘별로 정리해 보면, 1절은 4곤이 모인 북중北中에 있는 괘로 복괘 · 곤괘 · 박괘이다. 2절은 「원도」 동북쪽의 무망괘 · 명이괘와 서북쪽의 비괘 · 겸괘이며, 3절은 「원도」 중형中衡 좌우의 사괘 · 돈괘 · 동인 · 임괘의 4괘이다. 4절은 「원도」의 동남쪽 태괘 · 리괘와 서남쪽 승괘 · 송괘, 4괘이다. 5절은 북극의 아래와 같이 「원도」의 남중南中 4건乾이 모인 쾌괘 · 건괘 · 구괘이다.

서명응이 나눈 5기후권과 괘의 배분은 정확히 일치하지는 않는다. 이는 남북극과 적도에 해당하는 1 · 3 · 5절을 제외한 2 · 4절은 동지 하지점의 태양 궤도인데, 그 궤도는 남북회귀선으로 23° 27′의 경사각이나 「원도」상의 2 · 4절에 대한 괘의 배분은 45° 경사를 기준으로 한다는 말이다. 그 이유는 23° 27′의 경사각에 해당하는 괘에는 건곤이 공존하지 않기 때문이다. 그는 여기에 다시 양의-사상-팔괘를 대입한다. 남북극의 4건과 4곤은 양의이고, 동지점의 2괘와 하지점의 2괘를 합하여 사상이 되고, 여기에 춘추분의 4괘를 합하면 팔괘가 된다. 이러한 기후권의 구분은 이미 「선천도」의 법상에 혼연전체로 나와 있는데 지금의 역가曆家들은 이를 모르고 "일경오절日景五截"이니 혹은 "한열오대寒熱五帶"라고 한다는 것이다. 비유하자면, "어진 자는 그것을 보고 인仁이라 하고, 지혜로운 자는 그것을 지知라고 한다."(「계사전」 상 5장)는 것과 같다고 한탄한다. 그는 이처럼 「방원도」에 나타난 역상易象으로 지원설을 입증하고, 지구의 기후권을 5대 권역으로 구분하여 64괘에 대입함으로써 선천학과 역법曆法의 결합을 꾀하고 있다.

5. 「방원도」의 괘기소밀

『역학계몽』에서 주자가 소강절의 말이 이해되지 않아 재고〔更思〕해야겠다고 말한 부분이 있다. 그중 하나가 「방원도」의 64괘 8괘궁에서 12벽괘의 월괘를 배분할 때, 그 사이가 촘촘한 것과 듬성듬성한 것이 혼재하는 이유에 대해서이다. 괘기의 소밀의 문제는 처음 주모(周謨, 1141~1202)가 의문을 제기했고 호방평이 그에 대해 설명했으나 후학들이 이해하지 못하고 있다고 서명응은 지적한다. 이는 류정원 편에서 서명응이 그 해결책을 제시한다고 미루었던 부분이다. 서명응은 「원도」를 천체天體로 보고 건괘를 남쪽, 곤괘를 북쪽으로 방향을 두고 말한다. 12월괘의 「원도」 분포도가 「원도」의 남극 · 북극 쪽에 가까울수록 조밀한 이유를 세 가지로 나누어 설명한다.

첫째, 주모나 호방평 등이 괘기의 영축盈縮에 의해 월괘를 배분한 것에 대해 이는 '지기地氣'로만 본 것이라 비판한다. 여기서 '지기'란 24절기가 지상에 나타나는 것을 말한다. 그는 지상에 나타나는 절기상의 음양영축으로 괘기의 소밀을 설명할 수 없다고 보는 것이다. 그 대신 '천도天度'로 괘기의 소밀을 논한다. 그가 말하는 '천도'란 천체의 운행 도수로 적도와 황도의 운행 도수를 뜻한다. 여기에 '실리實理'가 있다고 했다.

둘째, 천체는 박〔瓠瓜〕같이 둥글어서 상하극점은 뾰족하고 가운데는 사람의 복부처럼 넓고 평평하다고 했다. 따라서 경도 사이의 간격〔度數〕이 극점으로 갈수록 좁고 가운데로 올수록 경도선의 도수 간격이 넓다. 즉 적도 근처는 가장 넓고 「원도」의 건곤 근처인 남북극점은 가장 좁다. 이런 것을 가리켜 역가曆家들은 좁은 곳을 고도弧度라 하고 넓은 곳을 평도平度라고 했다는 것이다.

셋째, 황도가 적도를 23° 27′ 경사지게 교차하여 적도의 남쪽으로 가면 그 도度가 점점 좁아져 빽빽해지는데, 천체가 남으로 치우쳤기 때문이라고 했다. 황도가 적도의 북쪽으로 나가면 그 도가 넓어져 듬성듬성해지는 것은 천체의 가운데에 가깝기 때문이라고 했다.[120] 서명응은 춘추분 때에는 적도상에서 황도가 만나는 지점으로 둘 사이에는 평평한 것과 경사가 시작되는 점이라는 차이로 황도 1°는 적도 1°보다 적고, 동지·하지에서는 황도가 적도의 천구 남북 양단과 닿아 있는 지점으로 황도 1°는 적도

120) '적도의 남쪽으로 가면'이란 「원도」에서 남쪽이 위에 있으므로 해가 춘분의 적도면에서 위쪽으로 올라간다는 의미이다. 이러면 도수가 좁아져 괘기가 좁게 된다는 뜻이다.〔북반구의 입장에서 하지점은 춘분점에서 해가 적도의 북쪽 위로 올라간다〕. '천체가 남으로 치우쳤다'는 지구 자전축이 우측으로 23.5° 기울어졌다는 뜻이다. '황도가 적도의 북쪽으로 나가면'이란 해가 동지점(천구 남단)에서 황도를 따라 북쪽, 적도 쪽으로 간다는 뜻이다. 그래서 적도와 가까워져 천체의 가운데에 도달하면 도수가 넓어져 괘기도 듬성듬성해진다는 뜻이 내포된 것이다.

1° 보다 크다고 한다.[121] 이는 극점으로 갈수록 경도의 간격은 좁아진다는 의미이고 이를 「원도」 상의 괘기의 소밀로 말하면 월괘가 간격을 좁혀서 잇달아 있게 된다는 것이다.

서명응이 말하고자 하는 요점은 「원도」에 천체의 운행에 대한 원리가 다 들어 있는데도 「원도」를 땅의 관점에서 보니 해답이 나오지 않는다는 것이다. 이것은 「원도」를 하늘로 보고 역법曆法으로 12벽괘의 괘기 소밀을 논하는 탁월한 선천학적 해석이라 할 수 있다. 즉, 해가 황도의 춘분점을 지나 북쪽으로 가서 하지점에 도달할 때 경도의 간격이 가장 좁아져 「원도」에서 괘기가 3개월 연속으로 건괘전후 · 오반午半 · 하지에 나타나고, 해가 황도의 추분점을 지나 남쪽으로 가서 동지점에 도달할 때 괘기가 3개월 연속적으로 곤괘전후 · 자반子半 · 동지에 나타난다는 것은 탁견이 아닐 수 없다.

그런데 여기에서 하나의 의문이 생긴다. 「원도」에서 보면 황도상의 동지 하지점과 괘기의 연속은 반대편에 대칭적으로 나타난다. 남북 극점의 한쪽 면만 괘기가 몰리고 왜 그 옆면에는 괘기가 연속적으로 나타나지 않는가. 해가 황도를 따라 운행하여 적도의 북쪽으로 가면 천체의 북쪽은 좌우 구별 없이 동일하게 경도 간격이 좁아진다. 그런데 하지점의 경우 그 대칭 위치인 「원도」상 건궁의 3괘인 대장괘와 한괘 건너 쾌괘 · 건괘 · 손궁의 구괘가 월괘로 괘기가 나타나고, 구괘 옆의 괘들은 극점 부근〔경도 간격이 매우 좁음〕에 있음에도 불구하고 월괘의 괘기가 나타나지 않는

121) 여기서 '크다'는 의미는 예를 들어 황도 1°는 적도 1.5°라는 뜻이다. 동지와 하지 때 황도 1°는 적도 1.5°에 해당한다는 것이다. 그 이유는 춘추분 때보다 동지와 하지가 위도가 높다. 위도가 높다는 것은 적도에서 그만큼 멀다는 것이다. 위도가 높으면 경도 사이의 간격이 좁아진다. 그러므로 황도가 적도에서 멀어질수록 위도가 높아져 경도 간격이 좁아지고 적도에 가까울수록 경도 간격은 넓어진다. 그 간격을 도수로 반영하면 적도에서 1.5°가 벌어져 황도(동지 하지)에서는 1°가 되는 셈이다.

것은 의문이다. 맞은편의 곤괘 쪽도 동일하다. 서명응은 이에 대해 설명하지 않았다.

6. 선천학의 서양 천문학 수용

서명응 선천학의 통섭적 관점은 서양 천문학을 선천학적 시각으로 수용한 것을 꼽을 수 있다. 서명응의 천문역법관은 복희가 역법을 창제했다는 복희 창제설을 그 출발점으로 삼는다. 여기서 시작하여 동양 천문학의 역도曆度와 역수曆數의 상관성을 규명하고, 서양 천문학에서 주장하는 지원설과 구중천설 및 적도 황도이론을 「방원도」에 대입하여 풀어간다. 이처럼 그는 동양 천문학과 아울러 서양 천문학도 선천학의 범위 내에 있다고 보고 선천학적 천문관을 구축한다.

서명응은 「원도」와 천체를 동일 평면에서 논하는데 남북 2극과 하늘의 좌선 우전을 「원도」의 속성이 지닌 선천학적인 시각으로 해석한다. 「원도」의 8경괘를 대대괘로 4등분하여 2괘씩 묶으면 모두 9수의 조합이 되는 데 착안하여 하늘이 9겹으로 이루어졌다고 했다. 남북의 부동처가 건곤이며 일직선을 상하로 그으면 양의가 되고, 북극은 좌선하고 성星을 주관하는 부도父道로서 만물의 시작하는 「원도」의 좌측과 같고, 남극은 우전하여 신辰을 주관하는 모도母道로서 만물이 이루어지는 「원도」의 우측과 같다고 한다.

이처럼 서명응은 「원도」를 「천문도」로 보고 있다. 그는 「원도」의 상象을 가지고 천문을 볼 때 먼저 세워야 할 기준은 바로 남북극 양의兩儀 수립이라고 한다. 또 보는 이의 관점에 따라 좌선과 우전은 상대적으로 결정된다고 주장한다. 이는 '지상방위'와 '천상방위'의 대칭성과 구형의 지구에서 북반구와 남반구의 관점이 반대가 된다는 점을 지적하는 것이다. 이로 미루어 서명응은 '천동설'과 '지동설' 모두를 알고 있음을 알 수 있다. 당시 전파된 서양 천문학에 대한 그의 해박한 지식은 여러 곳에서 나타난다. 대표적으로 "지금 서양의 역법曆法에서 말하는 춘분은 유중酉中, 추분은 묘중卯中이라는 것은 하늘의 해의 궤도로 말한 것이고, 중국의 역법에서 말하는 춘분은 묘중, 추분은 유중이라는 것은 지상에서 해의 출입으로 말한 것"을 들 수 있다. 중국의 역법과 서양의 역법에서 차이가 나는 이유는 관측자의 관점 차이에 기인한다는 것이다. 즉 서양은 관측자가 하늘을 올려다보는 '천상〔천문〕방위도'로 말한 것이고, 중국은 관측자가 내려다보는 '지상방위도'로 말했기 때문에 동서가 반대되어 묘유도 반대된다는 의미이다.

서명응은 "지극히 둥근 체는 상하좌우가 고정되어 있지 않다."라고 했는데, 둥근 구형체는 동서남북의 방위가 고정되지 않다는 뜻이고 그 형태는 천체나 지구를 염두에 두고 한 말이다. 그것을 평면 종이 위에 남북극의 2극을 기준으로 지도로 그릴 때 비로소 위치가 고정된다는 의미도 포함되어 있다. 정확한 지적이다. 그는 자오子午와 건곤궁의 상하 위치가 「선천도」에 나타난 것인데, 역가曆家들이 주장하는 건궁오위는 상위이고 곤궁자위는 하위라는 것은 적도를 기준으로 한 지상방위를 기준으로 한 것이라고 주장한다. 또한 「선천도」를 천위 즉 천상방위도에 대입하면 건궁이 위가 되고 곤궁이 아래인데, 실제 구형체인 천체에 대입하면 북극이 위쪽 북에 있으므로 곤궁이 위에 있고 건궁은 아래에 있게 된다. 리離·태兌 2궁은 오른쪽의 유중酉中이 되고 감坎·간艮 2궁은 왼쪽의 유중卯中이 된다. 즉 지상방위도와 동서의 위치가 반대된다. 동서남북륙東西南北陸[122)]

122) 서륙은 '서쪽 하늘'을 뜻한다. '서륙'이란 말은 『춘추좌전』에 나온다. "古者日在北陸而藏冰, 西陸朝覿而出之. 其藏冰也, 深山窮谷, 固陰沍寒, 於是乎取之. 其出之也, 朝之祿位, 賓·食·喪·祭, 於是乎用之. 其藏之也"(『춘추좌전』, 소공4년) 동륙은 '동쪽 하

도 마찬가지로 천상방위이다. 각 륙과 계절에 대해 그는 "적도의 자오묘유가 사상四象이 되니 1년에 있어 해가 하늘에서 운행 방향이 북륙에서 와서 서륙으로 물러나면 봄이고 서륙에서 남륙으로 물러나면 여름이고 남륙에서 동륙으로 물러나면 가을이고 동륙에서 북륙으로 물러나면 겨울이다."(『선천사연』「방원상전2」〔赤道立經〕)라고 했다.

서명응은 괘와 방위를 천체의 운행에 맞춘 뒤 적도12차[123]를 대입시킨다. 그 결과 천체를 기준으로 한 천상방위인 '하늘의 서륙 · 강루술궁降婁戌宮[124]=「선천도」 위의 오른쪽 리궁離宮 · 유중酉中 · 서쪽' 의 등식이 성립한다. 이때 지상방위로 '적도 위의 동방 · 2월 · 봄' 이 대응된다. 또 천상방위인 '하늘의 동륙 · 수성신궁壽星辰宮=「선천도」 위의 왼쪽 감궁坎宮 · 유중卯中 · 동쪽' 등식이 성립되고, 지상방위로 '적도 위의 서방 · 8월 · 가을' 이 대응된다. 「선천도」는 당연히 지상방위가 위주이나, 천상방위를 대입하면 위와 같이 된다. 이처럼 방위에서 동서가 반대되는 것을 서명응은 "목수가 컴퍼스로 둥글게 원을 그려 도수를 재는 것과 같다."고 했다.

늘' 이란 의미이다. 동륙 · 서륙 · 남륙 · 북륙의 4륙에 대해서는 『隋書』「天文志」에 "行東陸謂之春, 行南陸謂之夏, 行西陸謂之秋, 行北陸謂之冬"라고 하며, 이는 지상방위로 말한 것이다. 서명응은 各陸의 방위에 대해 다른 곳에서는 천상방위로 말하는 경우가 있기 때문에 주의를 요한다.

123) 고대 중국에서 천구의 적도 부근을 약 30°씩 12등분으로 나누어 적도12次라 불렀다. 여기서 '차' 의 뜻은 차례라는 의미도 있지만 30°씩의 구간의 의미가 더 크다. 12차는 목성〔歲星〕의 위치 이동을 나타내고 공전 주기가 약 12년을 바탕으로 적도를 기준으로 했다. 운행 방향은 서에서 동으로 목성의 순행과 일치한다. 적도12차와 상대되는 것이 '황도 12궁' 이다. 태양은 황도 위를 운행하고 달과 행성은 황도 부근을 운행한다. 태양은 이 12궁의 별자리 동쪽으로 옮겨가서 12개월에 일주한다. 이은성, 1985, 89~90쪽.

124) 적도12次와 12궁에 12支를 결합하여 붙인 이름이다. 강루, 수성 등은 古甲子이다. 12支의 옛 이름은 다음과 같다. 석목(寅) - 성기(丑) - 현효(子) - 추(취)자(亥) - 降婁(戌) - 대량(酉) - 실침(申) - 순수(未) - 순화(午) - 순미(巳) - 壽星(辰) - 대화(卯). 12지는 여기서 역행한다. 김동석, 2009, 137쪽.

서명응이 서양 천문학을 선천학으로 해석하는 또 하나의 사례는, 하늘의 구조론인 '중천설重天說' 이다. 당시에는 '구중천설九重天說'[125]과 '12중천설' 이 있었다. 서명응은 복희가 위로는 하늘의 운행을 보고 아래로는 해 그림자를 살펴 「원도」의 상과 수로 징험하여 2극 즉 남북극과 적도를 정하고, 하늘을 보니 하늘은 9중으로 싸여 있음을 알았다고 했다. 이처럼 그는 '9중천설' 이 복희의 이론이라 했는데 이미 조선에 유포된 우주론이다.(『주자어류』 2권) 앞서 김석문의 경우는 서명응이 말하는 9중천설과 내용이 다르고 특히 각 천의 회전의 속도가 가운데 올수록 빠르다는 점도 당시 9중천설과 반대 입장이었다. 여기서 주목할 것은 그가 8괘의 역수易數를 '9중천설' 의 논리 기반으로 사용한다는 점이다. 그러나 조선 후기 서양 천문학이 들어오면서 새로운 우주구조론으로 '12중천설'[126]이 소개되었다. 그의 '9중천설' 은 '12중천설' 에 대한 기존의 우주구조론 입장에 선 대응 논리인 셈이다.

---

125) '구중천설' 혹은 '구천설' 은 서양에서는 희랍의 아리스토텔레스에서 유래하고 중국에서는 『楚辭』「天問」에 처음 나온다. 이때는 하늘이 공간적으로 9개의 장소로 나누어진다고 생각했으나 주자는 하나의 하늘 속에 氣의 회전의 차이에 따라 9겹의 나눔이 있다고 했다.(『주자어류』 2권) 9重天의 개별 이름은 가장 안으로부터 同心球 형태로 1太陰天 - 2水星天 - 3金星天 - 4太陽天 - 5熒惑天 - 6歲星天 - 7塡星天 - 8列宿天 - 9宗動天이다. 가운데로 갈수록 氣의 회전이 적고 바깥으로 갈수록 회전이 빨라져 아홉 겹에 이르면 회전이 점점 강하게 되고 압축되어 딱딱한 껍질처럼 되어 있다고 주장한다. 『朱子의 自然學』, 2006, 85쪽, 147쪽.

126) 12중천의 내용은 '지구 - 1重 月輪 - 2중 辰星(수성)天 - 3중 太白(금성)天 - 4중 日輪天 - 5중 熒惑(화성)天 - 6중 歲星(목성)天 - 7중 塡星(토성)天 - 8중 列宿天(28宿天) - 9중 동서歲差 - 10중 남북歲差 - 11중 (無星)宗動天 - 12중 天堂' 이다. 12중천설은 원래 서양의 9천설에다 永靜, 동서세차, 남북세차 의 중천을 첨부한 것으로 1615년 서양 선교사 디아즈(Diaz)의 『天文畧』에 소개된 것을 1631년 연경으로 사신으로 간 鄭斗源이 선교사 陸若漢으로부터 얻어 조선에 소개된 것이라 한다. 선교 목적으로 12중은 '永靜不動' 한 天主上帝가 있는 天堂이라 한다. 정성희, 2001, 42~43쪽 참조.

【 해제 】

서명응의 천문역법관은 당시 시각에서도 난해했지만, 오늘날 관점에서 보더라도 이해하기 어렵다. 소강절의 선천학에 근거했기 때문에 선천학을 이해해야만 천문역법과 결합해서 탄생된 서명응의 새로운 이론을 해석할 수 있기 때문이다. 그는 선천학으로 거의 모든 학문을 포섭하려고 했으며, 이런 자세는 옥재 호씨가 주자의 뜻을 빌어 '「선천도」에 천지만물의 이치가 다 들어있다.(天地萬物之理盡在其中也)' 라고 한 『역학계몽』의 입장[127]과 비슷하다고 볼 수 있다. 그러나 『역학계몽』에서는 서명응이 논하는 것처럼 「선천도」에 다양한 천문역학이 녹아있는 점을 말하지 않았다. 어쨌든 선천학으로 동서양의 천문역법 등을 포괄한다는 논리는 조선의 선천학자 중에서 처음일 것이다. 서명응이 주장한 내용을 요약하면 다음과 같다.

서명응은 선천학과 천문학과 역법曆法을 결합하고 선천학으로 남북극 양의와 동서의 경위에 대해 종전과 다른 새로운 주장을 펴는 한편, 「방원도」에 분포된 『주역』의 8괘 · 64괘를 간지론과 연결한다. 그는 10간 12지 60갑자의 순서와 위치 및 운행이 복희 선천역과 묘합한다고 하면서 선천역의 일부라고 주장한다. 또 두건斗建의 운행 방향을 지상방위로 보고 「원도」의 좌반左半 운행과 같은 순수順數라고 했고, 일전日躔 즉, 해의 운행은 우전右轉하여 역수逆數로 돌고 「원도」 우반과 동일시한다. 그러나 이는 천문의 운행 방향이지 선천역에서 말하는 방향과는 다르다. 지상방위와 천상방위는 좌우가 반대인데 이것은 하늘의 방위가 바뀌는 것이 아니라 사람의 관찰 지점이 다르기 때문이며, 천체의 운행은 두건의 운행 방향을

127) 『역학계몽』, 1074~1075쪽. 이 말은 원래 『황극경세서』(873~874쪽)에 나오는 말이다.

기준으로 순역을 나눈다고 했다. 그는 지구가 둥글다는 지원설地圓說을 주장했고 선천학의 체계로 지원설을 입증하려 했으며, 여기에 증자의 지원설을 덧붙여 논리를 전개했다. 선천학으로 입증할 때 두 가지를 드는데, 하나는 『주비산경』이고 또 하나는 「하도」 중궁론이다. 서명응은 땅이 둥글다고 확신하며 지구에는 태양의 빛이 미치는 지역에 따라 5지대의 기후권으로 나눌 수 있다고 했다. 그는 이것을 「원도」를 가지고 논한다. 「원도」를 지구로 보는 셈이다. 즉 남북극에서 적도까지 5大 기후권氣候圈으로 나누고 각 기후대에 「원도」의 괘를 대입한다. 기후권이 바뀌는 지점은 「원도」의 8궁이 교차하는 분기점으로 남북 극점을 제외하고 반드시 건곤乾坤이 공존한다고 했다. 그는 『역학계몽』에 나오는 '갱사更思' 부분 즉 주자도 몰라서 판단을 유보한, 「원도」상의 괘기 소밀에서 문제가 된 밀도의 차이를 지구의 논리가 아닌 하늘의 논리로 명쾌하게 해결책을 제시하기도 했다.

서명응 선천학의 통섭적 관점이 잘 발휘되는 곳은 서양 천문학을 선천학적 시각으로 수용하는 것이다. 서명응은 복희가 역법을 창제했다는 복희 창제설을 그 출발점으로 삼아 동양 천문학의 도수이론의 상관성을 규명하고, 서양 천문학의 지원설과 구중천설 및 적도 황도 이론을 「방원도」에 대입하여 풀어간다. 그는 동양 천문학과 아울러 서양 천문학도 선천학의 범위 내에 있다고 보고 선천학적 천문관을 구축한다. 이런 학문적 태도는 이른바 '서법중원유래설' 의 입장임을 알 수 있고 그의 역학적 천문관의 한 단면을 확인할 수 있다.

이와 같은 서명응의 천문학을 냉정히 평가하면 선천학 만능주의자로 '선천학 과잉' 이자 복희의 상고시대를 소환하는 '복고적 천문학' 이라 할 수 있다. 따라서 그의 천문학 이론은 당시 유행하던 최신 천문학과 비교해 논리적 객관성을 확보했다고 보기 어렵고 시대사조를 선도했다고 보기도 어렵다. 그러나 조선 후기 서학과 주자학이 잠재적으로 충돌하고 국학과 실학이 태동하는 사상적 혼란 시기에, '선천학' 으로 학문의 중심을 잡고 나아가 사회 안정을 도모코자 한 왕실 측근 관리이자 학자로서의 순수한 고뇌가 여기에 담겨 있다고 할 수 있다.

제3부

조선 상수역학과 인문학

제1부 음운학

제2부 음악학-악률론

제3부 역사학

제4부 점법학

조선시대 상수학과 융합하여 뻗어 나온 인문학은 음운론·악률론〔음악학〕·역사학·점법학 넷을 꼽는다. 상수학의 간학적 기제가 음운론과 결합하여 탄생한 조선의 대표적 인문학적 결실은 세종이 창제한 『훈민정음訓民正音』이다. 세종은 음운론에 박식할 뿐만아니라 상수학의 전문가라 할 만하다. 『성리대전』을 통해 송대 상수학을 익혔고 이를 음운론에 적용하여 『훈민정음』을 창제했다. 세종의 음음론과 상수학적 안목은 조선 후기 최석정과 신경준을 통해 재현된다. 이 두 사람은 「해례본」의 제자해를 보지 못한 채 「예의편」만 보고도 『훈민정음』을 상수학의 입장에서 해석하여 조선 후기 음운학 발달의 도화선이 되었다. 따라서 음운학은 세종의 『훈민정음』 제자해와 최석정·신경준의 음운학 저서를 순서대로 고찰해 본다.

조선시대 음악은 세종조에 아악이 정비되고 성종조에 『악학궤범樂學軌範』이 편찬되면서 기틀이 세워졌다. 조선 악률론의 기초 이론은 채원정의 상수학적 음악서인 『율려신서律呂新書』가 바탕이 되었다고 해도 과언이 아니다. 조선 초 아악을 정비하고 궁중 음악서인 『악학궤범』을 편찬할 때 악률론의 중요 요소마다 율려와 관련된 상수학이 자리잡고 있다. 세종조 뛰어난 음률가인 박연의 황종율려관과 성종조 『악학궤범』에 나타난 악률론을 살펴보도록 한다.

조선시대 관찬 역사서 제작의 근본 이론은 소강절의 원회운세 이론이다. 상수학과 역사학이 상통한다는 것에 쉽게 동의하기 어렵지만 원회운세론에서는 가능하다. 조선의 과거 내력과 향후 운명에 관심이 많았던 영조는 홍계희와 서명응에게 조선의 원회운세식 역사서 편찬을 명한다. 특히 서명응에게 천세력으로 향후 천 년의 일을 기재하라고 명했으며, 서명응은 『황극일원도』를 지어 영조에게 진상하는데 조선의 상수 역사학은 이 책을 통해 고찰해 보도록 한다.

이외 조선 후기 상수학과 융합한 인문학으로 점법학을 들 수 있다. 조선의 점법占法은 주자 점법이 대세이고 채침 점법을 겸용했다. 주자학의 자장이 느슨해질 무렵 조선에서 독자적인 점법을 발명했으니 김석문, 이익, 정약용, 심대윤의 점법이 그것이다. 이익과 정약용이 새로운 점법을 만들었다는 사실은 알려졌지만, 김석문과 심대윤이 만든 점법은 알려진 바가 드물며 특히 김석문이 그러하다. 주자와 채침 점법을 먼저 살펴본 후 조선 학자 중에서 김석문, 정약용, 심대윤 3인의 점법을 분석하도록 한다. 이익의 점단법은 정약용에서 일부 소개한다.

제1장

음운학

I. 『훈민정음』 제자해

조선 상수학과 융합한 인문학에는 여러 분야가 있는데 그중 음운학 분야에서는 단연 '훈민정음' (이하 '정음' 이라고도 함)이 으뜸이다. 여기에 담긴 사상은 『훈민정음』 「해례본解例本」[1] 해례편 제자해制字解를 통해서 파

1) 『訓民正音』 「해례본」은 세종 28년(1446)에 『훈민정음』 28자를 반포할 때에 찍어낸 판각 원본이다. 「해례본」의 구성은 ① 세종이 『훈민정음』 창제의 취지를 밝힌 御製 서문 ② 본문격인 자음과 모음의 음가와 운용 방법을 설명한 例義〔규칙의 뜻〕 ③ 『훈민정음』을 해설한 解例〔규칙 풀이〕 ④ 정인지 序로 되어 있다. '해례편' 에는 제자해 · 초성해 · 중성해 · 종성해 · 합자해 · 용자례로 이루어졌다. 본 글에서는 해례편 가운데 '제자해' 를 논한다. 「해례본」은 최초 발간 이후 소재를 모르고 있다가 1940년에 와서야 발견되었다. 『훈민정음』의 완전체〔원본〕인 「해례본」이 발견되기 전까지는 ①과 ② 만으로 이루어진 「예의본」이 『세종실록』과 『월인석보』에 실려 「언해본」과 함께 통용되었다. 「해례본」의 해례와 정인지 서문은 정음이 어떤 원리와 어떤 과정을 통해 만들어졌는가에 대한 설명이 실려있다. 「해례본」이 일찍 발견되었다면 조선의 음운학과 국어학이 더 발전되었을 것이다. 전 세계 문자 중에서 그 제작 원리에 대해 제작자가 직접 해설한 자료가 첨부된 문자는 오직 『훈민정음』 「해례본」뿐이다. '훈민정음' 은 '책' 이름과 세종이 창제한 '문자' 를 뜻하는 두 가지 의미가 있다. 『훈민정음』은 1443

악할 수 있다. '제자해'는 『훈민정음』 창제 배경과 조자造字 원리 및 내재된 철학 사상을 집약한 글이다.

제자해에 나타난 첫 번째 핵심은 상수학 사상이다. 제자해는 소강절의 『황극경세서』에 영향을 받았는데, 특히 소강절 성음론에 기초하여 『훈민정음』이 '소리〔聲: 人聲〕'로써 창제된 소리 문자라는 점이 그것을 말해준다. 제자해에 나오는 음양오행론은 주렴계의 『태극도설』과 주자의 이론에 기반을 둔 것이 많다. 또한 『역학계몽』에 나오는 「하도」와 그에 대한 논설을 인용했고 이를 천지지수와 결합하여 역리를 전개했다. 제자해 뒷부분에 나오는 음양과 동정, 천지와 강유 등을 연결한 것은 「계사전」 및 「설괘전」의 영향이 크다.

제자해의 두 번째 핵심은 세종의 애민 사상과 '사람 중심 사상〔人本主義〕'이다. 오랫동안 통용된 한자가 있지만 말과 글이 달라 어려움을 겪는 백성들의 문해율을 높이기 위해 세종은 중국과의 관계에 개의치 않고 과감하게 새로운 글자를 만들기로 한 것이다.

『훈민정음』은 '사람의 소리'를 기초로 창제되었고, 초성 17자를 '사람 발음기관의 모양〔象〕'을 본떠서 만들었으며, 중성 11자는 천지인 삼재를 형상화했으니 모두 '사람'을 중시하는 사상임을 또한 알 수 있다. 이처럼 '소리'와 '상〔발음기관의 象, 천지인의 象 등〕'을 제자의 소재로 택한 것은 '상수'로 성음[2]의 이치를 파악하고 문자를 창제하려는 관련자들, 특히

년 12월(음)에 창제되어 1446년 9월(음)에 반포되었다. '훈민정음 해례본'은 1962년 12월 국보 제70호로 지정되었으며 1997년 10월 유네스코 세계기록유산으로 등록되었다.

2) 현대 국어학에서 음성(phone)은 소리의 최소 단위이고, 음운(phoneme)은 변별적인 기능을 가진 소리의 최소 단위를 말한다. 예를 들어 'ㅔ'와 'ㅐ'를 구분 발음하고 음가의 차이가 어휘의 의미 변별에 이용된다면 이 둘은 다른 음성이면서 다른 음운이 되는 것이다. 그렇지 않다면 다른 음성은 될 수 있어도 동일한 음운이 된다. 音聲學(phonetics)은 음성을 자연과학적인 방법을 통해 객관적으로 규명한다. 音韻論(phonology)은 말소리와 음성 모형을 통해 각 音素의 변별적 특질을 연구한다. 음성학은 음성

세종의 탁월한 상수학적 시각을 반영한 것이다. 세종이 상수학에 능통한 것은 일찍이 익힌 『성리대전』 덕분일 것이다. 신유학이 여물지 않은 조선 초에 상수학의 대표적 논설을 서로 어긋나지 않고 조화롭게 엮어서 창제의 바탕을 세우고 그 속을 '사람 중심'으로 채운 것이다.

제자해와 역학과의 관계에 대해 권재선은 "제자해에는 역易에 대한 설명이 엄청나게 많아 그 모양이 칡덩굴처럼 얽혀 제자해를 둘러싸고 있다."(권재선, 1997, 176쪽)고 했으며, 김석득은 "역학에 대한 이해 없이는 정음에 대한 이해를 이룰 수 없다."(김석득, 1972, 138~139쪽)고 했다. 유창균은 "정주학〔정자와 주자의 성리학〕은 리기理氣를 제창하면서 이것을 소강절처럼 성음과의 관계에서 파악하지 않는다."(유창균, 1989, 82쪽)라고 했고, 박권수는 "정음은 소강절의 이상이 15세기 조선에서 구현된 것"(박권수, 2006, 99쪽)이라고 논평한 바 있다.

그러나 필자는 정음의 창제 배경에 대해 '역학' 혹은 '성리학'이라는 범범한 관점에서 논하는 기존의 연구에 대해 의구심을 가지게 되었고,[3] 역학과 관련된 일관된 체계로 분석하여 제자해의 상수학적 배경을 명료

에 대한 개별적 연구로 음성의 의미는 고려치 않고, 음운론은 변별적 특질에 의한 각 음운의 관계, 음소의 조직을 연구하며 음성의 의미를 고려한다. 김광해 외 4인 공저, 1999, 79~83쪽. 김혜숙 엮음, 1999, 59~61쪽. 본 글에서 '성음'과 '음운'은 같은 뜻이며 '음운도'와 '운도', '성음도'도 같은 의미로 쓴다.

3) 기존 연구에서 느낀 점은 다음과 같다. 역학이라면 의리역학과 상수역학의 구분이 있고 시대적으로도 漢易·위진역·수당역·宋易 등의 차이가 있는데, 제자해 나타난 음양오행 사상이나 삼재 사상 등을 한 묶음으로 '역학'이라 하고, 또 이를 '성리학'이라고 하는 것에 대한 문제의식이다. 성리학은 조선조 주류 학문임은 분명하나 역학을 성리학이라고 혼용하는 것은 의문이다. 엄밀히 말하면, 당시 조선의 유학자나 제자해 저자들은 宋學의 영향을 받은 성리학적 사유로 易에 접근하여 조선 역학을 이끌어갔고, 이를 되돌려 역학적 사유로 더 깊은 성리학의 경지를 조망했다고 봄이 타당하다. 역학은 시대사상과 긴밀히 교류하는 한편 당시 지식체계와도 부단히 조응하면서 앞서거니 뒤서거니 변화·발전한다. 이것이 역이 지닌 교역과 변역의 속성이라 생각한다.

하게 해야 할 필요성을 느꼈다. 이에 따라 제자해의 배경 논리를 소강절의 『황극경세서』, 주렴계의 『태극도설』, 주자의 『역학계몽』으로 풀어가려 한다. 이 책들은 『성리대전』에 실린 것으로 세종이 탐독했고 조선 상수학의 핵심 텍스트이자 조선역을 형성하는 기반 서적이었기 때문이다. 이런 과정을 거쳐 제자해에서 모종의 조선역을 발견해 보고자 한다.

1. 제자해에 나타난 소강절 역학

소강절의 『황극경세서』에 나온 역학 사상은 제자해에 가장 큰 영향을 미쳤다. 이는 이숭녕 · 강신항 · 유창균 · 서병국 등 국어학계의 공통된 입장이다. 소강절의 영향이 나타난 곳은 크게 제자해 초입 부분과 중성 부분으로 나누고, 초입 부분은 다시 셋으로 나눈다. 여기에 정음 창제 배경의 골격이 드러나 있다.

① 천지자연의 이치는 음양오행으로 이루어져 있다. 곤괘와 복괘 사이는 태극이고, 움직임과 고요함 뒤에 음양이 된다.(天地之道, 一陰陽五行而已, 坤復之間爲太極, 而動靜之後爲陰陽) … 그러므로 사람의 말소리에도 모두 음양의 이치가 있으나 돌이켜 사람이 살피지 못했을 따름이다.(故人之聲音, 皆有陰陽之理, 顧人不察耳)

② 지금 정음을 만든 것은 처음부터 머리를 쓰거나 억지로 찾은 것이 아니고, 다만 성음으로 그 이치를 궁극했을 뿐이다.(今正音之作, 初非智營而力索, 但因其聲音而極其理而已)

③ 정음 스물여덟 자는 각각 그 모양을 본떠서 만들었다.(正音二十八字, 各象其形而制之)

위를 요약하면, '천지의 도는 음양오행이다. 곤복지간坤復之間 즉 태극의 동정을 거쳐 음양이 되고 사람의 소리〔聲音〕에 음양의 이치가 있다. 정음은 태극음양오행의 이치가 내재된 사람이 내는 소리의 이치를 자연스럽게 궁리하고 만물의 모양〔형상〕을 본떠서 만들었다' 는 것이다. 정음은 '소리' 와 '모양을 본뜸〔象其形〕' 으로 만든 것으로 즉 '성' 과 '상' 으로 이루어졌다는 말이다. '성' 은 원래 음운적 요소이다. 모양을 본뜸에서 '상〔발음기관 象과 천지인 象〕' 은 상수학의 '상' 과 일치하는 부분[4]이다.

소강절의 역리가 나타난 부분은 ① 곤괘坤卦와 복괘復卦 사이는 태극이다, ② 지금 정음을 짓는 것은 처음부터 머리를 쓰거나 억지로 찾은 것이 아니다, ③ 다만 성음으로 그 이치를 궁극했을 뿐이다, 이 셋이다. 이것을 차례대로 본다.

첫째, '곤괘와 복괘 사이는 태극' 이라 한 것은, 제자해에서 음양오행의 원두처인 '태극' 에 대해 주렴계의 '무극이태극' 론이 아닌 소강절의 '곤복지간위태극' 론을 빌렸다는 점은 의외이다. 64괘 가운데 곤괘坤卦와 복괘復卦 사이에 '모종의 의미〔태극〕' 를 부여한 사람은 소강절뿐이며, 그의 「선천도」에만 나타나 있다. 따라서 「경세일원소장지도經世一元消長之數圖」

---

4) '상수' 에서 '상' 은 「계사」하 2장의 近身遠物에서 陽劃〔—〕, 陰劃〔--〕을 추상하고 '수' 는 양획에 1, 음획에 2가 주어지고 삼천양지를 통해 陽9 陰6이 성립된다. '근취저신' 과 '원취저물' 을 제자해의 "正音二十八字, 各象其形而制之" 와 비교하면 범위가 일치함을 알 수 있다. 사람의 발음기관의 모양을 본떠서〔象其形〕 만든 초성 17자는 '근취저신' 에 해당하고, 중성 11자 중에서 기본자 셋은 天地人에서 추상한 것〔象其形〕으로 '원취저물' 이다. 여기서의 '상' 은 「계사」 상 10장의 성인의 四道의 하나인 "以制器者尙其象(기물을 제작하는 자는 그 상을 숭상한다)", 「계사」 상 8장 · 12장. "夫象, 聖人有以見天下之賾而擬諸其形容, 象其物宜. 是故謂之象(象이란, 聖人이 天下의 복잡함을 보고 그 形容에 비기어 그 물건의 마땅함을 본뜬 것이다. 이 때문에 상이라 한다)", 「계사」 하 3장. "易者, 象也, 象也者, 像也(역이란 상이고 상이란 형상이다)" 에서의 '상' 과 모두 같은 것이라 할 수 있다. 따라서 象은 문맥에 따라 상징, 추상, 형상, 모양, 본뜸 등으로 새길 수 있다.

에서는 설명이 불가능하다.[5] 「선천도」는 『황극경세서』 서두에 있는 「찬도지요」(『황극경세서』, 543~638쪽)에 나온다. 이 그림의 하단 정중앙에 순음인 곤괘와 일양一陽이 시생하는 복괘의 중간 지대가 있다. 그 자리에 '사이〔子中〕' 가 있고 이를 '일동일정지간' 이라 하며 '태극' 을 의미한다. 그런데 '곤복지간' 을 바로 '태극' 과 연결한 것은 『성리대전』에 수록된 다른 역학서에는 없다는 사실이다.[6] 물론 '무극이태극' 이니 무극 대신에 태극을 넣을 수 있지만, 이런 조합을 택한 제자해의 이론적 배후에 주목할 필요가 있다. 제자해는 훈민정음 창제(1443) 후 3년이 지난 후에(1446) 나온 글이다. 집현전 학사들이 한 문장 한 글자에 심혈을 기울여 창제의 당위성과 음운 논리, 시대사상 등을 집약한 후 세종의 지시나 승인을 얻

---

5) 건괘와 복괘 사이 태극에 대한 「선천방원도」와 「경세일원소장지수도」의 비교

伏羲六十四卦方位

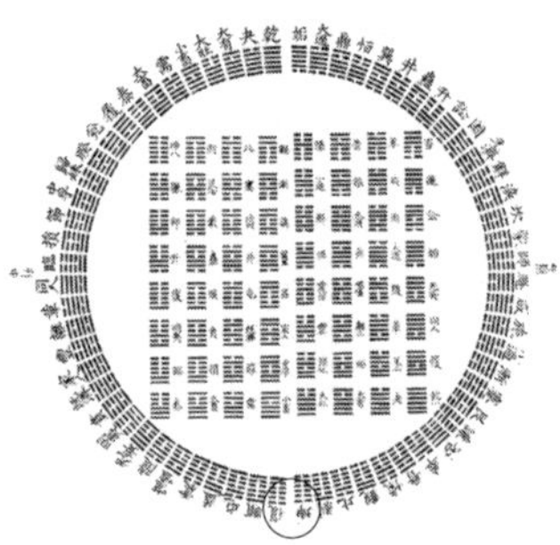

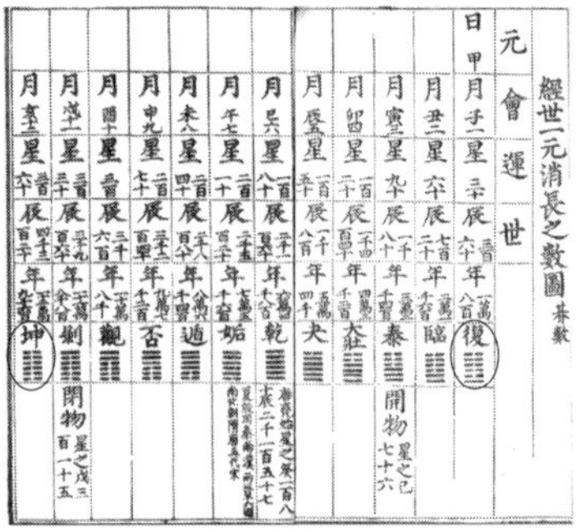

간혹 국어학계에서는 소강절의 원회운세론을 나타낸 「경세일원소장지수도」(『황극경세서』, 561쪽)로 곤복지간을 설명하는데 이는 잘못된 것이다. 왜냐하면 「경세일원소장지도」에서 곤괘와 복괘는 좌우의 끝에 위치하여 거리가 가장 멀다.(우측 그림에서 ○으로 표시) 「64괘원도」에서는 곤괘 다음에 바로 복괘로 연접되어 있다.(좌측 그림에서 ○으로 표시) 두 괘는 연접해 있어야 '그 사이(之間)' 가 일동일정지간〔태극〕이 되므로 두 괘가 떨어져 있으면 '곤복지간위태극' 을 설명할 수 없다.

6) 『역학계몽』에 "坤復之間乃無極"〔주자〕, "坤復之間無極而太極也"〔진제 서씨〕가 있고, 『태극도설』에 "無極而太極" 이 있을 뿐 "坤復之間爲太極也" 이란 말이 없다. 그러나 이황은 『계몽전의』(1557)에서 "소강절이 '곤복지간위태극야' 라 했다" 고 한다. 이후 조선 역학서에 자주 보인다.

은 글이라고 봐야 한다. 그 용도는 제자원리의 천명뿐 아니라, 대내외 설득용 즉 당시 정음에 반대하는 일단의 지식인〔최만리 등〕들에 대한 논리적 대응이자 명나라에 대한 외교적 대응도 포함되었을 것이다. 여기서 제자해의 역학적 배경은 강절역임을 알 수 있다.

둘째, "지금 정음을 지은 것은 처음부터 머리를 쓰거나 억지로 찾은 것이 아니고"에 대해서이다. 정음이 천지자연의 원리에서 나왔지 인위적인 노력이나 목적을 가진 기획물이 아니라는 점을 말하고 있다. "머리를 쓰거나 억지로 찾은 것이 아니다."는 소강절의 저술(『황극경세서』, 548, 598쪽)에서 인용한 것으로, 소강절이 자신의 역학의 '자연성' 을 강조한 말이다. '자연성' 은 소강절에만 국한되지는 않는 역의 보편원리이지만, 이 문구를 콕 짚어 인용한 점에서 『훈민정음』과 소강절과의 관련성을 확인할 수 있다.

셋째, "다만 성음으로 그 이치를 궁극했을 뿐이다."는, 성음에 들어 있는 음양의 이치를 극진히 궁리하여 정음을 만들었다는 뜻이다. '성음에 들어 있는 음양의 이치' 란 바로 '소리〔聲〕의 이치' 이며, 결국 '소리' 로 정음을 만들었다는 의미이다. 이러한 성음에 관한 이론은 『성리대전』에 수록된 역학서 가운데 『황극경세서』에만 있었기 때문에 세종은 이 책에 관심을 가졌을 것이다. 특히 『황극경세서』에 나오는 다음 두 사람의 논설에 더욱 주목했을 것이다. 소강절의 아들 소백온은 "만물에는 소리, 색깔, 기운, 맛〔聲色氣味〕이 있어 이를 연구하면, 오직 '성聲' 이 두드러진다."고 하면서, "성음의 이치를 안 후에 만물의 이치를 알 수 있다."(『황극경세서』, 640쪽)고 했다. 소강절의 추종자 상관만리(上官萬里, 생몰 미상으로 南宋人 추정)는 "오직 『황극경세서』의 성음론이 옛날 성음에 관한 법칙을 뛰어넘었다. 소리로 수를 일으키고 수로 괘와 합하여 만물의 이치를 얻어 넓혀갔다."(『황극경세서』, 647쪽)고 말했다. 세종은 소백온으로부터 '성' 의 중요함을, 상관만리에게서 '성음론'의 중요함을 깨달았을 것이다.

그러나 만물이 지닌 '성' 가운데 유독 '사람이 내는 소리〔人聲〕'를 택한 것과 '사람 발음기관의 모양〔象〕'을 중심으로 정음을 창제한 것은 세종의 탁월한 창의적 사유이자 '사람 중심〔人本〕' 사상이라 할 수 있다. 이처럼 사람을 중심에 놓고 '성'과 '상'으로 창제한 정음과 제자해에서 독창적인 모종의 '조선역'을 발견할 수 있다.

다음은 제자해 중성 부분에 나타난 소강절의 영향으로, 천지인 삼재三才 사상이다.

> 가운뎃소리(중성)는 무릇 열한 자이다. '•'는 혀가 축소되나 소리가 깊으니 하늘이 子에서 열린 것이며, 형태가 둥근〔원〕 것은 하늘의 상징〔형상〕이다. 'ㅡ'는 혀가 조금 축소되고 소리도 깊지도 않고 얕지도 않으니 땅이 丑에서 열림이며, 형태의 평평함은 땅의 상징〔형상〕이다. 'ㅣ'는 혀가 축소되지도 않고 소리가 옅으니 사람이 寅에서 생겨남이며, 형태가 세워진 것은 사람의 상징〔형상〕이다.

위에서 '하늘이 자에서 열린다', '땅이 축에서 열린다', '사람이 인에서 생겨난다'는 『황극경세서』 원회운세 도표인 「경세일원소장지수도」의 주석에 나오는 삼재론이다. 원회운세는 '1원 · 12회 · 360운 · 4320세 · 129,600년'을 주기로 인류 역사가 순환한다고 보는 역학적 역사론이다. 12회는 12지지로 나타내고 첫 달 자월은 하늘이 처음 열리는 시점으로 '천개어자야天開於子也', 땅이 열리는 시점인 축월은 '지벽어축야地闢於丑也', 사람이 열리는 시점인 인월은 '인생어인야人生於寅也'라고 했다. 12회 각각에 10,800년과 역괘가 부여된다. 이는 상수학적으로 재단한 소강절의 역사론이자 천문역법과 리수론에 바탕을 둔 하나의 역사 추론이다.

천지인 삼재론은 「계사전」과 「설괘전」에 나온다. 여기에 율력律曆과 12지지를 배정하여 다양한 논리를 전개하는 것은 그 유래가 깊다. 삼재론은 하·은·주의 기월법紀月法인 '삼정三正'과 동중서·유흠의 '삼통론三統論', 맹희의 '12벽괘'와도 관련이 있으며[7] 『예서禮書』 등 각종 경서에도 나온다. 그러나 '천개어자야, 지벽어축야, 인생어인야'는 제자백가 문헌에 거의 보이지 않는다. 그래서 주자는 소강절이 『황극경세서』(600쪽)에서 (처음)사용한 용어라고 했다.(『주자어류』 45권 28조) 제자해 저자들은 중성의 시발점〔•, ㅡ, ㅣ〕을 천지인 삼재의 상에 두고, 소강절의 말을 배합하여 근거를 확보하려 했으며, 그 내면에는 송역을 시소時所에 맞게 변용하려는 역학적 노력을 읽을 수 있다. 이뿐만 아니라 중성의 논리에는 천원지방론도 내재되었고, 정음의 자형字形에는 도형 원리도 들어 있다.

2. 제자해에 나타난 주렴계 역학

제자해에 나오는 역학 용어는 태극, 음양〔天地·剛柔 포함〕 및 오행〔오성·오음·오방·오장·오시 등〕, 천지인 삼재 등이다. 이 중에서 음양오행

7) 이를 표로 나타내면 다음과 같다. (12벽괘는 하나라 율력이 기준임)

삼정\12지지·四時	子(冬至)	丑	寅	卯(春分)	辰	巳	午(夏至)	未	申	酉(秋分)	戌	亥
天開於子: 周正建子(天正=天統)	1月	2月	3月	4月	5月	6月	7月	8月	9月	10月	11月	12月
地闢於丑: 殷正建丑(地正=地統)	12月	1月	2月	3月	4月	5月	6月	7月	8月	9月	10月	11月
人生於寅:夏正建寅(人正=人統)	11月	12月	1月	2月	3月	4月	5月	6月	7月	8月	9月	10月
12辟卦	䷗ 復	䷒ 臨	䷊ 泰	䷡ 大壯	䷪ 夬	䷀ 乾	䷫ 姤	䷠ 遯	䷋ 否	䷓ 觀	䷖ 剝	䷁ 坤

론은 조선 전통사회 기층문화의 중추적 역할을 했으며 제자해의 기본 사상이기도 했다. 따라서 음양오행과 관련된 일반론을 먼저 짚어볼 필요가 있다.

역학의 영역에서 보면 태극에서 음양이 생기고 그다음 두 개의 경로로 갈라진다. 하나는 사상 - 8괘 - 64괘〔1 - 2 - 4 - 8〕로 이어지는 수적 배열인 '역괘 생성론〔加一倍法, 「계사」 상 11장〕' 이다. 또 하나는 태극 - 음양 - 오행〔1 - 2 - 5〕으로 이어지는 '음양오행론' 이다. 이 둘은 수칙에서도 '1 - 2 - 4 - 8' 과 '1 - 2 - 5' 의 차이가 있고 내용에도 차이가 있다. 전자는 역의 상수〔四象 · 卦象 · 「하도낙서」 · 천지지수 · 대연수 등〕로 연결되어 천리와 역리 탐구의 기반으로 작용했다. 후자는 천지만물을 음양오행의 관점으로 고찰하고 그 유기적 관계에 주목하여 만물을 둘과 다섯〔二 · 五〕으로 나누는 만물 분류법으로 작용했다. 음양오행 사상은 정치 · 사회적 혹은 생활 · 인문적 방면에 광범위하게 적용되어 오늘날까지 동아시아 사상 전반에 큰 영향을 끼치고 있다.

음양오행을 구분하면 음양론은 『주역』이 큰 기둥이고, 오행론은 『서경』 홍범이 큰 터전이다. 기원을 따지면 음양론은 전국시대 이전이고[8] 오행론은 전국시대에서 시작하여 진한대에 이르러 경방京房 등 한대 상수학자들에 의해 발달했으며, 이 둘이 결합된 음양오행론이 성행했다. 이들 이론은 유가儒家의 고유 이론이라 할 수 없고 음양가인 추연(鄒衍, BC 324~BC 240?)에 의해 발달한 것이지만 역학의 변천과 그 궤를 함께했다.(『직하철학』, 1995, 158쪽) 후한에 이르러서 음양오행설은 재이설과 참위설로 흘러갔다. 위진수당魏晉隋唐을 거치면서 왕필 등의 노력으로 술수나 참위설

---

8) 『左傳』 · 『國語』 · 『管子』 · 『墨子』에서 음양이란 말이 나오고, 『莊子』에서는" 易은 음양을 말한다." 고 했다. "詩以道志, 書以道事, 禮以道行, 樂以道和, 易以道陰陽, 春秋以道名分" 『莊子』 「天下」 제33.

에서 벗어났으며, 송대에 와서 음양오행론은 상수학에 깊이 들어와 도서상수학과 조응했다. 그 결과 주자는 가일배법 '1-2-4-8'〔선천의 수〕과 음양오행 '1-2-5'〔태극의 수〕가 물리와 상수의 측면에서 같다고 했다.[9] 제자해에 함유된 음양오행 사상은 이런 맥락에서 나온 것이자 시대사상을 반영한 것이었다. 역학과 음양오행설과의 관계에 대한 논의는 현대에도 이어져 리링(李零, 1948~)은 "역학 혁명에서 점복占卜이 철학으로 변한 것은 『주역』을 개조해 음양오행설과 융합한 것(음양오행설의 재창조)"이라거나 "「역전」은 서점筮占이 복점卜占에서 떨어져 나와 음양오행설과 결합해서 생긴 산물"이라며 역과 음양오행설의 불가분적 관계에 대해 말했다.[10)]

주렴계는 음양오행 사상을 기반으로 천도天道·지도地道·인도人道를 궁리하여 대역大易으로 귀결시켰다.(『태극도설』, 157~167쪽) 주렴계의 태극론은 주자의 해설을 더해 송학宋學의 최고 이념으로 거듭났다. 제자해에 나오는 음양오행은 대표적으로 '천지지도天地之道'에서 이어지는 일련의 문구이다.[11)]

이 중에서 『태극도설』에서 취한 것은 다음과 같다.

---

9) 주자는 선천의 수 1-2-4에서 (가일배법으로)8·8괘가 되고, 태극의 수는 1-2-4에서 1이 보태어져 中으로 五行이 된다고 했다. 결국 역의 가일배법과 태극의 음양오행원리는 物理와 象數의 측면에서 같고 大小·詳略의 차이만 있다고 했다.〔以數言之, 則先天之數自一而二, 自二而四, 自四而八, 以爲八卦 : 太極之數亦 自一而二, 剛柔自二而四, 剛善·剛惡·柔善·柔惡. 遂加其一, 中以爲五行, 而遂下及於萬物. 蓋物理本同而象數亦無二致, 但推得有大小詳略耳〕『주자대전』 권46 答黃直卿三.

10) 리링(李零) 지음, 차영익 옮김, 『리링의 주역강의』, 글항아리, 2016, 70~76쪽, 88~89쪽. 이에 대한 보충 논의는 1부 1장을 참조 바란다.

11) 관련 문구를 살펴보면 다음과 같다. "天地之道 一陰陽五行而已", "凡有生類在天地之間者, 捨陰陽而何之", "夫人之有聲, 本於五行, 故合諸四時而不悖, 叶之五音而不戾.", "自有陰陽五行方位之數.", "二五之精" 등이다.

① (사람을 상징하는) ‘ㅣ’이 홀로 서서 자리와 수가 없는 것은, 대개 사람은 무극의 진체와 음양오행의 정기가 묘하게 결합되어 엉긴 것이어서 실로 한정된 자리와 만들어진 수로써는 논할 수 없기 때문이다.

② 초성 · 중성 · 종성이 합하여 글자가 된 것을 말하면 또한 움직임과 정지함이 서로 뿌리이며 음양이 서로 변하는 뜻이 있다. 움직임은 하늘이고 정지함은 땅이고 움직임과 정지함을 겸한 것은 사람이다.

③ 사람이 만물의 영장이 되어 능히 음양에 참여하기 때문이니 하늘과 땅과 사람을 본떠서 삼재의 도리를 갖춘 것이다.

①에서 “무극의 진체와 음양오행의 정기가 묘하게 결합하여 엉긴 것(無極之眞, 二五之精, 妙合而凝)”은, 『태극도설』에서 “오행이 생겨남은 각각 그 성을 하나씩 가진다. 무극의 진체와 음양오행의 정수가 묘하게 합하고 응취하여 하늘의 도는 남자를 이루고 땅의 도는 여자를 이룬다.(五行之生, 各一其性, 無極之眞, 二五之精, 妙合而凝, 乾道成男, 坤道成女)”에서 인용한 것이다.

②는 초 · 중 · 종성의 결합으로 이루어진 정음은 동정〔動靜: 천지음양〕이 서로 상대의 뿌리〔互爲其根〕가 되고, 음양 · 동정이 번갈아 변화하여 생기게 된 것임을 말하고 있다. 즉 움직임과 고요함, 음양의 상호변화로 나타나는 만물의 생성과 변동의 구체적인 모습이 바로 초 · 중 · 종성의 결합인 정음이라는 것이다. 동은 하늘이고 정은 땅이지만 동정〔음양〕을 겸비한 존재는 사람이라고 높이 평가한다. 이 문장은 『태극도설』의 “한 번 움직이고 한 번 고요한 것이 서로 그 뿌리가 되고, 음이 나뉘고 양이 나뉘어 양의가 선다.(一動一靜互爲其根, 分陰分陽兩儀立焉)”에 천지인을 대입한 것이다.

③에서 ‘사람이 만물의 영장이 되어(以人爲萬物之靈)’는, 『태극도설』의 “오직 사람만이 빼어남을 얻어서 가장 영통하다.(惟人也, 得其秀而最靈)”에

서 가져온 것이다. ①~③에서 제자해는 사람이 천지만물에서 가장 뛰어난 존재임을 부각시켜 '사람 중심'의 인본주의를 지향함을 알 수 있다. 이외 제자해 첫머리인 "천지의 이치는 하나의 음양오행일 뿐이다.(天地之道, 一陰陽五行而已)"는 『태극도설』에 나오는 "오행은 하나의 음양이고, 음양은 하나의 태극이다.(五行, 一陰陽, 陰陽, 一太極)"에서 나온 것이다.

음양오행과 관련하여 초성을 살펴볼 필요가 있다. 제자해는 초성을 세 부분으로 나누어 설명한다. ① 초성 17자의 자형이 사람의 5개 발음기관〔牙舌脣齒喉의 순서, ㄱ-ㄴ-ㅁ-ㅅ-ㅇ〕을 본뜬 것〔象其形〕으로, 소리의 강도에 따라 가획〔因聲加畫〕한다고 했다. ② 초성은 오행과 오음〔宮商角徵羽〕 및 사시와 어긋나지 않는다면서, 초성을 오음과 오관〔喉牙舌齒脣의 순서〕, 오방과 연결하고 끝에 "(초성에도)음양오행과 방위의 수가 있다.(自有陰陽五行方位之數也)"라고 했다. ③ 소리의 가벼움과 무거움〔聲音淸濁〕을 발음기관과 오행에 연결해 말했다. 즉 목구멍은 물, 어금니는 나무, 혀는 불, 이는 쇠, 입술은 땅에 해당한다고 했다. 이 셋을 종합하면 결국 초성은 성음·상수·음양오행의 원리에 의해 만들어졌고, 그래서 오음·오관·방위의 수와 부합한다는 것이다.

이에 대해 국어학계는 ②에서 말하는 오음과 오관의 결합 부분에 문제가 있다고 지적했다. 역학계는 ①에서는 '아설순치후'의 순서로 말했고, ②에서는 '후아설치순'으로 다르게 말한다고 지적했다.[12] 국어학계의 지적은 음운학의 문제이고 역학계의 지적은 초성과 오행의 순서에 관한 문제이다. 음운학의 문제는 제쳐두고 역학계에서 제기한 문제를 풀기 위해 『태극도설』에서 주자와 황간(黃榦, 1152~1221년)이 주장한 오행의 순서를

12) ①의 '아설순치후'는 오행 '목-화-토-금-수'의 순서로 「예의편」 초성의 순서이기도 하다. ②의 오행과 오음·오관·오시의 연결 순서는 '喉-水-冬-羽' '牙-木-春-角' '舌-火-夏-徵' '齒-金-秋-商' '脣-土-季夏-宮'으로 ①과 다르다.

검토한다.

주자: 음양이 있으면 한 번 변하고 한 번 합하여 오행이 구비된다. 그러나 오행이란 質은 땅에서 구비되고 氣는 하늘에서 유행하는 것이다. 질로써 그 生成의 순서를 말하면 '水-火-木-金-土'라 하니, 수와 목은 양이고 화와 금은 음이다. 기로써 그 流行의 순서를 말하면 '목-화-토-금-수'라 하니, 목과 화는 양이고 금과 수는 음이다. 또 통괄하여 말하면 기는 양이고 질은 음이다. 번갈아 말하면 움직임은 양이고 고요함은 음이다.(『太極圖說』, 116쪽)

황간: (오행의 순서는)만약 음과 양, 홀수와 짝수가 한번 시작하고 한번 왕성하는 것을 보려면, 수-화-목-금-토라고 해야 하지만 순서가 이와 같음을 말하는 것이 아니다. 그런데 첫째로 수를 낳고 둘째로 화를 낳고 셋째로 목을 낳고 넷째로 금을 낳는다고 생각하여 그것으로 순서를 삼는다면 잘못이다. '수-목-화-금-토'가 오행의 순서이고, 수-화-목-금-토는 그 홀수와 짝수, 시작함과 왕성함을 나누어 말하는 것이다.(『태극도설』, 123쪽) 오행의 순서를 세 구절로 단언하고자 하니, '얻은 수의 홀수와 짝수, 많음과 적음으로 논하면 수-화-목-금-토라고 하고, 처음에 生成하는 순서로 논하면 수-목-화-금-토라고 하며, 相生의 순서로 논하면 목-화-토-금-수라고 한다.' 이와 같다면 거의 이치에 가까울 것이다.(『태극도설』, 124쪽)

주자는 오행을 '기氣'와 '질質' 둘로 구분하여 '기-천-운행-양동〔陽動: 목-화-토-금-수' 운행 순서〕, '질-지-생성-음정〔陰靜: 수-화-목-금-토' 홍범 오행 순서〕으로 순서를 잡았다. 여기서 '수-목-화-금-토'의 순서는 등장하지 않는다. 그러나 제자이자 사위인 황간에 와서 '수〔數: 奇耦多寡〕'와 오행의 '생성'·'상생' 셋으로 구분했다. '수'로는 '수-화-목-금-토', '생성'으로는 '수-목-화-금-토', '상생'으로는 '목-화-토-금

-수' 의 순서라고 했다. 황간은 주자가 '기' 로 본 것에는 동의하나 주자가 '질' 로 본 것은 '수' 로 보았다. 주자에 없던 '수-목-화-금-토' 의 순서를 새롭게 주장하며 황간은 이것이 오행의 순서라고까지 했다. 황간의 새로운 주장은「태극도」속 오행 분포도에 대한 의문에서 비롯되었다.

이상의 분석을 토대로 보면 ①은 주자 의견을 택하여 '아설순치후〔목-화-토-금-수〕' 순으로 하고, ②는 황간의 의견을 택하여 '후아설치순〔수-목-화-금-토〕' 순으로 오행·오성·오관을 연결한 것처럼 보인다. 생각건대 제자해 저자들은 주자와 황간의 의견을 심사숙고하되 한쪽에 얽매이지 않은 것으로 여겨진다. 그래서 ①은 오행을 말하지 않고 자형을 발음기관과 연결시켜 '아설순치후〔목-화-토-금-수〕' 의 순서로 초성의 배열 순서〔ㄱ-ㄴ-ㅁ-ㅅ-ㅇ〕를 잡았고, ②는 초성의 배열 순서는 말하지 않고, 다만 '발성〔聲〕' 이 나오는 순서〔목에서 입술까지〕인 '후아설치순' 으로 오행의 '수-목-화-금-토' 의 순서를 잡은 것이다.

이처럼 초성의 순서를 오행·오관과 연결하면서 '상' 과 '성' 을 기점으로 하여 이원화했다. 제자해의 다음 문장을 보자.

> 그러므로 다섯 소리 가운데 목구멍소리〔水〕와 혓소리〔火〕가 주체가 된다. 목구멍〔喉·水〕이 뒤에 있고 어금니〔牙·木〕가 다음이니 북쪽과 동쪽의 위치이고, 혀〔舌·火〕와 이〔齒·金〕가 또 그다음이니 남쪽과 서쪽의 위치이고, 입술〔脣·土〕은 끝에 있으니 흙이 일정한 위치가 없어도 사계절에 붙어 왕성하다는 뜻으로 초성 가운데 본래 음양오행 방위의 수가 있는 것이다.

제자해 저자들이 초성을 오행 등의 순서에 대입할 때, 성음·발성 순서 및『절운지장도切韻指掌圖』등 음운서〔음운 측면〕와,『홍범』·음양오행·상수·가일배법·『태극도설』의 오행에 대한 논의〔역학 측면〕 등을 종합적으로 고려했을 것이다.

그 결과 정음은 소리 문자이므로 ②에서는 구강에서 소리가 나오는 대로 '후아설치순(수-목-화-금-토)'으로 순서를 잡고, 그 끝에서 다시 상수학적(自有陰陽五行方位之數)으로 회귀함을 알 수 있다. 즉 ①은 상수학적 요소('象'과 加畫-加倍法)에 치중하여 순서(아설순치후)를 잡고 ②는 음운적 요소(聲)에 상수학적 요소(陰陽五行方位之數)를 더하여 순서(후아설치순)를 잡은 것이다. 여기서 제자해 저자들이 초성의 순서를 정할 때 상수와 음운을 모두 포괄하여 하나도 빠뜨리지 않으려는 치밀함과 균형 감각을 읽을 수 있다.

3. 제자해에 나타난 주자 역학

제자해에는 강절역이나 렴계역뿐만 아니라 주자역도 내재되어 있다. 주자역은 제자해의 상수학적인 측면을 이론적으로 더욱 보강하는 효과가 있다. 정음 제자해에 나타난 주자의 『역학계몽』 이론으로, 제자해 초·중성 끝부분에 나오는 "본래 음양오행방위의 수가 있다.(自有陰陽五行方位之數也)"를 들 수 있다. 특히 중성의 생성 마지막 과정에 나오는 내용은 「하도」를 염두에 두고 그 방위와 수적 배열을 설명한 것이다. 천지지수 1~10 및 방위는 『역학계몽』 본도서편을 참고했다. 다음 표에서 비교해 본다.

〈표 1〉 정음 상수학과 주자역의 방위 및 수 배열 비교

제자해	『역학계몽』 본도서
(1) ㅗ가 처음으로 하늘에서 생기니 天數 1로 生水의 자리이다. ㅏ가 다음이 되니, 天數 3으로 生木의 자리이다. ㅜ가 처음으로 땅에서 생기니, 地數 2로 生火의 자리이다. ㅓ가 다음이 되니, 地數 4로 生金의 자리이다. ㅛ가 다시 하늘에서 생기니, 天數 7은 成火의 數가 된다. ㅑ가 다음이 되니, 天數 9는 成金의 數이다. ㅠ가 다시 하늘에서 생기니, 地數 6은 成水의 數이다. ㅕ가 다음이 되니, 地數 8은 成木의 數이다.〔ㅗ初生於天, 天一生水之位也. ㅏ次之, 天三生木之位也. ㅜ初生於地, 地二生火之位也. ㅓ次之, 地四生金之位也. ㅛ再生於天, 天七成火之數也. ㅑ次之, 天九成金之數也. ㅠ再生於地, 地六成水之數也. ㅕ次之, 地八成木之數也〕	(1) 天一, 地二, 天三, 地四, 天五, 地六, 天七, 地八, 天九, 地十. 天數五, 地數五. 五位相得而各有合. 天數二十有五, 地數三十, 凡天地之數五十有五. 此所以成變化而行鬼神也. 此一節夫子所以發明河圖之數也。
(2) 水와 火는 기가 아직 분리되지 않은 채 음과 양이 서로 합한 처음이므로 닫히고, 木과 金은 음과 양의 자질이 정해졌으므로 열린다.〔水火未離乎氣, 陰陽交合之初, 故闔. 木金陰陽之定質, 故闢〕	(2) 天以一生水, 而地以六成之. 地以二生火, 而天以七成之. 天以三生木, 而地以八成之. 地以四生金, 而天以九成之. 天以五生土, 而地以十成之. 此又其所謂各有合焉者也.
(3) '•'는 天數 5로 生土의 자리이고, 'ㅡ'는 地數 10으로 成土의 數이며, 'ㅣ'는 홀로 자리와 수가 없는 것은, 사람은 無極의 진체와 음양오행의 정수가 묘하게 결합하여 엉긴 것이어서 실로 한정된 자리와 만들어진 수로써는 논할 수 없기 때문이다. 이는 곧 중성 중에 또한 본래 음양오행 방위의 수가 있는 것이다.〔•天五生土之位也, ㅡ地十成土之數也, ㅣ獨無位數者, 盖以人則無極之眞, 二五之精, 妙合而凝. 固未可以定位成數論也. 是則中聲之中, 亦自有陰陽五行方位之數也〕	(3) 雲莊劉氏曰, 水, 陰也, 生於天一. 火, 陽也, 生於地二. 是其方生之始, 陰陽互根, 故其運行. 水居子位極陰之方, 而陽已生於子. 火居午位極陽之方, 而陰已生於午. 若水生於天三專屬陽, 故其行於春亦屬陽. 金生於地四專屬陰, 故其行於秋亦屬陰, 不可以陰陽互言矣. 盖水火未離乎氣, 陰陽交合之初, 其氣自有互根之妙. 木則陽之發達, 金則陰之收歛, 而有定質矣. 此其所以與水火不同也.

위의 표에서 우측은 『역학계몽』 본도서 제1(988~993쪽)에 언급된 내용을 좌측의 (1)~(3)으로 다시 나눈 것이다.

첫째, (1)에서 "천1~지10 … 천지지수 합 55로 변화를 이루고 귀신을 행한다."라는 말은 「계사전」 상 9장의 첫 소절이다. 『역학계몽』은 더 나아가 "이 일절은 공자가 발명한 「하도」의 수이다.(此一節夫子所以發明河圖之數也)"라고 공자와 「하도」를 바로 연결시킨다. 이 부분은 역학사적 의미가 매우 크다. 이로써 「계사전」의 천지지수와 「하도」의 수는 한 몸이 되었고, 이것은 공자의 뜻이 되었다.

둘째, (2)는 천1~지10의 수와 오행의 생성 관계를 말하여 앞 소절의 '각유합各有合'을 말하고 있다. 여기서 '합'이란 「하도」의 수와 오행의 합을 말하며 이 '합'을 생生과 성成으로 나누어 설명한 부분이다. 제자해는 이를 바탕으로 중성 8자〔ㅗ, ㅏ, ㅜ, ㅓ, ㅛ, ㅑ, ㅠ, ㅕ〕에서 수水는 천1〔生 · ㅗ〕의 위位와 지6〔成 · ㅠ〕 수數의 합으로, 화는 지2〔생 · ㅜ〕의 자리와 천7〔성 · ㅛ〕 수의 합으로, 목은 천3〔생 · ㅏ〕의 자리와 지8〔성 · ㅕ〕 수의 합으로, 금은 지4〔생 · ㅓ〕의 자리와 천9〔성 · ㅑ〕 수의 합으로 이루어졌다고 했다. 즉 제자해(1)은 『역학계몽』 본도서(1)과 (2) 부분에 착안하여 중성 8자와 오행 중 수화목금의 자리와 수를 관련짓고 있다.

셋째, (3)에서 운장 유씨의 말을 언급하고 있는데, "수 · 화는 아직 기가 분리되지 않고 음양이 서로 합하는 초기여서 그 기는 본래 서로 뿌리가 되는 오묘함이 있다. 목은 양이 발달하였고, 금은 음이 수렴되어 자질의 정해짐이 있는 것이다."라고 했다. 여기서 제자해는 수와 화에 대해 "수 · 화는 아직 기가 분리되지 않고 음양이 서로 합하는 초기"를 그대로 인용하여 '합〔闔: 닫힌다〕'이라 했다. 목과 금은 "목금음양지정질木金陰陽之定質"이라는 운장 유씨의 말을 간략히 전용하여 '벽〔闢: 열리다〕'이라 했다. 수 · 화는 중성 중 'ㅗ, ㅠ, ㅜ, ㅛ'의 글자로 구강이 닫힌다는 점을 강조하고, 목·금은 'ㅏ, ㅓ, ㅕ, ㅑ'로 구강이 열린다는 점을 강조하고 있다.

넷째, 제자해(3)에서 토土는 천5〔生〕와 지10〔成〕의 합으로 이루어졌다고 했다. 이는 『역학계몽』 본도서(2)에 나오는 "천이오생토天以五生土, 이지이십성지而地以十成之"를 인용한 것이다. 제자해는 여기서 천지인 삼재 사상을 발휘하여 중성의 기본 3자 가운데 '•'는 천5, 'ㅡ'는 지10으로 토에 해당한다고 했다. 'ㅣ'는 사람으로 만물 가운데 무극과 이오〔二五: 음양오행〕의 진수이므로 자리와 수로 논할 수 없다고 특별한 의미를 부여한 것은 앞에서 보았다.

이처럼 제자해는 『역학계몽』에서 도서학의 핵심인 「하도」와 천지지수를 취하여 중성을 세분해 설명하면서 다시 이오로 연결한다. 이러한 논의에서 제자해에 내재된 송역과의 연결 양상을 파악할 수 있었으며, 제자해의 마지막 부분에서도 그것을 다시 확인할 수 있다.

> 종성에 다시 초성을 쓰는 것은 움직여(動) 陽인 것도 乾이고, 정지하여(靜) 陰인 것도 또한 건이니, 건은 진실로 음양이 나뉘지만 다스리지 않는 것이 없는 것이다. 一元의 기운이 두루 흘러 끝나지 아니하고, 사계절의 운행이 순환하여 끝이 없다.

위 인용문의 전반부는 『역학계몽』에 나오는 문구이다. 그 내용은 『황극경세서』 「관물외편」에서 말하는 '건이분지乾以分之'(『황극경세서』, 848쪽)에 대한 옥재 호씨와 주자의 해설(『역학계몽』, 1064쪽)에서 취한 것이다. 「관물외편」에서의 원래 뜻은 이러하다. 가일배법으로 역괘가 생기는데, 이는 만물이 무한히 뻗어가는 것을 상징한 것이다. 합하면 하나이고 늘리면 만물이 되는 것을 괘로 비유하면, 『주역』의 대표인 건괘가 나누어져서〔乾以分之〕 나머지 괘가 되는 것과 같다는 것이다. 이것을 옥재 호씨가 "건이 실로 음양으로 나뉘더라도 (건이)다스리지 않음이 없다.(乾實分陰陽而無不君宰也)" 라고 했고, 주자는 "모든 괘는 건괘의 통제하에 있다.(諸卦皆乾之所君宰)" 라고 했다. 제자해에서 이 글을 그대로 인용한 것이다.

【 해제 】

역易에 대한 관점은 시대마다 다르다. 『훈민정음』 창제 즈음 15세기 조선에서 바라본 역은 송역宋易이며 도서상수학임은 두말할 나위가 없다. 따라서 제자해에 담긴 첫 번째 핵심 사상은 음양오행론을 포함한 상수학적 사상이다. 그 가운데 소강절의 도서상수 사상이 큰 영향을 끼쳤다. 제자해와 소강절과의 관계에 대해 주목할 것은 조선조 음운학이다. 소강절의 성음론〔聲音數와 聲音圖〕은 어둠 속에 묻혔던 조선 학자들의 음운 의식을 일깨워 상수학적 음운학 발전의 촉매제가 되었다. 소강절의 성음론은 그 당시 음운학과 두 가지가 다르다. 하나는 당시 운도〔韻圖: 等韻〕와 소강절의 운도는 그 내용이 다르다.[13] 또 하나는 음운학에 언어학을 더해 도서상수학으로 논한 점이다. 당시 성리학이나 『성리대전』에는 음운론이 없었다. 송대 역학자 가운데 상수를 음운에 대입하여 둘을 동일 지평에서 논한 이는 소강절이 처음이다.

소강절의 성음론에 대해 서경덕은 『성음해』를 지어 처음으로 해설했

13) (等)韻圖란 음운을 그린 음운표이다. 운도는 唐末로 추정되는 『韻鏡』과 南宋 정초(1103~1162)의 『七音略』이 표준이다. 운도는 보통 43개 그림으로 이루어지고 각 그림의 가로는 聲母〔초성〕로 아설순치후와 半舌 · 半齒 7음으로 나누고 淸 · 次淸 · 濁 · 次濁으로 다시 구분한다. 세로는 韻母〔중성, 종성〕로 평상거입 4성으로 나누고 다시 介音과 舌位에 따라 4분한다. 소강절의 운도는 이와 다르게 상수학 관점에서 그렸다. 그림은 『황극경세서』, 603~638쪽 참조.

고, 신흠도 소강절 성음론을 정리한 바가 있다. 이를 이어 조선 후기 최석정, 신경준 등도 소강절의 성음론을 참고하여 정음을 연구하고 조선 음운학을 발전시켰다.[14] 그러나 『훈민정음』은 소강절의 성음론을 속속들이 따르지는 않았다. 사부법四府法으로 작성된 음운체계와 체용수로 계산된 '성음수聲音數' 도 취하지 않았다. 그 이유는 정음 28자에 소강절처럼 복잡한 음운체계와 대수大數가 불필요했기 때문이다. 이처럼 정음은 주체적인 중심을 잡고 있다고 할 수 있다.

한편, 제자해 곳곳에 나오는 음양오행론은 주렴계의 『태극도설』과 이를 해설한 주자와 그 문도들의 이론에 기반을 둔 것이다. 제자해 후반부에 나오는 오장 · 오상 · 오시 등과 음양호근론도 동일하다. 초성과 오행의 순서를 '아설순치후〔목-화-토-금-수〕' 와 '후아설치순〔수-목-화-금-토〕' 으로 이원화하여 역학적 요소와 음운적 요소 모두 놓치지 않은 부분도 주목할 만하다. 제자해는 『역학계몽』에 나오는 「하도」와 그에 대한 논설을 인용했고 이를 「계사전」의 천지지수와 결합하여 이론을 전개했다.

제자해의 또 하나의 핵심 사상은 '사람 중심' 즉 '인본주의' 사상이다. 정음은 '사람의 소리' 를 기초로 창제되었고, 초성 17자는 '사람의 발음기관' 을 본떠서 만들어졌다. 천지의 쓰임에서 '사람의 역할' 을 강조했으며, '사람은 무극의 진체' 와 음양오행의 정수가 응취된 존재라는 점, '중성은 사람의 일' 이라는 점, 『주역』 태괘泰卦 대상전大象傳을 인용하여 불균형 해소의 적임자로 '사람의 조정 능력' 〔財成輔相則必賴乎人也〕을 말한 점 등에서 사람 중심 사상을 읽을 수 있다. 이는 세종이 「예의편」에서 밝힌 애민 정신이자 당시 우리 고유의 문자가 절실히 필요한 시대적 욕구를 충족

14) 최석정은 창제의 배경에 일정 부분 소강절 역학 있음을 인지하고 조선 최초의 정음 해설서인 『經世訓民正音圖說』을 지었다. 신경준도 소강절의 영향을 인정하여 소강절의 '가일배법' 이 정음의 자형에 들어 있음을 말했다.

한 것이라 할 수 있다. 아울러 '상'〔초성: 발음기관 象, 중성: 천지인 象〕을 '성聲'과 더불어 제자의 소재로 택한 것에서 세종의 탁월한 상수학적 안목을 가늠할 수 있다. 세종이 '인성人聲'으로 터를 잡고 '상'으로 모양을 빚어 정음을 창제하고 관련자들은 제자해로써 논리를 뒷받침하여, 팀워크로 이루어진 창의 융합의 전범을 보여주고 있다.

이런 측면에서 『훈민정음』을 '일종의 역학서'라고 정의하고, 정음과 제자해에서 모종의 '조선역朝鮮易'을 발견한 학산鶴山 이정호의 탁견(이정호, 2017, 25쪽)은 우리에게 시사하는 바가 크다. 정음에서 조선의 '살아 있는 역〔活易〕'의 단면을 볼 수 있고, '살아 있음'은 백성이 일용日用함에 생생하게 한글을 사용한다는 점이 바로 그것이다. 『주역』의 체제를 정음에 대입해 보면, 「예의편」은 『역경』이고, 「해례편」은 「역전」이며 제자해는 「계사전」이라 할 수 있을 것이다. 신유학이 채 여물지 않은 조선조 초에 송역을 대표하는 소강절, 주렴계, 주자의 난해한 논설을 충분히 이해하고 잘 배합한 뒤, '성'과 '상'으로 문자를 창제하고 그 속을 '사람 중심'으로 채워서 천하의 말길〔言道〕을 개척한 점은 조선의 새로운 문자에 투영된 '조선역'의 면모를 만천하에 드러낸 것이다. 굳이 역의 경문을 들먹이자면, "부역夫易, 개물성무開物成務, 모천하지도冒天下之道"라는 「계사전」의 문구는 세종이 창제한 정음을 두고 한 말이라 할 수 있다.

Ⅱ. 최석정의 『경세훈민정음』

명곡 최석정(明谷 崔錫鼎, 1646~1715)은 숙종시대 정·관계 및 학계에서 활약한 소론계 인물로서, 조선시대에 드물게 보는 경세와 학문을 겸비한 사대부 지식인이다. 제2부에서 그의 수학서 『구수략九數略』을 다룬 바 있다. 그는 다방면의 학문에 뛰어났으며, 특히 수학과 자학〔音韻學〕의 어려운 부분에도 능통했다는 사실이 『실록』(『숙종실록』 「보궐 정오」 56권, 癸卯. 1715년 11월)에 기록되어 있다. 그 내용을 요약하면 최석정이 이른 시기에 역학을 꿰뚫은 후 여러 학문을 익혔고 그중 수학과 음운학 분야에서 뛰어났다는 것이다. "(사관이)은밀하게 숨겨져 모르는 것을 최석정은 힘들이지 않고 모두 신통하게 알았다.(隱曲微密, 皆不勞而得妙解)"는 사관의 평가에서도 이를 알 수 있다. 최석정이 음운학에 이룬 업적은 1678년에 지은 『경세훈민정음經世訓民正音』[15]에 오롯이 들어있다. 이 책은 조선 음운학계와 상수학계의 기념비적인 저술로서, 조선 최초 『훈민정음』(이하 '정음' 이라 함)에 대한 상수학적 연구서이다. 최석정이 이 책을 지은 후 조선에서 정음에 대한 연구가 활발하게 일어나서 '정음학' 이 시작되었고 음운학과 상수학의 융합이 시작되었다.

이 책은 건乾 · 곤坤, 두 책으로 이루어졌다. 김지용에 의해 원본이 발견되어 1968년 영인되었고, 2011년 해제를 붙여 명문당에서 『경세훈민정음도설經世訓民正音圖說』로 출판되었다. 그 내용을 보면 책의 목차를 손질하여 앞면에 첨가했고 쪽 번호를 새로 매겼다.[16]

이 책이 특별한 이유는 최석정이 정음을 해설한 「해례편」의 존재를 알

---

15) 이 책의 이름에 대해 학설이 다양하다. 강신항, 유창균은 『經世正韻』, 김석득, 심소희는 『經世訓民正音圖說』, 이상규는 『경세훈민정음』이라 한다. 본 글에서는 『경세훈민정음』이라고 한다. 그 이유는 이 책의 내지에 『경세훈민정음』이라고 기재되어 있기 때문이다. 이에 대해서는 이상규, 2018, 263~266쪽 참조.

16) 쪽 번호가 거꾸로 매겨졌다. 건책이 219~110쪽, 곤책이 108~55쪽이고 각각의 내용도 번호가 거꾸로이다. 그러나 상단에 표시된 쪽 번호는 건책이 1~108쪽, 곤책이 1~54쪽으로 정상적으로 매겨졌다. 책의 목차는 건책이 218~111쪽, 곤책이 108~55쪽으로 역시 거꾸로 매겨졌고 목차도 누락된 것이 있어서 정확하지 않다. 본 글의 저본은 명문당 발간본으로 하고 인용 시 쪽 번호만 명기한다. 책의 구성 체계에 대해 많은 의문이 제기되지만 본 글에서는 이를 무시한다.

지 못한 채,[17)] 정음의 서문과 본문 격인 「예의편」만 보고 정음과 상수학, 소강절 역학과의 관계를 간파했기 때문이다. 따라서 책에 나타난 그의 음운론은 소강절의 역수易數를 근본에 깔고 있다. 그것이 여실히 드러난 곳이 곤책坤策 성음편聲音篇(97~104쪽)이다. 그러나 성음편은 소강절 수학에 기반을 둔 역수론이지만 최석정 자신의 창의적인 부분이 가미된 독자적 역수론이기도 하다.[18)] 그의 역수론이 음운론에 나타난 곳이 건책乾策 부분이다. 여기에서 정음과 소강절의 음운론을 분석하는데 역수론이 매개로 사용된다.

따라서 최석정의 성음편을 분석하려면 먼저 상수학과 소강절의 역수론을 이해하고 그의 역수론도 알아야 한다. 소강절은 자신의 역리를 주장할 때 역수로 입증하는데, 이것은 타 역학자와 차별점이자 강절역의 묘미이기도 하다. 최석정은 이를 터득하여 정음을 분석할 때 상수학과 역수학을 바탕으로 구도를 짜고, 거기에 자신의 독자적 음운론을 전개하고 있다. 이 점이 후대 음운서인 신경준의 『운해훈민정음』, 정동유(1744~1808)의 『주영편』, 유희(1773~1837)의 『언문지』 등과 다른 점이다. 소강절 역수론은 신흠과 서경덕 부분에서 이미 검토했다. 따라서 여기서는 중복을 피하고 필요한 부분만 논한다. 그다음 최석정의 역수론을 살펴보고 마지막에 음운론을 분석한다.

---

17) 최석정은 『훈민정음』 「해례편」을 보지 못했다. 그것은 『경세훈민정음』 어디에도 이를 인용하거나 언급하지 않는 데에서 알 수 있다. 안병희, 2007, 111~112쪽. 이상규, 2018, 32쪽 등 거의 모든 학자도 같은 입장이다. 「해례편」은 창제 이후 잊혀 있다가 1940년에 발견되었다. 「해례편」의 원래 명칭은 '해례본'으로 정음의 제자원리와 운용법 등을 설명한 한문 해설서다.

18) 여기서 말하는 수학은 앞서 『구수략』에서 논한 최석정 수학의 한 축, 즉 채침과 「역전」과 도서를 위주로 한 수학과 다르다는 점에 유의해야 한다.

1. 소강절 역수론

1) 가일배법

가일배법은 만물이 2의 배속으로 생성된다는 논리이다. 근거는 「계사전」 상 11장〔易有太極章〕에 나오는 '태극1 - 양의2 - 사상4 - 팔괘8' 라는 역괘생성론이다. 이는 만물생성론이기도 하지만 만물이 꼭 2배씩 늘어난다는 것이 아니라 하나의 생성 모형을 뜻한다는 점에 유의해야 한다. 역유태극장이 설시법의 과정을 말한다는 주장도 있다. 여기서 소강절은 1 · 2 · 4 · 8에 다른 것을 대입한다. 즉 태극1에는 '일동일정지간' 을, 양의2에는 '동정' 을, 사상4에는 '음양강유' 를, 팔괘8에는 건태리진손감간곤 대신 '태양太陽 · 태음太陰 · 소양少陽 · 소음少陰 · 소강少剛 · 소유少柔 · 태강太剛 · 태유太柔' 를 배속한다.

이러한 작업은 역학적 상상력의 공간을 통행본 『주역』 너머로 새롭게 확장하는 효과가 있다. 그래서 이를 채원정은 '경세연역도經世衍易圖' 라 했다. 즉 '황극경세로 역을 늘려 간다' 는 것으로 '문왕후천역에서 복희선천역으로' 역도易道를 넓힌다는 의미이니 역학이 바야흐로 선천학적으로 확장되어 전개된다는 것이다.

2) 사부법과 삼재 사상

사부법四府法이란 만물을 넷으로 나누는 사상적四象的 만물분류법이다. 이에 근거하여 천지를 음양강유, 일월성신, 수화토석으로 나누고, 성음창화를 정성정음正聲正音, 개발수폐開發收閉, 청탁흡벽淸濁翕闢, 평상거입으로 나누어 배분한다. 만물작용론〔體用論〕은 '체4용3' 이다. 하늘은 1이 변하여 4, 땅도 1이 변하여 4이다. 4는 유체이나 1은 무체이니 유무의 극이라 했다. 하늘의 체수는 4〔체4〕이나 사용하는 것은 3〔용3〕이고 불용하는 것은 1이다. 땅의 체수도 4이나 사용하는 것은 3이고 불용하는 것은 1이다. 무체의 1은 자연에 비유되고 불용의 1은 도에 비유된다. 쓰이는 3〔용3〕은 천지인 삼재에 비유된다고 했다.(『황극경세서』, 680, 719, 858쪽) 이처럼 삼재 사상과 사부법은 소강절 역수론의 한 축을 담당한다.

3) 소강절의 성음론적 역수학

(1) 기본단위는 극수인 양수10〔天·太·剛·律·聲〕과 음수12〔地·少·柔·呂·音〕로 『주역』에서 9·6을 쓰는 것과 다르다. 양수가 10인 것은 1을 늘이면 10, 음수가 12인 것은 2를 늘이면 12가 된다〔康節曰, 陽數一, 衍之爲十, 陰數二, 衍之爲十二〕는 논리다. 10과 12는 본수에 해당하며 여기서 뻗어가는 복잡한 역수론이 있다.

(2) 성음창화수도 기본적으로 위와 같은 원리이며 전개 양상은 다음과 같다. 사물에는 소리와 색과 기와 맛〔聲色氣味〕이 있지만 오직 '소리' 즉 '성음' 만 성대하다. 따라서 성음의 이치를 이해한 뒤에 비로소 만물의 이치를 알 수 있다. 이것이 소강절 성음론의 성립 배경이다. 즉 만물 가운데 원리 파악이 가장 용이한 통로가 사물이 내는 소리 즉 '성음聲音' 이라는 것이다. 이 '성음' 으로 역리를 탐구하고, '성음' 의 수로 역수를 전개해 나간다.

'성음' 은 양인 정성(正聲, 이하 '성' 이라 함) 10, 음인 정음(正音, 이하 '음' 이라 함) 12로 구분한다. 정성은 다시 평상거입 체수 40·합160, 정음은 개발수폐 체수 48·합192로 나누어 배분하여 성음수를 나타내는 기본수로 삼았다. 160-48=112는 하늘의 용성〔天之用聲〕, 192-40=152는 땅의 용음〔地之用音〕이다. 성음수 112와 152가 서로 창화唱和하는데 성에는 흡벽이 있고 음에는 청탁이 있다. 홀소리〔奇聲〕를 만나면 소리가 맑아 음이 열리며, 짝소리〔耦聲〕를 만나면 소리는 탁하여 음이 닫히게 된다. 소리는 율이 되고 음은 려가 되어 율려가 서로 창화한다. 성1이 흡벽2로, 음1이 청탁2로 나뉘고, 소리1 - 흡벽2는 평상거입4로, 음1 - 청탁2는 개발수폐4로 연산되는데 그 원리는 가일배법이다. 성의 수는 160이나 용성用聲은 112로 이것으로 율律을 만들어 땅을 부르고, 음의 수는 192이나 용음用音은 152로 이것으로 려呂를 지어 하늘에 답하니〔唱和〕, 성음이 있는 곳에서 문자 유무〔지식체계〕와 무관하게 만물이 유행 변화하는 양상과 원리를 성음수를 통해 알 수 있다.

이처럼 천지의 성음으로 만물의 수를 추산하고, 그 수가 생성되는 내부〔四府法, 體四用三, 律呂, 加一倍法 등〕에서 만물의 변화 원리를 엿볼 수 있는 것이다. 이것이 소강절 성음론적 역수론의 핵심이다. 그 외 원회운세수가 있는데 앞서 자세하게 살펴 보았으므로 재론하지 않는다.

2. 최석정 역수론

최석정은 소강절의 역수론을 기본으로 하여 자신의 독자적인 역수론을 구사한다. 둘 사이의 동이점同異點을 다음 〈표 2〉에서 비교해 본 후 구체적으로 고찰해 보도록 한다.

1) 천지 성음수의 차이점

〈표 2〉의 (1)·(3)을 살펴 보자. 소강절은 천의 용성을 112라 한다. 계산 근거는 성의 체수 160에서 상대방 음의 체수 48을 뺀 수가 112이다. 지의 용음은 152이고 그 근거는 음의 체수 192에서 상대방 천의 체수 40을 뺀 수가 152이다. 이처럼 112와 152가 소강절의 천지 성음수인 데 비해 최석정은 120과 144를 제시한다. 소강절이 상대방의 체용수를 뺀 것에 비해 최석정은 자기의 체용수를 뺐기 때문이다. 체4용3에서 퇴1의 주체를 소

〈표 2〉 최석정과 소강절 역수론 동이표

<table>
<tr><th>구분</th><th>소강절</th><th>최석정</th><th>비고</th></tr>
<tr><td>(1)
天地陰陽
基本 體數</td><td>① 양수〔奇〕=1, 음수〔耦〕=2.
1→10〔天體數〕, 2→12〔地體數〕,
10과 12는 기본수.
② 만물의 色聲氣味 중 '聲(聲音)' 이 最盛. 聲數에서 闢翕은 律(天)이고 清濁은 呂(地).
一闢一翕하여 10聲이 부르면〔唱〕,
一清一濁하여 12音이 화답〔和〕.
③ 聲의 體=40〔10×4〕.
音의 體=48〔12×4〕.
④ 聲의 體數=160〔40×4:평상거입〕
음의 체수=192〔48×4:개발수폐〕</td><td>소강절과 동일함</td><td>• 기본수:
10·12
(天體數10,
地體數:12)
• 聲體〔天〕:40
音體〔地〕:48
• 聲 체수:160
音 체수:92</td></tr>
<tr><td>(2) 天之用聲
(體數:10·40)</td><td>112〔160-48; 體4用3〕
상대방 체수 차감</td><td>120〔160-40; 체4용3〕
자기체수 차감</td><td rowspan="2">체4용3에서
退1에 대해
소강절을 따르
지 않음</td></tr>
<tr><td>(3) 地之用音
(用數:12·48)</td><td>152〔192-40; 체4용3〕
상대방 체수 차감</td><td>144〔192-48:체4용3〕
자기체수 차감</td></tr>
<tr><td>(4)
聲音
基本數</td><td>正聲28〔韻母,母音〕: 112÷4
正音48〔聲母,子音〕: 24倍數.
牙音6+喉音4+脣音10+舌音12+齒音16</td><td>聲32〔중성〕
音24〔초성〕</td><td>최석정은 訓民正音의 字母의 수를 기준, 소강절과 다름</td></tr>
<tr><td>(5)
動植之用數</td><td>17,024〔112×152〕
天地用數唱和數</td><td rowspan="3">12,288〔當萬物之數=초·중·종성 聲音의 총수이자 中國 古音의 총수.
*初聲24×中聲32=768〔闢384,翕384의 합. 384는 卦爻384효와 동일〕
768×終聲16=12,288.
12,288-768=11,520</td><td rowspan="3">• 12,288은 체수와 용수로도 산출 可 (8절 참조)
• 12,288은 최석정의 독자적 성음수임
*周易 二篇之策〔易理와 일치〕</td></tr>
<tr><td>(6)
動植之全數</td><td>30,720〔160×192〕
天地體數唱和數</td></tr>
<tr><td>(7)
動植之通數
(動植之通變數)</td><td>289,816,576〔17,024×17,024〕
日月星辰水火土石變化通數=天地用數再唱和數.</td></tr>
</table>

강절은 상대방에게 찾았고 최석정은 자신에게 찾은 것이다.

2) 성음 기본수의 차이점

위의 표 (2)·(3)에서 최석정은 천의 용성은 120〔체4용3: 160 - 40. 不用1=40=有位而無聲〕이고 지의 용음은 144〔체4용3: 192 - 48. 불용1=48 =有位而無音〕이라 했고, 이는 소강절의 112와 152와 다름을 알았다. 위 (4)에서 소강절은 정성 28, 정음 48이라 하고 최석정은 정성 32, 정음 24라고 했다. 즉 소강절 성음론에서 성은 28에서 그치고 음은 48에서 극에 이르지만, 최석정의 신법新法은 이와 다르게 성은 32를 쓰고 음은 24를 쓴다고 한다.

소강절에서 정성正聲은 성星3벽闢의 을사정신乙巳丁辛이며 사성四聲은 일일벽日一闢 속에 감추어졌기 때문에 28에서 그치고, 정음正音은 치궁상우반徵宮商羽半 24음을 2배하여 그 수를 다하였기 때문이라고 했다.[19] 그런데 여기서 최석정은 120÷4=30, '144÷4=36변지즉變之則24〔有位無音之半數〕' 라고 한다. 36이 변하여 24가 되는가 하면 갑자기 32를 유위무성지전수有位無聲之全數라 하고, 24는 유위무음지반수有位無音之半數라고 하는데 이 부분은 쉽게 이해되지 않는다. 32·24가 도출되는 과정이 석연치 않기 때문이다.[20]

---

19) 100쪽, "邵氏聲止於二十八, 音究於四十八. 新法則聲用三十二, 音用二十四. 蓋邵氏正法正聲以星三闢乙巳丁辛四聲藏于日一闢之中, 故止于二十八也. 正音以徵宮商羽半, 二十四音倍之而盡其數也."

20) 32와 24를 도출하는 수정 과정에서 계산이 헝클어진 듯하다. 『경세훈민정음』 103~104쪽에 걸쳐 수정한 곳이 있다. 즉, 원래 "聲有十宮而壬癸不能生物, 故有位而無聲者, 三十有二. 音有十二宮而亥子丑不能生物, 故有位而無音者四十有八. 一百六十去三十二者則天之用聲一百二十有八. 一百九十二去四十八者二則地之用音九十有六也. 一百二十八四約之則三十有二. 九十六四約之則二十有四也. 三十二卽有位無聲之全數也, 二十四卽有位無音之半數也."에서 밑줄 친 부분을 수정하여, "聲有十宮而天之體數四用者三不用者一, 故有位而無聲者四十. 音有十二宮而地之體數四用者三不用者一, 故有位而無音者四十

그는 또 32 · 24에 대해 다른 근거를 제시한다. 즉 성의 용이 32에 그치고 음의 용이 24에 그친 이유는 양용기전陽用其全, 음용기반陰用其半 때문이라 한다. 체수로 말하면 40 - 8=정성32, 48 - (12×2)=정음24. 천수10: 용8, 지수12: 용6은 괘에는 8, 효에는 6, 8음 · 6율이 있는 것과 같다는 것이다. 벽흡은 나뉘어서 양의를 상징하고, 개발수폐가 사귀어 사상을 상징하

有八. 一百六十去四十則天之用聲一百二十. 一百九十二去四十八則地之用音一百四十有四也. 一百二十四約之則三十(필자 삽입: 變之則三十有二也), 一百四十四四約之則三十六, 變之則二十有四也."로 수정했다. 그 목적은 소강절의 체4용3을 적용하고자 함과 24 · 32의 합리적 도출 때문이었다. 32 · 24는 有位無聲音의 수로 소강절과 차별되는 자칭 '新法'으로 그에게는 중요한 것이자 정음의 수이다. 따라서 32 · 24 산출 과정이 논리적이어야 자신의 성음수론의 독창성이 인정받는 것이다. 그러나 그는 24 · 32의 산출 과정에서 결정적 착오를 범했다. 수정 전 글에서 壬癸不能生物이므로 有位無聲 32, 亥子丑不能生物이므로 有位無音 48이라 한다. 이어서 160 - 32=128은 天의 用聲, 192 - (48×2)=96은 地의 用音이라 하면서, 128÷4=32, 96÷4=24로, 32는 有位無聲의 全數, 24는 有位無音의 半數라 했다. 여기서는 32 · 24의 도출이 자연스럽다. 그러나 수정 후 글에는 有位無聲을 40으로 변경하고, 有位無音은 그대로 48이다. 160 - 40=120은 천의 용성, 192 - 48은 지의 용음 144라 한다. 120÷4=30, 144÷4=36이나 36이 변해서 24라 한다. 이처럼 수정하여 有位無聲 32가 40으로 변경되고, 불필요한 30이란 수가 도출되었고, 36이 24로 변경되었다.〔음의 체수 192에서 48을 빼면 144이고 4로 나누면 36인데 '변하여變之則' 24라 한다〕 변한 이유에 대한 설명도 없다. 24는 그렇다 해도 32는 어디서 나오는가. 따라서 '30이 변하여 32(三十變之則三十有二也: 필자)'라는 부분을 추가로 삽입해야 '변하여' 24 · 32가 나온 앞뒤가 맞다. 40은 聲의 체수라는데 여기서는 쓸모가 없다. 이런 점에서 보면 수정 전 글의 32 · 24의 도출 과정이 깔끔하다. 수정 전의 논거에 의하더라도 그가 염려한 체4용3설은 적용된다. 즉, 10干에서 戊己는 사계절에 붙어있는 中和의 위치로 用事에서 제외한다. 그러므로 壬癸는 10干에서 戊己 2干을 제외한 8간의 1/4이며, 12支 12궁에서 亥子丑 역시 1/4이므로 불용1에 해당하여 체4용3론이 적용된다. 필자가 보건대 수정 전 문장을 그대로 사용하거나 아니면 천원지방론에 나오는 384〔體數之策〕에서 聲은 圓〔지름1 둘레3이〕고, 音은 方〔지름1 둘레4〕을 적용하여 聲은 384÷3=128, 128÷4=32, 音은 384÷4=96, 96÷4=24를 근거로 삼는 것이 합당하다. 그것이 32 · 24의 산출 과정이 정당하고, '變之則'이란 비논리적인 부분이 필요치 않으며, 뒤에서 임계와 해자축으로 有位無聲音을 설명하는 것이 이어지고 있는 점, 이 책 195쪽에서도 임계와 해자축을 논하는 점과도 부합한다.

며, 평측이 상형하여 8괘를 상징하고, 청탁이 상생하여 64괘를 상징한다. 일운一韻의 사등四等과 일음一音의 사성四聲이 무릇 384로 64괘 384효를 상징하니 모두 자연의 수라고 주장한다.(102~103쪽) 이처럼 최석정이 성음수로 32 · 24를 사용하는 이유는 정음의 자모 수이기 때문이며, 이것이 소강절과 다른 독창적인 부분이다. 또 다른 근거가 있다. 체수책體數策384는 음 · 양성음수陰陽聲音數 각각 192의 합이다. 양변음불변陽變陰不變이므로 192〔聲數〕- 32〔陽策〕=160〔先天圖 復卦~乾卦 32괘의 초효32를 제한 수〕, 192〔音數〕 음책은 불변이다. 양수〔圓: 지름1 둘레3〕, 음수〔方: 지름1 둘레4〕 따라서 천의 용성은 128=384÷3이고 128÷4=32이며, 지의 용음은 384÷4=96이고 96÷4=24이라는 계산이 나온다. 앞의 32 · 24의 산출 근거는 여기에 있다. 최석정은 정음의 초성을 24자, 중성을 32자로 본다. 이것은 『훈민정음』〔글자 수는 자음 17, 모음 11 합 28자〕과도 다른 최석정의 독특한 주장이다.

3) 만물지수의 차이점

위의 표 (5)~(7)에 대한 것이다. 소강절은 동식물의 용수로 17,024, 동식물의 전수로 30,720, 동식물의 총괄수〔通數〕로 289,816,576이라 했으며, 이미 소강절 수학에서 여러 번 논한 바 있다.

그러나 최석정은 달리 말한다. 384〔體數之策〕- 24책〔乾坤坎離 4閏策〕=360〔用數=當期之日: 「계사」 상 9장〕. 272〔體數之用: 360 - 양책40 - 음책48〕- 48 = 224〔陽128+陰96〕. 224 = 용수지용用數之用. 음양창화지수陰陽唱和之數 = 12,288〔128×96〕= 만물지수 12,288 - 768〔艮宮之半〕= 11,520〔二篇之策: 「계사」 상 9장〕[21]. 이 부분이 소강절과 다른 점이다. 특히 12,288과 768이 독창적이다.

---

21) 201쪽, "中聲三十二, 初聲二十四, 唱和相乘, 得七百六十八, 闢翕各三百八十四, 以終聲十六乘之, 得一萬二千二百八十八, 當萬物之數."

그는 12,288은 성음창화의 수로서 만물지수로 여긴다. 그러나 이편지책과 맞추기 위해 등장하는 '768'이 무엇인가라는 문제가 남아 있다. 그는 '간궁지반艮宮之半'을 768이라 한다. 6궁 가운데 간궁은 『경세훈민정음』(116~117쪽)에 나오는데 글자 수는 전체 384이고 그 절반은 192로 768과 맞지 않다. 따라서 최석정이 말하는 '간궁艮宮'은 그것이 아니다. 그는 곤책에 있는 '논정운도설論正韻圖說'(63~64쪽)에서 다음과 같이 밝히고 있다.

> 이상의 그림 32개는 모두 천지자연 원래의 소리에서 나온 것이지 인위적으로 안배한 것이 아니다. 그 수는 12,288에 이른다. 간궁 흡문의 자리는 있으나 음이 없는 글자 768를 제외하면 소리가 있는 글자는 모두 11,520자로 周易의 이편지책 수에 해당한다.[22)]

최석정은 위에서 자신이 집약하여 그린 32개 성음도〔聲音律呂唱和全數圖〕(190쪽)는 천지자연의 구성체가 낼 수 있는 모든 소리를 담아낸 것이고, 총수는 12,288이라고 한다. 이는 자연의 소리이지 인위적인 것이 아님을 강조한다. 그는 이 수가 『주역』의 이편지책 11,520과 일치해야 자신의 성음수론의 역학적 정당성이 확보된다고 생각한다. 두 수의 차이는 768이다. 그것은 32도 가운데 26번째에 해당하는 '박섭외칠剝攝外七'인 '간지이흡艮之二翕'과 28번째에 해당하는 '복섭내칠復攝內七'인 '간지사흡艮之四翕'이라고 하며, 두 곳에 기재될 수 있는 글자 수인 768이 바로 그 수라고 말한다. 26도 간지이흡과 28도 간지사흡을 보면 모두 공란 즉 무성음無聲音임을 알 수 있고 그 수는 각각 384씩이니 합 768이다. 이처럼 그는

22) 63쪽, "右圖三十二門, 皆出於天地自然之元聲, 非假按排. 其數極於一萬二千二百八十. 艮宮翕門有其位而無音, 凡七百六十八除此, 則有音之字, 凡一萬一千五百二十, 當大易二篇之策數."

'간지이흡'과 '간지사흡'을 '간지흡문艮宮翕門'이라 했다.[23] 사실 12,288은 정음의 초성 24와 중성 32, 종성 16을 서로 곱하여 나온 수이다. 말하자면 정음으로 나타낼 수 있는 글자 즉 한자음의 총수이다. 12,288에 대해서는 뒤에 재론한다.

4) 기타 차이점

최석정은 성음수를 다음과 같이 동양 천문학의 28수宿와 연결한다. 360-양책40-음책48=272〔體數之用〕. 272=양128+음144. 양160+음192=352. 352+8책〔음양 각 4책〕=360〔당기지책: 당기지일〕. 건곤감리24책=24절기. 聲의 11〔初聲〕+音의 17〔中聲〕=28〔列宿之數〕. 〔聲衍〕32+〔音衍〕24= 56〔列宿之倍數〕. 이처럼 성음수를 다양하게 구사하는 점이 소강절과 다른 점이다.

3. 최석정의 음운론

최석정의 음운론은 건책乾册 각 항목에 나온다. 건책은 『훈민정음』, 소강절 성음론, 최석정 성음론과 역수론으로 이루어졌고, 이들이 서로 착종하듯 적절히 융합되어 최석정의 전체 음운론으로 귀결된다. 건책[24] 항목 순서에 따라 살펴본다.

---

23) '성음율려창화전수도'는 『경세훈민정음』 114~190쪽에 나오는 방대한 양이다. 최석정이 말하는 '艮宮翕門'은 139쪽 '艮之二翕'과 135쪽 '艮之四翕'이다. 116쪽에 나오는 '艮宮'이 아니다.

24) 건책은 (1)~(3)으로 구성되었고 (1)에는 7개의 세목으로 나누어졌다. 건책 구성에 대해 설이 분분하다. (1) 訓民正音: ① 十七聲分配初聲圖 ② 十一音取象八卦圖 ③ 聲分淸濁圖 ④ 音分闢翕圖 ⑤ 律呂相乘配合成字圖, 終聲十六 ⑥ 聲分平上去入圖, 音分開發收閉圖 ⑦ 訓民正音準皇極經世四象體用之數圖, 四象體用之數圖(下) (2) 聲音律呂唱和全數圖 (3) 聲音唱和數合三百八十四爻圖第七

1) 서설(훈민정음) 및 「십칠성분배초성도」

최석정은 책 서설 부분에서 『훈민정음』의 자모 28자를 동양 천문학에서 말하는 하늘의 별자리 28수와 연결하여 '어제언문이십팔자즉열숙지상야御製諺文二十八字卽列宿之象也' 라 하고, 초성 17자를 오행 · 오음 · 아설순치후 오관으로 구분하여 '오행상생지서위차五行相生之序爲次' 라 했다. 중성 11자는 '태극양의팔괘지상야太極兩儀八卦之象也' 라고 했다. 이는 그가 정음을 『주역』과 음양오행과 천문적 요소가 포괄적으로 담긴 '역학적 결정체' 로 본 것으로 여기서 최석정의 확실한 정음관을 알 수 있다.

이어서 그는 「십칠성분배초성도十七聲分配初聲圖」(214쪽)에서 초성 17자〔聲〕를 오음〔칠음〕으로 초성도初聲圖를 그리고 이어서 '안설按說' 로써 자신의 견해를 밝히고 있다. 정음의 분류를 수용하여 초성의 기준자〔字標〕는 정음을 따르고, 중성 기준자는 최세진의 『훈몽자회訓蒙字會』(1527)를 따랐다고 했다. 초성 17자를 궁상각치우 5음 15자〔ㄱㅋㆁ: 아음 - 角, ㄷㅌㄴ: 설음 - 徵, ㅂㅍㅁ: 순음 - 宮, ㅈㅊㅅ: 치음 - 商, ㆆㅎㅇ: 후음 - 羽〕와 반설(半舌 ㄹ), 반치(半齒 ㅿ) 즉 반치반상(半徵半商) 2음 2자를 더하여 이른바 7조調라고 했다. 동시에 5음을 소리의 세 가지 상태인 '부浮 · 중中 · 침沈' 으로 구분하면서 이를 천지인 삼재의 상에 비유한다. 또 15가 「하도」 중궁수 5 · 10의 합으로 본다. 말하자면 초성 17자에서 7조의 7과 삼재의 3과 「하도」 중궁의 15를 도출한 것이다.

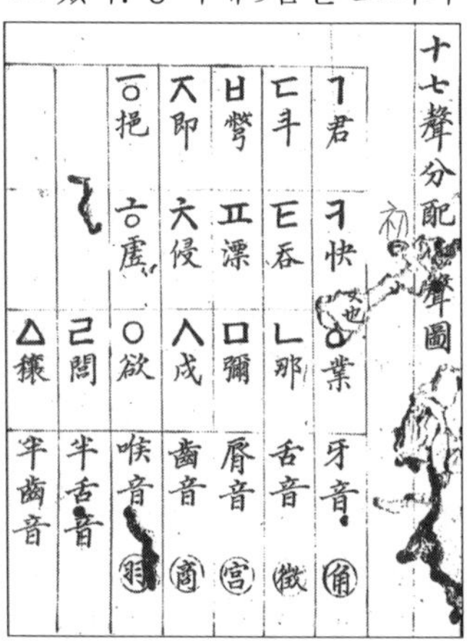

〈그림 1〉 십칠성분배초성도

최석정은 이처럼 역과 악률의 수가 초성의 배후에 깔려있다고 보는 것이다. 율은 역의 한 단면으로 볼 수 있으므로 전체적으로 역수가 초성을 음양으로 지배한다는 논리이다. 여기서 그는 소강절과 반대로 초성을 '성聲', 중성을 '음音' 이라고 했다.[25)]

2) 「십일음취상팔괘도」·「성분청탁도」·「음분벽흡도」

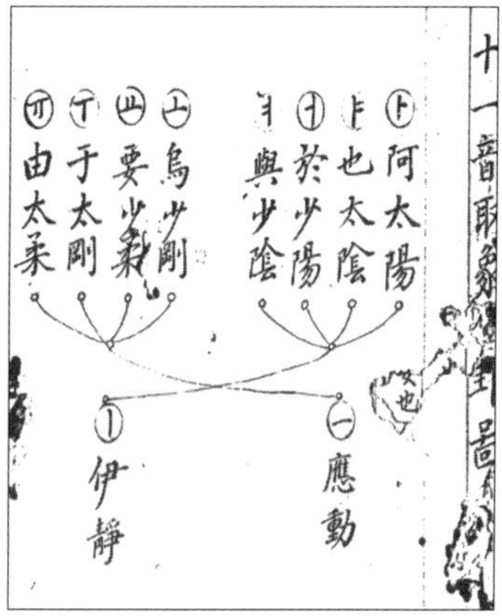

〈그림 2〉 십일음취상팔괘도

최석정은 「십일음취상팔괘도十一音取象八卦圖」(212쪽)를 통해 정음의 중성에서 '1-2-(4)-8'의 수칙을 도출했다. 이것은 가일배법인데 그는 명시적으로 가일배법이라 말하지는 않았다. 그의 '중성도中聲圖'는 채원정이 『황극경세서』 「찬도지요」에 그린 '경세연역도'에서 음양강유 사상을 빼고 옮긴 것이다. '경세연역도'에 '태극-양의-사상-팔괘'의 근거가 되는 '1-2-4-8' 가일배법의 리수적 연산 법칙과 태극에서 팔괘에 새로운 명칭을 나타냄으로써 상수학의 새로운 경지가 선천학적으로 변화 전개되었음은 앞에서 논했다. 이런 변화에 최석정은 민감하게 반응했다. 그는 중성 11자〔音〕를 이 이론을 따라 태극의 자리 '•'에 '일동일정지간', 양의의 자리 'ㅡ'에 '동', 'ㅣ'에 '정', 팔괘의 자리에 'ㅏ〔태양〕·ㅑ〔태음〕·ㅓ〔소양〕·ㅕ〔소음〕·ㅗ〔소강〕·ㅛ〔소유〕·ㅜ〔태강〕·ㅠ〔태유〕'를 배치하고, '•, ㅡ,

25) 소강절 성음론에서 '聲'과 '音'은 다음과 같다. '(正)聲'은 '陽-韻母-中聲'으로 天四象인 日月星辰, 四聲調인 平上去入, 입의 개합인 闢翕으로 구분하고, '(正)音'은 '陰-聲母-初聲'으로 地四象인 水火土石, 四等인 開發收閉, 소리의 상태인 淸濁으로 구분한다. 최석정은 소강절의 聲을 音으로, 音을 聲이라 한다. 그러나 이는 성과 음을 초성과 중성에 안배하고 초성에 청탁, 중성에 흡벽을 분배하여 소강절과 다르지만, 성음수를 산정할 때는 소강절을 따른다. 즉, 聲=陽=10, 音=陰=12이다.

ㅣ' 를 삼재의 오묘함에 비유했다. 중성 역시 초성과 같은 맥락에서 천지인 삼재를 상징한 것으로 정음의 글자가 천지자연과 합일체라는 점을 강조한 것이다. 또 그 속은 음양호근陰陽互根의 원리가 내재되어 있고, ㅏ·ㅑ의 우, ㅓ·ㅕ의 좌, ㅗ·ㅛ의 상, ㅜ·ㅠ의 하는 모두 일기일우一奇一偶의 상象이라 했다. 이 '중성도' 에 사상四象이 없는 것에 대한 혹자의 의문에 그는 'ㅏ·ㅓ·ㅗ·ㅜ' 가 바로 사상이며, 이 글자가 중성의 다른 자와 결합하여 8글자가 된 것을 두고 '사상이 팔괘를 낳는 것(四象生八卦)' 이라 했다. 그래서 중성 11자 즉 11수는 천지( )[26]수의 합이라고 했다.

최석정은 이어서 「성분청탁도聲分淸濁圖」(210쪽)를 그려 정음의 초성 17자〔聲〕에 독자적으로 쌍받침 6자와 ㅿ를 첨가한 7자〔ㄲ·ㄸ·ㅃ·ㅉ·ㅆ·ㆅ·ㅿ〕를 더하여 24자로 초성을 삼았다. 이 24자를 청탁 즉, 1청〔全淸〕·2탁〔全濁〕·3청〔次淸〕·4탁〔不淸不濁〕의 사부법으로 구분하여 그린 그림이 이것이다. 다만 ㅈ·ㅉ·ㅊ의 4탁에 글자 하나를 배치하지 않아서 실제로는 23자이다. 1청에서 ㄱ·ㄷ·ㅂ 등을 나란히 쓰면 2탁의 ㄲ·ㄸ·ㅃ 등의 글자가 되고, 한 점을 첨삭하면 3청의 글자가 되기도 하지만 일률적으로 그렇지는 않다. 그는 17자를 늘이면 24자가 되는가 하면, 나누면 청탁이 되니 소강절이 말한 '정음正音' 이라고 했다. 앞에서 말했듯 그는 성과 음의 명칭을 소강절과 반대로 사용하고, 24를 4로 나누면 6이 되고, 6이 상징하는 것은 괘효의 6효와 12율려에서 6율이라고도 했다.

최석정은 또 「음분벽흡도音分闢翕圖」(208쪽)를 새로 그려 중성 11자〔音〕를 늘여 32자로 만들었다. 이를 다시 나누어 입〔口〕의 개합 상태를 나타내는 '벽흡' 이란 용어를 사용하여 1벽~4흡으로 구분하면서, 이것이 소강절이 말하는 '정성正聲' 이라고 했다. 32자로 늘리는 원리는 기본 중성 11자

26) 211쪽 ( ) 부분은 탈자 되어 식별이 안 된다. 이상규는 '天地(象)數之合' 즉 ( ) 안의 글자를 '象' 으로 본다. 이상규, 2018, 365쪽. 全, 體, 用, 象, 之 등일 가능성도 있다.

〈그림 3〉 성분청탁도

〈그림 4〉 음분벽흡도

〔11음〕에 획을 더하여 2중 모음 · 3중 모음 21자〔ㅘ · ㆇ · ㅝ · ㆊ · ㅢ · ㅐ · ㅒ · ㅔ · ㅖ · ㅙ · ㆈ · ㅞ · ㆋ · ㆎ · ㆎ · ㅢ · ㅚ · ㆉ · ㅟ · ㆌ, 등〕를 더하여 32자를 만든다. 32를 4로 나누면 8이 되며, 8은 역의 팔괘와 음악의 8음을 상징한다고 했다. 여기서 4는 역시 사부법으로 1벽 · 2흡 · 3벽 · 4흡의 넷이다.

최석정은 중성 기본 3자 '•, ㅡ, ㅣ'에서 삼재의 상을 도출하고, 나아가 이를 전후좌우로 엮어서 나머지 글자가 도출되는 것을 4-8-16-32의 역괘 생성 원리와 같은 가배법의 연속으로 보고 있다. 그 결과 정성 24자와 정음 32자를 합한 56자를 28수의 2배수라고 하여 전체 글자에서 천문성상天文星象의 수리까지 도출하며, 그것이 계산상 일치함을 증명해 낸다.

3) 「율려상승배합성자도」 · 「종성십육」

최석정은 자신이 수립한 초성 24자〔정성 24자〕와 중성 32자〔정음 32자〕를 조합하여 총 768자를 도설로써 설명한다. 가로에는 청탁〔1청 · 2탁 · 3청 · 4탁〕으로 초성 24자를 배치하되, 12지지 가운데 신 · 유 · 술과 해 ·

자 · 축을 제외한 인~미의 6지지로 구분했다. 세로에는 벽흡〔1벽 · 2흡 · 3벽 · 4흡〕으로 중성 32자를 배치하되, 10천간에서 임계壬癸를 제외한 갑~신 8간으로 구분하여 768자도字圖를 완성했다. 그러나 앞에서 보았듯 초성은 24자가 아니고 실제는 23자다. 그래서 4탁은 무자無字로 공란 32이니 순수 글자는 768에서 32를 제한 736자이다. 그는 이것이 정음의 초 · 중성으로 만들 수 있는 글자의 합으로 본 것이다.

그는 이러한 과정을 〈그림 5〉「율려상승배합성자도律呂相乘配合成字圖」(206쪽)로 나타냈다. 그리고 초 · 중성에 이어서 종성 16자를 〈그림 6〉「종성십육終聲十六」(202쪽)의 도설로써 제시한다. 물론 초성을 종성에 다시 사용한 것은 정음의 대원칙[27]이고 최석정도 이를 따르고 있다. 그러나 그는 「해례편」을 보지 못했으므로 종성해에서 말한 'ㄱㆁㄷㄴㅂㅁㅅㄹ 팔자가족용야八字可足用也'를 알지 못했다. 「예의편」의 "종성부용초성終聲復用初聲"만 보았기 때문에, 초성 17자 중 8자로 충분히 종성을 나타낼 수 있다는 사실을 몰랐던 것이다. 이러한 배경이 종성 16자를 독자적으로 고안하게 만든 것이다. 16자는 단자單字인 12자와 이합자二合字인 4자로 이루어졌다.[28] 그는 종성을 언급하면서 정음의 초 · 중 · 종성으로 만들 수 있는 글자의 총수 12,288자를 역수적 관점에서 아래와 같이 도출해 낸다.

① 초 · 중 · 종 3성은 천지인 삼재〔3〕를 상징한다.

② 초성 24×중성 32=768. 이는 벽흡 각 384로 구성되고 이는 괘효 384효를 상징한다.

③ 768×종성 16=12,288〔當萬物之數〕을 나타낸다.

---

27) 정음 例義, "終聲復用初聲."

28) 12개의 單子는 아음ㆁㄱ, 설음ㄴㄹㄷ, 순음ㅁㅂ, 치음ㅿㅅㅈ, 후음ㅇㆆ 등 12자이다. 4개의 二合字는 설아ㄺ, 설순ㄻ, 설치ㄽ, 설후ㅀ 등 4자이다.

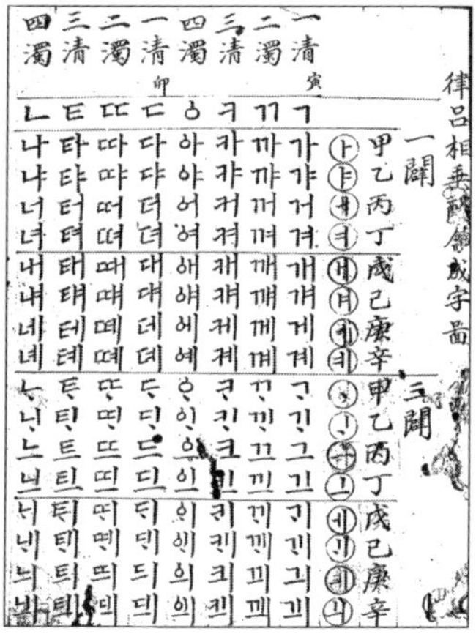

〈그림 5〉 율려상승배합성자도

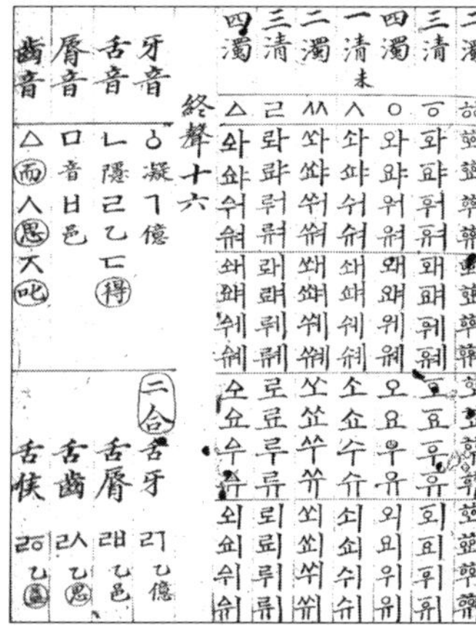

〈그림 6〉 종성십육도

위의 산식에서 보듯 최석정은 「계사전」 상 9장에서 말하는 이편지책이자 만물지수 11,520과 달리 12,288을 만물지수로 제시한다. 이는 자신의 독자적인 성음론에 근거해 도출한 수였음을 이미 보았다.

4) 「성분평상거입도」 · 「음분개발수폐도」 · 「훈민정음준황극경세사상체용지수도」 · 「사상체용지수도(하)」

최석정은 「성분평상거입도聲分平上去入圖」(200쪽)와 「음분개발수폐도音分開發收閉圖」(200쪽)에서 성음을 통해 음양의 호장기택 이론과 괘의 원형이정 사덕, 시초점 길흉회린의 사점四占을 도출해 낸다.(〈그림 7〉)

즉 율려가 배합된 후 평상거입 4성과 개발수폐의 4음의 구분이 생겼으며, 초성은 벽흡이 통솔하고 중성은 청탁이 통솔하고, 성과 음이 음양으로 서로 간에 잠복해 있다고 했다.

그가 그린 〈그림 8〉 「훈민정음준황극경세사상체용지수도訓民正音準皇極經世四象體用之數圖」(198쪽)와 「사상체용지수도(하)四象體用之數圖(下)」(195쪽)는, 정음을 소강절의 성음창화도인 「경세사상체용지수도」에서 준용한

〈그림 7〉 성분평상거입도 및 음분개발수폐도

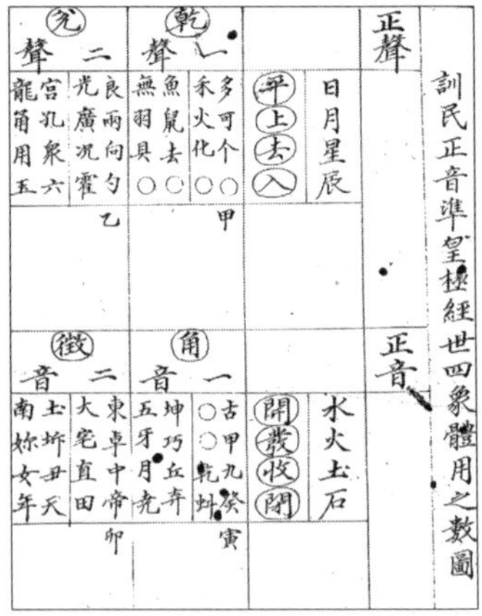

〈그림 8〉 훈민정음준황극경세사상 체용지수도

것이다. 즉 소강절 성음도를 정음으로 다시 나타낸 것이다. 그러나 소강절은 송대 속음俗音에 근거하여 표기한 성음도를 적용했지만, 최석정 자신은 중국 고음古音을 기준으로 수정·보완〔頗加檃栝〕하여 성음도를 새로 그렸다고 했다. 즉 소강절의 성음론에서 한 걸음 더 나아간 것으로 볼 수 있다.

그는 또 성의 10천간에서 임계〔음의 12지지 중 해·자·축〕에서는 사물이 생길 수 없다는 점을 바탕으로, 성음의 유무와 글자와의 관계를 그림으로 말하고 있다. 정성 10성을 가로에는 8괘와 10천간을 배치하고, 세로에는 일월성신과 평상거입으로 구분하여 배치하면서, 정성의 총수 160〔16×10〕·유성무자〔有聲無字 22: ○로 표시〕·무성무자〔無聲無字 40: ●로 표시〕·순수정성자 98자를 도출한다. 정음을 가로로 6음〔宮商角徵羽半〕과 12지지로 표시하고, 세로로 수화토석과 개발수폐로 나타내면서 정음의 총수 192〔16×12〕·유음무자 61〔○〕·무음무자 48〔●〕·순수정음자 83자를 도출한다.

그러나 소강절의 그림에서는 정성의 경우 무성무자 48〔●〕·유성무자

29〔○〕· 순수글자 83으로 도합 160자이다. 정음의 경우 무음무자 40〔■〕· 유음무자 20〔□〕· 순수글자 132로 도합 192자이다. 이 그림을 통해 최석정은 자신의 성음도가 소강절 그림에서 한층 발전된 것이라고 자부했을 것이다.

5)「성음율려창화전수도」·「성음창화수합삼백팔십사효도제칠」

이 두 도설은 『경세훈민정음』 전체의 46%〔전체 166면에서 77면〕를 차지하는 방대한 분량으로 최석정이 심혈을 기울여 작성한 성음도이다. 한마디로 말하면 그가 발명한 만물지수 12,288을 32개의 성음도로 그려낸 것으로, 최석정 성음론의 결정판이라 할 수 있다.

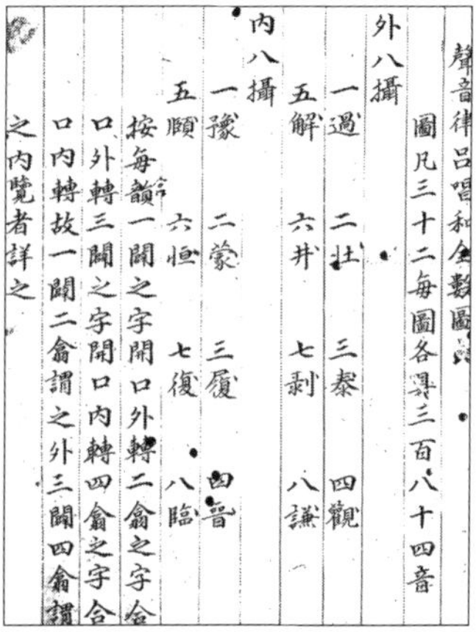

〈그림 9〉 성음율려창화전수도

그는 "그림은 모두 32개이며 각각에 384음〔글자〕이 구비되었다.(圖凡三十二每圖各具三百八十四音)"고 했다. 그림마다 384의 글자가 있으니 총수는 12,288자〔32×384〕이다. 이 수는 만물의 수이자 만물이 내는 소리의 총수로 최석정이 창안한 역수임을 앞서 살펴본 바 있다. 이 수를 가지고 조선의 글자인 『훈민정음』으로 중국의 한자음을 표기하는 데 적용한 것이니, 그는 정음으로 한자음 12,288자를 나타낼 수 있다고 본 것이다. 물론 그 속에는 소리가 없고 글자가 없는 것도 포함되었고, 그 수는 384의 배수인 768이다.[29)]

29) 만물지수 12,288에서 무성무음 768을 빼면 11,520으로 이편지책과 일치한다. 성음편에서 논란이 된 768자는, 『경세훈민정음』의 그림 32도 가운데 26도에 해당하는 '박섭외칠剝攝外七' 인 '간지이흡艮之二翕' 및 28도에 해당하는 '복섭내칠復攝內七' 인

「성음율려창화전수도聲音律呂唱和全數圖」(190쪽)의 그림을 독해하려면 다음 몇 가지에 유의해야 한다. 그는 32개의 그림을 외팔섭外八攝[30]·내팔섭內八攝으로 대분류하고, 내외 각각에 8개의 역괘로 그 이름을 삼아 총 16개의 괘명을 섭명으로 사용했다. 16괘는 각각 2개의 그림으로 이루어져, 총 32개 그림에 정음의 초성 24자와 중성 32자로 한자음을 표기한다. 이때 주의할 점은 초성 24자는 매 그림 가로에 모두 기재되었지만, 중성 32자는 매 그림 세로에 4자만 기재되었다는 것이다. 가로에는 초성의 궁상각치우반 6음·4청탁이 배분되어 24자이고, 세로에는 4개의 중성·4개의 벽흡이 분배되어 16자가 된다. 벽흡의 분배 기준은 1면에 1벽, 2면에 2흡, 3면에 3벽, 4면에 4흡과 같은 형식이다. 예컨대 외8섭의 처음인 과섭過攝 1면은 과섭외일過攝外一이란 제목으로 건지일벽乾之一闢이라 하고, 2면은 과섭외일에 건지이흡乾之二翕과 같은 식이다. 이처럼 내외섭이 번갈아들고, 32면을 8괘〔乾兌離震巽坎艮坤〕에 내외섭을 균등히 배분하여 한 괘에 4면씩 총 32면을 맞추고, 4면씩 8음〔金石絲竹匏土革木〕을 배치한다. 그래서 1면에 글자는 384개〔24×16〕이고 글자의 총수는 12,288자〔384×32〕이다. 384는 64괘 384효에서 말하는 것과 같은 의미임은 앞에서 보았다.

최석정은 32개 그림에 이어서 6궁〔兌·離·震·坎·艮·坤宮〕의 여섯 그림을 그리는데, 이는 운〔韻: 한자음〕이 변해서 섭攝〔韻目〕으로 바뀐 것을 모아서 6궁으로 분류한 것이다. 예컨대 태궁〔兌宮: 책의 글자가 식별 불가, 전후 맥락상 태궁으로 추정〕의 경우 "강운은 본래 몽섭인데 지금은 장섭이다.(江韻本蒙攝而今爲壯攝)"라고 했다. 이것은 앞 32도 몽섭과 장섭을 보면

'간지사흡'에 나타난 공란 수를 말한다는 것을 앞에서 보았다.

30) 섭〔韻攝〕은 운〔韻腹과 韻尾〕이 같은 것끼리의 묶음〔韻目〕으로 송대부터 사용한 용어이다. 『韻廣』에서 206운목이었는데 이를 宋·元 학자들이 16섭—通·江·止·遇·蟹·臻·山·効·果·假·宕·曾·梗·流·深·感—으로 통합했다고 한다. 이상규, 2018, 422쪽 참조.

모두 '태지일삼벽兌之一三闢, 이사흡二四翕' 에 속해 있다는 것을 확인할 수 있다.

「성음창화수합삼백팔십사효도제칠聲音唱和數合三百八十四爻圖第七」(113쪽)은 64괘의 괘명을 6차례 반복한 것으로 즉, 384개의 괘명으로 그린 성음도이다. 이는 384효에 갈음하는 것으로 가로의 맨 위에 6음〔角徵宮商羽半〕을 넷씩 24로 두고, 그 아래에 일청一淸~사청四淸 및 육효를 넷씩 합 24에 맞춘다. 세로는 음에 개발수폐, 성에 평상거입을 넷씩 두어 16을 이룬다. 따라서 가로·세로의 곱 24×16=384가 되어 수리가 합치한다. 384에 해당하는 글자는 음운보다 역학적인 면을 반영하여『주역』64괘의 이름에서 한 글자만 따서 6번 배열하여 384에 맞춘다. 여기서 구별하기 어려운 점이 있다. 예컨대 인용한 괘명에 '축畜' 이 2번, '제濟' 가 2번, '과過' 가 2번 있는데, '축' 은 풍천소축䷈과 산천대축䷙의 '축' 이고, '제' 는 수화기제䷾와 화수미제䷿의 '제' 이며, '과' 는 택풍대과䷛와 뢰산소과䷽의 '과' 이다. 또 괘명이 두 글자인데 그중 한 글자만 인용하니 혼선을 초래할 수 있다. 이 그림은 괘명으로도 성음의 정수를 나타낼 수 있다는 최석정의 역학적 안목의 소산이다.

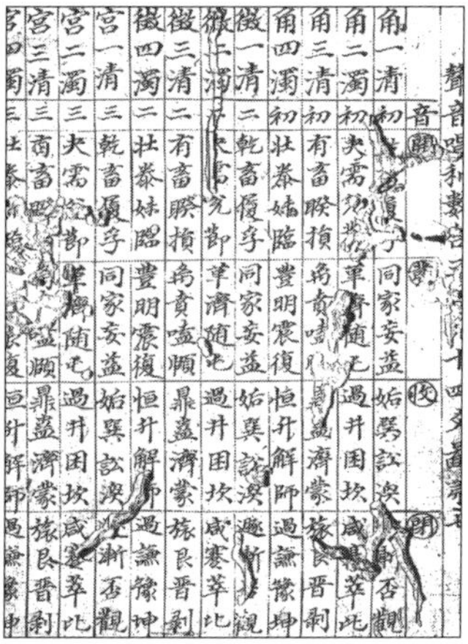
〈그림 10〉 성음창화수합삼백팔십사효도제칠

따라서 두 도설은 정음으로 한자음 표기가 가능하며 역괘와의 회통에도 문제가 없다는 것을 보여주고 있다. 최석정은 정음이 단순한 소리 문자가 아니라 문자로서의 다양한 효용성을 내재하고 있음을 인지했으며, 그 뿌리가 역학에 맞닿아있음을 논리적으로 입증하고 있다.

【 해제 】

최석정은 종래 소강절의 성음론을 그대로 맹종하지 않고 조선식으로 변용(檃栝)하여 정음으로 한자음을 표기한 성음도를 그렸다. 그는 『훈민정음』 창제 후 사라졌다가 근래에 발견된 「해례편」을 보지 못했기 때문에 제자해에 담긴 상수학이나 그 속에 깃든 강절역도 몰랐다. 오로지 서문과 본문 격인 「예의편」만 보고도 뛰어난 음운론을 전개했다. 그것은 '성음론적 역수' 를 기반으로 독자적인 성음도를 그린 것으로 조선 음운학 발전에 크게 기여했다. '성음론적 역수' 가 어떠한 것인지 앞의 글을 토대로 항목별로 다음과 같이 정리할 수 있다.

첫째, 초성 · 중성의 삼재 사상에 대해서이다. 삼재 사상은 『주역』의 계사와 설괘에 나오고 '3' 이란 수는 천원지방론과 관련된 삼천양지론이며 양9 · 음6 논리의 기본수이다. 최석정은 초성 17자의 오음에 부중침浮中沈 삼성三聲이 있으며 이는 삼재의 상이라 했다. 중성의 기본 3자인 '•, ㅡ, ㅣ' 도 삼재의 상이라 했다. 여기서 짚고 넘어가야 할 부분은, 정음의 제자해에서도 중성의 기본 3자는 "천지인의 모양을 취해서 삼재의 도가 갖추어졌다.(取象於天地人而三才之道備矣)" 고 한 점이다. 그는 제자해를 보지 못했음에도 불구하고 중성 기본 3자에 삼재의 상이 있다고 한 것이다.

둘째, 1-2-4-8의 리수 법칙에 대해서이다. 만물은 1-2-4-8로 뻗어간다는 리수적 연산칙인 '가일배법' 은 소강절의 주장이지만 주자의 전폭적 수용으로 송대 상수학의 큰 흐름을 형성했고, 조선 상수학에도 유입되어 최석정도 그 흐름 속의 일원이었다. 이는 물론 만물이 2배씩 무한정 늘어나는 것은 아니고 만물은 '홀(혼자)' 으로 불가능하고 '짝(둘)' 이어야 생성하고 유행하여 변화한다는 뜻도 담고 있다. 그는 자신의 이론에 가일배법을 명시하지는 않았다. 그러나 중성의 구성에 '1-2-(4)-8' 의 가배법이 내재되었다는 점과, 중성 기본 3자 '•, ㅡ, ㅣ'를 전후좌우로 조합하여 나머지 글자가 도출되는 수리는 8-16-32의 가배법의 연속으로 보았다. 이것은 정음 창제 시 가일배법에 영향을 받았음을 꿰뚫고 있는 것으로, 자신의 성음도聲音圖로 그것을 나타낸 것이다. 세종 당시 상수학적 음운론의 틀이 250여 년이 지난 최석정 때에도 그대로 이어졌음을 의미하는 것으로, 조선조 상수학자들이 음운학으로 뻗어갈 수 있는 학문적 토대가 되었다.

셋째, 독자적인 역수론에 대해서이다. 4로써 연산하는 역수론을 최석정은 정음의 자모에도 적용하여 초성은 17에서 늘려서 24자라고 하고, 중성은 11자를 늘려서 32자라고 했다. 물론 24, 32가 되는 음운적인 이유도 있다. 그러나 그전에 최석정은 4라는 리수적 틀을 가지고 자신의 음운론을 전개했다.

초성과 중성을 청탁과 흡벽으로 구분하고 리수로 나누어 역易의 기반 위에 율律과 음音을 연결시켰다. 최석정은 음운론의 기반 위에 위와 같은 독자적인 역수론의 운용 결과, 성음수 12,288을 만물지수로 제출했다. 소강절이 표기한 것은 중국 속음俗音인 데 반해, 최석정은 중국 고음古音을 정음으로 표기하여 새로 만물지수를 개발했으며 독자적으로 한자음 12,288자를 제시한 것이다. 12,288에는 소리는 있으나 글자가 없는 768을 차감하여 11,520이 되어 『주역』의 이편지책과 일치하게 되었다. 이 부분은 자신의 성음수를 『주역』의 역수적 체계와 일치시켜 역과 음운과 수학이 동근同根임을 입증하려는 최석정의 학문적 노력의 결실과 그에 상응하는 투철한 정음관을 지녔음을 알 수 있다.

『구수략』에서 이미 나타난 그의 상수학과 자연학〔수학〕에 대한 융합 능력이 『경세훈민정음』을 통해 인문학인 음운론에서도 그대로 발휘된 것을 확인할 수 있다. 이 책을 학문의 융합적 관점에서 보면, 상수학과 음운론을 매끄럽게 융합하고 거기에 수학까지 더하여, 조선 후기 상수학이 간학적 인문학으로 거듭나게 된 것임을 알 수 있다. 당시는 실학과 국학이 막 태동하려는 시기였다. 상수학, 수학, 음운학을 아우르는 그의 통섭적인 학문 자세는 이러한 시대적 욕구를 충족시켰으며, 『훈민정음』 연구를 한 걸음 진전시키는 한편 조선 상수학과 음운학 발달의 견인차가 되었다고 할 수 있다. 그는 영의정을 몇 번이나 역임한 고위 관리로서 국사에 여념이 없었음에도 불구하고 수학과 음운학에 걸출한 저술을 남긴 것은 후학들에게 귀감과 채찍이 되었을 것이다.

Ⅲ. 신경준의 『운해훈민정음』

신경준(申景濬, 1712~1781)은 조선 후기 실학자로 호는 여암旅菴이며 순창 출신이다. 신숙주의 동생 신말주의 11대손이며 신말주는 형인 신숙주의 변절에 실망하여 순창으로 내려와 세거하였다. 신경준은 1754년(영조 30년) 마흔이 넘은 나이에 문과에 급제했다. 늦은 나이에 관직에 나갔지만, 지위를 탐하지 않았고 자신의 모든 역량을 영조의 어명 수행과 학문 증진에 쏟았다. 영조 서거 후 귀향했고 정조의 부름에 응하지 않았다. 이러한 인품 탓에 그는 조선 역학계에서 지금까지도 잘 알려지지 않았다.

그는 열린 자세로 이교구류二敎九流를 익혔고 특히 지리 · 역사 · 국어 · 문자 음운학 · 과학 등을 망라하여 국학과 실용적 학문에 관심을 가졌다. 지리학에도 뛰어난 실력을 갖춰 『여지승람輿地勝覽』과 『동국여지도東國輿地圖』 등의 감수 및 제작에 참여하여 조선 지리학에 걸출한 업적을 남겼다. 또한 『여암집旅菴集』을 비롯 『운해훈민정음韻解訓民正音』, 『언서음해諺書音解』, 『강계지疆界志』, 『산경표山經表』, 『산수경山水經』, 『도로고道路

考』 등 문자학 · 성운학聲韻學 · 지리학에 관련된 방대한 저술을 남겼다. 특히 성음학〔음운학〕 저서 『운해훈민정음』(이하 『운해』라고도 함)은 『훈민정음』(이하 '정음' 이라고도 함) 반포 후 정음에 대한 연구서로서 그의 대표적인 저술로 꼽힌다.

당시 조선 후기로 접어들면서 주류 사상인 성리학에 대한 이설이 제기되자, 탈주자학 및 서학西學과 실학 등 다양한 학문과 사상이 흥기하여 서로 충돌하면서 공존하던 때였다. 성음론도 그중 하나였다. 당대 학문의 기저에는 역학이 깔려있었고 소강절 역학이 중요 부분을 차지했다. 그들은 강절역을 탐구했으나 이를 새로운 역리로 발전시키거나 신경준처럼 인접 학문으로 뻗어간 사례는 드물었다. 『운해훈민정음』은 당시로는 보기 드물게 도서상수학으로 정음을 분석한 조선의 성음서로서 신경준의 노작으로 평가받고 있다.

『운해훈민정음』에 나타난 그의 생각은 다음 두 가지로 정리할 수 있다. 첫째, 정음에 내재된 도서상수학과 강절역을 살펴서 정음으로 한자음을 표기〔운도 작성 포함〕할 수 있는가를 탐구하는 것이다. 둘째, '도서상수학-정음-한자음 표기' 의 과정을 체계적으로 분석하여 '성음의 이치' 를 구한 뒤 이를 토대로 '성음의 도道' 를 밝히는 것이다. 신경준이 최종적으로 이루려고 하는 '성음의 도를 밝힌다.' 라는 의미는 정음이 지닌 효용의 '우수성' 을 찾아내어 이것을 세상에 널리 알리는 것을 의미한다. 그는 문자의 '우수성' 은 누구나 쉽게 익힐 수 있고 그 문자로 온갖 표현을 할 수 있어야 성음의 도리가 구현된다고 생각했다. 이러한 면이 앞서 본 최석정과 다른 점이다.

도설을 이용하여 역리나 성음의 이치를 펴는 것은 송대 도서상수학의 학문 방법이자 신경준을 포함한 조선 학자들의 연구 방법이었다. 이때 도설 작성은 그 자체가 목적이 아니고 도설이 구현하고자 하는 이치〔理〕를 구함이 목적이었다. 따라서 그는 도설에 자신의 주장을 실어 음운론을 전개했다.

본 글에서는 두 가지를 살피려 한다. 첫째, 『운해훈민정음』을 역학적으로 분석하여 저서의 의의와 가치를 재단해 보려 한다. '역학적 분석'이란 책에 내재된 도서상수학을 분석의 잣대로 사용하는 것을 뜻한다. 둘째, 상수학 특히 강절역의 '창의적 변용'을 통해 조선의 음운학을 구현해 낸 신경준의 학문적 성과를 밝히고, 상수학으로 당시 시대사상을 견인한 부분도 고찰해 보려 한다. 이 책의 판본은 여럿이 있으나 숭실대학교본〔太學社, 1987〕을 저본으로 삼고 본문에서 『운해훈민정음』 인용 시에는 쪽수만 기재한다.

1. 『운해훈민정음』의 저술 목적 및 역학 사상

신경준이 이 책을 저작한 목적과 그 속에 깃든 역학 사상의 단서를 먼저 추출해 보자. 일반적으로 저자는 서두에 저술 목적이나 의도 및 책의 성격 등을 언급한다. 신경준도 책의 앞부분에서 밝히고 있는데, 서문 격인 '훈민정음도해서訓民正音圖解敍'와 본론의 첫 장에 수록된 「경세성음수도經世聲音數圖」 및 「율려창화도律呂唱和圖」이다.

1) 훈민정음도해서

신경준은 책의 서문 격인 '훈민정음도해서訓民正音圖解敍'에서 저술 목적에 대해 다음과 같이 말한다.(6쪽)

> ① 세종대왕이 창제한 정음은 그 예를 반절의 뜻에서 취하였고, 그 象(모양을 본뜸)은 交易, 變易, 加一倍法을 사용하였다.

② 성인(세종)이 창제한 의미가 지극히 은미하면서도 깊어서 당시 儒臣들도 이를 다 이해하지 못했고, 후세 백성들이 날마다 쓰면서도 알지 못했으니 성음의 道는 이미 밝아진 것이 다시 어두워졌다. 만약 賤臣 같은 자(신경준 자신)가 어찌 감히 그 온축된 심오한 뜻을 만분의 일이라도 알 수 있으랴마는 대롱으로 하늘을 보고 표주박으로 바닷물을 재는 모양새로〔管窺蠡測〕 이 圖解를 만들어 성인의 덕을 잊지 못하는 뜻을 표할 뿐이다.

윗글에 나타난 신경준의 서술 관점은 두 가지이다. ①에서 정음은 한자의 '반절反切' 의 예와 같이 초 · 중 · 종성이 합해져서 만들어지고, 정음의 상〔象: 字形〕은 역학에서 말하는 교역 · 변역[31]을 취하고, 가일배법으로 정음이 창제되었음을 말하고 있다. 이것은 두 가지 의미를 지닌다. 하나는 정음은 반절 즉 중국의 음운론을 참고하여 합자되었다는 것이고 또 하나는 정음의 자형은 역에 내재된 교역 · 변역의 함의와 강절역의 가일배법에 의거했다는 것이다. 이처럼 신경준은 정음의 자형이 역학의 논리 속에 있음을 간파했다.

②에서 세종이 정음을 창제한 깊은 뜻을 자신의 도설로 해석하겠다는 의지를 읽을 수 있다. 이는 정음을 그림으로 분석하고 글로써 해설하여 어두웠던 성음의 도를 다시 밝히고 세종의 정음 창제 정신을 잊지 않겠다는 것이다.

①과 ②를 종합하면, 음운론과 도서상수학으로 정음을 해설하여 성음의 도를 밝히는 것이 책의 저술 목적임을 알 수 있다. 이를 이루기 위한 과

31) 주자는 교역 · 변역에 대해 『주자어류』에서 다음과 같이 말한다. ①"易有兩義: 一是變易, 便是流行底; 一是交易, 便是對待底."(65권 6조목) ② "交易是陽交於陰, 陰交於陽, 是卦圖上底. 如 '天地定位, 山澤通氣' 云云者是也. 變易是陽變陰, 陰變陽, 老陽變爲少陰, 老陰變爲少陽, 此是占筮之法. 如晝夜寒暑, 屈伸往來者是也."(65권 22조목) 요약하면, 교역은 음양대대이고 변역은 음양유행변화이다.

정과 결과는 어떻게 나타날 것인가. 그것은 정음으로 새로운 '한자음운도' 라는 신경준만의 독자적인 도설로써 보여줄 것이다. 이는 강절역의 '창의적 변용' 을 전제로 한다. 신경준의 '한자음운도' 는 첫 그림인 「경세성음수도」부터 시작된다. 그는 이 그림을 먼저 선보이고 뒷장에 정음의 도해를 통한 해설로써 증명한다. 정음의 도해는 구체적으로 초 · 중 · 종성에 대한 도설이며, 해설은 음운적인 것과 상수학적인 것이 있다. 국어학계에서는 대체로 신경준이 이 책을 지은 목적이 '운도韻圖' 를 작성하는 데 있다[32]고 하지만, 그 견해에 동의할 수 없다. 그 이유는 뒤에 밝힌다. 도해서圖解敍에는 이외에도 우리나라에 문자가 있었다는 설〔東方舊有俗用文字說〕[33]을 비롯하여 9개 나라 문자에 대해 언급〔九國所書八字〕하고 있다.

2) 「경세성음수도」와 「율려창화도」

『운해훈민정음』의 첫 장에 나오는 〈그림 11〉 「경세성음수도」(1~2쪽)는 소강절의 『황극경세서』에 실린 「경세사상체용지수도」[34]를 참고하여 그

32) 강신항, 유창균, 정경일, 배윤덕 등이 대체로 그런 의견을 가지고 있다.

33) 신경준은 "우리나라에 예로부터 俗用文字가 있었지만, 그 수가 갖춰지지 않고 그 형상도 정리되지 않아, 어떤 말을 나타낸다거나 어떤 용처에 사용하기에는 부족했다.(東方舊有俗用文字 而其數不備 其形無法 不足以形一方之言 而備一方之用也)"라고 했다. 한글 창제 이전에 한자 차용 표기가 아닌 우리의 고유문자가 있었다는 주장으로, 후대 고유문자설의 근거로 인용되기도 했다.

34) 「경세사상체용지수도」(만물지수)는 『황극경세서』의 입문서 격인 「찬도지요」에 나오는 韻圖이다.(『황극경세서』, 603~638쪽) 종래의 운도는 43개 그림으로 이루어지고 각 그림의 가로는 聲母(초성 · 子音)로 牙 · 舌 · 脣 · 齒 · 喉와 半舌 · 半齒 7음으로 나누고 淸 · 次淸 · 濁 · 次濁으로 구분한다. 세로는 韻母(중성 · 母音)로 36字母를 평상거입 四聲으로 나누고 介音과 舌位에 따라 4分한다. 그러나 소강절의 운도는 이와 다르게 만물을 四分하는 '사부법' 을 근간으로 상수학 관점에서 그렸다. 그 내용은 보면, '聲音' 을 '正聲(양)' 과 '正音(음)' 으로 양분한다. 正聲은 韻母(모음=중성, 운모+성조)로 '天四象(일월성신) - 四聲(평상거입) - 闢翕(開口合口)' 을 배분하고, 正音은 聲

린 운도이다.[35] 즉 소강절의 그림을 기반으로 하여 신경준이 독자적으로 다시 그린 성음수도이다. 그 내용을 보면, 소강절은 당시 송대 중고한자〔俗音〕를 기준으로 했고 신경준은 조선의 한자음으로 했다는 점이 다르지만, 운모와 성모의 내용 및 사부법으로 구분한 점 등은 소강절을 참고했다. 그러나 그의 「경세성음수도」는 소강절의 「경세사상체용지수도」에 조선의 한자음을 대입하여 자신만의 운도를 개발했음을 알 수 있다. 그림에 대한 해설은 두 부분으로 나뉘어 있다. 앞부분은 초·중성, 운섭韻攝 등 음운에 대한 것이니 기존 학계의 연구를 참고하면 된다. 뒷부분은 소강절과 관련하여 자신의 의지를 밝힌 부분으로 여기서 살펴본다.(3쪽)

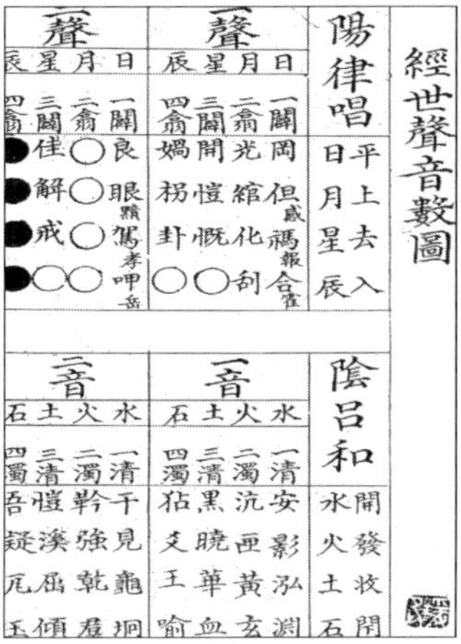

〈그림 11〉 경세성음수도

母(자음·초성)로 '地四象(水火土石) - 4等(開發收閉) - 清濁(소리의 맑고 탁함)' 을 배분한다. 정성은 日日聲平闢~辰辰聲入翕까지 16圖가 있고 그 사이에 음양의 섞임과 四聲의 구분과 입의 열림과 닫힘에 따라 글자의 변화를 나타냈다. 정음도 水水音開淸 - 石石音閉濁까지 16圖가 있다. 여기에 剛柔의 다름과 四等의 구분과 소리의 청탁에 따라 글자의 변화를 표시했다. 일반 음운론에서는 초성=聲母·중성=韻母이나, 소강절은 초성=音·중성=聲으로 보며 신경준은 소강절의 체제를 그대로 따랐다는 점에 유의해야 한다. 일반적으로 等韻學에서는 운모를 韻頭(반모음=介母)·韻腹(主母音=核母音)·韻尾로 3등분한다. 신경준은 운모에서 운미를 따로 떼어 종성으로 처리한다. (심소희, 2013, 105~127쪽.)

35) 여암은 소강절의 운도처럼 天地四象의 사부법과 음양·율려·창화를 대분류로 하고 '聲(陽·律·唱) - 합벽 - 일월성진 - 평상거입', '音(陰·呂·和) - 청탁 - 수화토석 - 개발수폐' 를 종횡의 구분 틀로 하여 한자음을 배치했다.

> 邵子의 성음도는 애초에 字書를 위하여 만들어진 것이 아니다. 만물에는 色聲氣味가 있는데 오직 聲만이 가장 성대하고 또 글자로 구별할 수 있으므로 특별히 글자를 빌려 그 수를 밝혔을 뿐 글자에 대해서는 아직껏 정밀하게 밝혀지지 않았다. 그 이후 글자를 연구하는 이가 조금 정리했으나 여전히 미진한 것이 있어, 이제 愚見으로 다시 고찰하여 옮기고 바꾸고 버리고 보완한 것이 많지만 이 모두 소강절의 본뜻을 말한 데 지나지 않는다.

위에서 신경준은 소강절의 성음도는 자학字學 즉 음운론이 아니고 글자를 빌려 소강절이 자신의 역수易數를 논한 것이라고 했다. 그런데 소강절의 순수 성음론은 아직 밝혀지지 않았고 후학들의 연구 또한 미진하여 그 부분을 자신이 연구하고 '수정 · 보완〔移易刪補〕' 하여 소강절의 본래 음운론을 밝히겠다고 했다. 이것은 소강절 성음론을 앞세워 자신의 음운론을 전개하겠다는 것이고 그 내면에는 소강절 이론을 자신의 상수관에 맞게 변용하겠다는 의미가 포함된 것이다. 이처럼 신경준에게 성음聲音은 역리 연구의 대도大道 같은 존재이자 성음론을 역학 발전의 교두보로 여긴다.

이러한 신경준의 작업은 '원성음지수元聲音之數' 와 '「율려창화도」' 에서 찾을 수 있다. 그는 '수' 부분의 총론(『황극경세서』「관물내편」11장, 788~792쪽)에 나오는 천지음양사상체용수[36]를 기본으로 성음수를 '원성음지

36) ① 기본 체용수: 太陽, 少陽, 太剛, 少剛 각10. 합40. 體數:40×4〔進4, 體4〕=160. 用數: 112〔160-48: 用3, 退1〕. 太陰, 少陰, 太柔, 少柔 각12. 합48. 체수: 48×4〔進4, 체4〕=192. 용수: 152〔192-40: 용3, 퇴1〕. 天用數: 112〔160-48〕. 地用數: 152〔192-40〕. 용수는 자기 체수에서 상대방 체수를 빼서〔退1〕 산출한다. 이는 體4用3, 進4退1의 논리이며 사부법에 따른 같은 역수체계이다.
② 성음창화수: 動植之全數: 30,720〔160×192〕=天地體數唱和數. 動植之用數: 17,024〔112×52〕=天地用數唱和數. 動植之通數: 289,816,576〔17,024×17,024〕=動植之通變數=日月星辰水火土石變化通數=天地用數再唱和數.

수' 라는 수론으로 풀어간다.(3~4쪽) 그 내용을 보면, 먼저 성음수론을 소개한 후 "성聲은 율律이 되고 음音은 려呂가 되어, 율로써 부르면 려로써 화답한다. 율은 양陽으로 자리가 본래 위에 있고, 음音은 음陰으로 자리가 본래 아래에 있으나 부르고 화답하는 데에서 음音이 올라가고 성聲이 내려간다. 즉 땅이 위, 하늘이 아래인 지천태괘☷가 되어 만물이 화생하는 뜻이 된다."라고 한다. 이처럼 신경준은 성과 음, 율과 려, 음과 양, 천과 지 등 양의〔짝〕가 서로 호환하면서 천지만물이 생생불궁生生不窮하고 유행변화한다고 하면서 지천태괘泰卦를 도출해 낸다. 이는 자신이 펼치려는 성음의 수는 변하고 통하여 태괘泰卦처럼 생생불궁한다는 뜻이다.

〈그림 12〉「율려창화도」(5~6쪽)는 신경준이 자신의「경세성음수도」에 나오는 한자음을 성과 음으로 나누고, 일월성진 · 수화토석의 사부법으로 구분하여 그린 운도이다. 성음론도 글자뿐만 아니라 수로써 나타내고, 도설로써 성음의 이치와 그 수가 일치함을 검증한다. 책 첫 부분(1~6쪽)의 도설들은 소강절의 성음수론에서 시작했지만, '운섭' 을 계산 항목에 넣은 독자적인 성음수론이자 소강절과 차별화된 리수론이다. 즉 소강절은 성음의 변수로 17,024를 기본으로 하는데 신경준은 성은 22,194, 음은 22,356이라는 상이한 수를 도출한다. 이것 역시 정음을 이용한 신경준의 새로운 이론이다. 소강절과 신경준의 성음수의 정확성을 검증해 보자. 소강절 성음수는 그의 정성도正聲圖와 정음도正音圖에서 검증할 수 있고 이는 앞의 서경덕 부분에서 검증했다. 신경준은 소강절이 말한 바 없는 '운섭韻攝' 을 성음수 계산의 기준으로 삼고 있다. 운섭은 이 책 4~5쪽에 나오

이것은 성음창화총수〔289,816,576〕이자 動植之通數이기도 한다. 그 산식은 動植用數17,024×17.024이다. 곱하는 이유는 동식물의 용수를 唱和하기 때문이다. 正聲圖, 正音圖에 표시된 소리의 수는 각각 17,024이다.(『황극경세서』, 603~644쪽). 이는 앞의 신흠, 최석정 등에서 살펴보았다.

는 '각성중운서소예종성지수各聲中韻書所隸終聲之數'에 자세히 나온다. 이 운섭수 162를 양으로 삼고 정음도의 글자수 137를 음陰으로 삼아 이 책 6쪽에서 '율려창화성음유자표자지수律呂唱和聲音有字標字之數'를 도출해 낸다. 그 구조는 천지음양창화의 원리다. 성(陽 · 律 · 唱)은 음(陰 · 呂 · 和)의 글자수 137를 기본으로 하고, 음音은 성聲의 운섭수 162를 기본하여 성음의 총수를 도출하는데, 성은 일일성日日聲~신신성辰辰聲까지 22,194이고, 음音은 수수음水水音~석석음石石音까지 22,356이다. 소강절의 창화수는 각각 17,024로 일치하는데 신경준의 창화수는 동일하지 않다. 그 이유는 소강절은 중국의 한자가 대상이고 신경준은 정음으로 조선 한자음 표기란 차이에서 기인한 것으로 소강절 성음수를 신경준이 창의적으로 변용한 것이다.[37)]

2. 도설에 나타난 역학 사상

신경준은 책 앞부분에 「경세성음수도」를 싣고, 그다음 '훈민정음도해訓民正音圖解' 편에서 초 · 중 · 종성의 생성 과정을 그림과 역학적 분석으로 논하고 있다. 초성은 「초성도初聲圖」와 「초성배경세수도初聲配經世數圖」로 그리고 초성해初聲解에서 설명하고, 중성은 「중성도中聲圖」와 「중성배경세수도中聲配經世數圖」로 그리고 중성해中聲解에서 설명하고 있다. 종성의 「종성도終聲圖」와 종성해終聲解는 신경준이 독자적인 음운론을 펼친 부분이다. 초 · 중 · 종성의 각 도해를 살펴보고 신경준의 역학 사상을 도출해 보도록 한다.

---

37) 계산 과정은 강신항, 1967, 65~66쪽 참조.

1) 「초성도」와 「초성배경세수도」

신경준의 〈그림 13〉 「초성도初聲圖: 8쪽」는 「하도」를 본떠서 초성 36자모를 배치한 것이다. 그는 정음의 초성을 36자로 상정하여 「초성도」를 그리는데 이는 송대 도서상수학을 기초로 자신의 역리를 음운학에 대입시킨 것이다. 「초성도」 중앙에는 「하도」 중궁 오행인 토 · 오음의 궁 · 오성의 후음 · ㅇ을 배치했다. 이어 동쪽 - 목 · 각 · 아 · ㆁ, 남쪽 - 화 · 치 · 설 · ㄴ, 서쪽 - 금 · 상 · 치 · ㅅ, 북쪽 - 수 · 우 · 순 · ㅁ을 배치했다. 그 순서가 정음 제자해와는 다르다. 신경준이 제자해를 보지 못했기에 그 순서와 같을 수 없음은 당연하다.

정음의 제자해는 예의편〔서문과 예의〕에서 초성을 '아〔ㄱㅋㆁ〕- 설〔ㄷㅌㄴ〕- 순〔ㅂㅍㅁ〕- 치〔ㅈㅊㅅ〕- 후〔ㆆㅎㅇ〕- 반설ㄹ - 반치ㅿ' 의 단일 순서로 말한 것과는 달리 3가지 순서를 제시했다. 즉 ① '아〔각 · 목〕- 설〔치 · 화〕- 순〔궁 · 토〕- 치〔상 · 금〕- 후〔우 · 수〕- 반설ㄹ - 반치ㅿ' 의 순서 ② '후 - 아 - 설 - 치 - 순' 의 순서 ③ '소리의 청탁' 에 따른 순서이다. ③은 역학과 큰 관계는 없다. ①과 ②에 대해서는 앞의 'I. 『훈민정음』 제자해' 에서 자세

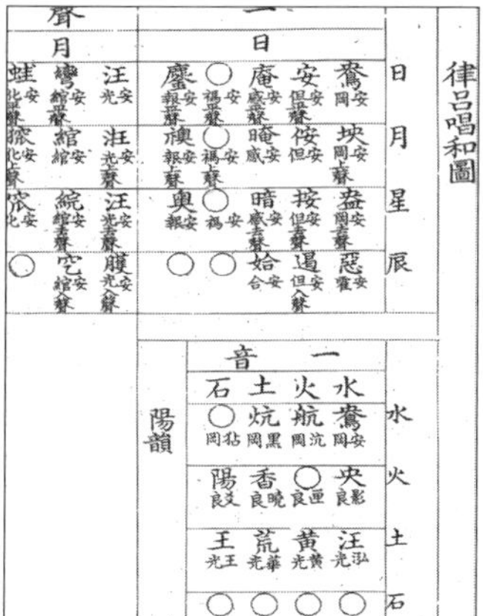

〈그림 12〉 율려창화도

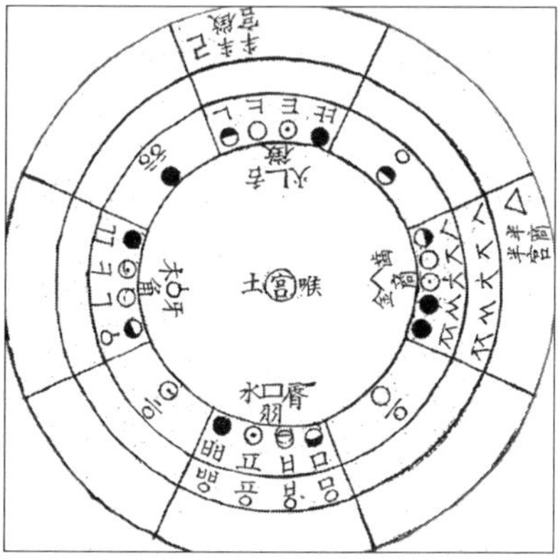

〈그림 13〉 초성도

히 살펴보았다.[38] 여기서는 신경준의 주장과 다른 점을 분석해 본다.

신경준은 '후〔궁·토·ㅇ〕-아〔각·목·ㄱㆁ 등〕-설〔치·화·ㄴㄷ 등〕-치〔상·금·ㅅㅈ 등〕-순〔우·수·ㅁㅂ 등〕' 으로 했으니, 제자해의 ②와 같은 순서인 듯하다. 그러나 내용이 좀 다르다. 후음 즉 목구멍소리에 대해서 제자해는 우음을 배정한 반면, 신경준은 궁음을 배정하여 후음을 초성의 중심으로 삼았다. 또 제자해는 입술소리를 궁음으로 삼아 중심에 세운 것이 신경준과 다르다. 제자해의 초성 기본자는 ㄱㄴㅁㅅㅇ 5자인데, 신경준은 ㅇ〔궁·토·후〕, ㆁ〔각·목·아〕, ㄴ〔치·화·설〕, ㅅ〔상·금·치〕, ㅁ〔우·수·순〕 5자로 보는 것이 또 다른 점이다. 이 중에서는 ㅇ이 기본음이다.

신경준의 주장에 두 가지 의문이 든다. 첫째, 그가 '왜 「하도」로 「초성도」와 「중성도」를 그렸을까' 하는 점이다. 「하도」는 송역과 조선 상수학의 중심 도서였다. 신경준도 그러한 시대적 흐름 속에서 「하도」로 음운론을 전개했을 것이다. 그런데 어느 누구도 「하도」로 음운을 풀지 않았기에 이것은 신경준만의 특색이다. 다만 「하도」를 정음 창제의 근거가 아닌, 정음의 생성 구조를 논하는 성음론 이해의 도구로 삼았던 것이다. 둘째, 정음의 초성이 원래 17자[39]인데 신경준의 「초성도」는 왜 36자인가 하는 점이다. 그 이유는 중국의 성모聲母를 대표하는 36자모字母를 정음으로 나타내기 위해 굳이 36자를 선택한 것으로 보인다. 신경준은 정음 제자해에

38) 정음 제자해에서 ①과 ②로 나눈 것은, '제자해 저자들이 초성의 순서를 정할 때 상수와 음운 모두를 포괄하여 하나도 빠뜨리지 않으려는 치밀함과 균형 감각을 읽을 수 있다.' 라고 했다.

39) 당시 초성 17자에 'ㆆ' 을 제외한 16자만 통용되다가 나중에 ㅿ·ㆁ 두 글자도 쓰이지 않아 14자만 사용한다. 정음의 초성 기본자는 ㄱㄴㅁㅅㅇ 5자인데, 신경준이 정음 초성의 기본자를 ㅇㆁㄴㅅㅁ 5자로 삼은 사실에서 그가 「해례편」을 보지 못했음을 알 수 있다.

없는 19자 'ㆅ ㅸ ㅹ ㆄ ㅱ ᄼ ᄽ ᄾ ᄿ ᅎ ᅏ ᅐ ᅑ ㅋ ㅌ 등' 을 더해 36자를 배열했다. 정음의 초성에 이 글자들이 보태져야 중국의 한자음을 조선식으로 온전하게 표기할 수 있다고 본 것이다.

〈그림 14〉「초성배경세수도初聲配經世數圖」(8쪽)는 「경세성음수도」에서 음·려·화陰呂和인 12음音 부분에 정음의 초성 36자를 명기하여 한자음을 표기한 것이다. '초성배경세성음수도'의 뜻은 정음의 초성을 경세성음수로 배열〔짝〕한다는 것이다. '경세성음수'란 어떤 의미인가. '경세'란 세상을 경영한다는 뜻이니 문자대로 해석하면 세상을 경영하는 성음수라는 의미이지만 실은 황극경세에서 사용하는 성음수라는 뜻이자 소강절이 발명한 성음수라는 뜻이기도 하다. 앞에서 보았듯이 경세수로 극수인 10과 12를 사용하는데, 10은 양陽·강剛·성聲의 본수이고 12는 음陰·유柔·음音의 본수이다. 『주역』에서 9·6을 쓰는 것과 달리 10·12로 경세수를 나타내는 점과 사부법, 체4용3 등을 사용하는 점은 강절역만의 특색이다. 이런 맥락에서 초성은 성모聲母로 음陰에 해당되기에 12 즉 12음音으로 구분했다.

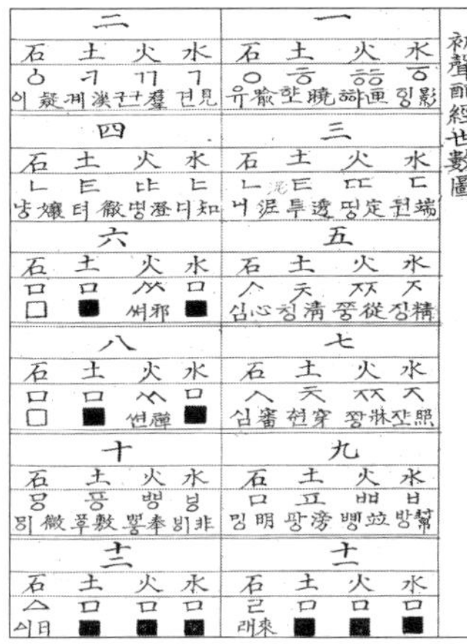

〈그림 14〉 초성배경세수도

소강절은 자신의 두 개의 성음도 즉,「정성도正聲圖」와「정음도正音圖」로 모든 천지성음을 나타내려고 했기에 당시 중국에 사용하던 중고한자음中古漢字音으로 표기했다. 신경준의 「초성도」는 소강절의 「정음도」를 참고한 것으로, 정음의 초성 36자로 한자 36자모를 표기한 것이자 한자 36자모에 대한 정음의 음가 배당표라 할 수 있다.

두 사람 그림의 다른 점은 소강절은 자신의 만물 분류법인 사부법에 따라 지사상(地四象: 수화토석) 및 발음기관의 사부법〔개발수폐〕과 소리의 청탁에 따라 12음을 구분하여, 무음무자(無音無字 ■) 40자 · 유음무자(有音無字 □) 20자 · 순수글자 132자, 도합 192자를 나타냈다. 신경준은 소강절의 그림을 단순화하여 정음을 수화토석만으로 12음을 구분하여 순수글자 36자 · 유음무자 2자 · 무음무자 10자, 도합 48자를 나타냈다. 소강절은 중고한자음 전체를 나타내고자 하여 복잡하면서도 글자 수가 많았고, 정음은 간략하기에 신경준은 간단한 수와 그림을 통해 한자음을 표기했다. 이것은 신경준이 정음의 규모에 맞게 소강절의 성음론을 변용하여 정음으로써 한자음 표기에 문제가 없다는 것을 보여준 것이다.

초성해初聲解(9~15쪽)는 "자모분속字母分屬 … 오음변성五音變成 … 청탁淸濁"의 10단락으로 구성되어 있다. 신경준은 열 가지 측면에서 초성을 분석하는데, 그 목적은 정음의 초성이 한자음을 표기하는 데 문제가 없음을 구체적으로 논증하고자 한 것이다. 그중 '오음변성'에 대해 살펴보자.(12쪽)

> ㅇ이 변하여 위에 ㅡ을 더하면(加一) ㆆ이 되고, ㆆ이 변하여 위에 ㅡ을 더하면 ㅎ이 되며, ㅎ이 변하여 이것을 나란히 하면 ㆅ이 되니 이는 宮音이 변한 것이다. ㆁ이 변하여 위에 ㅡ을 더하면 ㄱ이 되고 ㄱ이 변하여 위에 ㅡ을 더하면 ㅋ이 되며, ㅋ이 변하여 ㄱ을 나란히 하면 ㄲ이 되니 이는 角音이 변한 것이다.

'오음변성'에서 신경준은 궁상각치우 오음에 해당하는 기본 초성 ㅇ ㆁ ㄴ ㅅ ㅁ 5자가 어떤 요인으로 초성 36자로 확장되는지 설명한다. 그는 변화의 첫 요인으로 '가일배법'을 들고 있다. '가일배법'이 정음의 기본 소재임을 책 서문인 '훈민정음도해서'에서 밝혔으며, 그 구체적 내용을 여기에서 논하고자 한다. '가일'이란 초성 기본자에 한 획이 더해져 새로운 초성이 되고, 이 새로운 초성에 또 가획하여 또 다른 초성이 된다는 것이다. 정음의 초성 기본〔ㄱㄴㅁㅅㅇ〕에 가획하여 다른 글자가 파생된다는 단서는 「해례편」 제자해에서도 찾을 수 있다. 그러나 신경준은 「해례편」을 보지 못했기에 제자해와 비슷하거나 전혀 다르게 말하는 부분들이 있다. 제자해와 비슷하게 말하면서 명확하게 '가일'라고 하는 것은 "ㅇ이 변하여 위에 一을 더하면〔加一〕 ㆆ이 되고, ㆆ이 변하여 위에 一을 더하면 ㅎ이 되며"라는 언급이다. 전혀 달리 말하는 것은 "ㆁ이 변하여 위에 一을 더하면 ㄱ이 되고"라는 부분이다. 신경준은 ㅇ은 목구멍소리인 후음으로 보고 ㆁ은 ㄱ과 함께 어금닛소리인 아음으로 보았던 것이다. 이처럼 그는 ㅇ과 ㆁ을 전혀 다른 성음으로 인식하고 있었다. 그는 가일배법의 전개에 대해 혹자가 가질만한 의문을 자문자답식으로 해명하는데, 그중 가일배법 적용이 획일적이지 않다는 데 대한 부분이다.(13쪽)

> 혹자가 말했다. 궁 · 치 · 상 · 우음의 모음은 그 變에 반드시 위에 한 획을 더하는데〔加一畫〕, 각음의 ㅋ은 유독 가운데 한 획을 더하는 것은 왜인가? 답하기를, 아래로부터 위로 올라가는 것은 易卦의 例이며, ㅋ은 혀를 아랫잇몸에 밀착해서 소리 내는 것이 중요하므로 아래에 一을 더한다. 또 本이란 글자는 木의 아래에 一을 더하여 뿌리를 상징하고, 末자는 木의 위에 一을 더하여 그 끝을 상징했다.

궁상각치우 오음 가운데 각음角音의 ㅋ은 ㄱ의 위에 一를 더하지 않고 아래에 一를 더했는데 그 이유는, ㅋ은 어금닛소리로 소리 낼 때 혀를 아랫잇몸에 밀착해야 하므로 ㄱ의 아래에 一를 가획한다는 것이다. 즉 가일배법을 음성학적 측면에서 발음 부위를 가지고 해명하고 있다. 또 본자本字는 목자木字의 아래에 가획하여 뿌리를 상징하고, 말자末字는 목자木字

의 위에 가획하여 끝을 상징한다고 한다. 이는 신경준이 가일배법을 자신의 음운론에 적용하여 논리를 확장한 것이다. 여기서 가일배법을 징검다리로 '신경준 성음론 정음'의 관련성을 확인할 수 있다. 한자음 표기에 음양론을 적용한 예를 살펴보자.(12쪽)

> 혹자가 물었다. "오음의 여러 母 가운데 특히 ㅎㄱㄷㅈㅂ을 취하여 이를 나란히 한 까닭은 무엇인가? 대답하기를, 오음 가운데 네 母는 역의 四象〔老陽·老陰·少陽·少陰〕과 같기 때문이다.

위 내용은 기본 오음에 4개의 초성이 딸려 있는 이유에 대한 의문이다. 신경준은 아래와 같이 설명한다.(같은 쪽)

> 궁음의 ㅇ, 각음의 ㆁ, 치음의 ㄴ, 상음의 ㅅ, 우음의 ㅁ은 陰이 늙어서 陽이 생긴 것이다. 궁음의 ㆆ, 각음의 ㄱ, 치음의 ㄷ, 상음의 ㅈ, 우음의 ㅂ은 純陽이다. 궁음의 ㅎ, 각음의 ㅋ, 치음의 ㅌ, 상음의 ㅊ, 우음의 ㅍ은 陽이 늙어서 陰이 생긴 것이다. 궁음의 ㆅ, … 우음의 ㅃ은 純陰이다.

윗글에서 신경준은 초성 가운데 순음·순양에 대한 것과 노음은 양으로 변하고, 노양은 음으로 변한다는 역학의 음양변화론을 기반으로 오음과 초성과의 관계를 설명하고 있다. 그러면서 음이 극에 이르면 양이 생기고 양이 극에 이르면 음이 생기며, 음양이 서로 뿌리가 되어〔陰陽互根〕 끝없이 순환하듯 초성의 여러 글자도 그런 원리에서 나왔다고 말한다. 이는 「태극도설」의 논리를 자신의 음운론에 대입한 것이다. 한편 그는 자신이 정한 초성 기본 5자를 오음과 연결하여 '상형象形'이란 항목으로 설명하는 동시에, 입술과 혀의 초성 발음과의 관련성을 '상순설'이란 항목으로 논하기도 했다. 또 초성 36자를 다양한 역학적 주제〔八卦, 易數, 方位, 節氣, 聲音〕와 관련하여 기술하고 있다.

역학에 입각한 신경준의 음운론에 대해 일부 국어학자들은 비판했고〔김윤경, 박태권 등〕, 그의 이론을 평가절하하거나 공격하는 요인이 되기도 했다. 이런 비판에 대해 당시 시대 상황과 학문적 풍토를 염두에 두어야 한다는 점을 반론으로 제기한다. 특히 조선 후기는 성리학, 서학과 실학 등 다양한 학문과 사상이 혼재하던 시대였다. 당시 학자들의 학문적 바탕은 상수학이었고 특히 강절역은 많은 영역에 걸쳐 큰 영향을 미쳤는데 음운학도 마찬가지였다. 그 이유는 강절역이 상수학의 간학적 특장을 잘 갖추고 있어서 여러 학문 및 사상에 대응할 수 있었고, 당시 과학 사상과도 접점이 있었기 때문이다. 이러한 사상적 토양 위에서 저술된 『운해훈민정음』이 역학이나 음양오행론에 중독되었다는 등의 평가는 당시 학문적 토대와 시대 상황에 대한 이해가 부족한 탓이라고밖에 볼 수 없다.[40)]

2) 「중성도」와 「중성배경세수도」

신경준은 정음의 중성〔모음〕을 32자로 본다. 그는 이 책 16쪽에 「중성

---

40) 당시 성음론을 주장한 이는 대부분 非老論, 非黨派에 속하는 학자들이다. 그들은 심화된 주자학이나 小中華主義에 경도되지 않았고 당파의 자장 밖에 있어서 국학이나 실학 등에 관심을 두고 연구하여 업적을 낼 수 있었던 것이다. 『운해훈민정음』에 대한 평가는 다양하다. 초기의 평가로 정인보 · 최현배 등은 『훈민정음』 연구의 뛰어난 노작으로 평했고, 김윤경은 훌륭한 音韻書이기는 하나 역학에 기초로 둔 것에 대해 비판했다. 책의 저술 목적과 성격에 대한 국어학계의 입장은 다음과 같다. 유창균(1988, 247쪽)은 "신경준의 연구는 궁극적으로 韻圖의 작성에 있었던 점을 주목할 필요가 있다."라 했고, 강신항(1967, 28쪽)은 "여암은 올바른 한자음을 표시할 수 있는 운도를 작성하는 것이 이 책을 지은 목적이었고, 이를 위하여 우리 문자를 이용하고 응용하였을 뿐이다. … 그러나 결과적으로는 그 과정에 있어서, 우리 어음과 문자를 깊이 고찰했으며 특히 『훈민정음』 도해 부분에서는 정음 창제 이후 가장 고도로 상형설을 전개 발전시켰기 때문에, 상형설의 대표로 인정되고 있는 것이다."라고 했다.

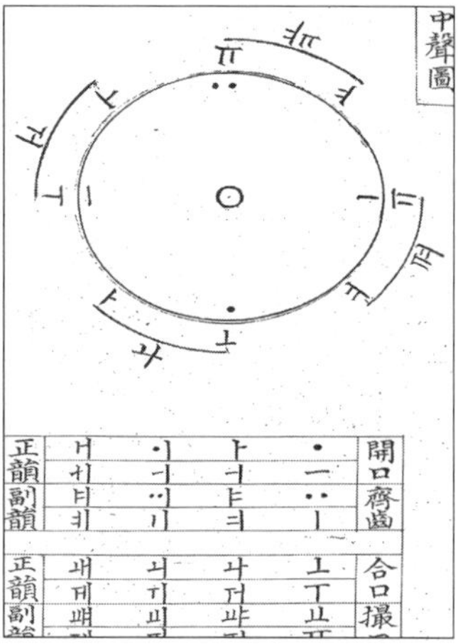

〈그림 15〉 중성도

도中聲圖」(〈그림 15〉)와 「중성배경세수도中聲配經世數圖」를 그리고 이어서 17~20쪽 중성해中聲解를 통해 모음의 생성 과정을 논한다. 중성해 역시 정음의 중성으로 한자음 표기가 가능하다는 것을 주장하고자 한 것이다. 「중성도」가 「초성도」와 다른 점은 그림이 '원도'와 '방도' 2개란 점이다. '원도'는 「하도」를 본떠서 만든 것으로 중성 16자를 사방에 배열했다. '방도'는 중성 32자를 구강의 여닫이와 모양으로 4등분하고 운은 정운正韻·부운副韻으로 구분했다. '원도'와 '방도'에서 중성은 '•, ㅡ, ••, ㅣ' 4자와 'ㅗ, ㅜ, ㅛ, ㅠ' 4자, 합 8자가 기본자임을 알 수 있다.

중성해를 먼저 살펴보자. 중성해는 '원도 방도 상형' 등 다섯 단락으로 구성되었다. '원도'에서 다음과 같이 말한다.(17~18쪽)

> (원도) 중앙의 'ㅇ'은 태극이다. 태극이 動하여 一陽이 생겨 '•'이 되니 天一의 象으로 북쪽에 위치한다. 靜하여 一陰이 생겨 '••'이 되니 地二의 象으로 남쪽에 위치한다.〔'•'는 坎卦의 中爻이고 '••'는 離卦의 중효이다〕 'ㅇ'은 나무의 씨와 같고, '•'은 그 씨로부터 하나의 눈〔싹〕이 나온 것 같고, '••'은 한 눈으로부터 두 잎이 나온 것과 같다. '•'과 '••'는 그 생겨남에 처음에는 그 모양이 미미하나 '•'이 자라남〔滋〕에 미쳐 'ㅡ'이 되고 '••'가 사귐〔交〕에 이르러 'ㅣ'가 된다. 하나의 가로와 하나의 세로가 이루어져 온갖 소리〔萬聲〕가 여기에서 생겨났다.

신경준은 태극과 음양동정으로 중성의 시발을 언급한다. 「중성도」의 가운데 'ㅇ'은 태극이며 여기서 사방의 4자가 생겼다고 주장한다. 그는 'ㅇ'을 태극인 동시에 나무의 씨에 비유하고, '•'은 그 씨에서 나온 하나의 싹이고, '••'은 하나의 싹에서 나온 두 잎으로 본다. '•'이 자라 'ㅡ'가 되고 '••'가 자라 'ㅣ'가 되어 하나의 가로〔ㅡ: 橫 · 陽 · 東〕와 하나의 세로〔ㅣ: 縱 · 陰 · 西〕가 이루어져 세상의 온갖 소리가 이 넉 자에서 비롯된다고 하여, 중성의 기본자로 상정한 것이다. 특이한 점은 정음에 없는 '••'를 첨가하여 지이地二의 상〔象: 陰 · 靜 · 北〕이라 하고, '•'를 천일天一의 상〔象: 陽 · 動 · 南〕이라 하여, 이 둘을 대대로 짝하게 하여 중성자의 기본틀로 배치했다는 점이다. 일횡일종의 상하좌우에 한두 획을 더그어 ㅗㅜㅛㅠㅓㅕㅏㅑ가 생기고, 다시 이들을 합하고 섞으면 ㅘ ㅝ ㆇ ㆊ 등이 새로 만들어진다고 했다, 그리고 종횡좌우로 홀짝의 상하에 한 획을 더하는〔加倍〕 것이 온갖 소리의 본체〔縱與橫以奇耦上之下之左之右之變化相因而爲萬聲之體也〕라고 했다. 이는 신경준이 '태극 - 음양 - 사상〔1 - 2 - 4〕'의 역괘생성론을 자신의 중성 생성 이론의 근거로 삼은 것이다. 초성해에서 '1 - 2 - 4 - 8'의 리수적 산식 즉 가일배법이 정음에 함유된 수리 사상임을 보았는데, 중성에서도 가일배법의 원리로 자신의 음운론을 전개한다. 이어서 '방도'에 대해 말한다.(18쪽)

> 이미 「원도」가 있는데 또 「방도」를 만든 이유는 무엇인가. 「원도」는 중성의 생성 순서와 있는 곳의 방위를 밝히는 그림이고, 「방도」는 입의 여닫이〔開合呼〕를 정하고 韻等을 나누는 그림이다.

신경준은 '원도'는 중성이 생겨나는 순서와 방위를 나타낸 것이고 '방도'는 중성을 발음할 때 구강의 여닫이 즉 개구開口와 합구合口를 정하고

1~4등을 구분하는 용도라고 한다. 소강절 성음론이 그 이전의 성음론에서 사용하는 용어와 다르다는 것을 앞에서 보았다.[41] 『운해훈민정음』의 첫머리인 「경세성음수도」에서 신경준이 일반 등운학의 구분법이 아닌 소강절의 사부법에 따라 성음을 구분하여 그렸음을 확인한 바 있다. 이런 맥락에서 중성에서도 소강절의 성음론을 참고하고 동시에 기존 음운론의 입장〔開合으로 구분〕도 감안하여 「방도」를 그렸다고 할 수 있다. 즉 소강절의 벽闢에 등운학의 개구와 제치齊齒를 배분하고, 흡翕에 합구와 촬구撮口를 배치한 것이다. 계속해서 '방도'에 대해 말한다.(18쪽)

> 소리는 하나이나 開口와 合口가 있다. 개구는 陽, 합구는 陰이며 개구 속에 正韻 副韻이 있으며 부운은 齊齒呼이다. 합구 속에 정운 부운이 있고 부운은 撮口呼이다. 正韻은 陽이고 副韻은 陰이며 정운 속에 正副가 있고 부운 속에 正副가 있으니, 이는 하나가 둘이 되고 둘이 넷, 넷이 여덟이 되는 이치이다.

신경준은 소리 1에서 개구와 합구 2가 있고, 개구 속에 정운 · 부운, 합구 속에 정운 · 부운 4가 있고, 이 속에 각각 정正 · 부副가 있어 도합 8이 되니, 가일배법 1-2-4-8의 리수적 연산 법칙이 '방도'에도 내재해 있다고 보는 것이다.

중성해의 셋째 단락은 '상형象形'이다. 신경준은 중성 역시 입술과 혀를 본떠서 글자를 만들었다고 했다. 넷째 단락은 '벽흡' 즉 구강의 열리고 닫힘에 대해서이다. '벽흡'은 소강절이 성음론을 구사할 때 사용한 용

41) 재론하면, 소강절은 聲을 陽 · 韻母라 하여 중성〔天聲〕으로 보고, 音을 陰 · 聲母라 하여 초성〔地音〕으로 보았다. 등운학에서 음운을 1 · 2 · 3 · 4등이라고 구분하는 것을 자신의 만물분류법인 사부법으로 명칭을 변경하여 천성은 일월성신, 평상거입의 사부로 나누고, 지음은 수화토석, 개발수폐의 사부로 나눈다. 모두 다 구강의 모양과 호흡 등 調音과 관련된 것으로 일반 등운학에서 사용하는 용어와 다르다.

어이다. 신경준은 이것을 상수와 사부법의 측면에서 다음과 같이 말한다. (19쪽)

> 陽은 闢(열림)이고 陰은 翕(닫힘)이다. 그러므로 數의 1 · 3은 벽이 되고 2 · 4는 흡이 된다. 日星의 象은 벽이 되고, 月辰의 상은 흡이 된다. 벽흡이 나뉘어 開發收閉가 된다.

벽은 양 - 1 · 3 - 일성日星이 되고 흡은 음 - 2 · 4 - 월신月辰이 되며 벽흡이 나뉘어 개발수폐가 된다고 한다. 여기서 '개' 란 '방도' 의 개구정운이고 '발' 은 개구부운이며, '수' 는 합구정운이고 '폐' 는 합구부운이다. 여암은 벽흡〔2〕을 개발수폐〔4〕로 나누고 다시 개발수폐를 중성 기본자〔8〕로 나누어 배분한다. 즉 '•' 는 개, 'ㅡ' 는 발, '••' 는 수, 'ㅣ' 는 폐, 'ㅗ' 는 개, 'ㅜ' 는 발, 'ㅛ' 는 수, 'ㅠ' 는 폐로 나누어 구분하니 여기서도 가일배법에 기초하여 중성의 벽흡을 설명하고 있음을 알 수 있다. 중성해의 마지막 항목은 '정중성표定中聲表' 인 바, 그 뜻은 중성의 기준이 될 만한 글자를 정한다는 것이다.

다음으로 〈그림 16〉「중성배경세수도中聲配經世數圖」를 살펴보자.(16쪽) 이 그림 역시 「경세성음수도」의 양 · 율 · 창 10성 부분에서 평성란에 있는 한자에 정음의 중성 32자를 표기한 것이다. 「중성배경세성음수도」의 뜻은 정음의 중성을 경세성음수, 즉 10수 10성으로 배열한다는 것이다. 「초성배경세성음수도」가 음陰 · 려 · 화로써 12음〔音:

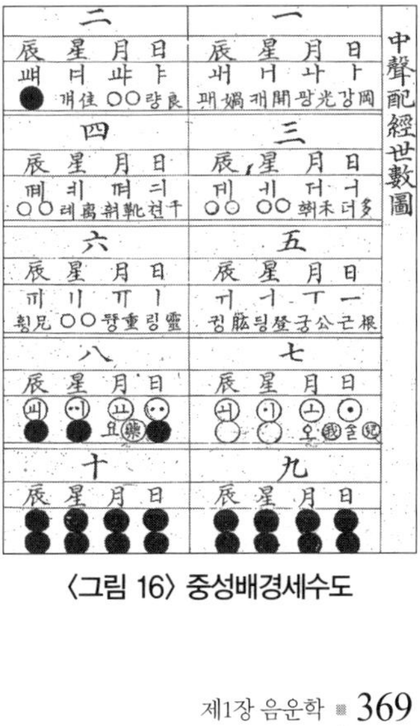

〈그림 16〉 중성배경세수도

12〕에 배열되는 것과 대비되며, 초성은 수화토석의 넷으로, 중성은 일월성신의 넷으로 구분 배열된다. 그림의 내용을 보면, 1·3·5·7·9 양수 성도聲圖에는 '방원' 에서의 개구와 합구를 배분하고, 2·4·6·8·10 음수 성도에는 '방도' 의 제치와 촬구를 배분했다. 또 일월성신 사부법으로 구분한 경우 양수 운도의 일성에는 개구, 월신 부분은 합구를 배분했으며, 음수 운도의 일성에는 제치, 월신에는 촬구를 배분했다. 이처럼 정음의 중성 32자를 「중성배경세수도」에 정연하게 배치하고 있다. 이 역시 신경준 성음론의 독자성을 보여주는 것이라 할 수 있다.

그는 이 그림에 대해 3가지를 추가로 설명하고 있다. 첫째, '초성이 중성과 합하여 글자가 된 예' 라고 하여 "중성 ㅏ ㅑ ㅓ ㅕ ㅣ가 초성의 오른쪽에 붙여서 가 갸 거 겨 기의 글자 부류가 보이는 것과 같다." 고 하며, ㅗ ㅛ ㅜ ㅠ ㅡ • ••와 ㅘ ㆇ ㅝ ㆊ 등이 붙어서 된 글자를 나열한다. 둘째, '정음 글자 순서' 라 하여 가-갸-거-겨-고-교 등의 순서를 말하면서 •• 자가 없는 것을 자신의 책에서 더하였다〔加設〕고 했다. 셋째, '종성이 중성과 합하여 글자가 된 예' 라고 하여 강 응섭凝攝, 간 은섭隱攝, 감 음섭音攝 부류가 보이는 것과 같다고 했다. 이는 자신의 창의적 음운론의 전개이다.

3) 「종성도」와 종성해에 나타난 역학 사상

신경준은 종성을 'ㅇ·ㄴ·ㅁ' 셋으로 보며,[42] 이를 7섭〔凝攝·支攝上·隱攝·支攝下·蕭攝·尤攝·音攝〕으로 나누고 해당하는 중성과 한자음을 각각에 배속시켜서 그린 것이 〈그림 17〉 「종성도終聲圖」이다.(20쪽) 종성해終聲解에서는 종성을 '상수·등위' 등 여섯 항목으로 나누어 논했다. 종

42) 신경준은 「예의편」의 '終聲復用初聲' 만 알았고, 「해례편」 종성해의 "ㄱㅇㄷㄴㅂㅁㅅㄹ八字可足用也.' 는 보지 못해서 3자만 만든 것이다.

성해 또한 정음의 종성으로 한자음을 표기할 수 있다는 이론적 근거를 제시한 것이다. 「종성도」와 종성해에서도 신경준은 독자적인 입장에서 음운론을 전개했는데, 종성해 '상수象數' 에서 다음과 같이 말한다.(21쪽)

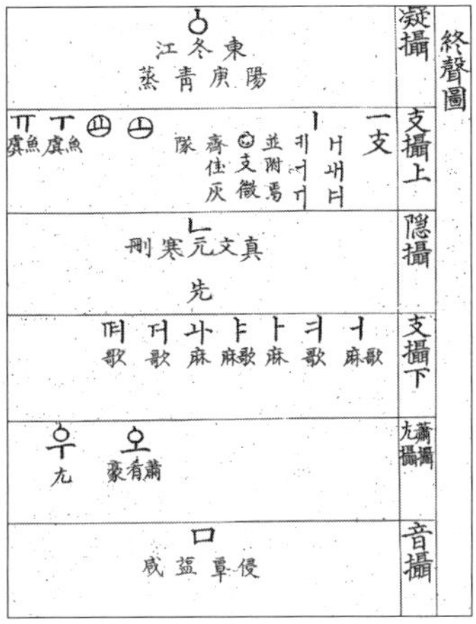

〈그림 17〉 종성도

> 天下의 象은 方圓과 曲直뿐이고, 천하의 數는 縱橫奇耦뿐이다. 초성은 방원곡직을 활용하고 중성은 종횡기우를 활용하며, 종성은 방원과 종횡을 합하고 활용하여 모든 다른 것들을 총괄하여 하나로 돌아가게 하니 이것이 종성이 되는 까닭이다.

여기서 초성은 천하의 상象인 방원곡직을 활용한다는 것은 초성 36자는 조음 기관의 모양 즉 조음상調音象이 방원곡직의 모양에서 벗어날 수 없다는 의미이다. 중성은 천하의 수인 종횡기우를 활용한다고 했는데, 이는 중성 32자에는 1-2-4-8의 원리가 담겨있고 기본자의 좌우종횡에 첨자하여 중성이 이루어짐을 말한 것이다. 신경준은 "둥근 것은 ㅇ이며 하늘에 응하고, 모난 것은 ㄴ이며, 모나고 닫힌 것은 ㅁ으로 땅에 응한 것이다. 둥근 것은 1이고 모난 것은 2로, 이는 양은 1이고 음은 2인 것이다."라고 종성 3자에 천원지방과 음양기우의 수를 배분한다. 이어서 종성과 중성의 관계에 대해 "종횡이란 중성이 종성을 겸한 것으로 ㅡ ㅣ ㅗ ㅛ ㅜ ㅠ ㅓ ㅕ ㅏ ㅑ ㅘ ㆇ ㅝ ㆊ 이다. 세상에서 이들 14자는 종성이 없는 것이라고 하나 무릇 글자는 반드시 초·중·종 3성이 합하여 이루어지니 만약 종성이 없으면 글자를 이룰 수 없다."라고 하면서 "중성이 종성을 겸한다고는 할 수 있으나 종성이 없다고 할 수는 없다.(謂之中聲兼終聲則可謂之無終聲則不可)"라고 했다. 이처럼 신경준은 종성을 글자 성립의 필수적 존재로 소중하게 여긴다. 이들의 관계에 대해 주석에서 "초성은 상이고 중성은 수이고 종성은 상과 수를 합하여 운韻이 이루어진 것이다."라 했다.

'상수'에 이어 '등위等位'에서는 천원지방론에 의거하여 중성을 논한다. 예를 들어, "ㅇ은 하늘을 본뜬 것이어서 가장 위에 있고 ㅁ는 땅을 본뜬 것이어서 가장 아래에 있다. 중성이 종성을 겸한 것은 가운데 있다."고 했으며, 「종성도」의 층위〔등위〕에 대해서도 언급했다.

【 해제 】

『운해훈민정음』은 『훈민정음』 창제 이후 최석정의 저서와 쌍벽을 이루는 상수학에 기초한 정음 연구서이자, 음운학과 역학의 '변통적 호환'을 보여준 '조선의 역학적 음운서'라 할 수 있다.[43] 홍양호가 신경준을 평했던 '희세지통유稀世之通儒'에 걸맞은 활연관통하는 지식인의 저술이자, 조선 후기 국학의 홍기를 이끌어 낸 소중한 책이 아닐 수 없다. 그는 세종의 창조 정신에 경외심을 가졌으며 이에 부응하듯 조선의 독자적인 음운론을 제출하여 후대 정음학 연구의 터전을 마련했다. 그는 정음을 새롭게 해설했고, 정음으로 한자음 표기가 가능하다는 것을 도설로써 입증하기 위해 책 후반에 운도를 그렸다. 즉 '도서상수학-정음-한자음 표기'가 서로 회통함을 보여준 것이다. 신경준의 이론 중 중요한 몇 가지를 간추려 본다.

43) 이상규는 『운해훈민정음』의 본래 명칭이 '邸井書'라고 주장한다. 이상규, 2014, 154~155쪽.

첫째, 신경준은 송대 3대 도서 가운데 「하도」를 도구로 삼아 자신의 성음론을 펼쳐나간다. 그는 「하도」로 「초성도」뿐만 아니라 「중성도」를 그려서 자기 음운론의 핵심을 시각적으로 전달했다. 「하도」로 정음의 생성 구조를 논한 것은 조선 학자 중에서 신경준이 처음이다. 둘째, 「초성배경세성음수도」와 「중성배경세성음수도」 등은 소강절의 「경세사상체용지수도」를 기초로 작성했으나, 복잡한 중국의 성음체계를 조선의 정음 체계에 맞게 변화시켜 정음으로 한자음 표기가 가능하다는 것을 보여주었다. 셋째, 창의적인 리수론을 전개했다. 그는 선대에서 말한 바 없는 '운섭韻攝'을 기준으로 하여 정음의 자모로써 성聲은 22,194, 음音은 22,356이라는 독자적인 성음수를 도출한다. 이러한 점들이 앞의 최석정과 다른 점이다. 넷째, 가일배법을 말했다. 세종은 가일배의 원리를 정음 자모 생성에 이용했고 그것이 제자해에서 '가획加畫'이란 용어로 나타났다. 신경준은 정음의 「예의편」만 보고도 가일배의 원리가 정음의 창제 과정에 큰 역할을 했다는 점을 인지했다. 정음 창제에 가일배법이 내재되었다는 점에 대해 최석정은 은연중에 가배법으로 일부 이론을 세웠고 신경준은 명시적으로 이론을 전개했다는 차이가 있다. 신경준은 최석정과 마찬가지로 정음의 「해례편」의 제자해를 보지 못했다. 그럼에도 불구하고 정음이 상수학에 기반했음을 간파한 그의 안목이 놀라울 뿐이다.

도서상수학에 바탕을 둔 신경준의 정음 해석은 조선 후기 성음학과 정음학의 발달에 상당한 역할을 했으며 조선 상수학의 범위를 확장하는 데 일조했다. 그러나 그의 가장 큰 업적은 '정음이 지닌 성음의 도'를 밝혔다는 점이다. 신경준은 세종의 정음 창제 시 성음의 '도'가 밝아졌으나 이후 어두워졌고, 그 도를 다시 밝히는 것이 자신의 소명이라고 여겼다. '성음의 도'란 무엇인가. 바로 '정음의 도'를 의미하고, 그것은 '정음 효용의 우수성'을 통해 나타난다. 문자 효용의 '우수성'은 누구나 쉽게 익힐 수 있고 그 문자로 온갖 표현을 할 수 있어야 담보된다. 정음이 가진 효용의 우수성은 정인지가 말했고 신경준도 말했다.[44] 그는 여기서 한발 더 나아가 정음이 지닌 문자로서의 우수한 기능은 우리만이 아니라 세계만방에도 혜택을 주는 공능을 가지고 있어서 '천하의 성음대전聲音大典' 즉 '세계 문자'가 될 수 있다고 했다. 이 말은 한자 중심의 사회에서 매우 민감한 발언일 수 있다. 조선에서 정음을 '세계적 언어'라고 천명한 사람은 신경준이 처음이었을 것이다. 오늘날 한글이 지닌 문자적 우수성이 세계적으로도 공인되고 있으니[45] 그의 평가는 선견지명이 아닐 수 없다. 『훈민정음』에 내재된 성음의 도를 밝힌 신경준의 안목은 시대사상을 견인한 선각자적 상수학자였기에 가능한 것이었다.

---

44) 『훈민정음』「해례본」 정인지 序(1446), "以二十八字而轉換無窮, 簡而要, 精而通. 故智者不終朝而會, 愚者可浹旬而學. 以是解書, 可以知其義. 以是聽訟, 可鎰其情. 字韻則淸濁之能辨, 樂歌則律呂之克諧. 無所用而不備, 無所往而不達. 雖風聲鶴, 鷄鳴狗吠, 皆可得而書矣." 요약하면 정음은 배우기 쉬워 똑똑한 사람은 한나절, 우매한 사람도 열흘이면 알 수 있고, 그 문자로 온갖 것을 표현할 수 있으니 바람 소리 닭 우는 소리 개 짖는 소리까지 나타낼 수 있다는 것이다. 신경준은 도해서에 "其文點畫甚簡, 而淸濁闢翕, 初中終音聲, 燦然具著. 如一影子, 其爲字不多, 而其爲用至周. 書之甚便, 而學之甚易. 千言萬語, 纖悉形容, 雖婦孺童騃, 皆得以用之, 以達其辭, 以通其情."라 했다.

45) 2009년 제1회 '세계 문자 올림픽', 2012년 제2회 '세계 문자 올림픽'에서 한글 즉 『훈민정음』이 연속해서 1위 금메달을 수상했다. 올림픽의 심사 기준은, '문자의 기원, 문자의 구조와 유형, 글자의 수, 글자의 결합 능력, 문자의 독립성 및 독자성, 문자의 실용성, 문자의 응용 개발성 등'을 기초로 평가한 것이다. 이는 한글이 세계에서 가장 우수한 문자라는 사실을 문자 올림픽에서 인정받은 것이다. 이 대회는 2012년을 끝으로 더 이상 열리지 않았는데 세계 각국 문자의 우수성에 대한 순위가 정해졌기 때문이다.

제2장

음악학-악률론

I. 황종과 박연의 악률 정비

고대로부터 국가가 영위되려면 역법曆法과 문자, 율도량형律度量衡을 갖추어야 한다. 이 세 가지를 구비하기 위해 전력한 군주로 중국의 진시황과 조선의 세종대왕을 들 수 있다. 이것은 천지간의 표준을 정하는 중대사이기에 모두 역학易學과 관련이 있다. 이 중에서 율려律呂에 대해 사마천은 "육율〔六律; 율려〕은 만사의 근본"이라 했다. 역학에서 64괘와 비슷한 위치에 있는 것이 율도량형에서 '율(려)' 이다. 율려론의 핵심은 '황종黃鍾' 이다. 역사적으로 율려론은 어렵고 복잡하며 황종은 더욱 난해하다. 율려와 황종에 대한 논의는 음악계에서는 악률의 관점에서, 도량형계에서는 척도의 관점에서 접근했고, 상수학자들은 천리와 리수의 관점에서 논리를 전개했다.

악률학은 '악학' 과 '율학' 으로 나눌 수 있는데,[46] 이 중에서 각종 율제

46) 남상숙은 악학, 율학, 악률학, 음악학이라는 용어는 각각 넓은 의미로 보면 모두 같은 뜻으로 사용될 수 있는 용어들이며 악률학은 '악학' 과 '율학' 으로 나눌 수 있다고

에 관한 연구인 '율학'의 시발은 '황종'이다. '황종'은 두 가지 의미가 있다. 음악에서는 기준음〔宮音: 황종 율관을 불어나오는 소리〕을 뜻하며, 도량형에서는 표준 용기인 황종 율관을 의미한다. 또 음악을 역과 견준다면, 음악에서 황종은 소리의 근원인 '성기지원聲氣之元'으로 역에서 '태극'에 해당하는 것이다.

황종과 율려의 근본 문제를 상수학적 안목으로 슬기롭게 풀어간 악률가로 세종조 박연(朴堧, 1378~1458)을 들 수 있다. 박연은 세종의 명을 받아 조선 전기 악률론을 정비한 인물이다. 그는 황종에 대한 현실적인 문제의식이 있었으며, 당시 중국에서도 답을 찾지 못한 율려와 황종의 문제를 세종과 함께 해결했다. 두 사람은 동전의 양면처럼 일체가 되어 황종을 제정하고 아악을 정비했다. 본 글에서는 율려와 황종에 대한 기본 개념과 제반 문제점을 세밀하게 파악한 후, 박연이 어떤 방법으로 조선의 황종을 제정하여 악률을 정비했는지 다음과 같은 순서로 고찰해 보려 한다.

첫째, 채원정(1135~1198)의 『율려신서』에 나타난 '황종'을 분석한다. 둘째, 율려와 상수학의 접합점에 주목하면서 황종과 황종관 및 11율관 생성 등에 대해 알아본다. 셋째, 『율려신서』에 나오는 황종 구하는 방법(이하 '황종구법'이라고 함) 네 가지[47]를 분석하고 거서법秬黍法을 취하는 전통음악계의 입장을 비판적으로 분석한다. 마지막으로, 『세종실록』에 나타난 황종 제정법과 박연이 조선 악률을 정비한 과정을 살펴본다. 먼저 황종과 황종관에 대해서이다.

했다. 또한 율학의 범주는 音律計算法, 音階, 律學史, 黃鐘律 음고표준, 正律器, 生律法, 5도상생율, 순율, 12평균율 등의 律制에 관한 연구로 요약할 수 있다고 했다. 혹자는 악학, 율학, 악률학, 음악학이라는 용어는 같은 뜻이 아니고, 악학과 음악학은 보다 포괄적이라고도 한다. 남상숙, 2004, 117~119쪽 참조.

47) 전통적으로 황종 구하는 방법으로 4가지－후기법候氣法 · 거서법秬黍法 · 자연물법自然物法 · 인체법人體法－가 있다.

1. 황종과 황종관

무릇 악률을 논하려면 먼저 '황종' 에 대해 거론하지 않을 수 없다. '황종' 은 율관의 위경지수와 삼분손익, 진법 문제, 그리고 역학과의 상관관계에서 파악할 수 있다. 그런 과정에서 율관의 규격도 확인할 수 있다. 『율려신서』 본문 첫 부분에 다음의 글이 있다. '황종' 을 이해하는 첫 관문이자 황종은 역학에 근거를 둔다는 사상이 드러난 부분이기도 하다.(『율려신서』, 1469~1470쪽)

> 律呂本原 黃鐘第一 (以漢志斛銘文定: 『한서』 율력지와 곡에 새겨진 글로 정한다) 길이 9촌[48]. 단면적 9평방분. 부피〔容積〕 810입방분(長九寸 空圍九分 積八百一十分)

살피건대, 천지의 수는 1에서 시작하고 10에서 끝난다. 1 · 3 · 5 · 7 · 9는 陽이다. 9는 양의 완성이다. 2 · 4 · 6 · 8 · 10은 陰이다. 10은 음의 완성이다. 黃鐘이란 양의 소리〔陽聲〕의 시작이고 양의 기운〔陽氣〕의 움직임이다. 그러므로 그 수는 9이다. 分寸의 수는 聲氣[49]의 근원에 구비되어 있지만 볼 수가 없다. 대나무를 잘라 관을 만들고 관을 불어 소리가 조화롭고, 관을 살펴 氣가 응한 후에야 수가 비로소 드러난다. 그 길이를 측정하여 9촌을 얻고 그 공위〔空圍: 단면적〕를 살펴 9평방분을 얻는다.〔이 章에서 말하는 分은 모두 1/10촌이다〕 그 속을 채워 810입방분을 얻는다. '길이 9촌. 단면적 9평방분. 부피〔容積〕 810입방분' 은 律의 근본이 된다. 도량권형은 이것에서 법을 받고, 11율은 이것으

48) 황종관 길이가 9촌이라는 최초 문헌은 『관자』 지원편이다. 이어서 『회남자』 천문훈, 『여씨춘추』, 『사기』, 『한서』 율력지 등에 나온다.

49) '聲氣' 는 '소리와 기' 혹은 '소리의 기' 로 번역할 수 있다. 본 글에서는 聲과 氣를 엄격히 구분하므로 '소리와 기' 로 번역한다.

로부터 덜어내고 더한다.

글상자 속의 인용문은 『한서』 율력지와 10말들이 용기인 곡〔斛: 劉歆의 銅斛〕에 새겨넣은 황종관의 규격이며, 그 아래 글은 채원정이 이에 대해 주석을 단 것이다. 그 내용은 다음과 같이 정리할 수 있다.

① 천지지수는 1~10이고, 1·3·5·7·9는 陽이고, 2·4·6·8·10은 陰이다.
② 9는 양의 완성이고 10은 음의 완성인데, '황종'은 양의 소리와 기〔氣=陽之聲氣〕의 始動이므로 그 수는 9이다.
③ (율관의 길이)분촌의 수는 聲氣의 근원에 있지만 알 수가 없다.
④ 대나무를 잘라 불어 봐서 소리가 조화롭고, 살펴서 기가 응한 뒤에야, 즉 황종을 구한 뒤에야 황종관의 수가 비로소 드러난다.
⑤ (황종관)수치는 '길이 9촌·단면적 9평방분·부피 810입방분'으로 이것이 율려의 근본이다.
⑥ 도량권형은 여기에서 법을 받고, 나머지 11율은 이 수치를 셋으로 나누어 하나를 빼고 더해서〔三分損益〕 생겨난다. 여기서 말하는 分은 1/10寸이다. 즉 황종관 척도 계산은 10진법이라는 뜻이다.

이를 구체적으로 다시 들여다보자. ①~③은 상수학의 영역이자 '황종'의 개념을 '수'를 매개로 형이상학적, 관념적으로 설명한 부분이다. ④~⑥은 현실의 율도량형의 영역으로 '황종관' 실물의 수치 및 셈법의 영역이다. 여기서 관념상의 '황종'이 실물화된 것이 '황종관'임을 알 수 있다. ①과 ②는 「계사전」 상 9장에 나오는 천지지수와 양陽의 성기聲氣로써 황종[50]을 설명한 것이다. 여기서 채원정의 율려관이 『주역』에 근원을 두고 있음을 확인할 수 있다. 아울러 9수를 황종에 대입한 것은 상수학적 관점임을 알 수 있다. ③과 ④는 황종에 대한 추가 설명과 황종관 실물의 제작 경로를 말한 것이다. 여기서 말하는 '성기의 근원' 은 '황종' 을 설명한 것이다. 따라서 '황종' 은 바로 '성기의 근원' 이라 할 수 있고, '황종=양성과 양기의 시동=9=성기지원聲氣之源' 으로 정리할 수 있다. 9는 관의 길이 · 면적 · 부피를 나타내는 공통의 수이다. 이처럼 황종을 파악한 후에 율관의 구체적인 수가 드러난다.

황종관은 두 가지 과정을 통하여 제작된다. 하나는 길이가 다른 여러 대나무를 잘라 불었을 때〔吹之〕 소리가 조화로워야 한다. 또 하나는 대나무 관이 기氣에 응해야 한다. 이때의 기는 동지〔冬至子月〕의 기를 말한다. 후자가 채원정의 황종구법이며, '후기법候氣法' 이라고 한다. 그러나 엄밀히 말하면 채원정은 조화를 이룬 소리〔聲〕를 얻기 위한 '취지법吹之法' 과 기가 응함을 살피는 '후기법' 둘 다 사용한다고 봐야 한다. 그래야 '성기지원' 인 황종에서 12율이 나온다는 후속 이론이 성립하게 된다. 보통 후기법이라면 취지법도 포함된 것으로 본다. 이처럼 ①~④는 채원정이 ⑤에서 황종관 규격을 설명하기 위한 선결 사항으로, 황종의 개념을 정립한 부분이다. 채원정 이전에 이렇게 정리한 것을 찾기 어렵다. 채원정의 '성기지원' 중시 사상은 주자의 전폭적인 지지를 받는다. 주자가 『율려신서』 서문에서 "먼저 성기의 근원을 구하고 나서 율로서 척도가 생겨난다고 한 것은 탁월하다.(至於先求聲氣之元而因律以生尺則尤所謂卓然者)" 고 말한 것에서 알 수 있다. 주자도 성기지원을 황종으로 보고 성기지원〔황종〕에서 율척이 생긴다는 입장인 것이다.

다음은 ⑤와 ⑥이다. ⑥은 삼분손익법에 의한 11율관 산출과 9진법 · 10진법의 문제인데 다음 절에 논하기로 하고, 여기서는 ⑤만 보도록 한

50) 황종은 왜 陰이 아니고 陽이어야 하는가. 채원정과 혹자의 문답에서 그 답을 찾을 수 있다. 『율려신서』, 1507~1508쪽.

다. ⑤는 '길이 9촌〔長九寸〕, 단면적 9평방분〔空圍九分〕, 부피 810입방분〔積八百一十分〕' 으로 황종관의 규격에 관한 것이다. 여기에 채옹(蔡邕, 132~192)의 동약銅龠에 새겨진 명문銘文 '거서 1,200개를 담는다(容秬黍一千二百粒)' 가 추가되어, 황종관의 규격은 '길이 9촌, 단면적 9평방분, 부피 810입방분, 용량 1,200거서' [51]로 확정된다. 보통 황종이라고 하면 이 수치를 말하지만, 황종관은 황종이 전제되어야 생성된다. 보통 '황종' 과 '황종관' 을 혼용하는데 이를 엄격히 구분해야 한다. 황종음黃鐘音을 내는 율관이 황종관이다. 황종관의 규격이 확정되면 음악의 기준 음이 정해지고 도량형의 표준원기가 정해진다.

그래서 이 부분에 대해 예부터 논란이 많았다. 율관의 규격에서 지름이

---

51) 이것에서 길이를 재는 자〔審度〕, 수량을 재는 嘉量, 무게를 재는 謹權衡이 이루어진다. 관련된 내용은 다음과 같다. 『율려신서』, 1509~1510쪽.

(1) 審度: 度者, 分, 寸, 尺, 丈引. 所以度長短也. 生於黃鐘之長. 以子穀秬黍中者九十枚, 度之一爲一分(凡黍實於管中則十三黍三分黍之一而滿一分. 積九十分則千有二百黍矣. 故此九十黍之數, 與下章千二百黍之數其實一也) 十分爲寸,十寸爲尺,十尺爲丈,十丈爲引. 數始於一, 終於十者, 天地之全數也. 律未成之前有是數而未見. 律成而後數始得以形焉. 度之成在律之後, 度之數在律之前. 故律之長短圍徑, 以度之寸分之數而定焉. 거서1알=1분. (13+1/3알: 90분 율관의 1분에 깔린 거서)×90분〔9촌〕=1,200알=810입방분. 10분=1촌. 10촌=1자〔尺〕. 10자=1丈. 10장=1引.

(2) 嘉量: 量者, 龠, 合, 升, 斗, 斛. 所以量多少也. 生於黃鐘之容. 以子穀秬黍中者一千二百, 實其龠, 以井水准其概, 以度數, 審其容(一龠, 積八百一十分). 合龠爲合(兩龠也, 積一千六百二十分), 十合爲升(二十龠也, 積一萬六千二百分), 十升爲斗(百合, 二百龠也, 積十六萬二千分), 十斗爲斛(二千龠, 千合, 百升也. 積一百六十二萬分) 1약=1,200거서=810입방분. 2약=1합. 10합=1되〔升〕. 10되=1말〔斗〕. 10말=1斛

(3) 謹權衡: 權衡者, 銖 · 兩 · 斤 · 鈞 · 石, 所以權輕重也. 生於黃鐘之重. 以子穀秬黍中者一千二百, 實其龠. 百黍一銖,一龠十二銖,二十四銖爲一兩(兩龠也), 十六兩爲斤(三十二龠, 三百八十四銖也), 三十斤爲鈞(九百六十龠, 一萬一千五百二十銖, 四百八十兩也), 四鈞爲石(三千八百四十龠, 四萬六千八十銖, 一萬九千二百兩也) 100거서=1銖. 1龠〔1200 거서〕=12수. 24수=1兩. 16양=32약=384수=1斤. 30근=1鈞=960약=11,520수=480兩. 4균=1石=3,840약=46,080수=12,900兩

3분인지, 공위 9분이 황종관의 둘레인지 면적인지, 적810분은 면적인지 부피인지, 거서 1,200개를 율관에 횡〔가로〕으로 눕혀 쌓는지 종〔세로〕으로 세워 쌓는지 등이 문제였다. 특히 '지름과 둘레의 수〔圍徑之數〕' 의 문제와 원주율의 문제 및 9진법 문제, 거서의 종횡의 문제 등이 어우러져 여러 논란이 있었다. 채원정은 『율려신서』 전편에 걸쳐 한대漢代 이후 올바른 율관을 구하지 못한 원인이 당시 학자들의 위경지수와 9진법에 대한 오해라고 누누이 역설한다. 예로부터 율관 구멍의 지름이 3분이고 여기에 원주율 3〔古率〕을 대입하여 구멍 둘레를 9분으로 보는 주장이 이어져 왔다. 그것이 잘못되었다는 것이 채원정의 지론이다. 그는 황종관의 규격은 '지름 3분4리6호, 둘레 10분3리8호, 단면적 9평방분, 부피 810입방분' 이라고 주장한다. 그런 수치가 나오는 과정을 원의 면적을 구하는 원전술圓田術과 제곱근을 구하는 개방법開方法을 사용하여 논증한다. 이외 여러 쟁점과 주장이 있었지만 채원정의 이론으로 많은 부분이 정리되었고, 채원정이 오해하거나 해결하지 못한 문제는 후대 학자들에 의해 보완되어 지금은 더 이상 황종관에 대한 논란은 없다.

2. 11율관의 규격과 생성 원리

12율려의 기본인 황종이 정해지면 나머지 11율은 어떻게 결정되는가. 율관이 가장 긴 황종관 9촌에서 삼분손익의 상하상생[52]으로 나머지 11개의 율관이 만들어진다. 그런데 여기에 난제가 있다. 길이 9촌을 분모로 놓고 3으로 나누고 1을 더하고 빼는 삼분손익을 할 때, 셈법은 10진법이 아

52) 三分損益에 의한 上下相生之法의 전거로 언급한 것은 『관자』, 『여씨춘추』, 『회남자』, 『사기』, 『전한서』이다. 이 중에서 『사기』와 『전한서』만 정확하다고 채원정은 말한다. 『율려신서』, 1538~1539쪽.

니고 9진법을 사용한다는 것이다. 앞절 ⑥에서 '여기서 말하는 분分은 1/10촌寸이다. 즉 황종관 척도 계산은 10진법이라는 뜻이다.' 라고 하는 것은 황종관의 자로써의 척도尺度는 10진법으로 계산하고 나머지 율관의 생성 계산법은 10진법 이외 진법을 사용함을 암시하고 있다. 즉 나머지 11율은 9진법을 사용하여 삼분손익하여 산출한다는 것이다. 왜 9진법인가. 9진법을 사용해야 황종 9촌을 기준으로 한 나머지 율관의 계산이 정확해지고, 11율에 맞는 소리를 얻을 수 있기 때문이다. 이처럼 율관의 척도 계산법과 생성 계산법에는 이중성이 있고, 9진법은 삼분손익법에 의한 11율의 길이〔長〕를 산정할 때만 필요하다.

황종을 1〔황종, 子〕로 보고 3을 11승乘하면 177,147로 율려의 실수實數가 완성된다. 11승하는 과정에 나머지 11율관은 삼분손익으로 생성된다. 산식의 내용은 분모 3에다 3을 곱하여 9 · 27 · 81 … 177,147이 되고, 분자는 2와 4를 교대로 곱하여 2 · 8 · 16 · 64 … 65,536이 된다. 이처럼 분모에 3을 곱하고 분자에 2 · 4를 교대로 곱하는 수적 계산법이 '삼분손익법' 이다. 삼분손익에서 왜 '3' 인가. 황종은 양이고 율관은 원통〔圓〕 막대기이다. 원은 양이고 방方은 음이다. 즉 천원지방론이다. 율관의 구멍인 원은 양으로 1이 3으로 되어 전부 쓰고, 방은 1이 4가 되나 음으로 반만 쓰니 2가 된다.〔陽全陰半論〕 이른바 「설괘전」의 삼천양지론이다. 「설괘전」의 논리가 삼분손익법에 투영되어 11율을 만든다. 11율의 생성표는 말미에 첨부했다.

이처럼 율관의 생성 원리는 삼천양지의 3을 기준수로 하고 황종관 9촌과 9진법 역시 3을 벗어날 수 없다. 여기서 '3' 이란 양수로 역 · 율이 소통되고, 나아가 역 · 악 · 율은 동근同根으로 '셋이면서 하나〔三而一〕' 인 것이다. 채원정이 조충지(祖冲之, 429~500)가 주장한 밀율〔密率, 355/113〕[53]을 알고 있었지만 굳이 원주율의 값으로 3을 고집한 이유가 여기에 있다. 그러나 이는 황종과 12율 계산은 3이어야 한다는 신념이 낳은 착오였다.

3. 황종구법의 종류

1) 거서법

거서법秬黍法은 거서〔검은 기장〕를 율관에 쌓아서 황종을 구하는 방법으로, 전통음악계의 입장이다. 그 입장을 대표하는 남상숙은 자신의 논문[54]에 황종구법 중 거서법을 집중적으로 거론한다. 그 근거는 진양(陳暘, 1040~1110)의 『악서』(樂書, 1101)와 채원정의 『율려신서』이다. 남상숙은 다음과 같이 논한다.(남상숙, 1986, 30~34쪽)

① 옛날 황제가 倫을 시켜 … 해곡의 竹에서 둥글고 속이 비며 그 구멍이 고르고 두꺼운 것을 취하여 그 두 마디 사이를 잘라 그것을 불어 황종의 宮으로 삼았다.

② 이때 尺度의 근본을 黍에서 구했음을 기록〔진양의 『악서』: 先王作樂 本於黃鐘之律 其聲本於累黍之法〕에서 알 수 있다. 왜 율척은 반드시 黍에서 취해야 하는가는 『시악화성』과 『원음약』에 나와 있다.

③ 律尺은 天數 9로 分을 이루고 9분이 1尺이 된다. … 縱으로 아홉 粒씩 아홉 번을 쌓아 尺을 이루니 9×9=81, 9分尺이 되는데, 이것이 바로 최초의 尺으

---

53) 채원정이 원주율을 3으로 한 것을 '古率', 위나라 유휘의 원주율 3.14를 '휘율', 남북조시대의 조충지가 구한 원주율 355/113을 '密率'이라 한다. 조충지가 나중에 들어온 서양의 신율 3.14159보다 더 정확한 파이값을 구한 것이다.

54) 남상숙의 「『樂學軌範』 所載 律長의 問題點 및 律算에 關한 硏究」(1986년)'와 이어지는 후속 논문은 전통음악계에 큰 영향을 주었으며, 이를 계기로 율관과 율산, 60조 6변율 등 악률론의 주요 쟁점이 정립되었다. 당시 음악계의 대부인 이혜구 박사의 『신역 악학궤범』과 이미 발표된 다른 학자들의 악률 논문에서 잘못된 부분을 조목조목 비판했고, 학계에서 이를 수용하면서 전통음악계의 정설로 굳어졌다.

로서 縱黍尺이며 黃帝之尺이라고도 했다. 최초의 黃鐘長은 종서척의 一尺이었고, 종서척은 1尺이 9寸이고, 1寸이 9分인 9進法에 의한 尺度라 할 수 있다.

④ 夏에 이르러 人數[55]가 10으로써 分을 이루고 10分이 1寸이 되니 이것은 橫으로 10개를 늘어놓아 1分을 이루고 다시 10번을 반복하여 1尺을 얻는다. 이것이 夏禹之尺이며 10分尺이라고 한 橫黍尺인 것이다. 우리나라 문헌〔서명응의 詩樂和聲과 元音鑰〕에 의하면 종서척과 횡서척의 길이〔長〕가 똑같았다.

⑤ 縱黍尺은 9진법에 의한 척도로서 1尺=9寸=81分=729厘 … 이고, 9分尺, 81分尺, 황제지척은 모두 이 종서척을 일컫는 말이며, 『악학궤범』 소재 律長은 바로 이 종서척에 의한 것이다. 橫黍尺은 10진법에 의한 척도로써 1척=10촌=100분=1000리 … 이며, 10분척, 100분척, 하우지척은 모두 이 횡서척을 칭하는데, 박연의 황종척은 횡서척이지만 황종장은 90분이므로 본래의 횡서척에서는 변화된 것이라 할 수 있다.

위에서 ①은 『여씨춘추』와 『한서』 율력지에 나오는 '황종'의 생성 경로를 말한 것이다. 『후한서』에도 비슷한 내용이 나온다. 여기서는 대나무를 '불어서〔吹之〕'(그 소리를 듣고) 황종으로 삼았다는 내용이다. 황종구법 가운데 '취지법'을 택한 경우이다. 그런데 ②에서 ⑤까지 황종에 대한 말이나 황종구법에 대한 논의가 없다. 우리나라 악률론의 모체는 『율려신서』라고 했지만, 『율려신서』에서 논한 황종과 황종구법에 대한 언급이 없으며, 채원정이 채택한 후기법에 대한 내용도 없다. 다만 황종척으로 종서척 · 횡서척에 대해 논했지만, 『악학궤범』의 황종척은 9진법의 종서척이지만 '황종장 9촌, 1촌 10분'을 수용했다는 내용 정도이다. ②~⑤의 주

55) 人數가 아니라 地數라고 의심된다. 天地數가 9 · 10이지 天人數가 9 · 10이라는 말은 생소하다.

장을 종합하면, 남상숙은 황종구법으로 채원정의 후기법이나 『여씨춘추』의 취지법이 아닌 '거서법'을 취한 것으로 판단된다.

그러나 남상숙의 주장은 전체적으로 '황종'에 대한 근본적인 논의가 부족하고 '황종구법'에 대한 비교 의식도 미흡해 보인다. 남상숙의 황종구법 즉, 거서법에 대해 역학적 측면에서 다음과 같은 다른 의견을 제기한다.

첫째, ②와 관련하여 남상숙이 거서법을 취한 근거로 진양의 『악서』 누서累黍편을 인용했는데, 이는 『악서』의 황종에 관한 내용이 실린 원율原律편과 배치된다. 그 이유는 다음과 같다. 남상숙의 주장은 『악서』 누서편에 나오는 "선왕이 악을 지음은 황종의 율에 근본을 두고, 소리는 거서를 겹치는 법에 근본했다.(先王作樂, 本於黃鍾之律, 其聲本於絫黍之法)"는 말에 근거한 것이다. 즉 '소리는 거서를 겹치는 법에 근본을 둔다'를 거서법으로 보고 황종구법의 근원으로 본 것이다. 또 서명응의 『시악화성』과 『원음약』을 제시하여 '율척〔律尺: 율자〕은 반드시 거서에서 취해야 한다'라고 주장한다. 그러나 본 『악서』의 내용은, '황종에 근본하고 12율의 소리는 율척 속에 거서로 쌓은 율관장〔대나무의 길이〕에서 결정된다'는 의미로 보아야 한다. 즉 황종을 먼저 구하고 난 뒤 거서를 넣어서 기준자〔황종척〕와 11율관을 만든다는 것이다. 이를 뒷받침하는 글이 『악서』 원율편에 나온다.

> 倫이 해곡의 竹을 잘라 자연의 둥근 빈 것(3촌9분)을 취해 불어서 황종의 궁으로 삼는다. 또 12통을 만들어 봉황의 소리를 본받아 음양의 소리를 구별하고 12월의 中氣가 응하면 율려가 구비된다. 이것이 황종이 율의 근본이 되고 만사의 근본이 되는 까닭이다. 律管을 竹으로 만든 까닭은 천생의 자연적 기물이기 때문이고, 거서로 채운 까닭은 천생의 자연적 물건이기 때문이다. 천생의 자연적 물건을 천생의 자연적 기물에 채운다면 분촌의 길이와 담을 수 있는 多寡와

성음의 높낮이와 權衡의 輕重이 한결같이 자연에 근본하여 人爲가 개입할 수 없다. 이것이 中和의 소리가 생기고 大樂이 이루어지는 까닭이다.

『악서』 원율편은 진양이 율의 근원〔原律〕을 말한 부분이다. 따라서 황종에 관한 해답은 여기에서 찾아야 한다. 남상숙이 인용한 누서편은 후순위 부분이다. 즉 진양이 『악서』를 쓴 순서는 ① 황종을 구하고〔原律〕 ② 수를 갖추고〔備數〕 ③ 척도를 살펴서〔審度〕 ④ 거서를 채우는〔累黍〕 순이다. 그러나 남상숙은 거서를 채우는 부분에서 황종을 찾은 것이다. 위 인용문에서 진양은 '대나무를 불어서 황종으로 삼고 12율에 상응하는 12통의 율관을 만드는데, 음양의 소리를 분별하고 12월의 중기中氣에 응하면 율려가 완비된다' 고 분명히 말하고 있다. 그 이후 자연생물인 거서를 자연기물인 죽관에 채운다면 율도량형이 이루어져 중화의 소리를 얻고 대악大樂을 이룰 수 있다고 말한다. 선후 순서를 보면, '황종 → 황종관 → 11율관 제작 → 거서 채움' 이다. 여기서 진양의 황종구법은 거서법이 아니고 취지법과 후기법임을 알 수 있다. 이는 박연이 진양의 후기법을 거론하는 것에서도 확인할 수 있다. 한편, 서명응의 『시악화성』과 『원음약』에서 '율척은 반드시 서黍에서 취해야 한다' 고 했지만, 황종을 반드시 서에서 구하거나 황종을 구하기 전에 종서척을 먼저 만든다는 뜻으로 보기 어렵다.

둘째, 앞의 ⑤에서 말하는 '『악학궤범』의 율장은 바로 이 종서척에 의한 것이다' 라는 주장에 대해서이다. 이것은 결국 『악학궤범』의 황종구법은 '거서법' 이며 종서척으로 황종척을 만든다는 것이다. 남상숙이 주장의 근거로 삼는 것은 2가지이다. 하나는 『악서』인데, 『악서』가 거서법을 취하지 않았음은 앞에서 보았다. 또 하나는 서명응의 『시악화성』에서 말한 거서법으로, 『악학궤범』은 1493년에 제작되었고 『시악화성』은 1780년에 지은 것으로 3백여 년의 시차가 있다. 후대의 저서가 선대의 전거가 될 수 없다.

셋째, ④에서 '종서척과 횡서척의 길이〔長〕가 똑같았다.' 라는 부분이다. '거서 1알=1분' 은 율도량형 이론에서 진리처럼 받아들인다. 종서척은 거서 9개를 세로로 세워서 쌓아 1촌이고, 횡서척은 거서 10개를 가로로 눕혀서 쌓아 1촌이다. 거서는 가로, 세로의 길이가 다른 타원형이다. 거서를 세운 세로 길이가 거서를 눕힌 가로 길이보다 길다. 그래서 9개를 세로로 세워서 쌓은 종서척과 10개를 가로로 눕혀서 쌓은 횡서척의 길이가 같다. 거서 1알 1분의 실제 길이가 종서가 횡서보다 0.111… 긴 셈이 된다. 따라서 '거서 1알=1분' 의 실제 길이는 종횡에 따라 차등이 있는 '이중성' 이 있다. 이것으로 말미암아 9분척, 10분척이란 두 가지 자〔律尺〕가 만들어지고, 또한 9진법과 10진법 이론도 깔려 있다. 이때 주의할 점은 거서를 쌓을 때 율관을 세워서 쌓지만 이를 다시 눕혀서 길이를 셈해야 한다는 것이다. 눕힌 율관의 길이를 셈해 보면 (길이가 긴) 세로로 거서 9개를 쌓은 종서척과 (길이가 짧은) 가로로 거서 10개를 쌓은 횡서척의 길이가 동일하다.(김수현, 2012, 23~25, 165~167쪽 참조) 남상숙은 이런 의미에서 '종서척과 횡서척의 길이〔長〕가 똑같았다.' 라고 말한 것이다. 남상숙의 주장에서 미진한 부분들은 다음에 논하는 『악학궤범』에서 재론한다.

2) 후기법

채원정의 황종구법은 '취지법' 을 가미한 '후기법' 이며, 주자가 이를 지지한다고 했다. 그러나 채원정의 황종구법은 '후기법' 에 방점을 찍는다. 여기서 『율려신서』의 악률론에 대해 의견을 제시한 노재 팽씨의 황종구법을 살펴서 이해를 돕는다.(『율려신서』, 1472~1473쪽)

노재 팽씨가 말하였다. 지금 황종관의 세로 길이와 원둘레와 지름과 면적, 부피의 실제 정해진 수를 구하려는 자는 반드시 채원정이 말하는 여러 관을 잘라 氣를 살피는 후기설에 의거하고 또 조충지의 密律로 계산해야 한다. 그 이유는 조충지는 고금의 최고 수학자이고 채원정의 후기설은 실제 율려를 제정하는 근본을 얻어서 과거 사람이 발명하지 못한 것이기 때문이다. 이제 마땅히 채원정의 후기설에 의거하여 먼저 대나무를 많이 잘라 황종관으로 견주어 혹 짧게 혹 길게 하되 길고 짧은 사이에 미세하게 차이가 나게 각각 하나씩 관을 만들고 이 모든 관들을 땅속에 묻고 冬至의 때가 되기를 기다려 시험한다. 만약 여러 관 가운데 氣가 응하는 관이 있고 그 관을 가지고 계산해 보면 이 관이 자연의 조화에 부합하는 것으로 사람이 억지로 만든 것이 아님을 알 수 있다. 곧 이 관을 9촌으로 나누고, 1촌은 9분으로, 1분은 9리로, 1리는 9호로, 1호는 9초로, 1초는 9홀로 정하여 이것으로 81〔9×9〕의 終天之數에 부합한다. 元氣運行에 이르러서는 子로부터 亥까지 177,147〔黃鐘之實: 3의 11乘〕을 얻는다.〔모두 이 관-황종관-을 가지고 삼분손익하니 上下上生은 이것으로 말미암는다〕

노재 팽씨는 “채원정의 후기설은 실제 율려를 제정하는 근본을 얻어서 과거 사람이 발명하지 못한 것”이라고 높이 평가한다. 그는 구체적으로 다음과 같이 말한다. 황종관으로 여겨지는 대나무 관을 만들 때, 길이에 미세한 차이를 둔 여러 개의 관을 준비하여 땅속에 묻고 동지 때 기氣가 응하는 관을 골라 그 길이를 9로 나누어 9촌으로 삼는다. 1촌은 9분, 1분은 9리, 1리는 9호, 1호는 9초 등, 9진법으로 계산하여 9×9=81의 종천지수에 부합한다. 이 9진법에 의한 삼분손익으로 11율이 생성된다. 이때 황종의 실〔實數〕은 3의 11승인 177,147이다. 이것이 11율 계산에서 황종의 실수가 된다는 것을 앞에서 보았다. 그런데 대나무 관을 땅에 묻는다고 했는데 어떻게 묻을 것이며, 기가 응함을 어떻게 알 수 있는가. 『율려신서』 '후기' 항목의 두 곳에서 언급하고 있다. 첫 번째 내용을 살펴보자. (『율려신서』, 1506~1507쪽)

① 후기법은 3중의 방을 만들어 문을 닫고 조밀하게 틈을 메운다. 방 안에 붉은 비단을 펴고 나무로 받침을 만들어 율관마다 받침을 각각 하나씩 둔다. 안쪽은 낮고 바깥쪽은 높게 하고 그 방위에 따라 받침 위에 율관을 올려두는데 갈대청을 태운 재를 그 끝을 채우고 흰 비단을 덮어 曆法 따라 그것을 살핀다.

② 氣가 이르면 재를 내뿜어 비단이 움직인다. 조금 움직이면 기가 조화롭고, 크게 움직이면 군주가 약하고 신하가 강하여 정사를 전횡하는 징험〔조짐〕이며, 움직이지 않으면 군주가 엄하고 사나운 징험이다.

윗글에서 말하는 후기법은 율관을 땅속에 묻는 것이 아니다. 갈대청을 태운 재를 12개의 율관 끝에 채우고 흰 비단으로 덮어서 3중의 밀실 안의 나무 받침 위에 올리되, 12율에 상응하는 12방위 순서대로 올린 뒤에 절기가 도래하는 역법에 따라 기가 응함〔應氣〕을 살핀다. 12절기 각각의 기에 이르면 그 재가 날려서 비단이 움직이는 것을 관찰하여 기가 응함을 검증한다. 12개의 율관은 가장 긴 황종9촌에서 9진법으로 삼분손익하여 길이가 점차 짧아진 12개의 대나무 관이다. 그다음 두 번째로 언급한 내용은 아래와 같다.

① 『後漢志』 후기지법은 3중의 방을 만들어 문을 닫고 조밀하게 틈을 메운다. … 氣가 도래한 것은 재가 제거된다. 기에 의해서 움직여 진 것은 재가 흩어지고 사람과 바람에 의해서 움직여 진 것은 재가 모인다.

② 『隋志』에서 말했다. 後齊 때 신도방이 … 율관으로 候氣하고 구름의 색깔을

관찰했다. … 사람들이 율관을 검증해 보니 재가 날아 이미 氣와 應했다. … 輪扇 24개를 땅 속에 묻고 24절기를 측정했다. … 그것이 율관의 재와 상응하는 것과 같이 부절처럼 들어맞았다.

③ 수나라 開皇9년(589년) … 옛 방식대로 갈대청을 태운 재를 12개의 율관 끝에 채우고 흰 비단으로 덮어서 3중의 밀실 안의 나무 받침 위에 올리되, 12율에 상응하는 12辰 순서대로 올리고 흙으로 묻어서 위가 지면과 평평하게 했다. 매달의 氣가 도래하여 율관과 부합하면 재가 날아 흰 비단을 밀쳐내고 밖으로 나왔는데 기의 응함에 빠르고 늦음이 있고 재가 날림에 많고 적음이 있었다.

①은 후기법의 일반적인 내용인데, 갈대청의 재는 인위적인 움직임인 경우는 재가 날리지 않고 모인다고 했다. ②는 후기법으로 유효함을 말했고 '윤선' 이라는 절기 측정 기구를 사용해도 후기법과 그 효과가 동일함을 말했다. ③의 경우, 앞의 글과 달리 나무 받침대에 율관을 올리고 그것을 다시 땅속에 묻는다고 했다. 이런 과정에서 알 수 있는 것은 후기법으로 황종을 구할 때 구체적 방법이 통일되어 있지 않다는 것이다. 이것이 후기법의 난점이어서, 『사고전서제요四庫全書提要』 총찬관 기윤(紀昀, 1724~1805)은 "그 설은 통일되어 있지 않아 후기법은 신빙할 수 없고 사람의 소리도 증험할 수 없으니, 채원정의 '성기지원' 이란 것은 한갓 듣기 좋은 소리일 뿐 사실로 확인할 수 없다.(其說又不一也. 然則候氣旣不足憑, 人聲又無左驗. 是蔡氏所謂聲氣之元者, 亦徒爲美聽而已, 非能見之實事也)" 고 비판한다. 이처럼 채원정의 후기법에 대한 찬반의 견해가 있음을 알 수 있다.

3) 지음법

'지음법知音法' 이 황종구법의 하나로 정립되었는지 확신할 수 없으나,

『율려신서』에 '지음자知音者' 라는 말이 나오므로 이 용어를 사용하도록 한다. '지음법' 은 소리와 음〔聲音〕을 들어서 아는 자가 황종을 식별할 수 있다는 뜻이다. '성음' 을 알 수 있는 사람은 누구인가. 정이(程頤, 1033~1107)와 장재(張載, 1020~1077)의 다음 말에서 단서를 얻을 수 있다.(『율려신서』, 1514~1515쪽. 『이정유서二程遺書』 권2 상.)

① 하남 정씨가 말하였다. 황종의 소리는 또한 확정하기 어렵지 않다. 세상에는 본래 音을 아는 사람이 있으니 높고 낮은 소리를 살펴서 올바른 소리를 얻었으면 거서로 율관을 채워 몇 알이 들었는지 살핀 후에 미루어서 율법을 정해야 옳다.

② 옛 법 율관에는 1,200개 秬黍가 들어갔으나 지금 羊頭山 거서는 맞지 않으니〔상응하지 않으니〕 (다른 거서를) 세는 등으로 시험하여 크고 작은 여부를 살펴 그 數에 응한 후에 바르게 될 것이다.

③ 예전에 호선생〔胡安定, 993~1059〕이 樂을 정할 때 양두산 거서를 3등급의 채로 쳐서 중간 크기를 취했으나 정하지 못했다.

④ 또 말하였다. 율관으로 척도를 정하는 것은 바로 천지의 氣를 기준으로 하는 것이지 거서에 견줄 것은 아니다. 거서를 누적한 수는 先王이 있을 때에는 오직 이것만이 도량형에 부합되므로 사용할 수 있었지만 지금은 그때와 같지 않다.

정이는 지금 거서법으로 황종을 구하는 것은 불가능하다고 했다. 자신의 스승인 호안정이 채로 친 양두산 거서 중간 크기〔中者〕를 취하여 시험했는데 실패했다는 사례를 든다. 다만 선왕 때는 거서법이 도량형에 부합되므로 가능하다고 했다. 그러면 어떻게 황종을 구할 수 있는가. 정이는 '세상에 음을 아는 자〔知音者〕' 가 소리와 음을 살펴서〔審聲音〕 올바른 소리를 판별하여 얻을 수 있다고 했다. 그런 뒤에 거서를 채워 검증해야 한다고 주장한다. 말하자면 황종을 먼저 구하고 거서로 사후 검증하는 것이다. 율척은 천지의 기氣를 기준으로 해야 하기 때문이다. 여기서 '지음자'는 천지의 기를 알 수 있는 자임을 알 수 있다. 즉 지음자가 소리를 듣고 천지의 기를 살펴 황종을 구할 수 있다는 말이다. 이것을 채원정의 문법으로 말하면, '어떤 이〔지음자〕가 동짓날 어떤 율관의 소리를 듣고 그 소리가 성기지원인 황종음임을 깨닫고, 그 율관의 규격을 황종관으로 삼아 표준원기가 된다.' 는 것이다. 채원정은 정이의 언급만으로 부족하다고 생각했는지 장재의 말을 인용하여 '지음법' 의 논리를 보강한다.(『율려신서』, 1515쪽. 『장재전서張載全書』 권5 예악편)

> 장재가 말하였다. 율려는 구할 수 있는 이치가 있으니, 덕성이 순후한 사람만이 그것을 알 수 있다.

장재는 덕성이 순박하고 두터운 사람, 이른바 '덕성순후자德性淳厚者' 만 율려를 구할 수 있다고 했다. '덕성순후자' 의 의미가 포괄적이고 모호하지만, 황종구법에서 '지음법' 은 천지의 기를 아는 '지음자' 와 '덕성순후자' 로 압축된다. 이 둘은 동일한 의미로 생각되며, 소리를 들어 판별하는 '심성법審聲法' 도 여기에 속한다고 볼 수 있다.

4) 인체법

사람 신체의 규격을 율관의 척도로 삼는 것을 인체법人體法이라 한다. 이 법은 황종을 구하는 법이기보다 도량형원기를 구하는 법이라 할 수 있다. 그러나 도량형원기도 황종관에서 출발하므로 지금까지 논한 것들이 그대로 적용된다. 『율려신서』에 주나라가 인체를 도량형의 법도로 삼았다는 언급이 있다. 박홍수는 『서경』을 근거로 이와 비슷한 주장했다. 『율려신서』의 내용을 먼저 보자.(『율려신서』, 1567쪽)

① 『설문해자』에서 말하였다. 사람의 손에서 10分 들어간 맥박이 뛰는 動脉이 寸口가 되니 10寸이 1尺이다. 周나라 제도에 寸·咫·尺·尋·常·仞은 모두 사람의 신체를 법도로 삼았다.

② 중간 몸집 부인의 손의 길이〔中婦人手長〕[56] 8촌을 1咫라 하니 周尺이다.

③ 丈은 장부이니, 주나라 제도는 8寸을 1尺으로, 10척을 1丈으로 삼았다. 사람 키는 8척이므로 丈夫라고 하였다.

윗글은 『설문해자』에서 말하는 인체 척도법에 대한 것이다. 먼저 사람의 손끝에서 손목의 맥박이 뛰는 동맥動脉까지의 길이가 10촌〔촌寸, 1자=一척尺〕이라 하고 이어서 주척周尺을 소개한다. 주나라 척도법은 인체를 기준으로 삼았고, 중간 몸집 부녀자의 손 길이인 8촌을 1지咫로 계산하여 주척으로 정했다. 주척의 기준은 8촌을 1척으로 한 것이다. 10척은 1장丈이며, 사람의 키는 8척으로 보고 이를 장부라고 했으며, '8척 장부' 란 말이 여기서 나온 것으로 보인다. 1주척은 8촌으로 20cm 정도[57]이니, 당시 장부의 키는 160cm 정도로 추정된다. 인체법에 대한 언급은 『사기』, 『공자가어』, 『대대례기』, 『소이아小爾雅』 등에서도 찾아볼 수 있다.(박홍수, 1977, 134~135쪽 참조) 그러나 여기서는 황종에 대한 말이 나오지 않는다.

박홍수는 통일된 악률과 도량형 제도는 순제舜帝 때 확립되었다고 했다. 그 근거로 『서경』 우서 순전에 나오는 "2월에 동쪽을 순수하여 … 율

56) 『율려신서』에서는 '婦人手' 이나 『설문해자』 권8 하 원문이 '中婦人手長' 이므로 정정했다. 이는 이후영 번역서, 2011, 277, 313쪽에 따른 것이다.

57) 주척=20cm의 수치는 국립박물관 소장 주척 기준이다.

도량형을 통일하게 했다.(二月, 東巡守 … 同律度量衡)"는 것을 제시하면서 다음과 같이 주장한다.(박홍수, 1977, 136~137쪽)

① (순제 때) 율도량형을 통일하게 한 표준이 무엇인지 밝혀준 중요한 기록은 『사기』 夏本紀에 나오는 "율의 표준은 음성이고 척도의 표준은 사람의 신체(聲爲律, 身爲度)" 이다.

② 고대 중국음악의 기준이 된 音高는 肉聲으로 낼 수 있는 중간 높이를 취한다. 고음과 저음의 평형을 이룬 和音을 중요시하면 음률의 표준 음고를 대략 알 수 있다.

③ 표준 음고를 낼 수 있는 音律管의 길이와 인체를 기준으로 만들어진 척도를 기준으로 율도량형을 통일할 수 있다.

④ 夏나라 때는 통일된 도량형 제도에 의해 조세가 이루어지고 있었다. 따라서 순제 때 만들어진 율도량형 표준원기는 보관되어 있었다. 도량형의 단위 명칭은 순제 때 것이 漢代에 까지 전승되었다.

박홍수는 순제가 통일했던 도량형 제도와 기준은 극히 평범하고도 옛날부터 잘 알려져 왔던 것을 택한 것이라고 했다. 그래서 음률은 육성의 중간음, 척도는 사람 신체가 기준이라는 것이다. 또 순제는 육성 음역의 중간음을 낼 수 있게 만든 관을 황종율관으로 정하고 이것을 1척=10촌으로 했으며 용적의 표준은 장년 남자의 1국량掬量으로 했다고 한다.(박홍수, 1977, 160쪽) 이때 육성에 대한 언급이 없지만 장년 남자의 육성이 아닐까 추측한다. 박홍수는 황종에 관해 확실한 말을 하지 않는다. 그러나 그의 주장의 전후 맥락을 보면 장년 남자의 중간음을 성기지원인 황종으로 본 것으로 추측한다. 박홍수는 이와 같은 율도량형 제도의 큰 틀이 한대漢代까지 전승되었다고 보고 있다.

4. 박연과 세종의 황종과 악률 정비

세종은 알다시피 성음율려와 음운론, 수학, 천문과학 지식 등을 겸비한 호학 군주이며 그 이면에는 『성리대전』을 통해 익힌 상수학적 지식이 깔려 있다. 세종은 황종을 구하기가 매우 어렵다는 사실을 잘 알고 있었고 또 중국식 방법에 따라 황종을 구해야 한다는 생각하고 있었다. 당시 명나라의 영향하에 있었기 때문에 중국 제도에서 벗어나 조선만의 음악과 율도량형을 제정할 수 없었던 것이다. 앞에서 정리한 황종과 황종구법 및 11율 생성 원리에 대한 기본 지식을 바탕으로 박연과 세종이 어떻게 조선에 적합한 황종을 구하고 악률을 정비했는지 살펴보자.

세종은 박연이 처음 수행한 거서법을 통한 황종구법에 반대했는데, 이유가 바로 『율려신서』와 배치되었기 때문이다. 하지만 박연은 자연산 거서로 황종을 구할 수 없게 되자 규격이 거의 통일된 인조 거서인 '밀랍'으로 황종을 구하는 변칙적인 방법〔權道〕을 세종에게 제시한다. 세종은 박연의 변칙적 황종구법을 어쩔 수 없이 수용하게 된다. 조선의 풍토상 중국의 황종구법을 따를 수 없기에 인조 거서인 '밀랍' 통해 만든 황종관을 받아들인 것이다. '밀랍' 은 인공물이자 거서가 아니기에 자연산 거서를 취해야 한다는 율려론의 대원칙을 무너뜨리는 것이다. 이는 정상의 방도가 아닌 임시방편으로 상황의 불가피성에 연유한 것으로, 박연의 지혜에서 나온 산물이었다. 박연의 발상도, 세종의 수용도 파격이 아닐 수 없다. 이런 일련의 과정에서 현실을 정확하게 파악한 뒤 지혜롭게 권도의 변통력을 발휘한 신하와 그 결과물을 대담하게 수용하는 군주의 결단을 보게 된다. 『세종실록』에서 황종과 황종구법과 관련된 부분만 모아 군신간의 황종 대담을 살펴본다.

(1) 세종 9년〔丁未, 1427〕 9월 4일〔己丑〕: 세종이 말하였다, "秬黍로써 율관을 고쳐 만드는 것은 비록 박연일지라도 되지 않을 것이다."

(2) 세종 12년〔庚戌, 1430〕 2월 19일〔庚寅〕: 박연이 말하였다, "거서를 쌓아 올리는 법은 방책에 기재되었지만, 거서의 진품을 얻는 것이 가장 어려운 일입니다. … 오늘날 중국의 음률은 오히려 참된 것이 아니고, 우리나라의 거서가 진짜를 얻은 것인지 어떻게 알 수 있겠습니까. 그러나 율도량형을 통일하는 것은 곧 천자의 일이고 제후국에서 스스로 마음대로는 할 수 없으니, 만약 지금 거서가 마침내 중국의 황종과 합하지 않는다면 잠시 權道를 좇아 다른 종류의 거서를 빌어서 쌓아 올려 율관을 만들어 중국의 황종에 합치시킨 후에 삼분손익법에 의거하여 聲律을 바로잡는 것이 옳을 것입니다."

(3) 세종 12년〔庚戌, 1430〕 9월 11일〔己酉〕: 세종이 말하였다, "우리나라가 동쪽 일각에 위치하고 있어 춥고 더운 기후 풍토가 중국과 현격하게 다른데, 어찌 우리나라의 대〔竹〕로 황종의 관을 만들어서야 되겠는가. … 방금 『율려신서』를 강의하고 있고, 또 역대의 應候를 상고한 것도 한둘로 헤아릴 수 없을 만큼 많이 보았으나, 악기의 제도는 모두 그 정당한 것을 얻지 못하였다. … 지금 거서를 가지고 황종의 관을 제정한다는 것은 옳지 않은 것이다. 중국 사람들은 황종관에 거서를 담아서 그 量을 안다는 것이지, 거서를 가지고 황종을 바로잡는다는 것이 아니다."

(4) 세종 15년〔癸丑, 1433〕 1월 1일〔乙卯〕:

① 박연이 해주의 거서를 가지고 古說에 의거하여 황종관을 만들어 불어보니, 그 소리가 중국의 鍾·磬과 황종 및 당악의 合字聲보다 약간 높기 때문에 前賢의 논의를 상고하니, "토지가 기름지고 메마름이 있어 黍의 크고 작음이 있으므로, 성음의 높낮이가 시대마다 각각 다르다." 하였고, 陳暘의 악서에, "대나무를 많이 잘라서 기운을 살펴서 바르게 함만

같지 못하다."고 하였다. 그러나 우리나라는 지역이 동쪽에 치우쳐 있어 중국의 風氣와는 전연 다르므로, 기운을 살펴서 음률을 구하려 하여도 응당 징험이 없을 것을 요량하고, 이에 해주의 거서의 모양과 비슷하게 蠟을 녹여 큰 粒을 만들어서 分을 쌓아 관을 만들었는데, 모양이 우리나라 丹黍의 작은 것과 꼭 같았다. 곧 1립을 1푼으로 삼고 10립을 1촌寸으로 하는 법을 삼았는데, 9촌을 황종의 길이로 삼았으니 곧 90푼이다. 1촌을 더하면 黃鍾尺이 된다. 圍經을 3分 4釐 6毫의 법을 취하였다. 위경의 分數에 맞으며, 관의 길이를 비교하니 바로 (채원정)寸法에 맞았다. 밀랍을 가지고 기장 낟알 1천2백 개를 만들어서 관 속에 넣으니 남고 모자람이 없었고, 불어보니 중국 종·경 황종의 소리와 당악의 合字 소리와 서로 합하였다. 그러므로 이 관을 삼분손익하여 12율관을 만들어 불어 보니 소리가 화합하였다.

② 지신사 鄭欽之 등이 박연에게 묻기를, "제도와 성음의 법을 어디에서 취했는가." 하니, 박연이 말하기를, "제도는 한결같이 중국에서 내려준 編磬에 의하였고, 성음은 신이 스스로 12율관을 만들고 합하여 이루었습니다."고 하니, 여러 대신이 박연에게 말하기를, "중국의 음을 버리고 스스로 율관을 만드는 것이 옳겠는가."고 하며, 모두 잘못된 것이라 여기니, 박연이 글을 갖추어 아뢰기를, "지금 만든 편경의 모양과 제도는 한결같이 중국 것에 의하였으나, … 마땅히 높을 것이 도리어 낮고, 마땅히 낮을 것이 도리어 높으니, 한 시대에 제작한 악기가 아니라고 생각됩니다. 이것에 의하여 제작하면 결코 화하여 합할 이치가 없기 때문에, 삼가 중국 황종의 소리에 의하여 횡종관을 만들고, 이를 가지고 分益하여 12율관을 만들고 불어서 음률에 맞추어, 이에 근거하여 만들었습니다."

③ 세종이 말하기를, "중국의 磬은 화하고 합하지 아니하지만, 지금 만든

경이 옳게 된 것 같다. 경석을 얻는 것이 다행인데, 소리를 들으니 매우 맑고 아름답다. 율을 만들어 음을 비교한 것은 뜻하지 아니한 데서 나왔지만, 내가 매우 기뻐하노라. 다만 夷則의 소리가 약간 높은 것은 무엇 때문인가." 하니, 박연이 즉시 살펴보고 아뢰기를, "가늠한〔줄을 그은〕 먹이 아직 남아 있으니 다 갈지〔磨〕 아니한 것입니다."[58] 하고, 물러가서 이를 갈아 먹이 다 없어지자 소리가 곧 바르게 되었다.

(1)~(4)까지는 『세종실록』에 실려있는 황종구법의 제정 과정이다. 주의할 점은 시간과 내용이 항상 일치하지 않는다는 것이다. 사초史草는 사건을 겹쳐서 혹은 선후를 섞어서 작성하는 경우가 있기 때문이다. 다시 정리해 본다.

(1) 세종 9년 9월(1427년), 세종은 박연이 거서법으로 율관을 만드는 것을 회의적인 입장에서 피력한다.

(2) 세종 12년 2월(1430년), 박연이 거서법의 어려움을 말하면서, 중국의 음률이 맞다는 보장이 없다고 주장한다. 아울러 율도량형의 통일은 천자의 일이고 제후국인 조선의 일이 아님을 상기시킨다. 그렇다면 권도를 좇아서 조선의 율관을 중국의 황종관과 일치하게 만들고 삼분손익법에 의거하여 나머지 11율을 만드는 방법이 있다고 한다. 현실적이고 영리한 제안이다.(김인숙, 2019, 64~79쪽)

(3) 세종 12년 9월(1430년), 세종은 황종과 황종관의 차이 및 황종구법에 대해 명확히 알고 있으며, 거서법의 불완전함을 지적한다. 『율려신서』를 비롯한 책들을 참조하고 검토해도 중국 역대로 올바른 악제樂制를 얻지 못하고 있다고 말한다.

---

58) 편경의 줄 친 부분의 먹까지 갈지 않아서 소리가 높다는 뜻이다.

(4) 세종 15년(1433년)의 ① ② ③은 박연의 상소문을 중심으로 황종 제정 과정을 나열하고 있는데 그 이전의 일들이므로, 시간의 순서가 일정치 않다. ①은 (2)에서 권도에 따른 제안이 이루어진 과정과 결과에 대한 내용이다. 박연이 해주산 거서로 황종관을 만들었으나 중국 황종음보다 높았다. 여기서 진양의 후기법을 취하려고 해도 중국과 우리나라의 풍토가 달라 후기하는 어려움을 피력한다. 이런 과정을 거쳐 결국 다른 방도〔權道〕를 쓴다. 인공 거서인 '밀랍' 으로 황종관을 만들고 삼분손익으로 나머지 11율관을 제작했는데, 그 율관들이 제소리〔본래의 음〕에 맞았다는 것이다. 이 율관은 박연의 독자적인 작품이다. 중요한 것은 뒤이어 채원정의 악률론에 맞게 후속 작업을 한 것이다. 즉 율관의 지름을 3분4리6호로 보고 9진법과 촌법에 맞는 율관을 만들었고 그 결과 소리가 정확하게 들어맞았다는 것이다. 이는 채원정의 황종구법에 반하는 방법 즉 '밀랍' 으로 황종을 구했다는 비난을 일정 부분 희석시킬 수 있었다. 이런 박연의 문제해결 능력을 『주역』의 관점에서 보자면, 「계사전」 상 3장의 '선보과善補過' 라 할 수 있다. '허물을 잘 고친다' 는 뜻으로 이미 발생한 제반 문제를 뒷수습을 잘한다는 것이다. 밀랍을 사용한 선행 행위의 허물을 채원정의 율법에 맞는 율관 제작이란 후속 행위로 그 문제를 잘 수습했다는 것이다.

②는 중국식 황종구법을 따르지 않은 박연의 독자적 율관 제작에 대한 대신들의 문제 제기와 박연의 답변이다. 이것은 『율려신서』에서 '성기지원' 으로 황종을 구해야 하며, 율관을 먼저 만들고 나서 그 관을 황종으로 삼아서는 안 된다고 했는데, 박연이 이 순서를 어긴 것에 대한 문제 제기이다. 박연은 중국의 황종이 우리와 맞지 않아 우리의 풍토에 맞는 용기를 먼저 제작하고 그 관을 삼분손익하여 11율관을 만들었는데 그것이 중국의 음과 일치했다고 답한다. 즉 자신이 제작한 용기가 성기지원' 을 획

득한 율관으로 충분히 도량형의 표준 용기가 된다고 것으로, 대신들의 우려와 비판을 제압한 것이다.

【 해제 】

율려론은 모든 사회제도와 문화의 기초를 세우는 법칙이지만, 그 기준이 시대마다 달라지고 모호했다. 이 때문에 올바른 황종과 황종구법은 중국의 왕조 대대로 정확한 기준을 세우고 제정하는 데 어려움을 겪었다. 조선 역시 나라의 기틀을 세우는 데 황종과 그 구법이 절실했지만, 중국의 황종구법이 부정확할 뿐만 아니라 우리의 풍토와 맞지 않아 더욱 어려움을 겪을 수밖에 없었다.

세종과 박연의 경우를 보자. 세종은 채원정의 후기법으로 황종을 먼저 구하여 그 율관을 황종관으로 삼고, 그 속을 1,200개의 거서로 채워 도량형의 원기로 삼아야 한다고 생각했다. 그래서 거서로 황종관을 먼저 구하는 거서법에 반대했다. 박연도 처음에는 동감이었을 것이다. 하지만 제작에 임하면서 황종을 먼저 구해야 한다는 순서를 지킬 수 없었다. 순서뿐만 아니라 방법과 재료도 조선식으로 변경해야만 가능하다고 판단했다. 즉 '밀랍' 을 거서의 대용품으로 사용하여 황종관을 먼저 만든 것이다. 이어서 박연은 그 후속 작업, 즉 나머지 율관은 『율려신서』에서 정한 율법에 맞게 제작했고, 세종은 이를 전체적으로 수용했다. 황종과 황종관을 구하는 순서가 바뀐 것은 물론 거서가 아닌 밀랍으로 만든 것도 용인한 것이다.

세종이 변칙적 황종구법을 승인한 이유는 박연의 율관이 중국의 제작법과 다르지만, 황종음을 비롯한 11율 모두 제소리〔本音〕에 맞았기 때문이다. 세종은 알고 있었다. 중국도 황종을 옳은 방법으로 구하지 못했고 황종관을 먼저 만든다는 사실을 알고 있었다. 그런데 박연이 독자적으로 만든 황종관과 이를 기초로 만든 나머지 11율관도 모두 제소리에 맞았다. 세종은 중국보다 뛰어난 조선의 황종구법에 내심 쾌재를 불렀을 것이다.

여기서 세종과 박연이 택한 율려론과 황종구법은 불역不易하는 명분론이 아니라 때에 맞추어 변역變易하는 현실론이자 문제를 해결하는 실질론이라 할 수 있다. 그 속에는 군신 간의 신뢰와 지혜, 상수학에 기반한 율려론에 대한 해박한 지식이 깔려 있었다. 어떤 면에서는 두 사람 모두 수준 높은 상수학적 안목을 가졌다고 볼 수 있다. 여기에 더해 박연의 명석한 판단력과 세종의 대담한 결단력이 있었고, 그러한 결단과 실행으로 국가의 제도문물이 정비되어 국가 경영의 기틀이 튼튼히 다져지고 나아가 후대를 이롭게 했다. 이러한 상황은 「계사전」 하 2장에서 말하는 "역은 궁하면 변하고, 변하면 통하고, 통하면 오래간다. 이 때문에 하늘로부터 돕는지라, 길하여 이롭지 않음이 없다.(易, 窮則變, 變則通, 通則久. 是以自天祐之, 吉无不利)"라는 구절로 대변할 수 있을 것이다. 조선 초 황종이 구해지는 과정을 단적으로 말하면, 율려를 다루는 신하가 시대의 긴요한 문제점을 정확하게 파악하여 해결책을 제시하고, 군주는 이를 적극적으로 수용하여 발전적으로 미래를 이끌어간 모범사례라고 할 수 있다. 그 이면에는 상수학과 율려론의 핵심을 파악한 세종과 박연이 있었고, 두 군신의 협업으로 구하기 어려운 황종을 조선의 고유한 방법으로 구했다고 요약할 수 있다.

〈표 3〉 황종지실 · 황종생십일율 · 십이율지실 관계표[59)]

	黃鐘之實 第二			黃鍾生十一律 第三		十二律之實 第四(生出序)				
辰	3歷	法·數 (節氣)		全數分 損益數	算法(9진법)	辰 律名	實	全	半	
子	1	黃鍾之 律(冬至)	陽	1	1爲9寸	子 黃鐘	177147	①9寸		無
丑	3^1=3	絲法 (大暑)	陰	2/3	177,147×2/3=118,098÷ 19683=6寸	丑 林鐘	118098	⑧6寸	3寸	不 用
寅	3^2=9	寸數 (雨水)	陽	8/9	118,098×4/3=157,464÷ 19683(寸法)=8寸	寅 太簇	157464	③8寸	4寸	
卯	3^3=27	毫法 (秋分)	陰	16/27	157,464×2/3=104,976÷2187 (分法)=48→9진법 53(5촌3분)	卯 南呂	104976	⑩5.3寸	2.6寸	不 用
辰	3^4=81	分數 (穀雨)	陽	64/81	104,976×4/3=139,968÷2187 (分法)=64→9진법 71(7촌1분)	辰 姑洗	139968	⑤7.1寸	3.5寸	
巳	3^5= 243	釐法 (小雪)	陰	128/ 243	139,968×2/3=93,312÷243(釐法) =384→9진법 466(4촌6분6리)	巳 應鐘	93312	⑫4.66寸	2.33寸	不 用
午	3^6= 729	釐數 (夏至)	陽	512/ 729	93,312×4/3=124,416÷243(釐法) =512→9진법 628(6촌2분8리)	午 蕤賓	124416	⑦6.28寸	3.14寸	
未	3^7= 2187	分法 (大寒)	陰	1024/ 2187	124,416×2/3=82944×2=165,888 ÷27(毫法)=6144→9진법 8376 (8촌3분7리6호)	未 大呂	165888	②8.37 6寸	4.183寸	倍
申	3^8= 6561	毫數 (處暑)	陽	4096/ 6561	82,944×4/3=110,592÷27(毫法) =4096→9진법 5551(5촌5분5리1호)	申 夷則	110592	⑨5.55 1寸	2.725 寸	
酉	3^9= 19683	寸法 (春分)	陰	8192/ 19683	110,592×2/3=73,728×2=147,456 ÷3(絲法)=49152→9진법 74373 (7촌4분3리7호3사)	酉 夾鐘	147456	④7.43 73寸	3.663 6寸	倍
戌	3^{10}= 59049	絲數 (霜降)	陽	32768' 59049	73,728×4/3=98,034÷3(絲法) =32768→9진법 48848 (4촌8분8리4호8사)	戌 無射	98304	⑪4.88 48寸	2.442 4寸	
亥	3^{11}= 177147	黃鍾之 實(小滿)	陰	65536/ 177147	98,304×2/3×2=131,072÷3 (絲法)=43690+2/3→65834 (6촌5분8리3호4사6)	亥 仲呂	131072	⑥6.58 346寸. 絲이하 不盡二算	3.286 23寸	倍

	黃鐘之實 第二			黃鍾生十一律 第三		十二律之實 第四(生出序)				
辰	3歷	法·數 (節氣)		全數分 損益數	算法(9진법)	辰 律名	實	全	半	
變半 黃鐘					131072×2/3＝87382				4.385 31寸	
淸 黃鐘					177147÷2=88574				4.500 00寸	

위의 표는 황종 자子〔황종지율 1〕에서 3의 배수 이른바 3역歷으로 11승乘한 황종실수 177,147을 기준 삼아 삼분손익의 연속으로 11율이 생성되는 과정을 미세한 수치로 나타낸 것이다. 12번째 중려의 실수 131,072에서 삼분손익이 더 진행되지 않는 이유는 131,072를 삼분하더라도 나누어지지 않고 무리수 2/3가 남아 더 이상 계산이 불가능하기 때문이다. 이를 '부진이산不盡二算' 이라고 하며 율려가 12율에서 끝나는 이유가 바로 여기에 있다. 이는 율관 생성이 수의 정밀성과 엄밀성에 기초함을 나타낸 것이고 그 핵심은 9진법을 쓰는 데 있으니 10진법과의 명확한 구분을 요한다. 주의할 점은 9진법으로 산출된 율관이라도 척도로 셈할 때는 10진법을 쓴다는 것이다.

Ⅱ. 『악학궤범』과 황종구법

『악학궤범樂學軌範』은 1493년 조선 성종 때 성현(成俔, 1439~1504), 유자광(柳子光, 1439~1512), 신말평(申末平, 1469~1494) 등에 의해 제작된 음악서

59) 율관을 계산하는 '黃鐘之實 · 黃鐘生十一律 · 十二律之實' 의 수치를 표로 정리한 것이다. 이 표는 한중철학회 김수현, 윤용남 교수가 제공한 자료를 합한 것이다. 표 우측 끝 '倍' 는 三呂在陽이므로 用倍한 것이다.

이다. 일찍부터 성현이 악서樂書의 필요성을 꾸준히 제기했던 것으로 보인다. 이 책은 음악 이론과 아울러 악기, 연주 및 진설, 관복, 무용 등에 이르기까지 상세하게 기록한 이론서 겸 실용서이다. 그뿐만 아니라 한글 노래 가사도 실려있어 국문학계에서도 소중한 연구 자료로 여긴다. 『악학궤범』에 대한 연구는 활발하여 60조, 5음 7균 12율, 5성 2변 8음, 4청성, 변율 등 악률 연구에 대해 더 논할 것이 없을 정도이다. 그러나 황종을 논하거나 『악학궤범』에 내재된 『주역』이나 상수학과의 관계를 다룬 글은 찾기 어렵다. 이에 『악학궤범』의 서문과 권1의 악률론에 내재된 상수학적 구조와 황종에 주목하고자 한다. 이 부분에 악률론樂律論이 집약적으로 나타나 있고, 『악학궤범』 제작 경위와 이론이 상수학을 배경으로 서술되어 있기 때문이다. 서문을 요약해 보면 다음과 같다.

첫째, 『악학궤범』에 영향을 가장 많이 끼친 음악서는 채원정의 『율려신서』이다. 한 · 당을 거쳐 송대까지 학자들이 음악의 말단을 말했으나 "오직 채원정의 『율려신서』만 율려의 본원을 얻었으나, 탄법과 지법이 성률聲律에 맞게 펴지 못했다."고 한 데서 알 수 있다.[60] 이러한 논평의 의미는 『율려신서』가 조선 악률의 이론적 기반이 되었지만, 연주 기법은 기보법記譜法에 적용할 수 없었음을 말하고 있는 것이다. 그다음이 진양(陳暘, 1040~1110)의 『악서樂書』이며, 『한서』, 『사기』, 『여씨춘추』, 『회남자』, 『송사』 등이 영향을 미쳤다.

둘째, 세종대에 해주의 거서로 율관을, 남양의 채석으로 편경을 만들었으나 박연의 잘못으로 정확한 율관을 만들지 못했다고 했다. 이는 임금을 높이고 신하를 낮추는 의례적인 언사이다. 앞에서 보았듯 박연은 밀랍으로 황종을 구하고 11율도 제소리에 맞는 율관을 제작했고 세종도 이를 수

60) 이혜구는 이에 대해 '율려의 본원' 은 12율의 산출을 말하고 '성율에 맞게 펴지 못했다' 는 6변율은 실제 사용되지 않아서 공언이 됐다고 해석한다. 이혜구 2000, 33쪽.

용했다. 세조 대에 선왕의 뜻을 따랐다고 했다.

셋째, 성종 대에 들어 유자광, 성현 등이 율관의 제작 원리〔作律之原〕와 율을 사용하는 방법〔用律之方〕, 악기, 의물儀物, 무도舞蹈 등 모든 것을 이 책에 갖추려고 한 점이다. 즉 『악학궤범』에 황종과 12율 등 악리와 그 내용과 방법 모두 담으려고 했다는 것이다.

넷째, 위에서 말한 '율관의 제작 원리〔作律之原〕'와 '율을 사용하는 방법〔用律之方〕'에 대한 것이다. 율관의 제작 원리에 대해서 5음 12율은 악樂의 근본이라 하여, 5음은 오행에, 12율은 12월에 분배했다. 또 율을 사용하는 방법으로 음의 고저와 율관의 길이에 따른 음률과 삼분손익법 및 8개의 악기에 대해 말했다. 이는 모두 자연의 법칙으로 천지의 중화와 바름을 얻은 것이라 했다. 아울러 변률變律과 청성淸聲을 말하며, 정성正聲을 위주로 변성變聲을 제어하여 중화의 기氣에 어긋나지 않게 한다고 했다. 이런 율관의 제작 원리와 율의 사용 방법에 상수학의 논리가 들어있으며 율은 황종에서 삼분손익으로 산출했음을 앞서 논의한 바 있다.

다섯째, 우리 음악은 아악〔祭祀〕·당악〔朝會宴饗〕·향악〔民間〕 셋이며, 큰 요체는 7균 12율을 쓰는 데 있다고 했다. 즉 7균 12율이 악률의 보편적 원리이며 황종은 당연히 그 선두에 자리한다.

위 서문의 다섯 가지 내용은 『악학궤범』 권1에 9개의 도설과 6개의 항목에 자세히 나와 있다. 9개 도설의 핵심적 내용은 『율려신서』가 주된 출처이고 일부는 진양의 『악서』에서 나온 것이다. 또 『한서』와 한대의 율서에 중복된 것들도 있다. 먼저 『악학궤범』에 나타난 황종과 태극의 개념, 12율의 생성 원리, 오성도설五聲圖說과 팔음도설八音圖說을 분석하고, 『악학궤범』에서 선택한 황종구법이 어떤 것인지 살펴본다.

1. 『악학궤범』의 황종과 태극

음악에서 황종은 소리의 근원인 '성기지원聲氣之元' 이고 역에서 '태극' 과 맞먹는다. 『악학궤범』 서문에 '5음과 12율은 악의 근본' 이라 했으며 7균 12율의 중요성도 논하고 있는데, 모두 황종에서 시작하는 것이다. 『악학궤범』에서는 어떤 방식으로 황종을 구했는지 명확하지 않다. 따라서 전체 문맥으로 판단해야 한다. 『악학궤범』은 진양의 『악서』에 나오는 거서법〔縱黍尺〕을 소개하는 한편 "황종은 자의 기로 11월건(黃鐘, 子之氣, 十一月建)" 이라 했다. 또 『한서』 「율력지」를 인용하여 "황종은 자子의 기로 절후는 동지" 라고 했다.(이혜구, 2000, 47쪽) 이를 종합적으로 판단하면 후기법候氣法에 대한 설명으로 보인다. 왜냐하면 거서법은 동지의 기〔子氣〕와는 무관하기 때문이다. 이런 사정을 감안하면 『악학궤범』 편찬자들은 후기법을 채택한 것으로 추정할 수 있다. 그러나 주의할 점은 『악학궤범』이 후기법을 택했다는 명시적 문구가 없다는 점이다. 음악계의 통설은 『악학궤범』이 거서법을 택하고 있다는 입장이며, 앞에서 이를 분석한 바 있다. 『악학궤범』 권1에서 황종과 황종율관에 관한 언급을 찾아보면 다음과 같다.

첫째, 권1의 시작은 60조〔調: 旋法〕부터인데, 황종에 대해 다음과 같이 말한다.

> 60조는 곧 12율이고 12율은 곧 하나의 황종이다. 황종이 12율을 낳고 12율이 5성과 2변을 낳고 5성이 各 綱紀가 되어 60조를 이룬다. 60조는 모두 황종을 삼분손익하여 변한 것이다. 宮商角 36조는 老陽이고 徵羽 24조는 老陰으로 調가 이루어져 陰陽이 구비된다.

위 내용은 『율려신서』(1503쪽)의 말을 그대로 인용한 것이다. 60조는 『주례』, 『회남자』, 『예기』, 정현의 주석 등에서 정해졌다고 『율려신서』(1496쪽)에서 언급하고 있는데, 이에 대해 채원정이 주석으로 풀이한 것이다. 요점은 기준 음인 황종에서 12율이 나오고 12율에서 5성 2변이 나온다. 궁상각치우 5성이 강기綱紀 즉 선법의 주체가 되어 각각 12율을 이끌어 60조가 나오는데, 이 60조도 결국 황종을 삼분손익해서 나온 결과라는 것이다. 궁상각 36조는 노양이고, 치우 24조는 노음이라 한다. 노양 36, 노음 24는 『주역』 설시법의 책수〔過揲之數: 노양책수 36, 노음책수 24〕에서 나오는 개념이다.[61]

채원정은 『주역』의 설시법과 60조에서 궁상각치우 5성의 구성이 일맥상통한다고 보고 『주역』의 논리를 여기에 대입했다. 이를 『악학궤범』이 그대로 수용한 것으로, 설시법의 수용으로 60조가 완성되고 음양이 구비되었다고 말한다. 5성과 60조는 결국 『주역』의 음양론과 설시법 즉 상수학적 배경으로 이루어졌다는 뜻이다.

둘째, 「율려격팔상생응기도설律呂隔八相生應氣圖說」의 설명 부분에서 황종의 제작 과정이 나타난다.

> 옛날 황제가 윤을 시켜 대하의 서쪽, 곤륜산의 북쪽 해곡의 대나무에서 자연스럽게 둥글고 속이 빈 같은 크기의 구멍 두 마디 사이를 잘라, 불어보고 그것을 황종의 궁으로 삼았다. 또 12개의 통을 만들어 봉황의 소리를 본받아 그중 수컷 소리〔陽〕가 6개, 암컷 소리〔陰〕가 역시 6개로, 양의 6개는 律, 음의 6개는 呂가 되었다. 6율 6려는 총괄하여 12율이라 하며 12월에 짝한다.

61) 이혜구, 2000, 41쪽 주석 14에서 이것을 60갑자에서 나온 것이라고 하는데 이는 잘못된 것이다.

위는 반고(班固, 32~92)의 『한서』 「율력지」가 말하는 황종의 제작 과정을 인용한 것으로 앞에서 언급한 바 있다. 그것은 같은 구멍 크기 대나무로 '불어보고〔吹之〕' 봉황의 소리를 본받아 황종으로 삼았다는 것이다. 상고적 이야기지만 황종의 생성 과정은 자연스러운 천지의 바른 기氣에 근본한다는 의미로 봉황의 소리에 비유했다. 여기서 황종이 되기 위한 조건은 두 가지다. 하나는 천지의 기에 자연스럽게 조화하는 소리라는 점과 또 하나는 이에 맞는 빈 대나무를 불어보고 소리로써 판별하는 것이다. 이어서 "천지의 기가 합하여서 바람이 생기고 천지의 풍기가 바르게 되어 12율이 정해진다.(天地之氣合以生風, 天地之風氣正, 十二律定)"고 했다. 여기서 '풍'은 '소리〔聲〕'이자 '성기지원'란 의미이다. 즉 천지의 기가 바르면 바른 소리〔황종음〕가 생긴다는 뜻이다. 황종음을 기준으로 6양율〔황종·태주·고선·유빈·이칙·무역〕과 6음려〔대려·응종·남려·임종·중려·협종〕의 12율은 12월과 짝한다고 했다. 이처럼 소리 전체를 음양으로 구분하고 12월에 배속하는 것은 역학의 음양론과 역법론曆法論을 반영한 것이다.

셋째, 「율려격팔상생응기도설」에서 황종을 동지 자월에 배속하고 건괘乾卦 초구初九에 비유한다.

> 황종에서 黃은 중앙의 색이고, 鐘은 種과 통한다. 陽氣가 黃宮에 잠맹하고 만물이 子에서 싹트니 황종은 子의 氣이고 절기는 冬至이다. 그 卦는 乾卦 初九이다. … 황종은 자의 기로 11월 월건이다.[62]

황종의 '황'이 '중中'의 색이라는 것은 딱 들어맞는 알맞은 색이라는

62) 이는 『한서』 「율력지」에 나오는 내용과 진양의 『악서』 일부를 인용한 것임은 앞에서 보았다. "黃鐘, 黃者 中之色也. 鍾, 種也. 陽氣 潛萌於黃宮萬物孳萌於子, 而黃鍾, 子之氣也. 其候冬至, 其卦乾之初九. … 黃鐘, 子之氣, 十一月建焉." 이혜구, 2000, 47쪽.

의미이다. '종鍾' 은 '종種' 과 통한다는 것으로 '근본' 이라는 뜻에서 '성기지원' 인 것이다. 소리의 근본인 황종은 24절기로 보면 동지이고 기로 보면 양기의 시작인 자기子氣이며 자월〔11월 월건〕이라고 했다. 이는 후기법에 대한 설명이다. 다만 대나무를 잘라 기를 살핀다는 구체적인 언급은 없지만 동지의 기로 황종을 구한다는 점에서 후기법이라 하더라도 무리가 없다. 또 황종을 64괘로 보면 첫 괘인 건괘䷀의 초구에 해당한다고 한다. 이어서 건괘 나머지 5효는 5양률에 배정하고 곤괘䷁ 6효도 6음려에 배정된다고 했다.[63]

여기서 하나 지적할 것이 있다. '황종이 자기 동지이고 11월 월건' 은 한대 괘기설에서 나온 12벽괘〔消息卦〕[64]를 염두에 두고 쓴 것이다. 그런데

---

63) 12율의 건곤괘 배정 다음과 같다. 황종: 乾初九, 태주: 乾九二, 고선: 乾九三, 유빈: 乾九四, 이칙: 乾九五, 무역: 乾上九. 대려: 坤六四, 응종: 坤六三, 남려: 坤六二, 임종: 坤初六, 중려: 坤上六, 협종: 坤六五.

64) 12消息卦라고도 하며 前漢의 孟喜가 주장했다. 당시의 책력인 夏曆〔하력=人統은 子月을 11월, 殷曆=地統은 자월을 12월, 周曆=天統은 자월을 正月 - 1월로 봄〕으로 曆과 卦를 배합했다. 그 내용은 64괘에서 동서남북은 震兌離坎 4정괘에 배당하고 나머지 60괘를 辟 · 公 · 卿 · 大夫 · 侯 5계급으로 나누고 이에 각각 12괘를 배분했다. 12벽괘란 이 5계급 중에서 최상위 군주〔辟〕에 음양이 순차적으로 消息하는 12괘를 선정하여 12월에 배당하는 것이다. 그 내용은 아래 표와 같다. 12벽괘론은 이후 京房에게 이어졌고, 宋代와 조선에도 12벽괘를 하력으로 수용했다. 따라서 11월 子月 冬至는 復卦䷗이다. 『악학궤범』은 『한서』 율력지를 따라 '황종 동지 11월' 을 건괘 초구에 배정(이혜구 책, 47쪽 주60)하는데 이는 12벽괘론과 배치되는 것이다. 12벽괘는 卦氣說을 근간으로 하고, 괘기설은 『易緯稽覽圖』에서 유래했다. 주요 내용은 易卦로 1년 절기의 변화를 말하면서 64괘 384효를 1년의 4계절, 12월, 24절기, 72侯에 배당한다. 四正卦인 坎震離兌는 사계절을 주관하고 나머지 60괘를 1년 72후(24절기를 初次末로 3分)에 배당한다. 60괘에 1년을 배당하면 365.25일÷60괘=6.0875일이 되며 이는 각 괘가 6日7分〔1일=80분. 60괘×6일+60괘×7분=365.25일. 7分=0.0875일=2.1시간〕을 주관하게 된다. 이것이 이른바 '六日 七分法' 이자 '卦는 地6, 候는 天5' 라는 설이다. 中孚卦䷼를 동지 初候에 배당하여 1년 절기의 시작으로 삼는 것 등이다. 12벽괘설은 대부분 수용하지만 왕부지(王夫之, 1619~1692)는 배척한다. 석미현, 2017, 70~93쪽. 료명춘 등, 『周易哲學史』, 176~181쪽. 주백곤 저, 『易學哲學史』 1권, 129~139쪽.

문제는 건곤괘와 황종, 12율이 이처럼 상호 연결될 수 있는 것인지에 대한 의문이다. 12벽괘는 하력夏曆을 기준으로 한다. 한대에는 하은주 삼력 가운데 자월을 11월 동지, 축월을 12월, 인월을 정월로 보는 하나라 역법을 채택했다. 따라서 12벽괘의 관점에서 보면 황종이 '자의 기로 동지 11월 월건' 이라는 것과 '건괘 초구에 해당한다.' 라는 부분은 양립할 수 없다. 또 건곤 12효를 12율에 배정하는 부분도 성립할 수 없다. 12벽괘에서 11월 동지 자월은 복괘䷗에 배속되고 건괘는 4월에 배속되기 때문이다. 채원정도 황종을 복괘에 배속했다. 또 곤괘䷁는 해월亥月로 10월에 배속되므로 6음려와 연결하기 곤란하다. 이처럼 황종, 12율, 건곤 12효는 12벽괘의 관점에서 보면 연결되지 않는다.

『한서』「율력지」는 이런 문제가 있다는 것을 몰랐던 것인가. 아마 다른 이유가 있을 것이다. 추측하건대, 『주역』 64괘의 근본인 건괘 초구에 12율의 근본인 황종을 연결시켜, 건괘 초구와 악률의 시초인 황종과의 동질성을 확보하려 했을 것이다. 또 6양률을 6양괘인 건괘에, 6음려는 6음괘인 곤괘에 연결한 것 역시 『주역』의 근본인 천지〔乾坤〕 음양과 12율이 같은 출처라는 것을 보여주려는 의도로 이해된다. 말하자면 역과 악률은 같은 뿌리라는 의미로 논리를 전개한 것이라고 추론된다.

넷째, 「12율위장도설」에 나오는 황종 율관에 대한 것이다.(이혜구, 2000, 54쪽)

구분	子 11월 冬至	丑 12월	寅 1월	卯 2월 春分	辰 3월	巳 4월	午 5월 夏至	未 6월	申 7월	酉 8월 秋分	戌 9월	亥 10월
12辟卦 (夏曆基準)	䷗ 復	䷒ 臨	䷊ 泰	䷡ 大壯	䷪ 夬	䷀ 乾	䷫ 姤	䷠ 遯	䷋ 否	䷓ 觀	䷖ 剝	䷁ 坤

황종은 길이 9寸이고 단면적〔圍〕이 9分이다.〔이하 11율의 圍도 모두 같다〕 삼분손일하여 아래로 임종을 낳는다.〔黃鍾長九寸, 圍九分, 三分損一, 下生林鍾〕

윗글은 『한서』「율력지」와 유흠의 동곡에 새겨진 명문이자 『율려신서』에 나오는 "장9촌長九寸, 공위9분空圍九分, 적810분積八百一十分"에서 '공'과 '적810분'을 생략한 것이다. 또 '용거서1,200〔容秬黍千二百: 거서 1,200개들이〕'도 채옹(132~192)의 동약銅龠 명문에 나온다. '공위9분空圍九分'은 정현(127~200)의 『월령장구주』, 채옹의 동약에도 나온다. 모두 황종관의 규격에 대한 언급이다. 후기법은 동지의 기를 살펴 성기지원을 얻은 관을 측정해 보니 이런 규격이 나왔다는 입장이고, 거서법은 선대부터 주어진 규격의 황종관에 거서를 1,200개 넣어서 표준 용기로 사용한다는 입장이다. 관의 길이가 9촌이고 관의 '위'가 9분인데, '위'가 구멍의 둘레인지 구멍의 면적인지 모호하며, 또 '지름은 삼분, 둘레는 9분'이라는 설도 한대 이후부터 논란이 많았다.

송대에 들어서 호안정과 채원정의 주장으로 '위'는 율관의 둘레가 아닌 율관의 단면적으로 정리되었다. 율관 구멍의 면적은 모두 9분〔평방분〕으로 동일하고 황종관의 길이 9촌을 '삼분손익'의 과정을 거쳐 나머지 11율이 생성된다. 율의 생성 과정과 내용에 대해 이런 몇 가지 근본적인 문제들이 해결되면서 60조, 12율, 삼분손익, 격팔상생, 4청성, 변율, 5성2변성 등 일련의 이론으로 발전했음은 앞에서 보았다. 그런데 왜 관의 길이가 9촌, 위圍가 9분, 적積이 810으로 공통으로 '9'가 적용되는가. 이에 대한 단서가 『한서』「율력지」에 나온다.

황종은 천통이 되고 황종 율관의 길이는 9촌이다. 9란 中和를 궁구하여 만물의 근원이 되는 것이다.

『한서』「율력지」는 황종의 길이인 '9'에 만물의 근원성을 부여했다. 그러나 '9'가 만물의 근원이 되는 이유를 밝히지는 못했다. 『관자』, 『회남자』, 『사기』 등도 9를 논했지만 왜 황종이 9가 되는 이유를 말하지 못했다. 앞서 논한 바와 같이 채원정은 『주역』의 천지지수에서 그 이유를 찾았다.

> 천지의 수는 1에서 시작하여 10에서 끝난다. 1·3·5·7·9는 陽이다. 9는 양의 완성이다. 2·4·6·8·10은 陰이다. 10은 음의 완성이다. 황종은 陽聲의 시작이고 陽氣의 움직임이다. 그러므로 그 수는 9이다.

'9'에 대한 해답을 채원정은 『주역』「계사전」의 천지지수이자 「하도」의 수에서 찾았다. 그는 '황종은 9로 양성陽聲의 시작이고 양기陽氣의 움직임'이라 했다. 천지지수1~10에서 9는 양수의 끝이자 완성이다. 그래서 황종관은 길이가 9촌이고 단면적이 9평방분이 되는 것이다. '9'는 『주역』에서 중요한 수이다. 『주역』은 천지만물을 포괄하고 인간사 모든 것을 품는다. 음악은 인간의 자연스런 감정의 발로로 천지의 기와 상통하고 『주역』 또한 천지음양의 기로 표현된 괘상으로 이루어졌다. 따라서 음악의 시발인 황종 또한 역학의 영역에 포섭되는 것은 자연스러운 일이다.

황종의 소리는 귀로 들리지만, 눈으로 보고 머리로 인식하는 것은 '수'의 영역이다. 동아시아에서 음악의 소리가 '수'로 표현될 때 리수인 역수〔象數學〕가 그 기능을 발휘한다. 채원정은 이를 간파하고 상·수 즉 「하도」와 「하도」의 수로 황종의 수 '9'의 출처를 밝힌 것이다. 「하도」와 「하도」의 수는 역의 기원임을 송대 도서상수학에서 말하고 있다. 조선 역학은 송역과 그 흐름을 같이하고 조선 음악에 내재된 상수학적 요소도 그 흐름을 같이하는 것은 자연스러운 현상이다. 따라서 채원정이 '성기지원' 인 황종과 역학의 불가분성을 '9' 수를 매개로 『율려신서』에서 제시했고 『악학궤범』은 그것을 채택한 것이다.

2. 12율 생성법과 5성 8음

『악학궤범』에서 12율관의 생성을 처음 언급된 곳이 60조이다. 그러나 본격적으로 거론되는 것은 「율려격팔상생응기도설」(『악학궤범』, 2011, 46~47쪽)과 「12율위장도설律圍長圖說」(53~54쪽) 및 「반지상생도설班志相生圖說」(58쪽)과 「양율음려재위도설陽律陰呂在位圖說」(59쪽)이다.[65] 「율려격팔상생응기도설」은 12율이 음양의 기로 구분되어 상응하는 율끼리 8자리를 격隔해서 원도에 분포되는 과정을 그림을 통해 설명한 것으로 제1부 채원정 부분에서 논한 바 있다. 「12율위장도설」은 황종관 9촌에서 삼분손익을 거쳐 11율이 생겨나는 과정을 그림으로 나타냈다. 「반지상생도설」은 『한서』 「율력지」에 나오는 12율의 생성 과정을 음양률과 부부를 대입하여 『상서통고』에 그렸고, 『상서통고』의 그림을 『악학궤범』에 그대로 옮겨놓은 것이다. 「양율음려재위도설」은 『율려신서』에 나오는 12율 가운데 6양진과 6음진이 음양의 자리에 따라 율수를 조정해야 한다는 내용의 도설이다. 이들 4개 도설의 공통분모는 '삼분손익' 과 '격팔상생' 이다. 여기에 상수학의 논리 즉, 「설괘전」의 '삼천양지론' 이 들어있다. 〈그림 18〉은 일명 '격팔생생도' 로 불리는 「육율육려도六律六呂圖」이다.

『악학궤범』 권1에서 역학이 드러나 있는 또 다른 도설로 「오성도설五聲圖說」(『악학궤범』, 60쪽. 이혜구, 63쪽)과 「팔음도설八音圖說」(『악학궤범』, 이혜구, 67쪽)을 들 수 있다.

---

65) 이상의 도설은 이혜구 책, 2000, 46쪽~61쪽을 참조했다.

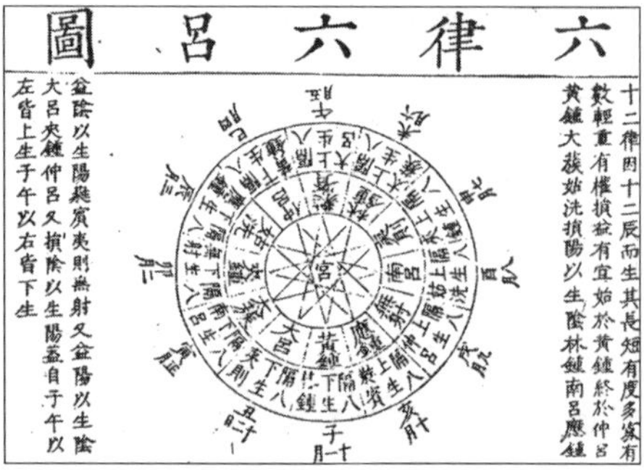

〈그림 18〉 육율육려도

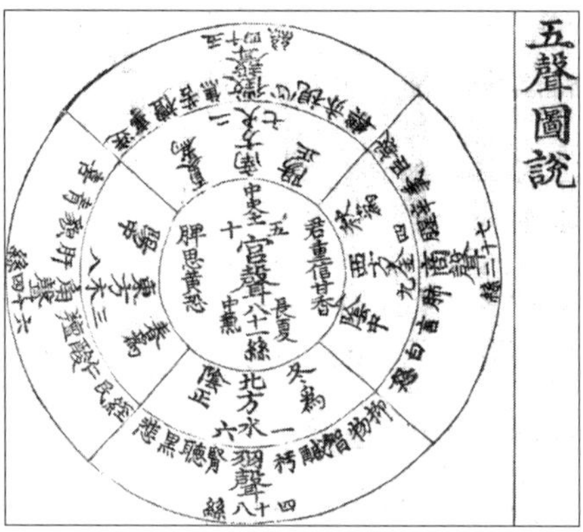

〈그림 19〉 오성도설

〈그림 19〉「오성도설」은 『주역』의 천지지수가 잘 나타난 도설이다.[66] 천지수는 1~10으로 1~5는 생수, 6~10은 성수이다. 1·3·5·7·9는 양수이자 천수이고, 2·4·6·8·10은 음수이자 지수이다. 천지지수는 「하도」의 수이기도 하다. 『악학궤범』이 「하도」를 말한 바는 없다. 그러나 당시는 송대 도서학이 흥기하여 조선에 유입되면서 「하도낙서」는 역학의 원류로 인정되었다. 따라서 직접 「하도」를 말하지 않더라도 『악학궤범』에서 언급하는 내용(이혜구, 2000, 62~66쪽)을 살펴보면 「하도」를 염두에 둔 것임을 알 수 있다. 천지지수는 수의 생성과 음양만을 말하지만, 「하도」는 이를 포함하여 방위와 오행의 상생상극 및 천문의 운행까지 해석할 수 있었기 때문이다.

『악학궤범』이 진양의 『악서』를 인용하여 「하도」의 수와 방위를 연결한 것을 보면, 「하도」 중궁의 수 5·10을 중앙 토土로 보고 궁음에 배치한다.

66) 궁상각치우 5성이 궁음의 율수81에서 삼분손익하여 우음48까지 변동되고, 2변성인 변치56, 변궁42까지 진행되는 과정과 내용은 기존 연구로 충분하다. 다만 이를 『주역』의 천지지수와 연결할 때에는 추가 설명이 필요하다.

이는 「하도」 수와 방위 및 오행을 모두 소리에 연결한 것이다. 『역학계몽』에서는 「하도」 중궁의 수 5·10을 역의 태극으로 본다. 이처럼 중궁 수는 만물의 근본이라는 점에서 소리의 근본인 궁음에 배당한 것이다. 상음은 「하도」의 서방 4·9·금에 배당하고, 각음은 「하도」의 동방 3·8·목에 배당하고, 치음은 「하도」의 남방 2·7·화에 배당하고, 우음은 「하도」의 북방 1·6·수에 배당한다. 『악학궤범』은 오음을 다양한 비유로써 논한다. 일과 쓰임으로, 자리와 색으로, 본성이나 정情으로, 맛과 냄새로도 논한다. 하늘의 운행에 있어 '오기五氣'이고 지상에서는 '오행'[67]이며 사람의 장기에서는 '오장'이 되는 등 중성中聲이 어디라도 있지 않는 바가 없다고 한다. 즉 오성은 천지만물 속에 그 형태를 달리하여 중추적으로 존재한다는 뜻이다. '5'는 리수로서 『주역』의 천지지수에서 가운데의 중심적인 역할〔中心〕을 하는 것과 서로 짝을 이룬다.

〈그림 20〉 「팔음도설」은 『주역』의 팔괘와 관련 있는 도설이다. 팔음이란 돌〔石〕·가죽〔革〕·실〔絲〕·박〔匏:바가지〕·흙〔土〕·대나무〔竹〕·나무〔木〕·쇠〔金〕 8가지 소리를 말한다. 이 8음이 8풍 8절기와 배합되어 『주역』의 8괘에 배속되는 것을 그림으로 나타낸 것이다. 절기의 배속은 송대 대표적 도서인 「하도」와 「선천도」와 그 내용이 같다. 여기에 배속된 8괘의 방위는 이른바

〈그림 20〉 팔음도설

67) 「설괘전」 2장, "立天之道曰, 陰與陽. 立地之道曰柔與剛." 하늘에서는 물질이 아닌 氣〔음양2기〕로 존재하고, 지상에서는 물질〔剛柔〕로 존재한다는 뜻이다.

문왕팔괘방위와 일치한다. 즉 「설괘전」 5장[68]의 내용과 같다. 이처럼 두 그림에 역학의 논리가 깊이 배어 있음을 알 수 있다.

3. 『악학궤범』의 황종구법

『악학궤범』 서문과 권1에 언급된 '황종구법'의 내용을 검토하고(이혜구, 2000, 33~58쪽), 이를 자세히 분석해 보도록 한다.

① 거서를 취하여 율관을 정하고 채석을 가지고 磬을 만들고 … 당시 樂을 맡은 사람은 朴堧뿐이었다. 그러나 박연이 습득한 것은 껍데기에 지나지 않았으니 세종대왕의 계획에 만분의 일이나 도움을 주었겠는가?

② 옛날 황제가 윤을 시켜 대하의 서쪽, 곤륜산의 북쪽 해곡의 대나무에서 자연스럽게 둥글고 속이 빈 같은 크기의 구멍 두 마디 사이를 잘라, 불어보고 그것을 황종의 궁으로 삼았다. 또 12개의 통을 만들어 봉황의 소리를 본받았다.

③ 황종에서 黃은 중앙의 색이고, 鐘은 種와 통한다. 陽氣가 黃宮에 잠맹하고 만물이 子에서 싹트니 황종은 子의 氣이고 절기는 冬至이다. … 大呂와 합하여 林鍾을 下生한다.

④ 『악서』에서 말하기를, 율관을 대나무로 만드는 것은 천연의 器物이기 때문이고, 기장을 채우는 것은 천연의 물건이기 때문이다. … 모두 자연에서 난

68) 「설괘전」 5장, "帝出乎震, 齊乎巽, 相見乎離, 致役乎坤. 說言乎兌, 戰乎乾, 勞乎坎, 成言乎艮. 萬物 出乎震, 震東方也. 齊乎巽, 巽東南也, 齊也者, 言萬物之潔齊也. 離也者, 明也, 萬物, 皆相見, 南方之卦也. 聖人, 南面而聽天下, 嚮明而治, 蓋取諸此也. 坤也者, 地也, 萬物, 皆致養焉. 故曰致役乎坤. 兌, 正秋也, 萬物之所說也. 故曰說言乎兌. 戰乎乾, 乾, 西北之卦也, 言陰陽相薄也. 坎者, 水也, 正北方之卦也, 勞卦也, 萬物之所歸也. 故曰勞乎坎. 艮, 東北之卦也, 萬物之所成終而所成始也. 故曰成言乎艮."

것이고 사람이 관여하지 않은 것이다. 이것이 中和의 소리가 나오고 大樂이 이루어지는 이유이다. … 후세에 대나무를 구리로 바꾸는데 사람이 만든 그릇에 천연의 기장을 담으니 용량에 차이와 음의 고저에 문란함이 어찌 없겠는가.

⑤ 살피건대 율관을 만드는 법은 오래된 海竹의 양 마디 사이를 잘라 황종에서 응종까지 율의 촌수에 따라 마름질한다. … 위아래의 구멍의 크기를 서로 맞게 해야 음을 정할 수 있다. … 혹 구리와 철로 만들면 시간이 오래되어도 소리는 차질이 없다. 살피건대 황종관의 길이 9촌, 단면적 9평방분, 용적 810입방분에 거서 1,200개를 담으면 황종의 율에 딱 맞는다. 지금 장악원에 있는 구리 율관 2벌은 營造尺으로 황종 율관의 길이를 재니 1자이다. 度尺의 제도에 있어서 영조척 1자는 황종척 8촌9분9리에 해당한다. 1리만 더하면 1자가 된다. 이 12율관의 둘레와 지름도 미세한 차이가 있으나 古制와 크게 틀리지 않는다. 현재 사용하는 악기들을 모두 이 율관으로 교정한다.

위에서 ①은 임금을 높이고 신하를 낮추는 의례적인 표현이다.

②는 앞에서 검토한 바와 같이 황종은 자연스러운 천지의 바른 기에 근본한다는 의미로 봉황의 소리에 비유했고 이에 맞는 빈 대나무를 불어보고 판별하는 것이다.

③을 요약하면, 황종은 동지의 기로 만물을 소생시키는 근본적인 양기라고 한다. 이는 채원정의 후기법을 말한 것이다.

④는 진양의 『악서』에 나오는 율관 만드는 내용을 소개하고 있다. 황종은 천연의 소재인 대나무와 기장으로 제작하므로 중화의 소리를 얻지만, 사람이 만든 구리관은 인위적이어서 불가하다는 말이다. 이는 율관 제작 과정의 자연스러움을 강조하고 인위적인 면을 배제하는 내용으로 이를 통해 『악학궤범』이 거서법으로 황종을 구했다고 단정할 수 없다.

⑤는 성현成俔의 의견으로, 죽관 상하 구멍 크기가 같아야 한다는 것이다. 또 『악서』와 다른 의견 즉 구리나 쇠로 만든 율관이 더 정확하다는 반론을 제기하면서 그 용례를 말하고 있다. '황종관 길이 9촌 · 단면적 9분 · 체적〔부피〕 810분 · 용량 거서 1,200개들이'는 『한서』「율력지」, 유흠의 동곡, 채옹의 동약 등에 나오는 황종 율관의 규격임은 앞에서 보았다.

주목할 점은 황종관이 표준 용기라 하더라도 용도에 따라 다른 자〔尺〕가 있었다는 것이다. 당시에는 목공과 건축에 사용했던 영조척[69]이 하나의 기준 역할을 했다. 고대부터 왕조마다 도량형의 실제 내용이 달랐다. 예를 들어 한나라 1촌과 송나라 1촌의 실제 길이가 다르다는 것이다. 채원정은 표준 용기의 중요성을 강조하면서 시대별 도량형의 역사적 변천을 심도 있게 고찰한 바 있다.(『율려신서』 1569~1580쪽) 위의 글을 통해 정확한 율관〔황종〕을 구하고 표준화한다는 것이 국가적 난제였음을 알 수 있다.

이상을 검토해 보면 ②와 ③이 『악학궤범』 서문에서 말하는 '율관의 제작 원리〔作律之原〕'에서 가장 중요한 황종구법이라고 할 수 있다. 즉 『악학궤범』은 ③의 황종을 구하는 방식인 채원정의 '후기법'을 선호하

69) 영조척은 木工尺이라고도 불렀다. 척도의 체계들이 정치적 또는 경제적인 이유로 시대에 따라 많은 변화를 겪은 데 반해 영조척은 실용적이고 기술적인 특징 때문에 그 길이가 크게 변하지 않아서 다른 척도의 고증에도 중요한 참고가 된다. 『경국대전』에 의하면, 영조척 1척이 黃鐘尺으로 0.899척에 해당된다고 했으며, 『증보문헌비고』에는 1영조척이 0.899황종척, 1.499周尺, 1.09造禮器尺, 1.15縱黍尺 또는 1.18橫黍尺에 해당된다고 했다. 1446년(세종 28)에는 黃鐘管의 길이를 기준으로 영조척을 만들고, 그에 따라 황종척 · 예기척 · 주척 · 布帛尺 등을 銅으로 주조하여 각 지방 관청에 보내 표준척으로 삼게 하였다. 그런데 『세종실록』 五禮의 吉禮序例에 도시된 조례기척의 길이는 28.9cm이므로 이것으로 환산하면 황종척의 길이는 35.11cm가 되고, 주척의 길이는 21.27cm가 된다. 현재 덕수궁에 소장되어 있는 동제 황종척의 실제 길이는 34.10cm로서, 환산하면 주척은 20.66cm, 영조척은 30.65cm가 된다. 출처: 『한국민족문화대백과사전』, 한국학중앙연구원.

는 것으로 보인다. 그렇게 만든 율관을 불어보면 ②에서처럼 천지의 자연스러운 기에 부응한다는 것이다. 이것은 『악학궤범』에서 '오직 채원정의 책만 깊이 율려의 본원을 얻었다' 라는 찬사와 부합한다. 그러나 이것으로 『악학궤범』이 채원정의 '후기법' 을 채택했다고 단정하기는 어렵다. 『악학궤범』이 채택한 황종구법은 후기법이라는 명시적 언급이 없기 때문이다.

4. 『악학궤범』의 황종구법

앞에서 『악학궤범』의 황종구법은 명확하지 않다고 했는데, 왜 『악학궤범』은 황종구법에 대해 명확한 태도를 표명하지 않았을까. 한편 전통음악학계에서는 거서법으로 황종을 구한다고 했다. 전통음악 학계의 주장을 앞의 박연 편에서 분석했지만, 남상숙의 주장을 추가로 검토하면서 『악학궤범』의 황종구법을 재고찰하도록 한다.(남상숙, 1986, 30~34쪽)

① 朴堧이 만든 황종척은 황종장 9촌에 1촌을 더한 10촌이니, 본래의 종서척도 아니고 횡서척도 아니다. … 박연의 황종척은 1촌이 10분이다.

② 縱黍尺은 9진법에 의한 척도로서 1尺=9寸=81分=729厘 … 이고, 9分尺 · 81分尺 · 황제지척은 모두 이 종서척을 일컫는 말이며, 『樂學軌範』所載 律長은 바로 이 종서척에 의한 것이다. 橫黍尺은 10진법에 의한 척도로써 1척=10촌=100분=1000리 … 이며, 10분척 · 100분척 · 하우지척은 모두 이 횡서척을 칭하는데, 朴堧의 황종척은 횡서척이지만 황종장은 90분이므로 본래의 횡서척에서는 변화된 것이라 할 수 있다. 종서척과 횡서척의 1尺의 길이는 똑같았다.

③ 81分의 9寸은 정현과 유흠의 誤譯으로 90분의 9촌으로 변하고 그것이 황종

> 장의 1척을 90분의 9촌으로 잡은 시초가 된 것이다. 이러한 '황종장 9촌, 1촌은 10분' 이 『漢書』 율력지에 기록되었다. 진양의 악서도 『漢書』 율력지와 내용이 같다. 『漢書』 율력지 이후 전통이 된 '황종장 9촌, 1촌은 10분' 수치를 채원정도 『율려신서』에 기재했다. 세종과 박연의 율관 제작 시 많은 어려움 속에서 중국의 황종 수치에 맞추기 위해 힘썼기에 '황종장 9촌, 1촌은 10분' 을 수용했다. 따라서 90분 황종장, 즉 10분척에 의한 황종장 9촌은 저절로 『악학궤범』에 기재되었다.

남상숙은 ①에서 "박연이 만든 황종척은 황종장 9촌에 1촌을 더한 10촌이니, 본래의 종서척도 아니고 횡서척도 아니다."라 했다. 그러나 엄밀히 말하면 박연은 '황종척黃鍾尺' 을 만든 것이 아니고 '황종관黃鍾管' 을 만든 것이다. 박연은 황종 소리를 내는 황종관이 필요했지 표준 용기로서 황종척—종서척이든 황서척이든—이 필요했던 것은 아니기 때문이다. 황종관이 제정되면 황종척은 자동적으로 결정되는 것으로, 이러한 점을 고려해야 할 것이다.

②에서 "『악학궤범』 소재 율장律長은 바로 이 종서척에 의한 것이다." 라고 했다. 이는 앞 장에서 보았듯이 『악학궤범』이 거서법을 염두에 두고서 종서법으로 황종관을 구했다는 남상숙의 주장이다.

③은 1촌이 9분인지 10분인지에 대한 것으로, 과거 한나라 유흠과 정현의 오역, 『한서』 율력지와 진양의 『악서』의 오기, 이어 『율려신서』에서도 채원정이 오기했다는 것이다. 『율려신서』를 그대로 따른 『악학궤범』도 채원정처럼 '10분척에 의한 황종장 9촌' 의 오류를 범한 것은 자연스러운 일이라고 말한다. 남상숙은 채원정이 오기한 이유를 "채원정은 자신의 율산과는 무관하지만 이미 전통이 되어 내려온 '황종 90분' 을 버리지 않았던 것이며, 그의 율산 또한 전통적인 삼분손익법을 충실하게 따른 것이

다. 삼분손익 산법에 가장 적합한 척도가 9분척이며 이것이 바로 최고最古의 황종척인 황제지척〔黃帝之尺: 縱黍尺〕이다."라고 했다. 채원정도 어쩔 수 없이 황종 1척은 81분이 아니라 한나라 때부터 내려온 90분을 전통을 고수한다는 측면에서 수용했다고 본 것이다. 따라서 『악학궤범』도 이를 그대로 받아들일 수밖에 없었다는 것이고 그래서 『악학궤범』은 면책된다고 본 것이다.

여기에 몇 가지 의문이 생긴다. 첫째, 채원정은 황제지척인 종서척이나 횡서척을 인정하지 않았는데 이러한 척도로 채원정의 황종 혹은 황종구법과 연결하는 것은 앞뒤가 맞지 않는다.

둘째, 채원정은 상수학에 해박한 논리적인 학자이고 황종관의 수치는 수학적인 계산의 문제이다. 따라서 '전통의 고수' 라는 관념적인 주제가 채원정의 '율산에서는 9진법, 척도에서는 10진법' 이라는 실질적인 율려관을 뛰어넘을 수 없다고 생각한다.

셋째, 채원정이 위경지수 계산은 10진법, 삼분손익은 9진법을 사용하는 이유에 대해 혹자들이 의문을 제기하자, 10진법 사용은 '천지의 전수全數' 로, 9진법 사용은 삼분손익을 세우기 위한 것이라고 답하면서 이 둘을 체용으로 구분했다. 즉 각각의 쓰임이 있다는 것이다. '황종 1척 90분' 을 일단 10진법으로 보지만 이 황종관은 9진법으로 삼분손익하여 나머지 11율관을 산출한다는 의미인 것이다. 이러한 관점에서 보면 채원정이 오기한 것이 아니라 9진법과 10진법의 용도에 따라 '황종 1척 90분' 이라고 기재한 것으로 보인다. 이러한 논리를 뒷받침하는 내용은 다음과 같다. (이혜구, 2000, 57~58쪽)

살피건대, 황종관의 길이 9촌 단면적 9평방분 용적〔부피〕 810입방분에 거서 1,200개를 담으면 황종의 율에 맞는다. 지금 장악원에 구리 율관 2벌이 있는

> 데, 營造尺으로 황종의 길이를 재니 1자이다. 度尺의 제도에 있어서 영조척 1자는 황종척 8촌9분9리이다. 1리만 더하면 9촌(1자)가 된다. 이 12율관의 둘레와 지름에 미세한 차이가 있으나 古制와 크게 다르지 않다. 時用樂器들을 모두 이 율관으로 교정한다.

윗글의 핵심은 '지금 장악원에 구리 율관 2벌이 있다'는 것과 그 율관이 옛날 규격과 크게 다르지 않아 시용악기〔時用樂器〕 즉 '현재 사용하는 악기는 모두 이것으로 조율한다.'는 것이다. 즉 『악학궤범』 편찬 당시 황종관을 포함한 12율관의 '실물'이 이미 있었다는 것이고, 이 율관은 옛날에 제작한 고제 율관과 별 차이가 없어서 현재 사용하는 악기는 이것으로 조율한다는 것이다. 이러한 내용으로 미루어 보아 당시 조선은 독자적인 율관으로 악기를 조율했다는 것으로 상당한 의미를 내포하고 있다. 이 율관의 음률의 정확도에 대한 검증은 이어지는 "경자년 중국 사신 정동이 대동한 악관이 지닌 태평소와 우리 악기의 음과 거의 맞았다."라는 글(이혜구, 2000, 58쪽)에서 확인할 수 있다. 즉 장악원에 보관 중인 율관의 음이 중국의 음과 맞았다는 것이다.

이 율관을 세종 때 만들었다는 기록이 정인지의 『아악보』 서에 기재되어 있다.〔『세종실록』 50권, 세종 12년(1430) 庚戌 윤12월 1일 정유, 雅樂譜成, 鄭麟趾 序〕

> 그 소리에 따라서 … 악기가 모두 일신해졌다. 또 그 소리에 의하여 銅律을 주조했는데, 그 律이 약간 길어서, 黍가 너무 많이 들어가는 것을 보아 옛적의 자〔尺〕와 맞지 않는 듯하므로, 그 자는 쓰지 않지만, 여러 악기는 모두 그것에 따라 정확하게 만들고 그 律管만을 남겨 두어 음정을 조화시키는 데 편리하게 할 뿐이었다.

윗글은 박연이 최종적으로 만들고 세종의 윤허를 받아 황종음을 얻은 (죽)율관이므로 이것으로 모든 악기를 조율했고, 이 율관의 소리에 따라 구리 율관〔銅律管〕을 새로 만들어 도량형의 자〔尺〕로 쓰려고 했으나 조금 커서 자로는 사용치 않고 악기의 조율용으로만 사용한다는 내용이다.[70] 말하자면 새로 만든 구리 율관은 도량형의 자로는 적합하지 않지만 12율려의 음률에는 맞아 조율용으로 사용한다는 것이다. '12율려의 음률에 맞다'는 것은 12율관의 길이가 삼분손익법으로 정확하게 산출되어 제소리〔正音〕를 낸다는 것을 의미한다. 이 동률관이 그대로 성종 때까지 전해져 당시 장악원에 보관되었으며, 이것으로 당시 사용하던 악기를 조율했던 것이다. 세조 때에는 선왕〔세종〕의 뜻을 좇아 가곡을 짓고 제사악祭祀樂을 찬정했지만 동률관을 만들지 않았다고 한다.(이혜구, 2000, 34쪽) 따라서 세종 때 만들어진 황종을 비롯한 동률관이 세조를 거쳐 성종 때까지 전해진 것이다.

이러한 연유로 성현 등 『악학궤범』 편찬자들은 구태여 『악학궤범』에 황종구법을 별도로 언급할 필요가 없었던 것이다. 여기서 『악학궤범』에 황종구법이 명시되지 않은 이유가 납득이 간다. 그렇다면 서론에서 언급한 『악학궤범』의 황종구법은 후기법으로 추정할 수 있다는 부분은 어떻

70) 여기서 하나의 의문이 생긴다. 전통적인 견해에 의하면 황종음을 득한 황종관은 악률의 기준 음일 뿐만아니라 표준 용기의 역할도 수행하므로 도량형의 표준 자로서의 기능도 수행해야 한다. 그런데 여기서는 도량형의 자로 쓰기에는 조금 커서 사용하지 못했다고 한다. 생각건대, 자〔尺〕의 실제 길이는 시대에 따라 차이가 있고 용도에 따라 다양한 종류의 자가 있었다. 황종관의 길이는 1자〔척〕이지만 1자의 실제 길이는 주나라 때는 20cm였으나 한나라 때는 23cm, 唐代 30cm였다고 한다. 『世宗實錄』에 의한 15세기 척도는 1주척=21.3cm, 1황종척=35.1cm, 1영조척=31.6cm, 1조례기척=28.9cm, 1포백척=47.3cm 등이었다. 이처럼 당시 박연의 황종관은 그 길이가 실제 사용하는 자—주척이나 영조척 등—보다 커서 현실적으로 사용하지 않은 것으로 추측된다.

게 이해해야 하는가. 아마 『악학궤범』은 『율려신서』를 율려의 본원으로 신봉하므로 『율려신서』에서 채택한 후기법을 언급하고 우호적인 자세를 취한 것 같다.

【 해제 】

이상에서 '황종'을 중심에 두고 상수학이 『악학궤범』 악률론과 어떻게 교섭했는지를 채원정의 이론을 지지대 삼아 살펴보았고, 후기법과 거서법을 분석하면서 전통음악계의 입장을 다시 고찰했다. 그런 가운데 전통음악계에서 『악학궤범』의 황종구법은 '거서법〔縱黍尺〕'을 취했다고 주장한 것에 대해 몇 가지 문제점을 지적했다. 특히 『악학궤범』과 『율려신서』에서 '1촌이 9분인지 10분인지'에 대한 오기 부분과 채원정에 대한 오해 부분을 지적했다.

『악학궤범』에는 황종구법에 대한 명시적 입장이 없고 황종관 제작에 대한 고심도 엿볼 수 없다. 그것은 세종 때 만든 황종율관을 그대로 사용하여 황종을 구하는 수고로움에서 벗어날 수 있었기 때문에 구태여 황종구법을 명시할 필요가 없었던 것이다. 말하자면 선왕이 남긴 훌륭한 유산을 후손이 버리지 않고 요긴하게 사용하여 또 하나의 음악적 업적을 남긴 셈이다.

상수학은 음악과 예술, 음운학 등 인문학 분야와 수학, 천문역법, 의학 등 자연과학 분야와도 융합할 수 있다. 음악이 상수학과 만나는 인문학 영역에서 음악은 역수인 리수로 나타난다. 앞서 본 『주역』의 천지지수, 「하도」의 수가 대표적이고 여기에 나오는 1〔태극, 황종〕· 3 · 9 등으로 인문적 가치를 세울 수 있다. 이러한 리수론에 입각한 『악학궤범』의 악률론에서 음악과 상수학이 조화롭게 결합되어 새로운 인문적 지평을 열어놓았다. 『악학궤범』은 해박한 상수학 지식을 갖춘 성현成俔 등의 노작이라 할 수 있다. 이들의 상수학적 안목이 시대사상에 과불급하지 않고 적절하게 악률론과 조응하면서 조선의 독자적 악률론을 정립한 공로를 인정하지 않을 수 없다.

제3장

역사학

I. 서명응의 『황극일원도』

『황극일원도皇極一元圖』는 서명응(徐命膺, 1716~1787)이 1773년 영조의 어명에 의해 시작하여 1774년에 완성한 조선의 역사서이다. 서명응은 소강절의 원회운세론元會運世論을 중국과 조선 역사에 대입하여 『황극일원도』를 지었으며, 신익성(申翊聖, 1588~1644)[71]과 홍계희(洪啓禧, 1703~1771)가 이전에 작성한 원회운세 조선 역사서보다 한층 내용이 보강된 조선 역사서를 완성했다고 할 수 있다. 이 책은 상수학과 융합한 역사학 저서인

71) 신익성은 조선 최초로 원회운세식 역사서인 『강절선생황극경세서동사보편통재』를 편찬한 인물이다. 뒤의 홍계희나 서명응의 역사서가 英祖의 어명에 의한 것과 달리 신익성은 부친인 신흠의 유업을 이어 10년에 걸쳐 책을 지어 1644년 仁祖에게 진상했다는 차이점이 있다. 신흠은 조선 최초로 『邵子全書』(1606)를 1617년경 구입하여 『황극경세서』의 전체 내용을 파악한 뒤 1618년 『선천규관』을 지었다. 그 뒤 원회운세식 조선 역사서를 편찬하려다 별세하여 아들인 신익성이 이어받았다. 김남일, 2017, 55~106쪽. 신익성은 강절역에 친숙한 가학의 전통이 있고 송대 楊萬里의 史書역학인 『誠齋易傳』을 좋아한 것이 이 책을 지은 하나의 원인으로 보인다. 이에 대해서는 곽신환, 2014, 311~318쪽 참조.

동시에 소강절 역학과 서명응 역학이 녹아 있는 역학서이기도 하다.

앞 장에서 서명응의 천문학을 고찰하면서 그의 학문과 사상 전반을 살펴본 바 있다. 서명응은 조선 후기 르네상스로 비유되는 영·정조시대 정치와 사상계를 이끌어간 문형文衡이자 왕실 측근이었다. 고위 관료였지만 현실에 안주하지 않고 부단히 새로운 분야를 찾아 관물觀物하고 학문적 지평을 넓히고자 노력한 지식인이었다. 그의 독자적인 선천학이 여러 학문과 조응하면서 『선천사연先天四演』이라는 노작과 방대한 『보만재총서保晩齋叢書』의 편찬으로 결실을 맺었음을 보았다. 백과전서류인 『보만재총서』는 총서에 함유된 실학 관련 연구가 학계를 중심으로 진행되고 있고 그 성과도 상당히 축적되었다. 그러나 『황극일원도』에 대한 연구는 미미한 편이며 상수학과 관련된 논의는 전혀 없는 실정이다.[72)]

『황극일원도』의 저작 의도는 무엇이고 어떠한 성격의 저서인가. 그것은 책의 서문에 잘 나타나 있는데, 편찬을 명한 영조의 염원과 서명응이 의도한 본심을 읽을 수 있다. 요약하면 다음과 같다. 영조는 조선의 운세와 미래에 대한 의구심으로 소강절의 원회운세론에 관심이 많았고, 천문학을 비롯한 그 방면의 전문가인 서명응에게 이 책을 집필하도록 했다. 서명응은 『황극일원도』를 통해 선천심법先天心法과 삼성심법三聖心法을 깨우치면 복희 선천시대의 영화가 후천의 영조 시대에 재현될 수 있다고 믿었다. 영조에게도 그런 점을 고취시키는 한편 당시 사대부들도 이를 인식해야 한다고 주장했다. 나아가 그는 『황극일원도』를 통해 자신의 역학 사상을 시대의 중심 사상으로 삼고자 했다. 즉 자신의 선천학이 서학의 유입 등으로 흔들리는 조선 후기 사상의 중심축으로 자리매김하기를 바랐다. 그의 사상의 요체는 모든 수〔運數 포함〕가 「하도」 중궁에서 나온다

72) 과학사학계 논문: 박권수, 2018, 47~88쪽. 정치학계 논문: 소진형, 2022년 73~109쪽.

고 하는 것이다. 또 선천학은 심법이라고 규정하면서 「선천도」는 모두 중中에서 일어나고, 만화만사萬化萬事는 마음에서 생겨난다고 했다. 이처럼 그는 「선천도」와 마음 및 「하도」 중궁을 중시했다.

이러한 의도를 『황극일원도』에 담아 영조에게는 제왕학으로 바치고 사대부에게는 시대를 선도하는 계몽도설啓蒙圖說로 제시했다. 먼저 서명응의 역학 사상 전반을 살펴보고, 이 책의 기획 의도 및 조선의 원회운세식 역사를 그의 선천학이 어떠한 접점에서 풀어나갔는지 고찰해 보도록 한다.

1. 서명응의 역학 사상

『황극일원도』(이하 '일원도'라고도 함)를 이해하려면 선제적으로 알아야 할 두 가지 요소가 있다. 하나는 강절역과 원회운세론이고, 또 하나는 서명응 역학에 대한 이해이다. 원회운세론은 앞에서 여러 학자를 통해 논한 바 있다. 서명응 역학은 소강절의 선천학에서 출발하여 조선의 선천학을 확립했다. 서명응의 선천학은 그가 편찬한 『보만재총서』 권1~2로 엮은 『선천사연先天四演』에 집약되어 있고, 『황극일원도』 역시 『선천사연』과 불가분의 관계이다. 『선천사연』에서 서명응은 강절역을 뒤로 하고 자신의 관점에서 역학을 새롭게 논설한 부분이 적지 않다. 이런 창발적인 부분이 있기에 서명응 역학이 돋보이는 것이다.

『선천사연』에 나타난 서명응 역학은 몇 개의 범주로 나눌 수 있다. 크게 선천을 해석하는 네 가지 방법과 선천에 이르는 네 가지 길〔先天四道〕을 제시하고 있다. 그리고 「하도」 중심의 선천학 정립, '일사무一事無'와 「하도」 중궁을 통한 심법론, 역괘 생성의 새로운 순서 창안, 역동적인 천체역학관을 제시했다. 선천학으로 서학을 수용하고 도가道家를 포섭했으며, 선유先儒 이론을 임의로 변경하여 새로운 「방원도」를 그리기도 했다.

여기서는 『황극일원도』에 영향을 미친 세 가지 이론을 살펴본다.

1) 「하도」 중심의 선천학

소강절은 「하도낙서」에 정통했고 「하도」가 역의 시원이라고 주장했다. 그러나 「하도」로 자신의 선천역을 논하지 않았고 「하도」와 「선천도」는 별개로 보았다. 반면 서명응은 「하도」를 「선천사도」〔先天四圖: 8괘차서도, 64괘차서도, 8괘방위도, 64괘방원도〕의 상위에 두고, 「하도」〔體〕에서 「선천사도」〔用〕가 나왔다고 했다. 또 「선천사도」에 차서를 매겨, 「64괘차서도」를 '체', 나머지는 '용'이라 했다. 따라서 서명응 역학에서 도서는 그 중요도에 따라 '「하도」-64괘차서도-8괘차서도 · 8괘방위도 · 64괘방원도'로 순위 체계가 세워졌다. 「하도」를 우위에 둔 이유는 「하도」가 역의 근원을 지닌 '획전역畫前易'이자 인간 지혜의 열림이며 조화의 본원으로 보았기 때문이다. 이로써 서명응 역학은 소강절과 차별되는 '「하도」 중심 선천학'을 전면에 내세워 조선의 새로운 선천학을 정립했다.(『先天四演』「河圖象箋一二三」) 서명응의 이러한 「하도」 중심 역학 사상은 일원도 작성에 큰 영향을 주어 일원도를 관통하는 핵심 사상이 되었다.

2) '일사무'와 심법론

서명응은 심학心學에도 관심이 많았는데, 그 특색은 밖으로 복희의 선천 심법을 '일사무一事無'로 요약하고, 안으로 '중中' 사상으로 집약하는 것이다. '일사무'란 선천의 일과 같이 '의도한 바 없는 자연스러운 행위'라는 뜻이다. 이 말은 소강절의 시에서 처음 나왔고 이에 대해 주자는 "자연에서 나와서 안배하지 않은 것으로 소강절 선생은 묵묵히 그러했다."라고 했다. 서명응은 "일사무는 영위비력營爲費力이 없는 것이다."라 하고, 또 "선천이 본래 일사무라는 것은 「하도」가 본래 일사무이기 때문이다.

선천을 배우는 자가 일사무의 이치를 살핀다면 선천이 선천이 됨을 알 수 있다."고 했다. 이처럼 서명응은 자신이 수립한 「하도」 중심의 관점으로 '일사무'를 이해한다. 「하도」와 '일사무'를 동일 지평에서 논의하는 지점에 그의 '중' 사상이 드러난다. 서명응이 지닌 '중'에 대한 관념은 소강절의 '그림은 중을 따라 일어난다.(圖從中起)'에서 비롯한다. 소강절의 '중'은 「선천도」의 가운데〔中〕라는 가시적인 의미와, '심〔心: 中〕·태극·극중極中·도道'라는 형이상학적인 의미가 복합적으로 들어있다. 서명응은 '중'에 대해, "중은 심이고, 심법 또한 중이며 중은 태극이고, 태극의 자리는 중이다."라고 했다. 이때 그는 「하도」 중궁을 덧붙인다. 선천을 배우는 자가 그 길을 통과하면, 즉 「하도」 중궁의 이치를 궁리하면 '일사무'를 이해하고 선천의 의미도 파악할 수 있다고 했다. 소강절이 리수로 선후천역을 탐색했다면 서명응은 「하도」 중궁으로 선후천역에 접근하여 심법을 연역하고 태극을 추출한다. 총체적으로 보면, 서명응에게 「하도」는 천지만물을 담는 거대한 플랫폼이고, 「하도」 중궁은 그 플랫폼을 통괄하는 관제센터인 셈이다. 이러한 그의 역학관이 『황극일원도』의 중요한 기초 이론이 된다.

3) 「방원도」의 임의적 변형

서명응 역학에서 눈길이 가는 부분이 「방원도」의 변형이다. 그는 「방원도」(方圓圖: ◎)에서 「내도內圖」의 정사각형〔方: □〕을 마름모형(◇)으로 임의로 변경하면서, 이것이 원래 「내도」이자 「방원도」라고 주장한다. 이러한 파격적인 선언 뒤에는 강절역에서 벗어나 자신만의 선천학을 정립하고자 한 서명응의 의도가 깔려 있다. 같은 맥락에서 서명응은 주자-채원정의 하락론을 다른 관점에서 제시하는 한편, 채침의 『홍범황극내편』에 나오는 「99방수도」〔◎〕도 임의로 마름모형〔◇〕으로 개작하는데 그 근거 역시 자신의 독자적인 선천학에 둔다.

그러나 이것은 견강부회한 일면이 있어 그의 이론의 취약점이기도 하다. 채침 이론은 선천학과 무관한 홍범구주와 「낙서」를 종지로 삼았는데 서명응은 자신의 선천학을 변형의 근거로 제시한 것이다. 이러한 방법론은 학문적 독자성 혹은 창의적 변형이라 할 수 있지만, 후학을 혼란에 빠뜨리기도 하고 새로운 안목과 넓은 지평을 열어주기도 하는 양면성을 가졌다. 그의 이러한 학문적 '임의성' 은 후술하는 영조의 교지를 확장 해석하는 부분에서도 드러난다.

2. 『황극일원도』에 담긴 역학적 역사론

『황극일원도』는 상 · 하 2편으로 구성되었다. '상편' 에는 저술 목적이 담긴 서문이 있고 본론 격인 원회운세식 역사 연대기가 있다. '하편' 에는 1724년〔甲辰年 영조 즉위〕부터 1843년 계묘년까지 120년간의 천세력千歲歷이 기재되어 있다. 원회운세에서 말한 바 없는 천세력을 펼쳐놓은 것이 특색이다. 서문에 나타난 역학 사상 및 상편의 원회운세론, 하편의 천세력 순으로 분석한다.

1) 서문의 역학 사상

『황극일원도』의 서문은 길지 않지만, 서명응 선천학의 핵심이 녹아 있다. 몇 부분으로 나누어 분석한다. 먼저 저술 목적에 대한 것이다.

> 봉조하 홍계희가 편찬한 경세지장은 규모가 간이한 가운데 정성을 들여 소강절의 요점을 잘 드러냈다. 그러나 一運의 간지는 상세하나 一世의 60갑자는 소략하여 조목이 다 갖추어지지 않았고, 과거의 合朔은 기술되었으나 다가올

節氣에 대해서는 소홀하여 사용함에 부족함이 있었다.

1758년 지어진 홍계희의 『경세지장』은 원회운세식 연대에 일운一運 간지干支는 자세하지만 일세一世 갑자甲子는 부족했으며, 과거의 합삭合朔은 기록되었으나 미래의 절기는 기재되지 않아 영조의 눈에 차지 않았다. 그래서 당시 호조판서이자 세손世孫의 빈객賓客인 서명응에게 명하여 이를 보완한 원회운세식 역사서를 다시 짓도록 했다. 여기서 특이점은 '미래의 절기'를 기재하라는 영조의 명이다. 원회운세는 과거의 기록서이지 미래의 기록서가 아니기 때문이다. 그것을 모를 리 없는 영조이지만 통치자로서 조선의 미래가 궁금했던 것이다. 미래의 절기를 알아 책력의 변동을 감안하고 농정에 참고하면서 천문 변화에 선제적으로 대응하고자 했을 것이다. 또 미래예측에 능통하다고 알려진 소강절로부터 미래 변화에 대한 계기를 얻을 수 있기를 바랐는지 모른다. 아무튼 어떠한 원회운세식 역사서에도 기재된 적이 없는 미래 절기가 영조의 구상에 따라 작성된 것이다. 그렇다면 이를 수행한 서명응의 역학적 구상은 무엇이었는가. 서명응은 왕명을 받들어 『황극일원도』를 상·하 2편〔上篇: 元會運世圖例. 下篇: 千歲歷圖例〕으로 나누어 지었고 그 속에 139개의 도설을 그려 넣었다. 그의 구상은 네 부분으로 정리할 수 있다. 첫 번째 내용을 보자.

> 성상께서 이 책의 편찬을 명한 것이 어찌 한낱 역사의 年數만 고찰하라고 한 것이겠는가! 先天心法의 中을 여기에서〔황극일원도〕 깨달아야 한다는 것이다. 왜 그런가. 소강절의 數는 大衍의 中에서 나왔고 대연의 중은 河圖의 중에서 나왔으니 이른바 先天學이라는 것이 이것이다. 그러므로 그가 말하기를 '선천학은 心法이다. 선천도는 모두 中을 따라서 일어나고, 萬化萬事는 마음에서 생겨난다' (『황극경세서』 관물외편, 898쪽)라 하고 또 말하기를, '하늘은 一中을 향

하여 造化를 나누고, 사람은 마음에서 경륜을 일으킨다.' (『이천격양집』, 「觀易吟」)라 했다. 이것은 數를 理에 짝하여 끝내 心法의 中에 귀결시키는 것이니, 애초에 京房과 郭璞같은 무리들이 수에 빠져 理를 망각한 사람들과 비교할 수 없는 것이다.

서명응은 영조가 자신에게 원회운세식 조선 역사서를 다시 편찬하라고 한 것이 연수에 따른 역사적 사실에만 국한되겠느냐고 반문하면서, 임금의 의중이 '선천심법의 중'을 발견하라는 취지일 것이라 추측한다. 그러나 영조의 지시는 일세의 갑자와 미래의 절기를 기재하라는 것이었다. 따라서 선천심법 등은 영조의 의중이라기보다 서명응의 의도가 개입된 것이다. 서명응은 『황극일원도』를 통해 자신의 선천학 사상과 그 핵심 내용을 군주와 사대부들에게 제시할 절호의 기회를 맞았고 그것을 실제로 적용하려 했던 것이다.

서명응은 소강절의 수가 '대연大衍의 중中'에서 나왔다고 했다. 여기서 '대연(크게 불려간다)'은 '대연지수大衍之數'의 의미로 받아들인다. 대연지수에 대해 시대와 학자에 따라 다양한 견해가 있다. 송역宋易의 입장에서 보면, 「하도」 중궁의 생수生數 5에 성수成數 10을 곱하여 나온 50을 '대연지수'로 본다. 또 「하도」 중궁의 성수 10은 사방의 10과 합하여 50이 된 것도 '대연지수'이다. 이 수가 바로 「계사전」 상 9장에서 말하는 천지지수 55에서 5를 제외한 대연지수 50이다. 이처럼 대연지수 50은 여러 측면에서 말할 수 있다.

'대연의 중'은 무엇인가. 선유들이 이에 대해 말한 것을 찾기 어렵다. 서명응이 여기서 「하도」 중궁을 끌어내 자신의 선천학에 연결하려고 선택한 임의적인 용어로 보인다. 서명응은 5와 10을 '대연의 중'으로 본 듯하다. 그는 '대연의 중'은 '「하도」의 중'에서 나왔다고 했다. 이처럼 '「하도」의 중' 이란 서명응이 정립한 선천학 체계에서 통제관 역할을 하는 핵심으로서, 소강절의 수나 상수학의 수도 결국 「하도」 중궁에서 나왔다는 의미로 귀결된다. 수에 대한 이런 이해 방식은 서명응 식의 독자적인 방식이므로 주의 깊게 보아야 한다.

이어서 선천학을 심법과 연결하면서 "선천학은 심법이다. 「선천도」는 모두 중을 따라서 일어나고, 만화만사는 마음에서 생겨난다."와 시詩 「관역음觀易吟」에 나오는 "하늘은 일중一中을 향하여 조화造化를 나누고, 사람은 마음에서 경륜을 일으킨다."라는 소강절의 말을 자신의 주장에 대한 논거로 삼는다. 여기서 심心과 중中은 동의어이다. 이 둘은 내포를 같이하는데 그 기제가 바로 수이고 그 수는 리를 머금었기에 리수理數이다. 그래서 서명응은 "수를 리에 짝하여 끝내 심법의 중에 귀결시키는 것"이라 하면서 경방과 곽박 같은 무리들이 수에 빠져 리를 망각한 사람들과 비교할 수 없다고 한 것이다. 그는 이렇게 '先天學 中 心 理數'로 연결되는 자신만의 논리 구조를 세우고 있다.

이어서 서명응의 역학적 구상의 두 번째 부분이다.

> 무릇 12會에서 巳會와 午會 二會는 12辟卦에서 乾卦와 姤卦 二卦가 되고, 건괘와 구괘는 실제 「선천도」의 西南의 가운데에 있고 여기에서 陰陽昇降이 나누어지고 化育絪縕이 나누어진다. 그러므로 堯舜禹 三聖이 이 二會의 교차점에 바로 해당하니 精一의 中으로 允執의 中을 행하여 밝고 분명함에 지극히 이른다. 시절은 화목한 때에 千古의 人文이 여기에서 시작되지 않음이 없으니 이른바 '조화를 나누고 경륜을 일으킨다'는 것이며, '中을 따라서 일어나고 마음에서 생겨난다.'는 것이다.

서명응은 「선천도」에 나타난 건괘乾卦와 구괘姤卦에 해당하는 회會가 원회운세에서 12회 가운데 6번째인 사회巳會와 7번째인 오회午會의 교차점으로 음양이 균형을 이루고 만물의 생성화육의 분기점이라고 말한다. 이를 요 · 순 · 우의 업적, 즉 '천고의 인문의 시작' 에 비유하면서, 그 배경은 『서경』에서 말하는 세 성인이 지닌 '정일精一의 중' 과 '윤집允執의 중' 이며 거기서 비롯된다고 했다. 이것은 앞서 말한 "선천학은 심법이다. … 사람은 심에서 경륜을 일으킨다네." 와 연결되면서 약간의 윤색을 거친다. 즉 순서와 내용을 바꾸어 "조화를 나누고 경륜을 일으킨다.", "중을 따라서 일어나고 마음에서 생겨난다." 라고 했다. 서명응은 여기서도 자신의 선천학의 키워드인 '심법' 과 '중' 으로 모든 것을 귀결시키고 있음을 알 수 있다. 뒤집어 보면 『황극일원도』의 역학적 내력이 '심법' 에서 나온 것이자 '중 사상' 에서 나왔다는 것을 말하는 것이다.

서명응의 역학적 구상의 세 번째 부분이다.

> 생각건대 理로 그림을 관찰하면, 선천이 선천이 된 까닭을 단번에 알 수 있다. 그러나 中이란 道이다. 도는 古今이 없고 또 終始도 없다. 그러므로 비록 기운이 巳會와 午會를 지나 未會와 申會에서 건괘와 구괘를 거쳐 遯卦와 否卦라도, 당세의 人主〔英祖〕가 만약 三聖의 道를 행하고 삼성의 정치로 다스려서 떳떳하게 삼성 심법의 中을 세상에 흐르도록 한다면 천하의 운세를 장악할 수 있고 氣數가 빼앗을 수 없게 함이 있을 것이다. 하물며 지금과 夏禹 사이의 거리는 3,900여 년에 불과하고 아직도 午會의 처음임에랴! 성상께서 흔쾌히 선천 심법의 中으로 三聖 심법의 中을 잇고자 하셨다.

이 부분에서 서명응은 영조의 마음을 관심觀心하여 임금의 염원에 자신의 의도를 실었다는 것을 알 수 있다. 당시 상황을 원회운세식 홍망성쇠로 논하면, 발전하여 뻗어갈 때가 아니고 쇠락의 길로 접어든 때이다.

그러나 요·순·우 삼성의 도道로 정사를 베풀면 다시 홍성의 시대가 도래할 수 있다는 장밋빛 청사진을 제시한다. 어떻게 해야 그것이 가능한가. 먼저 『황극일원도』를 리理로써 관찰하라고 한다. '이리관물以理觀物' 해야 한다는 것이다. 그러면 선천이 된 연유를 알 수 있다고 했다. 이를 알면 중中이 도道이고 도는 고금과 종시가 없다는 것을 알 수 있으며, 도나 중은 시공을 초월하여 불변으로 자존하는 것이기에 복희시대 선천이든 영조시대 후천이든 동등하게 존재한다는 것이다. 그래서 영조가 심법의 중으로 세상을 다스리면 시류의 변화에 영향을 미치는 운세運勢와 기수氣數의 자장에서 벗어날 수 있다는 것이다. 1원元 129,600년 가운데 하우夏禹와 영조 시대와의 시간적 거리는 3,900년에 불과한 오회午會의 초에 해당하니 희망을 가질 수 있다는 점을 부각시킨다. 동시에 영조도 심법의 중으로 삼성 심법의 중을 계승하여 선정을 베풀어야 한다는 일종의 선의를 압박하는 내용을 추가하고 있다. 이는 그의 역학적 기획 의도가 현실 정치 영역에 표출된 것이다.

그의 네 번째 구상은 다음과 같다.

> 聖上께서 여러 儒臣에게 이 책〔황극일원도〕을 암송하게 명하니, 그것은 공자의 꿈과 周公의 숨은 뜻이지(숨은 뜻을 알게 하는 것) 어찌 元會運世가 정밀한지 범범한지를 논하는 것이겠습니까. 臣은 이 책을 보는 자가 성상께서 이 책을 편수한 본래 취지를 모를까 두렵습니다.

서명응은 『황극일원도』가 군주를 위한 제왕학뿐만 아니라 지식인, 사대부 모두가 알아야 할 시대적 규범임을 설파하고 있다. 이는 영조 어명의 범위를 확장한 것이자 자신의 심중을 드러낸 것이라 할 수 있다. 그는 유학자들이 『황극일원도』에 나타난 원회운세의 수적 계산에만 빠질 것이 아니라 선천학 본래의 뜻과 영조가 책을 짓도록 한 취지, 즉 선천심법의 중과 삼성 심법의 중을 깨달을 것을 주문하고 있다. 그러나 '선천과 삼성의 중'은 자신의 의도이지 영조의 지시는 아니었음은 앞에서 확인했다. 서명응은 이의 정당성을 확보하기 위해 공자의 꿈과 주공의 숨은 뜻까지 언급한다. 그래서 복희에서 주공, 공자로 이어지는 역학의 계보를 말하고 있다. 여기에서 '주공의 여의餘意'를 첨가한 것이 이채롭다. 말하자면 서명응은 선천학이 시대사상이 되기를 바라면서 선유들을 동원하여 자신의 '임의적 주장'을 펼치고 있는 것이다. 이는 앞에서 언급한 「방원도」의 '임의적 변형'과 그 맥을 같이하는 것이다.

2) 상편의 원회운세론

『황극일원도』 상편에서 서명응은 원회운세 네 단계를 일원 · 12회 · 360운 · 4320세 · 129,600년으로 구분하고 이를 사부법인 일월성신으로 배치하며, 다시 12회에 상응하는 12벽괘를 부여한다. 인문의 홍망성쇠 분기점을 건괘乾卦와 구괘姤卦로 기준점으로 삼고, 시대는 요임금으로 잡았다. 서명응은 다른 역사서와 달리 복희씨 원년을 기원전 2999년〔己巳會 辛酉運 戊戌世 癸酉年〕이라 했다. 이는 소강절도 말한 바 없는 서명응의 독자적인 주장이다. 상편 「원회운세도례」는 크게 세 부분으로 나뉜다. 첫째, 총론과 취지에 대해서이다. 둘째, 12벽괘를 그린 「소자일원도邵子一元圖」이고 셋째, 「소자일원도」를 역학적으로 설명한 부분이다. 먼저 총론과 「소자일원도」를 함께 고찰한다.

(『황극일원도』의)모든 그림은 邵子의 『황극경세서』를 推演하여 발휘했다. 만약 總圖〔邵子一元圖〕 없이 묶었다면 큰 줄기의 근본 있음과 모인 것의 귀결처가 있음을 알 수 없을 것이다. 그러므로 邵子一元圖를 첫머리에 실은 후 나머

지 그림을 차례대로 배치하여 보는 사람으로 하여금 數法의 근원과 分合의 묘함을 일목요연하게 알게 하고자 하였다.

서명응은 먼저 자신이 작성한 『황극일원도』가 『황극경세서』에 근거한다면서 그 발원처를 밝힌다. 그가 말하는 '총도總圖'는 「소자일원도邵子一元圖」를 말한다. 이 총도를 편수에 배치함으로써 원회운세에 나오는 수법의 근원과 분합의 묘함을 선명히 알도록 했다고 그 취지를 말하고 있다. 「소자일원도」가 있는 점이 신익성과 홍계희가 지은 역사서와 다른 점이다. 「소자일원도」는 방대한 원회운세론의 도설을 하나의 표의 형태로 집약하여 한눈에 이해할 수 있도록 한 그림으로 아래와 같다.

아래 그림은 원회운세 네 단계를 1원 · 12회 · 360운 · 4,320세 · 129,600년으로 구분하여 이를 소강절의 사부법인 일월성신으로 재배치하고, 다시 12회에 상응하는 12벽괘를 부여했다. 그 가운데 중요한 개물과 폐물의

〈그림 21〉 소자일원도

元	會	運	世	年	
日甲	月子一	星30	辰360	年10,800	復 ䷗
	月丑二	星60	辰720	年21,600	臨 ䷒
	月寅三	星90	辰1,080	年32,400	泰 ䷊ 開物 星之己 七十六
	月卯四	星120	辰1,440	年43,200	大壯 ䷡
	月辰五	星150	辰1,800	年54,000	夬 ䷪
	月巳六	星180	辰2,160	年64,800	乾 ䷀ 唐堯始 星之癸一百八十2156辰[73]
	月午七	星210	辰2,520	年75,600	姤 ䷫ 夏殷周秦兩漢兩晉十六國南北朝隋唐五代宋
	月未八	星240	辰2,880	年86,400	遯 ䷠
	月申九	星270	辰3,240	年97,200	否 ䷋
	月酉十	星300	辰3,600	年108,000	觀 ䷓
	月戌十一	星330	辰3,960	年118,800	剝 ䷖ 閉物 星之戌 三百十五
	月亥十二	星360	辰4,320	年129,600	坤 ䷁

시기와 인문의 흥망성쇠의 분기점을 건괘䷀와 구괘䷫로 잡고, 요임금을 기점으로 삼았다. 위에서 일갑日甲이 현재 원元으로 지금 인류의 시대이다. 회會는 12지지가 순서대로 배정되고 상응한 역괘가 부여된다. 일갑의 제1회第一會 월자月子에서 하늘이 열리므로 '천개어자天開於子'라 했고 1양一陽이 처음 생기는 복괘䷗가 해당된다. 제2회는 월축月丑으로 땅이 열리니 2양이 생기는 임괘䷒이며 '지벽어축地辟於丑'이라 했다. 제3회는 월인月寅의 개물開物의 시기이니 '인생어인人生於寅'(『황극경세서』, 600면. 『주자어류』 45권 28조목)으로 3양 태괘䷊를 배정한다.〔星之己 · 七十六運〕 월묘月卯는 제4회가 되고 이어서 양기가 극성한 건괘䷀까지 나아간다. 이때는 인류 문명의 전성기인 요堯의 시대〔星之癸 · 一百八十 · 2156辰〕에 해당된다. 월오月午는 제7회인데 이때부터는 음기가 시작하여 인문이 기울기 시작하므로 구괘䷫이다.〔夏 · 商 · 周 · 秦 · 兩漢 · 十六國 · 南北朝 · 隨 · 唐 · 五代 · 宋代 해당〕 지금 이 시점 오늘날도 여기에 해당된다.[74] 월미, 월신을 거

---

73) 원래 '2157(二千一百五十七)辰'는 '2156辰'의 誤字이다. 아마 『성리대전』 본 『황극경세서』 내용을 그대로 기재한 것 같다. 요임금 즉위는 BC. 2357년 甲辰年이고 이를 원회운세에 대입하면 1元 巳會 癸180運 未2156世이기 때문이다. 고회민, 1998, 106~ 107쪽. 양경반, 2006, 53~56쪽. 윤상철, 번역서 1권, 88쪽 참조. 운행원리는 다음과 같다. 巳會에 배정된 30運(151~180운) 360世(1801~2160辰 世)을 배정하기 위한 중분류 5괘는 需 · 小畜 · 大壯 · 夬卦이고(「방원도」 복괘에서 좌선 시계 방향으로 건곤감리 제외한 60괘만 사용) 여기에 각 6運, 72辰씩 배정된다(1운에 12세씩 배분). 운은 10단위이므로 천간이 부여되고, 세는 12이므로 12지를 부여한다. 180운에 해당하는 괘는 중분류 夬卦에서 효변하여 나온다. 夬卦에 배정된 6운은 戊175 癸180이고 요임금은 사회쾌괘의 끝으로 쾌괘의 마지막 효가 변하는 때이다. 쾌괘의 상효가 변하면 乾卦가 되니 요임금의 운괘는 건괘이다. 癸180운에 배정된 세수는 12세(72÷6=12, 360÷30=12)이므로 2149~2160세 사이이다. 운괘의 6효에 각 2세씩 배분되어 운괘의 효변으로 세괘가 부여된다.

74) 2020년을 기준으로 보면 다음과 같다. 원〔日甲〕 - 회〔月午7〕 - 운〔星乙192〕 - 세〔辰酉2302〕에 속하지만, 2301世를 7년을 경과하여 卦로는 姤卦午會 - 大過卦運 - 鼎卦世 - 蠱卦旬 - 明夷卦年이다. 2301세×30년+7=69,037년이다. 천지가 생기고 69,037년 지났다

쳐 월술〔11會 · 星之戊 · 三百十五運〕에 천지가 닫혀서 이때 폐물閉物이 된다.

이 그림은 원래 200쪽 이상에 달하는 원회운세론의 도설을 한 장으로 요약한 채원정의 솜씨이다. 채원정의 「찬도지요」에 수록된 것으로 『성리대전』 편찬자들이 『황극경세서』의 서두에 실어 원회운세론을 쉽게 이해할 수 있도록 했다. 그러나 이 그림에 대한 호평과 달리 강력한 반론이 있다. 고회민은 소강절이 이 그림을 직접 그리지 않은 점을 지적하는 한편 소강절의 본래 의도와 다르다고 했다. 그 이유는 12벽괘는 원래 맹희의 괘기설에 입각한 것으로 그의 괘기설은 음양재이의 점단과 술수 위주인데 반해, 소강절의 괘기설은 자연법칙과 만물변화의 이치를 탐구하는 점이 다르다는 것이다. 따라서 12벽괘 배열에서 개물과 폐물의 괘가 태괘와 박괘가 아니고 풍괘䷶와 겸괘䷎라고 한다.(고회민 지음, 곽신환 옮김, 290-291쪽. 고회민, 1998, 57-62, 277-278쪽)

개 · 폐물의 괘가 풍괘와 겸괘라는 고회민의 주장은 일면 정확하지만 그 외 부분은 동의하기 어렵다. 그 이유는 12벽괘는 맹희의 괘기설과 관계없이 순수한 월괘의 의미로 보는 것이 옳을 것이기 때문이다. 인월은 3월이므로 태괘가 맞고 술월 11월이니 박괘가 정당하다. 따라서 12월괘를 12회에 배정한 이 그림 자체가 잘못된 것이 아니며, 이를 원회운세의 해석으로 삼은 채원정이나 서명응이 학문적 오류를 범한 것이 아니다. 주자 역시 12벽괘가 12회를 관장한다고 주장했다.

그러나 이 그림은 원본 『황극경세서』에도 없고 서필달(徐必達, 1562~1645)이 정리한 『소자전서邵子全書』 24권(1606)에도 나오지 않는다. 즉 소강절이 직접 그린 것이 아니라는 것이다. 『소자전서』는 신흠이 조선에 들

는 말이다. 폐물까지 남은 기간은 44,363년〔113,400 - 69,037〕이고, 천지의 마지막까지는 60,563년〔129,600 - 69,037〕이 남았다. 종말까지 향후 4~6만 년 남았다는 뜻이다. 윤상철, 번역서 5권, 335쪽. 한중철학회, 2019, 193~199쪽 참조.

여온 이래 150년이 흘렀다. 당대의 대역학자인 서명응이 『소자전서』를 통해 이 사실을 모를 리 없었을 것이다. 그런데도 그는 이를 「소자일원도」라 하여 소강절의 직저直著인양 기재하고 있다. 서명응이 이 그림의 중요성을 절감하여 『성리대전』 본에 있는 것을 기화로 소강절의 이름을 끌어온 것 같다. 그림의 내용에 대해 다음과 같이 말했다.

복희씨 원년은 다른 史書에는 己巳會 庚申運 庚辰世 癸酉年이라 했는데 이는 風씨 姓을 15世 동안 서로 이었다는 설에 미혹된 것이다. 지금 「계사전」에 나오는 공자의 말을 五帝가 대를 이은 명백한 증거로 판단하여 己巳會 辛酉運 戊戌世 癸酉年을 복희 원년으로 삼는다.

서명응은 다른 사서와 다르게 癸酉年을 복희씨 원년이라고 한다. 달력으로 환산하면 기원전 2999년이다.[75] 이는 누구도 말한 바 없는 서명응의 독자적인 주장이다. 이어서 신농씨神農氏, 황제 등의 연대기도 작성했다. 서명응은 복희 원년 확정의 근거로 「계사전」을 거론한다. 「계사전」 하 2장에 나오는 '복희씨 신농씨 황제 요 순'이 인문의 개화에 기여한 사실을 두고 오제五帝라고 하면서, 이것이 복희씨 원년의 명백한 증거라고 한다. 그러나 기원전 2999년이 복희씨 원년이라는 보장이 없으므로 신빙성에 의문을 가질 수밖에 없다. 또 주목할 부분은 복희가 즉위한 후 가장 먼저 한 일이 「하도」를 본받아 역괘를 그었다(則河圖畫卦)는 것이다. 이는 앞에서 본 서명응 역학의 특색 가운데 하나인 「하도」 중심의 선천학을 나타

75) 기원전 2999년 산출은 堯 즉위년이 기원전 2357년 甲辰年임을 전제로 하고 있다. 이 연도가 사실에 부합하는지는 차치하고 이 설은 西晉 때 皇甫謐(215~282)이 주장한 이래 소강절이 지지했다. 서명응도 이를 기준으로 逆算하여 기원전 2999년을 복희 원년이라 했고 이를 원회운세로 따지면 己巳會 辛酉運 戊戌世 癸酉年이 된다.

낸 것으로, 자신의 역학적 종지를 『황극일원도』에서 천명한 셈이다. 고조선의 시조인 단군에 대해서는 다음과 같이 말했다.

> 요임금 재위 25년 戊辰年에 단군이 東方의 우리나라를 개국했다. 그러므로 이 해로부터 처음으로 우리나라의 일을 기재한다. 중국의 사실은 칸의 오른쪽, 우리나라 사실은 왼쪽에 기재하여 서로 혼란이 일어나지 않도록 했다.

요임금 재위 25년 갑진년(기원전 2333년)이 단군조선이 건국한 연도라고 못박는다. 이로써 대한민국 반만년 역사의 시발점이 '기원전 2333년'으로 규정되었다고 할 수 있다. 또 한국사와 중국사를 한 칸의 좌우로 나누어 병기하기 시작했다. 그러나 실제 한국사가 좌측에 처음 기재된 때는 기원전 1122년〔丙寅運 辛丑世 戊午年 '箕子卒壽九十三'〕이다. 서명응은 기자箕子와 기자의 근거지인 평양에 대한 관심이 남다르다. 그 이유는 여러 가지가 있겠지만 기자를 통해 잊혔던 『홍범구주』와 「하도」 선천학의 자취를 찾아보려는 학문적 발로로 생각된다. 그밖에 12회 가운데 4~5회를 생략했는데 혼돈의 시대에는 문자가 없었기 때문이고, 오회午會 12운運 이후 소략한 부분은 총도〔소자일원도〕로써 추산할 수 있다고 했다. 또 원회운세를 나타내는 네모난 각 칸에 기재된 자오子午의 중요성에 대해 "자는 반드시 시작 지점에 있고 오는 중간에 있어서 서로 조금도 틈이 없다. 여기서 조화의 묘처를 발견할 수 있으므로 모두 자오 이지二至로 파악할 수 있다."고 했다. 다음은 「소자일원도」를 역학적 리수로 설명한 부분으로 그림 뒤의 문장이다.

> 「소자일원도」는 일월성신의 四象을 착종하고 번갈아 곱하여 이 수를 기재하고 끝마치기를 12벽괘로 하면서 천지지수를 거론한 것은 다른 것이 아니다. 대

> 저 천지지수는 천지의 이치에서 나오고, 理는 大小와 遠近이 없다. 그러므로 1년의 수를 안다면 一元의 수를 복잡하게 계산하지(종횡으로 잡고 셈하지) 않더라도 알 수 있음은 왜일까. 一元의 12會는 1년의 12月이고, 1원의 360運은 1년의 360日이며, 1원의 4320世이기 때문이다. 여기에서 1원 129,600년, 1회 129,600월, 1운 129,600일, 1세 129,600時〔辰〕가 있고 그 子會 天開는 1년에서는 동지이고 丑會 地闢은 1년에서는 大寒이며, 寅會 人生은 1년에서는 驚蟄이다. 경칩 후 32,400년 巳會는 요임금 때에 해당하여 건괘 六陽이 성대하다가 순임금에 이르고 丁巳年에 우임금에게 선양 후 7년 계해년에 비로소 午會 姤卦 一陰이 始生하고, 32,400년 뒤에 이르러 술해로 이어져 박괘 五陰이 되고 곤괘 六陰이 되니 사람과 만물이 모두 닫혀져 一元이 마침내 끝난다.

위에서 서명응은 첫째, 12벽괘도인 「소자일원도」의 구성은 만물분류법인 사부법에 따라 원회운세를 일월성신의 넷으로 분류하고 역수易數이자 역수曆數인 12와 30을 착종하듯 곱하여 원회운세수를 도출했다는 점을 밝히고 있다.

둘째, 이 수는 천지지수로 누구나 쉽게 알 수 있는 자연수의 조합이니 1년 360일을 기본으로 1원 · 12회 · 360운 · 4,320세 · 129,600년이 연월일시로 연산된다는 점을 말했다.

셋째, 자축인회子丑寅會에서 천지인물이 생기는 점과 24절기의 상관성을 논하면서, 인문이 피어난 요임금 때는 사회巳會 건괘로 양이 왕성하고 순임금을 거쳐 우임금 7년에 오회午會로 구괘가 시작하여 인문의 내리막길이라는 점을 말하고 있다. 이때가 선천과 후천의 분기점임을 은연중에 나타내고 있다.

넷째, 술해戌會와 해회亥會를 거쳐 곤괘가 되면 사람과 만물이 모두 닫혀 일원一元이 끝난다. 일원의 시종이나 1년, 1달, 1일의 시종 또한 수와 리로 치밀하게 연결되었다는 사실을 이 그림으로 알 수 있다고 했다. 그 '리'는 불변이기에 원회운세의 수도 리를 위배할 수 없다고 결론 내린다. 그가 말하는 수는 리와 동의어로 그래서 '리수理數'이다.

3) 하편의 천세력

다른 원회운세식 역사서에 없는 미래역未來曆인 '천세력'이 『황극일원도』 하편에 자리잡고 있다. 이것은 과거지사가 발생한 연유를 알면 그 원리는 시공을 초월하여 불변이기에 미래를 알 수 있다는 것으로, 조선의 앞날을 내다보고자 한 영조의 염원에서 비롯된 것이다. 「천세력도례千歲歷圖例」는 천세력 기간 및 중국과 우리나라와의 경도에 대해 논하고 있다. 먼저 천세력 기간을 살펴본다.

맹자는 "천 년 뒤의 日至〔冬至〕라도 앉아서 알 수 있다."(『孟子』 離婁章句 下 26장)고 했다. 이편〔下篇〕에 이르러 성상〔영조〕 즉위 이후 120년간을 미리 추산하였기에 천세력이라 했다. 曆法에는 三元이 있으니 갑자에서 시작하여 계해에서 마쳐 一元이 된다. 하편은 성상의 紀年을 나누어 三元으로 삼으니 즉위 해인 갑신년부터 59년째인 계묘년을 上元이라 하고, 또 60년째 갑진년부터 119년째인 계묘년을 中元이라 했다.

서명응이 작성한 천세력은 시헌력에 기초한 120년간의 절기이다. 영조 즉위 해인 갑진년(1724년)부터 계묘년(1843년)까지 120년인데, 이를 둘로 나누어 즉위한 갑진년부터 계묘년(1783년)까지 60년을 삼원三元 중에서 상원上元이라 하고, 재위 60년 갑진년부터 119년째 계묘년(1843년) 60년을 중원中元이라 했다. 보통 삼원은 60갑자의 세 번 순환을 의미하고 갑자에서 계해까지 60년을 하나의 원으로 계산한다. 그러나 서명응이 영조 즉위

해인 갑진년을 기준으로 한 점은 군주에 대한 예의로 보인다. 영조는 재위 53년(1776년)에 사망했고 『황극일원도』는 재위 51년(1774년)에 완성되었다. 영조는 드물게 장수하고〔81세〕 오래 재위한 군주이지만〔만 51년 7개월〕, 본 천세력의 상원 60년도 못 채웠고 『황극일원도』를 본 기간도 채 2년이 되지 않는다. 그러나 조선의 앞날에 대한 노파심으로 미래 절기를 통해서라도 천문지리의 변화와 세상의 변동을 추산하고 예측하려고 했던 것이다. 서명응이 과거의 연고를 정확히 알면 앞날에 일어날 일도 익히 알 수 있다는 맹자의 말을 인용한 것도 그러한 맥락에서이다. 서명응이 상편에 조선의 역사를 정밀하게 서술하고 영조의 명에 의거해 미래의 천세력을 넣고 '황극일원'을 거론한 것은, 천세력 역시 선천학의 내포 속에 있음을 은연중에 나타낸 것이다.

둘째, 중국과 우리와의 경도 차이에 대해서이다.

> 우리나라 合朔은 중국 燕京〔북경〕에 비해 (經度)42분이 더해지므로 1달의 大小가 가끔 중국 책력과 다르다. 그러나 우리 曆法이 이미 중국 역법을 따라 시행한 지 오래되었기에 이에 고치지 않을 뿐이다. 절기의 늦고 빠름은 동서의 경도가 다르기 때문이다. 우리나라는 연경에 비해 10도 30분 동쪽에 위치했기 때문에 모든 절기 또한 42분을 더한다.

당시 책력인 시헌력과 자신의 천문 지식으로 서명응은 북경과 한양의 경도 차이를 말하고 이에 따른 절기의 불일치를 지적하고 있다. 이를 고려하여 천세력에는 매월의 대소와 삭일朔日의 60갑자와 24절기 입절기의 시각 등이 기재되어 있다. 구체적으로 한양이 연경에 비해 10도 30분 동쪽에 위치해 있기 때문에 절기의 입절 시간이 42분 차이가 난다는 것으로, 한양이 연경에 비해 42분 늦게 절기가 든다는 뜻이다.

서명응은 선천학과 당시 최신 책력을 통해 천문역산에 밝은 안목을 가지고 있었다. 앞 장에서 주지한 바와 같이 그는 서양의 최신 천문역산학은 원래 중국에서 기원했다는 '서법중원유래설西法中原由來說'의 신봉자이다. 따라서 서양 천문학이 선천학에 포함된다는 신념을 가졌으며, 역법曆法 또한 선천학에 속한다고 생각했다.

【 해제 】

상수학과 역사학이 어떻게 연결되고 융합할 수 있는가. 대부분 고개를 갸웃거리겠지만 강절역의 원회운세론에서는 가능하다. 그 대표적인 예가 서명응의 『황극일원도』이다. 『황극일원도』는 원회운세식 조선 역사서로 앞서 신익성과 홍계희가 지은 것과 같은 종류의 역학적 역사서이다. 앞선 역사서를 충실히 보완하고 미래력인 천세력이 추가되어, 조선의 과거 시간 지도에 미래도 함께 그려 넣은 '통시적 시간 지도'라 할 수 있다. 이는 물론 영조의 어명에 의해서이다. 영조 때 홍계희와 서명응의 역사서가 편찬된 것은 강절역에 관심이 많았던 영조가 이를 조선 역사에 대입하는 한편, 선제적으로 미래를 대비하고자 하는 통치자로서의 안목이라 할 수 있다. 이러한 임금의 의중에 힘입어 서명응은 자신의 역학 사상을 『황극일원도』에 마음껏 펼쳤다. 그는 조선 후기 강절역의 대가로서, 그의 사상은 한마디로 「하도」 선천학이며 키워드는 '심법心法'[76]과 '중中'이다. 「하

76) 소강절의 心法과 서명응의 심법 및 二程子와 주자의 심법과의 차이를 비교해 보면 다음과 같다. ① 소강절은 心을 道, 太極으로 환치될 수 있다고 본다. 이는 자신의 선천학 체계 속에 있고, 선천학의 심으로 道家도 포섭한다. 이런 소강절의 심법과 서명응의 심법은 대동소이하다. ② 다만 서명응은 心에다 中을 결부시키는 밀도가 강하며, 복희와 「하도」를 심에 결부시키는 것이 특색이다. ③ 주자는 心을 性情을 통괄한다

도」 중심의 선천학은 소강절과 다른 그의 독특한 역학관의 산물로 '조선의 선천학' 이라 할 수 있다.

서명응은 영조가 선천심법의 중과 삼성 심법의 중으로 세상을 다스리면 복희 선천시대와 같은 태평시대를 이룰 수 있다고 했다. 이는 자신의 염원을 빗대어 영조에게 일종의 '희망 고문' 을 선사한 셈이다. 또한 『황극일원도』가 군주만을 위한 제왕학이 아닌 사대부 모두가 알아야 할 시대적 계몽도설임을 역설한다. 유학자와 대소 신료들이 선천의 심법과 중의 정도正道를 깨달아야 함을 시사한 것이다. 이것은 영조 어명의 범위를 확장한 것으로 서명응 자신의 기획된 의도임이 자명하다.

서명응은 왜 과도할 정도로 자신의 역학 사상을 『황극일원도』에 담아내었고 주위에서 이를 이해하기를 바랐는가. 당시는 주자학이 흔들리고 서학과 실학이 불붙는 때였다. 그는 심법과 「하도」 중궁을 기반으로 한 '조선의 선천학' 을 전면에 내세워 혼란한 시대를 선도할 사상적 표준으로 삼고자 했다. 그 표준적 규범을 조선의 최신 역사서인 『황극일원도』를 통해 제시하려 했고 사대부 관료들도 여기에 담긴 내용을 알아야 한다고 생각했다. 이런 작업을 수행하는 것이 사대부 지식인의 역사적 의무이자 자신에게 주어진 소명이라고 생각했다. 그는 여기서 한발 더 나아가 자신

〔心統性情〕고 하고, 氣의 일종으로 보기도 하며〔心者, 氣之精爽, 氣之靈〕, 혹은 理와 하나〔心與理一〕라고도 한다. 이처럼 주자에게서 心은 다의적으로 쓰인다. 즉 理氣와 性情을 넘나드는 포괄적인 의미로 쓴다. ④ 정이천은 心은 하나지만 본체로서 말한 것－寂然不動－이 있고, 작용으로 말한 것－感而遂通天下之故－이 있다고 했다. 그는 심을 體用으로 나누어 보면서 여기다 性情과 已發未發을 결부시킨다. ⑤ 정명도는 心이 天이고 천이 理라 했다(只心便是天. 天者理也). 즉 그는 심을 거의 절대적 존재로 봤다. 풍우란은 송명도학의 양대 축인 心學과 理學 가운데 리학은 정이천이, 심학은 정명도가 창시자라고 한다. 정명도의 심학에서 王陽明의 심학이 나왔다는 것이다. 이상 5명이 말한 心은 그 근원으로 올라가면 상통하겠지만 각론으로 내려가면 조금씩 차이가 있다.

의 독자적 선천학으로 역학, 경학, 천문역법, 성음율려, 수학, 도가, 나아가 서학까지도 포섭하고 융합하려 했다. 다시 말하면 그는 선천학으로 모든 학문과 지식을 아우르는 학문의 총체적 집대성을 꿈꾼 것이다.

그렇다면 과연 서명응의 의도는 실현되고 꿈은 이루어졌는가. 절반만 성공했다고 본다. 그가 온몸으로 매달렸던 선천학은 시대를 선도하는 사상으로 자리잡지 못했기 때문이다. 당시 사상계는 그의 선천학을 흔쾌히 수용하지 않았다. 서명응의 선천학은 조선의 앞날을 이끌어가기에는 미래성과 참신함이 부족했다고 본 것이다. 그러나 그의 선천학은 상수학적 간학성을 발휘해 천문학, 음악, 농업, 지리학, 수학, 도가 등 다방면으로 그 영역이 확장되었고 그것이 오늘날에 와서야 높이 평가받고 있다. 특히 창발적인 학문 자세와 관물 정신은 여전히 그의 책을 통해 살아 있기에 '절반의 성공'으로 본 것이다. 이와 별도로 『황극일원도』 그 자체만 놓고 보자면 이 책은 조선 전체를 통틀어 독창성을 가진 원회운세식 조선 역사서라는 사실은 변함없으며, 그가 주장하는 '조선의 선천학'은 선례를 찾기 어려운 새로운 선천학 이론임에는 틀림없다.

제4장

점법학

I. 송대의 점법

『주역』은 점서占書로 출발하여 한대漢代에 이르러 음양재이와 참위설 등이 유행했고, 이에 대한 반발로 일어난 왕필의 의리파義理派 논리는 송대宋代 정이천의 『역전易傳』으로 이어졌다. 이런 흐름은 『주역』의 본질인 점占과 상수 부분을 경시하는 상황으로 연결되었으며, 이에 주자는 의리역과 상수역으로 갈라진 『주역』을 통합적 관점에서 보면서 의리역에 치중했던 당시의 풍토를 비판한다. 그는 『주역』의 연원과 이치, 점법 등을 깊이 연구하는 한편 『역학계몽』과 『주역본의周易本義』, 『주문공문집朱文公文集』, 「시괘고오蓍卦考誤」 등을 통해 『주역』 점법을 해석하고 자신의 역학 이론을 풀어놓았다.

그중 『역학계몽』에 수록된 점법은 조선시대 점법학의 규범이 되었고, 주자의 제자인 채침은 『홍범황극내편』에서 자신이 발명한 독자적인 점법을 소개했다. 송대의 이 두 점법은 조선에 큰 영향을 발휘했다. 특히 채침 점법은 현재 학계에서 잘 알려지지 않았으나 조선시대에는 상당한 연구

가 이루어지고 사용했다는 사실이 각종 전거로 입증된다.[77]

먼저 『역학계몽』의 주자 점법을 소개하고 이어서 『홍범황극내편』에 나오는 채침 점법을 소개한다.

1. 『역학계몽』의 주자 점법

주자 역학의 정수는 『역학계몽』에 나타나 있다. 『역학계몽』은 4권 2책으로 구성되었고, 제1권 「본도서本圖書」에서 「하도」「낙서」가 역의 근본임을 명시한다. 제2권 「원괘획原卦劃」은 괘획의 근원에 대한 부분이다. 「계사전」 하 2장과 「계사전」 상 11장 역유태극장의 내용을 중심으로 복희8괘와 문왕8괘, 「복희64괘차서도」와 「방위도」 등 소강절의 선천학에 대한 설명이 주류를 이룬다. 제3권 「명시책明蓍策」에서 시초점의 방법을 밝히고, 제4권 「고변점考變占」에서 변효를 얻어 점을 판단하는 방법〔占斷〕과 선대 문헌을 통해 점단의 다양성을 고증했다. 주자 점법은 현재 통용되고 있는 점법이다. 설시법과 점단법을 먼저 살펴보고 그 문제점을 분석한다.

---

77) 조선시대 채침에 대한 논의는 이황, 이덕홍, 이순, 장유, 이식, 신최, 박세채, 최석정, 이주천, 이익, 황윤석, 서명응, 이원구, 이규경, 이항로, 유중탁 등의 저술에서 확인된다. 이 중 李純(김안국, 이황 등과 교유)과 박세채의 저술이 자세하다. 특히 이순은 『洪範皇極內篇補解』(1537년 간행 추정)에 채침 점법에서 누락된 '數曰' 등을 채워 넣고 나머지 부족 부분을 보완한 공로가 있다. 또 이주천(李柱天, 1662~1711)은 『新增皇極內篇』에서 결락 부분을 보완했다. 이에 대해서는 이선경의 연구가 자세하다. 이선경, 2019, 50~82쪽: 2022, 391~419쪽 참조. 황윤석의 『頤齋亂藁』 권27 初七 壬辰條를 보면, 줄기 100개로 시책 2부를 만들어 1부〔50개〕는 주역점, 1부〔50개〕는 채침점을 친다고 했다.(… 得數百莖 … 成蓍策二部 … 其一部 … 將以筮易也 … 其一部 … 將以筮範也) 이는 당시 주역점과 더불어 채침점도 일반화되었음을 보여주는 기록이다.

1) 설시법

주자의 점법에서 설시揲蓍하는 방법은 「계사전」 상 제9장을 기초로 하고 있다. 그 내용은 아래와 같다.

> 크게 넓힌 수〔大衍之數〕[78]는 50이나 그 사용하는 것은 49이다. 이를 나누어 둘로 만들어 하늘과 땅 兩儀를 상징하고, 하나를 걸어서〔掛1〕 하늘, 땅, 사람의 三才를 상징하고, (시초를)넷으로 세어〔揲之以四〕 四時를 상징하고, 남는 것을 손가락 사이에 돌려 끼움〔扐〕으로 윤달을 상징하니, 5年에 윤달이 두 번이다. 그러므로 두 번 끼운〔扐〕 뒤에 거는 것〔掛〕이다.(大衍之數五十, 其用四十有九. 分而爲二以象兩, 掛一以象三, 揲之以四以象四時, 歸奇於扐以象閏, 五歲再閏, 故再扐而後掛)

위의 과정으로 1변이 이루어지고 이러한 과정이 3번 일어난 3변으로 1효가 생기고 18변으로 6효가 완성되어 하나의 괘가 생겨난다. 이것을 "네 번 경영하여 역을 이루고 열여덟 번 변하여 괘를 이룬다.(四營[79]而成易, 十有八變而成卦)"라고 했다.

위의 설시 과정을 순서대로 상세히 살펴본다. ① 대연지수 50에 갈음하

78) '대연지수' 의 의미에 대해 많은 설이 있다. 경방(기원전 77~37)은 10일 12신 28수를 합해 50이라 했고, 정현(127~200)은 천지지수 55에서 오행수 5를 제외한 50이라 했으며, 왕필(226~249)은 천지의 수를 넓혀 50이고 1을 빼 49만 사용하니 1은 역의 태극이라 했으며, 주자는 「하도」 중궁의 5와 10을 곱한 수 50이라 했고, 김경방 등은 55라 했고, 다산은 64괘에서 14벽괘(12벽괘+중부괘+소과괘)를 제외한 50연괘에서 50이 나왔다고 했다. 김상섭, 『내 눈으로 읽는 주역』 역전편 하, 지호, 2011, 742~744쪽. 정병석 역주, 『주역』 하권, 을유문화사, 2011, 562~564쪽. 황수기 장선문 撰, 『周易譯注』, 上海古籍出版社(上海), 2007, 513쪽 참조.

79) '四營' 의 의미에 대해 설이 나뉜다. 주자는 『주역본의』에서, "四營謂分二, 掛一, 揲四, 歸奇也."라 했고, 『주역집해』에서 순상(128~190)은 "營者謂七八九六也."라 했고 高亨(1900~1986)도 이를 따른다.

는 50개 시책에서 하나를 뺀 49개 시책을 양손으로 둘로 나누어 양의를 상징하고〔分而爲二以象兩〕, 양쪽〔왼쪽은 天策, 오른쪽은 地策〕에 내려놓는다. ② 오른쪽에 둔 지책地策에서 하나를 취해 왼손 새끼손가락 사이에 걸어 삼재를 상징한다.〔掛一以象三: 三才〕 ③ 왼쪽에 둔 천책天策을 오른손으로 4씩 세어 사계절을 상징한다.〔揲之以四以象四時〕, ④ 세고 남는 시책을 돌려 왼손 무명지 사이에 끼워 윤달을 상징한다.〔歸奇於扐以象閏〕 ⑤ 오른쪽에 둔 지책을 4씩 센다. ⑥ 남은 시책을 왼손 가운뎃손가락 사이에 끼워 재윤을 상징한다.〔五歲再閏, 故再扐而後掛〕

이상 ①~⑥의 경영이 1번의 설시이자 1변으로 '사영이성역四營而成易'이다. 1효 산출에 3번 설시〔3變〕하니 18번 설시〔18變〕로 6효가 생성되고 1괘가 이루어진다. 이것을 "18변하여 괘를 이룬다.(十有八變而成卦)" 고 했다. 시초를 손가락에 걸고〔掛〕 끼운다〔扐〕는 뜻에서 그 시책의 총수를 '걸고 끼운 수〔괘륵지수掛扐之數〕' 라 하고, 49시책에서 이 수를 뺀 수를 '세어 넘긴 수〔과설지수過揲之數〕' 라 한다. '과설지수' 란 49개 시책에서 손가락에 걸고 끼운 시책을 제외한 시책을 말한다. 이것은 4로 세어서 지나간〔넘긴〕 시책의 총수라는 뜻으로 결국 49시책에서 '괘륵지수' 를 뺀 수이다. 이렇게 나온 6효가 노양 · 노음인 경우 음양이 변하고, 소양이나 소음은 불변이다. 노양〔老陽 9〕 · 노음〔老陰 6〕 · 소양〔少陽 7〕 · 소음〔少陰 8〕의 사상四象과 9 · 8 · 7 · 6 사상수四象數의 산출 방법은 괘륵지수를 이용하거나 과설지수를 이용해서 산출할 수 있다. 뒤에 설명이 나온다.

2) 점단법

점단占斷은 괘사와 효사로써 점괘를 해석하고 판단하는 기준으로, 주자의 점단법은 『역학계몽』에 실려있다. 표로 정리하면 아래와 같다.(『역학계몽』「고변점考變占」 제4, 1163~1176쪽)

〈표 4〉 주자 점단법

구 분	점단 내용
① 爻 不變	本卦 卦辭로 점단. 內卦爲貞, 外卦爲悔.
② 한 爻變	본괘 變爻로 점단.
③ 두 효변	본괘 변효 중에서 위 변효 위주 점단.
④ 세 효변	본괘, 之卦 卦辭로 점을 치되, 卦變圖에 의거 지괘가 前10괘에 해당하면 본괘[貞] 괘사 위주 점단, 後10괘에 해당하면 지괘〔悔〕 괘사 위주 점단.
⑤ 네 효변	之卦 不變爻 중에서 아래 불변효 위주 점단.
⑥ 다섯 효변	지괘 불변효로 점단.
⑦ 여섯 효변	乾卦는 用9, 坤卦는 用6으로 점단하고, 나머지 괘는 지괘 괘사로 점단.

3) 주자 점법의 문제점

첫째, 주자 점법으로 설시할 경우 사상四象이 발생하는 확률이 불균형하다는 것이다.[80] 내용을 간략히 표로 정리하면 다음과 같다.

〈표 5〉 주자 점법의 사상 발생확률

사상/사상수[81] %	괘륵지수 奇耦	과설지수	경우의 수[82]	최종 확률(%)
노양9(重) 18.75%	5, 4, 4(13) 3奇	36(49-13)	3/4×2/4×2/4	12/64=18.75
소음8(柝) 43.75%	5, 4, 8(17)2奇1耦	32(49-17)	3/4×2/4×2/4	12/64=18.75
	5, 8, 4(17)2奇1耦	32(49-17)	3/4×2/4×2/4	12/64=18.75
	9, 4, 4(17)2奇1耦	32(49-17)	1/4×2/4×2/4	4/64=6.25
소양7(單) 31.25%	5, 8, 8(21)1奇2耦	28(49-21)	3/4×2/4×2/4	12/64=18.75
	9, 8, 4(21)1奇2耦	28(49-21)	1/4×2/4×2/4	4/64=6.25
	9, 4, 8(21)1奇2耦	28(49-21)	1/4×2/4×2/4	4/64=6.25
노음6(交) 6.25%	9, 8, 8(25) 3耦	24(49-25)	1/4×2/4×2/4	4/64=6.25

80) 이 부분은 신명종, 2017, 51~67쪽을 참조했다.

81) 사상수 산출 방법은 2가지이다. ① 삼천양지론을 적용하는 경우이다. 괘륵지수를 4로 나누어 1이면 奇, 2이면 耦이다. 1은 3으로 환산되고 2는 2로 환산한다. (5 · 4 · 4)인 경우 4로 나누면 1 · 1 · 1 3奇로 3×3=9 즉 노양 9가 되고, (9 · 8 · 8)인 경우 4로 나누면 2 · 2 · 2 3耦로 2×3=6 즉 노음 6이 된다. ② 과설지수로 계산하는 경우이다.

위 표에서 주목할 점은 주자 점법으로 점을 칠 때 그 결과 노음의 발생 비율이 노양 · 소음 · 소양에 비해 너무 낮고, 소음의 비율이 너무 높다는 것이다. 사상 비율을 백분율로 환산하면 노음은 6.25%, 노양은 18.75%, 소양은 31.25%, 소음은 43.75%로 발생한다는 것이다. 그 비율이 노음1 : 노양3 : 소양5 : 소음7로 불균형이 심함을 알 수 있다. 단적으로 1변에서 노음 발생의 확률은 소음의 1/7이란 뜻이다. 이러한 결과는 후술하는 채침 점법이나 척전법擲錢法과 다산 점법, 김석문 점법, 또 50개 시책에서 48개를 이용하여 설시하는 법〔채원정, 『역학계몽』「명시책」 제3, 1130쪽〕에 비해 불균형이 심하다. 한편, 대부분의 학자가 불균형을 문제점으로 지적하지만, 고회민은 오히려 장점이라고 했다. 변효가 많이 나오면 고려할 요소가 많아 길흉의 판단이 곤란하지만, 소음과 소양이 많은 것은 변효가 자주 발생하는 것을 막아주기 때문이며 이러한 설계는 작역자인 문왕의 공이라고 했다.(高懷民, 1994, 160~161쪽)

둘째, 점단법에서 다효변〔爻亂動〕이 발생하는 경우이다. 점단은 효불변이나 1효변 및 6효변이면 간단하다. 그러나 2~4효변의 경우 점단의 주효〔혹은 卦〕와 나머지 효〔혹은 卦〕의 점단 내용이 상충할 경우 판단하기가 쉽지 않다는 점이다. 즉 점단의 구체적 형태인 길흉회린吉凶悔吝 등이 섞여

(5 · 4 · 8)의 경우 괘륵지수는 17이고 과설지수는 32(49 - 17)이다. 이를 4로 나누면 소음 8이 되고, (5 · 8 · 8)인 경우 괘륵지수는 21이고 과설지수는 28(49 - 21)로 4로 나누면 소양 7이 된다. 노양 · 노음도 같은 원리다.

82) 사상이 발생하는 경우의 수는 다음과 같다. 1변의 괘륵지수는 5가 아니면 9이고〔不五則九〕, 2 · 3변의 괘륵지수는 4가 아니면 8이다.〔不四則八〕 1변에서 시초를 왼손가락에 걸고 끼우는 수〔掛扐數〕 5가 나오는 경우는 (1 · 3 · 1), (1 · 2 · 2), (1 · 1 · 3) 셋이고, 9가 나오는 경우는 (1 · 4 · 4) 하나뿐이다. 따라서 1변에서 5가 나올 확률은 3/4이고 9가 나올 확률은 1/4이다. 2 · 3변에서 4가 나오는 경우는 (1 · 2 · 1), (1 · 1 · 2), 8이 나오는 경우도 (1 · 4 · 3), (1 · 3 · 4) 두 가지뿐이다. 따라서 2 · 3변에서 4나 8이 나올 확률은 각각 2/4이다. 이를 각 변에 대입해 보면 상기 표와 같은 결과가 도출된다.

나오거나 반대로 나오면 점을 해석하고 판단하는 데 어렵다는 것이다. 또 4~5효변인 경우 지괘 불변효로 점단하는데, 이는 변효를 가지고 점을 친다는 원칙에서 어긋나는 것이 아닌가 하는 점이다. 이 부분은 퇴계도 지적했고 한방기(韓邦奇, 1479~1555)도 언급한 주자 점법의 문제점이다.

셋째, 『좌전左傳』 점사 '간지팔艮之八' 에 대한 주자의 견해에 대한 것이다. 먼저 『좌전』의 내용을 보자.

> 『左傳, 襄公 9년』(기원전 564년)에 "목강이 동궁에서 세상을 떠났다. 처음 (목강이)동궁으로 갔을 때 시초점을 치니 간괘䷳의 八을 얻었다. 史가 말하기를 "이것은 간괘가 隨卦䷐로 변한 것입니다. 隨는 나가는 것이니, 君〔목강〕께서는 반드시 빨리 나가셔야 됩니다."라 하니, 목강이 말하기를 "그럴 수 없다. 『주역』에 '隨는 크게 형통하여 바름이 이롭고 허물이 없다' 라 하였다. 이 네 가지 덕이 있는 사람은 수괘를 만나면 허물이 없지만 나는 네 가지 덕 모두 없으니 어찌 수괘와 부합하겠는가? 내가 악행을 저질렀으니 어찌 허물이 없겠는가? 반드시 여기서 죽을 것이고 나갈 수 없다."라 하였다.

위를 요약하면 목강이 시초점을 치니 간괘䷳의 8을 얻었고〔遇艮之八〕, 이를 사관이 풀이하기를 "간괘䷳가 수괘䷐로 변한 것" 이라고 했다. 즉 사관은 '간지팔' 을 '간지수艮之隨' 로 본 것이다. 일반적으로 본괘 간괘의 1·3·4·5·6효 다섯 효가 변해서 지괘인 수괘를 얻은 점사를 '간지수' 라 한다. 그런데 사관은 '간지팔' 과 '간지수' 를 같은 것으로 본다. 이를 둘러싼 여러 견해가 있는데, 주자의 의견을 보도록 한다.(『역학괘몽』 考變占第四, 1172쪽)

> 다섯 효가 변하면 之卦의 변하지 않는 효로 점단한다. 목강이 동궁으로 가서

시초점을 쳐 艮之八을 얻었다. 사관이 "이는 艮卦가 隨卦로 변한 것입니다."라고 하였다. 그것은 다섯 효가 모두 변하면 육이효만 8을 얻었기 때문에 변하지 않은 것이다. 이럴 경우 마땅히 (之卦 不變爻인 隨卦 六二爻辭) "소장부에 매여서 대장부를 잃는다."로 점단해야 하는데 사관이 망령되어 수괘의 괘사로 대답하니 잘못된 것이다. 주자가 말했다: 간괘가 수괘로 변한 것은 오직 간괘 육이 한 효만 불변이고 나머지 다섯 효는 모두 변한 것이다. 변한 효는 9나 6을 얻은 것이고 불변효는 8를 얻은 것이다. 시초점을 치는 법에는 작은 것을 위주로 한다. 변한 효가 다섯이고 고정된 효〔불변효〕가 하나이기 때문에 (작은 것인 불변효)8로써 점단한다. 그래서 '간괘의 8'이라 했다.

주자의 풀이는 간단하다. 자신의 점단법대로 5효변인 경우 지괘之卦 불변효인 수괘 육이효六二爻로 판단해야 하는데, 당시 사관이 수괘 괘사로 잘못 점단했다는 것이다. 당시 사관이 잘못을 지적한 주자의 주장에 후대 학자들 간에 의견이 분분했지만, 주자의 견해이니 그 무게가 다를 수밖에 없다. 그럼 '8'이나 '지팔之八'은 어디서 나온 것인가. 이에 대해 옥재 호씨〔胡方平〕는 "8은 수괘 육이효를 가리켜 말한 것이다. 지괘 불변효로 점친다면 중점은 육이효에 있다. 그래서 '지괘'이라고 한 것이다."라고 했다. 그러나 옥재 호씨의 주석에도 불구하고 '간지팔'에 대한 의문점은 해소되지 못했으며 후대까지 논란이 된 점례가 되었다.[83] 이상에서 논한 주자 점법의 몇 가지 문제점들은 후학들에게 새로운 점법 발명을 촉발시킨 계기가 되었다.

83) 이 문제는 앞에서 본 '다효변의 문제'와도 관련이 있다. 『좌전左傳』과 『국어國語』의 점례는 그 자체로 하나의 연구 대상이며 연구할 주제도 많다고 할 수 있다.

2. 『홍범황극내편』의 채침 점법

채침의 『홍범황극내편』의 기본 골격은 제1부 제3장 조선 상수학의 배경지식에서 살펴본 바와 같이, 수가 만물의 시원에 존재한다는 것이다. 채침은 수의 근원을 「낙서」에 두고, 그것이 홍범수에 나타나 있다고 주장한다. 9수는 「낙서」의 수이자 수의 궁극窮極이며, 9수를 기틀 삼아 99수도數圖와 점법을 제작했다. 천지만물의 시종과 고금의 유행 변화를 3·9·81이 매개되어 이루어진 6561 사례로 알 수 있다고 했다. 먼저 채침 점법의 특성을 살펴본 후 그의 '시초점'과 '목편점'의 구체적인 내용을 알아보자.

1) 채침 점법의 특성

채침의 점법은 「낙서」와 3의 배수 9, 9의 배수 81, 81의 배수 6561을 근간으로 한다. 즉, 수의 연산식인 '1-3-9-81-6561'의 구조를 점법에 적용한다. 채침 점법은 81개의 점례〔占例: 數名〕가 있다. 주역점의 64괘와 비교하면, 주역점은 음양획으로 괘효상이 이루어지지만 채침 점은 1~9수를

〈그림 22〉 81수명도

	〡	〢	〣	〤	〥	〦	〧	〨	〩
〡	原	成	見	比	庶	飾	迅	實	養
〢	潛	冲	獲	開	決	戾	懼	賓	遇
〣	守	振	從	晉	豫	虛	除	危	勝
〤	信	祈	交	公	升	昧	弱	堅	囚
〥	直	常	育	益	中	損	疾	革	壬
〦	蒙	柔	壯	章	伏	用	競	報	固
〧	閑	易	興	盈	過	郤	分	止	移
〨	須	親	欣	錫	疑	翕	訟	戎	墮
〩	厲	華	舒	靡	寡	遠	收	結	終

산가지〔算木: 算策〕로 표시하여 수의 상〔數象〕으로 삼았다. 『홍범황극내편』 2권에 '황극내편수총명皇極內篇數總名' 아래 9개 수의 산가지 표시와 81개의 수의 이름〔數名〕이 나온다.

첫째는 '|-| · 원原 · 1 - 1一之一' 이며 마지막 81번째는 '|||| -|||| · 종終 · 9~9九之九' 이다. 이들은 '||||| -||||| · 중中 · 5~5五之五' 를 기준으로 서로 대대로 이루어졌으며 2개 수의 조합이다.

〈그림 22〉는 『홍범황극내편』의 1663~1667쪽에 걸쳐 있는 81수명(數名)을 쉽게 다시 그린 것이다. 보는 법은 가로에서 첫수를 구하고 세로에서 둘째 수를 구한다. 예를 들면 '原 |-|' 은 '一之一', '易 ||-T' 은 '二之七', '革 Ⅲ-|||||' 는 '八之五' 이 되는 것이다.

81개 수명의 각각에 또 81개의 점례가 붙어 총 6,561개의 점례가 있다. 역시 2개의 수의 조합으로 이루어졌고 9개의 길흉사가 표시되어 있다. 『주역』의 384효사에 비견되는 것이다. 구체적인 길흉사는 '1길吉 · 2구咎 · 3상祥 · 4린吝 · 5평平 · 6회悔 · 7재災 · 8휴休 · 9흉凶' 이다. 1길9흉 · 2구8휴 · 3상7재 · 4린6회가 둘씩 대대로 합 10수가 되고 「낙서」의 순서로 길흉이 순환된다. 채침은 '1 - 3 - 9 - 81 - 6,561' 라는 수적 체계 속에 천지의 변화와 인사의 시종 및 고금의 인혁이 다 드러난다고 했다.(『홍범황극내편』, 1633쪽) 이 수적 체계는 채침 점법에 동원되는 수역학의 핵심이다.

여기서 주목해야 할 것은 점의 판단사 즉 점사占辭가 한 글자로 집약되어 있다는 것이다. 81수명은 81개의 각각 다른 한 개의 글자로 이루어졌고, 각 글자에 대한 풀이인 수사數辭가 이어진다. 주역점에 비유하면 괘명과 괘사와 같은 것이다. 6,561의 두 점사占辭도 각각 한 글자로 판단한 것이다. 점을 칠 때, 처음 초설〔綱〕과 재설〔目〕하여 나온 실수〔1~9〕로 81수에서 횡수橫數를 선택한다. 그리고 2번째 초재설로 나온 실수로 종수縱數를 선택하여 81수에서 하나가 정해진다. 같은 방법을 반복하여 6,561개 중의

〈그림 23〉 壯의 대강목/소강목

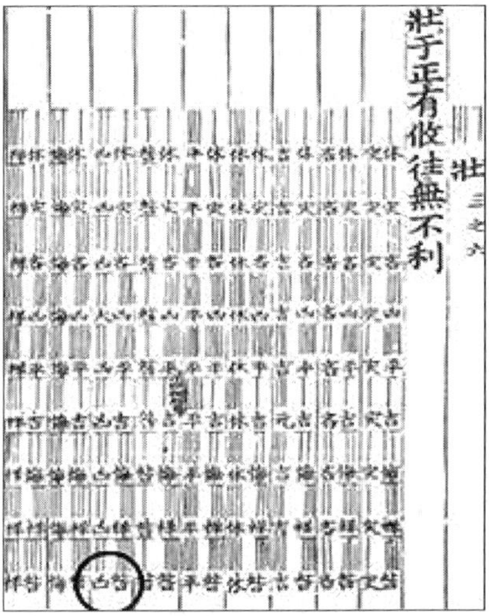

〈그림 24〉 壯: ⅡⅡ之Ⅲ 흉구

하나가 정해진다. 6,561 중의 하나는 81수명도에 나타난 81개의 길흉례에서 찾는다. 이처럼 도합 4번의 강목綱目 찾기, 즉 8번의 설시로 81수와 6,561개 중 하나의 점례가 각각 정해진다.

우측 〈그림 24〉는 『홍범황극내편』 1692쪽에 나오는 '장〔壯: Ⅲ之丅(3~6)과 ⅡⅡ之Ⅲ(7~9) 凶咎〕' 에 대한 강목剛目 표시 및 81수와 6,561수이다. 좌측 〈그림 23〉[84]은 같은 대강목은 81수, 소강목은 6,561수로 구분하여 표시한 것이다. 여기에 수명數名 · 수상數象 · 수사數辭 · 81수와 각각에 딸린 81개 길흉례가 나타나 있다. 81개 수명 가운데 9개는 64괘 괘명과 같으며, 수사의 내용도 괘효사에서 취한 것이 적지 않고 다른 경전의 문구도 인용되어 있다.

채침의 점치는 방법은 점치는 도구에 따라 두 가지가 있다. 하나는 50

84) 이 그림은 웅종립(明, 熊宗立, 1409~1482)의 『洪範九疇數解』와 야마자키 안사이(山崎闇齋, 1616~1682)의 『山崎闇齋全集』 중 『洪範全書』 327쪽에 나오는 내용이다. 국립중앙도서관 '蒙養啓發集 … 續中卷 / 〔日本古典學會 編〕' 으로 검색 가능.

개의 시초를 사용하는 '시초점蓍草占'과 둥근 나무 조각을 사용하는 '목편점木片占'이다. 두 가지 모두 처음 초설〔綱〕과 재설〔目〕하여 81수가 정해지고 초재설을 반복하여 6561개 중의 하나가 정해진다. 이에 대해 조선 후기 실학자인 이원구(李元龜, 1758~1828)의 『심성록』에서 자세하게 논하고 있다.[85] 먼저 시초점을 보자.

2) 시초점

시초점의 내용은 다음과 같다.(『홍범황극내편』, 1658~1659쪽)

① 시초 50개에서 하나를 빼고, 49개를 둘로 나누고 오른손 뭉치 중에서 하나를 빼어 왼손에 걸고, 왼손 뭉치를 3개씩 세면 나머지는 1·2·3이 되고 그것을 다시 왼손에 걸고, 오른손 뭉치를 3개씩 세면 나머지가 역시 1·2·3이 된다.

② 왼손에 남은 시초수는 처음 건 1개를 포함해서 2·3·4개 중 하나이고 오른손에 남는 것은 그대로 1·2·3 중의 하나이다.

③ 左手와 右手에 남는 시초수가 奇數인 경우(좌3·우1)에는 1이고, 偶數인 경우(2·2)에는 2, 奇偶인 경우(4·3)에는 3으로 본다. 처음 설시를 '初揲~綱'이라 한다. 다시 치면 左右手에 남는 시초수는 3·3 혹은 4·2 혹은 2·1이 되며 이를 '再揲~目'이라 한다.

④ 綱1은 目3이고 目은 한번 치면 한 번으로 보는데 實은 綱을 따르니(1綱=3目) 兩揲하면 9수(3×3)가 되고 8번 揲蓍하면 6561수가 된다(3의 8乘).

⑤ 大人이 얻으면 福을 펼치고 小人이 얻으면 禍만 피할 수 있다. 大事는 年月日

85) 『심성록』은 1815년(순조 15년)에 이원구가 자필로 필사한 책으로 8권 3책으로 이루어져 있다. 권8에 '홍범황극내편석의洪範皇極內篇釋義'가 수록되어 있다. 이선경, 『이원구 역학』, 문사철, 2018 참조.

時 순으로 본다. 이 네 번의 강목은 연월일시의 네 기둥이 된다.

『주역』의 시초점과 비교하여 설명하면 이해가 빠르다. 50개의 시초에서 1개는 비우고 49개를 좌우로 둘로 나누는 것은 주역점과 같다. 시초를 걸고 끼우는 과정〔掛扐〕에서 주역점은 왼손에 1번 걸고 2번을 끼우지만, 여기서는 왼손에 1번 걸고 1번 끼우고 나머지 1번은 오른손에 그대로 두고 왼손과 오른손에 남은 시초수를 각각 셈한다. 그러나 가장 큰 차이는 3개의 시책으로 설시하고 8번 설시로 생긴 4개의 수의 조합으로 점占이 이루어진다는 것이다. 주역점의 18번 설시에 비해 8번 설시로 절차가 간단하다. 채침 점법에는 총 4개의 수가 필요한데 1개의 수는 2번의 설시로 구해진다. 처음 두 개의 수의 조합으로 81개 수명이 이루어지고, 나머지 2개의 수의 조합으로 81개 수명에 속한 6,561의 점례가 완성된다.

각 수의 조합은 1차 설시인 강(綱: 초설)과 2차 설시인 목(目: 재설)의 결합으로 산출된다. 초설인 강에서 생기는 경우의 수는 기수(3,1), 우수(2,2), 기우수(4,3)의 조합에 따라 셋이고, 재설인 목의 경우 기수(3,3), 우수(4,2), 기우수(2,1)가 발생하여 이것이 강의 3가지 경우의 수에 각각 3개씩 부속되어 도합 9가지 경우의 수가 산출된다. 각각 발생할 확률은 모두 1/9로 동률이다. 왜냐하면 초설 강에서 기 · 우수의 발생 확률이 각각 1/3 확률이고, 재설 목에서 각각의 강에 셋씩 부속되어 각각 1/3의 확률이 되기 때문이다. 이는 주역점에서 사상四象 발생확률의 불균형과 대비된다. 이처럼 1은 비우는 것이고 3은 설시하는 것이고 9는 9수이며 81은 81수명이고 6561은 81수명에 딸린 총 점례이다. 채침은 대사大事는 81수의 수명數名에 따른 점사로 보고, 소사小事는 6561수의 9가지 길흉으로 본다.[86)]

---

86) 채침 시초점에 大事는 81수, 小事는 6561수의 9가지 길흉으로 본다는 명시적 표현은 없다. 아마 누락한 듯하다. 목편점의 경우는 대사부터 소사까지 年月日時의 순으로

〈표 6〉 점법 요약표

綱(初揲)	〔奇: 左手 3, 右手 1〕			2〔偶: 좌수 2, 우수 2〕			〔奇偶:좌수 4, 우수 3〕		
目(再揲)	1/奇 (3 · 3)	2/偶 (4 · 2)	3/奇偶 (2 · 1)	1/기 (3 · 3)	2/우 (4 · 2)	3/기우 (2 · 1)	1/기 (3 · 3)	2/우 (4 · 2)	3/기우 (2 · 1)
算木 (9數:實數)	𝍠(1)	𝍡(2)	𝍢(3)	𝍣(4)	𝍤(5)	𝍥(6)	𝍦(7)	𝍧(8)	𝍨(9)
발생확률	1/9	1/9	1/9	1/9	1/9	1/9	1/9	1/9	1/9

〈표 7〉 점법 예시

年/千: 大事	月/百: 次事	日/十: 次次事	時/一: 次次次事
綱 - 1	綱 - 2	강 - 2	강 - 2
目 - 2	目 - 2	목 - 3	목 - 2
實數 - 2	실수 - 5	실수 - 6	실수 - 5
81수명: 2-5 常. 元亨, 利不息之貞		6561수명: 6-5 占辭 '祥 吉'	

또 하나 특색은 채침 점에는 주역점의 필수 요소인 '효변' 이나 '괘변' 같은 '수변數變' 이 없다.[87] 81수명의 점사와 6561수의 길흉사로만 판단하므로 그 과정이 『주역』에 비해 간단하다. 〈표 6〉은 그 내용을 요약한 것이며, 〈표 7〉은 예시를 보인 것이다.

위의 81수에서 2~5의 '상, 원형, 이불식지정〔常. 元亨, 利不息之貞〕' 이 나오고, 6561에서 6~5의 '상祥 · 길吉' 이 나오는 과정을 보자.

초설〔綱: 1변〕에 1기奇로 좌수3 · 우수1이고, 재설〔目: 2변〕에 2우偶로 좌수4 · 우수2이니 실수는 2이다. 2번째 설시 초설〔강: 3변〕에 2우, 재설〔목: 4

본다는 말이 있다. 이 연월일시는 81수는 연월, 6561수는 일시에 해당한다. 시초점이나 목편점은 점법의 원칙이 공통으로 적용된다고 봐야 한다. 따라서 대사는 81수, 소사는 6561수로 길흉을 판단함이 타당하다.

87) 『홍범황극내편』 1599쪽에 黃瑞節曰 "八十一章, 六千五百六十一變" 이라 했다. 이는 81수 내에 각각 81개 길흉이 있고 도합 6561개 존재한다는 의미이지 81수가 변하여 다른 81수가 되거나 81수가 6561수로 변한다는 뜻이 아니다. 주역점이 爻變을 통하여 本卦에서 之卦로 변하는〔卦變〕 것과는 다르다.

변〕에 2우가 나오니 실수가 5이다. 이 둘을 연결하면 2~5로 81수명에서 '상常' 을 얻는다. 3번째 설시 초설〔5변〕에 2우, 재설〔6변〕에 3기우가 나와서 실수는 6이다. 4번째 설시 초설〔7변〕에 2우, 재설〔8변〕에 2우가 나와서 실수는 5이고 둘을 합치면 6~5이다. 81수명도 '상常' 에 나오는 81개의 길흉례 가운데 6~5는 '상 · 길' 이다. 모두를 합치면 81수명은 2~5로 '상常. 원형, 이불식지정' 이 되고, '상' 에 부속된 81개 점례 중 6~5는 '상祥 길吉' 이 되어 6561수의 길흉을 얻는다. 이처럼 총 8번 설시해야 하는 것이 주역점과 다른 점이다.

3) 목편점

둥근 나무 조각을 사용하는 목편점은 설시점과 달리 좌수와 우수, 기우의 개념도 없다. 다만 목편에 음각과 양각의 구분만 있어서 비교적 간단하다. 『홍범황극내편』에 목편의 제작 과정과 목편점을 치는 법을 간략하게 언급해 놓았는데, "지름 9분〔약2.7센티〕 · 두께 1분의 12개의 둥근 나무 조각을 4개씩 구분하여 음양각을 판다. 양각1 · 음각2 - 목편 4개, 양각2 · 음각3 - 목편 4개, 양각3 · 음각1 - 목편 4개, 도합 12개의 목편을 섞는다. 좌 · 우수로 그중 8개만 취해서 상하〔縱〕로 2개, 좌우〔橫〕로 4개, 도합 8개의 목편을 배열한다. 종으로 세운 것은 9이고〔시초점 실수9와 同〕, 횡으로 배열한 것은 일십백천一十百千이다〔시초점 연월일시와 同〕"라고 했다.(『홍범황극내편』, 1659쪽) 앞의 사례를 여기에 적용한 표를 보자.

〈표 8〉 점법 요약표

綱(初揲)	1: 양각1			2: 양각2			3: 양각3		
目 (再揲)	1 음각1	2 음각2	3 음각3	1 음각1	2 음각2	3 음각3	1 음각1	2 음각2	3 음각3
實數	1	2	3	4	5	6	7	8	9

〈표 9〉 점법 예시[88)]

年/千: 大事	月/百: 次事	日/十: 次次事	時/一: 次次次事
綱 - 1	綱 - 2	강 - 2	강 - 2
目 - 2	目 - 2	목 - 3	목 - 2
實數 - 2	실수 - 5	실수 - 6	실수 - 5
81수명: 2-5 常. 元亨, 利不息之貞		6561수명: 6-5 占辭 '祥 吉'	
陽刻1,陰刻2	양각2, 음각2	양각2, 음각3	양각2, 음각2

4) 채침 점법의 의의

제1부 채침편에서 채침의 점법은 완결된 것이 아니라 역의 「단전」에 해당하는 '수왈數曰' 부분이 81개 수명數名 가운데 80개가 누락되어 웅종립과 이순, 이주천 등이 보완했다고 언급했다.[89)] 그러나 81개 전체의 '수사數辭'가 있고 그에 딸린 81개의 길흉사(6561占例)가 온전하기 때문에 점단하는 데 부족함이 없다. 또한 점사占辭가 간명하여 그 요지가 선명하게 드러난다는 점과 설시 과정이 간이하다는 점이 장점이라고 할 수 있다. 후대인들이 보완한 것은 채침이 누락한 것으로 여겨 보완한다는 순기능도 있으나 주석가 자신의 의견이 첨가되는 것이니 채침의 본래 의도와 다를 수 있다는 역기능도 생각할 수 있다. 따라서 지금의 상태가 채침 사상이 잘 드러나고 점법으로의 특성이 두드러진다. 이와 같은 간명하고 간이한 특장이 조선조 학자들이 채침의 점을 주로 사용했던 이유일 것이다. 본 저술에서 채침의 상수학을 인용하여 자신의 이론에 참고한 최석정이나 서명응, 황윤석, 이항로 등에게서 후대 주석가들이 부족분이라고 보완한 부분에 대한 언급은 찾을 수 없었다.

88) 조선시대에는 채침점에서 목편점보다 시초점을 선호한 것으로 보인다. 아예 100개 시책을 준비하여 50개는 주역점 용도로 쓰고 나머지 50개는 채침점 용도로 사용했다는 기록이 보인다.

89) 후대 학자들이 채침 점법에 보완한 것에 대해서는 앞에서 인용한 이선경, 김정철의 논문을 참조할 것.

채침은 주역점과 다른 점법을 발명했지만, 점에 의존하거나 집착하지 않고 불의도 용납하지 않았다. 그래서 "의리에 맞지 않으면 점치지 말고 의심나지 않으면 점치지 않는다.(非義不占, 非疑不占)" 라고 했다. 자신의 점법에 의미를 부여하기를, "분합변화分合變化가 끝없이 순환하는 것과 같아서 천명과 인사가 이로 말미암아 견주어지고, 길흉화복이 이로 말미암아 드러나니, 대인이 이를 얻으면 복이 거듭되고, 소인이 얻으면 화를 피할 수 있다." 고 했다.(『홍범황극내편』, 1658~1659쪽) 주역점의 점례는 64괘사 · 384효사 및 용9 · 용6, 도합 450개이다. 그러나 채침의 점은 81수와 다시 세분된 6561, 도합 6642개가 된다. 채침에 와서 상수학의 지평이 좀 더 넓어지고 점법에 대한 논의의 공간이 확장되었다고 볼 수 있다.

채침은 왜 주역점을 두고 새로운 점을 제작했는가. 역은 사성四聖을 거쳐 점법도 완비되었으나, 수는 전해진 바가 없었고 수에 기초한 점법도 나오지 않았다고 그는 생각했다. 이러한 학문적 사명감으로 새로운 수점數占을 제작했고 주역점과 쌍벽이 되기를 바랐을 것이다. 하지만 채침 점법에 대해 후대의 논란이 적지 않다. 특히 청대 학자들의 비판이 거세다. 채침이 선학들의 사상이나 점법을 몰래 베낀 것으로 술수에 지나지 않는다는 것이다. 현대에 와서도 비판과 호평이 공존한다. 료명춘은 비판적이나 주백곤과 장기성은 호평한다. 확실한 것은 조선 상수학의 전체 지형에서 보자면, 대부분의 학자가 채침의 상수 사상을 수용했고 점법 또한 상수학자들이 애용했다는 사실이다.

Ⅱ. 조선의 새로운 점법

1. 김석문의 점법

김석문(金錫文, 1658~1735)이 서양의 최신 천문학과 도서상수학을 바탕으로 『역학이십사도해』를 편찬했음을 앞에서 살펴본 바 있다. 김석문은 서학을 수용한 천문역학자이지만, 점서법은 서학과 무관한 독자적인 조선 상수학의 작품이다. 그는 송대 도서상수학과 점법에 자신만의 독창적인 아이디어를 더해서 조선시대 전례를 찾기 어려운 새로운 점법을 발명했다. 그 속에는 경전의 근거가 부족한 파격적인 내용이 있는가 하면 기존 점법의 문제점을 해소해 주는 내용도 담고 있다. 그의 점법은 매우 정확하다고 알려졌는데, 『포천읍지』에 "(김석문이) 병들어 점을 쳤는데 죽는 날과 시간을 정확히 맞추었고 수壽 78세였다."라고 했다.(장숙필, 2000, 292쪽) 그의 학문 위상에 대해 황윤석은 "소강절과 백중세를 이루고 우리나라에서는 화담 서경덕 이하로 논할 수 없다."〔『이재집』 續稿 권3〕라고 평했다. 김석문의 연구에서 미답으로 남아 있는 부분이 두 가지가 있다. 하나는 『역학이십사도해』에 실린 26개 도설에 관한 것으로, 그림에 대한 해설서가 소실되었기 때문에 그림을 해석할 수 있는 단서가 없는 것이다. 또 하나는 그가 발명한 새로운 점서법占筮法에 대한 것으로, 여기서 논하려 한다. 점법에 대한 것은 『역학이십사도해』 도설 8도~12도에 들어있다. 이에 대한 개요를 앞에서 논했지만〔김석문 천문학〕, 좀 더 상세히 풀어보도록 본다.

김석문의 점법을 파악하는 방법에는 두 가지가 있다. 도설을 통한 것은 해설이 소실되어 절반 정도만 이해할 수 있다. 또 하나는 그의 점법에 대한 다른 전거를 통하는 것이다. 다행히 김석문 학문에 매료된 황윤석이 자신의 『이재난고頤齋亂藁』에 김석문 점법의 일부 내용을 그대로 전재했다. 이에 대해 한 차례 선행 연구[90]가 있었으며 여기서는 이를 참조한다.

김석문의 점법은 크게 '대연도법大衍圖法', '선천시초법先天蓍草法', '후천시초법後天蓍草法' 등 세 가지로 나눌 수 있다.

1) 대연도법 1〔10개씩 제하는 시초법〕

대연도법은 시초를 제除하는 방법으로 시초 10개씩 제하는 법과 8개씩 제하는 법에 따라 다시 두 가지로 나눌 수 있다. '대연' 이란 시책을 현행 50개보다 더 크게 100으로 불린다는 뜻이다. 도설을 통해 고찰해 본다. 대연도법에 대해 두 개의 도설로 설명한다. 「제팔수괘대연도第八數卦大衍圖」는 『역학이십사도해』에 실려 있고, 「선천대연백책수괘도先天大衍百策數卦圖」[91]는 『이재난고』 부록에 수록된 것이다. 두 그림 중 「제팔수괘대연도」(이하 「수괘대연도」라 함)를 기준으로 논한다.

〈그림 25〉 「수괘대연도는」 소강절의 「선천64괘방원도」를 사용하고 있다. 괘의 배열순서가 선천64괘의 순서와 동일하며 「원도」의 구성도 강절역과 같다. 그러나 소강절 「선천도」에서 말하는 좌左 · 우선右旋과 김석문 그림의 상단 좌 · 우측에 기재된 "괘수는 왼쪽으로 일정하게 회전한다.(卦數從左平旋)" 는 내용은 그 의미가 다르다.[92] 또한 「낙서」의 원리가 이 그림

90) 구만옥, 2017, 30~48쪽.

91) 「선천대연백책수괘도」는 구만옥의 논문에서 옮긴 것이다. 구만옥, 2017, 35쪽.

92) 김석문은 괘수는 聖人 南面의 방위에서 북〔下〕- 동〔左〕- 남〔上〕- 서〔右〕 시계방향 운동〔↷〕 즉 좌선한다는 것이다. 그러나 소강절 「선천도」에서 '좌선' 이란 64괘도의 아래 북쪽復卦에서 동쪽離卦을 거쳐 남쪽乾卦로 시계방향으로 이동함을 말하고, '우선' 도 남쪽姤卦에서 서쪽坎卦를 거쳐 북쪽坤卦까지 운행으로 역시 시계방향〔↷〕이다. 즉 '震4 - 離3 - 兌3 - 乾1 - 巽5 - 坎6 - 艮7 - 坤8' 의 순으로 시계방향이다. 이는 괘의 陰陽消長의 순서를 나타낸 운행 방향이다. 일반적인 좌선 · 우선은 교차하지만 소강절 「선천도」에서는 교차하지 않고 같은 시계방향〔↷〕이다. 한편 괘의 生成順序〔방

에 나타났다는 것과 64괘에 간지干支가 배분된 점도 소강절 「선천도」와 다른 점이다. 내용이 복잡하여 번호를 매겨 순서대로 살핀다.

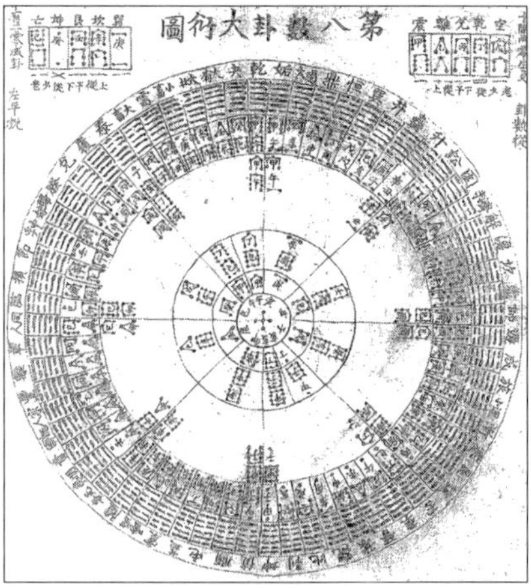

〈그림 25〉 수괘대연도

(1) 〈그림 25〉의 상단 좌 · 우측에 김석문의 새로운 점법 중의 하나인 '대연도법' 과 관련하여 다음의 글과 표시가 있다.

【우측 상단】 十除兩零生爻. 空5戊一, 乾9丁□, 兌4丙--, 離3乙--, 震8甲一. 老少從下, 干從上.

【좌측 상단】 十有二零成卦. 巽2庚--, 坎7辛一, 艮6壬一, 坤1癸×, 亡10己--. 老少從下, 干從上.

위에서 주목할 점은 "10으로 제해서 생긴 2개의 나머지로 효를 만들고, 12번의 나머지로 괘가 이루어진다.(十除兩零生爻, 十有二零成卦)" 는 내용이다. 현행 시초점은 시초 4개씩 제해서 3변으로 1효를 만들고, 18변해서 6효 1괘를 만든다. 김석문은 시초 10개씩 제하고 2변으로 1효를 만들고, 12변하여 6효 1괘를 만든다고 말한다. 2변, 12변 문제는 (2)에서 보기로 하

향)는 '乾1 - 兌2 - 離3 - 震4 - 巽5 - 坎6 - 艮7 - 坤8' 의 순이다. 강절역에서 괘의 운행 방향과 생성 방향을 구별해야 된다. 간혹 괘의 생성 방향〔건1~진4~곤8〕을 운행 방향〔진4~건1~곤8〕 및 좌우선을 혼동할 수 있다. 괘의 운행순서는 「설괘전」 3장의 '已生, 未生' 과 '順數, 逆數' 와 관련된 것이다. 이 내용은 앞에서 자세히 보았다.

고 먼저 시초수를 따져보자. 시초 10개씩 제한다고 했는데, 그렇다면 총 시초는 몇 개인가. 황윤석의 『이재난고』에서 수록된 김석문의 말에서 그 답을 찾을 수 있다.(『이재난고』, 6책 30권, 40쪽)

> 무릇 시초풀은 1년에 한 줄기가 생기니 100년에 100줄기가 생긴다. 한 묶음에 100줄기가 생긴 것은 100년 된 물건이다. 그 수는 대연의 수와 서로 합치되니, 옛말에 '한 묶음에 100개 줄기' 라는 것은 대연의 수가 100이라는 명백한 증거이다.

김석문의 대연도법은 시초수 100개를 사용했다. 그 근거로 시초 풀의 줄기가 1년에 1개씩 생기고, 한 묶음 100개는 100년 동안 생긴 것이므로 이에 착안하여 대연의 수는 100이라고 했다. 또 옛말에 '시초 한 묶음에 100개 줄기' 라는 것은 대연수가 100이라는 명백한 증거라고 주장한다. 여기서 '옛말' 은 주자의 말이다. 그러나 주자는 "대연의 수는 50이니, 시초 한 뿌리에서 생기는 100개 줄기는 대연의 수의 둘에 해당한다."(『역학계몽』「명시책」 제3, 1103쪽)라고 했다. 이처럼 주자는 '대연지수는 50' 이라고 단정했다. 그러나 김석문은 '시초 줄기 100개' 라는 말만을 취하여 자신의 '대연수 100' 의 근거로 삼는다. 그는 소주小註에서 대연수 100이라는 또 다른 근거를 제시한다.(『이재난고』, 6책 30권, 40쪽. 출처: 국립중앙도서관)

> 대연이란 「낙서」의 수를 늘린 것이다. 주자는 '낙서의 5는 또 스스로 지금 5를 얻어 10이 되어 대연의 수와 통하게 된다.' 라 하였다. 「낙서」의 수 10을 크게 늘리면 그 수는 모두 100으로 이른바 全數이다. 옛날 「하도」와 「낙서」의 수도 모두 10에 그쳐서 그런 것이 아니겠는가.

그는 「하도낙서」의 수를 10으로 보고, 늘리면 100이 된다고 주장하고 있다. 여기서도 주자의 말을 근거로 삼지만, 주자는 「하도낙서」의 5를 늘리고 10을 곱하면 50이 되어 대연지수가 된다고 다르게 말했다.(『역학계몽』「명시책」 제3, 1102쪽)

이상 두 가지 예에서 보듯 김석문이 주장하는 대연지수 100은 선유들이 말한 바 없는 독자적인 주장이다. 역학사적으로 대연지수에 대한 논란은 50이냐 55이냐, 그 수의 유래가 무엇이냐 하는 것이었지, 100이라고 하는 주장은 찾기 어렵다. 또 시초 10개를 제한다는 주장도 생소하다. 그는 10으로 제하는 이유에 대해 별다른 설명을 하지 않았다. 추측건대 하락의 전수 10에서 비롯되었을 가능성도 있다. 아무튼 김석문은 시초 100개를 10개씩 제한다. 이런 주장은 경전의 근거가 부족하다는 비난을 피하기 어렵다.

(2) '2개의 나머지로 효를 만들고, 12번의 나머지로 한 괘가 이루어진다.' 라는 부분이다. 『이재난고』에 김석문의 설명이 나온다.(『이재난고』, 6책 30권, 40쪽)

> 대연도법으로 매爻의 시책을 2번 나누어 왼손에 있는 시책을 10씩 除하여 12번 除하면 괘를 이루니, 또한 응하지 않는 바가 없다. 그 편리함은 18변보다 더 나으니 자잘한 일에는 대부분 대연도법으로 시초점을 친다.

윗글의 결론은 대연도법이 현행 시초점보다 편리하고 점사占事에 잘 적중한다는 것이다. 즉 18변에서 12변으로 줄어들어서 편하고 그래서 소사〔小事: 소소한 일〕에는 이 법으로 점친다는 것으로 결국 점사를 대소大小로 나누어 이원화한다는 말이다. 그러나 여기서 핵심은 시초를 셀 때 왼손에 있는 시초를 10개씩 센다는 것이다. 양손의 시초를 각각 세는 현행 시초점과 다르다. 왜 그런가. 구만옥의 연구에서 실마리를 찾았다. 〈그림 26〉과 〈그림 28〉이 그것이다.

〈그림 26〉「선천대연백책수괘도」의 첫줄 제목 밑의 문장이 분명치 않지만 다음과 같이 씌어 있다.(『이재난고』, 6책 30권, 부록) 이 부분은 〈그림 27〉과 〈그림 28〉의 주석에서 보완하여 풀이한다.

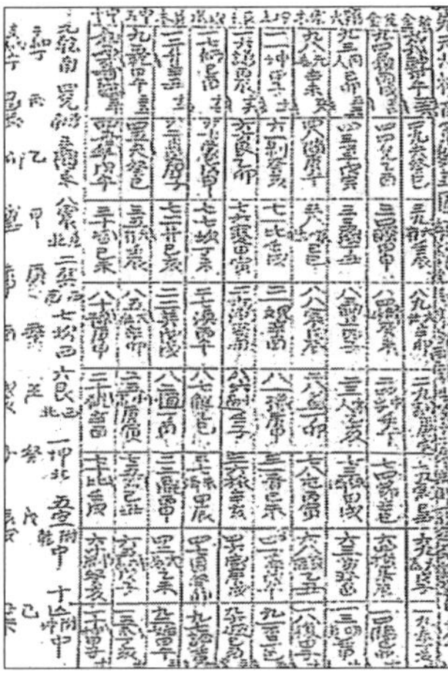

〈그림 26〉 선천대연백책수괘도

> 「하도낙서」 全數에서 취한 대연수 100개 시책을 (양손으로)공평하게 나누어 왼손에 든 시책을 10개씩 제하고 나머지를 얻는다. 나머지 시책을 다시 공평하게 나누어 왼손에 든 시책을 10개씩 제하고 나머지를 얻는다. 이 2개 나머지를 합하여 효가 생겨난다. 12개의 나머지로 괘가 완성된다. 각 효는 수를 기재하는데 위에서 아래로 적는다.[93)]

여기서 100개 시책을 양손으로 공평하게 나누되 세는 것은 '왼손에 든 시책〔用左策〕'이라고 말한다. 두 번째 설시도 마찬가지다. 첫 번째 설시 후 남은 시책을 다시 양손으로 평분하여 '왼손에 든 시책'을 센다. 그러면 오른손에 든 시책은 어떻게 할 것인가. 이에 대한 설명이 없다. 이때 두 가

93) "取河洛全數, 大衍一百策平分, 用左策, 十除得零. 餘策又平分, 用左策, 十除得零, 合兩零生爻, 十二零成卦. 其每爻紀數, 自上而下."(『이재난고』, 6책 30권, 부록) 이 부분은 구만옥(구만옥, 2017, 35쪽)에서 재인용한 것인데 글이 흐릿하나 다른 그림의 小註와 내용이 거의 같기 때문에 이해할 수 있다. 〈그림 26〉「선천대연백책수괘도」는 '十除', 〈그림 28〉「선천수괘부도」에는 '八除'가 보인다.

지를 생각할 수 있다. 하나는 오른손 시책을 왼손으로 옮겨 세는 것이고 또 하나는 왼손의 시책만 세는 것이다. 원문에 명확히 100개 시책을 양손으로 나누어 왼손의 것을 센다고 하므로, 왼손의 시책만 세는 것으로 보는 것이 충실한 해석이 될 것이다. 이때 100개의 시책 중에서 태극을 의미하는 1개는 제해야 하는지, 또 괘륵지수나 과설지수는 발생하는지에 대한 설명이 없다. 따라서 대연도법은 100개 시책을 전부 사용하여 왼손에 든 시책을 세어서 남은 수〔零〕를 단순 산출하는 것으로 보아야 할 것이다.

다음 중요한 것은 2변 즉 2개 나머지이다. 또 그것을 합하여 효를 만든다고 했다. 2변하여 나온 2개 나머지는 어떠한 과정을 거치고 어떻게 합할 것인가. 현행 설시법—주자 점법—과 달리 대연도법은 100개 시책을 양손으로 평분하여 왼손에 든 시책을 10으로 제하면 남은 수〔零〕는 1~10까지이다. 이게 1변〔초설〕이다. 다음 나머지 시책을 다시 평분하여 왼손에 든 시책을 10으로 제하고 남은 수 역시 1~10이다. 이게 2변〔재설〕이다. 1변과 2변을 합하면 총수는 2~20이 된다. 10을 초과하면 10을 빼서 수를 구한다. 예컨대 1변의 나머지가 1이고 2변의 나머지 10이라면, 합하여 11이 되어 10을 빼면 1이 된다. 1은 상단표를 보면 사상四象에서 노음(老陰: ×)으로 동효動爻가 된다. 만약 1변의 나머지가 3이고 2변의 나머지가 5이면 합이 8이 되어 소양(少陽: —)이 된다. 모든 수의 표시는 시책蓍策 표시〔•〕로 하는데 이는 산가지〔算木〕의 대용이 되기도 한다. 이러한 2변이 6회, 12변이 되면 6효가 된다. 위 인용문에서 '각 효는 수를 기재하는데 위에서 아래로 적는다.' 라 했는데, 효가 아니라 소성괘의 의미로 봐야 한다. 예컨대 화풍정괘火風鼎卦(䷱)의 경우 상괘는 리離로 3, 하괘는 손巽으로 2, 수는 위에서 아래로 3-2의 시책 표시〔•〕가 원도의 괘명-괘상 다음 난에 표시되어 있다.

여기서 궁금한 점이 있다. 김석문은 어디서 착안하여 2변의 합수로 효를 만들었는가. 추측건대 송대 채침의 점법에서 실마리를 얻지 않았을까 한다. 채침 점법의 중심 수는 9이다. 2번의 설시로 하나의 수〔數=효에 갈음〕를 구하고 두 수의 조합으로 점이 이루어지며, 점사를 대소로 구분하여 이원화했다. 채침의 이러한 방법을 김석문이 참고했으리라는 심증을 불러일으킨다.

(3) 소성괘 8괘에는 낙서수 1~9〔중앙 5 · 10 제외〕가 부여된다. 10수를 맞추기 위해 공空5 · 망亡10, 2수가 더해져 10수가 되었다. 10수의 부여는 그의 「낙서」 중시 역학관의 단면을 볼 수 있다. 강절역에서 8괘의 수는 괘생성 순서에 따라 '건1 - 태2 - 리3 - 진4 - 손5 - 감6 - 간7 - 곤8' 인 데 비해 그는 「낙서」 방위에 부여된 8괘에 낙서수를 부여한다. 이는 '문왕후천8괘방위' 이기도 하다. 방위와 함께 보면, '북곤北坤1 - 서남손西南巽2 - 동리東離3 - 동남태東南兌4 - 중공中空5 - 서북간西北艮6 - 서감西坎7 - 동북진東北震8 - 남건南乾9 - 중망中亡10' 이다. 괘의 분포는 강절역의 선천8괘 방위를 따르고 8괘와 공망에 부여한 수는 「낙서」를 따른다는 점을 알 수 있다.

(4) '노소종하老少從下, 간종상干從上' 에 대해서이다. '노소' 는 노양 · 노음 · 소양 · 소음의 사상四象을 말하고 이는 '하〔下: 아래〕' 를 따르니 박스 그림 속의 시책 표시의 아랫부분을 말한다. 이에 상응하는 음양효 표시도 이에 포함된다. '간〔干:10 천간〕' 은 위를 따른다고 했으니 〈그림 25〉 윗부분 사각형 속의 10천간과 시책 표시가 그것이다.

(5) 다음은 간지에 대한 부분이다. 김석문은 64괘 괘명과 괘상에 낙서수에 따른 시책을 표시하고 또 간지를 배분하고 있다. 간지 배분 원리는 소강절의 64괘 운행 순서를 따라 분포한다. 64괘 운행의 첫 시작인 복

괘䷁에 갑자를, 그다음 이괘䷁에는 을축을 분포시킨다. 단, 자오묘유에 속하는 건곤동인사괘乾坤同人師卦는 인접 괘와 둘씩 동일 간지가 부여되었다. 〈그림 25〉 가운데에 낙서수 5에 해당하는 시책 표시와 지지地支 10개가 표시되었으며, 그 바깥으로 낙서수에 상응하는 시책과 간지가 분포되어 있다. 이것은 100개 시책에 10개씩을 제한 시초점의 점사 판단에 「낙서」의 원리를 염두에 두어야 한다는 의미이다. 하지만 이것을 어떻게 감안하고 운용해야 할지 명확하게 알 수 없어서 향후 풀어야 할 숙제이다.

2) 대연도법 2(8개씩 제하는 시초법)

김석문이 말하는 대연도법에는 〈그림 25〉과 〈그림 26〉에 나타난 100개의 시초를 10개 제하는 방법 외에 8개씩 제하는 방법도 제시하고 있다. 8개씩 제하는 방법을 나타낸 것이 〈그림 27〉의 「제십육십사괘방원부도第十六十四卦方圓附圖」(이하 「64괘방원부도」라 함)이고, 『이재난고』 부록에 나오는 「선천수괘부도先天數卦附圖」는 〈그림 28〉이다.

〈그림 27〉 「64괘방원부도」의 구성은 소강절의 「선천64괘방원도」를 그대로 따랐다. 따라서 8괘와 64괘의 배열 순서도 강절역 그대로이다. 「방원부도」도 상단에 아래와 같은 글이 있다.

> 【우측 상단】 八除兩零生爻. 乾1丁□, 兌2丙--, 離3乙--, 震4甲一. 老少從下, 干從上.
>
> 【좌측 상단】 十有二零成卦. 巽5庚--, 坎6辛一, 艮7壬一, 坤8癸×. 老少從下, 干從上.

위 인용문은 〈그림 25〉 「수괘대연도」와 비슷하지만 다른 부분이 더 많다. 앞에서는 시초수 10개로 제하는데 여기서는 8개씩 제한다고 한다. 수와 시초 표시도 1~8까지 8괘만 있고 공망空亡은 없다. 1~8까지 수도 소강절의 선천8괘 생성 순서와 일치한다. 〈그림 25〉에 나타난 「낙서」의 원리는 이 그림에 없지만 납갑법에 기반한 육효점의 원리가 있다. '노소종하, 간종상' 부분은 앞에서 본 것과 같다. 따라서 대연도법의 두 가지 방법은 모두 2개 나머지를 합하여 효가 생긴다고 할 수 있다.

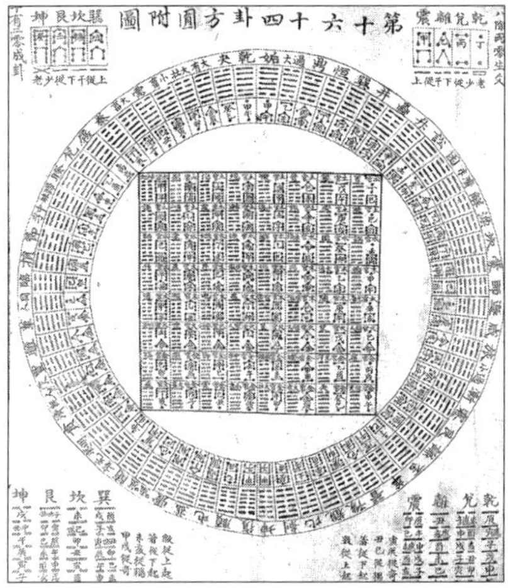

〈그림 27〉 64괘방원부도

한편, 구만옥은 김석문의 대연도법은 10으로 제하는 것이 아니고 8로 제하는 것이라는 취지로 주장했다. 그러나 이는 문제가 있다. 김석문의 두 개의 도설에 뚜렷하게 각각의 방법이 제시되어 있다. 구만옥은 『이재난고』 부록에 나오는 〈그림 28〉 「선천수괘부도」의 소주小註에 나오는 '팔제八除'를 논거로 들었다. 그러나 〈그림 26〉 「선천대연백책수괘도」의 소주에는 '십제十除'로 되어있다. 즉 10개와 8개씩 제하는 두 방식이 김석문의 그림에도 별도로 있고 『이재난고』에도 각각 있다. 따라서 "인용문에 따르면 시초를 덜어내는 방식은 10개 아니라 8개"라는 주장은 설득력이 떨어진다.[94] 결국 두 방법 모두 김석문의 새로운 점법이다. 그러면 8개씩 제하

94) 구만옥은 〈그림 28〉 「선천수괘부도」의 小註 "取河洛全數, 大衍一百策平分, 用左策, 八除得零. 餘策又平分, 用左策, 八除得零, 合兩零生爻, 十二零成卦. 其每爻紀數, 自上而下."를 인용했다. 구만옥, 2017, 41쪽. 필자는 이 부분뿐만 아니라 〈그림 26〉 「선천대연백책수괘도」의 소주 "取河洛全數, 大衍一百策平分, 用左策, 十除得零. 餘策又平分, 用左策, 十除得零, 合兩零生爻, 十二零成卦. 其每爻紀數, 自上而下."도 인용했다. 두 인용문은 10과 8로 제하는 것을 각각 나타낸 것이다. 구만옥은 앞의 것〔八除〕만 인용하여

는 방법이 왜 별도로 필요했는지, 그림에 납갑법〔육효점〕이 왜 표시되었지, 그 이유를 추적해 보자. 그는 『역학이십사도해』 서문에서 다음과 같이 말했다.

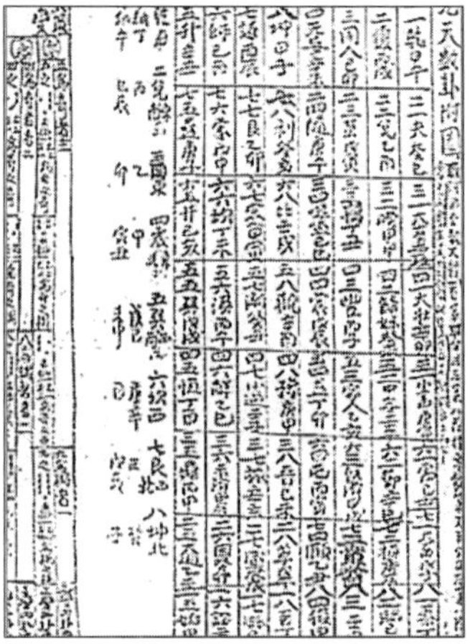

〈그림 28〉 선천수괘부도

> 나이 40에 처음 책을 저술했는데, 위로는 태극의 체단에서 아래로는 천지만물의 체용과 數卦 속을 확장하여 蓍草占, 易象, 納甲과 바다의 潮汐과 氣의 元會에 대해 글을 짓고 천지가 태극으로 되돌아가는 것이 이르도록 했다. … 책 이름을 『역학이십사도해』라 했다.

김석문은 "태극에서 … 수괘를 확장〔부연〕하여 시초점법, 역상, 납갑 등에 대해 저술하겠다."고 한다. 시초점법과 납갑법이 책의 주요 내용이라는 것을 알 수 있다. 납갑법이 김석문 점법에서 상당한 비중을 차지한다는 언급은 『이재난고』에서도 찾아볼 수 있다.(『이재난고』, 6책 30권, 39~40쪽)

> ① 김석문 역학도해의 시초점법은 世應 · 六神 · 飛伏神의 효의 예가 鬼谷子 · 京房 · 郭璞의 옛 법을 모두 바꾸어 주류 변동하는 뜻을 얻은 것이 다음과 같다.
> ② 비신과 복신의 법은 바로 괘효사의 주석일 뿐이다. 괘효사는 飛神 · 伏神法이 아니면 그 은미한 뜻을 천명할 길이 없고, 비신 · 복신법도 괘효사가 없으면 그 의심을 결단할 길이 없다.

10제가 아닌 8제라 했고, 뒤의 것〔十除〕은 언급하지 않았다. 구만옥, 2017, 41~43쪽.

위 ①에서 김석문은 납갑법에 근거한 육효점의 내용 즉, 세응 · 육신 · 비신 · 복신 등 옛 법〔귀곡자 · 경방 · 곽박의 법〕을 자신이 새롭게 정비하겠다는 말이다. ②에서는 비신 · 복신과 『주역』의 괘효사의 관계를 말하고 있다. 비신 · 복신은 육효점의 주요 내용인데, 여기서는 비복신팔법飛伏神八法을 뜻하는 것으로 보인다.[95] 이것은 괘효사의 판단과 서로 보완관계임을 밝힌 것이다. 일반적으로 납갑법에 기초한 육효점은 간단한 방법으로 작괘하여 오행을 부여한 괘체를 정하는데, 이때 필요한 것이 경방의 「팔궁괘차도八宮卦次圖」[96]와 「팔괘납갑도八卦納甲圖」[97]이다. 이 표를 기준으로 세응世應을 정하고 각 효마다 오행에 기초한 육친을 자부재관子父財

---

95) 六神은 用神 · 原神 · 仇神 · 進神 · 退神 이상 여섯이며, 비복신을 합해서 '飛伏神八法' 이라 하여 육효점에서 가장 중요한 역할을 한다. 세응에서 世는 팔궁괘차도에 의거하여 초효-상효까지 주인이 되는 효를 말하고 應은 상대방이 되는 것이다.

96) **〈표 1 팔궁괘차도〉** 乾=金, 坤=土, 坎=水, 離=火, 震=木, 巽=木, 艮=土, 兌-金.

구분	八宮卦							
上世	乾	坤	坎	離	震	巽	艮	兌
一世	姤	復	節	旅	豫	小畜	賁	困
二世	遯	臨	屯	鼎	解	家人	大畜	萃
三世	否	泰	旣濟	未濟	恒	益	損	咸
四世	觀	大壯	革	蒙	升	无妄	睽	蹇
五世	剝	夬	豊	渙	井	噬嗑	履	謙
遊魂	晉	需	明夷	訟	大過	頤	中孚	小過
歸魂	大有	比	師	同人	隨	蠱	漸	歸妹

97) **〈표 2 팔괘납갑도〉**

卦爻/干支	乾☰	坤☷	震☳	巽☴	坎☵	離☲	艮☶	兌☱
上爻	壬戌	癸酉	庚戌	辛卯	戊子	己巳	丙寅	丁未
五爻	壬申	癸亥	庚申	辛巳	戊戌	己未	丙子	丁酉
四爻	壬午	癸丑	庚午	辛未	戊申	己酉	丙戌	丁亥
三爻	甲辰	乙卯	庚辰	辛酉	戊午	己亥	丙申	丁丑
二爻	甲寅	乙巳	庚寅	辛亥	戊辰	己丑	丙午	丁卯
初爻	甲子	乙未	庚子	辛丑	戊寅	己卯	丙辰	丁巳

官[98]으로 부여하면서, 거기에 인사와 사회적 상징을 덧붙인다. 또한 괘를 뽑을 때 산출된 동효 · 변효를 기초로 비복신팔법에 의거하여 용신用神 · 기신忌神 · 비복신을 정한다.

육효점의 점사 판단은 일반적으로 용신인 자부재관의 오행생극과 강약을 위주로 길흉을 판단하지 괘효사를 준거로 삼지 않는다. 김석문은 이것이 잘못되었고 괘효사가 위주가 되어야 된다고 생각했다. 그래서 비신 · 복신은 괘효사의 주석일 뿐이라고 했는데, 옳은 판단이다. 왜냐하면 육효점은 작괘에서 시작하는데 괘는 체體로서 그냥 서 있고, 작용은 납갑오행으로 육친과 인사의 길흉만 따지기 때문이다. 근본은 『주역』이고 지엽은 납갑 오행인데, 괘효사는 보지도 않고 납갑 오행으로만 길흉을 따지기 때문에 본말이 전도된 것이라는 것이 김석문의 생각인 것 같다. 일리 있는 주장이다.

따라서 100개의 시초를 8개씩 제하는 대연도법은 괘효사 위주의 판단법에 8괘 납갑법의 오행생극을 보충한 것이다. 10개씩 제하는 방법에는 납갑법이 없고 「낙서」의 원리만 있으며, 8개씩 제하는 방법에는 납갑만 있고 「낙서」의 원리가 없다. 이런 이유로 8개씩 제하는 법이 별도로 필요한 것이다. 즉 10개씩 제하는 법에는 괘효사 외에 「낙서」의 전수 10이 역할을 하고, 8개씩 제하는 법에는 8괘 납갑의 8이 역할을 하므로, 8로 제하는 법을 별도로 만든 것이라고 추론한다.

이렇게 괘효사와 더불어 「낙서」와 납갑법을 중첩적으로 분포하여 점사를 촘촘하게 판단하게 하는 것이 그가 말하는 옛 법의 정비로 보인다. 그러나 김석문의 직접적인 해설이 없으므로 점사 판단에 어떻게 적용해야 하는지 알 수 없다. 또 난해한 부분은 그림 하단에 나오는 작은 글씨의 설

98) 6효에 오행을 납입하여 이를 본체와의 관계를 육친〔父 · 子 · 兄 · 財 · 官〕으로 표시함을 자부재관이라 한다.

명문[99]이다. 이것은 납갑과 8괘와 관련된 것으로 보이는데 무엇을 말하는지 확실하게 알 수 없다.

3) 선천시초법

김석문의 또 하나의 새로운 점법은 『역학이십사도해』의 도설 제9에 나오는 「제구사십팔책시상도第九四十八策蓍象圖」(이하 「48책시상도」라 함)이다. 제목 그대로 시초 48개를 이용하여 시초점을 친다는 것이다. 「선천64괘도」의 배열을 그대로 가져왔기에 '선천시초법先天蓍草法'이라고 했다. 이는 조선 역학에서 찾기 어려운 사례로서, 중국의 경우 채원정이 언급했다. 도설을 일별해 보자.

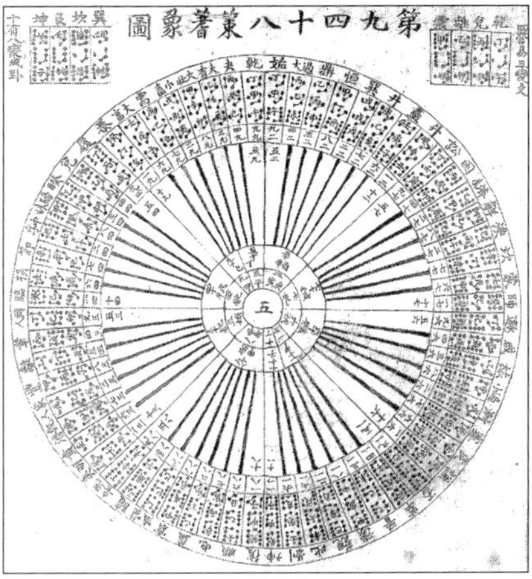

〈그림 29〉 48책시상도

〈그림 29〉「48책시상도」 상단 좌우에 선천8괘의 시책 표시〔•〕가 건괘

99) 〈그림 27〉 하단 우측: "寅辰從奇 丑巳從耦 蓍從下起 數從上起", 좌측: "數從上起 蓍從下起 未亥從耦 申戌從奇" 문구를 다음과 같이 풀이한다. 우측의 '寅辰從奇(인진은 홀수를 따라 일어난다)'에서 寅辰은 乾卦의 納支인 子寅辰午申戌 부분으로 이는 홀수를 따른다고 했다. 건괘는 상단에 시책 표시가 1로 홀수다. 그래서 인진은 홀수를 따라 일어난다고 했다. '丑巳從耦(축사는 짝수를 따라 일어난다)'에서 축사는 兌卦의 납지다. 태괘는 2로 짝수이다. 그래서 축사는 짝수를 따라 일어난다고 했다. '蓍從下起(시초는 아래를 따라 일어난다)'는 상단 좌우측 그림에서 시초점 표시와 四象 표시는 아래 있으므로 아래를 따라 일어난다고 했다. '數從上起(수는 위를 따라 일어난다)'는 사각형 속 윗부분 수를 따른다는 것이다. 좌측의 글씨도 같은 원리로 보인다. 이 문구는 〈그림 30〉에도 나온다.

〔乾卦-4·4·4〕·태괘〔兌卦-4·4·8〕·리괘〔離卦-4·8·4〕·진괘〔震卦-4·8·8〕·손괘〔巽卦-8·4·4〕·감괘〔坎卦-8·4·8〕·간괘〔艮卦-8·8·4〕·곤괘〔坤卦-8·8·8〕 순서로 되어있다. 48개로 하는 설시에서 나오는 괘륵지수의 경우의 수는 모든 경우가 4 아니면 8이다. 또 설시하는 과정을 적은 우측에 '사영역삼변효四營易三變爻', 좌측에 '십유팔변성괘十有八變成卦' 라는 문구가 있다. 이는 「계사전」 상 9장에 나오는 '사영이성역四營而成易·십유팔변이성괘十有八變而成卦' 와 같은 뜻으로 앞에서 언급한 바 있다.

「원도」는 소강절의 「선천64괘도」의 순서대로 배열되었다. 단, 수는 「낙서」 방위의 수가 배정되었고 간지가 함께했다. 곤괘에는 1·계癸·자子, 손괘에는 2·무기戊己·미신未申, 리괘에는 3·을乙·묘卯, 태괘에는 4·병丙·진辰, 중앙은 5, 간괘에는 6·임壬·술해戌亥, 감괘에는 7·경신庚辛·유酉, 진괘에는 8·갑甲·진辰, 건괘에는 9·정丁·오午 순서이다. 이 수는 64괘 「원도」에서는 두 자리로 바뀐다. 「원도」에서 건괘는 9·9, 곤괘는 1·1 식이며, 5·10도 8괘에 배분했다. 그림의 중간 부분에 낙서수와 천간을 배치했다. 「원도」의 마지막 부분에 48시책으로 산출되어 64괘에 나타난 시초·낙서수·간지를 배치했다. 간지가 배치되는 순서 또한 소강절의 64괘 운행 순서를 따랐다. 시작점인 복괘에서 갑자甲子가 시작한다. 그러나 이 그림에서 김석문의 새로운 점법이 48개 시책이라는 것 외에는 선천시초법의 다른 단서를 파악하기가 어렵다. 『이재난고』에 다음과 같은 글에서 단서를 찾을 수 있다.(『이재난고』, 6책 30권, 40쪽)

> 先天蓍法은 시초 48개를 사용하는데, 초변 때 시초를 하나 거는 것〔掛1〕을 겸하여 사용한다. 後天蓍法은 시초 49개를 사용하고 초변 때 시초를 하나 거는 것을 사용하지 않는다.

선천의 시초점은 48책으로 설시하고, 후천의 시초점은 49책으로 설시한다는 것으로 김석문의 말이다. 인용문에서 이해하기 어려운 부분이 있다. 바로 48개 선천시법인 경우 '초변의 괘1을 겸하여 사용한다.〔兼用初變之掛一〕' 와 49개 후천시법인 경우 '초변의 괘1을 사용하지 않는다.〔不用初變之掛一〕' 이다. 이 부분을 어떻게 해석해야 하는가. 49개 시초를 사용하는 현행 시초법에서는 매 변마다 시초 1개를 손가락에 거는 '괘1' 의 절차를 거친다. 이것을 김석문은 '초변의 괘1을 사용하지 않는다' 라 했다. 즉 초변에도 1개 시초를 걸고, 재변에도 1개를 걸고, 삼변에도 1개를 각각 건다는 말이다. 이와 달리 48개 선천시초법은 초변의 1개 거는 것을 재변 · 삼변에도 '겸하여 쓴다〔兼用〕' 고 했다. 이 뜻은 초변에는 1개를 걸지만 재변 · 삼변에는 1개를 걸지 않고 초변에서 건 것으로 갈음한다는 의미로 보아야 한다. 실제 48개로 설시할 때 모든 변에 나오는 수는 4와 8뿐이다. 초변에 1개 걸고 재변 · 삼변에 걸지 않고 설시해도 같은 결과가 나오고 1개를 계속 걸더라도 결과는 같다.

이에 대해 선행 연구는 1변이 끝난 후 '1개를 들어내지 않고' 재변, 삼변에 포함시킨다고 했다. 이는 설시법의 실상과 다른 주장이다.[100] '괘1' 의 문제는 역학사적으로도 논란이 있었다. 그러나 그것은 모든 변에 '괘1' 을 하느냐 마느냐의 문제였으며, 괘1 한 것을 '들어낼 것인가, 말 것인가' 의 논란이 아니었다. 즉 '괘1' 한 것을 당연히 들어내어 괘륵지수[101]

---

100) 구만옥의 말대로 48개 선천시법에서 초변에서 건 1개를 들어내지 않고 그대로 두면 (구만옥, 2017, 40쪽) 각 변에서 나오는 경우의 수는 4나 8이 아니고 3이나 7이 된다. 3 · 7이 나오면 시초점이 성립되지 않는다. 따라서 초변에서 건 1개를 들어내어 掛扐之數에 포함시켜야 설시를 진행할 수 있다.

101) 앞에서 보았듯 '掛扐之數' 의 뜻은 손가락에 걸고〔掛〕 끼운〔扐〕 시초수이다. 괘륵지수는 49개로 설시 할 경우 13(5 · 4 · 4), 17(5 · 8 · 4), 17(5 · 4 · 8), 17(9 · 4 · 4), 21(5 · 8 · 8), 21(9 · 4 · 8), 21(9 · 8 · 4), 25(9 · 8 · 8)의 8가지 경우의 수가 나온다.

에 포함시키는 것을 전제로 한 논란이었다. 49개 시책을 사용하는 현행 설시법을 정비한 주자 당시에도 초변만 1개를 걸고 재변 · 삼변에 걸지 않는다는 주장이 있었으나 주자는 이를 비판했다.[102] 어쨌든 김석문의 선천시초법은 초변만 1개를 걸고 2 · 3변은 걸지 않고, 후천시초법은 1 · 2 · 3변 모두 1개를 건다. 49개 시책과 48개 시책에 대한 김석문의 설명을 보자.(『이재난고』, 6책 30권, 40쪽)

49책이란 문왕의 시초점법을 취한 것이다. 100개의 시초에서 99개를 취한 것은 極策의 근본을 남긴 것이다.〔小註: 극책이란 시책의 근본 기둥을 말한 것이다〕 극책의 근본을 남긴다는 것은 시책 1개를 보존하여 신명에 접속하기 위함이다. 시초 50개를 획득하여 사용하지 않는다는 것은 무체의 수를 제거하는 것이다. 49개를 사용한다는 것은 乾策을 더하여 사용하는 것이다. 건책을 더하여 사용한다는 것은 1개 건 것을 보존하고 (2변 · 3변)사용하는데 들이지 않는

48개로 설시할 경우는 12(4 · 4 · 4), 16(4 · 8 · 4), 16(4 · 4 · 8), 16(8 · 4 · 4), 20(4 · 8 · 8), 20(8 · 8 · 4), 20(8 · 4 · 8), 24(8 · 8 · 8)로 8가지 경우의 수가 나온다. 이 수를 49 혹은 48에서 빼면 過揲之數가 된다. 어느 경우든지 '掛1' 을 들어내어 괘륵지수에 포함시키지 않으면 '괘륵지수' 란 말이 성립되지 않는다.

102) 『역학계몽』 「명시책」 제3, 1125쪽, "근세 유자 곽옹(1091~1187)의 『시괘변의』의 경우, 곽옹은 오로지 앞 1변만 걸고, 뒤 2변에는 걸지 않는다고 했다. 그는 횡거(橫渠) 선생이 '다시 끼운 뒤에 건다는 것은 한 효가 매번 이룬 뒤에 건다는 것' 이라는 말을 (자신의 책에)전재하면서, 이는 '2변 3변에는 걸지 않음' 을 말한 것이라고 했다. 또, '횡거의 말은 註疏의 잘못을 밝힌 것' 이라 했다. 주자가 이에 대해 '이 주장은 잘못되었다. 아마 횡거의 말이 아닐 것이다'."라 했다.("近世儒者, 若郭雍所著蓍卦辨疑, 專以前一變獨掛, 後一變不掛. 其載橫渠先生之言曰, '再扐而後掛者, 每成一爻而後掛也. 謂第二第三揲不掛也.' 且謂, '橫渠之言, 所以明註疏之失.' 朱子辨之曰, '此說大誤恐非橫渠之言也.'") 정리하면, 곽옹이 張載가 '초변만 1개 걸고 2 · 3변에 걸지 않는다' 고 했다면서, 이는 공영달이 註疏에서 범한 시초법의 오류를 일소한 것이라는 본다. 즉 곽옹은 매 변에 시초 1개를 거는 법이 잘못된 것으로 본다. 그러나 주자는 곽옹의 주장은 잘못된 것으로 장재의 말이 아니라고 한 것이다.

것이다. 48책에서 1개 건 것을 겸용한다는 것은 100개 시책을 겸하여 취하는 것이다. 52개를 존중하여 사용하지 않는다는 것은 유무체의 시작과 끝수를 함께 이끌어가는 것이다.〔小註: 선천시법은 48개를 사용하고 초변에서 건 1개를 겸용한다. 후천시법은 49개를 사용하고 초변에서 건 1개를 사용하지 않는다〕 이것이 바로 시책으로 괘를 구하는 방법이다.

윗글과 앞의 글을 살피면, 김석문의 점법에서 사용하는 시초 수는 애초부터 100개이다. 100개를 다 사용하는 것이 대연도법이다. 100개 중에서 1개를 극책極策으로 남기고, 남은 99개에서 50개〔무체의 수〕는 사용하지 않고 49개를 사용하는 것이 문왕의 시초법 즉 후천시초법이다. 극책 1은 신명과 통하기 위한 것으로 태극의 뜻이기도 하고 설시의 모든 과정을 장악하는 근본수 1이기도 하다. 이는 100개에서 1은 태극, 50개는 체體로 불용不用, 나머지 49개를 쓴다는 뜻이다. 49개는 건책乾策을 더한 것인데, 1변에서 1개를 건〔掛1〕 것을 보존하는 것이고, 초변에서 건 1개는 2 · 3변에는 사용하지 않는다는 것이다. 즉 2 · 3변에서도 1개를 건다는 뜻이다. 결국 48개 시초를 사용하는 선천시초법은 100개 시초에서 52개를 사용하지 않는 것으로, 이는 '유무체 시종始終의 수를 함께 이끌어 가는 것' 이라고 했다. 이것은 100개에서 1개는 태극이자 시작수로 불용, 50개는 체로 불용, 나머지 1개는 끝수로 불용하고 48개를 쓴다는 의미로 해석된다. 또 '48책에서 1개 건 것을 겸용하는 것은 100개 시책을 겸하여 취하는 것' 이라 했는데, 앞에서 보았듯이 1변에 건 시초1를 2 · 3변에도 계속 쓴다는 것이다. 즉, 2 · 3변에는 1개를 걸지 않고 1변에서 건 1개로 갈음〔兼〕한다는 뜻이다. 그래서 '겸하여 쓴다〔兼用〕' 라고 했다.

위에서 논의한 것을 간추리면, 선천시초법이라도 후천의 점치는 절차와 동일하고 점사의 판단도 현행 『주역』의 괘효사 그대로이다. 선천시초법도 점치는 과정이나 결과를 묻는 방법은 후천법과 동일하다는 것이다. 『이재난고』를 보면(6책 30권, 40~41쪽), 김석문이 『역학계몽』「고변점」편의 핵심인 '효변시 점사 판단법'을 점치는 법〔大谷所用筮法〕으로 사용했다고 한다. 즉 주자 점법을 그대로 수용했다는 의미이다. 다만 매 변마다 1개를 거는 문제와 시초수가 48인지, 49인지의 차이뿐이다. 그런데 구태여 선천시초법을 발명한 이유가 있었던 것인가. 그 답은 사상四象 발생 비율에 있다. 이에 대해 후술한다.

4) 후천시초법

현행 시초법인 49책을 이용한 점법을 김석문은 '후천시초법後天蓍草法'이라고 했다. 후천시초법의 근거는 「계사전」 상 9장에 나오는 내용이다. 따라서 점법 자체로는 특별한 설명이 필요치 않다. 아래의 〈그림 30〉「제이십사도사십구책시상도第十二四十九策蓍象圖」(이하 「49책시상도」)는 현행 주역 점법인 49시책으로 괘가 생기는 것을 나타낸 도설이다.

「49책시상도」는 후천역이므로 문왕8괘 방위대로 원도에 8괘를 배치했다. 상단 좌우에 8괘가 설시에서 나오는 시책을 표시했다. 예컨대, 손괘의 경우 삼변하면 책수가 9·4·4로 음효〔--〕 표시, 감괘는 책수가 9·4·8로 양효〔—〕 표시, 건괘는 책수가 5·4·4로 동효이므로 동효 표시가 되어있다. 8괘는 낙서수와 방위를 감안하여 '남리南離9 - 동남손東南巽4 - 동진東震3 - 동

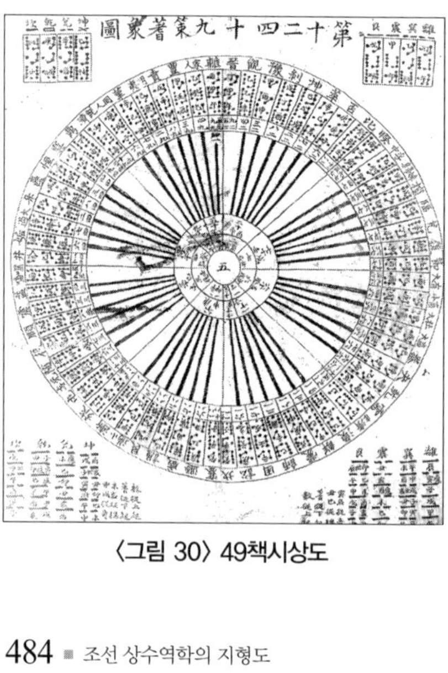

〈그림 30〉 49책시상도

북간東北艮8 - 서남곤西南坤2 - 서태西兌7 - 서북건西北乾6 - 북감北坎1' 로 잡고 「횡도」와 「원도」에 배치했다. 그러나 나머지 56괘는 김석문이 임의로 그린 것이다. 64괘 「원도」에 이렇게 64괘가 배치된 그림은 과거에 없었다. 8경괘의 위치는 「후천도」인 「문왕8괘도」와 동일하지만, 나머지 56괘의 배열은 그의 독자적인 작품이다.

김석문의 독창성은 「낙서」의 원리와 5와 10의 활용에서도 나타난다. 10에 대해서는 5는 10을 함유하고 있다는 주자의 주장을 채택했음은 앞에서 보았다. 지지地支의 배정은 북쪽에 자子를 배정하여 나머지 지지는 좌선한다. 자 · 오 · 묘 · 유는 한 괘를 추가하여 64괘와 60갑자의 불일치를 해소한다. 낙서수의 배정은 이와 다르다. 각 괘의 하괘는 8괘의 수를 따르고 상괘 또한 마찬가지나, 상괘에 1이 배정되면 10수를 추가하고 9가 배정되면 5를 추가했다. 이렇게 추가한 것을 그림의 중앙 상단 리괘 밑에 '가일加一' 이라 적었다. 천간의 배정은 두 번째 책수의 경우 감坎에 갑을 배정하여 순서대로 좌선하는데, 자 · 오 · 묘 · 유 4정방이 2괘에 걸쳐지는 것은 지지와 같다. 64괘에 표시된 시책점은 8경괘를 기본으로 하지만 정확하지 않다. 오자誤字의 의심도 든다. 그림의 중간 부분에 5를 중심으로 하여 낙서수와 간지를 배분하고 있다. 아랫부분에 8괘의 납갑법이 있다. 후천시초법은 납갑법도 감안하여 종합적으로 점사를 판단하라는 것이다. 그림의 하단 좌 · 우측의 작은 글씨는 대연도법에서 본 것과 같다.[103)]

5) 사상 발생의 확률

각종 시초점에서 사상四象 즉, 노양老陽 · 소음少陰 · 소양少陽 · 노음老

103) 〈그림 27〉 우측: "寅辰從奇 丑巳從耦 蓍從下起 數從上起" 좌측: "數從上起 蓍從下起 未亥從耦 申戌從奇"는 앞의 대연도법에서 8개로 제하는 방원부도에 나왔다. 의미도 그대로 원용한다.

陰이 나올 확률에 대해 살펴보자.

(1) 후천시초점〔49책 사용〕의 발생 확률

후천시초점은 주자가 정비한 것으로 현재 통용되는 점법이다. 앞에서 보았듯이 소음이 발생할 확률이 가장 높고 그다음 소양, 노양 순이고 가장 확률이 낮은 것은 노음이다. 사상의 발생 비율은 3 : 7 : 5 : 1이다. 확률이 들쑥날쑥한 것이 두드러져 보인다. 특히 노음의 확률이 노양에 비해 1/3 수준으로 현저히 낮다. 이런 현상에 대해 주자는 "자연스러운 법상法象"(『역학계몽』「명시책」 제3, 1127쪽)이라고 긍정적으로 평가하지만 편향된 결과임은 분명하다. 구체적 내용은 주자 편을 참조한다.

(2) 선천시초점〔48책 사용〕의 발생 확률

〈그림 29〉「48책시상도」에서 선천시초법의 사상의 생성 과정 및 발생할 확률이다.

선천시초법의 경우 사상의 발생 확률은 소음 · 소양은 각각 37.5%이고 노양 · 노음은 12.5%이다. 사상의 전체적인 비율은 노양 : 소음 : 소양 : 노

〈표 10〉 선천시초점의 사상 생성 및 발생 확률

四象/數/발생확률	掛扐數(왼손에 걸고 끼운 수)	過揲數(48-괘륵수)	경우의 수[104]	확률 산식 (%)
노양/9重/12.5%	4, 4, 4(12) 3奇	36(48-12)	1/2×1/2×1/2	1/8=12.5%
소음/8柝 '37.5% 12.5%×3=37.5%	4, 4, 8(16) 2奇1耦	32(48-16)	상동	상동
	4, 8, 4(16) 2기1우	32(48-16)	상동	상동
	8, 4, 4(16) 2기1우	32(48-16)	상동	상동
소양/7單/37.5% 12.5%×3=37.5%	4, 8, 8(20) 1기2우	28(48-20)	상동	상동
	8, 8, 4(20) 1기2우	28(48-20)	상동	상동
	8, 4, 8(20) 1기2우	28(48-20)	상동	상동
노음/6交/12.5%	8, 8, 8(24) 3우	24(48-24)	상동	상동

음은 1 : 3 : 3 : 1로 균등한 비율을 가진다. 후천시초법의 발생 비율이 고르지 않음에 비해 선천시초법은 확률의 균형성이 확보되었다. 확률의 공평성 측면에서 후천시초법보다 선천시초법의 상대적 우월성을 지녔다고 볼 수 있다. 그렇다면 성인이 선 · 후천의 점서법을 만들 때 이렇게 고르지 않다는 것을 모르고 만들었는가. 그렇지 않았을 것이다. 이에 대해 채원정이 언급한 적이 있다. 앞에서 논의를 유보한 사상 발생 문제와 채원정이 언급한 48개 시초점에 대해 다시 논하고자 한다.(『역학계몽』「명시책」제3, 1127~1129쪽)

> 채원정 말하였다: 살피건대, ① 50개의 시초에서 1개를 비우고 2로 나누고 1개를 걸고, 4로 세어 홀수가 되는 것이 셋이고 짝수가 되는 것이 둘인 것은 하늘은 3, 땅은 2라는 자연의 수이다. … 대개 하나의 홀수와 하나의 짝수가 대대가 되는 것은 음양의 본체이다. 양은 3, 음은 1로 하나는 넉넉하고 하나는 모자라는 것은 음양의 용이다. … ② 그렇지 않다면, 49개 시초에서 1개를 비우고 2로 나누고 1개를 걸고, 4로 세어 홀수가 되는 것이 둘이고 짝수가 되는 것이 둘이어서 노양이 8을 얻고 노음이 8을 얻고 소음이 24를 얻고 소양이 24를 (균등하게)얻으니 또한 좋은 것이 아니겠는가. 성인의 지혜가 어찌 이것에 미치지 못했겠는가. 성인이 이것을〔49책〕 취하고 저것을〔48책〕 취하지 않은 것은 진실로 음양의 체수는 항상 고르지만 용수는 양3, 음1이기 때문이다.

인용문의 전체적인 맥락은 주자의 현행 49책 사용법을 옹호하는 글이

104) 1 · 2 · 3변에서 4가 나오는 경우는 (1 · 1 · 2), (1 · 2 · 1) 두 가지이고, 8이 나오는 경우도 (1 · 3 · 4), (1 · 4 · 3) 두 가지 뿐이다. 이로 미루어 보아 선천시초법이 후천시초법보다 사상 발생 확률의 균등성을 확인할 수 있다. 이는 점사의 객관성, 확률의 공평성을 비교할 수 있는 하나의 잣대이다.

다. ①에서 49책의 경우 사상의 발생 확률의 불균형은 '삼천양지'라는 상수학적 수리에서 기인한다는 점과 음양의 본체는 항상 기수와 우수가 1 : 1로 대대하지만, 음양의 쓰임〔작용: 用〕은 양3 · 음1로 음양의 넘침과 모자람이 발생한다는 것이다. 즉 채원정은 음양이 1 : 1로 대대하는 것은 음양의 본체이지만, 사상의 발생 비율이 3 : 7 : 5 : 1이고 노양과 노음의 비율이 3 : 1인 것은 음양의 작용으로 파악한다. 이 3 : 1의 비율을 채원정은 소강절의 '체4용3'의 원리를 들어 합리화한다. ②에서 채원정은 사상 발생 비율의 불균형이 없는 새로운 점법으로 48개 시초 사용법을 설명한다. 이 방법의 장점을 성인이 모를 수가 없다고 하면서 49책을 택한 이유는 '진실로 음양의 체수는 항상 고르지만, 음양의 용수는 양3 · 음1이기 때문(誠以陰陽之體數常均, 用數則陽三而陰一也)'이라고 한다.

주자와 채원정의 이러한 논의는 『성리대전』에 실린 『역학계몽』에 언급된 내용들이다. 김석문은 일찍부터 북송오자의 역학서를 익혔고 그 통로는 『성리대전』이었을 것이다. 『성리대전』에 수록된 역학서 가운데 48책 시초법을 언급한 학자는 채원정을 제외하고 발견되지 않는다. 김석문의 48책 선천시초법은 채원정으로부터 어떤 영감을 받았던 것으로 추측된다. 채원정 당시의 시대사상은 주자학적 음양론과 우주관이었기 때문에 '양3 · 음1'의 논리가 자연의 법상으로 수용되었다. 그러나 5백 년이 지난 시대의 김석문에게 49책보다 48책이 지닌 사상 발생의 균등함이 훨씬 합리적이라고 생각했을 것이다.

(3) 대연점법의 사상 발생 확률

① 10개씩 제하는 경우

김석문의 〈그림 25〉 「수괘대연도」에 나오는 사상四象의 기초 수리는 10가지로 '공5 - 건9 - 태4 - 리3 - 진8 - 손2 - 감7 - 간6 - 곤1 - 망10'이다. 사상에서 공5 · 진8 · 감7 · 간6은 소양, 태4 · 리3 · 손2 · 망10은 소음, 건9는 노양, 곤1은 노음이다. 소양과 소음이 각 넷이고 노양과 노음의 각 하나로 도합 10개의 경우의 수이다. 100개 시초를 양손으로 평분하고 왼손에 든 시책을 10개씩 제한 나머지〔零〕 둘을 합한 시초가 10개면 망10으로 소음, 시초 1개가 남으면 곤1 · 노음으로 동효, 7개가 남으면 감7로 소양이 된다. 이 경우 시초를 걸고 끼우는 괘륵지수나 대연수에서 괘륵지수를 뺀 과설지수도 없이, 100개에서 10개씩 제한 순수한 나머지로 계산하므로 간단하다. 사상의 확률을 보면, 노양 : 소음 : 소양 : 노음은 1 : 4 : 4 : 1인 10% : 40% : 40% : 10% 비율이다.

② 8개씩 제하는 경우

〈그림 27〉「64괘방원부도」에 나오는 사상의 기초 수리는 8가지로 '건1 - 태2 - 리3 - 진4 - 손5 - 감6 - 간7 - 곤8' 이다. 사상에서 건1은 노양으로 동효, 태2 · 리3 · 손5[105]는 소음이며, 진4 · 감6 · 간7은 소양이고, 곤8은 노음으로 동효이다. 100개 시초를 양손으로 평분하여 왼손의 시책을 8개씩 제하고 나머지 둘을 합한 수로 8가지 수를 선택한다. 노양 : 소음 : 소양 : 노음은 1 : 3 : 3 : 1의 비율로, 48개 시책으로 설시하는 선천시초법과 확률이 같다. 이 역시 괘륵지수, 과설지수 없이 순수 나머지로 사상을 판단하니 간편하다. 그래서 김석문은 작은 일에는 대연도법을 쓴다고 했을 것이다. 10개와 8개를 제하는 경우 사상 발생 확률의 표는 다음과 같다.

〈표 11〉 대연점법의 사상 발생 확률

구분	노양	소음	소양	노음
10개씩 제함	10%(1/10)	40%(4/10)	40%(4/10)	10%(1/10)
8개씩 제함	12.5%(1/8)	37.5%(3/8)	37.5%(3/8)	12.5%(1/8)

105) 그림에서 巽이 소양(—)으로 표시되었으나, 소음(--)으로 표시되어야 한다. 손괘☴는 음괘(--)이다.

(4) 점서법에 나타난 낙서와 납갑법

김석문의 점법에 나타난 「낙서」와 납갑법 다음 표와 같다.

〈표 12〉 김석문 점법에 나타난 낙서 및 납갑법

구분	낙서	납갑법	그림	비고
대연도법1(10개씩 제함)	○	×	수괘대연도	十除兩零生爻 十有二零成卦
대연도법2(8개씩 제함)	×	○	64괘방원부도	八除兩零生爻 十有二零成卦
선천시초법(48개 시초)	○	×	48책시상도	四營易三變爻 十有八變成卦
후천시초법(49개 시초)	○	○	49책시상도	현행 점법

위 표에서 현행 시초법인 후천시초법만 「낙서」와 납갑이 중복되어 있다. 이것은 「낙서」의 원리와 납갑법이 현행 시초법의 점사 판단에서 보조적 방법임을 보여주고 있다. 사상 발생의 불균형으로 야기되는 문제가 있다면 이를 통해 보충하라는 의미일 것이다. 대연도법과 선천시초법에서 「낙서」와 납갑이 1개씩 분포된 것 역시 같은 취지로 이해된다. 앞에서 말했듯 이러한 요소들을 어떻게 운용하여 개별 점사에 대입하고 판단해야 할지, 김석문의 직접적인 설명이 없는 한 정확히 알기 어렵다. 「낙서」에는 「하도」도 포함된다. 하락의 원리와 시초법과의 연관성을 보여주는 것이다. 한편 김석문이 점치는 도구로써 해초의 일종인 '용편초龍鞭草' 혹은 '용편목龍鞭木'을 시초의 대용으로 삼았으며, 그것이 영험했다는 내용이 『이재난고』에 언급되어 있다.

【 해제 】

김석문의 『역학이십사도해』에 나타난 천문학 관련 연구는 학계에서 많이 다루었지만, 그의 점법은 미답의 영역으로 남아 있었다. 더구나 김석문이 직접 해설한 부분이 소실되어 해석의 어려움이 크다. 그러나 그의 도설 속 글들과 황윤석의 『이재난고』를 통해 어느 정도 접근해 갈 수 있었다. 김석문 점법은 시초점에 납갑법과 「낙서」의 원리, 공망 등이 혼재되어서 복잡한 것처럼 보인다. 점치는 방법도 현행 주자 점법이나 「계사전」과도 다른 부분이 발견된다. 김석문의 점서법은 그의 네 가지 도해에 들어있다. 그림은 소강절의 「선천도」를 사용하고 있지만 그의 점법은 강절역과 관련이 없다. 다만 점법 이름에 '선천', '후천'을 사용했을 뿐이다.

김석문의 점서법은 현행 점치는 방법과 다르고 종류도 다양하다. 크게 보면 3가지이고 다시 나누면 4가지이다. 큰 차이점은 대연지수를 50이 아닌 100으로 보는 한편 사용하는 시초의 수도 50개가 아닌 100개라고 주장한다. 100개 시초에서 49개를 사용하는 후천시초법〔현행 점법〕과 48개를 사용하는 선천시초법이 있으며, 100개 전부를 사용하는 대연도법이 있다. 대연도법은 10개씩 시초를 제하는 법과 8개씩 제하는 두 가지 방법이 있다. 대연도법은 설시 과정도 다르다. 100개를 양손으로 평분하되 왼손에 든 시책을 10개 혹은 8개씩 제한다. 이때 태극의 1이나 괘륵지수, 과설지수는 발생하지 않는다. 8은 8괘의 8이고, 10은 8괘의 8에다 공空과 망亡을 더해서 10으로 만들어 사상의 기초로 삼았다. 두 번의 설시 과정 즉 2변의 합수로 효를 산출하고, 12변으로 괘를 산출한다. 3변으로 효를 산출하고 18변으로 괘를 산출하는 현행법에 비해 절차가 간소하다. 그래서인지 소소하고 작은 일에는 대연도법을 쓰고 잘 적중한다고 했다.

선천시초법이나 후천시초법은 모두 현행 설시법의 절차와 같고, 점사 판단은 모두 주자 점법이 준거가 된다. 선천시초법은 48개의 시초만 사용하므로 각 변에서 발생하는 수는 4가 아니면 8로 균등하다. 후천시초점은 초변에 5 아니면 9, 재・삼변에 4 아니면 8이 나온다. 이 점법들은 사상의 발생 확률에서 차이가 난다. 후천시초법의 확률은 소음 43.75% - 소양 31.25% - 노양 18.75% - 노음 6.25% 순으로 불균형적이며, 특히 노양과 노음의 비율은 3 : 1이다. 이에 비해 선천시초법은 1 : 3 : 3 : 1로 고르다. 대연도법은 10개씩 제하는 경우는 1 : 4 : 4 : 1이고, 8개씩 제하는 경우는 1 : 3 : 3 : 1로 고르다. 후천시초법의 불균형에 대해 주자는 '자연의 법상'이라 했고, 채원정은 '음양의 작용 효과'라고 적극 지지한다.

5백 년이 지나 조선의 김석문은 이러한 불합리한 현상을 통찰하고 새로운 점법을 제작했다. 그의 점법에서 사상의 발생 확률은 앞에서 보듯 균등하다. 미래에 발생할 가능성에 대해 균등성을 부여하고 객관성을 담보한 것이어서 합리적이지 아닐 수 없다. 그는 기존의 납갑법 등을 일신하기 위해 자신의 점법에 다양한 내용을 담아 점사 판단의 자료로 삼게 했다. 괘효사를 무시하고 오행의 생극만을 따지는 기존의 납갑법을 괘효 위주로 판단토록 하는 한편, 「낙서」의 원리를 가미한 것이다. 확률이 가장 고르지 못한 후천시초점에는 「낙서」와 납갑의 원리를 모두 부과했다. 선천시초법과 10개씩 제하는 대연도법에는 「낙서」의 원리를, 8개씩 제하는 대연도법에는 납갑의 원리 등을 중첩적으로 부과하여, 점사 판단의 적중률을 높이고 오류발생을 방지하도록 했다. 이색적인 것은 한대 상수학이 말하는 호체나 춘추관점春秋官占에 나오는 본지괘나 효변 같은 것은 취하지 않았다는 점이다. 아마 점단의 정확성을 기하는 데 그런 것은 불필요하다고 본 것 같다. 그러나 대연수가 100이며 시초 100개로 점을 친다는 주장 등은 전혀 새로운 것이자 파격적인 것으로, 전례나 근거가 부족하다는 치명적인 약점도 지니고 있다. 그럼에도 불구하고 김석문의 점법은 점법 자체의 지평을 확장하고 시대를 뛰어넘는 창조적 파격성을 보여줌으로써 조선의 독자적인 점법으로 자리매김한다.

2. 정약용의 점법

정약용(丁若鏞, 1762~1836)의 호는 다산茶山, 당호는 여유당與猶堂, 시호는 문도文度이다. 조선 후기 대표적인 유학자이자 실학자로, 정치·경제·사회·문화 등 다양한 방면에서 방대한 저술을 남겼다. 다산은 어릴 적부터 근기학파의 개혁이론을 접하면서 사회개혁 사상을 품었으며, 왕도정치의 이념 아래 민본주의가 실현되기를 희망했다. 그는 정조에게 발탁되어 수원 화성을 설계했고 거중기 등 10여 개의 장비와 기구를 고안해 낸 과학 기술자이기도 했다. 천주학과 접하면서 신유박해 때 탄핵을 받아 18년간 강진에서 유배 생활을 했는데, 이 기간에 『경세유표經世遺表』, 『흠흠신서欽欽新書』, 『목민심서牧民心書』 등 3대 대표작을 집필했다. 조선 후기 최고 지식인의 한 명으로 평가받는 다산의 학문과 사상에 관한 연구는 그의 방대한 저술만큼 다방면에서 심도 있는 탐색이 이루어지고 있다.

그러나 다산의 학문적 업적 중 빼놓을 수 없는 것이 독창적인 역학 사상과 이를 결집한 저작들이다. 그는 역학서 『주역사전周易四箋』에서 새롭게 『주역』을 해석하고 있으며, 『역학서언易學緖言』에서 중국 역학의 체계와 문헌, 주요 인물 등을 정리하면서 자신만의 역학 체계를 정립했다. 다산은 음양이나 64괘의 측면에서 역학을 미신으로 치부하는 것을 경계했다. 이러한 그의 사상은 『여유당전서與猶堂全書』의 분석을 통해 규명할 수 있다. 옛사람들은 천지신명과 상제를 섬기기에 복서로 천명을 들을 수 있다고 했다. 한편 평소 바름을 지키는 자는 복서를 폐해야 한다고도 말한다.[106] 이런 가운데 오직 공정한 일로 장래 일의 성패화복을 뚜렷이 알 수 없는 경우에만 천명〔卜筮〕을 물을 수 있다고 했다.[107] 다산은 천명을 묻는 절차가 중요했기에 통행본 「계사전」과 다른 「시괘전蓍卦傳」을 별도로 지었다. 따라서 주자 점법과도 다르다.

다산은 변효로 점을 치는 '효변설' 을 주장한다. 효변은 괘획이 음에서 양으로 또는 양에서 음으로 변하면서 384효의 효사가 생기며, 여기에 추이론을 가미하여 점사를 판단하는 것이다. 다산은 주자도 효변설을 취했다고 하지만 그 내용이 다르다. 조선 역학에서 효변설을 주장하는 또 다른 학자로 이익, 신후담, 심대윤이 있지만 방식은 각각 서로 다르다. 따라서 다산의 효변 점법은 희소성을 가졌다고 할 수 있다. 여기서는 다산 점법의 설시 과정과 점단법의 내용 및 그 문제점을 살펴보고 뒤에 이익의 점법도 본다.

1) 설시법

다산은 「계사전」 상 9~11장에서 필요 부분[108]을 택하고 거기에 자신의

---

106) "古人事天地神明, 以事上帝. 故卜筮以聽命. … 今人平居旣不事神, 若唯臨事卜筮, 以探其成敗, 則慢天瀆神, 甚矣. … 今人守正者, 宜廢卜筮." 『한국경학자료집성(역경)』, 24권, 『역학서언』 「복서통의」, 999쪽.

107) 『한국경학자료집성(역경)』, 24권, 『周易四箋』 「易論」, 299쪽, "唯事之出於公正之善, 而其成敗禍福, 有不能逆睹而縣度之者, 於是乎請之也."

108) 시초점 관련 「계사전」 내용은 다음과 같다: ① 大衍之數五十, 其用四十有九. 分而爲二以象兩, 掛一以象三, 揲之以四, 以象四時, 歸奇於扐以象閏, 五歲再閏, 故再扐而後掛. ② 天一, 地二, 天三, 地四, 天五, 地六, 天七, 地八, 天九, 地十. 天數五, 地數五, 五位相得而各有合. 天數二十有五, 地數三十, 凡天地之數五十有五. 此所以成變化而行鬼神也. ③ 乾之策二百一十有六, 坤之策百四十有四, 凡三百有六十, 當期之日. 二篇之策, 萬有一千五百二十, 當萬物之數也. ④ 是故四營而成易, 十有八變而成卦, 八卦而小成. 引而伸之, 觸類而長之, 天下之能事畢矣.(「계사전」 상 9장) ⑤ 參伍以變, 錯綜其數, 通其變, 遂成天下之文, 極其數, 遂定天下之象.(「계사전」 상 10장) ⑥ 易有太極, 是生兩儀, 兩儀生四象, 四象生八卦, 八卦定吉凶, 吉凶生大業. ⑦ 是故 法象莫大乎天地, 變通 莫大乎四時, 縣象著明 莫大乎日月. ⑧ 易有四象, 所以示也, 繫辭焉, 所以告也.(「계사전」 상 11장)

독자적인 관점을 더하여 「시괘전蓍卦傳」을 별도로 지었으며, 이를 『주역사전』에 붙였다. 설시 과정을 추려보면 다음과 같다.(『한국경학자료집성(역경)』, 24권, 『주역사전』, 「시괘전」, 663~670쪽)

① 대연지책 50개에 천지지수 1~10까지의 숫자를 다섯 개씩 새기고〔刻〕, 새긴 부분에 (희생의)피를 바른다.〔塗血於刻處〕 새겨진 숫자가 1·3·5·7·9이면 天策으로 奇이고, 2·4·6·8·10이면 地策으로 耦이다.

② 韇[109]에 든 50개의 시책에서 임의로 하나를 뽑아〔任抽其一〕 제외하고, (그 하나를)수를 일으키는 근본으로 삼는다.

③ 49개의 시책을 두 손으로 가운데 둘로 나누어 좌우 양쪽에 내려놓는다. 한쪽은 반드시 홀수, 다른 쪽은 짝수가 된다. 홀수는 天數, 짝수는 地數이다.

④ 짝수 쪽[110]에서 임의로 하나를 뽑아〔任抽其一〕 韇帶[111] 사이에 걸쳐놓는다. 이 하나의 시책을 걸치는 것을 괘1〔權掛〕이라 하고 사람을 상징하여 천지인 삼재가 구비된다. (그 결과)양편의 시책 수는 모두 홀수가 된다.

⑤ 좌측에 둔 시책을 왼손으로 들고 오른손으로 네 개씩 헤아리고, 마지막에 남은 시책(1매 혹은 3매)을 왼손 손가락 사이에 끼운다〔扐〕. 4개씩 헤아린 시책들은 筮席 원래 자리에 둔다.

⑥ 우측에 둔 시책도 앞과 똑같은 과정을 되풀이한다. 손가락에 끼운 시책의 총

---

109) 독은 가죽으로 만든 50개의 시책 담는 (점대)통을 말한다.〔賈公彦又云, "韇, 用皮"〕 위아래 분리가 가능하며 함, 통, 상자, 곽이라고도 한다.

110) 49개 시책을 좌우 둘 나누면 어느 쪽이 짝수인지 알 수 없다. 다산은 반드시 짝수 쪽에서 1개를 뽑아야 한다고 강조한다. 그래야만 이어지는 왼손에 끼우는 시책이 1과 3이 되어 괘륵지수가 4가 된다. 그러기 위해서는 양쪽 시책의 홀짝을 미리 세어 확인해야 한다는 문제가 발생한다.

111) '독대'는 상하로 분리되는 독을 묶는 끈을 말한다. 賈公彦曰, "韇有二. 其一, 從下向上承之. 其一, 從上向下韜之也."(又云, "韇, 用皮.") 旣有二韇, 則二韇相合之後, 必有聯結之帶也.

수는 4매이다. 이때 남은 시책 수가 앞서 좌측 설시에서 1이면 이번 우측 설시에서는 3이고, 이번 우측이 1이면 앞서 좌측이 3으로 항상 奇數가 되고 합은 4이다. 奇에는 두 가지 의미가 있으니 나머지〔零〕와 홀수〔奇〕의 뜻이다.

⑦ 손가락 사이에 끼워진 네 개의 시책을 합하여 임의로 하나를 뽑고〔任抽其一〕 나머지 3매는 버린다.

⑧ ⑦에서 뽑은 1매와 먼저 독대에 걸쳐 두었던 권괘 1매와 합해서 2매를 비벼 돌려서 그중 하나를 뽑아서〔抽之一〕 그 시책에 새겨진 수를 서판에 적고 독대 사이에 걸쳐둔다. 이것이 再扐 후에 거는 것으로 正掛라 한다.[112] 이런 과정으로 제1변이 된다.

⑨ 49개의 시책을 가지고 ②부터 ⑦까지의 행위를 세 번 하게 되면 하나의 劃을 얻게 된다. 奇耦 판별은 마지막 뽑힌 시책에 새겨진 숫자가 1·3·5·7·9 天數이면 奇, 2·4·6·8·10 地數이면 耦가 된다.

위 내용을 간략하게 다시 정리하면 다음과 같다.

① 50개 시책에 천지지수 1~10까지 숫자를 새기고 거기에 희생의 피를 바른다. 1·3·5·7·9는 기수〔홀〕로 천수이고, 2·4·6·8·10은 우수〔짝〕로 지수가 된다. 시책 1개를 뽑아〔抽〕 제외하는데 그것을 기수起數의 근본으로 삼는다.

② 49개 시책을 양손으로 나누면 한쪽은 홀수 한쪽은 짝수이고, 짝수쪽에서 1개를 뽑아〔抽〕, 독을 묶는 끈〔韣帶〕에 걸쳐놓는다. 이는 사람을 상징하고 괘掛1로 권괘權掛라 한다. 어느 쪽이 짝수인지 사전에 확인해야 하는 문제가 발생한다.

112) 「蓍卦傳」, "於是取前所掛之一筴【揲四之前所掛者】與今所抽之一筴【再扐後所抽】合同摩轉【令不容私意】擢其一而掛之【亦於韣帶間】此之謂再扐而後掛也, 此之謂正掛也【前所掛者, 權掛也】"

③ 왼쪽 시책을 4개씩 세면 마지막에 남는 시책은 1 혹은 3인데 이것을 왼손 손가락에 끼운다. 오른쪽 시책도 4개씩 세면 나머지가 1 혹은 3으로 왼손 손가락에 끼운다. 손가락에 끼운 시책은 항상 총 4개이다.

④ 왼손에 낀 4개 시책에서 임의로 1개를 뽑아 이미 독대에 걸쳐놓은 1개〔權掛〕와 합해 2개를 비벼 돌리면서 그중 1개를 뽑아 새겨진 숫자를 서판에 기재하고 독대에 걸쳐놓는다. 이 시책에 새겨진 숫자에 따라 기우奇耦가 결정되며 이것이 정괘正掛로 제1변이다.

⑤ 이를 3번 하면 1획, 18번 하면 6획이 되어 괘가 이루어진다.

이상에서 다산 설시법은 결국 1~10까지 숫자가 새겨진 50개의 시책을 가지고 4번의 시책을 뽑는 추심 행위[113]에서 기우가 정해져 획이 결정된다. 중점은 두 군데이다. 하나는 '시책 뽑기〔抽之〕' 이고 또 하나는 '마지막 뽑힌 시책에 새겨진 숫자' 이다. 이것이 '시책을 세어서〔揲之〕' 획을 정하는 주자 설시법과 결정적으로 다른 부분이다. 괘륵지수〔왼손에 낀 시책 4〕는 있는데 과설지수가 없는 것도 특징인데, 그 이유는 '시책을 세어서' 기우를 정하지 않기 때문이다.

그렇다면 다산 설시법의 사상 발생 확률은 어떠한가. 기존 연구에서 이를 다양한 관점으로 논한 바 있다. 노양 · 소음 · 소양 · 노음의 사상 발생 확률이 균등한 것인지, 1 : 3 : 3 : 1에 근접한 것인지에 대해서이다.[114] 노

113) '뽑는다〔抽〕' 는 측면에서 보면 다산 설시법에서 1개 시책을 뽑는 행위는 총 4회이다. ① 50개에서 1개를 뽑아 '起數之本' 으로 삼는 것. ② 49개 시책을 양분하여 짝수쪽 무더기에서 시책 1개를 뽑아 韇帶 사이에 걸쳐 掛一〔權掛〕로 삼는 것. ③ 왼손 손가락에 끼운 4개의 시책에서 1개를 뽑는 것. ④ ②와 ③에서 생긴 시책 2개를 비벼 돌리면서 1개를 뽑아 새겨진 숫자를 확인하여 기우를 정하는 것. 이를 正掛라 한다. 여기서 가장 중요한 것은 마지막 시책을 뽑는 ④번이다. '掛' 는 權掛와 正掛 두 가지이다. 여기에는 만수책인 11,520개 죽책 운용으로 1개 죽책을 뽑는 행위는 포함되지 않았다.

양 · 소음 · 소양 · 노음의 사상 발생 비율을 1 : 3 : 3 : 1〔老少 비율 1 : 3〕으로 산출한 연구가 가장 근접했다고 판단된다.[115] 기존 연구[116]에서 확실한 것은 주자 점법에 비해 사상 발생 확률이 균형적이며, 이것이 다산 점법의 큰 장점이라 할 수 있다.

2) 점단법

다산 점단법의 핵심 내용은 아래와 같다.

다산은 효 불변이나 1효변의 경우 점단 방법이 주자와 같다. 주자와 다른 부분은 위 표에서 보듯이 다효변多爻變인 경우이다. 결론부터 말하자면, 다산은 다효변인 경우 주역점이 아니고 하나라, 상나라 점법이라고

---

114) 장정욱은 사상의 발생 확률이 균등함을 말했으나,(2009년, 150~151쪽) 신명종은 장정욱의 계산이 잘못되었고 노양 · 소양 · 소음 · 노음의 비율이 11.75% : 38.25% : 36.72% : 13.28%라 했다.(2017년, 71쪽) 신명종은 산출 확률이 서로 조금씩 달라지기는 하지만 항상 음과 양의 사이에는 1.53%의 차이가 발생한다고 했다. 김동진은 신명종의 계산 잘못을 지적하며, 수학적 논증을 통해 1 : 3 : 3 : 1로 사상의 비율이 균등함을 말했다.(2018년, 211~216쪽) 김동진은 중국 역학에서 해결하지 못한 사상 비율의 불균형을 다산이 해결했다고 극찬했다.

115) 필자는 '1 : 3 : 3 : 1' 의 사상 발생 비율에 찬성한다. 다산 설시법에서 사상 발생 확률의 과정을 하나의 사례로서 설명하면 다음과 같다. 25개의 천수와 25개의 지수 합 50개 시책에서 '시책 뽑기' 는 4회이다. 만약 처음 뽑기에서 25개 천수에서 1개를 뽑았다면 확률은 1/2〔25/50〕이고, 두 번째 뽑기는 천수 24 · 지수 25로 합 49개 중에서 뽑는 것인데, 만약 천수에서 1개 뽑았다면 확률은 24/49이다. 세 번째 뽑기는 천수 23 · 지수 25로 합 48개 중에서 뽑는 것인데, 만약 지수에서 1개 뽑았다면 확률은 25/48이다. 마지막 네 번째 뽑기는 두 번째 뽑은 천수 1개와 세 번째 뽑은 지수 1개를 합한 2개에서 1개를 뽑아 새겨진 숫자로 기우를 결정하므로, 천수나 지수를 뽑을 확률은 각각 1/2이다. 여기서 천수 · 지수의 조합은 '천수 - 천수 - 지수 - 천수(지수)' 이다. 이를 계산해보면, 1×24×25×1/2×49×48×2=600/9408이다. 이런 형태의 천수와 지수 조합은 16가지이다. 이처럼 4번 시책 뽑기에서 나오는 천수 · 지수〔기우〕 각각의 확률을 곱하면 다산 설시법의 사상 발생 확률을 알 수 있다. 김동진, 2018, 211~216쪽 참조.

116) 김인철, 2001, 266~267쪽. 신명종, 2017, 68~74쪽. 김동진, 2018, 211~215쪽.

〈표 13〉 다산 점법의 점단법

구분	점단법	비고
爻 불변	본괘 괘사로 점단.	주자와 同
1 효변	본괘 변효로 점단.	주자와 同
2~5효변 (多爻變)	① 다효변일 경우는 夏 · 商나라의 점법이라고 함. ② 하나의 변효를 구하기 위해 64괘 384효의 이름이 새겨진 11,520개 죽책, 즉 萬數策[117]을 사용함.	
6 효변	건괘는 用9, 곤괘는 用6로 점침. 나머지 62괘는 다효변의 점단법 적용.	

한다. 이러한 주장은 조선에서는 처음이지만 두예(杜預, 222~285)와 위소(韋昭, 204~273)가 앞서 주장했고, 다산은 이들의 견해를 수용한 것이다.[118] 다산은 다음과 같이 논한다.

> 『주역』은 오직 하나의 효만 변한다. 그러므로 주공이 효사를 지을 적에 단지 하나의 효변에 근거하여 象을 살펴 점법을 세웠다.(『한국경학자료집성(역경)』, 24권, 『주역사전』, 「춘추관점보주」, 590쪽)
>
> 『주역』에는 여러 효가 어지럽게 변동하는 그런 법이 없다. 여러 효가 어지럽게 변동하면 物象이 雜糅하여 비록 주공이나 공자의 지혜라고 하더라도 조화롭게 엮어낼 수가 없을 것이다. 예컨대 『좌전』이나 『국어』에 기록된 것은 하나라 상나라의 점법이고 『주역』의 점법과는 매우 다른 것이지만 지금은 고증할

117) '만수책'이란 죽책 11,520개로 50개의 시책과 구분되는 것이다. 이는 「계사전」 상 9장의 "二篇之策萬有一千五百二十當萬物之數也"에서 유래된 것이라고 주장한다. '만수책'은 64괘가 모두 양획과 음획으로 반반씩 구성되어 있고, 하나의 양획과 음획은 각각 36개와 24개의 시책으로 되어 있으므로 양획의 책수는 192효×36책=6,912, 음획의 책수는 192효×24책=4,608로, 도합 11,520이 된다. 11,520개 죽책에는 384효의 음양효의 책수만큼 즉 양획은 36개, 음획은 24개씩 각 괘와 효의 이름을 새겨야 한다.

118) 방인, 2012, 161~190쪽; 2016, 209~240쪽 참조.

수가 없다. 만약 『주역』에 이런 법이 있었다면 반드시 『주역』에 이런 사례가 있어야 하는데 彖詞와 효사를 차례대로 보아도 이런 점법의 사례가 나온 것이 있는가.(『한국경학자료집성(역경)』, 24권, 『역학서언』)

다산은 주역점에서는 1효변이 원칙임을 천명하고 있다. 여러 효가 변하면 괘덕과 물상이 뒤섞여 점을 칠 수 없다는 이유이다. 『좌전』이나 『국어』에 기록된 것과 같이 다효변[119]일 경우는 어떻게 할 것인가. 그것은 『주역』의 점법이 아닌 '하나라와 상나라의 점법〔夏商之舊法〕' 이라고 한다. '하상지구법' 의 구체적 점법 내용은 무엇인가. 다산은 이에 대해 별말이 없다. 다산이 다효변의 구체적 사례로 든 것을 하나만 보자. 앞에서 본 『좌전』 양공 9년 '목강동궁지서穆姜東宮之筮' '간지팔艮之八' 의 경우,[120] "사관이 하나라 상나라의 법으로 점쳐서 '수隨는 나가는 것' 이라 했고, 목강은 『주역』의 뜻으로 점을 쳤기 때문에 특별히 여기에서 『주역』 운운 했다." (『한국경학자료집성(역경)』, 24권, 『주역사전』, 「춘추관점보주」, 591쪽)라고 했다. 다산은 사관이 '간지팔' 을 '수는 나가는 것〔隨其出也〕' 이라고 풀이한 것은 '하상지구법' 이고, 목강이 수괘隨卦의 괘사 원형리정元亨利貞 무구无咎로 풀이한 것은 주역점법이라는 것이다.

---

119) 다산은 모두 4가지 점례라 한다. 『좌전』은 ① 양공 9년 '穆姜東宮之筮' 로 '艮之八' 을 '艮之隨' 로 본 경우로 1 · 3 · 4 · 5 · 6효변이다. 『국어』는 ① '重耳反國之筮' 로 '貞屯悔豫, 皆八也' 1 · 4 · 5효변이고 ② '董因迎公之筮' 로 '泰之八' 1 · 2 · 3효변이고, ③ '成公歸晉之筮' 로 '乾之否' 1 · 2 · 3효변이다.

120) 『左傳 · 襄公 9년』(BC 564년), "목강이 동궁에서 세상을 떠났다. 처음 동궁으로 갔을 때 시초점을 치니 간괘䷳의 八을 얻었다. 사관이 말하기를 '이것은 艮卦가 隨卦䷐로 변한 것입니다. 隨는 나가는 것이니, 君〔목강〕께서는 반드시 빨리 나가야 됩니다' 라 하니, 목강이 말하기를 '그럴 수 없다. 『주역』에 '隨는 크게 형통하여 바름이 이롭고 허물이 없다' 라 하였다.(穆姜薨於東宮, 始往而筮之, 遇艮之八.史曰, 是謂艮之隨. 隨其出也, 君必速出. 姜曰, 亡. 是於周易曰, 隨元亨利貞, 無咎)

다산의 주역점은 한 효변이 원칙인데 건곤괘乾坤卦의 6효변인 용用9 · 용6은 어떻게 설명할 수 있는가. 기존 연구에서 용9 · 용6을 들어 다산의 1효변 원칙에 의문을 제기하기도 했다.(임재규, 2013, 67~70쪽) 다산은 건괘와 곤괘에서만 일어나는 특수한 현상이라고 하면서, 그 이유에 대해 "건곤괘는 6효가 모두 순일하기 때문이고 다른 괘는 그렇게 할 수 없다.(乾坤則六位俱純, 故用九用六【詳見蓍卦解】 他卦, 不能然矣)"라고 한다. 그렇다면 다효변일 경우 다산은 어떻게 점단하는 효를 구하는가. 여기서 이른바 '만수책' 이 나온다. 먼저 이편지책二篇之策 11,520책에 대한 말로 시작한다.(『한국경학자료집성(역경)』, 24권, 『주역사전』「시괘전」)

① 64괘에서 양획은 192획으로, 모두 노양 9에다 4를 곱하면 1획이 36책이 되고 36×192를 하면 6,912책이 된다. 음획 또한 192획으로, 모두 노음 6에다 4를 곱하면 1획이 24책이 되고 24×192를 하면 4,608책이 된다. 음양효로 얻어지는 것을 모두 합하면 그 책수는 11,520책이 되어 (11,520책은)모두 1개의 변효를 구하는 것이 된다. 가령, 한번 점쳐서 屯卦를 얻어 초획과 이획이 모두 순획〔1획 노양, 2획 노음〕이면 점치는 사람이 上鬮〔점대통의 상단〕을 뽑아 둔괘 초구의 죽책 36책과 육이의 죽책 24책, 합 60책을 같이 섞어 돌려서 4개씩 세어 덜어낸 뒤 마지막 4개에서 임의로 1개 시책을 뽑는다〔任抽其一〕. 만약 초구 죽책이면 초효가 변효라 屯卦가 比卦로 변하고, 육이 죽책이면 2변이 변효라 屯卦가 節卦로 변한 것이다. 이것을 일러 '서로 섞어 모아 변하게 한다〔參伍以變〕' 라는 것이다.(「시괘전」, 674~675쪽)

② 만약 6자리에 변효가 많을 경우 만수책을 발휘하여 확실하게 표시하니, 역시 신명이 가리키는 것이다.(「시괘전」, 678쪽)

③ '그 수를 끝까지 궁구한다〔極其數〕' 는 것은 만수책을 사용하여 (수를)궁구한 것을 끝까지 발휘하여 반드시 변효를 얻는 것을 말한다.〔여러 효가 난동

하더라도 단지 1효만 변한다](「시괘전」, 682쪽)

위에서 다산은 몇 가지 중요한 사실을 언급하고 있다. 다시 항목별로 검토해 보자.

①에서 양획 192획에다 36책, 음획 192획에 24책수를 곱해서 나오는 이편지책 11,520책은, 변효 하나를 구하기 위한 것이라고 한다. 말하자면 11,520은 설시하는 과정에서 발생하는 음양의 모든 책수로서 만물지수에 해당하는 상징적인 수가 아니라, 점사에서 반드시 필요한 실용적인 수라는 것이다. 따라서 점칠 때 11,520개의 죽책을 '점치는 도구'로 준비해야 한다는 것이다. 다산의 점법대로 점을 치려면 50개의 시초와 11,520개의 죽책 등 두 종류의 도구를 준비해야 한다. 이 11,520개의 죽책을 '만수책'이라 했다. 이처럼 주자를 비롯한 선학들과 의견을 달리하여 이편지책 11,520을 만수책 11,520개의 죽책으로 되살려낸 자신의 주장에 다산은 큰 자부심을 가진 듯하다.[121]

다산은 '만수책' 운용에 대해 다음과 같이 말했다. 11,520개의 죽책은 64괘 384효의 음양에 따라 양획이면 36책, 음획이면 24책을 각각 독에 넣어서 보관한다. 변효를 구할 때 독을 열어 변효의 개수에 따라 각각의 독에 든 시책을 모아 섞어서 4개씩 세어서 마지막 남은 4개 시책에서 임의로 1개 시책을 뽑는다. 그 시책에 표시된 효를 변효로 삼는다고 했다. 그는 이렇게 음양획의 각 죽책을 모으고 섞어서 변효를 구하는 것을 '삼오

121) 『한국경학자료집성(역경)』, 24권, 『주역사전』, 「시괘전」, 677~678쪽) 내용을 요약하면 다음과 같다. 11,520의 쓰임에 대해 예부터 지금까지 밝혀진 바가 없다. 이편지책 11,520을 蓍室에 보관만 하고 사용치 않으면서 '萬物의 象'이라고 하는 것은 천하의 어리석은 일이다. 천지만물은 모두 쓰임이 있으니 11,520도 반드시 쓰임이 있다. 그 용도가 바로 다효변일 경우 1개 변효를 찾는 것이라는 내용이다. 이런 발견은 수천 년 역학사에서 처음이라는 다산의 강한 자부심이 배어 있다.

이변參伍以變'이라 했다. '삼오이변'에 대해 학설이 분분한데 다산은 새롭게 만수책 운용에서 그 답을 찾았다. 이런 계산이라면 만수책을 보관하는 점대통인 '독'은 그 크기에 따라 작은 것 384개〔192양효: 각 36죽책, 192음효: 각 24죽책〕, 384개를 6획으로 구분하여 64괘에 상당하는 중간 크기의 64개, 중간 크기 64개를 모두 담을 수 있는 큰 독 1개가 필요하다.

②에서 다효변일 경우 만수책으로 변효 하나를 찾아내니 이는 신명이 가리키는 것이라고 했다. 즉 만수책으로 나온 결과가 신의 뜻이라는 것이다.

③에서 「계사전」 상 10장에 나오는 '극기수極其數'가 만수책을 이용하여 수를 끝까지 궁구하여 변효 하나를 구하는 것을 뜻한다고 했다. 이처럼 다산은 '극기수'를 만수책과 연결하는 독자적인 주장을 내놓았다.

3) 다산 점법의 문제점

다산 점법의 설시 과정과 점단법은 몇 가지 문제점을 안고 있다. 하나씩 짚어보기로 한다.

(1) 설시법과 추시법

첫째, 다산의 점법은 '시책 뽑기〔抽之〕'를 통해 기우奇偶와 사상四象을 구하는 것으로, 시초를 '걸고 끼우며 손으로 세어서' 사상을 구하는 주역점과 다르다. 즉 「계사전」 상 9장에 언급된 설시 행위의 3요소는 '시초 1개를 손가락에 건다〔掛〕', '시초를 4씩 세다〔揲〕', '남은 시초를 손가락에 끼운다〔扐〕'이다.[122] 이처럼 '시초를 걸고, 세고, 끼운다'는 것은 주역점에서 말하는 사상을 구하는 실제 행위라 할 수 있다. 이런 행위와 다산의

122) 「계사전」 상 9장, "揲之以四, 以象四時, 歸奇於扐以象閏, 五歲再閏, 故再扐而後掛."

'시책 뽑기〔抽〕' 와 양립하기 어렵다는 것이다. 물론 다산 점법에도 '시초를 세고 걸고 끼우는' 행위가 있지만, 이는 '뽑기' 의 전 단계이지 사상을 구하는 직접 행위는 아니다. 다산 점법에서 해당 과정을 다시 보면, 좌우 양쪽 놓인 시책을 4개씩 세어 남는 시책 1 · 3개, 합 4개를 왼손가락에 끼우고 이 4개 시책에서 임의 1개를 뽑는다. 앞에서 독대에 걸쳐 놓은 권괘 1개를 합해 2개의 시책을 비벼 돌려 1개 시책을 뽑아 거기에 새겨진 숫자에 의해 기우奇耦가 결정된다. 이처럼 다산 점법에서 '시책을 세고 끼우고 거는 행위' 는 기우를 결정하는 간접 행위이기 때문에 「계사전」과 다르다. 또한 주역점에서 발생하는 괘륵지수와 과설지수도 발생하지 않는다. 시책 '뽑기' 라는 측면에서 보면 다산의 점법은 설시법이 아니라 '추시법抽蓍法' 이라 할 수 있다.

둘째, '마지막 뽑힌 시책에 새겨진 숫자' 에 의해 기수 · 우수가 정해진다는 부분이다. 다산은 시책에 '숫자를 새긴다〔刻〕' 는 내용을 역학 문헌에서 찾을 수 없자 자신의 주장에 대한 타당성을 입증하기 위해, 귀복점龜卜占을 칠 때의 경우와 다른 문헌의 유사한 사례[123]를 들어 시책을 자연 그대로 쓰지 않고 '가공〔숫자 각인〕' 한다고 주장했다. 선행연구에서 다산의 이런 주장에 대해 '시초에 가한 인공 행위' 는 상당한 설득력이 있다고 했다.[124] 그러나 앞에서 지적했듯이 「계사전」에 나오는 설시법은 '시초를

---

123) 『한국경학자료집성(역경)』 · 24권 · 『周易四箋』 · 「蓍卦傳」 · 670쪽 · "此蓍體所著之數也. 龜不徒用, 必以莿燋灼之【燋所以然火】 又以契刀刻之【鑿龜而鍥之】 以辨其沈陽. 山陵【見『左傳』】 等一百二十之兆【見『周禮』】 蓍策亦何得以天成之質而用之乎? 故「月令」有釁筴之文, 「周官」有相簭之法, 斯可驗也."

124) 김인철은 "다산은 거북점의 예를 통해 시책 역시 천연 상태 그대로 筮占에 사용되지 않았으리라고 추측한다. 『禮記』 · 『周禮』의 '釁筴〔흔책: 시책에 희생 피를 바름〕' 과 '相簭〔상서: 시초를 바꿈〕' 라는 두 어휘를 구체적인 근거로 제시하면서 시책도 인공적인 工作이 가해진 형태로 쓰여졌으리라고 단정한다." 라고 하면서 이런 다산의 추단은 상당한 설득력을 지닌다고 했다.(김인철, 2001, 268~269쪽)

세는 것' 이기에, '뽑힌 시책에 새겨진 숫자' 에 의해 기수 · 우수와 사상이 결정되는 다산의 점법은 생소한 것이다.

(2) 점단법의 문제점

첫째, '하상지구법' 에 대해서이다. 다산은 1효변이 원칙이기에 다효변은 주역점으로 점칠 수 없으므로 하나라 · 상나라의 점법을 사용해야 한다고 했다. 그러나 이에 대해 구체적으로 설명하거나 언급한 바가 없다. 이를 비판하여 '막연한 추측' 이라거나 '추정에 바탕을 둔 것' 이라고 지적하고 있는데,(방인, 2012, 184쪽) 일견 공감이 가는 주장이다. 둘째, 11,520개 죽책으로 '만수책' 에 대한 것이다. 이에 대해 찬사 일변도[125]에서 경전의 근거가 부족하다는 소극적인 비판[126]도 있다. 다산의 점단법의 불합리성에 대해 실질적이고 세밀한 논증이 필요하다. 다음과 같이 의문점을 던져본다.

① 50개의 시책으로 행한 설시 행위에서 다효변이 나왔을 경우 하나의 변효를 찾기 위해 11,520개의 죽책을 운용하는 '만수책 운용 행위' 는 제2의 점치는 행위라고 여겨진다. 하나의 점사占事에 점구占具를 달리하여 2번이나 점을 치는 것이 주역점에서 용납되는지 의문이 생긴다.

125) 김인철은 '前人未發의 卓見', '千古의 어둠을 몰아내는 한 줄기 曙光과 같다' 라고 했다.(김인철. 2001, 26~27쪽.) 장정욱은 '前例가 없는 일로 가히 일종의 考古學的 발굴에 버금가는 일' 이라고 극찬했다.(장정욱, 2009, 146~147쪽)

126) 임재규는 "3,000년 역학사에 있어서 그 누구도 얘기하지 않은 바를 새로이 해석하기 위해서는 필요하고 충분한 전거를 제시해야 하는데 이 점에 있어서 다산의 해석이 그러한 근거를 가지고 있는가 하는 점에 있어서 의문점이 생길 수밖에 없을 것 같다." 라고 비판했다.(임재규, 2013, 72쪽) 찬사와 함께 우려하는 의견도 있다. 신명종은 11,520개 대신 乾策 216 · 坤策 144 도합 360개 죽책을 대안으로 제시한다.(신명종, 2017, 99쪽)

② 주역점에서 시초 50개와 11,520개의 죽책, 2가지 점구가 모두 필요하다는 명문상의 근거나 관습상의 전례 또는 다른 전거가 있는지 의문이다.

③ 가장 큰 난점은 현실적으로 점치는 행위가 가능한지에 대한 우려이다. 다산의 방법대로 한다면 11,520개의 죽책[127]을 마련하고 다듬어서 64괘 384효의 괘효명을 기재해야 하며, 이를 담을 384효에 상당하는 384개의 작은 독〔점대통〕과 64괘에 상당하는 64개의 중간 크기의 독 및 이를 모두 담을 가장 큰 독 1개가 필요하다. 이를 갖추려면 막대한 인력과 물자 및 시간이 필요하며, 어떻게 관리할 수 있을지도 의문이다.

④ ③을 설령 준비했더라도 실제 점사에 어떻게 운용해야 할지 의문이다. 점치는 일은 평시보다 비상시에 일어나거나, 점자占者가 공간을 달리해서 점치는 경우도 많다. 평소나 이동 시에는 간편하게 시초 50개만 소지하는 것이 합리적이지 않을까 하는 생각이다. 만약 절박하고 시급할 경우 점자는 50개의 시초보다 더 간편한 약서법略筮法을 선택할 가능성이 크다.

⑤ 점의 역사는 복잡함에서 간편함으로 변천해 왔다. 점구를 구하기 힘든 거북점에서 간편한 주역점으로 발전해 왔다.[128] 이런 면에서 보면 만수책은 점의 역사에 역행하는 것이 된다.

4) 다산 점법과 성호 이익의 변효 점단법 비교

다산은 점법을 포함한 역학 전반에 대해서 성호 이익과 성호학파 학자

127) 다산이 죽책의 크기나 규격을 말하지 않았다. 괘효명을 적어야 하니 폭 2~3cm 내외, 길이 10~15cm 정도 되어야 한다고 추측한다.

128) 이경지(1902~1975)는 「『좌전』과 『좌전』 중의 주역점 연구」에서 '주역점의 간편성'이 복잡 난해하고 재료 구하기 어려운 거북점을 대체케 하는 한 요인이 되었다고 말했다. 또 춘추시대에는 확실히 『주역』으로 점을 쳤고 점치는 방법을 우리가 모를 뿐이라고 했다.(고형 · 이경지 · 용조조 지음, 김상섭 편역, 2009, 61쪽, 68~69쪽 참조.)

들에게서 일정 부분 영향을 받았다고 보는 것이 일반적이다. 효변설은 이익과 신후담[129]도 주장했다. 여기서는 다산 효변설의 선하격인 이익의 효변설을 보자. 이익은 효변을 근거로 다음과 같이 점단한다.

(1) 變爻가 전혀 없으면 그 卦의 卦辭로서 占斷한다.

(2) 變爻가 하나이면 변한 爻의 爻辭로서 占斷한다.

(3) 乾卦·坤卦가 모두 變爻일 경우 用九·用六으로 占斷한다.

(4) 2爻 이상이 爻가 亂動하면 神이 알려주지 않는 것이니, 점단하지 않는다. 단, 다음의 경우는 예외로 한다.

① 不變爻가 純體로서 本卦의 貞卦에 있을 경우 之卦의 괘사로서 占斷한다.

② 不變爻가 純體로서 本卦의 悔卦에 있을 경우 本卦의 괘사로서 占斷한다.

③ 不變爻가 純體로서 本卦의 貞卦, 悔卦에 있을 경우 之卦의 괘사와 本卦의 괘사 가운데 공통되는 것으로 占斷한다.(『易經疾書』)

2효변 이상 다효변인 경우 다산은 하상지구법과 만수책에 의해 점단하지만 성호 이익은 점단하지 않는 것이 원칙이다. 다만, 불변효가 소속된 소성괘의 순체 여부 즉 순양이냐 순음이냐에 따라 본괘나 지괘의 괘사로 점을 친다고 한다. 예컨대 지천태䷊ 초효 이효가 변하여 지산겸䷎이 된 경우 태괘 상체〔外卦-悔〕 4효~상효가 순음이니 본괘인 태괘 괘사로 점단한다는 것이다.〔상기 (4)-②〕 만약 지천태괘괘䷊ 4효~상효가 변하여 중천건괘䷀가 된 경우 태괘 하체(內卦-貞) 초효~3효는 순양이므로 지괘의 괘사인 건괘 괘사로 점단한다.〔(4)-①〕 이익은 춘추관점에 나오는 『국어·진어』의 '중이반국지서重耳反國之筮'의 점에서 '정둔회예개팔야貞屯悔豫

129) 신후담도 효변설을 주장했으나 새로운 점법으로 발전하지 못한 듯하다.

皆八也'를 상기 (4) - ③의 예로써 들고 있다.(김인철, 2007, 35~38쪽 참조) 이익은 정貞과 회悔를 보는 관점[130]이 본괘의 상하체로만 보기 때문에 주자나 김석문, 정약용, 심대윤의 점단법과도 다르다. 『역학계몽』(1167~1168쪽)에서 호방평은 주자의 의견에 이어 "변괘가 있으면 본괘가 정이 되고 지괘가 회가 되지만, 변괘가 없으면 내괘를 정 · 외괘를 회로 한다."고 했다.

이익의 점법은 실용성이 부족한 감이 든다. 변효가 둘 이상일 경우 본괘의 불변효가 있는 상하괘의 음양의 순체 여부에 따라 점단하기 때문이다. 실제 점을 치면 변효 발생은 상하괘를 가리지 않는데 상하괘에 불변효가 온전히 3획 순체일 경우는 매우 적다. 따라서 점단하지 못할 경우가 많을 수밖에 없다. 다산이나 이익이 자신의 점법대로 점을 쳤다거나 점의 적중률에 대한 언급은 찾지 못했다.

【 해제 】

다산의 『주역』에 대한 외경심과 탐구심은 널리 회자되어 왔다. 다산은 옛날의 성현들은 우환이 있을 때마다 주역점으로 해결했기에 그 이치를 알고자 실마리를 찾아 헤맸으나 문로門路가 막히자 식음을 전폐할 정도였다고 고백한다. 그래서 계해년(1803년) 늦은 봄부터 예서禮書를 팽개치고 오로지 『주역』 연구에만 매진하여 "(주역을) 책상 위에 놓고 밤낮으로 마음을 온통 쏟아 음미하고 사색에 몰입하니, 눈으로 보고 손으로 만지고 입으로 읊고 마음으로 생각하고 … 어느 것 하나도 『주역』이 아닌 것이 없었다."[131]라며 친구 윤영희에게 장문의 편지를 보내기도 했다. 그런데

130) 일반적으로 '貞과 悔'란 '貞'은 內卦나 本卦, '悔'는 外卦나 之卦를 의미하는 것이나, 이익은 하나의 괘에서 하괘를 貞, 상괘를 悔라고 일관되게 주장한다.

그해 겨울 어느 날 마침내 효爻의 이치를 깨우치면서, 융회관통融會貫通의 천하를 다 얻은 것 같은 순간이 찾아왔다고 했다. 그렇게 창안된 효변설에 대한 다산의 자부심은 능히 짐작할 만하다.

다산 역학의 핵심은 역리사법易理四法으로 괘사와 효사를 해석하는 『주역』의 네 가지 원리이다. 추이론推移論, 물상론物象論, 호체론互體論, 효변론爻變論이 그것이다. 그는 효변론의 입장에서 점사를 해석하고 추이론을 더하여 점단한다. 주자도 효변으로 점을 쳤지만, 여기서 말하는 효변설과는 그 내용이 다르다.[132] 다산 점법에서 설시법의 장점은 사상 발생 확률이 균형적이라는 것이다. 또한 새로운 점법을 만들어서 주자 점법의 단점을 해소하려 했다. 그러나 설시법에 문제가 제기된다. 첫째, 다산의 점법은 '시책 뽑기〔抽〕'로 사상을 구하고 획이 결정된다는 부분이 주역점과 상치相馳된다. 둘째, '마지막 뽑은 시책에 새겨진 숫자'에 의해 기우 및 사상이 정해진다는 것으로, 시초에 숫자를 새기는 '가공 행위'를 하는 것이 부자연스럽다는 것이다.

점단법의 문제점으로 몇 가지를 들 수 있다. 다산은 주역점이 하나의 효변이 원칙이어서 다효변일 경우 '하상지구법夏商之舊法'으로 점단해야 한다고 했지만, 그 방법에 대해 말하지 않았다. 또한 11,520개의 죽책을

131) "於是盡收斂諸禮書而藏之. 專取周易一部. 措諸案上. 潛心玩索. 夜以繼晝. 蓋自癸亥暮春. 目之所眂, 手之所操, 脣之所吟, 心志之所思索, 筆墨之所鈔錄, 以至對飯登圊. 彈指捫腹, 無一而非周易."(「與尹畏心」, 『여유당전서』-「시문집」 19권.)

132) 주자가 말하는 효변점〔變爻占〕과 여기서 말하는 효변설은 다르다. 여기서 말하는 '효변설'은 예를 들면, 坤卦 初六이 변효인 경우, 곤괘 초효가 효변하여 復卦가 된 '坤之復'으로 보고 易을 해석 및 점단한다. 주자는 이 경우 復卦를 감안하지 않고 변효인 곤괘 초효로 점단한다. 원래 이 '효변설'은 宋末 사람인 丁易東이 구분한 역학 12類派의 하나인 '以變論易' 類의 논거이며 송대 都潔, 沈該에 의해 성립되었다고 한다. 丁易東, 『易象義』 「易統論」; 張其成 主編, 『易學大辭典』, 北京: 華夏出版社, 1992, 41쪽.

사용하는 '만수책' 은 경전이나 문헌에서 근거를 찾을 수 없고 춘추 관점에도 만수책을 사용했다는 기록이 없다. 무엇보다 일반인들이 이러한 방식으로 점치기가 매우 어려워 부유한 계층만이 사용할 수 있는 귀족 점의 가능성이 있다. 이것은 다산 점법 자체가 지닌 특질을 희석시키면서 점법 전체를 실용성이 부족한 '관념상의 점법' 에 그치게 한다. '구두점법口頭占法', '지상점법紙上易占' [133]이라는 비판에서 벗어날 수 없는 것이다.

다산 점법이 지닌 한계에도 불구하고 다산 역학 전체와 종합적으로 고찰해 보면, 점법이 지닌 제반 문제는 오히려 후학들에게 반면교사로서 연구의 지평을 넓히는 동력원이 될 수 있다. 이것은 문제가 발생한 지점에서 혁신이 일어나 문제해결에 도달할 수 있다는 것으로, 다산 점법의 의의도 여기에서 찾을 수 있을 것이다.

3. 심대윤의 점법

심대윤(沈大允, 1806~1872)의 호는 백운白雲으로, 19세기 유학을 재정립한 조선의 마지막 실학자로 불린다. 그의 고조부 심수현(沈壽賢, 1663~1736)은 영조 때 영의정이었고 증조부 심악(1702~1755)은 부제학이었으나 을해옥사(1755년) 때 억울하게 역적으로 몰리면서 참형당하고 집안 전체가 폐족으로 몰락했다. 벼슬길이 막히고 생계조차 곤란했던 심대윤은 안성 가곡에서 목반을 만들고 약을 지어 팔면서 노모와 두 형제, 식솔들을 부양했다. 그의 삶은 스스로 표현한 것처럼 "생어우환生於憂患, 장어곤궁長於困窮" 이 적절하다. 그를 통해 조선 후기 몰락한 사대부 집안의 비참한

133) 이옹(李顒, 1627~1705)은 유학이 현실에 유리된 '口頭聖賢' 과 '紙上道學' 을 벗어나 이웃과 함께하여 그들의 고민을 해결할 수 있는 실질적인 철학이 되어야 한다고 주장한다.(정병석, 2009, 399~422쪽 참조)

현실이 평민보다도 못한 극도로 빈궁한 삶임을 확인할 수 있다.

심대윤은 불우한 삶에도 불구하고 선비의 자세를 잃지 않고 틈틈이 독학으로 경학에 몰두했다. 그는 당대 혼란의 한 요인으로 천주학의 폐해를 꼽았으며 이를 극복하기 위해 유학의 정립이 필요하고 구체적 방안이 사서오경에 대한 주석서 집필이라고 생각했다. 『중용훈의中庸訓義』, 『동사東史』, 『전사全史』, 『춘추사전속전春秋四傳續傳』, 『예기정해禮記正解』, 『시경집전변정詩經集傳辨正』, 『복리전서福利全書』, 『한중수필閒中隨筆』 등을 비롯하여 120여 권의 걸출한 저서를 남겼다. 이것은 선비로서 자신의 정체성을 유지하는 마지막 보루였으며, 삶의 현장에서 스스로 체득한 독자적인 철학 사상을 근간으로 하는 것이었다.

그는 당시 비주류인 강화학파의 후예들이나 소수의 빈한한 소론계 양반과 어울린 것으로 알려졌지만, 실제로는 대외적 접촉이 거의 없이 자신만의 방식으로 학문의 길을 다지며 자유롭게 사상을 펼쳐 나갔다. 쇠락한 양반으로 생존 전선에 뛰어들면서 깊이 체득한 것이 인간의 '욕망〔慾〕'의 긍정과 생존에 유익한 '이익〔利〕'에 대한 새로운 시각의 획득이었다. 그것은 개인에 국한된 사리나 사욕을 뛰어넘는 '여인동리與人同利'이며 '복리福利'였다. '이익'과 '도덕'이 대립적인 것이 아니라는, 『복리전서』에 나타난 그의 사상은 이른바 '실학'이나 '근대 자본주의'와 연결되어 있다. 그러나 당시 '리理'와 '의義'를 중시하고 '기氣'와 '이利'를 경계했던 주류 성리학과 상치되면서 그의 학문은 '돌출적 존재'로 여겨졌다.[134] 당대에 주목받지 못했던 그의 사상은 다행히 오늘날 개인과 국가 혹은 사회에서 발생하는 이익충돌의 상황에서 하나의 대안으로 주목받고 있다. 이러한 점에서 심대윤 연구자들은 "심대윤은 19세기 조선사상사를 서술하

134) 김문용은 그를 평하여 "심대윤은 생애와 사상 양면에서 조선시대 사상사에서 돌출적 존재"라고 했다.(김문용, 2010, 2쪽)

는 데 있어서 불가결한 존재"라고 평가했다.(『백운 심대윤의 백운집』, 27쪽)

정통 정주학에서 자유로웠던 그는 자신의 역학관을 결집하여 1842년 『주역상의점법周易象義占法』[135]을 지었다. 『주역상의점법』은 총 5책으로 1책은 건괘䷀~비괘䷋, 2책은 동인괘䷌~리괘䷝, 3책은 함괘䷞~췌괘䷬, 4책은 승괘䷭~태괘䷹, 5책은 환괘䷺~미제괘䷿, 「계사전」·「설괘전」·「서괘전序卦傳」·「잡괘전雜卦傳」, 「하도」와 「낙서」·「복희팔괘차서지도」·「복희팔괘방위지도」·「문왕팔괘방위지도」로 구성되었다. 당시 통용되던 주자 점법에 대한 비판적 입장에서 창안한 그의 점법이 이 책에 실려있다.

심대윤의 새로운 점법의 내용과 그 문제점을 짚어본다. 이에 덧붙여 『좌전』과 『국어』의 다효변의 경우 주자 · 정약용 · 심대윤의 점단법을 적용하여 상호 비교해 보도록 한다.

1) 설시법

『주역상의점법』에서 심대윤은 자신의 설시법에 대해 다음과 같이 논한다.(『한국경학자료집성(역경편)』 30권, 『주역상의점법』 44~45쪽) "시초를 넷씩 세어서 네 번 경영하여 역易을 이룬다. 이노이소二老二少의 책수는 모두 4를 곱한 것이다.(揲蓍以四, 而四營成易. 二老二少之策數, 皆以四乘之也)" 이외 설시법에 관한 다른 언급은 보이지 않으므로 지금 통용되는 「계사전」의 방법을 따랐다고 추측된다. 따라서 앞에서 살펴본 주자의 설시법을 그대로 적용했을 것으로 보이며, 독자적인 설시법을 사용했던 김석문, 정약용과는 다르다고 할 수 있다.

---

135) 저본은 성균관대 대동문화연구원 간행 『韓國經學資料集成』 116 역경편 30. 심대윤 학문은 대동문화연구원의 『한국경학자료집성』 발간으로 빛을 보게 되었다.

2) 점단법

심대윤은 다산과 같이 효변설의 입장이므로 다효변일 경우 점단할 하나의 괘나 동효〔變爻〕를 구해야 한다. 그러나 그의 효변설과 다산의 효변설은 점단의 내용이 서로 다르다. 표로 정리하면 다음과 같다.

〈표 14〉 심대윤 점법의 점단표

구분	점단 내용	비고
효 불변	본괘 괘사로 점단	주자와 同
한 효변	본괘 변효로 점단	주자와 同
다효변 (2~6효변)	① 변효가 두 개 이상일 경우 노양은 9 · 노음은 6을 적용한 수를 합하여 건4로 빼서 8에 이르면 그친다. 4는 사상수로 빼는 수의 기준수이다. 8에 이르러 그치는 것은 곤4와 합했기 때문이다.136) ② 남는 수가 8을 넘을 경우 4로 빼면 그 남는 수는 혹 8이나 7이나 6이나 5가 될 것이다. … 8이 남으면 지괘 괘사로 점치고, 7이 남으면 본괘 괘사로 점단한다. 8을 變 · 7을 不變의 기준수로 본다. ③ 남는 수가 5 · 6이면 아래로부터 위로 동효를 세고 다시 반복하여 그치는 효로 점친다. ④ 건 · 곤괘 6효변일 경우는 用9 用6을 적용한다.	5 · 6에 9 · 6를 더한 수에 다시 4를 빼는 계산을 반복하여〔周而復始〕 8에서 그치는 효로 점단한다.

심대윤은 효가 불변이면 본괘 괘사로 점단하고, 한 효만 변했으면 본괘 변효〔동효〕로 점단한다. 이 부분은 주자와 다산과 같지만, 2효~6효변일 경우 다르게 점단한다. 단, 건 · 곤괘 6효변인 경우 건은 용9, 곤은 용6으로 점친다. 먼저 원칙이 있다.

① 건과 곤의 수는 각 4이고 합은 8이다. ② 노양과 노음의 9와 6를 더해 건4로 빼면 나머지는 5 · 6 · 7 · 8이 된다. ③ 나머지 6은 6효로 기준이 되고, 7은 본괘이며 8은 지괘에 해당한다. 7은 불변, 8은 변의 기준으로 본

136) 『한국경학자료집성(역경)』 30권, 『주역상의점법』 45쪽. 이하 모두 같은 쪽이다.

것이다. 5에 관해서는 언급이 없다. ④ 나머지가 5와 6인 경우 위아래로 반복하여 다시 셈하여〔周而復始〕 점단할 효를 구한다.

정리하면, 변효가 2개 이상일 경우 노양은 9, 노음은 6수를 더하고 거기에 4를 계속해서 제하면 나머지가 5 · 6 · 7 · 8이 된다. 7이면 본괘 괘사로 점단하고, 8이면 지괘 괘사로 점단한다. 나머지 수가 5나 6이면 아래에서 위로 동효의 수만큼 6 · 9를 더하고 더한 수에 4를 단위로 빼고 8에서 그치는 효를 구한다. 구해지지 않으면 한 바퀴 돌고 다시 반복하여 그치는 효〔8이 되는 효〕로 점친다.〔剩數六與五, 則自下而上, 數動爻, 周而復始, 占其所止之爻也〕

그런데 '수동효數動爻 · 주이복시周而復始' 의 의미에 대해 두 가지 주장이 있다. 첫째, '5 · 6을 아래 동효부터 위로 다시 반복하여 차례대로 세어 5번째 · 6번째에 해당하는 동효로 점친다' 는 설이며 오동하가 주장했다.[137] 둘째, '5 · 6에 동효의 9 · 6수를 더한 수에 4로 빼는 계산을 한 바퀴 돌고 다시 반복하여 8에서 그치는 효로 점단한다.' 는 것으로 필자의 주장이다. 이것은 8이 변의 기준수가 되기 때문이다. 견해가 다른 이유는 '수동효數動爻' 에 대한 명확한 풀이가 없어서 초래된 것이다. 필자는 후자의 주장이 타당하다고 생각하며,[138] 그 이유를 심대윤 점법을 예로써 들어

---

137) 오동하, 2017, 116~120쪽.

138) 변효의 9 · 6수를 더하여 상하왕복으로 계산하는 것을 '周而復始' 라 한다. 남는 수가 5 · 6인 경우 점단하는 효를 구하는 방법이 필자와 오동하는 다르다. 오동하는 "심대윤은 '어떤 수' 를 가지고 周而復始 하는지에 대해서 전혀 언급하지 않았다. 「占爻之法」의 난점이 바로 이 부분이다."라면서, 5와 6을 동효의 아래부터 차례대로 세어 5번째 · 6번째에 해당하는 동효로 점친다고 한다.〔첫째 주장〕 예컨대 3효변(9+6×2=21)에서 21 - 16=5인 경우, 아래 동효부터 위로 세고 周而復始하여 두 번째 동효가 5번째가 되므로 두 번째 동효로 점친다는 것이다. 오동하는 周而復始로 변효를 구한다는 측면에서 高亨(1900~1986)이 창안한 점법인 變卦法이 심대윤 점법과 닮았다고 한다. 그러나 고형은 먼저 '宜變之爻' 를 구해야 하는 점, 荀爽이 언급한

다음과 같이 논증한다.

18변의 결과 노양9 · 소음8 · 노음6 · 소음8 · 노음6 · 소양7이 나오면 본괘가 산뢰이괘山雷頤卦☶가 되고, 초효 · 삼효 · 오효가 변하여 지괘는 풍산점괘風山漸卦☴가 된다. 심대윤은 동효에 9 · 6수를 적용하여 합산한 수에서 4씩 빼서 8이 되면 지괘 괘사로 점치고, 7이 되면 본괘 괘사로 점친다. 남는 수가 5 · 6인 경우 아래 변효의 9 · 6을 합산한 수에 4를 빼서 나머지가 8이 될 때까지 계산하여 8이 되는 그 변효로 점을 치게 되는 것이다.

위의 예에서 본괘 변효에 양9 · 음6을 적용하여 합산한 수는 9+6+6=21이다. 4씩 빼면 21-4-4-4-4=5로 8이 아니다. 다시 아래 동효〔초구〕 9를 더해서 셈하면 5+9=14-4-4=6으로 역시 8이 아니다. 두 번째 동효 6을 더하면 6+6=12-4=8이다. 이처럼 두 번째 동효에서 8이 되므로 이괘頤卦 6 · 3효로 점단한다.[139] 여기서 만약 초효 · 삼효 두 효만 변했다고 가정하면 9+6=15-4-4=7이다. 이런 경우는 본괘 괘사로 점친다. 만약 1 · 2효가 노음 6이라면 6+6=12-4=8이다. 이때 지괘 괘사로 점친다. 왜 7이고 8인가. 7은 불변의 기준이고 8은 변의 기준수로 보기 때문이다. 그래서 7이 나오면 변하지 않은 본괘 괘사로 점치고, 8이 나오면 변한 지괘 괘사로 점단한다.〔剩數八則占之卦彖辭, 七則占本卦彖辭, 卦之六爻當六數, 本彖當七, 而之彖當八也〕

나머지가 5 · 6인 경우에 주이부시周而復始하여 8에서 그치는 동효로 점치는 것도 같은 원리이다. 나머지 5 · 6효변도 같으나 건 · 곤괘 만은 용

"營者, 謂 七八九六也"를 채택하여 「계사전」에서 말하는 四營은 7 · 8 · 9 · 6으로 보는 점 등이 심대윤과 다르다. 오동하, 2017, 116~128쪽.

139) 아래부터 위로 차례대로 세어 해당하는 효로 점친다는 첫째 주장〔오동하 주장〕을 적용해도 결과는 같다. 즉 최초 남은 수 5를 3개의 동효 아래에서 周而復始하면 두 번째가 해당된다.

9 · 용6에 의한다.

3) 심대윤 점법의 문제점

심대윤의 설시법은 주자 점법과 같으므로 주자 설시법의 문제인 사상 발생 확률의 불균형이 동일하게 발생한다. 즉 심대윤 설시법의 문제점은 노음 : 노양 : 소양 : 소음의 비율이 1 : 3 : 5 : 7로 사상이 불균형하고 특히 노음의 비율이 지나치게 낮고 소음이 높다는 점이다.

그의 점단법에 대해 3가지 문제점을 지적한다.

첫째, 노양수 9와 노음수 6을 합해서 4를 빼는 것은 이해할 수 있다. 4는 사상수이기 때문이다. 그러나 9 · 6을 더하고 4로 빼서 나머지가 7이면 본괘 괘사로 점단하고, 8이면 지괘 괘사로 점단한다는 부분은 의문이다. 효변설의 입장에서 보면, 변화하는 1개의 효를 구하여 그 효로 점단하는 것이 목적이지 점단하는 괘를 구하는 것이 목적이 아니기 때문이다. 심대윤이 주장하는 효변설의 취지에 부합하지 않다고 본다.

둘째, 5 · 6 · 7 · 8의 수로써 괘와 효를 구하는 명시적 근거나 관습적 사례를 찾기 어렵다. 따라서 6을 기준수로 두고 1이 증가한 7은 본괘 괘사, 2가 증가한 8은 지괘 괘사로 점치는 근거가 취약할 수밖에 없다. 5에 대해 별다른 언급이 없는 것도 문제점이다. 그에 관련된 전거나 사례가 제시되어야 설득력을 담보할 수 있다.

셋째, 앞에서 언급했듯이 나머지 5 · 6을 동효의 아래부터 차례대로 세어 5번째 · 6번째에 해당하는 동효로 점칠 것인지, 아니면 5 · 6에 동효의 9 · 6수를 더한 수에 4로 빼는 계산을 반복하여 8에서 그치는 효로 점단할 것인지의 여부이다. 즉 '수동효數動爻' 의 의미가 '5 · 6을 가지고 동효를 위아래로 센다' 는 것인지, '5 · 6에 동효의 9 · 6을 더하여 센다' 는 것인지, 해석이 엇갈리게 된다. '수동효' 해석에 대한 불투명한 입장 때문에 초래된 것으로, 심대윤 점법의 빈틈이 엿보인다.

4) 주자 · 정약용 · 심대윤의 『좌전』과 『국어』 다효변의 점단 비교

『좌전』이나 『국어』의 점례, 이른바 춘추관점春秋官占은 다산 점법과 심대윤 점법에 큰 영향을 미쳤다. 이것으로 인해 다산은 「계사전」의 설시법을 취하지 않고 별도 「시괘전」을 지었고 나아가 새로운 역설인 역리사법의 추동력을 얻었다고 할 수 있다. 심대윤도 '간지팔' 에 대한 주자 해석에 의문을 품었고 이것이 새로운 점법 발명의 원인遠因이 되기도 했다. 다산이나 심대윤뿐만 아니라 거의 모든 역학자들은 춘추관점에 천착했다. 아래에서 춘추관점에 나오는 4가지 다효변에 대한 학자별 점단의 정확도를 비교해 본다.

(1) 다산은 5효변으로 한 건과 3효변으로 세 건 도합 네 건을 거론한다. 5효변 한 건은 ① 『좌전』의 목강동궁지서(穆姜東宮之筮: 노나라 양공 9년 기원전 564) 간지팔艮之八을 간지수〔艮之隨: 1 · 3 · 4 · 5 · 6효변〕로 본 것이다.

3효변 세 건은 ① 『국어 · 진어晉語』의 중이반국지서(重耳反國之筮: 노나라 희공 24년 기원전 636년) 정둔회예 개팔야(貞屯悔豫皆八也: 1 · 4 · 5효변) ② 『국어 · 진어』의 동인영공지서(董因迎公之筮: 노나라 희공 23년 기원전 637년) 태지팔〔泰之八: 1 · 2 · 3효변〕 ③ 『국어 · 진어』의 '성공귀진지서(成公歸晉之筮: 노나라 선공 2년 기원전 607년) 건지비〔乾之否: 1 · 2 · 3효변〕이다. 이상 네 건을 거론하면서, 이 점례는 주역점이 아닌 하나라와 상나라의 옛날 점법〔夏商之舊法〕으로 점쳐야 한다고 했다. 그러나 다산이 '하상지구법' 에 대해 대답하지 않았다는 점은 앞에서 언급했다. 따라서 '하상지구법' 을 모른다면 다효변의 경우 다산점의 정확도 자체를 검증할 수 없다. 다산은 대안으로 11,520개의 만수책을 사용하여 하나의 변효를 구할 수 있다고

말하지만 춘추관점에 만수책을 사용하여 점단했다는 기록은 없다.

(2) 주자는 5효변 『좌전』 '간지팔' 과 3효변으로 『국어 · 진어』의 '중이반국지서重耳反國之筮' 만을 『역학계몽』에 수록하고 있다. 나머지 두 건은 싣지 않았다. 나머지는 3효변으로 보지 않은 것이다.

(3) 심대윤은 5효변 『좌전』 '간지팔' 만 언급하고 나머지 건에 대해서는 언급하지 않았다.

이상의 논의를 상세히 분석해 보도록 한다.

① 5효변인 『좌전』 '간지팔' 은 앞에서 검토했으나 재론하면, 목강이 시초점을 쳐서 간괘䷳의 8을 얻었지만〔遇艮之八〕, 이를 사관이 간괘䷳가 수괘䷐로 변한 것이라 했다. 즉 사관은 '간지팔' 을 간괘의 1 · 3 · 4 · 5 · 6효가 변한 '간지수' 로 본 것이다. 심대윤 점법으로 계산하면 "간괘䷳의 1 · 3 · 4 · 5 · 6효가 효변하여 수괘䷐가 되었다면, 9 · 6으로 아래 변효 순서대로 합산해 보면 노음6+노양9+노음6+노음6+노양9=36이다. 36-4-4-4-4-4-4-4=8이다. 남는 수가 8이면 지괘인 수괘 괘사로 점단한다. 『좌전』의 사관이 수괘 괘사로 점단한 것과 같다. 즉 심대윤의 점법이 정확하다고 볼 수 있다. 주자는 앞에서 보았듯이 수괘 괘사로 점단한 사관이 잘못되었다고 하면서 수괘 6 · 2효로 점단해야 한다고 했다. 만약 사관과 심대윤의 점단이 옳다고 본다면 주자의 점단은 정확하다고 할 수 없다.

② 3효변인 『국어 · 진어』의 '중이반국지서重耳反國之筮' 의 점에서 '정둔회예개팔야貞屯悔豫皆八也' 둔괘 1 · 4 · 5효변을 얻었다. 이는 진나라 공자 중이重耳가 나라를 얻을 수 있는지에 대해 친히 점을 친 사례이다. 그 결과 '정둔회예개팔야' 로 둔괘䷂ 1 · 4 · 5효가 변해서 예괘䷏가 된 경우이다. 이에 대해 점치는 관리는 "모두 불길합니다(筮史占之, 皆曰, 不吉)" 라고 풀이했으나, 사공개자司空季子는 "길합니다. 이는 『주역』에 있는데

모두가 '제후를 세움이 이롭다(皆利建侯)' 라고 합니다. … 이 두 괘〔屯卦와 豫卦〕는 나라를 얻는 괘입니다."[140]라고 했다. 사공계자의 풀이는 주역점으로 본 것이다. 그래서 주자는 '이건후利建侯'는 둔괘와 예괘의 괘사에 모두 나오는 글이므로 사공계자가 '모두' '이건후'라고 했고 이 두 괘는 나라를 얻는 괘라고 했다는 것이다. 당연히 3효변으로 보고 점단은 본지괘 괘사로 했으므로 이는 주자의 점단이 정확한 것이다. 따라서 『역학계몽』(1170~1171쪽)에 3효변의 사례로써 본 점사를 소개하고 있다.

심대윤의 경우, 노양9 · 노음6 · 노양9로 24이고 4의 배수로 빼면 24 - 4 - 4 - 4 - 4=8이다. 8이 남으면 지괘 괘사인 예괘 괘사로 점단한다. 주자와 심대윤을 비교하면 주자의 점단은 정확히 들어맞고 심대윤의 점단도 거의 정확하다고 할 수 있다. 예괘 괘사〔利建侯行師: 제후를 세우고 군사를 동원함이 이롭다〕로 보면 나라를 얻는 괘이니 심대윤의 점단도 거의 적중했다고 할 수 있다.

③ 『국어 · 진어』의 '동인영공지서董因迎公之筮 태지팔泰之八'에 대해 역학사적으로 논쟁이 많았다고 선행 연구에서 지적하고 있다.[141] 본 점은 ②보다 1년 전 점사이다. 그 내용은 노나라 희공 23년 혜공이 죽고, 진나라 목공이 공자 중이를 진의 도성으로 귀환시키자, 황하에서 영접한 동인董因이 중이가 나라를 얻을 수 있는가에 대해 주역점을 친 경우이다. 이에 대해 주자나 심대윤은 언급하지 않았다. 대신 현대 학자 3명의 언급이 있다. 상병화(尙秉和, 1870~1950)는 이 건을 3효변으로 본 사수 정씨(南宋人. 생몰미상)의 판단이 잘못되었음을 지적하며, 효부동爻不動으로 본괘인 태괘

140) 『국어 · 진어』, "公子親筮之, 曰: "尙有晉國?" 得貞屯悔豫, 皆八也. 筮史占之, 皆曰 "不吉 · 閉而不通, 爻無爲也", 司空季子曰: "吉, 是在周易, 皆利建侯. … 是二者, 得國之卦也."

141) 방인, 2012, 174~178쪽.

괘사로 점단해야 한다고 했다.[142] 고형(高亨, 1900~1986)도 본괘 괘사로 점단해야 한다고 했다.[143] 양경반(楊景磐, 1939~)은 위소의 주석과 정형의 점단의 문제점을 지적하면서 본괘인 태괘 괘사로 점단한 동인의 점단이 합당하다는 취지로 말했다.[144]

여기에 대한 다산의 점단 내용은 찾을 수 없다. 다산은 다효변일 경우 하나라 상나라 점치는 점으로 점친다고 했지만, 그 구체적 내용을 말하지 않았기에 우리는 그것이 무엇인지 알 수 없다. 주역점으로 할 경우 만수책으로 하나의 변효를 구해야 할 것이다.

결론적으로 『좌전』이나 『국어』의 다효변에 대해 다산과 주자, 심대윤의 점단 내용에 차이가 있으며, 점법 정확도의 우열도 가리기 어렵다는 사실도 알 수 있다. 그러나 춘추관점에 대해 양경반은 "춘추시대 점서는 정치적 목적 달성의 하나의 수단에 지나지 않으므로 덮어놓고 미혹되어 믿을〔盲信, 迷信〕 필요가 없다."[145]라며 학역자의 주의를 환기시킨다. 그의 말은 춘추관점에 경도된 일부 역학자들의 편향성을 지적한 것이다. 새겨서 들을 필요가 있는 말이다. 이러한 점법 간의 비교 분석이 주역점의 한계와 정확성을 제고하는 데 도움이 되기를 기대한다.

142) 상병화, 2005, 444쪽 참조. 상병화는 "정형처럼 판단한다면 '艮之八' 이나 '貞屯悔豫皆八' 과 통하지 않는다(如程說, 施之于艮之八, 貞屯悔豫皆八, 則不通也)"고 했다.

143) 고형 · 이경지 · 용조조 지음, 김상섭 편역, 2009, 34쪽.

144) 양경반, 2006, 99~101쪽.

145) "在春秋時代, 占筮就成功實現政治目的的一種手段了. … 就不必迷信了." 양경반, 2006, 99쪽.

【 해제 】

심대윤의 학문에 대해 위당 정인보는 이익, 안정복, 정약용과 같은 반열의 학자로 칭하면서 "심대윤은 적막한 가운데 외롭게 지켜, 명성이 파묻히게 되었다. … 그러나 공정하게 논평하건대 정밀한 뜻과 빼어난 해석이 여러 학설 가운데에서 빼어났으니 삼한〔조선〕 경학의 밝은 빛이라."[146] 면서 높이 평가한 바 있다. 그는 조선 유학사에 유례가 없는 뛰어난 사상가였다. 매일 육체적 노동에다 시장의 장사치로 생계를 이어가며 이루어낸 학문적 업적도 놀랍지만, 조선에서 처음 출현한 자본주의적 유학사상가라는 점은 특히 주목받아야 할 것이다. 자본주의가 지향하는 공공복리公共福利에 근거한 개인의 이욕利慾 사상은 자신이 겪은 생존의 현장에서 체득하여 형성된 것이기에 진정성이 담겨 있다.

심대윤은 당대에 빛을 보지 못했고 한 세기 가까이 잊혀 있었다. 1980년대 말 성균관대 대동문화연구원에서 『한국경학자료집성』을 편찬하기 위해 자료를 수집하던 중 서울대 규장각에서 그의 『논어』 및 『대학훈의』 필사본을 발견했다. 이후 그의 저서들이 계속 발굴되어 2005년 3권으로 이루어진 『심대윤 전집』이 발간되면서 본격적으로 연구되기 시작했다. 전집의 해제에서 임형택은 심대윤이 "한국의 마지막 실학자"이며 성향은 "양명 좌파적"이라 했다. 『심대윤 전집』과 『주역상의점법』에 나타난 그의 사상을 간략하게 정리하면, ① '이利'와 '복리' 중시 사상 ② 변화의 열쇠로서 선후천 사상 ③ 독역십법讀易十法 ④ 효변설 ⑤ 독자적 점법 제작 ⑥ 상수象數과 점서占筮로써 역리의 도출 등을 들 수 있다. 2015년에는 『백운 심대윤의 백운집』이 발간되었다. 이 책은 심대윤이 남긴 시와 산문

146) 한국학중앙연구원 - 한국역대인물종합정보시스템(http://people.aks.ac.kr) 심대윤편. 심대윤의 『閒中隨筆』, 1면.

을 수집하고 번역하여 문집으로 만든 것이다.

심대윤은 자신이 점친 경험을 토대로 주자 점법의 적중도가 높지 않다고 판단했다. 『역전』과 『주역본의』에 따라 여러 번 점을 쳤지만 적중한 적이 없어 정자의 도리가 어디에 근거한 것인지, 주자의 점서가 어떻게 쓰는 것인지 모르겠다고 비판한다.(『한국경학자료집성(역경)』 30권, 『주역상의점법』, 860쪽) 자연히 주자의 역학관과 점법에 의구심을 품으면서 자신만의 새로운 점법을 발명했지만, 그의 점법도 몇 가지 문제가 있음을 앞에서 보았다. 그러나 주자 점법을 맹목적으로 따르지 않고 문제점을 해결하고자 스스로 새로운 방식의 점법을 창안한 것이다. 이것은 자신의 치열한 생존 경험에서 우러난 것으로 간명하면서도 현실감이 담보된 생생한 활역活易이기에 조선 점법 발전의 한 축을 담당했다고 할 수 있다.

제4부

조선역

I. 세종의 정음역

II. 이황의 퇴계역

III. 정약용의 다산역

제2부와 제3부에서 조선의 여러 상수학자를 살펴보았다. 그들은 자신이 처한 시대사조에 얽매이지 않고 치열하게 학문에 임했고 그들이 이룩한 상수학은 후세에 다양한 연구 소재를 남겼다.[1] 조선 상수학은 송대 도서상수학〔宋易〕의 영향을 받았지만 이를 그대로 답습하지 않고 조선의 독자적 역학으로 변용하여 발전했다. 이른바 '조선역朝鮮易'의 탄생이다. 송역을 변용한 통로는 두 가지로, 선용善用한 경우와 불용不用한 경우가 그것이다. 송역을 긍정적으로 선용하여 결실을 맺은 대표적인 것이 세종대왕의 『훈민정음』의 창제이고, 이황의 퇴계역을 들 수 있다. 송역을 불용하고 비판의 소재로 삼은 대표적인 사례가 정약용의 다산역이며 구체적으로 '역리사법易理四法'과 새로운 점서법 발명이 그것이다.

『훈민정음』은 두말할 필요가 없는 조선 최고의 역학적 음운론의 창작물이자 우리나라 5,000년 역사에서 가장 뛰어난 발명품이다. 세종대왕은 해박한 음운 지식 위에 『성리대전』을 통해 얻은 상수학을 융합하여 『훈민정음』을 창제했다. 이는 조선역의 으뜸이라고 해도 과언이 아니고 '주역周易'에 버금가는 '정음역正音易'이라고 부르더라도 어색하지 않다.

---

1) 조선의 상수학자들은 고위 관직에 있으면서도 틈틈이 공부하여 세계적인 名著를 낸 경우도 있고, 평생 벼슬을 마다하고 학문에 열중하여 대량의 학술 자료를 남긴 이도 있다. 늦은 나이에 관로에 나가 자신의 열정을 불태운 학자가 있는가 하면, 폐족이 되어 몰락한 선비의 어려운 환경에서도 대성한 경우도 있었다. 조선 오백 년간 상수학자들의 학문 여정은 거대한 스토리텔링의 소재이며 그 속에는 다양한 문화콘텐츠가 내재되어 있다.

퇴계의 『계몽전의啓蒙傳疑』는 『역학계몽』의 미심쩍은 부분을 해설하여 『역학계몽』이 논하지 못했던 다양한 상수학 영역을 두루 다루고 있다. 따라서 『계몽전의』로 표상되는 퇴계역은 후대에 많은 영향을 주었기 때문에 조선역으로 분류했다. 다산역은 송역에 대한 날카로운 비판의식을 근저에 깔고 한역漢易과 각종 고전에 근거하여 새로운 조선의 역학을 주창했다. 이상의 역학 사상을 독자적인 '조선역'이라고 명명하고 이를 논하고자 한다.

I. 세종의 정음역

1. 역학서로서의 『훈민정음』

학산鶴山 이정호(李正浩, 1913~2004)는 "『훈민정음』(이하 '정음'과 병용)을 어학서語學書인 동시에 일종의 역학서易學書"라고 정의했다.(『훈민정음의 구조원리』 146쪽)[2] 『훈민정음』을 '역易'이라고 볼 때의 '역'은 조선의 고유한 역 즉, '조선역朝鮮易'이 아닐 수 없다. 이정호는 세종이 '상수에 치중한 의리적 관점'에서 정음을 창제했다고 말한다. 그는 역에는 천지자연 있는 그대로의 모습을 그린 '천지자연의 역'이 있고, 천지자연의 모습에서 우리 인간의 일상생활에 합당한 법칙을 발견하고 인용한 '인간의칙人間儀則의 역'이 있다고 했다. 전자는 상수의 역이고 후자는 의리의 역으로, 상수와 의리는 서로 표리가 되고 보상輔相하여 역의 근간을 이룬다고

2) 『훈민정음』 연구자 중에서 정음을 '역학서'라고 규정한 학자는 이정호가 처음일 것이다. 이하는 『학산 이정호전집』 2. 『훈민정음의 구조원리』, 아세아문화사, 2017, 28~48쪽과 145~147쪽 참조.

했다. 정음을 보는 시야를 역학의 지평으로 끌어와 『훈민정음』에 깃든 조선역을 발견한 이정호의 통찰력은 후대 학자들에게 많은 학문적 영감을 주고 있다.

이정호의 주장에서 특기할 만한 것이 정음 28자를 각종 역학적 도설圖說로 부연 설명하면서 대역大易에 연결했다는 점이다. 그는 정음과 역학과의 상관성을 송대 도서상수학적 관점에서 밀도 있게 전개한다. 신경준(1712~1781)의 『운해훈민정음韻解訓民正音』 이래 처음 있는 도서학적 분석으로 비슷한 일면이 있지만 더 세밀하다고 할 수 있다.

『훈민정음』을 역학서로 볼 수 있는 근거는 『세종실록』에 나오는 『훈민정음』 정인지 서문에서 찾을 수 있다.

> 하늘과 땅 자연의 소리가 있으면 곧 반드시 하늘과 땅 자연의 글이 있다. 그러므로 옛사람들은 소리에 따라 글자를 만들어 만물의 정을 통하고 삼재의 이치를 실었다.(有天地自然之聲 則必有天地自然之文,所以古人因聲制字, 以通萬物之情 以載三才之道)

윗글은 천지자연의 소리가 있으면 천지자연의 글이 있고 옛사람들이 그것을 따라 글자를 만들어 만물의 실정에 통하고 천지인삼재의 도리를 담았다는 내용이다. 세종이 정음을 창제하여 그 역할 수행했다는 것이다. 여기의 첫 문장〔有天地自然之聲 則必有天地自然之文〕에서부터 「서괘전」의 첫 문장〔有天地然後 萬物生焉〕이 연상된다. 즉 천지가 있은 후 만물이 있다는 것은 역易의 영역이고 천지가 있은 후 문자가 있다는 것은 정음의 영역으로 역과 정음은 동전의 양면처럼 일체성을 지녔음을 알 수 있다. 그다음 문장〔以通萬物之情 以載三才之道〕은 정음이 만물의 실정에 통하여 삼재의 도리를 구비했다는 내용인데 이는 「계사전」 하 2장의 복희가 처음 팔괘를 그어 신명이 덕에 통하고 만물의 실정을 분류했다는 문장〔於是始作八卦, 以通神明之德, 以類萬物之情〕과 「계사전」 하 11장이 역서易書의 성격이 삼재의 도를 갖추었다는 부분〔易之爲書也, 廣大悉備, 有天道焉, 有地道焉, 有人道焉. 兼三材而兩之〕과 일맥상통함을 알 수 있다.

정인지 서문의 다음의 글은 우리에게 정음이 확실히 역학서임을 확인시켜 준다.

> 삼극의 뜻과 음양의 묘가 다 들어 있지 아니함이 없다. 이 28글자로서 옮기고 바뀌고 하더라도 끝이 없고, 간단하고도 요긴하며 정묘하고도 통한다.(三極之義 二氣之妙 莫不該括, 以二十八字而轉換無窮 簡而要精而通)

『주역』에 삼재의 이치가 구비되어 있음은 바로 앞에서 봤고 정음에도 이러한 이치가 있음도 확인했다. 거기에 더하여 정음에 음양의 묘리가 들어있음을 말하고 있다. 『주역』은 장자莊子가 말했듯이 음양으로 이루어졌다. 따라서 역과 정음이 음양을 구성요소로 하는 점에서 서로 겹쳐짐을 알 수 있다. 정음 28글자로 모든 변화를 나타낼 수 있고 그 사용함이 간단하면서 요긴하고 정밀하다고 하니 정음 사용의 편의성과 작용의 광대함을 드러낸 말이다. 『주역』은 그 자체 지닌 64괘 384효로 천지자연의 모든 변화와 생성의 원리를 포괄한다. 「계사전」 상 4장 “역은 천지에 준한다. 그러므로 천지의 도리를 모두 포괄한다.(易與天地準, 故能彌綸天地之道)”는 것은 이것을 말한 것이다. 이는 『주역』이 지닌 기본적 능력이자 객관적인 작용 범위이다. 이처럼 『주역』과 정음은 ‘일체이면一體二面’의 성질을 지녔다고 할 수 있다. 따라서 정음을 조선역인 ‘세종대왕의 정음역正音易’이라 이름할 수 있을 것이다.

2. 역학적 음운학-제자해

『훈민정음』「해례본解例本」은 한글 창제의 취지와 원리를 설명한 제자해制字解를 비롯하여, 글자의 구성 원리를 풀이한 초성해初聲解, 중성해中聲解, 종성해終聲解, 합자해合字解, 용자례用字例 등으로 이루어졌다. 이 중에서 제자해는 정음에 담긴 음양 이론, 상수 이론 등을 고스란히 드러낸 부분이다. 구체적으로 살펴보면 다음과 같다.

1) 태극음양론과 상형론象形論

세종이 사람의 소리〔聲〕와 입 모양을 본떠서〔象〕 정음을 만들었다는 언명에는 상수학의 성음론과 상형론이 들어있다. 그뿐만 아니라 정음이 '역학서' 이자 조선역이라고 볼 수 있는 근거는 「해례편解例編」 제자해의 여러 곳에서 발견할 수 있다. 제자해에 나타난 역학적 요소 가운데 중요한 부분을 간추려 본다.

> 천지의 도는 하나의 음양오행일 뿐이다. 곤괘䷁와 복괘䷗ 사이는 태극이고, 움직임과 고요함 뒤에 음양이 된다. 무릇 천지의 생명들은 음양을 버리고 어디로 갈 것인가. 그러므로 사람의 성음에 모두 음양의 이치가 있으니 돌이켜 사람이 살피지 못했을 따름이다.(天地之道, 一陰陽五行而已. 坤復之間爲太極, 而動靜之後爲陰陽. 凡有生類在天地之間者, 捨陰陽而何之. 故人之聲音, 皆有陰陽之理, 顧人不察耳)

제자해의 첫 구절에 나오는 '태극, 음양, 동정, 성음' 에 대한 언급은 정음이 역학에 뿌리를 두고 있음을 시사하는 직접적인 표현들이다. 태극음양론은 동아시아 역학의 근본 뼈대이자 정음의 상수학적 토대이다. 또한 천지만물은 음양과 불가분의 관계이고 사람의 소리〔聲音〕에도 음양의 이치가 있다는 논리 전개는, 정음이 역학의 음양론 바탕 위에 있다는 원칙을 제시한 것이다. 그다음을 보자.

> 정음 스물여덟 자는 각각 그 모양을 본뜬 것이다. 첫소리는 열일곱 자이다. 어금닛소리 ㄱ은 혀뿌리가 목구멍을 닫는 모양을 본뜬 것이며, 혓소리 ㄴ은 혀가 윗잇몸에 붙는 모양을 본뜨고, 입술소리 ㅁ은 입 모양을 본뜨고, 잇소리 ㅅ은 이齒 모양을 본뜨고, 목구멍소리 ㅇ은 목구멍의 모양을 본뜬 것이다.(正音二十八字, 各象其形而制之. 初聲凡十七字. 牙音ㄱ, 象舌根閉喉之形. 舌音ㄴ, 象舌附上齶之形. 脣音ㅁ, 象口形. 齒音ㅅ, 象齒形. 喉音ㅇ, 象喉形)

정음 28글자는 각각 그 모양을 본떠서 만든 것이라고 했다. '모양〔形〕'은 입안 구강의 모양을 말하고, '본뜬다〔象〕'는 것은 상수학의 '상象'과 같은 의미이다. 초성 17자 가운데 기본자 5자〔ㄱㄴㅁㅅㅇ〕가 사람의 5개 발음기관〔牙舌脣齒喉〕을 본뜬 것〔象其形〕이라고 상형의 원리를 밝히고 있다. 그리고 초성 17자의 자형은 기본자에서 소리의 강도에 따라 '가획'〔因聲加畫〕한 것이라고 했다. 'ㅋ'은 'ㄱ'에 비하여 소리가 세게 나기 때문에 획을 더했다는 이치이다.〔ㅋ比ㄱ, 聲出稍厲, 故加畫〕 여기서 말하는 '가획'은 소강절의 '가일배법'을 참조한 것이다. 이어서 초성은 오행〔木火土金水〕과 오음〔宮商角徵羽〕 및 사시〔四季節〕와 어긋나지 않는다고 했다. 초성을 오음과 오관〔喉牙舌齒脣〕, 오방五方과 연결시키고 마지막에 "자유음양오행방위지수야自有陰陽五行方位之數也"라고 했다. 초성에는 자연히 음양오행 방위의 수가 있다는 것이다. 이어서 자연스럽게 소리의 가벼움과 무거움〔聲音淸濁〕을 발음기관과 오행에 연결시키고 있다.

2) 삼재 사상과 역수易數 논리

제자해는 정음의 중성에 역학의 중요 개념인 천지인, 삼재 사상三才思想이 함유되어 있다고 했다. 그것은 다음의 글에서 알 수 있다.

> 가운뎃소리〔中聲〕는 무릇 열한 자이다. '•'는 혀가 축소되나 소리가 깊으니 하늘이 子에서 열린 것이며, 형태가 圓인 것은 하늘의 형상이다. 'ㅡ'는 혀가 조금 축소되고 소리도 깊지도 않고 얕지도 않으니 땅이 丑에서 열림이며 형태의 평평함은 땅의 형상이다. 'ㅣ'는 혀가 축소되지도 않고 소리가 옅으니 사람이 寅에서 생겨남인데, 형태가 세워진 것은 사람의 형상이다.(中聲凡十一字, •舌縮而聲深, 天開於子也, 形之圓象乎天也. 一舌小縮, 而聲不深不淺, 地闢於丑也, 形之平, 象乎地也. ㅣ舌不縮而聲淺, 人生於寅也, 形之立, 象乎人也)

중성 11자 가운데 기본 글자 3자를 역학의 삼재 사상과 연결했다. '•'는 하늘, 'ㅡ'는 땅, 'ㅣ'는 사람 즉 삼재를 상징하며, 3자를 전후좌우 가획하여 나머지 글자를 만들었다고 했다. 그리고 "•가 여덟 소리에 일관하고 있음은 양이 음을 거느려 온갖 사물에 두루 흐름과 같고, ㅛ·ㅑ·ㅠ·ㅕ가 모두 사람을 겸한 것은 사람이 온갖 사물의 영장이 되어 능히 음양에 참여하기 때문이니 하늘과 땅과 사람을 본떠서 삼재의 이치를 갖춘 것이다.(•之貫於八聲者猶陽之統陰而周流萬物也. ㅛ ㅑ ㅠ ㅕ之皆兼乎人者. 以人爲萬物之靈而能參兩儀也. 取象於天地人而三才之道備矣)"라며 상세하게 해설을 덧붙이고 있다.

삼재란 말은 『주역』의 「계사전」과 「설괘전」에 나오는 말이다.[3] 『주역』

---

3) 「계사전」 하 10장, "易之爲書也, 廣大悉備, 有天道焉, 有人道焉, 有地道焉, 兼三才而兩之. 故六, 六者, 非他也, 三才之道也." 「설괘전」 2장, "昔者聖人之作易也, 將以順性命之理, 是以立天之道曰陰與陽, 立地之道曰柔與剛, 立人之道曰仁與義, 兼三才而兩之, 故易, 六畫而

에서 말하는 천지인 삼재는 하늘에는 음양, 땅에는 유강柔剛, 사람에게는 인의仁義라는 재덕才德이자 도道가 있음을 말한 것으로 역괘의 육획六劃을 뜻한다. 육획 속에 천지인의 모든 도리가 함유되어 있다는 것이다. 삼재를 말하면 바로 역도易道와 연결되므로 정음에서 『주역』의 도리를 찾을 수 있는 것은 자연스러운 귀결이니 여기서도 '정음역'의 면모를 볼 수 있다.

정음의 제자해는 이처럼 중성과 삼재를 연결한 뒤 초성·중성·종성에도 모두 삼재 사상이 깃들어 있음을 구체적으로 말한다. "초성은 발동하는 뜻이 있으니 하늘의 일이고 종성은 그치고 머무르는 뜻이 있으니 땅의 일이며 중성은 초성을 이으며 종성을 이어줌으로 사람의 일이다.(初聲有發動之義. 天之事也. 終聲有止定之義. 地之事也. 中聲承初之生. 接終之成. 人之事也)"라고 했다. 이는 정음이 천지의 뜻을 잇고 인사를 중요하게 여기는 삼재 사상과 인본주의 입장에서 창제되었음을 천명한 것으로 조선역의 실질적인 면모를 보여주는 부분이다. 또 다른 부분을 보자.

> ㅗ가 처음으로 하늘에서 나니 天1 生水의 자리이며, ㅏ가 다음이 되니 天3 生木의 자리이다. ㅜ가 처음으로 땅에서 나니 地2로 生火의 자리이며 ㅓ가 다음이 되니 지4로 生金의 자리이다. ㅛ가 다시 하늘에서 나니 天7은 成火의 수가 되며 ㅑ가 다음이 되니 天9는 성금의 수이다. ㅠ가 다시 하늘에서 나니 地6은 성수의 수이고 ㅕ가 다음이 되니 地8은 성목의 수이다.(ㅗ初生於天. 天一生水之位也. ㅏ次之. 天三生木之位也. ㅜ初生於地. 地二生火之位也. ㅓ次之. 地四生金之位也. ㅛ再生於天. 天七成火之數也. ㅑ次之. 天九成金之數也. ㅠ再生於地. 地六成水之數也. ㅕ次之. 地八成木之數也)

成卦, 分陰分陽, 迭用柔剛. 故易, 六位而成章."

중성을 이처럼 「계사전」의 수리 체계와 오행과 연결시키는 제자해의 역학적 융합 능력은 정음이 음운학에 기반한 조선역임을 상기시킨다. 『주역』의 수리 구조는 「계사전」 상 9장의 수리 체계와 「설괘전」 1장의 수리 체계로 이루어진다.[4] 「계사전」 상 9장의 천지지수天地之數 1~10은 역수易數의 근본이다. 주자는 이 구절[5]을 "공자가 발명한 「하도」의 수이다.(此一節夫子所以發明河圖之數也)"라고 선언한다.(『역학계몽』, 989쪽) 역수의 근본은 「하도」의 수이고 그것은 공자가 만들었다는 말이다. 주자는 천수5와 지수5에 오행의 생성生成을 결합시키면서 음양오행론을 전개한다.(『역학계몽』, 989~991쪽) 이러한 『주역』의 수리 체계와 도서상수학의 논리가 정음 제자해에 그대로 반영되었다는 것을 확인할 수 있다.

3) 작역자의 우환 의식과 세종의 애민 정신

『주역』에 나타난 작역자의 우환 의식과 세종의 애민 정신에서 우러난 우환 의식은 그 자체로 동질성을 지니고 있으며, 이는 정음과 역학이 심정적으로 상통함을 말해준다. 작역자의 우환 의식은 「계사전」의 다음 문장에 나타나 있다.

易이 흥함은 그 中古인저! 역을 지은 이가 憂患이 있었을 것이리라.(易之興也

4) 「계사전」의 천지지수와 대연지수, 역유태극장(1-2-4-8), 시초점에 사용되는 수, 「설괘전」의 삼천양지론 등이 『주역』의 기본적인 수리 요소이다.

5) "하늘은 하나요, 땅은 둘이다. 하늘은 셋이요, 땅은 넷이다. 하늘은 다섯이요, 땅은 여섯이다. 하늘은 일곱이요, 땅은 여덟이다. 하늘은 아홉이요, 땅은 열이다. 하늘의 수가 五요, 땅의 수가 五니, 五位가 서로 얻어 각각 합함이 있으니 하늘의 수가 25요, 땅의 수가 30이다. 무릇 하늘과 땅의 수가 55이니 이것이 소이 변화를 이루며 귀신의 신비함을 행한다.(天一地二天三地四天五地六天七地八天九地十, 天數五, 地數五, 五位相得, 而各有合, 天數二十有五, 地數三十. 凡天地之數, 五十有五, 此所以成變化而行鬼神也.)" 「계사전」 상 9장.

其於中古乎. 作易者其有憂患乎) 「계사전」 하 7장:

역의 흥함은 은나라 末世와 주나라의 成德한 때에 해당할 것이다. 文王과 紂王의 일에 해당할 것이다.(易之興也, 其當殷之末世周之盛德邪. 當文王與紂之事邪) 「계사전」 하 11장.

문왕이 주왕紂王에 의해 유리羑里의 감옥에 갇혔을 때 가졌던 근심 걱정은 자신의 안위에 대한 것이 아니었다. 백성들이 일용함에 필수적인 역易에 대한 것이었다. 그래서 그는 64괘의 괘사卦辭를 지었다. 이 괘사를 등불로 삼아 삶의 험난하고 난관을 슬기롭게 극복하라는 애민 정신의 발로였다. 세종도 정음의 첫머리에 우리의 문자가 없어서 고통받는 백성들의 우환을 해소하기 위해 정음을 창제한 것이라고 그 뜻을 밝혔다. 문왕과 세종 두 성인은 '백성들의 우환' 을 해결하기 위해 역과 문자를 창제한 것이다. 이 부분에서 정음과 『주역』의 창제 목적의 동질성을 확인할 수 있다.

【 해제 】

여기서는 정음과 『주역』의 동질성과 유사성을 탐색하는 것으로 해제에 갈음한다. 먼저 「계사전」과 정음 창제 과정의 동질성에 대해서이다. 『주역』 「계사전」 하 2장에는 역의 제작 원칙을 아래와 같이 서술하고 있다.

옛날 포희씨가 천하의 왕 노릇을 할 때 우러러 하늘의 象을 살펴보고, 구부려 땅의 法을 살피고 날짐승들의 무늬와 땅의 마땅함을 관찰하며 가까이는 자신의 몸에서 취하고, 멀리는 만물에서 취하여 이에 비로소 팔괘를 지었다.(古者包犧氏之王天下也, 仰則觀象於天, 俯則觀法於地, 觀鳥獸之文與地之宜, 近取諸

身, 遠取諸物, 於是始作八卦)

위에서 작역의 요소는 두 가지라고 말한다. 역〔八卦〕을 '가까이는 자기 몸에서 취하여〔近取諸身〕' 만든다는 것이고, '멀리는 모든 사물에서 취하여〔遠取諸物〕' 만든다는 것이다. 여기서 '취하여'는 '~가지고', '~본떠서', '~통하여' 또는 '~에서 영감을 얻어서'라는 의미이다. 이처럼 역의 괘는 가까이는 사람에서 시작하여 멀리는 모든 사물에까지 영역을 확대하고, 이를 바탕으로 핵심을 추출하여 여덟 개의 대표적 사물 즉 '하늘, 땅, 물, 불, 우레, 못, 산, 바람〔乾坤坎離震兌艮巽〕'의 상징을 도출한다.

이 지점에서 정음의 창제 원리에 역의 제작 원리가 서로 포개짐을 발견할 수 있다. 정음의 초성이 사람의 소리와 구강 구조를 본뜬 것이라고 했으니, 이는 작역作易의 첫째 원칙인 '가까이는 자기 몸에서 취하여'와 같은 의미이다. 중성은 천지인에서 영감을 받았다고 했으므로, 이는 작역의 둘째 원칙인 '멀리는 모든 사물에서 취하여'와 같은 이치이다. 이처럼 세종은 작역의 원리를 활용하여 한글이라는 새로운 문자를 세상에 내놓았다고 할 수 있다. 이러한 측면에서 정음을 창제한 세종의 번뜩이는 혜안에는 그 이면에 역학적 사유의 틀이 내재하고 있음을 알 수 있다.

다음은 효용과 공능의 유사성에 대해서이다. 『주역』과 정음은 체제상으로 서로 유사성을 지니고 있다. 정음의 본문 격인 「예의편」은 『주역』의 본문인 『역경』에, 「해례편」은 『십익』에, 제자해는 「계사전」에 해당한다고 할 수 있다. 이러한 체제상의 유사성은 둘이 지닌 효용과 공능에서도 그대로 이어진다. 아래 「계사전」 문구는 『주역』에만 국한되지 않고 정음에도 적용될 수 있을 것이다.

무릇 역은 만물을 열고 해야 할 업무를 이루어 천하의 모든 도를 포괄한다.

(夫易 開物成務, 冒天下之道) 「계사전」 상 11장

위 문장은 『주역』의 '효용'과 '공능'을 말한 것이다. 『주역』으로 인해 만물이 열리고 만사를 이루게 되니, 즉 개물하여 성무하게 되니 천하의 도리가 모두 『주역』에 내장되었다는 의미이다. 구분해서 보면, '개물성무'는 효용이고 '모천하지도'는 공능이라 할 수 있다. 윗글에 '역' 대신 '정음'을 넣더라도 하나도 이상하지 않다. 왜냐하면 정음을 창제한 세종의 의도와도 부합하기 때문이다. 세종은 조선에 새로운 문자의 세상을 열었으며, 글을 몰라서 어려움을 겪던 백성들이 쉽게 소통할 수 있도록 했다. 이처럼 정음 창제는 문왕의 우환 의식이 작역의 동기가 되었듯 세종의 우환 의식이 추동력이 되어 언어 소통의 길, 즉 언도〔天下之言道〕를 개척하게 되었다.

그러나 정음의 '효용'은 조선에 그치지 않고 신경준의 말처럼 '천하성음대전〔天下聲音大典: 世界文字〕'에까지 미친다. 이는 정음이 세계통일문자가 될 수 있다는 의미로 바로 정음이 지닌 '세계적 공능'을 말한 것이다. 실제로 『훈민정음』 「해례본」은 세계기록유산으로 등재되었으며 2009년과 2012년에 개최된 세계 문자올림픽에서 연속해서 금메달을 획득하여 그 우수성을 세계가 인정한 바가 있다. 또한 유네스코에서는 문자가 없는 소수민족의 기본 문자로 한글을 사용할 것을 권장하기도 했다.

『주역』이 세계적 점서이자 동서양을 연결하는 인문서이며 또한 현재와 미래를 아우를 수 있는 철학서이듯 정음 역시 문자로서 세계적인 공능을 지녔기에 『주역』에 비견될 수 있는 '조선역'으로 거듭날 수 있을 것이다. 정음이 '조선역'의 반열에 올라섬으로써 '정음역'이라 부를 수 있고 따라서 『주역』과 정음은 같은 뿌리에 두 개의 몸체를 지닌 '동근이이체同根而二體'라 하더라도 무리가 아닐 것이다.

Ⅱ. 이황의 퇴계역

1. 퇴계와 조선 상수학

퇴계 이황(退溪 李滉, 1501~1570)은 조선조 성리학을 대표하는 인물이자 조선 상수학의 기초를 닦은 학자이다. 그는 당대 최고의 주자학자이지만 주자와 달리 '리'의 적극적 능동성〔理發, 理動〕을 주장하고 '리도理到'로까지 나아갔다. 이것은 창조적 생명성을 말하는 '활리活理'에 이르며(이은선, 2023, 147~148쪽) 이러한 그의 사상에서 깊은 철학적 사유를 인지할 수 있고 나아가 종교·사상적 함의까지 읽을 수 있다고 했다.(장윤수, 2020, 55~61쪽)

퇴계가 저술한 『계몽전의啓蒙傳疑』는 주자의 『역학계몽』에서 출발하여 한 걸음 진일보한 상수학서라고 할 수 있다. 『역학계몽』을 읽고 터득하는 데 그치지 않고 문제점들을 검토하고 풀이하여 의문점이 없도록 했다. 채원정이 제목만 언급하고 논하지 않았던 한대 역학의 난해한 부분까지 풀어냈으며, 학자들 간에 논란이 된 학설을 정리하고 점법과 역법 부분까지 추가하여 종합적이며 충실한 상수학서를 편찬해 냈다.[6] 퇴계는 송대 도서상수학과 아울러 한대 상수학까지 포용하여 더 깊고 넓게 도서상수학을 터득하려 했다. 이처럼 퇴계는 주자학 신봉자이지만 주자 성리학을 넘어서려 했고, 역학에서도 주자 상수학을 토대로 좀 더 넓은 상수학 세계

---

6) 퇴계의 연보에 따르면, 57세 되던 1557년에 『계몽전의』를 편찬했다. 책 序에서 "… 요몇 년 이래로 이 책〔易學啓蒙〕을 읽을 때마다 혹 생각하다가 깨우침이 있거나, 옛글을 살펴서 증거를 찾을 때마다 기록해 두었더니, 여러 권이 되었다. 이는 참고하여 열람하기에 편리하게 하고 잊어버리는 데 대비할 뿐, 이것으로 옛사람이 이룬 것보다 더 많은 것을 구한 것은 아니었다. … 지금 요점 몇몇 조목을 골라 저술하였다."라며 저술 과정을 술회했다.

에 다가서려는 의중을 엿볼 수 있다.

퇴계는 주자처럼 '『주역』을 점치는 책' 이라고 하지 않았고(여소강, 2000, 219~220쪽), 상수학이나 의리학 중 어느 쪽만을 취한다고 말한 적도 없다. 역학에 대한 퇴계의 자세는 상수나 의리에 크게 개의치 않았던 것으로 생각한다. 그러나 그는 상수학에 큰 관심을 보였고, 역학을 공부할 때 상수를 중요시한 흔적을 여러 곳에서 발견할 수 있다. 퇴계는 역학을 매우 어려워했고 실제로 학역學易하는 과정에서 몸을 상하기도 했다는 사실은 잘 알려져 있다. 그는 이삼십 대까지 『주역』에 능하지 못해 이를 괴로워했고 과거시험 성적에서도 『주역』이 제일 낮은 점수였다고 한다.(정석태, 2018, 241~245쪽) 그러다가 43세(1543년) 때 『주자전서』를 검토하면서 점점 더 주자학이 깊어지고 아울러 역학 지식도 쌓였다. 50대에 『역학계몽』의 전모를 속속들이 파헤치면서 생긴 의문점 및 해결책, 미흡한 부분에 대한 설명까지 덧붙여 저술한 것이 『계몽전의』이다. 당시 원로 축에 속하는 50대에 들어서서야 상수학에 능통하게 된 것이다.

퇴계에 대한 이런 배경지식을 가지고 송대 상수학의 자장을 넘어선 퇴계 역학을 『계몽전의』를 중심에 두고 검토하면서 『주역석의周易釋義』도 추가로 살펴보도록 한다. 학계에서는 다수가 퇴계를 의리학자로 간주하고 있지만 여기서는 다른 각도에서 그의 상수적인 면을 부각하고자 한다. 따라서 다음 몇 가지를 중점적으로 논하려 한다. 첫째, 『계몽전의』에 나오는 척전법을 분석한다. 그 이유는 퇴계의 언급으로 척전법이 조선 점법의 하나로 굳어졌으며, 굳이 이 점법을 자신의 책에 수록한 특별한 이유도 추적한다. 둘째, 퇴계가 의리학 또는 상수학에 치중했는지 학계의 주장을 비교하여 퇴계가 의리학에 편향되지 않았다는 점을 논증할 것이다. 아울러 그의 상수 중시 사상을 제자와 맏손자에게 보낸 편지글에서 분석하도록 한다. 이상의 논의를 통해 상수학자로서 퇴계의 위상과 퇴계역이 조선 역학에 미친 영향력을 밝힐 수 있을 것이다.

2. 퇴계의 척전법

『계몽전의』에서 주목해야 할 것은 앞에서 언급했듯이 주자가 배제한 한대 상수학 이론 가운데 오운육기五運六氣, 납갑법納甲法, 『참동계叅同契』, 육효점 관련 등을 해설하고 동전으로 점을 치는 척전법擲錢法을 소개한 부분이다. 『계몽전의』의 목차는 퇴계가 쓴 18행의 「소서小序」로 시작하여 「본도서本圖書」 제1, 「원괘획原卦畫」 제2, 「명시책明蓍策」 제3, 「고변점考變占」 제4 등으로 이루어져 있다. 「본도서」는 「하도낙서」에 대한 설명이며, 「원괘획」은 선천역과 팔괘의 구성 원리에 대한 것이고, 「명시책」은 대연지수오십大衍之數五十 등 점서占筮의 수리와 관련된 내용이다. 「고변점」는 점의 변화에 대한 고찰이다. 1~4는 『역학계몽』의 목차를 그대로 따랐지만, 세목은 사뭇 다르다. 『계몽전의』 목차의 세부적인 내용은 다음과 같다.

① 계몽전의 서序 ② 본도서 제1 ③ 오음五音이 일日을 맡음 ④ 육율六律이 진辰을 맡음 ⑤ 五運 ⑥ 六氣 ⑦ 參同契[7] ⑧ 두 설〔주자와 옥재 호씨의 주장〕의

7) 『계몽전의』에 나온 叅同契에 대한 주석은 다음과 같다. 참동계의 參은 섞는다는 뜻이요, 同은 통(通)함이요, 契는 합함이니, 주역과 이치가 통하고 뜻이 합함을 말한 것이다. 後漢의 위백양(魏伯陽, 會稽 上虞縣 사람)이 수진양지(修眞養志)의 법으로 이 책을 지어서 清州 서종사(徐從事)에게 비밀히 보였더니, 徐가 이름을 숨기고 주해를 하여, 桓帝 때 같은 고을의 선우숙통(鮮于叔通)에게 주어서 드디어 세상에 행해졌다. 그 술법은 乾과 坤을 상 · 하에 위치하게 하고, 坎과 離를 그사이에 오르내리게 한 것이다. 이에 사람의 몸에 이 象을 취하였으니, 건과 곤을 爐鼎으로 삼고, 감과 이를 藥物로 삼아서, 이 4괘를 제하면 60괘가 남는다. 하루 12시간에 두 괘씩 써서 일을 맡아 처리하는 것을 일러 丹을 제련하는 火候라고 한다. 한 爻가 한 시간씩 해당하니, 두 괘를 계산하면 12효가 되고, 한 달 30일 동안을 모두 합하면 60괘가 된다.

같고 다름을 변증 ⑨ 괘를 그린 그림 제2 ⑩ 주자와 동수董銖의 학설이 다른 점을 나타낸 그림 ⑪ 참동계의 納甲圖 ⑫ 明蓍策 제3 ⑬ 사상변수四象變數 ⑭ 고변점考變占 제4 ⑮ 잡서고증雜書考證 ⑯ 지변괘효례支變卦爻例 ⑰ 추괘내세응소재법推卦內世應所在法 ⑱『몽계필담夢溪筆談』에서 納甲을 논함

위 목차에서 논한 18항목 중에서『역학계몽』에서 제목만 나오고 내용을 언급하지 않는 부분은 3 · 4 · 5 · 6 · 7 · 11 · 17 · 18번으로 모두 8개 항목이고, 15번「잡서고증」의 척전법은 언급조차 없다. 또한 척전법은『역학계몽』의 의문을 해소한다는 제목인『계몽전의』와도 어울리지 않는다. 그러나 퇴계는 굳이 이 점법을 소개하고 있다.『계몽전의』에서 주자가 언급하지 않은 역리들과 예민한 부분을 추가 보완하여 자신의 상수학 이론을 확장하고 있음을 알 수 있다.「잡서고증」의 잡서는 원나라 소원길蕭元吉이 지은『복서원귀卜筮元龜』를 말한다. 퇴계는『복서원귀』의 내용을 중심으로 동전 3개로 시초를 대신해서 점치는 법을 아래와 같이 논한다. 먼저 동전 그림으로 사상四象 표시 방법을 설명한다.[8)]

그림에서 은 동전의 앞면으로 陽으로 보고, 은 동전의 뒷면으로 陰으로 본다. 동전 세 개를 던져 첫째 줄의 그림처럼 양 이 2개, 음 이 1개이면, 柝으로 '--' 이며 (四象 가운데) 소음이다. 둘째 줄처럼 음 이 2개, 양 이 1개이면 單으로 '—' 이며 소양이다. 셋째 줄처럼 모두 음 이면 교交로 '×' 이며 노음이다. 넷째 줄처럼 모두 양 이면 중重으로 '□' 이며 노양이다. 노음은 변하여 양이 되어 미래를 주관하고, 노양은 음으로 변하여 과거를 주관한다.

8) 그림을 통해 사상 발생 과정을 설명한 원문과 번역문은 이해하기 어려워 필자가 윤문했다.

그리고 아래와 같이 구체적 사례를 들어 척전법을 설명한다.

○ **동전으로 시초를 대신하는 법〔以錢代蓍法〕**

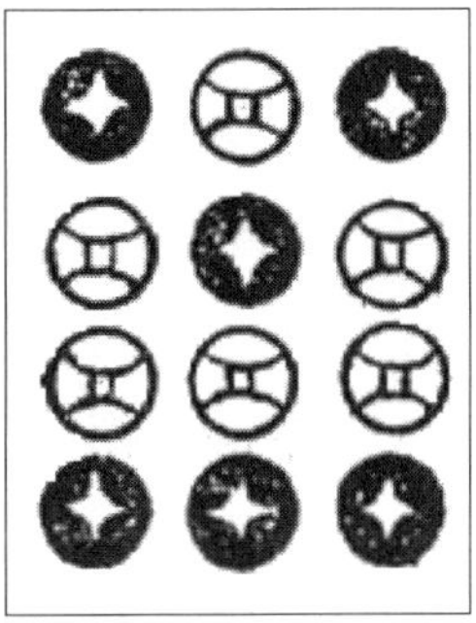

동전〔錢〕 3개를 소반에 던지는데, 가령 처음 던져서 ━이 되면 이것을 단單이라고 하고, 두 번째 던져서 ▭이 되면 이것을 重이라고 하고, 세 번째 던져서 ━이 되면 이것은 單이라 하는데, 이는 內卦의 상象이니 乾이 離로 변하여 간 것을 얻게 된다. 네 번째 던져서 --이 되면 이것은 拆이라 하고, 다섯 번째 던져서 ×가 되면 이것은 交라 하고, 여섯 번째 던져서 --이 되면 이것은 拆이라고 하는데, 이는 外卦의 象으로 坤이 坎으로 변해간 것을 얻게 된다. 합하여 말하면 地天泰가 水火旣濟로 변한 것이 된다. 이는 1괘가 64괘로 변화하여 가지가 늘어나 4,096괘가 됨을 말하는 것이다. 『역학계몽』의 「고변점」에서 여섯 효가 변하는 例 아래에 주자가 이어서 말하기를 "이래서 1괘가 64괘로 변화할 수 있는데, 4,096괘가 그 가운데 있다."고 하였다.

상기 내용을 요약하면 동전 3개로 점을 친 결과 11번 지천태괘䷊의 9 · 2효와 6 · 5효가 변하여 63번 수화기제괘䷾가 됨〔地天泰之水火旣濟: 本卦는 泰卦, 之卦는 旣濟卦〕을 설명한 것이다. 위의 말을 이어서 "이상은 원귀元龜의 괘가 변하는 법에도 그렇게 되었기 때문에 이를 고증하였다."라고 마무리했다. 원귀는 소원길의 『복서원귀』를 말하는 것으로 퇴계는 소원길의 책을 빌어 척전법의 근거를 확보한다. 조선에서 척전법이 언제부터 시행되었는지 알 수 없으나 『태종실록』(1404년 태종 4년 10월 6일)에서 척전법으로 점쳐 이궁離宮을 짓도록 했으며 군신 간의 대화에서 고려 태조가 도읍을 정할 때도 척전법을 사용했다는 기록이 나온다.〔前朝太祖定都時, 以何物爲之?" 趙浚曰: "亦用擲錢〕 이러한 역사적 사실로 미루어 통일신라나 삼국시대에도 척전법을 사용했을 것으로 추론할 수 있다.[9]

이와 같은 척전법에 대한 사료와 별도로 『계몽전의』는 조선에 척전법을 알리는 최초의 명시적 역학 문헌이라 할 수 있으며, 척전법이 또 하나의 조선 점법으로 자리를 잡는 계기가 되었다고 본다. 주자는 동전으로 점치는 법과 납갑법에 근거한 육효점六爻占은 경방京房에서 시작했다면서[10] 부정적으로 생각했다. 50개의 시초蓍草를 쓰지 않고 3개의 동전으로 치는 점이나 육효점은 약서법略筮法으로 수리적 설시 과정이 대폭 축약된다. 따라서 수리적으로 끝까지 궁구해야 할 '극수'〔極數: 「계사전」 상 5장, 極數知來之謂占〕에 이르지 못해 그 변화를 이룰 수 없기 때문에〔不能極其變〕 주역점의 기능이 유효하게 작동한다는 보장이 없다. 이러한 이유로 주자는 부정적인 태도를 보인 것으로 사료된다.[11]

그러나 퇴계는 『복서원귀』를 근거로 척전법을 제시하면서 자신의 상수학이 주자와 차별성이 있음을 무언중에 드러내고 있다. 척전법은 앞서 본 바와 같이 현행 「계사전」에 근거한 주자 점법과 다르다. 주자 점법은 50개 시초로 18변〔18번 揲蓍〕하여 6효가 생성되고 그 사이 괘륵지수와 과설지수가 발생하여 시초를 세는 과정이 복잡하다. 측전법은 3개의 동전만으로 6변〔6번 동전 던짐〕하여 6효가 생겨나므로 점구占具와 점치는 과정이 간단하다. 척전법의 사상 발생 확률은 동전 3개를 던졌을 때 3개 모두 앞면〔노양〕일 확률 1/8, 1개는 앞면 2개는 뒷면〔소양〕일 확률 3/8, 1개는 뒷

9) 정도희, 2024, 107~112쪽 참조.

10) "卜易卦以錢擲, 以甲子起卦, 始於京房." 『주역전의대전』 1권(元), 240쪽.

11) "今人以三錢當揲蓍, 不能極其變, 此只是以納甲附六爻. 納甲乃漢焦贛京房之學." 『주자어류』 66권 65조목.

면 2개는 앞면〔소음〕일 확률 3/8, 3개 모두 뒷면〔노음〕일 확률 1/8이다. 노양 : 소양 : 소음 : 노음 발생 비율은 1 : 3 : 3 : 1으로 균형적이고 노소 비율은 1 : 3이다. 이에 비해 주자 점법의 노음 : 노양 : 소양 : 소음 발생 비율은 1 : 3 : 5 : 7로 노음 비율이 매우 낮다. 이러한 이유로 척전법을 소개했을 것이다. 퇴계는 활역活易의 조건을 용역用易하는 데 간이하고 편리함에 두었다고 할 수 있겠다.

3. 퇴계의 역학적 위상

퇴계의 학문적 경향에 대해 '상수학자다, 의리학자다, 혹은 절충한 학자다' 라는 견해가 있다. 퇴계역에 관한 학계 연구의 흐름은 학자로서의 위치를 파악할 수 있는 단서를 제공한다. 『계몽전의』 번역 이후 퇴계 관련 학술논문이 활발히 발표되어 현재 100여 편에 이르고 있다. 그중 김인철은 "『정전程傳』을 훈석의 일차적인 근거로 삼고 있다는 점에서 『주역석의』가 지닌 의리 위주의 특징을 확인할 수 있겠기…"(김인철, 2005, 5쪽)라고 하여 『주역석의』를 통해 퇴계의 의리학자의 측면을 부각하고 있다. 황병기는 "『계몽전의』에 나타난 상수학이 상수학 자체의 탐구를 목적하고 있는 것이 아니라 의리 탐구의 보조적 수단이었음을 『주역석의』의 구성 체제와 내용을 통해 검증할 수 있다."(황병기, 2014, 159~160쪽)고 한다. 둘 다 『주역석의』를 통해 퇴계가 의리학자임을 주장한다. 서근식은 "이황이 진정으로 『계몽전의』와 『주역석의』를 통해서 주장하고 있는 것은 주희의 도덕형이상학을 보다 강조하는 것이었다. 이런 점에서 본다면 이황은 주희의 견해를 따라간 리理를 중심에 둔 상수역학자이자 의리역학자라고 할 수 있다."(서근식, 2018, 25~26쪽)고 하여 의리와 상수를 겸용한 학자라고 했다. 엄연석은 "퇴계의 역학에서 자연학을 상징하는 상수와 도덕학을 상징하는 의리는 사물의 리에 대한 인간의 가치판단과 실천적 노력을 매개로 상호 전환되는 의미를 갖는다."(엄연석, 2019, 34~35쪽)고 하여 퇴계 역학에서 의리와 상수는 도덕학과 자연학으로 상호 전환된다고 했다. 기존 연구에서 알 수 있는 것은 『주역석의』는 대체로 의리학서라는 것이고, 『계몽전의』는 상수학서이되 의리학과의 연관성에 대해서는 의견이 갈린다는 사실이다. 이러한 점을 염두에 두고 다른 각도에서 몇 가지를 살펴보자.

퇴계가 『계몽전의』를 지은 목적이 무엇인가. 일부에서는 『역학계몽의견』을 지은 한방기(韓邦奇, 1479~1555)의 학설을 교정하기 위해, 혹은 『역학계몽』의 의문점을 해소하기 위해서라고 주장한다. 그러나 가장 큰 목적은 '리수지학理數之學'을 해명하기 위한 것이었다고 생각한다. 퇴계는 서문에서 "『역학계몽』은 심원한 이치를 드러내 발휘하는 것이 해와 별처럼 밝으며, 여러 학자의 변석은 또 모두 정밀하면서도 포괄적이어서 유감이 없다. 그러나 '리수'의 학문은 광대하고 미묘 복잡하게 얽혀 연구하기 쉽지 않다.(啓蒙之書, 闡發幽賾 昭如日星, 而諸儒辨釋, 又皆精密該暢, 無遺憾矣. 然而理數之學, 廣博微妙,盤錯肯綮, 未易硏究)"라고 말한다. 여기서 말하는 '리수'란 이치를 담은 수 즉 역수를 말하고, '리수지학'이란 '(도서) 상수학'과 동의어이다. 기존 연구에서 '리수'의 의미를 '의리와 상수'의 축약어로 오인하여 『계몽전의』마저도 의리학을 위한 것으로 주장하는 경우가 있었다. '리수'는 원래 소강절의 선천역학에서 사용한 개념으로 '역의 내상內象'이며, 이는 괘상이 생기기 이전에 존재하는 수라는 뜻이다.(고회민, 1998, 347~348쪽. 곽신환 번역서, 2011, 350~351쪽) 퇴계는 이를 염두에 두고 '리수'를 사용한 것이다. 『계몽전의』가 상수학서라고 할 수 있는 하나의 단서를 여기서 발견할 수 있다.

『주역석의』는 대부분 정이천의 『역전』처럼 경문에 '토〔口訣〕'를 단 저서이다. 정이천식의 토를 달았다고 해서 현재 학자들은 의리학서로 규정하지만, 그것이 과연 합당한가에 대해 의문이 생긴다. '토'를 단 방식이 의리와 상수를 가르는 결정적인 요인으로 작용할 수 있는가라는 것이다. 의리학서가 되려면 경문을 '해석' 할 때 의리로 해석하는 정이천의 의견을 취해야 한다. 물론 『주역석의』에 정이천식으로 해석하는 사례가 있기는 하다. 그러나 근본적으로 『주역석의』는 『주역』 구결서이지 『주역』 해석서가 아닌 것이다. 또한 퇴계가 작성한 몇 개의 주석이 「계사전」이나 「문언전」 등 『십익』의 의리로 경문을 해석했으므로〔以傳解經〕 의리학자라고 말한다. 퇴계의 '리' 중심 성리학 체계에서 보면 역학도 당연히 의리학 관점에서 본 것이라거나, 『계몽전의』만 보고 상수학자라고 하는 것은 어불성설이라고 확언하기도 한다. 이러한 견지에서 "퇴계의 『주역』에 대한 해석 태도는 한마디로 '의리적'이라 할 수 있다."(정병석, 2004, 116쪽)라고 한다. 이러한 논지는 퇴계의 '리' 중심 성리학 사상을 고려하면 일면 수긍이 가는 바가 있다. 혹자는 다음의 편지에서 퇴계의 의리학자적 자세를 읽을 수 있다고도 한다.[12]

> 다만 理를 위주로 하면 數가 그 가운데에 포함되며 혹 그 가운데 포함될 수 없다고 해도 이익과 손해됨을 따지지 않으므로 일이 모두 바르게 될 것입니다. 數를 위주로 하면 그 항상 됨이 본래 理가 그 가운데 있지만 그 변화하는 것은 理에 합하는 경우가 드물게 되어 비록 이익을 추구하고 손해됨을 피하며 인륜과 의리를 없애고 해치는 일이라도 꺼리지 않고 행할 것입니다. 이것이 二程子가 그와 같은 술수를 귀하게 여기지 않은 까닭입니다. (『퇴계전서』 권25, 「書」 答 鄭子中 別紙)[13]

12) 서근식, 2018, 22쪽.

13) 이하 번역은 고전번역원 DB를 이용했다.

위의 글은 퇴계가 제자 정유일(鄭惟一, 1533~1576)에게 보낸 편지이다. 첫 문장에 "리를 위주로 하면 수가 그 가운데에 포함" 된다고 했다. 이는 퇴계가 말하는 '리' 에 '수' 가 포함되었다는 뜻이다. 그래서 서문에 '리수의 학문' 이라 했고 이는 도서상수학을 의미한다고 앞에서 언급한 바 있다. 글 전체 내용에서 의리를 중시하고 술수를 배격함을 읽을 수 있다. 같은 편지의 바로 이어지는 문장 "그러나 이것은 다만 그의 학술로 인해 말류의 폐단이 반드시 여기에 이를 것을 염려한 것이지 소강절이 그렇다는 것은 아니다.(然此特因其術, 而慮夫末流之弊必至於此耳, 非謂康節爲然也)" 라는 글을 보면 이는 상수학자인 소강절을 변호하는 내용이다. 그리고 계속해서 이어지는 문장은 그가 꼭 의리학자라고 말할 수 없게 만든다.(退溪全書 25, 答鄭子中別紙)

「하도낙서」는 바로 理數의 근원이고, 성인이 계사전에서 이미 분명히 말한 것입니다. 이것을 버리고 易을 배울 수 없음이 분명한데도 二程이 소강절과 이것을 함께 연구하여 밝히지 않은 것은 이해할 수 없습니다.(至於河圖洛書, 乃理數之原, 聖人於繫辭, 旣明言之. 其不可舍此而學易, 明矣, 而二程於康節, 竝此而不與之講明, 此則不可曉) (『퇴계전서』 권25, 「書」, 答鄭子中別紙)

윗글에서 퇴계는 리수의 근원인 「하도낙서」 즉 도서상수학을 버리고 역학을 배울 수 없다고 단언한다. 그래서 이정二程이 리수의 근원인 도서를 탐구하지 않은 것은 이해할 수 없다고 했다. 퇴계는 소강절과 학문적 교류가 있었던 이정이 왜 「하도낙서」를 공부하지 않았는지 의문이라고 하는 것이다. 도서상수학은 반드시 알아야 한다는 퇴계의 확고한 신념을 이 부분에서 읽을 수 있다.

이어지는 다음 글은 소강절과 주자에 관해 언급한 것이지만 퇴계의 도서상수학적 역학관이 드러난 부분이다.

> 아마도 이런 일을 천지간에 드러내 밝히는 것도 그럴 만한 사람을 기다린 뒤에 그렇게 할 수 있나 봅니다. 그래서 소강절은 겨우 혼자 알 수 있었고 주자에 와서야 크게 천명하여 누구나 모두 함께 들을 수 있게 한 것인가 합니다. 그렇다면 학자들이 堯夫의 수를 위주로 하는 것을 배워서 理까지 포괄할 수 있도록 하는 것은 실로 어려운 일이니, 晦庵처럼 理를 위주로 하여 數까지 겸하여 밝히는 것에 어찌 힘쓰지 않을 수 있겠습니까.

앞의 글과 윗글에 나타난 퇴계의 편지를 종합하면, 도서가 리수의 근원임을 성인이 「계사전」에서 분명히 밝혔지만, 후학들은 모르고 있다가 소강절이 나타나 홀로 알았으며[14], 후일 주자가 이를 깨달아 천하에 천명하여 자신도 알게 되었다는 내용이다. 퇴계는 소강절처럼 '수로 리를 깨치는' 경지까지 도달하지 못했지만, 주자가 취한 '리로 수를 깨치는' 방법을 따라가서 리수의 근원을 탐색하는 데 힘써야겠다고 다짐한다.(然則學者欲學 堯夫主數而能該理. 固難矣) 그리고 리를 위주로 수까지 겸하여 밝힌 주자의 『역학계몽』과 같은 글을 쓰고 싶다는 의지를 보여준다.(如晦菴主理而兼明數. 又安可不務哉) 이러한 바람이 『계몽전의』를 저술한 동기라고 할 수 있을 것이다.

『계몽전의』 서문에서 퇴계는 "리수의 학문은 … 어렵다."라고 토로했다. 그래서 역을 배우는 자에게 상수학을 먼저 익히라고 권한다. 이러한 학문적 태도는 1565년 을축년(명종 20) 8월, 그의 나이 65세 때 장손인 몽

14) 퇴계가 소강절을 리수지학 즉 도서상수학의 독존적인 존재로 높이 평가하는 부분은 다소 의외이다. 아마 도서상수학을 터득하면서 느낀 소강절의 학문적 깊이에 대한 소회로 읽힌다.

재蒙齋 이안도李安道에게 보낸 편지에 반영되어 있다.(「與安道孫」 『퇴계선생문집』, 권40. 정석태, 2018, 248~249쪽)

> 金士純과 禹景善은[15] 지금 易學啓蒙을 읽으려고 한다. 네가 이미 周易을 읽었다고 하더라도 역학계몽을 읽지 않을 수 없으므로 이 기회를 놓치지 말아야 할 것이다. 비록 『주역』을 다 읽지 못하였더라도, 일단 그 책을 읽는 것을 중단하고 곧바로 산에서 내려와서 이들과 함께 역학계몽을 읽었으면 참 좋겠다. … 네가 『주역』을 읽으면서도 圖書와 卦劃의 근원 및 간결하면서도 심오한 의미를 알지 못하는 것이 아쉽다.

위 편지에서 퇴계는 상수학서인 『역학계몽』 공부가 시급하므로 『주역』을 다 읽었든 못 읽었든 일단 중단할 것을 맏손자에게 간곡히 권고한다. 선배 학자들과 함께하는 상수학 강독이 쉽지 않은 기회이기도 하지만, 『주역』을 제대로 이해하려면 도서와 괘획의 근원 등 도서상수학에 대한 지식이 필수적이라고 강조한다. 즉 역학을 공부할 때 상수학을 이해해야만 『주역』의 심오한 의미를 깨우칠 수 있다고 장손을 설득하려는 것이다.

퇴계는 시詩 「주역 읽기에 대해 일깨우다」(「戒讀易」 24)에서도 도서의 중요성을 안개가 걷힌 '밝은 해'에 비유하고 있다. 장손 이안도에게 『역학계몽』 읽기를 권했던 편지에 동봉된 것으로 추정된다.

> 讀易難窺萬派分 『주역』 공부는 만 갈래라 다 살피기 어려우니,

---

15) 金士純(金誠一, 1538~1593)은 퇴계의 제자로 선조 1년(1568)에 증광 문과에 급제했으며, 임진왜란 때 경상우도 관찰사로 임명되어 전란에 대비했다. 禹景善(禹性傳, 1542 1593) 역시 퇴계 문하로서 1568년 증광 병과에 급제했으며 수원현감, 대사성 등을 역임한 후 임진왜란 때 의병장으로 활약했다.

寧知向上有深源　어찌 깊은 근원 알 수 있으리오.

此來闡得圖書秘　도서의 신비로움 이번에 밝혀내어,

披霧青空見日暾　덮힌 안개 걷어내고 밝은 해를 보려무나.

퇴계는 맏손자가 선배 학자들과 함께 『역학계몽』을 강독하면서 도서의 신비한 뜻을 깨우치고 아울러 『주역』의 깊은 이치를 터득하기를 염원하고 있다. 자손들에 대한 사랑이 지극했던 것으로 알려진 퇴계가 편지글과 함께 시까지 지어 보낸 것은, 그만큼 도서상수학의 중요성과 필요성을 역설하고 있는 것이다. 몽재는 조부 퇴계의 학문을 이어받았으며, 퇴계의 학문과 덕행을 후세에 전하는 것을 평생의 업으로 삼았다. 자신의 문집 『몽재집蒙齋集』에 퇴계의 언행을 기록한 「선생언행차록先生言行箚錄」과 「가정잡록家庭雜錄」을 수록하여, 공자의 손자 자사子思에 비유되기도 했다.

퇴계는 왜 이렇게 도서상수학을 중요시하고 『역학계몽』을 선행학습으로 강조하는 것인가. 그 이유가 다음과 같다고 생각한다. 역학〔周易〕은 상수에서 시작했지 문사文辭에서 먼저 시작하지 않았다. 문사는 상수의 내용에 대한 설명이다. 상수학은 현실적 대상인 상과 수를 통해 이루어지고 상수의 의미가 집결된 도서를 통해 그 정수를 발견할 수 있다. 도서상수에는 만물의 생성 원리와 자연의 변화 법칙이 내재되어 있고 그 원리와 법칙에서 사람의 존립 근원과 행위규범 즉 본체론〔太極論〕과 의리론〔人道論〕을 발견할 수 있다. 그래서 도서상수학으로 역리를 파악하고 천리를 터득하려는 것이다. 이것이 주자와 퇴계의 역학적 관점이라고 할 수 있다. 퇴계는 상수 속에서 찾은 의리를 발판으로 인간의 도덕철학 즉 인도人道를 세울 수 있고 본체론을 통해 우주를 알고 우주 속에 존재하는 자신의 위치를 파악할 수 있다고 생각했다. 『역학계몽』에는 이처럼 중요한 도서상수학의 요체가 들어있기에 난독서이지만 학역자들의 필수 서적이라고 강조한 것이다. 『계몽전의』는 『역학계몽』의 주석서이자 부족한 이론을 보완한 것이지만, 좀 더 완벽하고 충실한 역학서를 지어 학문의 세계를 밝히겠다는 퇴계의 집필 의도가 깔려 있다고 하겠다.

【 해제 】

이상에서 살펴본 일련의 논의를 통해 퇴계의 역학관은 의리가 중요하지만, 의리에만 매몰되지 말고 상수도 올바르게 알아야 한다는 것이다. 퇴계는 율곡과 함께 조선 성리학의 양대 산맥이기에 의리학자임은 명백한 사실이다. 그러나 성리학적 의리학자라는 큰 깃발에 가려 퇴계의 상수학은 상대적으로 왜소하게 보였고 '의리에 배속된 상수'라는 박한 평가를 받고 있다고 생각한다. 퇴계를 의리학자로서 추앙하더라도 『계몽전의』까지 의리학서로 몰아가서는 안 된다. 『계몽전의』는 명백한 상수학 저서이고 그 밖의 여러 정황으로 볼 때 퇴계는 의리학 못지않게 상수학의 중요성을 인식하고 있었다. 오히려 의리학에 근본을 둔 상수학에 매진하여 『역학계몽』과 어깨를 나란히 하는 『계몽전의』를 남겨 조선 역학계에 디딤돌과 나침판 같은 역할을 했다. 이를 세 가지로 정리하면 다음과 같이 말할 수 있다.

첫째, 역학자들은 의리와 상수 모두를 취하는 겸용과 균형의 자세를 가져야 한다는 것이다. 의리에 매몰되어 상수의 오묘함에 무지해서는 안 되고, 상수에 빠져 '리'를 놓쳐서도 안 된다.

둘째, 역학에서 도서상수학에 대한 이해는 필수적이며 『역학계몽』이 선행학습 교재라는 사실이다. 역학은 상수학에서 출발했고 그 속에서 의리론과 본체론을 추출할 수 있으므로, 도서상수학에 대한 선행학습이 필수적이다.

셋째, 조선 역학이 비록 송역의 영향을 받았지만, 『계몽전의』에서 보듯 학자 개인의 노력에 따라 송역과 어깨를 견줄 수 있다는 학문적 동기를 부여했다. 이는 퇴계의 의지나 저작 취지가 아닐지 모르지만 『계몽전의』 자체가 후세에 주는 메시지이다.

대체로 이 세 가지는 퇴계 이후 학파, 당파, 지역을 불문하고 조선 역학에서 보이지 않는 끈처럼 이어졌다. 퇴계학의 영향을 받은 대표적인 학자가 앞에서 논한 장현광과 남인학파들이다. 그러나 기호학파의 남당南塘 한원진(韓元震, 1682년~1751년)처럼 퇴계역에 비판적 자세를 취하는 학자도 있지만, 조선에서 성리학이 성숙하고 도서상수학이 자리잡기까지 퇴계의 학문이 큰 역할을 했음은 주지의 사실이다. 서경덕에서 시작된 조선의 상수학은 『계몽전의』로 상수학의 물꼬가 실질적으로 트였다고 할 수 있다. 앞서 살펴본 봐와같이 이 책은 『역학계몽』에 나타난 의문점이나 난해한 부분, 누락되거나 부족한 부분을 선제적으로 설명하면서 도서상수학의 정수를 제시했으며, 후학들의 역학 연구와 학문 증진에 든든한 토대가 되었다. 이러한 면에서 퇴계는 의리학과 상수학을 모두 겸비한 역학자이고 퇴계역을 '조선역'이라고 당당히 내세울 수 있다.

Ⅲ. 정약용의 다산역

1. 다산 역학 개요

다산茶山 정약용(丁若鏞, 1762~1836)은 조선 후기 대표적인 역학자의 한 명으로 평가받고 있다. 조선역학사에서 그의 저서 『주역사전周易四箋』과

『역학서언易學緖言』은 훌륭한 역학서로 꼽힌다. 『주역사전』은 다산이 유배지 강진으로 내려온 후 작성한 『주역』 해석서이며, 『역학서언』은 『주역사전』의 서론 격에 해당하는 책이다. 1804년 역학을 연구하기 시작하여 1808년 5년 만에 완성한 『주역사전』은 24권 12책에 달하는 방대한 저술이다. 그의 47세 연보에 『주역사전』 편찬 경위가 기재되어 있다. 다산은 1804년 갑자년甲子年에 비로소 『주역』을 읽기 시작하여 그해 겨울에 8권으로 정리한 갑자본이 있었고, 이듬해 8권으로 다시 개찬한 1805년 을축본이 있었다. 다시 16권으로 개찬한 1806년 병인본이 있었으며, 24권으로 다시 고친 1807년 정묘본이 있었다. 이듬해 1808년에 다시 손질한 24권 무진본戊辰本이 완성되었는데, 무진본 『주역사전』이 현존하고 있다. 이 책은 고독한 유배지에서 '전심치지專心致志' 하여 지은 것이라고 친구 윤영희(尹永僖, 1761~?)에게 편지로 토로하기도 했다.

『역학서언』은 유배에서 풀려나 고향으로 돌아온 후 1820년에 저술한 것이다. 이는 한대 이후 역학 연구가들의 이론을 자신의 역리사법에 의거하여 비판적으로 검토하고 해명하여, 『주역사전』을 이해하기 위한 다산 역학의 입문서라 할 수 있다. 다산의 『주역사전』은 조선 역학뿐만 아니라 동아시아 전체 역학사 중에서도 그 유례를 찾기 어려운 독특한 역학 이론과 해석방법론을 제시하고 있다. 그는 기존의 역학 이론들을 배제하고 64괘의 해석 체계를 새롭게 정립하는 한편 독자적인 논리인 '역리사법易理四法' 과 이를 보조하는 '삼역지의三易之義'[16]로 공자의 『십익』을 다시 해석했다. 그리고 「계사전」과 주자 점법과는 다른 전혀 새로운 점법을 주창했다. 그의 역학은 작역作易과 용역用易의 경계선을 넘나드는 파격성과 혁명성을 지니고 있어서 새로움에 대한 '경외심' 과 '당혹감' 이 뒤따랐다.

---

16) 三易이란 交易 · 變易 · 反易을 의미하며 각각 착종괘 · 도전괘 · 배합괘로 연결된다.

그러나 다산은 이러한 자신의 저술에 대해 강한 자부심을 가졌다. 200권이 넘는 경학 연구서 중에서 『주역사전』과 예학과 관련된 저술인 『상례사전喪禮四箋』은 성인의 뜻을 받들어 지은 책이므로 후세에 길이 전해지기를 바랐다.[17]

여기서는 먼저 다산 역학의 주요 특성을 살펴보고 다산역의 핵심인 역리사법을 고찰한다. 이어서 다산역에 대한 연구사를 살펴 역학사에 위치한 다산역의 현황과 문제점 및 향후 가능성을 제시하고 조선역으로서의 위상 등을 검토해 본다.

2. 다산역의 특성

다산역의 특성을 네 가지로 정리하면 다음과 같다.

첫째, 『십익』을 전면 개편하고 일부는 폐기한다. 다산은 「대상전大象傳」을 「소상전小象傳」과 분리하고 이를 상 · 하 두 편으로 나눈다. 또한 「계사전」의 상 · 하편도 각 괘에 해당하는 것을 경전 본문의 주석으로 돌리거나 「계사전」에서 삭제했다. 「계사전」 상 9장의 대부분과 10장과 11장의 몇 구절을 뽑아서 점법만 다룬 「시괘전蓍卦傳」을 새로 만들었다. 「문언전」을 『십익』에서 제외하고 또 경전 본문의 「대상전」을 괘의 순서대로 뽑

17) 다산은 다음과 같이 말했다. "『주역사전』은 내가 하늘의 도움을 얻어 지은 책이다. 결코 사람의 힘으로 소통하거나 사람의 지혜와 생각으로 도달할 수 있는 것이 아니다. 이 책에 마음을 가라앉혀 오묘한 이치를 모두 통할 수 있는 사람이 있다면 그는 바로 나의 자손이요 친구이니, 천년에 한 번 만나더라도 배 이상 정을 쏟아 애지중지할 것이다. 『상례사전』은 내가 성인을 독실하게 믿고 지은 책이다. … 이 두 책만 전해질 수 있다면 나머지 책들은 모두 폐기하더라도 괜찮으리라.(周易四箋, 是吾得天助之文字, 萬萬非人力可通, 智慮所到, 有能潛心此書, 悉通奧妙者, 卽子孫朋友, 千載一遇, 愛之重之, 當倍常情, 喪禮四箋, 是吾篤信聖人之文字 … 卽此二部, 得有傳襲之, 餘雖廢之可也)" 『여유당전서』, 제1집, 권18, 「示二子家誡」

아 독립시키는 한편, 「서괘전」과 「잡괘전」을 해체해 경전 본문의 각 괘에 대한 주석으로 인용하는 데에 그쳤다. 또한 『춘추좌씨전』(17)과 『국어』(3)에서 역점易占의 사례 20건을 뽑아서 「춘추관점보주春秋官占補註」라는 한 편의 글로 독립시켜 「계사전」 앞에 실어 경문을 새로 만들었다. 이로써 공자의 저술로 전해진 『십익』을 자기의 견해에 따라 취사선택하고 경전 본문의 편차까지도 수정하면서 『주역』을 전면적으로 재편성하고 나아가 작역作易의 영역에까지 진입했다. 일찍이 유례를 찾을 수 없는 이러한 학문 방법에 대해 이미 고증학적 입장을 넘어서서 『주역』 연구사에 하나의 '혁명'을 이루었다는 평가도 있다.(장열, 2018, 46~47쪽)

둘째, 이전에 제기된 바 없는 새로운 주역 점법을 발명했다. 다산의 점법은 현행 점법인 주자 점법과 크게 3가지가 다르다. ① 다효변多爻變인 경우에는 하나라 상나라의 법 즉 '하상지구법夏商之舊法'에 따라 점단한다고 했지만 정작 이 법이 무엇인지는 말하지 않았다. ② 시초점을 칠 때 통상 점구占具는 50개 시초만 필요한데, 다산은 다효변일 경우 변효 1개를 구하기 위해 11,520개의 죽책〔萬數策〕이 필요하다고 했다. ③ 현행 주역점은 시초를 '설시揲蓍'하여 사상四象을 구하는 데 반해 다산은 50개의 각각의 시초에 희생의 피를 바르고 1~10의 숫자를 새겨서 거기서 임의 시초를 뽑아서〔抽之〕 시초에 기재된 수로 기우奇偶를 판별한다. 현행의 '설시법'이 아닌 '추시법抽蓍法'을 새로 만든 셈이다. 이 3가지가 현행 주자 점법과 가장 큰 차이점이자 역학사에서 처음 등장한 점법이었다.

셋째, 『주역』을 해석하는 새로운 네 가지 방법, 즉 역리사법으로 추이推移 · 물상物象 · 호체互體 · 효변爻變을 제시했다. 한대 이후 상수학자들이 사용한 역 해석 방법을 종합하고 정리한 것으로, 고난도의 복잡한 해석법이다.

넷째, 다산역은 상제上帝의 존재를 전제로 한다. 다산은 평소에 신神을 섬기지 않다가 긴급한 사태가 발생하여 점을 치면 신을 모독하는 것으로 보고 점치는 것을 금지시킨다. 이처럼 그의 역학은 종교적 믿음을 용역用易의 필수 조건으로 본다.

3. 역리사법

다산의 『주역』 독해법은 역리사법으로 추이 · 물상 · 호체 · 효변, 네 가지이다. 이 중에서 물상이 체體이고, 추이와 효변은 물상을 운용하는 방법이고, 호체는 물상을 추출하는 방법이라 할 수 있다. 본체는 작용을 통해 그 실체를 드러내듯, 물상은 효변의 작용을 거쳐야만 비로소 구체적인 실체인 괘효로 나타난다. 따라서 네 가지 가운데 가장 중요하고 향후 연구 지속 가능한 것은 '효변' 이라고 본다.[18] 다산역이 제시하는 역리사법은 『주역사전』의 「사전소인四箋小引」에 나오는 주자와의 관련성을 강조하는 다음 글에서 그 윤곽을 파악할 수 있다.

> 첫째는 추이이다. 주자의 卦變圖가 바로 이 법에 의한 것이다. 다만 (주자의 괘변설에는) 中孚와 小過가 辟卦에는 들어가지 않지만, 추이는 주자의 취지이기도 한 것이다. 둘째는 물상이다. 주자는 大壯卦에서 兌를 羊으로 보고 旅卦에서 离를 꿩〔雉〕으로 보는데 이처럼 물상을 「설괘전」에 따라 설정하는 것은 주자의 취지인 것이다. 셋째는 호체이다. 주자도 '호체를 폐지할 수 없다' 고 하였고, 또한 '左傳에서도 분명 호체가 사용되었다' 고 지적하였다. 호체를 취하여 해석하는 것이 주자의 뜻이다. 넷째는 효변이다. 주자는 '한 효가 변하는 경우를 점쳐서 얻게 되면, 本卦의 變爻의 爻辭로서 점을 친다' 고 하였다. 점치는

18) 이하 장열의 2018년 박사학위 논문과 이승경의 2021년 박사학위 논문을 참고하여 살펴본다.

법이 이미 그러할진대, 周易 경문의 뜻도 마땅히 같은 것이다. (이처럼) 효변이라는 것은 주자의 관점이기도 한 것이다.

위의 언급에 대해 방인方仁은 "비록 양자〔주자와 다산〕 사이에 유사성이 있기는 하지만 그 유사성은 매우 제한된 범위 내에서만 타당하다. 주희를 빌려서 자신의 학설에 권위를 부여함과 동시에 예상되는 비난에 맞서 자신을 방어하려는 의도가 숨어 있었을 것이다."(방인, 2014, 64~65쪽)라고 했다. 방인은 다산이 주희를 역리사법의 방패막이로 사용하고 있음을 지적한 것이다. 엄밀히 따지면, 다산역에서 주자의 학설과 일치하는 부분은 많지 않다. 다산역에는 한대 상수학의 영향이 크게 작용하고 있음은 주지의 사실이다.

구체적으로 물상론은 순구가荀九家의 학설을 중시했고, 그중에서도 다산은 우번(虞翻, 164~233)의 이론을 대체로 수용했다. 호체와 관련해서 우번은 다양한 연호법連互法을 개발했는데, 그중에서 중사효호체中四爻互體를 활용하여 별괘를 만들어내는 방법은 다산의 양호작괘법兩互作卦法과 비슷하다. 우번은 효변설에 대해 별도의 이론을 제시하지 않았지만, 다산은 「계사전」의 "효자爻者 언호변자야言乎變者也"에 대해 우번이 "효에는 6획이 있다. 9와 6이 변화하는 까닭에 '호변자야'라고 하였다"라고 언급한 것을 보고 우번이 깊은 경지〔扃奧〕에 도달했다고 평가했다. 따라서 효변설도 한대 상수학자 중 우번의 영향을 많이 받았다고 볼 수 있다.

1) 추이

'추이'는 변천한다는 뜻이자 밀어 올린다는 뜻이다. 이는 "강유가 서로 밀어 올려 변화를 생성한다.(剛柔相推而生變化)"라는 「계사전」 상 2장의 말에 근거한다. 강유〔陰陽〕의 괘획을 밀어 다른 위치로 이동하여 괘를 변화시키는 것으로 결국 추이는 '괘변卦變'과 같은 뜻이다. 그 형식은 '모괘자모괘래(某卦自某卦來: 어떤 괘는 어떤 괘로부터 왔다)'와 같이 'A는 B로부터 왔다'는 형식이다. 아마 다산이 기존의 괘변설과 차별성을 두기 위해서 '추이'라는 용어를 사용한 것으로 보인다. 다산은 『주역사전』 서두에서 다음과 같이 말하였다.

> 추이란 무엇인가. 冬至에서 一陽이 비로소 생겨 그 괘는 復〔天根〕이 되고, 臨이 되고, 泰가 되고, (大壯이 되고 夬가 되어) 乾에 이르면 六陽이 이에 이룩된다. 夏至에서 一陰이 비로소 생겨 그 괘는 姤〔月窟〕가 되고, 遯이 되고, 否가 되고, (또 觀이 되고 剝이 되어) 坤에 이르면 육음이 이에 이루어진다. 이것이 이른바 '四時之卦'이다.〔一卦를 一月에 배당한다〕 小過는 大坎〔兼畫의 坎〕이요, 中孚는 겸획의 离이다. 坎月과 离日이 그 나머지가 쌓여 윤달이 된다. 이것이 이른바 '再閏之卦'이다. 四時之卦를 京房은 12辟卦라고 하였는데, 이제 乾坤 두 괘를 제외하고 따로 '再閏'을 취하여 12벽괘를 충당한다. 12벽괘가 그 강유를 나누고 늘려서〔衍〕 '五十衍卦'〔곧 群分之卦〕가 된다. 이것이 이른바 '大衍之數五十'이다. 이것을 일러 추이라 한다.

그는 복復·임臨·태泰·대장大壯·쾌夬·건乾·구姤·돈遯·비否·관觀·복剝·곤坤의 벽괘를 사계절을 상징하는 사시지괘四時之卦라고 했으며, 중부괘와 소과괘는 윤달을 상징하는 재윤지괘再閏之卦라고 했다. 이처럼 다산은 자신의 추이론을 역법曆法의 원리와 결합하여 말한다. 즉 일월을 상징하는 역易을 그는 역법으로 치환하여 추이로 말한 셈이다. 그는 경방京房의 12벽괘에서 중부괘와 소과괘를 추가하여 14벽괘를 구성했다. 64괘에서 14벽괘를 제외하면 50괘가 되며 이를 50연괘衍卦라 했다. 벽괘란 군주의 괘라는 뜻이고 연괘란 벽괘에서 불어난 괘라는 뜻이다. 50연괘는

「계사전」 상 9장에서 말하는 대연지수 50과 같다고 하여, 50연괘의 연원을 주역점의 대연지수에서 찾는다. 14벽괘나 50연괘는 다산이 고안한 새로운 용어이다.

또한 다산의 추이법에는 교역과 변역, 반역反易이라는 괘에 대한 세 가지 변화 방식이 내포되어 있다. 즉 '삼역지의三易之義'로, "이 삼역의 방식은 비록 추이만큼 긴급한 것은 아니라고 할지라도 역사〔易詞; 易辭과 같은 뜻〕의 해석이나 『주역』의 괘 배열에 관한 정확한 이해를 위해서는 간과할 수 없는 중요성을 지니고 있다."라고 했다. 그러나 따지고 보면 다산이 말하는 삼역은 각각 우번의 '방통旁通 · 환상換象 · 반상半象 · 일상逸象'에서 유래한 것이다. 또한 다산의 추이론은 청대 모기령(毛奇齡, 1623~1713)의 역학 이론과의 관련성이 꾸준히 제기되었다.(김승동, 1990, 227쪽. 방인, 2018, 7~40쪽)

2) 물상

8괘와 64괘의 상象은 사물의 형태나 그것을 상징하는 모종의 물상物象으로 이루어졌다. 물상이란 건☰乾이 하늘의 상을 취하고 아버지나 군주를 상징하거나, 곤☷坤이 땅의 상을 취하고 어머니를 상징하는 것처럼, 포괄적인 용어이자 역을 이해하는 핵심적인 기제이다. 상은 이처럼 천지만물을 모방하여 부호화한 것으로 어떤 상황이나 여러 의미를 내포한 것이다. 다산은 『주역사전』 「괄례표括例表」에서 물상에 대하여 다음과 같이 말한다.

> 物象이란 무엇인가. 「설괘전」에서 乾을 말〔馬〕의 상징이라고 하고, 坤을 소〔牛〕의 상징이라고 하고, 坎을 돼지〔豕〕의 상징이라고 하고, 离를 꿩〔雉〕의 상징이라고 한 그러한 종류를 말한다. 문왕과 주공이 易詞를 짓고 역을 적에 한

글자 한 글자 한 문장마다 모두 물상을 취했으니, 「설괘전」을 버리고 『주역』을 이해하고자 함은 六律을 버리고 음악을 하는 것과 같다. 이것을 물상이라 말하는 것이다.

다산은 역사易詞의 한 글자, 한 문장이 모두 물상에 근거하여 형성된 것이라고 했다. 그러므로 「설괘전」을 통한 물상의 올바른 이해가 『주역』 해석에 필요하다는 것이다. 또한 다산은 "한 권의 『주역』은 모두 상이다."라고 하여, 물상에 대한 정확한 이해가 없으면 추이와 효변과 호체로 역의 글을 해석할 근거가 없게 된다고 하면서 물상이 『주역』 해석의 최종점이라고 했다. 여기서 상수학자로서의 다산의 면모를 확인할 수 있다. 따라서 다산역에서 물상론이 가장 중요하고 '상'과 불가분의 관계라는 학설들이 많다. 즉 다산역을 '상학象學' 또는 상리역象理易으로 규정하거나(김왕연, 1994, 26쪽), '상일원론象一元論'으로 보거나(박주병, 2002, 301쪽), '역상학易象學'의 체계로 이해하기도 한다.(황병기, 2004, 9쪽)

3) 호체법

호체법互體法이란 한 괘 안에서 4개의 소성괘〔小成卦: 三畫卦〕를 생성하는 방법으로 호괘법互卦法이라고도 한다. 6효에서 1~3효는 내괘〔下卦〕, 4~6효는 외괘〔上卦〕, 2~4효는 내호괘, 3~5효는 외호괘 등 4개의 소성괘를 도출하는 방법이다. 1~6효로 이루어진 내외괘는 정체正體, 내외호괘는 호체 혹은 호괘라 한다. 다산은 다음과 같이 말한다.

호체란 무엇인가. 重卦가 이미 만들어져 六體가 서로 연속되면 二에서 四까지, 三에서 五까지 이르러 각각 一體를 이루게 된다. 이를 일러 호체라 한다. 무엇을 일러 호체라 하는가. 대개 한 괘 안에는 팔괘 중의 4개를 포함하고 있다는 것이다. 가령 下震上坎을 屯이라고 하는데 이 屯卦䷂ 가운데 二畫은 四畫과 더불어 功을 같이 하니 互坤이라 하고 三畫은 五畫과 功을 같이 하니 互艮이라고 한다. 그러니 이 한 괘 안에는 坤卦 · 艮卦가 함께 있는 것인데 世人들은 단지 震卦 · 坎卦가 있음을 알 뿐이다. 주자가 말하기를 '互體之說은 廢할 수 없다' 고 하였고, 胡雲峰 · 洪容齋 · 吳臨川 등 諸公이 논증한 것이 있다.(「繫辭下傳」 '雜物撰德' 밑에 보인다) 春秋官占의 법같은 경우 모두 호체를 취하여 妙用을 이루었으니, 진실로 마음을 비우고 완색하면 대나무가 칼에 쪼개져 나가듯 저절로 풀려질 것이다.

위의 말처럼 호체란 1개의 6획괘에 4개의 소성괘가 포함되었다는 것이다. 이렇게 괘의 속살을 더 세밀히 탐색해야 옳은 역 해석과 점사 판단이 가능하다고 다산은 보고 있다. 『주역』을 해석하는 학자들이 상수학적 관점에서 많이 사용하는 방법 중 하나가 호체법이지만 의리학자들은 이를 채택하지 않는 경향이 있다. 특히 왕필이 그러하다. 호체설이 최초로 나타난 문헌은 『춘추좌씨전』(장공 22년. BC 672)이다. 춘추시대의 점치는 사관이 『주역』의 괘효상만 보고 호체를 찾아내어 본괘와 지괘와 호괘로 점사를 판단했던 것이다. 이후 호체에 대해 「계사전」 하 9장의 "중효中爻가 아니면 갖추지 못한다."라는 구절이 인용된다. 이에 대해 중효를 하괘의 가운데〔二爻〕 효와 상괘의 가운데〔五爻〕 효로 보는 견해와, 6효에서 초효 · 상효를 제외한 호체〔二 · 三 · 四 · 五爻〕를 이루는 4효를 중효로 보는 두 가지 견해가 있다. 왕필 · 한강백 · 공영달은 중효를 2효와 5효로 보았다. 그러나 최경崔憬은 중효를 한 괘 속의 4효〔二 · 三 · 四 · 五爻〕라고 했다. 주자와 그 문도들도 이와 같은 입장이다.(『주역전의대전』 貞, 487~489쪽) 문헌상으로 호체설이 최초로 출현한 것은 『춘추좌씨전』이지만, 호체라는 용어는 전한 시대의 경방(京房, 기원전 77년~기원전 37년)이 최초로 사용했다고 한다. 이후 한대 상수학에서 자주 사용되었고, 그중에서 정현이 호체를 즐겨 사용했으며 이후 명맥을 이어왔다. 한대 상수학을 채용한 다산의 입장에서 호체설을 수용하는 것은 당연한 일이다. 다산은, '주자가 호체설을 채용하지 않았지만, 역사적으로 사용되어 왔기 때문에 폐지할 수 없는 것' 이라고 말했다는 점을 부각한다.

4) 효변설

효변설爻變說이란 어떤 괘의 효爻가 변하여 다른 괘로 변하는 것을 이른다. A괘가 B괘로 변하는데 그 원인은 A괘의 효가 변하기 때문이라는 것이다. 다산은 효변에 대해 다음과 같이 설명한다.

> 효변이란 무엇인가. 乾卦初九는 건괘가 姤卦로 변한 것이고, 坤卦初六은 곤괘가 復卦로 변한 것이다. 이렇게 한 畫이 변동하면 전체 괘가 따라 변하는데, 이를 爻變이라 하는 것이다.
>
> 무엇을 효변이라 하는가 하면 대체로 爻辭는 모두 이미 변한 體를 주로 하여 象을 취하고 文을 세운 것이다. 건괘의 初九는 건괘의 初剛이 動하여 구괘가 된 것이고, 乾卦九二는 건괘의 二剛이 동하여 同人卦가 된 것이니, 六爻에 이르기까지 모두 그렇지 않음이 없다. 이것이 바로 이른바 384효라는 것이다. 모든 陽畫은 陰畫으로 만들어 보아야 하고 모든 음획은 양획으로 만들어 보아야 한다.

여기에서 다산은 건지구乾之姤, 곤지복坤之復이 바로 효변이라고 한다. 앞서 살펴본 추이는 '괘는 모괘로부터 변한다' 고 했는데, 효변은 '모괘가 모괘로 변한다' 는 형식을 취한다. 또 효변을 내세우기 위해 음효와 양효가 모두 끊임없이 변하고 양자는 서로 전환하는 것이라고 주장하고 있다. 효변설은 먼저 효爻와 획畫의 개념을 이해해야만 한다. '획' 이란 효를 그은 '부동의 선線' 그 자체라는 뜻이다. 그 이외에 어떤 의미도 없지만 '효'에는 '변화'의 뜻이 포함되어 있다. 한마디로 효는 동動하여 변變하는 것이고, 획은 그냥 정靜하여 불변한 것이다. 그래서 다산은 "효라는 것은 변하는 것이니, 변하지 않으면 효가 아니다."라고 했다. 나아가 "경문에 '효는 변하는 것을 말한다'고 하였는데 효를 어찌 획이라 할 수 있겠는가?"라며 반문한다. 여기서 다산이 반복해서 강조하고 있는 것은 효의 변화이다. 변화를 핵심으로 하는 『주역』에서 변화를 의미하는 효가 없으면 역이 성립될 수 없다. 그러므로 『주역』을 해석할 때 효의 변화는 매우 중요한 요소이기 때문에 다산은 효변설을 역리사법의 하나로 삼은 것이다. 효변은 양에서 음으로 또는 음에서 양으로 질적 변화가 발생하는 것을 가리키는 개념이다. 괘변은 이와 달리 질적 변화가 생기지 않는다. 그것은 오로지 공간적 위치의 변동만 발생하므로 효의 변화가 아닌 획의 이동만 일어난다고 다산은 생각했다.

다산의 효변설은 주자의 효변설을 비판적으로 계승한 것으로, 둘 사이에 공통점도 있고 차이점도 있다. 효변설의 동일한 점은 용9·용6을 건괘·곤괘의 모든 효가 변하는 경우에 적용하는 것이다. 차이점은 주희의 효변설은 여러 효의 변화가 가능하지만, 다산의 효변설은 단지 한 효의 변화만 허용된다. 또한 다산은 효변설을 384효사의 해석에 모두 적용했지만, 주자는 원론적인 이론일 뿐 실제로 적용하지 않았다. 다산은 효사를 해석할 때 추이나 효변 중 하나에만 의존하지 않고 양자를 결합해야 하며, 만약 양자 중의 하나만 적용하면 괘상卦象과 역사易詞가 서로 부합하지 않아 잘못된 해석에 이르게 된다고 주장한다. 다산은 효변의 중요성에 대해 아래와 같이 말한다.

효가 변하지 않으면, 추이의 방식도 또한 통하지 않게 되는데, 이것이 추이라는 방법이 사라지는 이유이다. 효가 변하지 않으면 『설괘전』에 제시되는 물상 또한 모두 易詞와 부합하지 않게 되는데, 이로써 『설괘전』의 용도가 폐기되다시피 된 것이다. 효가 변하지 않으면 호체의 물상도 역시 모두 합치되지 않게 되니 이것이 호체가 도외시된 까닭이다.

방인은 『주역사전』 완역 후 "2천 년 이상 시행착오만 반복해 온 역경 해석사에서 새로운 돌파구를 마련한 것"이라고 하면서, 그 근거로 다산의 '역리사법'을 들고 있다. 방인은 특히 효변설에 주목하여, 다산 역학의 가장 큰 특징이자 역리사법 중에서도 독창적이며 혁신적인 해석 방법이라고 했다. 추이의 경우 괘변설의 형태로 전승되어 온 과정을 추적할 수 있다. 그러나 효변의 경우 역학사에서 유사한 사례를 찾기 어렵다. 『역학서언』「다산문답」에서 다산의 장남 정학연(丁學淵, 1783~1859)이 다산에게 한유漢儒 이래로 효변의 뜻을 아는 사람이 아무도 없었는지 묻자 "천하가 지극히 넓은데 그럴 리야 있겠느냐?(天下至廣, 豈有是也)"라고 대답했다. 하지만 막상 다산이 효변이 적용된 사례로 제시한 것은 송나라 도결都潔뿐이었다. 『여유당전서』에서 '도결의 『주역변체周易變體』에 효변법이 수록되어 있다고 하는데 직접 확인할 수 없는 것'을 안타까워한 기록이 있다. 또 다산은 성호 이익이 효변설을 채용했다고 했지만 이것은 곤괘 6·4효의 '괄낭무구括囊无咎'의 한 곳에 지나지 않았다. 이것은 자신의 새로운 학설을 향해 쏟아질 비판에 대비한 것으로 보인다.

이처럼 효변설은 2천 년 역학사에서 유사한 사례를 찾기 어려우며 기존의 역학 해석 방법을 완전히 바꾸어 놓은 것이다. 만약 다산 효변설의 객관적 타당성이 확보된다면 지금까지 내려온 전통적인 해석 방법은 모두 수정되어야 할 것이다.

4. 상수학으로서의 다산역에 대한 평가

다산역을 효율적으로 이해하기 위해 기존 연구자들의 다산역 본질에 대한 견해를 검토하고 분석해 본다. 현재 학계에서 '다산학파'[19]라고 부를 수 있을 만큼 다산역에 관한 연구가 축적되어 있다. 몇 가지 견해를 살펴보자.

(1) 서근식, 김광수 등은 다산역학을 상수역학으로 본다.(서근식, 2013. 김광수, 2015. 임재규, 2017, 이승경, 2021 등) 또 김왕연은 '상리학象理學'(1994), 황병기는 '역상학易象學'(2004), 박주병은 '상일원론'(2002)이라고 하는 것도 '상학象學'에 속하기에 상수역이라 하더라도 큰 무리는 없을 것이다. 이처럼 다산역을 상수역으로 보는 견해가 다수이다. 이와 별도로 다산역의 본질을 아래의 (2)~(6)과 같이 다른 각도에서 논한 학자들도 있다.

(2) 장열은 다산역에 대해 성인이 『주역』을 지은 원래의 목적으로 되돌리고 그대로 이해하고자 하는 것으로 파악한다. 다산 경학은 실학적 경학이고 그 근본적인 목적은 현실에서 직면하는 문제를 해결하고 성인의 도를 실천으로 옮기는 데에 있다고 했다.(장열, 2018, 38쪽, 164쪽)

(3) 방인은 "다산의 점법 절차는 '청명請命 - 품명稟命 - 청명聽命 - 순명順命'의 과정이 이루어진다."(방인, 2019, 261~262쪽)고 하는 한편, 다산역을 종교 역학으로 정의하면서 다산역 이후로 조선 후기 역학사에서 종교역학이 하나의 뚜렷한 흐름을 형성했다고 주장한다. 즉 다산은 『주역』을 일종의 종교 문헌으로 간주하고 점술이 초월적 인격신을 믿었던 고대의 종교적 신앙에서 비롯된 것으로 보았으며, 다산역을 조선 후기 종교 역학

---

19) 필자가 편의상 붙인 명칭이다.

시대의 개막을 알리는 서곡에 비유했다. 수운 최제우의 동학, 일부 김항의 정역, 강일순의 증산교 등이 그것이며 이들은 후천개벽 사상을 공유하는데, 그 이론적 근거는 소강절의 선후천설이었다. 물론 다산 역학과 이들의 종교 역학 사이에는 확연한 차이도 존재한다. 다산은 『주역』을 신비화하는 것을 거부하고 소강절의 선후천설을 비판했다. 그러함에도 불구하고 『주역』을 일종의 종교 문헌으로 간주하고 있다는 점은 다산역과 이들 종교 역학 사이의 공통점이라고 방인은 주장한다.(방인, 2015, 9~11쪽 참조)

(4) 장열과 이승경도 다산은 길흉화복을 비롯한 모든 인간사가 하늘의 주재성主宰性에 의거한다고 주장한다. 하늘의 주재성이란 하늘〔上帝〕이 인간에게 내려와 살피고, 길흉을 주관하며, 인간에게 경계하고 명령을 내리는 것으로 인식한다.(장열, 2018, 164쪽. 이승경, 2021, 169쪽)

(5) 방인, 장열 등이 주장하는 『주역』의 종교적 성질에 대한 논의는 황병기에 의해서 더욱 심화된다. 황병기는 "『주역』은 원천적으로 종교성을 띠고 있으며, 신학적 프레임을 지니고 있다. 『주역』 텍스트의 다양한 인간학적 변용은 이러한 신학적 프레임 안에서 작동하고 있다. 신학적 프레임 속의 인간학적 변용이 바로 『주역』의 현실적 모습이다. 일반적으로 동양학은 이른바 성인의 출현 이후 인간학 외에는 다루지 않았지만, 오직 『주역』만은 인간학이자 태생적으로 신학이다. 정약용은 역상의 본원적 성격에 기초하여 신학의 프레임으로 인간학을 포섭하고 있다."(황병기, 2022, 95쪽)고 했다. 이는 『주역』이 지닌 원천적 종교성은 신학적 프레임 속에서 인간학적 변용이며, 다산역도 같은 맥락에서 역상의 본원적 성격에 기초한 신학적 프레임으로 인간학을 포섭한다는 것이다.

(6) 이창일은 "출토 유물을 통해서 효변의 출현이 주초周初에 발견되고 있으며, 『좌전』과 『국어』를 거쳐 백서본 『주역』으로 전승되고 있었다는 것을 추정할 수 있다."고 하면서 "(효변설은) 한대 경방과 가의(賈誼, 기원전

201~기원전 169)를 통해서 그리고 송대 도결 등으로 이어졌다." 고 한다.(이창일, 2015, 271~276쪽) 이처럼 이창일은 다산의 효변설은 역사적 유래가 있는 것으로 정당성을 확보하고 있다고 주장한다.

(7) 이난숙은 정약용 역학의 본령을 역도론, 역리론, 역의론을 중심으로 논하면서 결론적으로 정약용 역학은 성인의 사도四道인 사변상점辭變象占의 네 가지 원형을 독창적으로 규명하고자 한 '역리학易理學' 이라는 차별성을 지녔다고 한다.(이난숙, 2017, 485쪽)

【 해제 】

다산역의 시대적 배경은 조선 내부에서 조성된 탈성리학적 사조와 실학사상 및 외부에서 유입된 서학 사상(종교 사상 포함), 과학 사상 등이 혼재하던 시기였다. 다산역 탄생의 직접적 요인은 18년간(1801~1818)의 유배 생활이라는 특수한 환경이며, 이로 인하여 깨닫게 된 실존적 자각이 독자적 사상으로 발전하고 이것이 응축되어 새로운 역학적 사유를 이끄는 동인이 되었을 것이다. 다산역의 면모와 그에 대한 평가 및 향후 가능성, 그리고 문제점과 조선역과 관련하여 아래와 같이 몇 가지로 나누어 논한다.

첫째, 다산역의 면모는 한마디로 송역宋易의 반동反動 역학이자 한역漢易의 능동能動 역학이다. 여기다 청대 역학을 일부 채용했다.

둘째, 다산역의 효용을 엄밀히 평가하면 연구실용 실험역학이라 할 수 있다. 아직 현실적 실용성이 부족한 것으로 판단되며 그 이유는 다음과 같다. ① 다산이 발명한 점법으로 점을 치려면 수많은 점의 도구 즉, 시초 50개와 만수책인 죽책竹策 11,520개 및 449개의 대소大小 점대통이 필요하다. 또 점사 과정이 복잡하여 보통 사람들이 다산 점법을 사용하기 어렵다. 또한 점법의 논리도 새롭고 파격적이어서 수긍이 가지 않는 부분이 적지 않다. 다산은 『주역』을 점서로 보기 때문에 그의 점법으로 점을 치기 어렵다면 다산역의 존립 기반은 사라진다. ② 역리사법에 따른 괘효사 해석 방법이 복잡하고 타 경전을 인용한 고증 부분도 어려워 고도의 역학적 지식과 경학적 기초가 없으면 다산역을 이해하기 어렵다. 즉 소수의 엘리트만을 위한 역학으로 볼 수도 있다. 일반인이 쉽게 접근할 수 없는 역이라면 그것은 생생하는 활역活易이 아니라 사역死易 즉 이론적으로만 존재하는 역학이 된다. ③ 다산은 역리 해석에 훈고와 고증으로 자신의 주장을 입증하려 하지만 주관적인 경향이 강하다. 그것은 경문을 바꾸고, 『십익』의 편제와 내용을 자의적으로 삭제 및 변경하거나 신규로 제정하여 학역자의 입장에서 거부감을 초래할 수 있다. ④ 다산역의 근저에 깔린 상제上帝 사상은 전통 유교와 정서적 반목과 종교적 갈등을 유발할 수 있다. 다산역을 수용하려면 특정 종교에 매이지 않는 폭넓은 종교적 공감 능력을 지녀야 한다. 조선의 역학에서 종교적 성분을 입힌 것은 아마 다산이 처음일 것이다.

셋째, 다산역의 미래 가능성은 효변설에 달려있다. 즉 역리사법 가운데 '효변설' 이 가장 중요하고 미래 역학의 기제이자 '조선역' 의 핵심이 될 수 있다. 향후 다산역 연구는 이 효변설을 어떻게 기존의 역 해석과 조화를 이룰 것이며, 효변설을 기제로 새로운 역리 해석을 어떻게 제시할 것인가에 집중해야 한다. 그러나 다산 효변설의 옳고 그름을 따지기 이전에 다음 문제를 해결해야 한다고 본다. ① 다산의 효변설이 중국 효변설과 다른 독창적인 것인가에 대한 문제이다. 중국의 효변설은 송대 도결과 심해, 원대 진응윤, 명대 황도주, 청대 포의까지 이어졌으며, 도결의 효변설이 다산 효변설의 선하라는 주장도 있다.(임재규, 2013, 332~358쪽) ② 동아시아 2천 년 역학사에서 수많은 학설이 태동하여 각광받거나 사라지기도 했는데, 다산의 학설이 주목받지 못한 이유가 있을 것이다. 주자도 효변설을 인정했지만, 다산과 같은 해석법을 채택하지 않았다. 다산의 효변설이 고대로부터 그 유래가 있다는 주장이 있기는 하지만 선유들의 효변설에 대한 다양한 관점을 비교할 필요가 있다. ③ 조선에서는 이익, 신후담, 심대윤도 효변설을 주장했다. 이들과 다산의 효변설과의 관계도 확인할 필요가 있다. 특히 이익의 효변설은 다산에게 적지 않는 영향을 미친 것으로 파악된다.

넷째, 다산의 새로운 역리 해석과 경문 변경에 대해 일부 연구자는 문화재 발굴에 버금가는 '고고학적 발견' 이라고까지 치켜세우기도 한다. 「십익」을 포함한 경문의 임의 변경에 대한 관대한 태도 역시 납득하기 어렵다. 다산의 이론을 비판하지 않으려는 학계의 풍토로 인해 다산역은 냉정한 검토 과정을 거치지 않았다고 판단된다. 따라서 다산역이 객관적인 합리성과 현실적인 실용성을 확보하려면 다산역 그 자체를 조선의 국수적 관점이나 다산 개인에 대한 우호적 시각에서 옹호하기보다 동아시아 타자의 시선에서 관찰하고 분석해야 한다고 본다.

다산역은 기존 역학에서 볼 수 없는 파격적인 창의성과 독창성을 지닌 조선의 역학이기 때문에 '조선역' 이라고 명명하더라도 손색이 없다고 본다. 또한 다산역이 엄격한 분석과 비판 과정을 거쳐 객관성과 실용성을 획득한다면 미래역으로 확고한 위치를 차지할 것이다.

참고 문헌

【공통 문헌】

경서 등: 사서삼경 등: 『시경』, 『서경』, 『역경』, 『논어』, 『맹자』, 『대학』, 『중용』, 『주역전의대전』, 『國語』, 『예기』, 『주례』, 『의례』, 『대대례기』, 『춘추좌전』, 『춘추공양전』, 『서경집전』, 『역위』, 『공자가어』, 『이아』

제자백가 등: 『노자』, 『장자』, 『순자』, 『한비자』, 『管子』, 『墨子』, 『회남자』, 『여씨춘추』, 『史記』, 『漢書』, 『後漢書』, 『隋書』, 『晉書』, 『宋史』, 『九章算術』

『性理大全』, 胡廣 等 纂修, 孔子文化大全編輯部編輯, 出版:山東友誼書社, 학민문화사 影印本, 1989(『태극도설』, 『정몽』, 『황극경세서』, 『역학계몽』, 『율려신서』, 『홍범황극내편』 등)

『조선왕조실록』, 『훈민정음』, 『악학궤범』, 『先天四演』, 『보만재총서』, 『여유당전서』

『京房易傳』, 『周易』(鄭玄), 『周易正義』(왕필 - 한강백 註 - 공영달 疏), 『周易集解』, 『伊川擊壤集』, 『주렴계집』, 『하남정씨유서』, 『주자어류』, 『주자대전』, 『주희집』, 『주문공전집』, 『송원학안』, 『漢上易傳』, 『주역본의』, 『伊川易傳』

주백곤, 『易學哲學史』, 北京 崑崙出版社, 2005. 張其成, 『象數易學』, 中國書店, 北京, 2007. 장기성 主編, 『易學大辭典』, 北京: 華夏出版社, 1992.

高懷民 저, 『邵子先天易哲學』, 하미인쇄, 臺灣, 1998. 黃壽棋 · 張善文, 『周易譯註』, 상해고적출판사, 2004. 풍우란 지음, 박성규 옮김, 『중국철학사』, 까치, 2007.

곽신환, 『주역의 이해』, 서광사, 1990. 곽신환, 『조선조 유학자의 지향과 갈등』, 철학과현실사, 2005. 고회민 저, 곽신환 옮김, 『소강절의 선천역학』, 예문서원, 2011. 곽신환 지음, 『조선유학과 소강절 철학』, 예문서원, 2014.

邵康節 著, 李一忻 點校, 『皇極經世』, 九州出版社, 北京, 2003. 소강절 저, 윤상철 옮김, 『皇極經世』, 대유학당(王植, 『皇極經世書解』 번역본), 2011.

료명춘 · 강학위 · 양위현 공저, 심경호 옮김, 『周易哲學史』. 예문서원, 2004.

정병석, 『주역』, 을유문화사, 2011. 김상섭 해설, 『역학계몽』 번역본, 예문서원, 1994. 김상섭, 『내눈으로 읽는 주역. 역전편 하』, 지호, 2011. 김상섭, 『내눈으로 읽는 주역. 역전해설』, 지호, 2012.

자료소장기관: 『四庫全書』(인터넷판), 국립중앙도서관, 국회도서관, 고전번역원, 한국학중앙연구원 장서각, 한국역대인물종합정보시스템, 한국유경편찬센타, 서울대 규장각, 연세대 국학연구원, 성균관대 대동문화연구원, 『한국경학자료집성』, 한

국민족문화대백과사전, 동양고전종합DB, 바이두, 구글, 네이버, 다음, 나무위키 등 인터넷 사이트

제1부 선행지식

1장 기초지식

『鶴山集』, 박치화, 「雪溪隨錄」, 이익, 『易經疾書』, 심취제, 『讀易疑義』, 今井宇三郎, 『宋代易學の研究』, 明治圖書出版株式會社, 1958(昭和33).

김재갑, 「權近 『周易淺見錄』의 朝鮮易學史的 位相 硏究」, 동방대학원대학교 박사학위논문, 2009.

문재곤, 「「河圖」·「洛書」의 形成과 改托」, 『周易의 現代的 照明』, 韓國周易學會 編, ㈜범양사 출판부, 1992.

방 인, 「『주역』과 인공지능」, 『철학연구』 145, 대한철학회, 2018.

정세근, 「明論: 太一生水, 易傳, 莊子의 神明을 중심으로」, 『철학연구』 115, 철학연구회, 2016.

유승상, 『주역의 연원과 한중 역학의 지평』, 한중철학회, 경인문화사, 2019.

윤용남, 『청야의 주자철학 연구』, 학고방, 2022.

이대승, 「송대 도서학과 주자 역학」, 한국학중앙연구원 한국학대학원, 박사학위논문, 2019.

이선경, 「역학계몽에 나타난 주자역학의 특징」, 『한국철학논집』 28, 한국철학사연구회, 2010.

이선경, 「퇴계학파의 역학계몽 이해」, 『양명학』 28, 한국양명학회, 2011.

이선경, 「조선후기 기호성리학파의 역학계몽 이해」, 『한국철학논집』 35, 한국철학사연구회, 2012.

정병석, 「朝鮮易學史에서 圖象學的 象數學의 受容과 批判 - 朱子의 圖書易學과 邵康節의 先天易學을 중심으로」, 『유교사상문화연구』 58, 한국유교학회, 2014.

조희영, 『동양의 미래철학』 중 「騶衍의 五德說과 九州說의 意義」, 문학아카데미, 2008.

최영진, 「易學思想의 哲學的 探究」, 성균관대 박사학위논문, 1989.

황병기, 「주역의 종교성이 갖는 현대적 의미 - 다산역학의 종교학적 해석을 중심으로」, 동양철학연구 112, 동양철학연구회, 2022.

2024년 한국주역학회 상반기 국내학술대회. 주제 : 「조선시대 이전의 역학사상사를 어떻게 접근할 것인가」, 경북대, 2024.7.5.

장문지(山東大), 「周易 生生哲學, 成己成物 - 兼論儒學當代的轉化問題」, 성균관대 동양철학연구소와 한국주역학회 연합 학술대회, 성균관대, 2024, 10. 25.

1. 소강절의 선천역학

唐明邦(1925~2018), 『邵雍評傳』, 南京大學出版社, 1997.

이대승, 「先天 개념의 형성 · 발전과 의미」, 『道教文化研究』 38, 韓國道教文化學會, 2013.

이창일, 『소강절의 철학』, 심산, 2007.

2. 채원정의 『율려신서』

남상숙, 「『율려신서』의 60조와 6변율 연구」, 『한국음악사학보』, 40. 한국음악사학회, 2008.

채원정 저, (국역)『율려신서』, 이후영 옮김, 문진, 2011.

3. 채침의 『홍범황극내편』

웅중립(熊宗立, 明代 1409~1482)의 『홍범구주수해(洪範九疇數解)』

이순(李純, 조선전기, 생몰미상)의 『홍범황극내편보해(洪範皇極內篇補解)』

황종희, 『역학상수론』, 북경:구주출판사, 2007.

김정철, 「박세채 『範學全篇』의 판본과 구성 고찰 - 장서각본 계열과 규장각본 계열을 중심으로」, 『장서각』43, 한국학중앙연구원, 2020.

이선경, 「조선 전기 상수역학 연구: 홍범황극내편의 수용과 이해」, 『한국철학논집』 62, 한국철학사연구회, 2019.

이선경, 「낙저 이주천 역학사상의 특징」: 『신증황극내편』과 「유능승강론」「후덕재물설」을 중심으로, 民族文化論叢 81, 영남대학교 민족문화연구소, 2022.

제2부 조선 상수역학과 자연학

1장 상학-도서학

1. 권근

『入學圖說』 (영천본), 『入學圖說』 (국립중앙도서관 보유본)

강문식, 「권근의 五經 인식」, 『태동고전연구』 24, 2008.

유권종, 「『입학도설』과 조선 유학 도설」, 철학탐구 21, 중앙철학연구소, 2007.

장숙필, 「권근의 『입학도설』과 그 영향」, 『도설로 보는 한국유학』, 예문서원, 2000.

2. 장현광

『역학도설』, 『성리설』, 『여헌선생 문집』

김낙진, 「장현광의 역학과 세계 이해」, 『圖說로 보는 한국 유학』, 2000.

김문용, 「장현광 우주론의 상수학적 성격에 대한 검토」, 『東洋古典研究』 33, 東洋古典學會

김용헌, 「여헌 장현광의 성리설에 대한 재검토」, 『동양철학』 20, 한국동양철학회, 2003.

정도희, 「16세기 조선 역학(易學)의 발전과 심화 - 『역학계몽』 주석과 도상을 중심으로」, 한국학중앙연구원 박사학위논문, 2024.
정병석, 「"易有太極"의 해석을 통해 본 여헌 장현광의 역학사상」, 『한국학논집』 52, 계명대학교한국학연구원, 2013.
조장연, 「장현광 역학의 원천에 관한 고찰」, 『한국철학논집』 15, 한국철학사연구회, 2004.
최정준, 「旅軒 張顯光 易學思想의 철학적 탐구」, 성균관대 박사학위논문, 2006.
최정준, 「여헌의 역학과 세계관」, 『韓國人物史硏究』 21, 한국인물사연구회, 2014.

3. 신흠
『상촌집』, 『화담집』
박희병, 「申欽의 學問과 그 思想史的 位置」, 『民族文化』 20, 민족문화추진회, 1997.
서근식, 「象村 申欽의 先天易學에 관한 硏究」, 『東洋古典硏究』 20, 東洋古典學會, 2004.
심소희, 「황극경세, 성음창화도 연구: 정음관과 정운체계를 중심으로」, 연세대 박사학위논문, 1996.

4. 류정원
『역해참고』, 유휘문, 『시괘고오해(蓍卦考誤解)』
『전주류씨 호고와종택 好古窩』, 한국국학진흥원, 2016.
안병걸, 『역해참고』 해제, 『한국경학자료집성』 역경 16권
김재갑, 「권근 『周易淺見錄』의 朝鮮易學史的 位相 硏究」, 동방대학원대학교 박사학위논문, 2009.
주광호, 「柳正源 『易解參攷』의 성리학적 해석 특징과 의리역학」, 『동양철학』 42, 한국동양철학회, 2014.
조장연, 「삼산三山 류정원柳正源의 역학사상」, 『국학연구』 43, 한국국연구원, 2020.

5. 화서학파(이항로–유중교–유인석)
『毅菴集』, 『華西集』, 『省齋集』, 『毅菴集』, 『皇極一元圖』, 『宇宙問答』.
웅중립(熊宗立, 明代, 1409~1482)의 『홍범구주수해(洪範九疇數解)』
유인석 저, 서준섭 외3명 옮김, 『유인석의 20세기 문명충돌 이야기 宇宙問答』, (사)의암유인석선생 기념사업회, 강원도민일보사, 2002.
한국사상사연구회 편저, 『조선유학의 학파들』, 예문서원, 2004.
金炯瓚, 「毅菴 柳麟錫의 哲學 연구」, 高麗大學校 大學院 석사학위 논문 1991.
윤용남, 「화서학파 心說에 관한 연구」, 한국정신문화연구원 부속대학원 석사학위논문, 1984.

이종상, 「毅菴 柳麟錫의 哲學思想 硏究」, 성균관대 박사학위논문, 2002.
張勝求, 「柳麟錫의 哲學思想 硏究」, 『東洋哲學硏究』 17, 東洋哲學硏究會, 1997.
최상익, 「의암(毅菴) 의병 투쟁의 사상적 배경 - 낙서대연국도(洛書大衍局圖)를 중심으로」, 『의암학연구』 15, 의암학회, 2017.

2장 수학

1. 서경덕

『화담집』, 『상촌집』, 『經世訓民正音圖說』, 『訓民正音韻解』
『화담집교주』, 하승현 교주, 중국 상해고적출판사, 2012년.
『花潭集』, 서완수 · 서정수 공편, 김학주 · 임종욱 공역, 세계사, 1992년.
이　식, 『택당집』 별집, 권15 추록.
현상윤 지음, 이형성 교주, 『조선유학사』, 심산, 2010.
서근식, 「화담 서경덕의 선천역학 연구」, 『한국사상사학』 47, 한국사상사학회, 2014.
심소희, 『한자 정음관의 통시적 연구』, 이화여자대학출판부, 2013.

2. 최석정

최석정, 『九數略』, 규장각. 『九章算術』
江永(淸, 字 愼修) 저, 손국중 校理, 『하락정온』, 북경: 학원출판사, 2007.
최석정 저, 정해남 · 허민 옮김, 『구수략』, 교우사, 2006.
김용운 · 김용국, 『한국수학사』, 살림, 2009.
송홍엽, 「오일러를 앞선 최석정의 오일러방진」, 『정보와 통신』 30, 한국통신학회지, 2013.

3. 황윤석

『理藪新編』, 『入學圖說』 (국립중앙도서관 소장), 『頤齋亂藁』, 『頤齋遺藁』,
『리수신편』, 아세아문화사, 1975.
김용운 김용국 지음, 『한국수학사』, 살림, 2009.
가와하라 히데키(川原秀城) 지음, 안대옥 옮김, 『조선수학사 - 주자학적 전개와 그 종언』, 예문서원, 2017.
구만옥, 「頤齋 黃胤錫의 算學 연구」, 『한국사상사학』 33, 한국사상사학회, 2009.
구만옥, 「리수신편(理藪新編)의 편찬과 내용 구성」, 『한국사상사학』 69, 한국사상사학회, 2021.
김낙진, 「황윤석의 동서양 자연학의 절충과 시대적 한계」, 『圖說로 보는 한국 유학』, 한국사상연구회 지음, 예문서원, 2000.
박순철, 「頤齋 黃胤錫의 《周易》詩 硏究」, 『中國學論叢』 55, 韓國中國文化學會 2017.

柳寅永, 「리수신편의 管見」, 『한국수학사학회지』 13권1, 한국수학사학회, 2000.
엄연석, 「황윤석(黃胤錫)의 『리수신편』(理藪新編)에 나타난 리수역학의 문화다원론적 독해」, 『人文論叢』 80권 3호, 서울대 인문학연구원, 2023.
최영성, 「黃胤錫 實學의 特性과 象數學的 基盤」, 『유교문화연구』 32 유교사상문화연구, 2008.
최영성, 「18세기 노론 낙학파(洛學派)의 현실인식과 대응논리」, 『한국철학논집』 50, 한국철학사연구회, 2016.

3장 천문학

1. 김석문

김석문, 『易學二十四圖解(總解)』, 서울대 규장각
『經學資料集成96 · 易經十』, 성균관대 대동문화연구원
양계초, 풍우란 외 지음, 김홍경 옮김, 『음양오행설의 연구』, 신지서원, 1993.
구만옥, 「조선후기 주자학적 우주론의 변동」, 연세대 박사학위논문, 2002.
구만옥, 「18세기 후반 김석문(金錫文)과 『역학도해(易學圖解)』의 발굴 - 황윤석(黃胤錫)의 『이재난고(頤齋亂藁)』를 중심으로」, 『韓國思想史學』 57, 한국사상사학회, 2017.
김용정, 「라이프니츠의 普遍記號法思想과 易의 論理」, 『周易의 現代的 照明』, 韓國周易學會 編, (株)범양사 출판부, 1992.
김용헌, 「金錫文의 宇宙說과 그 哲學的 性格」, 『東洋哲學硏究』 15, 東洋哲學硏究會, 1996.
문중양, 「18세기 조선 실학자의 자연지식의 성격 - 象數學的 우주론을 중심으로」, 『한국과학사학회지』 21권1호, 한국과학사학회, 1999.
민영규, 「17세기 이조학인의 (李朝學人) 지동설 (地動說) - 김석문의 역학24도해」, 『동방학지』 16, 연세대 국학연구원, 1975.
오가와 하루히사(小川晴久), 「김석문의 우주론」, 『한국과학사학회지』 5권1, 『한국과학사학회』, 1983.
오가와 하루히사(小川晴久), 「지전(동)설에서 우주무한론으로 - 김석문과 홍대용의 세계」, 『동방학지』 21, 연세대 국학연구원, 1979.
장숙필, 「김석문의 『역학이십사도해』」, 『도설로 보는 한국유학』, 예문서원, 2000.
주광호, 「상징형식으로 본 邵雍의 元會運世」, 『哲學硏究』 55, 고려대학교 철학연구소, 2017.
전용훈, 「『역학이십사도해 (易學二十四圖解)』에 나타난 김석문(金錫文)의 우주론」, 『정신문화연구』 152, 한국학중앙연구원, 2018.
황병기, 「역학과 서구과학의 만남, 조선후기 사상의 내적 발전사 탐구」, 『道敎文化硏究 21, 동과서, 2004.

2. 서명응
『先天四演』, 『보만재총서』, 『역산전서』, 『증보문헌비고』, 『비례준』, 『隋書』, 『晉書』, 『爾雅』, 『尙書逸旨』
金東錫, 『古代 天文曆法 精解』, 한국학술정보, 2009.
김일권, 『동양天文思想 - 하늘의 역사』, 예문서원, 2007.
徐命膺. 孟天述 譯註, 『易理의 새로운 해석』, 중앙대, 수영문화사, 1987.
이은성, 『曆法의 原理分析』, 정음사, 1985.
야마다 케이지, 김석근 옮김, 『朱子의 自然學』, 통나무, 2006.
구만옥, 「조선 후기 朱子學的 宇宙論의 變動」, 연세대 박사학위논문, 2002.
박권수, 「조선 후기 상수학의 발전과 변동」, 서울대 박사학위논문, 2006.
李文揆, 「고대 중국인의 하늘에 대한 天文學的 理解」, 서울대 박사학위논문, 1997.
林宗台, 「17 · 18세기 서양 지리학에 대한 조선 · 중국 학인들의 해석」, 서울대 박사학위논문, 2003.
정성희, 「조선후기 宇宙觀과 曆法」, 한국학대학원 박사학위논문, 2001.

제3부 조선 상수역학과 인문학

1장 음운학

1. 『훈민정음』 제자해
『經世正音圖說』, 『訓民正音韻解』, 『절운지장도切韻指掌圖』
류웨이화(劉蔚華), 먀오룬티엔(苗潤田) 著, 곽신환 譯, 『직하철학』, 철학과 현실사, 1995.
이정호, 『訓民正音의 構造原理』, 亞細亞文化社, 1972 및 『鶴山 李正浩全集』, 2017.
리링(李零) 지음, 차영익 옮김, 『리링의 주역강의』, 글항아리, 2016.
주희 著, 곽신환 외 2인 譯, 『太極解義』, 소명출판사, 2009.
김광해 외 4인, 『국어지식의 탐구』, 박이정, 1999.
김혜숙 엮음, 『언어의 이해』, 태학사, 1999.
강신항, 「『訓民正音』 解例理論과 『性理大全』과의 聯關性」, 『국어국문학』 26, 국어국문학회, 1963.
권재선, 「제자해 해석상의 문제점과 그 해명」, 『한글』 235, 한글학회, 1997.
김석득, 「『경세훈민정음』의 역리적 구조」, 『동방학지』 13, 연세대 국학연구원, 1972.
박권수, 「조선 후기 상수학의 발전과 변동」, 서울대 박사학위논문, 2006.
徐炳國, 「中國韻學이 訓民正音 制定에 미친 影響에 關한 硏究」, 『教育研究誌』 15, 慶北大 師範大學, 1973.
유창균, 「『황극경세서』가 국어학에 끼친 영향」, 『石堂論叢』 15, 東亞大 石堂傳統文化研究院, 1989.

이숭녕, 「『황극경세서』의 이조후기 언어연구에의 영향」, 『진단학보』 32, 진단학회, 1972.

2. 최석정

『經世訓民正音』, 『韻解訓民正音』, 『숙종실록』, 『九數略』, 『예부운략』, 『황극경세동사보편통재』
崔錫鼎 著, 金智勇 解題, 『經世訓民正音圖說』, 明文堂, 2011.
강신항, 『훈민정음 창제와 연구사』, 도서출판 경진, 2010.
안병희, 『훈민정음 연구』, 「숙종의 『훈민정음 후서』」, 서울대출판부, 2007.
이상규, 『명곡 최석정의 경세훈민정음』, 역락, 2018.

3. 신경준

『훈민정음』, 『韻解訓民正音』(太學社 刊, 1987), 『經世正音圖說』, 『예부운략』 「禮部韻略後序」
강신항, 『韻解訓民正音 硏究』, 한국연구원, 1967.
김윤경, 『한국문자국어학사』, 동국문화사, 1954.
심소희 , 『한자 정음관의 통시적 연구』, 이화여자대학출판부, 2013.
유창균, 『국어학사』, 형설출판사, 1988.
이상규 천명희, 『여암 신경준의 저정서 연구』, 역락, 2018.
정경일 지음, 『한국운서의 이해』, 아카넷, 2002.
배윤덕, 「신경준의 운해 연구: 사성통해와 관련하여」, 연세대 박사학위논문, 1988.
이상규, 「여암 신경준의 '저정서(邸井書)' 분석」, 『어문론총』 62, 한국문학언어학회, 2014.

2장 음악학-악률론

1. 박연

『세종실록』, 『악학궤범』, 『설문해자』, 『張載全書』, 『二程遺書』, 『樂書』(陳暘)
서명응, 『시악화성』, 『원음약』. 채원정 저, (국역)『율려신서』, 이후영 옮김, 문진, 2011.
김용운 · 김용국 지음, 『한국 수학사』, 살림Math, 2012.
김수현, 『조선시대 악률론과 시악화성』, 민속원, 2012.
김인숙, 「박연 악기 제작에 관한 배경적 고찰 - 율관 제작을 중심으로」, 『한국음악문화연구』 14, 한국음악문화학회, 2019.
남상숙, 「『樂學軌範』所載 律長의 問題點 및 律算에 關한 硏究」, 韓國音樂硏究 15 · 16, 韓國國樂學會, 1986.
남상숙, 「율학의 연구성과와 연구방향」, 『한국음악사학보』, 32, 한국음악사학회, 2004.
문중양, 「세종대 박연의 율관 제작 고악 구현의 난제」, 東方學志 192, 연세대국학연구원, 2020.

문중양, 「세종대 척도의 탄생 주척과 황종척을 중심으로」, 東方學志 196, 연세대국학연구원, 2021.
朴興秀, 「中國 上古 度量衡考 I, II」, 『대동문화연구』, 12, 성균관대 대동문화연구원, 1977.
채원정 저, (국역)『율려신서』, 이후영 옮김, 문진, 2011.

2. 『악학궤범』

『세종실록』, 『樂書』
『악학궤범』(호사문고 소장본), 국립국악원, 2011.
이혜구, 역주 『신역 악학궤범』, 국립국악원, 2000.
남상숙, 「『樂學軌範』所載 律長의 問題點및 律算에 關한 硏究」, 『韓國音樂硏究』 15 16, 韓國國樂學會, 1986.
석미현, 『「역위」의 우주론과 괘기설」, 경북대 석사학위논문, 2017.

3장 역사학

1. 서명응

『皇極一元圖』, 『保晩齋叢書』, 『先天四演』, 『漢上易傳』, 『參同攷』
楊景磐, 『中國歷代易案考』, 中國國際廣播音像出版社(北京), 2006.
김남일, 「『康節先生皇極經世書東史補編通載』의 편찬 배경과 황극경세 紀年 체계의 이해」, 『韓國思想史學報』 35, 2017.
박권수, 「曆書와 歷史:조선후기의 象數學的 年代記書와 時憲曆」, 『동국사학』 64, 2018.
소진형, 「조선후기 우주력(宇宙曆)과 정치에 대한 새로운 관념 - 『경세지장(經世指掌)』과 『황극일원도(皇極一元圖)』를 중심으로」, 『한국동양정치사상사연구』 21-2, 한국동양정치사상사학회, 2022.
한중철학회, 『주역, 삶에 미학을 입히다』, 종이와 나무, 2019.

4장 점법학

1. 송대의 점법

1) 주자 점법 2) 채침 점법

이선경, 『이원구 역학』, 문사철, 2018.

2. 조선의 새로운 점법

1) 김석문 점법 2) 정약용 점법 3) 심대윤 점법

『韓國經學資料集成(易經)』 24권(與猶堂全書 영인본) 『周易四箋』, 『易學緖言』
『韓國經學資料集成(易經)』 30권(『周易象義占法』 영인본), 『頤齋亂藁』, 『이재집』 續稿
『周易象辭新編』(『河濱先生全集』, 아세아문화사, 2006),

『沈大允全集』(성균관대 대동문화연구원, 2005, 해제 임형택).
『백운 심대윤의 백운집』, 심대윤 지음, 익선재 백운집 강독회 옮김, 재단법인 실시학사 편, 사람과 무늬, 2015.
이순(李純, 조선전기, 생몰미상)의 『홍범황극내편보해(洪範皇極內篇補解)』
이원구, 『心性錄』, 국학자료원, 1983.
웅중립(熊宗立, 明代, 1409~1482)의 『홍범구주수해(洪範九疇數解)』
야마자키 안사이(山崎闇齋), 『山崎闇齋全集』 중 『洪範全書』, 日本古典學會 編.
고형 · 이경지 · 용조조 지음, 김상섭 편역, 『주역점의 이해』, 지호, 2009.
高懷民, 『中國古代易學史』, 숭실대동양철학연구실 역, 숭실대출판부, 1994.
尙秉和, 『周易尙氏學』「周易古筮考」, 九州出版社(北京), 2005.
楊景磐, 『中國歷代易案考』, 中國國際廣播音像出版社(北京), 2006.
다산 정약용 지음, 방인 · 장정욱 옮김, 『역주주역사전』, 소명출판사, 2007.
주희 지음, 김진근 옮김, 『역학계몽』, 청계, 2008.
구만옥, 「18세기 후반 김석문(金錫文)과 『역학도해(易學圖解)』의 발굴 - 황윤석(黃胤錫)의 『이재난고(頤齋亂藁)』를 중심으로」, 『韓國思想史學』 57, 2017.
김동진, 「정약용의 주희 筮法 개량과 그 의의 - 음양노소 불균등의 문제를 중심으로」, 『다산학』 32, 다산학술재단, 2018.
김문용, 「심대윤의 복리사상과 유학의 세속화」, 『시대와 철학』 21, 한국철학사상연구회, 2010.
김인철, 「茶山의 獨創的 筮占方法: 「蓍卦傳」詳解」, 『周易研究』 6, 韓國周易學會, 2001.
김인철, 「성호 이익의 역학관」, 『泰東古典研究』 23, 한림대학교 태동고전연구소, 2007.
김정철, 「박세채 『範學全篇』의 판본과 구성 고찰 - 장서각본 계열과 규장각본 계열을 중심으로」, 『장서각』 43, 한국학중앙연구원, 2020.
방　인, 「丁若鏞의 『春秋官占補註』의 夏商之舊法설에 대한 비판적 고찰」, 퇴계학연구원, 『퇴계학보』 131, 2012.
방　인, 「춘추시대 官占에 대한 정약용의 견해」, 다산학술문화재단, 『다산학』 28, 2016.
서근식, 「近畿南人으로서의 星湖 李瀷의 易學思想: 「蓍卦攷」를 중심으로」, 『한국철학논집』 32, 한국철학사연구회, 2011.
서근식, 「성호학파에서 다산 정약용 『주역사전(周易四箋)』 「시괘전(蓍卦傳)」의 성립과정」, 『한국철학논집』 60, 한국철학사연구회, 2019.
신명종, 「『周易』 占筮法과 現代的 含意에 관한 研究」, 성균관대 박사학위논문, 2017.
오동하, 「『周易象義占法』에 나타난 沈大允의 易學思想 研究」, 동방문화대 박사학위논문, 2017.
이선경, 「조선 전기 상수역학 연구: 홍범황극내편의 수용과 이해」, 『한국철학논집』 62, 한국철학사연구회, 2019.

이선경, 「낙저 이주천 역학사상의 특징」: 『신증황극내편』과 「유능승강론」 「후덕재물설」을 중심으로, 民族文化論叢 81, 영남대학교 민족문화연구소, 2022.
임정남, 「『春秋左傳』과 『國語』의 『周易』 應用에 관한 연구 - 『春秋左傳』과 『國語』의 筮例를 중심으로」, 원광대 박사학위논문, 2019.
임재규, 「정약용 효변론에 대한 비판적 고찰」, 『종교와 문화』 24, 서울대 종교문제연구소, 2013.
장숙필, 「김석문의 『역학이십사도해』」, 『도설로 보는 한국유학』, 예문서원, 2000.
장정욱, 「周易의 상징체제와 易象의 상징체계 - 茶山易學을 중심으로」, 경북대 박사학위논문, 2009.
정병석, 「이이곡(李二曲)의 유학(儒學)의 본질(本質)에 대한 반성적(反省的) 논의(論議)와 명체적용(明體適用)」, 『동양철학연구』 59, 동양철학연구회, 2009.

제4부 조선역

1장 조선역

1. 세종의 정음역

『학산 이정호전집』 2. 『훈민정음의 구조원리』, 아세아문화사, 2017

2. 이황 퇴계역

『계몽전의』, 『주역석의』, 『복서원귀卜筮元龜』, 『퇴계전서』, 『퇴계선생문집』
김인철, 「退溪와 芝山의 『周易』 解釋」, 退溪學과 韓國文化. 36, 慶北大學校退溪研究所, 2005.
서근식, 퇴계 이황의 『계몽전의(啓蒙傳疑)』에 나타난 철학적 특징, 『정신문화연구』 150, 한국학중앙연구원, 2018.
엄연석, 퇴계 역학에서 자연학과 도덕학 사이의 가역적 전환 문제, 退溪學報. 146, 退溪學研究院, 2019.
여소강, 「退溪 易學을 또 논함」, 『退溪學報』, 退溪學研究院, 2000.
이은선, 「퇴계 사상의 '신학(信學)'적 확장: 참 인류세 세계를 위한 토대〔本原之地〕 찾기. 1」, 『退溪學報』153, 退溪學研究院 2023.
장윤수, 「타자의 시각에서 본 퇴계학」, 『退溪學報』, 147, 退溪學研究院, 2020.
정도희, 「16세기 조선 역학(易學)의 발전과 심화 - 『역학계몽』 주석과 도상을 중심으로」, 한국학중앙연구원 박사학위논문, 2024.
정병석, 「周易에 대한 退溪의 義理的 觀點」, 『退溪學報』 115, 退溪學研究院, 2004.
정석태, 「퇴계 이황의 『주역』 공부: 퇴계 이황의 주자학 이해의 심화과정에 대한 한 고찰」, 『東洋漢文學研究』 51, 東洋漢文學會 2018.
황병기, 퇴계 이황의 주역학(周易學)과 『주역석의(周易釋義)』, 국학연구 25, 한국국학진

홍원, 2014.

3. 정약용 다산역

김광수, 「다산 정약용의 상수학적 역학 연구」, 한국외국어대 박사학위논문, 2015.
김승동, 「毛奇齡과丁若鏞의 易卦 해석에 관한 비교연구」, 『人文論叢』 36, 부산대학교 인문대, 1990.
김왕연, 「丁茶山의 '邵子先天論' 비판」, 『韓國哲學會』 42, 한국철학회, 1994.
박주병, 『周易反正: 丁若鏞 易學을 中心으로』, 서울 서문당, 2002.
방 인, 「다산 역학에서 우연성 · 결정론 · 자유의지의 문제」, 국학연구. 40, 한국국학진흥원, 2019.
방 인, 「정약용의 역학관 형성에 미친 모기령의 영향」, 『茶山學』 33, 다산학술문화재단, 2018.
방 인, 「다산역의 천명관: 청명請命, 품명稟命, 그리고 순명順命」, 『茶山學』 26, 다산학술문화재단, 2015.
방 인, 「다산정약용의 『주역사전(周易四箋)』, 기호학으로 읽다, 예문서원, 2014.
서근식, 「茶山 丁若鏞은 象數易學者인가?」, 『한국철학논집』 36, 한국철학사연구회, 2013.
이난숙, 「정약용 역학의 본령: 역도론, 역리론, 역의론을 중심으로」, 『栗谷學硏究』 35, 율곡학회, 2017.
이승경, 『茶山 丁若鏞의 易學에 대한 硏究: 전통 易學에 대한 獨創的 解釋을 中心으로』, 대구한의대학교 박사학위논문, 2021.
이창일, 「다산효변설의 역학사적 검토」, 『茶山學』 26, 다산학술문화재단, 2015.
임재규, 「정약용효변론의 연원에 대한 시론적 고찰」, 『茶山學』 22, 다산학술문화재단, 2013.
임재규, 「다산 정약용의 중국역학사(中國易學史) 인식: 『역학서언(易學緖言)』을 중심으로」, 『종교와 문화』 32, 서울대 종교문제연구소, 2017.
장 열, 「茶山 『周易』 解釋의 思想的 特徵 硏究,」 성균관대 박사학위, 2018.
황병기, 「다산 정약용의 역상학」, 연세대학교 대학원 박사학위논문, 2004.
황병기, 「주역의 종교성이 갖는 현대적 의미 - 다산역학의 종교학적 해석을 중심으로」, 동양철학연구 112, 동양철학연구회, 2022.

본문 그림 및 표 일람표

구분	그림(쪽수)	표(쪽수)	비고
자연학	〈그림 31〉 구구원수도(225) 〈그림 32〉 구구방수도(225) 〈그림 33〉 구구행수도(226) 〈그림 34〉 구구모수상도(226) 〈그림 35〉 구구모수명도(226) 〈그림 36〉 구구자수상도(226) 〈그림 37〉 구구자수명도(227) 〈그림 38〉 81점도(227) 〈그림 39〉 구구모수변궁양도(228) 〈그림 40〉 낙서육구도(233) 〈그림 41〉 경세일원소장지수도(239) 〈그림 42〉 부권근도설(242) 〈그림 43〉 황극구천도(258)		
인문학	〈그림 1〉 십칠성분배초성도(338) 〈그림 2〉 십일음취상팔괘도(339) 〈그림 3〉 성분청탁도(341) 〈그림 4〉 음분벽흡도(341) 〈그림 5〉 율려상승배합성자도(343) 〈그림 6〉 종성십육도(343) 〈그림 7〉 성분평상거입도 및 음분개발수폐도(344) 〈그림 8〉 훈민정음준황극경세사상체용지수도(344) 〈그림 9〉 성음율려창화전수도(345) 〈그림 10〉 성음창화수합삼백팔십사효도제칠(347) 〈그림 11〉 경세성음수도(355) 〈그림 12〉 율려창화도(359) 〈그림 13〉 초성도(359) 〈그림 14〉 초성배경세수도(361) 〈그림 15〉 중성도(366) 〈그림 16〉 중성배경세수도(369) 〈그림 17〉 종성도(371)	〈표 1〉 정음 상수학과 주자역의 방위 및 수 배열 비교(321) 〈표 2〉 최석정과 소강절 역수론 동이표(332) 〈표 3〉 황종지실 · 황종생십일율 · 십이율지실 관계표(402) 〈표 4〉 주자 점단법(453) 〈표 5〉 주자 점법의 사상발생확률(453) 〈표 6〉 (시초)점법 요약표(462) 〈표 7〉 (시초)점법 예시(462) 〈표 8〉 (목편)점법 요약표(463) 〈표 9〉 (목편)점법 예시(464)	

조선 상수역학의 시대별 일람표

연도	학자 및 주요 저서
1390	양촌 권근의 入學圖說 前集
1392	조선 건국
1419	세종 원년. 性理大全 유입
1430	박연의 조선 雅樂 정비(黃鍾)
1443	세종대왕의 訓民正音 창제
1446	정음 반포: 집현전 학사의 制字解 제작
1493	성현 등의 樂學軌範 제작
1489~1546	화담 서경덕의 聲音解 등
1501~1570	퇴계 이황의 啓蒙傳疑
1554~1637	여헌 장현광 易學圖說
1592~1598	임진왜란~정유재란
1566~1628	상촌 신흠의 先天窺管
1627/1636	정묘호란/병자호란
1646~1715	명곡 최석정의 九數略, 經世訓民正音
1658~1735	대곡 김석문의 易學二十四圖解
1703~1761	삼산 류정원의 河洛指要
1712~1781	여암 신경준의 韻解訓民正音
1716~1787	보만재 서명응의 先天四演, 皇極一元圖
1729~1791	이재 황윤석의 理藪新編
1762~1836	다산 정약용의 周易四箋
1792~1868	화서 이항로의 華西集
1806~1872	백운 심대윤의 周易象義占法
1832~1893	성재 유중교의 省齋集
1842~1915	의암 유인석의 宇宙問答
1910	한일합방

조희영 학술 논문 목록

▮ 박사학위(철학) 논문 : 「서명응의 『先天四演』에 관한 연구」, 숭실대, 2012.

▮ KRI 논문 내역: 2010~2023. 총 24편

연번	게재 연월	논 문 명	등재학술지 (KCI급)	발행처
1	2023.08	유협의 『문심조룡』에 함유된 주요 易學 思想 분석	민족문화 연구 100	고려대 민족문화연구원
2	2022.03	茶山 占法〔蓍卦法〕과 白雲 占法의 문제점 탐색	대동문화 연구 117	성균관대 대동문화연구원
3	2021.03	유인석의 『宇宙問答』에 내재된 역학 이론 - 원회운세론과 「낙서」이론을 중심으로	동방학지 194	연세대 국학연구원
4	2021.02	팬데믹〔코로나19〕에 대처하는 『주역(周易)』의 방도 - 의리적 인문학적 방법을 중심으로	민족문화 연구 90	고려대 민족문화연구원
5	2020.12	徐命膺의 『皇極一元圖에』 나타난 易學思想 분석 - 소강절 역학과 서명응 역학의 영향과 관련하여	규장각 57	서울대 규장각 한국학연구원
6	2020.09	김석문의 『易學二十四圖解』에 나타난 새로운 占筮法 연구	한국문화 91	서울대 규장각 한국학연구원
7	2020.08	金錫文의 『易學二十四圖解(總解)』 다시 보기 - 象數易學, 특히 소강절역학의 관점에서	민족문화 연구 88	고려대 민족문화연구원
8	2019.12	旅菴 申景濬의 『韻解訓民正音』에 담긴 邵康節易學과 현대적 의미	대동문화 연구 108	성균관대 대동문화연구원
9	2019.12	明谷 崔錫鼎, 易數로 邵康節과 소통후 남긴 메시지탐색 - 『經世訓民正音』 坤册 聲音篇과 『皇極經世書』 역수론 비교를 중심으로	동방학지 189	연세대 국학연구원
10	2019.02	『周易象義占法』에 나타난 白雲 沈大允 易學의 특색 - 새로운 占法과 爻變說 및 先後天說을 중심으로	민족문화 연구 82	고려대 민족문화연구원
11	2018.09	邵康節易學과 王夫之易學의 비교분석 - 卦生成構造 비교와 同異點 모색을 중심으로	대동문화 연구 104	성균관대 대동문화연구원

연번	게재 연월	논 문 명	등재학술지 (KCI급)	발행처
12	2018.09	『訓民正音』 制字解에 함유된 宋代 象數易과 朝鮮易 - 『皇極經世書』, 『太極圖說』, 『易學啓蒙』을 中心으로	동방학지 184	연세대 국학연구원
13	2018.02	邵康節 數學이 15~16세기 조선 音韻學에 끼친 영향 - 『訓民正音』과 徐敬德의 『聲音解』를 중심으로	민족문화 연구 78	고려대 민족문화연구원
14	2017.08	申欽의 『先天窺管』 - 조선시대 『皇極經世書』 첫 해설서	동양철학 연구 91	동양철학연구회
15	2017.03	『구수략(九數略)』, 송대 도서상수학으로 짜인 조선수학서 - 인문학적 지평에서	정신문화 연구 146	한국학 중앙연구원
16	2017.02	『樂學軌範』 樂律論의 易學的 分析 - 黃鍾을 중심으로	민족문화 연구 74	고려대 민족문화연구원
17	2016.12	數學的 人文學 관점으로 본 蔡沈의 象數思想 - 蔡沈의 『洪範皇極內篇』을 중심으로	대동문화 연구 96	성균관대 대동문화연구원
18	2016.09	『주역』 임괘(臨卦) "팔월(八月)"에 대한 조선과 중국의 삼정(三正)과 12벽괘(辟卦) 논란	정신문화 연구 144	한국학 중앙연구원
19	2016.08	조선 圖書學의 효시 - 권근의 『入學圖說』	민족문화 연구 72	고려대 민족문화연구원
20	2016.02	송대 역학과 율도량형론(律度量衡論)의 맞물림 - 채원정의 『율려신서』를 중심으로	철학논집 44	서강대 철학연구소
21	2015.07	소강절 역수론(易數論)은 어떻게 구성되었나?	철학논총 81	새한철학회
22	2015.03	『주역』에 내재된 리수(理數)의 함의 - 송대 선천역학자의 관점에서	한국사상과 문화 77	한국사상문화 학회
23	2012.09	서명응의 선천역학 정립과 시대적 의의: 『선천사연』을 중심으로	철학연구 98	철학연구회
24	2010.12	徐命膺의 『伏羲64괘方圓圖』 改作에 대한 檢討 - 『皇極經世書』와 『先天四演』을 중심으로	율곡사상 연구 21	율곡학회

〔지은이 소개〕

조희영曺喜寧

숭실대학교 철학과 박사학위(2012. 02.)

성균관대학교 유교문화연구소 전임연구원
숭실대학교 강사
건양대학교 학술연구교수
조선대학교 인문학연구소 전임연구원

공저: 동양의 미래철학
명곡 최석정의 정치사상과 학문세계
주역의 연원과 한중 역학의 지평
주역, 삶에 미학을 입히다
주역과 한국문화

조선 상수역학의 지형도

초판 1쇄 발행일 2025년 02월 03일

지은이 | 조희영
발행인 | 최원필
발행처 | 심산출판사
주 소 | 서울시 은평구 불광로 13가길 18, 101호
전 화 | 02-357-0633
팩시밀리 | 02-357-0631
E-mail | simsan21c@hanmail.net
등록번호 | 제1-2114호(1996년 11월 28일)

ISBN 978-89-94844-85-5 93150

＊책값은 뒤표지에 표시되어 있습니다.